宋人年譜叢刊

第十一册

主編　吴洪澤　尹　波
主審　李文澤　刁忠民

四川大學出版社

全國高等學校古籍整理研究工作委員會規劃項目

全國古籍整理出版規劃項目

國家「211工程」重點學科項目

目録（第十一册）

葉水心先生年譜

周學武　編

據臺北大安出版社一九八八年版删訂

葉適（一一五〇—一二二三），字正則，號水心居士，温州永嘉（今浙江温州）人。淳熙五年進士，授平江節度推官，歷太學、太常博士，兼實録院檢討官。光宗即位，由秘書郎出知蘄州，召爲尚書左選郎官。寧宗即位，遷國子司業，除太府卿，總領淮東軍馬錢糧。累官權兵部侍郎。開禧間權工部、吏部侍郎，兼直學士院。北伐兵敗，除知建康府兼沿江制置使。兵退，兼江淮制置使。後以附和用兵奪職奉祠十三年。嘉定十六年卒，年七十四，謚文定。

葉適是南宋中後期著名思想家，永嘉學派鉅子，對南宋弊政多有批判，反對妥協，主張抗金。所作散文也重視社會功用，自成一家，尤以政論文、墓銘見長。著有《習學記言序目》五十卷、《水心先生文集》二十八卷、《拾遺》一卷、《别集》十六卷等，中華書局有校點本《葉適集》（一九六一年）。事蹟見《宋史》卷四三四本傳。

葉適年譜，有清孫衣言所編《葉水心年譜》一卷，今存稿本、抄本；清葉嘉棆所編《葉文定公年譜》一卷，有述舊齋抄本；清孫鏘鳴亦撰有《葉文定公年譜》一卷，今存稿本（《中國歷代人物年譜考録》）。本譜爲臺灣學者周學武撰，在其博士論文《葉適年譜》之上增訂而成，于諸譜中最爲翔實。今據臺北大安出版社一九八八年版删訂重排，按叢刊體例略作調整，覈訂引文，並删去原譜後《附録》之《宋史》本傳與書影。

自序

余曩撰《葉適簡譜》，以識解未周，去取間或失當，疏誤之處所在難免。草稿甫成，即思重新編寫，顧文獻星散，蒐羅匪易，長年以來，雖未嘗一日廢業，而蝸行牛步，進程維艱。民國七十三年秋，余遊北美，偶得豹窺沉埋七百餘年之《葉文定公墓碑記》，一時視若球珍，其驚喜之情，真不啻貧兒驟富也。蓋先生行狀、墓誌久佚，後人述其生平，多影響茫昧，沿訛失真。《宋史》本傳所載事蹟雖較詳，然舛誤亦復不少。今得見斯文，則以往俛讀仰思、懸而未決之種種問題，皆可迎刃而解矣。誠快事也！

又清人葉嘉棆、孫衣言各有《葉文定公年譜》一卷，近人所編年譜總目，多有著録；唯但見其名，不見其書，遍訪海内外各大圖書館，無有藏之者。竊以爲編寫先生年譜，未得此二書，不能云備。於是勞動國際友人，廣事搜尋，輾轉周折，始自某地影得葉、孫二氏手稿。葉譜僅寥寥九葉，所記顛倒錯亂，取材不廣，考證疏略，殊無可取；孫譜較詳，考證亦尚精當，唯謬誤仍所不免。經取與拙作簡譜參校，益以歷年旁蒐細究之所得，終於今春成此初稿，都十四萬餘言，卷帙幾三倍於昔。計補訂舊稿一百九十餘處，糾正《宋史》本傳、《宋元學案》、野史筆記以及孫譜訛誤三十餘處，另有譜主文獻二百三十餘條，爲孫譜所未前賢實奠其基。是譜之成，後來者恒居上焉，夫爲學如積薪，亦未敢自以爲允愜也。然以學力有限，及。昔荀卿有言：「學不可以已。」徵諸是譜草成經過，信乎然哉！博雅君子，幸有以正之！

民國七十七年戊辰三月
周學武序於臺北客次

凡例

一、本譜紀年，沿用夏曆，附以干支。譜主家世，敘於「譜前」；身後諸事，繫於「譜後」。

二、譜主行事，敘述力求簡明，其後則別爲引證或案語；以免因己意增益成文，而致失眞。

三、譜主行事，凡一年中不能確定爲某季或某月者，其重要仕履，繫於年首；其餘繫於年末。

四、凡與譜主無重大關連之時事及名人仕履進退，概不敘入，以免蕪雜。

五、凡譜主所涉及之人或事，不需詳加說明者，即直接繫於譜主行事之後，並以括號中文字注明出處。

六、譜主文集，明人重編時，即已亂其編年，故本譜不以篇次定其著成之先後。

七、譜主所作墓誌，有成於墓主葬前者，亦有成於其葬後者，本譜爲求信實，不以葬時定其著成時日。

八、本譜所繫詩文，凡譜主原署有年月日，或從詩文中能明確知其作成時日者，即徑行引用；否則加以考證。

九、本譜與其他年譜或史、志紀事違異者，皆詳其原委，以供讀者取擇。

葉水心先生年譜目録

譜前

先生姓葉氏，諱適，字正則，南宋溫州永嘉人。

《南宋館閣續錄》卷八秘書郎（淳熙以後）：「葉適，字正則，溫州永嘉人。」魏仲舉《五百家注音辨昌黎文集》卷首：「永嘉葉氏，名適，字正則。」《宋史》卷四三四本傳：「葉適，字正則，永嘉人。」

案：景定《建康志》、成化《姑蘇志》、《宋史新編》、《南宋書》、《藏書》、乾隆《浙江通志》、同治《溫州府志》、光緒《永嘉縣志》，以及其他諸史志，所載先生籍里並同。僅嘉慶《瑞安縣志》、光緒《龍泉縣志》有異，當於以下詳其原委。

後居永嘉城外之水心村，因以水心爲號焉。

趙希弁《讀書附志》卷下《水心文集》二十八卷，注：「右，葉適正則之文也。……水心其自號云。」《四庫全書總目》卷一一七《習學記言》五十卷提要：「適字正則，自號水心居士。」光緒《永嘉縣志》卷一四《名臣傳》：「至適始定居永嘉城南之水心，因以水心自號。」

案：以上諸書並云水心係先生自號，唯陳昉《穎川語小》卷下云：「葉文定公，……後居水心寺側。水心，寺名也。趙蹈中序公遺文，直目爲《水心集》，當爲公辨之。」似言先生之號，乃卒後蹈中所加。今考水心詩有「水心可憐地如掌，讀罷君詩一惆悵」（《水心文集》卷六《偉叔蔡兄來永嘉屢辱投贈於其歸也輒奉俚句為謝兼叙離索》)、「我在水心南岸村，尋常風景不堪論」(卷八《送惠縣丞歸陽羡》)、「聽唱三更囉裏論，白榜單槳水心村」(同卷《水心即事六首兼謝吴民表宣義》)之句；又《題周子實所錄》亦有「余久居水心村落，農簑圃笠，共談隴畝間」(卷二九)之語，則水心者，亦村落名也。稽之方志，其地在永嘉城西南四里處(光緒《永嘉縣志》卷三《建置鄉都》)，濱會昌湖。先生愛其風景勝雅，晚歲卜居於此(戴栩《浣川集》卷二賀先生七十詩「欲盟鷗鷺老昌湖」，可證)，遂以爲號。

又案：蹈中名汝讜，工四六，其文在先生門下，與陳耆卿齊名。先生既卒，蹈中爲之收拾遺編，付諸剞劂。時先生門弟子之見存者，猶夥夥也，蹈中必不致以衆所不習之稱號，私加於先生。

又案：陳耆卿亦師事先生，其《篔窗集》成於嘉定六年，先生爲之序，該集卷五有《上水心先生書》。

又案：吳子良年十六從篔窗，二十四從先生，吳氏《林下偶談》載先生事蹟，亦但稱其號。

又案：呂皓《雲谿稿》(不分卷)有《與水心葉侍郎書》、《送老子說與葉水心書》、《水心先生哀辭》；程珌《洺水集》卷一二有《祭葉水心》；劉宰《漫塘文集》卷九有《回鎮江高倅》、卷十有《通鶴山魏侍郎》、卷一一有《回周馬帥》、卷三六有《挽葉水心侍郎》；劉克莊《後村大全集》卷七有《挽水心先生》；皆稱先生爲「葉水心」或

「水心先生」，足見先生以水心爲號，在其生前。

曾祖公濟，妣鮑氏。以貲衰，去處州龍泉，徙於溫州瑞安。

《葉文定公墓碑記》（以下簡稱《墓碑記》，詳本譜紹興二十年案語）：「曾祖公濟，國學上舍生，妣鮑氏。」《水心文集》卷一五《致政朝請郎葉公（先生父）壙誌》：「祖公濟，游太學無成，貲衰，去處州龍泉，居於溫。」同集卷二五《母杜氏墓誌》：「始，葉氏自處州龍泉徙於瑞安，貧匱三世矣。」陳昉《潁川語小》卷下：「瑞安葉文定公，族本龍泉，……後居永嘉。」光緒《永嘉縣志》卷一四《名臣傳》：「葉適，字正則，其先龍泉人也，後徙瑞安。」孫衣言《遜學齋文鈔》卷四《葉戶部母胡恭人八十壽序》：「南湖之葉，系出龍泉。文定與文修公味道，其先皆於宋世自括遷溫。」

案：《水心文集》卷六《禱雨張王廟》詩，卷一三《宋故孟夫人墓誌銘》、《媛女瘞銘》、《翰林醫痊王君墓誌銘》，卷一四《楊夫人墓表》，卷一五《翁誠之墓誌》，及《水心別集》卷一五《外稿自跋》，文末皆自署爲「龍泉葉適」。又《習學記言序目》趙汝讜序、《直齋書錄解題》卷十《習學記言》解題，以及光緒《龍泉縣志》卷十《人物志》，皆謂先生祖籍，言其爲龍泉人。

又案：龍泉之葉，蓋出於儉。考葉之得姓，始於春秋沈諸梁；數十傳而至尤，爲漢太尉。尤七傳而至望，逢漢末喪亂，乃渡江而南，僑居丹陽。望三傳而爲琚，琚生四子，曰碩、儉、遊、願。自琚以下，各以其族散居四方，其居處州者，皆祖儉（詳國學文獻館藏《平江葉氏族譜》顯微膠卷卷一葉夢得叙）。先生曾祖以上，世居處州龍泉，是亦葉儉之後也（《龍泉葉氏族譜》，久尋不獲，自儉以下，未便傅會。他日如有所得，當再據以補充）。

又案：先生蓋生於瑞安，其後始居永嘉。故陳昉《穎川語小》（卷下）及嘉慶《瑞安縣志》（卷八《人物》）並以先生爲瑞安人也。先生文集卷十《瑞安重建廳事記》：「余自童子，見縣門甚卑狹。」卷一六《林正仲墓誌銘》：「余爲兒，嬉同縣（瑞安）林元章家。」皆可爲先生幼居瑞安之證。又《母杜氏墓誌》言葉氏徙於瑞安，貧匱三世，可見先生之父，其初亦居瑞安。

祖振端，邑庠廩，配戴氏。

案：先生祖、妣，《葉公壙誌》失載，此據先生《墓碑記》。

父光祖，終身不仕，以積封至朝請郎。

《水心文集》卷一五《致政朝請郎葉公壙誌》：「公姓葉氏，諱光祖，字顯之。……至公定爲永嘉人。公性拓犖，志願大，困於無地，不自振立。歲既晚，專屏靜處，不預人事，味山野之樂而遠市朝，服臺笠以忘冠紳焉。年八十五，嘉泰三年十一月十一日卒。積封至朝請郎，賜紫衣金魚。……子男六：曰逮；曰某，朝散大夫尚書兵部侍郎；曰還，曰過，曰邁，曰造。女三，嫁孫夔、項士龍、伍衡爾。孫男八（案：八應作九），曰思益，曰福歌，先夭；曰宣，曰阿阜；曰宷，將仕郎，曰宓，曰柟郎，曰阿勝，曰阿自。孫女五，曰媛，曰季，皆先夭；曰淑，曰止，曰雅。」

案：《壙誌》以葉氏之徙永嘉，自光祖始。其初居永嘉何地，文獻無考。孫衣言《葉文定公年譜》云：「先生生瑞安，後隨父遷永嘉松臺山下。」又引先生文集卷二四《周鎮伯墓誌銘》「余既廬松臺下」、卷九《宿覺菴記》「余亦在其下」爲證，曰：「宿覺菴在淨光山，即松臺也。公蓋居此山下。記作於嘉定二年二月，先生年五十九。」今考嘉定二年先生養病於宿覺菴下，時年六十，非五十九；又《鎮伯墓誌》明言廬松臺者爲先生本人，亦非先生之父。孫氏失考。

母杜氏，溫州瑞安人。

《水心文集》卷二五《母杜氏墓誌》：「夫人姓杜氏，父某，祖某，溫州瑞安縣人也。杜氏世爲縣吏，外王父不願爲吏也，去之，居田間，有耕魚之樂。其後業衰，而夫人生十餘年，則能當門戶勞辱之事矣。孝敬仁善，異於他女子。……夫人歸葉氏也，夫人既歸而歲大水，飄沒數百里，室廬什器皆盡。自是連困厄，無常居，隨僦隨遷，凡二十一所。所至或出門無行路，或棟宇不完，夫人居之，未嘗變色，曰：『此吾所以從其夫也。』於是家君聚數童子以自給，多不繼。無生事可治，然猶營理其微細者。……窮居如是二十餘年，皆人耳目所未嘗見聞者。……夫人嘗戒適曰：『吾無師以教汝也，汝善爲之，無累我也。』又曰：『廢興成敗，天也，若義不能立，徒以積困之故受憐於人，此人爲之繆耳。汝勉之，善不可失也。』故雖其窮如此，而獨得保爲士人之家者，由夫人見之之明而所守者篤也。乾道八年，夫人生之四十七年也，始得疾，甚異，上滿下虛，驚眩輒死。……淳熙五年春，夫人卧疾七年矣，一日，忽自能行履，洗面櫛目，既而無苦如平人者。……居六月，疾復作，不可救。閏月二十三日，竟卒。……子四人：逮，適，過，還。幼養潘氏女一人，許嫁矣。」

案：《葉公壙誌》云：「夫人杜氏，……卒，封安人。」又先生《墓碑記》云：「母杜氏，封碩人。」二者互異。疑碩人或係《葉公壙誌》既成之後改封，然無定據。

兄逮，弟過、還，養妹潘氏。繼母弟邁、造，繼母妹二人。

詳《葉公壙誌》及《母杜氏墓誌》，唯二誌所載先生兄弟及妹人數不符。《杜氏墓誌》爲先生親撰，必不有誤。《葉公壙誌》爲門人滕宬所記，宬侍先生多年，亦不致有誤。考先生之父歿於嘉泰三年，年八十五，後杜氏二十六年卒，則邁、造及另二女必光祖繼配所出無疑。

妻高氏，其先蒙城人，宣仁后之後。南渡後居永嘉，遂爲永嘉人。

《水心文集》卷一五《高永州（先生妻父）墓誌銘》：「使君諱子莫，字執中。蒙城之高，實生宣仁聖烈后。后親侄高繪，任保靜軍節度使，贈太師，追封咸寧郡王，爲公曾祖。祖世定，朝議大夫祕閣修撰。父本之，從事郎、江西運司幹官，贈朝議大夫。」

同集卷一四《高夫人（先生妻母）墓誌銘》：「自余爲高氏壻，頗得聞外舍事。始在京師名南宅者，宣仁后家也。王侯貴盛冠天下，逃亂轉客，留居永嘉，外舅幼鞠其祖，袍笏外無分焉。……由外舅言宣仁后，則曰曾老姑，而自渡江未有特錄高氏者，其仕與寒士等，惟門戶調度甚異，以貧故，幾不立。」

又同集卷一八《高令人墓誌銘》：「蒙城高氏，六歲，父爲京山尉，能助其母；思父輒涕泣，父歸乃已。從知象山縣，父思慮所不及，必左右之。爲余妻，賃舍甚貧，閉一間，終日不聞聲。親饌粥飦十餘盤，魚肉鮭菜略具，人或以爲難。官視祿上下，月儲以奉舅，次伯叔羣從，無餘。所食者，太湖葱，城東菘芥爾。服飾進止常儼然，見者皆尙其華整，不知其斂故洗刷而然也。晚歲，三子始育，始有宅居，稍墾田，不市糴，然自處一如其初。蓋其剛簡無欲，余所憚；其靜密有智，余所服；其多能而易解，緩急中程，識事本末，大抵余所資以爲家也。嘉定四年十二月初十日，年五十二卒。」男三人：宣、寀、宓，女某、某、媛。《墓碑記》：「男三人：長宣；次寀，承務郎，新知台州天台縣丞；三宓，早卒。」《水心文集》卷一三《媛女瘞銘》：「余多險艱，垂四十矣，初有二女，連歲皆失之。故與高氏頗自傷，又傷媛女之難成也。」

案：《水心文集》卷二八《祭內子令人文》云：「自子之逝，宣姜別隨；宓滯下夭，三嫂徑歸。」則宓之卒，在高令人卒後不久也。

又案：《水心別集》卷一五《外稿自跋》云：「嘉泰甲子，……取而讀之，恍然不啻如隔世事。……因稍比次而繫以二疏於後，他日以授寀、宓焉。」而不及宣。又《習學記言序目》孫之宏叙，言其書係「子寀以先志編次」，則先生雖有三男，然在宓卒後，其稍能繼志述事者，僅寀一人而已。

又案：《媛女瘞銘》云「初有二女，連歲皆失之」，是媛乃先生第三女也。其另二女，疑生未久即卒，故葉公壙志不列，而以媛居光祖諸孫女之首也。

孫男二人：起翁、續翁。

《墓碑記》：「孫男二人，起翁、續翁，並登仕郎。」

案：光緒《永嘉縣志》卷一二云先生孫煇爲汀州守（選舉門雜選），應即此二人中之一人；又起翁、續翁亦不詳爲宣或寀所出，待考。

葉水心先生世系表

- 公濟（配鮑氏）—振端（配戴氏）—光祖
  - 光祖配杜氏：
    - 逮
    - 適（配高氏）
      - 宣
      - 寀
      - 宓
      - ？（女）
      - ？（女）
      - 媛（女）
    - 過
    - 還
    - 養女潘氏
  - 光祖配？氏：
    - 邁
    - 造
    - 女
    - 女

本譜　卷一

宋高宗紹興二十年庚午，一歲。

五月九日，先生生。

《墓碑記》：「生於紹興二十年庚午五月初九日。」

案：先生墓誌、行狀並佚，其出生月日，舊籍無有載之者。清人葉嘉棆、孫衣言各有《葉文定公年譜》一卷（以下分別簡稱葉譜、孫譜），但著其生年而已。近人張一純君於大陸易色前夕，偶自葉氏故家得《葉文定公墓碑記》一篇，並揭其大要於一九五八年四月所刊行之《文史哲》中。余曩歲遊美，嘗一見其文，乃錄之以歸。今定先生出生月日，即以是爲據。

又案：《墓碑記》所載先生生年，與方回《桐江集》卷二《讀篔窗荆溪集跋》、《宋史》卷四三四《儒林傳》、光緒《永嘉縣志》卷一四《名臣傳》所載悉合。《桐江集》明言先生生於紹興二十年庚午；《宋史》及縣志雖不著先生生於何年，然並云：「嘉定十六年卒，年七十四。」逆推之，先生之生於是年，應無可疑。唯呂皓《雲谿稿》（不分卷）《水心先生哀辭》云：「生平知心惟後溪劉公（光祖）與水心葉公耳。劉公訃至，始遣哀辭，將與東州之士共哀之也。涕未乾，亟遣人問公疾，乃得凶問。兩月之頃，再失知心，餘生眞已矣。」似言先生後光祖一月卒。今據《眞文忠公文集》卷四三《劉閣學墓誌銘》，光祖卒於嘉定十五年壬午五月，而《水心文集》卷二八有《祭劉閣學文》，又同集卷二五有《趙孺人墓誌》，誌末自署爲嘉定十五年六月，則先生當垂死之月，必不能祭光祖以文，又銘趙氏之墓。是呂氏所謂兩月之頃，當指光祖訃至至得先生凶問而言，先生之卒於嘉定十六年，固無可疑。

是年，劉夙二十七歲、劉朔二十四歲（《水心文集》卷二六《著作正字二劉公墓誌銘》）、鄭伯熊二十三（四）歲（孫衣言《遜學齋文鈔》卷一二《大鄭公行年小紀》）、朱熹、鄭伯英二十一歲（王懋竑《朱子年譜》、《水心文集》卷二一《鄭景元墓銘》）、張栻十八歲（《朱文公文集》卷八九《右文殿修撰張公神道碑》）、薛季宣十七歲（《止齋文集》卷五一《右奉議郎新權發遣常州借紫薛公行狀》）、呂祖謙、陳傅良十四歲（《東萊文集》附録《呂太史年譜》、《攻媿集》卷九五《宋故寶謨閣待制通義大夫陳公神道碑》）、陸九淵十二歲（李紱《象山先生年譜》）、陳亮八歲（顔虚心《陳同甫年譜》）。

紹興二十一年辛未，二歲。

紹興二十二年壬申，三歲。

紹興二十三年癸酉，四歲。

紹興二十四年甲戌，五歲。

紹興二十五年乙亥，六歲。

紹興二十六年丙子，七歲。

紹興二十七年丁丑，八歲。

紹興二十八年戊寅，九歲。

紹興二十九年己卯，十歲。

能屬文。

光緒《永嘉縣志》卷一四《名臣傳》：「十歲，能屬文，藻思英發。」

紹興三十年庚辰，十一歲。

紹興三十一年辛巳，十二歲。

紹興三十二年壬午，十三歲。

六月十一日，高宗内禪，太子眘即皇帝位，是爲孝宗（《宋史》卷三二《高宗本紀九》，卷三三《孝宗本紀一》）。

孝宗隆興元年癸未，十四歲。

初識陳傅良於瑞安。

案：傅良，字君舉，號止齋，瑞安人。學術行誼詳本譜嘉泰三年。《水心文集》卷一六《寶謨閣待制陳公墓誌銘》：「余亦陪公游四十年，教余勤矣。」又同集卷二八《祭陳君舉中書文》：「自我獲見，四十餘冬。」考傅良卒於嘉泰三年（一二〇三）十一月，逆推四十年，則先生與其定交，當在是年前後。又《止齋集》卷二《送葉正則赴浙西憲幕》云：「相從自束髮。」亦云其識先生，在先生十四五時也。

又案：《水心文集》卷一六《林正仲墓誌銘》：「余爲兒，嬉同縣林元章家。時邑俗質儉，屋宇財足，而元章新造廣宅，東望海，西挹三港諸山，曲樓重坐，門牖洞徹，表以梧柳，檻以芍藥，行者咸流睇延頸。元章能斂喜散，鄉黨樂附。諸子自刻琢，聘請陳君舉爲師，一州文士畢至。」據此，先生之初識傅良，或即在瑞安林元章家。蓋先生既與正仲兄弟游，遂因以見傅良也。

又案：孫蕖田撰《陳文節公年譜》，引《林正仲墓誌》於乾道三年（一一六七）條下，甚誤。蓋是年先生已十八歲矣，與墓誌所云爲其兒時事不符。

隆興二年甲申，十五歲。

已能詩，復學爲時文。

《水心文集》卷二九《題周簡之文集》：「頗記十五六，長老詰何業，以近作獻則笑曰：『此外學也。吾憐汝窮不自活，幾稍進於時文耳。夫外學，乃致窮之道也。』余愧，詩即棄去，而時文亦不能精也。」

乾道元年乙酉，十六歲。

讀書於樂清，從黃氏父子漁釣，又從楊翁翫花，間游淨慧院，識詩僧擇饒。

《水心文集》卷九《白石淨慧院經藏記》：「樂清北山，有小學舍，余少所講習之地也。常沿流上下，讀書以忘歲月，間亦從黃氏父子漁釣，島嶼縈錯，可游者十數。有楊翁者，善種花，余或來翫其花，必大喜，延請無倦。間又游於其所謂淨慧院者，院僧擇饒，善詩。義充、從岳、文捷，皆黃氏子，終老不出戶，而從岳又以其兒子仲參爲子。余時雖尚少，見其能侃然自得於山谷之間，未嘗不嘆其風俗之淳，而記其泉石之美，既去而不能忘也。……他日，仲參來謁余，叙其所以爲別者，蓋已十五六年矣。」

案：記成於淳熙八年（一一八一）十一月，逆推之，先生講習於樂清，當在乾道一二年間。

是年，葉士寧來游，欲與先生爲兄弟，先生謝之。

《水心文集》卷一八《葉君宗儒墓誌銘》：「余十六七識君，時君尚少，言論風發，是是非非，不肯假借，余頗傾下之。因思仲長統語，甚羨君所爲。而君言：『吾寡兄弟，子同姓，宜爲宗。』謝不敢當，然內嘉其意。」

案：誌言士寧字宗儒，樂清東鄉人。父良臣，有塵外趣，能賤糴薄責，休病哀死，救人之急。士寧習見其所爲，一皆遵行，又稍推廣之。蓋一鄉之善士也。

乾道二年丙戌，十七歲。

秋，郡大水。

《水心文集》卷二一《宜人鄭氏墓誌銘》：「乾道丙戌秋分，月霽，民欲解衣宿，忽衝風驟雨，水暴至，至闔啓膝沒，及霤盪胸，至門已溺死。如是食頃，並海死者數萬人。」

乾道三年丁亥，十八歲。

林鼒昆弟來游，先生爲言古人之道及當世之學。

《水心文集》卷一五《林伯和墓誌銘》：「初，余年未冠，識伯和兄弟，勇不自抑，數與言古人之道，或顯或晦，當世之學，有是有非。伯和喜，游日以親。」

案：鼒，字伯和，一字元秀（一一四四—一一九二），台州黃巖人，與弟鼐叔和並先生之友。

又案：《墓誌》但言其時先生年未冠，莫定爲何年。孫譜曰：「據本集卷一四《姚君俞墓誌銘》云：『二十許客烏傷。』則在樂（清）約四年，乾道戊子，當即爲烏傷之游矣。」因繫其事於是年。今從之。

乾道四年戊子，十九歲。

訪薛季宣於婺，投以書，求教八陣爲邦之道。季宣告以約文以禮，乃孔門之教，學者毋事他求。

《浪語集》卷二五《答葉適書》：「執事通百氏諸子之書，可以爲博矣；爲人師而學不厭，又知所謂約矣。聽於塗說，不以某之不肖，惠然肯顧，投以尺書，望我以急難，扣我以學問。以諸葛武鄉之英特，謂我風而慕之；以王梅谿、鄭著作一鄉之善士，許以雁行而肩隨。某雖至愚，自知甚悉，未能爲己，何能爲人；未克自明，于何明物？若武鄉則吾豈敢？王梅谿之方正、鄭著作之沖養，是皆吾黨之望，願學焉而未能者，又何可擬耶？讀誦靦顏，不知何自而得此也。……執事秀發妙齡，多聞多識，通於古，明於文，行不自賢，不恥下問，一日千里，吾知方發軔焉。及於八陣爲邦，將無著鞭之太蚤，而某庸敢當也？約文以禮，顏氏所以立於仲尼之門，執事方以教人，敢請從事於此！……執事有親之奉，日虞甘旨之弗給，不抵人而抵我，其所望於我者甚厚且深，某方空腹而遊，獨行踽踽，不足相爲軒輊，以孤從來之意，甚恐！」

案：先生投書，不見於今本《水心文集》，莫得其詳。孫譜云：「按《止齋集·薛常州行狀》：『公由武昌令調婺州司理參軍，居五年，用樞密使王公炎薦召，公懇求之官，不報。於是上在位七年矣。』薛公蓋以隆興元年爲婺州司理，先生方十四歲。及乾道五年，薛公被召，公正二十歲。蓋薛公尚在婺，而公適游婺，因往訪而投以書也。」因繫其事於乾道五年乙丑。今考薛氏答書中嘗一及於鄭伯熊，曰：「王梅谿、鄭著作，皆吾鄉之望。」稱鄭之官銜而不名。據《南宋館閣錄》(卷七著作佐郎乾道以後),伯熊以乾道三年六月任著作佐郎,次年六月赴召,除吏部員外郎。季宣既以著作稱之,知其答先生書必在乾道三年六月伯熊除著作佐郎後,四年六月任吏部員外郎前也。孫氏似未詳考。

乾道五年己丑,二十歲。

客烏傷,與姚君俞游。

《水心文集》卷一四《姚君俞墓誌銘》:「余二十許,客烏傷,無所並游,春時獨出滿心寺,蔽著松櫟間,行吟繡川湖岸,望山際桃杏花,踏綠蕪至郭西門,耕者方饁,從而坐焉。童子謂余:『此徑入,煙起處有姚秀才居之。』君俞曳破鞋出逆,相視怳然,如久已熟識者。余爲之題詩石磴上,往還彌年乃去。」

案:孫譜於是年下繫云:「先生家故貧,自丙戌大水,室廬什器皆盡,困厄無常居,隨僦隨遷,凡遷二十一所。父朝請公授徒以自給。母夫人杜氏至拾滯厤遺紵絹之,而卒不改業,益督先生以學,從名師友游。」並引先生《母杜氏墓誌》爲證。今考《杜氏墓誌》云:「夫人既歸而歲大水,漂沒數百里,室廬什器偕盡,自是無常居,隨僦輒遷。凡二十一所。……於是家君聚數童子以自給,多不繼。」則所謂大水云者,蓋指夫人歸葉氏時事,非乾道丙戌也。孫氏誤矣。

又案:《水心文集》卷一五《鄭仲酉墓誌銘》云:「予識君於武義。武義小邑,沙漵井落盡目前也,而君偉然長大,步止如山。日出治事,不過食頃，輒閑靜終日。余時氣盛，未甚涉事，私竊奇愛君。……余一夕宿茭道廐，夜參午，回風飛雪，瞢瞢就寐，忽有列炬，聲稍譁，啓門，則君自縣走視余，相對熒然。俄曰：『被郡檄，明當至某處。』復揖歸其舍。雪益急，比曉，沒井幹矣。」仲酉，名畺（一一二九—一一八四），溫州平陽人。先生識畺於武義，不詳何年。孫譜云：「按仲酉以紹興三十年庚辰登第，先生方十一歲。後以淳熙十一年甲辰卒，年五十六，先生三十五歲。考墓誌言：仲酉中進士第，爲天台尉，武義丞，臨江軍錄參，知新淦而卒。又言：爲武義後五六年，始用格改官，謂由錄參改爲知縣也。又言：在新淦三年，縣以大治。其丞武義，去卒時十餘年矣。先生自言氣盛，『未甚歷事』，正其二十歲以後遊烏傷時也。」因繫其事於本年。余案：孫說甚近理。先生初識鄭畺，雖不必於是年，然亦不甚遠，因存其本末，以備參考。

乾道六年庚寅，二十一歲。

六月，劉朔卒。

案：朔，字復之，莆田人。紹興三十年進士，與兄夙賓之同師林艾軒，官至正字卒，年四十四（一一二七—一一七〇）。先生少嘗師之，又與其子起晦爲同年生（《水心文集》卷一六《著作正字二劉公墓誌銘》）。

乾道七年辛卯，二十二歲。

五月，劉夙卒。

案：夙，字賓之，復之兄。紹興二十年進士，官至著作佐郎卒，年四十八

（一一二四—一一七一）。先生亦嘗師之，子彌正，與先生爲總角交（《水心文集》卷一六《著作正字二劉公墓誌銘》）。

乾道八年壬辰，二十三歲。

母杜氏病，先生家居侍疾。以求醫故，嘗一至衢、婺間。

《水心文集》卷二五《母杜氏墓誌》：「乾道八年，夫人生之四十七年也，始得疾，甚異，上滿下虛。每作，驚眩輒死。某等不知所爲，但相環旁泣耳。」

《四朝聞見錄》甲集「胡紘李沐」條：「（胡紘）道出衢，從太守覓舟客次，偶與先生遇，時猶未第，紘氣勢凌忽，若宿與之不合者。厲聲問先生曰：『高姓仙里？』先生應之曰：『永嘉葉適。』紘又詰之曰：『足下何幹至此？』先生對曰：『親病求醫。』紘笑以手握紫窄帶嘆曰：『此所謂親病在床，入山採藥。』先生憮然，莫知其所以見訝者。會太守素稔先生名，遂命典謁語胡小竢，先請葉學士，胡尤不平。」

乾道九年癸巳，二十四歲。

赴京師。

案：先生二十五歲上書西府（詳下），自云「在京逾年」，則先生之至京師，當在乾道癸巳二十四歲時也。

七月，薛季宣卒，年四十（《止齋文集》卷五一《右奉議郎新權發遣常州借紫薛公行狀》）。

案：季宣，字士龍（一作士隆，一一三四—一一七三）號艮齋，永嘉人。年十七，從荆南帥孫汝翼辟書寫機宜文字，獲事袁溉；溉嘗從程頤學，盡以其學授之。季宣既得溉之傳，加以考訂千載，凡夫禮樂兵農，莫不該通委曲，可施之用。乾道七年，差知常州，未上卒。所著《論語小學約說》，先生嘗跋其後（《水心文集》卷二九《跋薛常州論語小學後》）。

淳熙元年甲午，二十五歲。

在京師將歸，上書葉衡，言天下之勢。

《水心文集》卷二七《上西府書》：「某甌粵之鄙人，行年二十有五，於今世最爲不肖。雖少曾讀書，頗涉治亂，而言語遲鈍，意向迂闊，自度無以求知於當世君子，在京逾年，未嘗有所詣。今者收拾廢放，將就隴畝。然而伏念天子明聖，親御明堂，布德施教，潤澤海宇，猶懼閭閻之隱或不自得，於是屢下直言之詔，招採山巖遁逸之士、狂狷朴野之人。凡天下之大政，師旅刑賦之本末，道德法制之先後，至於宮掖之議，民伍之情，宰相之所未及行，諫官之所未暇言者，咸得極陳於前，無有所諱，而某雖不肖，實治其學。伏惟執事英傑俊偉，材智特異，忠勇並昭，嘗以再期之年，行數千里，盡守上流要塞之處。今又近掌地官，不盈月而在右府，天下想望風采，日觀盛德，位尊責厚，憂深慮遠。然則今天下之事，非某誰實言之，非明公誰能聽之！且盡言而無利害之心，與聽言而求盡天下之利害，非明公與某而誰望！故願求見左右，略疏一二，惟明公深思之無忽！某聞古之所謂英雄豪傑之士者，必能見天下之勢，故能因人之未定以收其權，因天下之不足以成其功。昔者光武起於聖公假立之中，受節濟河，羣盜相王，成算未立。及鄧禹納說，則收二郡，取河北，祀漢配天，業侔西京。其後玄德以摧敗之餘，寄命新野，而羣雄若崩厥角，北面曹氏，當是之時，以爲無復爭矣。然孔明一起，則江東合從，曹公奔遁；劉璋失國，連荆、益之衆，東向以爭天下，漢幾復興。今夫天下多才勇敢之士，居於可以有爲之地，而終於無以建立，或反以敗亡隨之者，此無他，不能見天下之勢，而陷溺於流俗之習也。請遂言今天下之勢。夫使民無嗜戰之意而亦無畏戰之心，外可以立功而內不失爲無事，鄙後世鞍馬之勞，而坐收三代揖遜服人之獲，此豈非今日之所願欲哉？夫卻藥於瞑眩而愈疾於至危，此亦病者之所願欲也，然而實難。自唐末、五代之禍，天下生死於兵，藝祖因人心之患苦，創而損之。其後太宗下太原，勢可以定燕、代而不果；眞宗幸澶淵，力可以破契丹而不聽；乃反黜幣賜金，自詘不校以懷服之。至於仁宗，遂專以偃兵不戰持守天下。當時元老大臣，以和親避狄爲上策。學士大夫，以因循苟簡爲正論。犯樂喜之譏，成子木之詐，晏然自以爲仁義之勳，莫能易也。是故元昊、智高雖號桀黠，計其強武，曾何足以方冒頓、頡利之十一二！而吾士馬全盛，生民安業，然一方有警，天下震動，羽檄日奏，無戰不衄。天子爲之憂愧太息，引咎鎮撫，然後少安。兵寢事竟，則謀議之臣動色相賀，以爲萬全，不自知其恥也，畏戰無勇之俗於是成矣。使其民便於擊刺，狃於兵革，遂悍而不反，若秦人之末世，固爲非也。如使一切不計，以求苟安，侵膚及骨，扶服拜起，將成二周之餘俗，文、武之先君固如是乎？熙寧、元豐之際，始稍變其習，思有以振起之，然天下之心終以不服。至於邪正相非，朋黨相援，大壞極弊，以及靖康之憂。女眞小胡，棄靺鞨，踰易水，長驅勾吳之地，如入穹廬之鄉，所過屠戮郛郭，不可勝計。而其父兄子弟，藍縷竄伏，迄不敢怨，若無復有血氣之知者。又況乃加之以列淮之守，四十年之辱也哉！厥今天下大義不明，趨身之便，偷惰耳目，《春秋》之作，小雅之廢，嘻笑諧謔，以爲當然。雖有忠良謀智之士，學於聖賢，其陋更甚，剛心勇氣，無復存矣。執事以爲今日之勢何如也？夫以江、淮之弱而兼西北之強，鼓思退之卒而戰自奮之兵，輕腹心之忠而樂簡策之訣，求駑駘於千里，抱鼠璞以待價，此智士所以寒心。雖然，治亂無常勢，成敗無定謀。獨往獨來，乃凝於神；事成功立，莫識其門。弱可強也，怯可勇也。穰苴之勝，戰已敗之師；勾踐之霸，奮垂亡之國。用今之民，求今之治，則亦變今之勢矣。然而非其人無以使下，非其言無以諭衆，其名不正，其辭不順，雖作於色，發於身，天下猶未從也。易敗素者必以紫，藉圭璧者必以綈，必入胡估之肆，莫能名其器而唯衒其美，則萬金之直可至矣。今也燦然陳於前，人獨邈之而不顧者，何哉！且今天下之患，其深大宏遠者，某不敢遽言也。言其所易知而最甚者，亦有三而已：朝廷之上，陋儒生之論，輕仁義之學，則相與擯賢者而不使自守以高世。

庸人詆道以從時，舉縫掖而仇視者蓋半天下，而名實之辨亂矣。夫事有逆順，命有禍福，爲善未驗，或蒙其尤，此時之常也。而天下之人，消沮悼慄，遂以爲不復有所就。且上有復九廟安中國之心，帝王之盛節也。而羣臣不能將順聖意，左右推挽，庶幾有成，而皆以爲當一切無事而已，君子則拂之以求名，小人則悦之以求利。積此之患，其本不立，其末皆廢矣。天作水旱，地爲溝澮，非良農之疾也；螽賊之不除，螟螣之蕃滋，則后稷亦畏之。故善醫者，未論疾之虚實而先察其受病之處，儻在於此。伏惟執事，誠有意於今世乎？方明主虚心以待執事者，宜無不聽，則當酌古今之變，權利害之實，以先定國是於天下。然後收召廢棄有名之士，斥去大言無驗之臣，闢和同之論，息朋黨之説，據歲入之常以制國用，罷太甚之求以紓民力；廣武舉之路，無限其任保；多制科之選，無必其記問；責州郡以薦士，則士林之氣增；委諸路以擇材，則士卒之心勇；四分上流之地以命羊、陸之帥，厚集荆、楚之郊以求宛、洛之績；仍舊兵之數以嚴蒐練，耕因屯之田以代軍輸；稍寬閩、浙之患，無曠江南之野；重臺諫而任刺史，崇館閣以親講讀；遴儲佐之材，分幕府之寄。凡今之急政要務，不待朝夕而行之者，其大略在是矣。而委曲細故，皆足以兆治亂之端者，又不可悉數。則又在篤意以求之，平心以思之，人效其説，士程其技，則無遺矣。行之不可以不公，守之不可以不信，受之不可以不廣。變已成之弱勢，去方至之三患，推之以年數也，而少康之復夏，宣王之興周，有不論矣。自昔中興之功，江左之策，蓋未有高焉者也。雖然，其所以行此者，則又有三焉：一曰誠，二曰賞，三曰罰。夫發號出令，無有巨小，必思生民之大計而不徇乎一身之喜怒，是之謂誠。愛人之功，求人之善，舉之公卿之上而忘其疎賤之醜，是之謂賞。懲人之過，明人之惡，加之竄殛之戮而遺其貴近之厚，是之謂罰。執事居得致之位而値可爲之時，蕭、曹、房、杜之流，非有他也，爲之而合，行之而至矣。某之於執事，未之見也；執事之於某，未之聞也；而深言當世之故遂至於此，宜若狂且易者。然今天下之士，其不以得至於公卿大臣爲悅者鮮矣，不以得至爲悅而不以利言者鮮矣，不以利言而言能盡天下之利、見天下之勢者亦鮮矣。某不佞，自以爲無三者之患而獨有憂世之心，且其外不至於不當言者，是以遂言而無憚。伏惟執事思其所以處此而一賜之可否，使執事有以慰天下之望，而某亦不爲失人。幸甚！」

案：西府者，樞密院也，或稱右府。孫譜云：「所上書不知何人。」今以《宋史》考之，知即葉衡也。據《宋史》卷三八四《葉衡傳》，衡在知建康府後，繼有戶部尚書之除；未久，復簽書樞密院事，拜參知政事。先生書中所謂「近掌地官，不盈月而在右府」，即指此而言也。又據《宋史》卷三四《孝宗本紀二》，淳熙元年十一月戊戌，衡以參知政事兼權樞密院事；同月戊申，復以右丞相兼樞密使，則知先生上書，不出於本年十一、二月間。

是年，過秀州，寄書王希呂，言進退出處之義。

《水心文集》卷二七《寄王正言書》：「人之所以貴於君子者，以其存心也。心之所存，高出於道德，卑溺於功名，旁達於技藝，而微極於幽遠，舉無非是心者，蓋亦博矣。然大要皆以社稷生民爲主，而一身利害不參焉。自昔唐、虞、三代之君子，隨世就功，因事用力，其存心有小大，故所成就有厚，不可掩也。孟子曰：『有事君人者，事是君則爲容悅者也；有安社稷臣者，以安社稷爲悅者也；有天民者，達可行於天下而後行之者也。』夫所謂天民者，吾不得而見之矣。視今之士，崇飾詐巧，造作成敗，緩則專利於己而急則歸過於君，自以爲身之用舍無與於君之安危，則猶未得爲能事是君也，而所謂安社稷者，尚安能之！今夫利有便於民而決爲之，計有所不合於衆而勇行之，昭然號於人曰：『此君君之所欲，天下莫能違也。』然利興而民怨，計行而衆誹，社稷危矣，而君誰與安？是以昔之君子，言不苟徇，必依於道，事不苟悅，必顧於理，其所以慨然而力爭，堅守而不變者，凡皆以爲社稷也，社稷苟存，而君尚誰與亡？所謂社稷臣者，必至於此。然其干君之所忌，嬰禍之所聚，亦已甚矣。時有變興，道有用舍，不能以盡然也，君子於此，則亦盡其心而已。所患者，才不足以副其心，而道不足以周其才，果於靖難，而於天時人事人情物理之微有所未察，則不免以其身與社稷俱斃，其發而不中，而爲仁人義士之所哀，若陳蕃、李固之流，蓋患是也。夫由其前以行其志，而又思其後以全其功，亦可謂難矣。伏惟執事才器之剛果，學術之正大，議論之閎遠，脱身亳、宋，中間閱草棘，來見天子，爲諫官。時值朝廷有大廢置，立殿陛上，語移數刻，奄人侍宦，股慄失氣。當是時，忠義之氣蓋天下。及其屏居田野，一室蕭然，不聞國家之論。然發言措辭，慷慨明白，語及社稷事，輒憤激流涕。其於飲食衣服，蓋有若不得已然者。聞之於人，以爲今之君子未始見也。嗚呼！非其心之所存，何以及此！某一生多難，學爲世嗤，誓將去甌閩之上，鑿井築室，有以自老，於今天下之事無所復置其念矣。惟其深悲於孟子之言，而有感於執事之意，故所願有謁焉。伏惟執事，安佚以養其身，和平以養其心，發而中節以養其言。崑崗之炎，砆碔皆燼，則所謂良玉者，可不深藏而自愛乎！昨舟行過秀州，詹望君子，近在咫尺，有病不能自力。既去，始大悔，故一作此道其區區。拜見無期，惟千萬爲國自重。」

案：此書葉譜、孫譜俱不錄，蓋不知作於何時、所寄何人也。今考《宋史》卷三八八《王希呂傳》云：「希呂字仲行，宿州人。渡江後自北歸南，既仕，寓居嘉興府。乾道五年，登進士科。孝宗奬用西北之士，……除右正言。時張説以攀援戚屬擢用，再除簽書樞密院事，希呂與侍御史李衡交章劾之。上疑其合黨邀名，責遠小監當，既而悔之，改授宮觀。」又卷三九〇《李衡傳》云：「會外戚張説以節度使掌兵柄，衡力疏其事，謂不當以母后肺腑爲人擇官，廷爭移時。改起居郎，衡曰：『與其進而負於君，孰若退而合於道！』章五上，請老愈力，上知不可奪，仍以秘撰致仕。時給事中莫濟不書敕，翰林周必大不草制，右正言王希呂亦與相繼論奏，同時去國，士爲《四賢》詩以紀之。」二傳所記希呂事與先生書若合符節。考嘉興府本名秀州（《宋史》卷八八《地理志》四），而宋人亦習以「亳、宋」稱今之淮北地區（案：亳、宋、宿州，唐、五代時並屬河南道。入宋以後，宋改為應天府，屬京東西路，亳、宿屬淮南東路。南渡後，皆淪於金。見《宋史·地理志》及程光裕《中國歷史地圖集》）。先生書既云王正言「脱身亳、宋」，「來見天子」，又云「蕭然一室，屛居秀州」，則王正言者，當即王希呂也。據《宋史》卷三四《孝宗本紀二》，希呂奉祠家居在乾道八年二月；則先生過秀州而寄以書，應不早於此。又據《希呂傳》，其復出爲起居舍人，在淳熙二年，前此並有知廬州之命；而先生當乾道九年至淳熙元年之末，適在臨安，在此期間，應無由寄書希呂。然考《南宋制撫年表》，希呂之知廬州，實在淳熙二年（《廬州府志》卷二二《職官表》，卷二七《名宦傳》皆不著其上任年月，亦無兩知該府之記載），其前任爲黃鈞（淳熙元年十二月知），則《宋史》本傳所載，容或有誤。是先生寄希呂書之時機，或在乾道八年二月希呂罷祠至九年先生赴京師之前；或在淳熙元年末先生自京師歸以迄二年希呂出爲起居舍人之前，二者必居其一，又以後者較爲可能。蓋先生書云：「崑崗之炎，砆碔皆燼，則所謂良玉者，可不深藏而自愛乎？」隱有諫止希呂復出之意。考先生以乾道九年至京，滯留逾年，冀或有遇，則其在赴京師之前，自無勸止他人復出之理。且先生書又云：「某一生多難，學爲士嗤，誓將去甌閩之上，鑿井築室，有以自老，於今天下之事無所復置其念矣。」與前此《上西府書》截然異趨，似先生在京頗遭摧折，又聞佞倖僭冒，故爲此言也。則先生此書應作於淳熙元年末，二年希呂復出爲起居舍人前也。今暫繫於此。

是年，宋駒來學。

《水心文集》卷二八《祭宋廐父文》：「淳熙初載，實偕我游。」

案：駒，字廐父（一一五八—一二二○），先生弟子。時儒以觀心空寂爲學，不能有論詰，猥曰道已存矣。駒疑之，質於先生，先生爲言學之本統，古今倫貫，物變終始，所當究極。已而識增智長，千年以來是非成敗之迹，昭灼條理。蓋葉門之龍象也（參見《水心文集》卷二五《宋廐父墓誌銘》）。

又遇丁希亮於錢塘。

案：希亮，字少詹，台州黃巖人。初從先生學，後變名字，從陳亮於龍窟。

《水心文集》卷一四《丁少詹墓誌

銘》：「少詹生二十九年，余遇之錢塘。……後二年，余教授於樂清，少詹始來。」據《墓誌》，希亮卒於紹熙三年（一一九二）七月，年四十七。則希亮應生於紹興十六年（一一四六），二十九歲先生遇之，當在淳熙元年。

淳熙二年乙未，二十六歲。

夏，朱熹、陸九淵會於信州之鵝湖寺。

《東萊呂太史年譜》淳熙二年：「四月二十一日，如武夷訪朱編修元晦，潘叔度從。留月餘，同觀關、洛書，輯《近思錄》。朱編修送公於信州鵝湖，陸子壽、子靜、劉子澄及江浙諸友皆會，留止旬日歸。」

案：先生亦江浙士也，是否與會，文獻無考。惟《習學記言序目》卷八云：「聖人之道一也，謂虞、夏有餘，殷、周不足，俗儒之淺說也。余記陸氏兄弟從朱、呂氏於鵝湖寺，爭此最切。其詩云：『墟墓生哀宗廟欽，斯人千古最明心』（《象山全集》卷三四作「不磨心」），『大抵有基方作室，未聞無址可成岑。』噫！徇末以病本而自謂知本，不明乎德而欲議德，誤後生深矣。」似先生於陸氏之學，未以爲然。時朱子門人多譏陸學近禪，先生亦隱然有針砭之意。《水心文集》卷二七《胡崇禮墓誌銘》云：「初，朱元晦、呂伯恭以道學教閩、浙士，有陸子靜後出，號稱徑要簡捷，諸生或立語，已感動悟入矣。以故越人爲其學尤衆，雨併立，夜續燈，聚崇禮之家，皆澄坐內觀。」又卷二九《題周子實所錄》云:「古人多識前言往行,謂之畜德。近世以心通性達爲學,而見聞幾廢,爲其不能畜德也。然可以畜而猶廢之,狹而不充,爲德之病矣。」是皆陰不滿於陸氏一派也。其所著《習學記言序目》力言孟子執心賤耳目之失,似尤爲陸氏之學而發,可以參考。

秋,嘗一至明招山,從呂祖謙游。

《水心文集》卷六《月谷》:「昔從東萊呂太史,秋夜共住明招山。正見谷中孤月出,倒影挼碎長林間。憑師記此無盡意,滿掃一方相並閑。」

按:淳熙二年乙未《東萊呂太史年譜》:「春,在明招,……七月,自明招如武義。……八月一日,復歸明招,閱《通鑑》,有標抹本,學子多來講習者。」則先生從祖謙於明招,應在是年秋。又《東萊文集》卷五與《陳同甫書》亦嘗一及是年相聚之事,可與此詩參證。詳本譜淳熙三年。

冬,以書抵祖謙,祖謙答以就平實處用力。

《水心文集》卷二七《與呂丈書》:「去冬之書,輒自陳道。大抵以乍出坑谷,忽見天地日月,不覺欣躍驚詫,過於高快。自接赧報,益用力其間,乃知天地儘大,日月儘明,緝熙工夫無有窮已;其智愈崇,其禮愈卑,向時平實之語,乃今知味矣。更有以進之,不勝顒俟。」書成於淳熙三年(詳後),則先生在本年冬,與祖謙嘗有書信往還也。

淳熙三年丙申,二十七歲。

春,因章用中至婺,附書與呂祖謙。夏,又致書,推介陳傅良門人林大備。

《水心文集》卷二七《與呂丈書》:「春

初，因章端叟到婺，草草附一書，計須呈徹。自後缺便，弗獲嗣遣，實勞詹問。中夏屆時，伏惟讎校雍容，神相萬福。某授徒僧舍，凡百粗遣應酬，雖無觀書暇，然亦勝索居也。……同志林百順，依君舉兄學，志況頗堅，平時願叩門下而不可得，想今已獲趨拜，當蒙與進也。未由親承，臨風耿耿！」

案：書中有「授徒僧舍」，「亦勝索居」之語，是知此書成於淳熙三年先生授徒僧舍之後也。先生以淳熙五年春舉進士第二人，授節推，旋丁母憂，則此書應不晚於淳熙四年。又考《東萊呂太史年譜》，淳熙三年以李燾薦，召爲著作佐郎、國史院編修、實錄院檢討官；四年，重修《徽宗實錄》。則知先生此書必成於淳熙三年夏，時祖謙猶在婺也。

是年，教授於樂清僧舍，丁希亮來學（詳本譜淳熙元年）。

呂祖謙致書陳亮，言去歲與先生相聚事。

《東萊文集》卷五《與陳同甫》：「諸公相聚，彼此想互有發明。君舉缺在何時？所謂『止爲學官，則無一事』，此語深有味。豈特於君舉分上切中其病，嘗折肱者，尤覺有益耳。……正則且得有啗飯處，去歲相聚，覺得其慨然有意。若到鴈山，必須過存之也。」

案：君舉，陳傅良字。樓撰《陳公神道碑》云：「會太學錄闕，求之者衆。龔公（茂良）實行宰相事，奏孝宗曰：『……臣欲擇取名儒爲士林所推者越拘攣而用之，則人自服矣。』上問爲誰，以公對。……就職幾月，車駕幸學，改承奉郎。」據《宋史》卷三五《孝宗本紀二》，孝宗幸太學在淳熙四年二月，時傅良就職既已數月，則龔茂良之薦必在淳熙三年。而呂祖謙作此書，傅良仍在待缺之中，其時應不早於是年冬。雁山，即雁蕩山，在樂清縣東。是年先生在樂清，可與《丁少詹墓誌銘》互證；又此書言去歲相聚事，亦可與本譜淳熙二年先生《月谷》詩互證。

淳熙四年丁酉，二十八歲。

戶部尚書韓彥直守溫，九月，開城內河道，既畢役，先生爲之記。

《水心文集》卷十《東嘉開河記》：「淳熙四年，戶部尚書韓公之來守也。其九月，即用州之錢米有籍無名者合四十餘萬，益以私錢五十萬，命幕僚興州之社里長募閒民，爲工一萬三千有奇，舉環城之河以丈率者二萬三百有奇，取泥出甓，兩岸成丘。村農聞之，爭喜負去，一日幾盡。畢事，則天雨兩旬，於是灑濯流蕩，而水之集者，深漫清泚，通利流演，雖遠坊曲巷，皆有輕舟至其下。民既得以舒鬱滯，導和樂，而公之治遂以清平而成。」

淳熙五年戊戌，二十九歲。

三月，銘陳鵬飛墓，循鵬飛子六齡之請也。

案：鵬飛，字少南，溫州永嘉人。舉進士第一，復中紹興十二年甲科。累官至尚書禮部員外郎，兼資善堂贊讀、說書。忤秦檜，謫居惠州卒，年五十（一〇九九—一一四八）。少南著述宏富，「其於經，不喜爲章句新說，至君父人倫、世變風俗之際，必反復詳至而趨於深厚。」(《水心文集》卷一三《陳少南墓誌銘》)說《詩》「不解《商》、《魯》二頌,以爲《商頌》當缺,《魯頌》可廢」(陳振孫《直齋書録解題》卷二)。

四月,賜進士及第,授平江節度推官。有《登科謝宰執文》。

《宋史》卷三五《孝宗本紀三》:「(淳熙五年夏四月)辛未,賜禮部進士姚穎以下四百十有七人及第、出身。」

《南宋館閣續錄》卷八秘書郎(淳熙以後):「葉適,……淳熙五年姚穎榜進士及第,治《禮記》。」

《宋史》本傳、光緒《永嘉縣志》卷一四《名臣傳》:「爲文藻思英發,擢淳熙五年進士第二人,授平江節度推官。」

葉紹翁《四朝聞見錄》乙集光皇策士:「水心本爲第一人,阜陵覽其策,有『聖君行弊政,庸君行善政』之説,上微笑曰:『既是聖君,行弊政耶?既是庸君,行善政耶?』有司遂以爲亞。」

案:是年考官爲呂祖謙。《東萊文集》卷五《與陳同甫書》云:「廷對四方極有忠言,大抵皆在甲乙科。既經乙覽,惟就前五名中,略加次第,其餘悉仍有司之舊。容納如此,甚盛德也。但如德遠、少望,乃復漏落,世間事往往難滿足人意耳。」又陳亮《龍川集》卷一九《與呂伯恭》(第二書)云:「廷試揭榜,正則、居厚、道甫皆在前列,自聞差考官,固已知其如此。然猶遺恨於德遠、應先、少望,何也?正則才氣俱不在人後,非公孰能挈而成之?」居厚,徐元德字;道甫，王自中字；德遠，陳畏字；少望（又作肖望），戴溪字，並溫人。據《南宋館閣續錄》（卷八著作佐郎淳熙以後）、王崇炳撰《呂成公傳》（《呂東萊文集》卷首附），時祖謙以著作佐郎與試務，故亮有此言也。

《水心文集》卷二七《登科謝宰執文》：「羣士並進，未知孰賢；特恩所加，忽爲異等。下有慚於朋友，上或累於朝廷。惟先王度德以任官，司徒命鄉而論秀。必使行義已著，天下豫知其人；然後車服肆頒，國家始賴其用。固無以動世俗之耳目，斯可以爲治道之楷模。科舉之興，古今殊制。考之以無所統一之言語，寄之於不可測度之權衡，靡人不求，惟藝是擇。雖復方州論薦，宗伯選掄，以至親煩明主之尊，屈訪大廷之問。防隄最密，謂非不肖之可容；條對甚多，庶幾實才之出此。猶且士無定品，家有冀心。方其想望於進讀之時，側聽於傳呼之際，曾莫識其素守，遽超越於輩流。市井嘆驚，鄉黨夸耀，習慣既久，見聞謂何！況如某者，少經歷於賤貧，學不專於師法。悔尤未盡，祿仕爲難。是以私自退藏，甘心農役之賤；復無田里，可供公上之求。雖黽勉而應書，每旁皇而卻顧。不謂錫以過分之寵，拔於偶然之中，集衆人之所榮，爲一身之厚愧。始迷弗悟，徐揆厥由。此蓋伏遇某官，蹈履中庸，左右皇極。聖賢相遇，持守泰寧之基；忠厚成風，力行寬大之政。思皇多士，咸造在廷。以爲篤意於舉賢，未若無心而得俊。遂令凡陋，致此叨踰。某不敢恃以自強，因之有立。追觀前輩之盛，莫匪能臣之流，豈伊勳庸，可踐軌躅！尙庶幾於十一，以報答於萬分。」

閏六月二十三日，母杜氏卒，永康陳亮以文來祭。

《水心文集》卷二五《母杜氏墓誌》：「淳熙五年春，夫人卧疾七年矣。一日，忽自能行履，洗面櫛目，既而無苦如平人者，親戚子侄交相慶，而某亦偶得進士以歸。人皆謂夫人及見某之有成而疾瘳，其可以償疇昔之不遇，而爲某喜者，以爲昔苦致養而不足，今庶幾可以祿仕養也。居六月，疾復作，不可救，閏月二十三日，竟卒。」

《龍川文集》卷一九《與呂伯恭書》：「葉正則閏月二十三日丁憂，嘗遣人慰之，連得近書，極無況。」

同集卷二五《祭葉正則母夫人文》：「嗚呼！昔余識夫人之子於穉年，固已得其昂霄聳壑之氣。自其客居永康，每一食未嘗不東向悽然，有時繼以涙下曰：『吾家甚貧而吾母病，餘食醫藥宜如何辦？又以勞吾父之心，吾將何以爲人子！』余於是時雖未獲登堂之拜，固知夫人之甚慈其子，而爲之子者固自爲可。且余有父不能養，余甚有愧焉。數年以來，夫人之子大放於古今之書，凡聖賢之用心與夫後來英雄豪傑之行事，觀其會通而得其所以與時偕行者，於是四海友朋如夫人之子者可以一二數，而天下之人有以觀夫人之爲人母也。既而夫人之子又以甲科歸拜其親於庭，併世俗之所謂榮者而並得之。人皆謂夫人之疾宜自是脱然，而竟以不救，豈世俗之是非休戚一不以攖其心，而絲疾至死一一自有條理耶！疾與死非人力之所可爲，而所可爲者夫人既加於人一等矣。常情之遺憾，又何以陳之夫人之前耶！然夫婦母子，人之至情，死生之際，不可以理譬解。夫人之子與其父，宜何以爲心！而朋友之涕亦不自知其潸然也。重岡一水，寓哀於文。匍匐之救，有靦古人。」

案：是年閏六月，顏虛心《陳龍川先生年譜》以陳亮戊戌冬《與呂伯恭書》（《龍川文集》卷一九）嘗及先生母喪之事，因於是年繫曰：「冬，葉正則母死，爲文祭之。」誤。

秋，訪陳亮於永康。

《龍川文集》卷一九《與呂伯恭正字》：「比家奴回，得所答教；正則來，又承專書，副以香茶之貺，甚珍。其間所以教篤之者，無非至言，如亮淺薄，何以堪之！然事不親歷，常不知其難。……亮平生本不得秀才緣，而春首之事，自侍從之有聲名者，固已文致於列，亮豈戀戀於鷄肋者乎？亦恃有大著故也。……君舉聞求金華添倅，何不早決之？其勢不可不出。大著新遷，且應從容其間耳。兼人各有力量，不可相學也。初秋，伏維台候萬福。」

案：據《宋史·陳亮傳》、顏虛心《宋陳龍川先生亮年譜》、孫蕖田《宋陳文節公傅良年譜》，陳亮詣闕上書爲大臣所沮、陳傅良求外補，並爲淳熙五年事，傅良且於是年十月添差通判福州；則陳亮此書應作於淳熙五年，先生訪亮即在是年初秋也。

淳熙六年己亥，三十歲。

正月，呂祖謙進所編《皇朝文海》。

案：《文海》，祖謙奉敕編。書成，以採取精詳，裨益治道，孝宗賜名曰《皇朝文鑑》（今習稱《宋文鑑》）。先生於此書，極致推崇之意。以爲「自古類書未有善於此」。又謂：「此書二千五百餘篇，綱條大者十數，義類百數，其因文示義，不徒以文，余所謂必約而歸於道者千餘數，蓋一代之統紀在焉。後有欲明呂氏之學者，宜於此求之矣。」（《習學記言序目》卷四七、五〇）

淳熙七年庚子，三十一歲。

二月二日，張栻卒於江陵，年四十八（一一三三—一一八〇）（《朱文公文集》卷八九《張公神道碑》）。

冬，娶蒙城高氏，弟子丁希亮以禮來賀。

《水心文集》卷二七《答少詹書》：「某已取此月二十九日畢親。平生不妄逋負人，然就省約中亦自有理。柑子已領既，錢二十千，謹用回納。窮冬苦寒，千萬爲學自愛。」

書不繫年月，以「窮冬苦寒」一語考之，當作於年末無疑。孫譜淳熙四年條嘗引此書，並云：「蓋先生婚時（少詹）至賀禮耳。是先生之婚，在丁少詹來後，當即二十八歲時也。」今案先生淳熙八年《與林元秀書》（詳該年本譜）云：「新婦（男子自稱其妻也，詳《能改齋漫録》）曾有娠，數月而失，婦女兼後生，當此艱難百罹，內外極覺無意。」其時先生似畢親未久。又先生文集卷一八《媛女瘞銘》云：「余多險艱，垂四十矣，初有二女，連歲皆失之，故與高氏頗自傷，又傷媛之難成也。」據《瘞銘》考之，媛生於淳熙十一年（詳該年本譜），其前復有二女；而高氏又曾娠數月而失，則高氏當淳熙八至十一年間嘗妊一子、生三女矣。媛之前二女，蓋生未久即卒，故葉公壙志仍列媛爲諸孫女之首也，此二女既「連歲失之」，自不得徑以《答少詹書》爲先生於淳熙四年已娶高氏之證。又果如孫氏所考，高氏在四年來歸，何以在此後四年間一無所出？又其後三年連生三女？此皆不合常理者。孫氏之說，似未可從。又淳熙五年閏六月，先生丁憂，七年末服除（以古人服喪二十五月例之；孫譜之說同），其間亦不能有婚媾之事，而八年高氏已娠數月，則其事必在淳熙七年末喪服既除之月（十一月），蓋次月二十九日爲除夕，以舊時社會禮俗考之，似非其時也。

是年，嘗致書呂祖謙。

《東萊文集》卷五《與陳同甫》：「伏被手況，及正則書信，具審邇日視履之詳，殊以欣慰。某昨日已拜祠官之命，自此遂僨枕矣。四銘皆妙，而《喻夫人志》，范蔚宗所謂筆勢縱放，實天下之奇作也。」

案：先生書不見今本《水心文集》中，莫得其詳。喻夫人王氏，爲義烏喻師（夏卿）之妻，陳亮誌之云：「當淳熙庚子夫人之夫喻君夏卿將以十月二十日（明成化本、應氏本作十一月二十七日）改葬夫人於智者鄉雷公山下。」（《龍川文集》卷二九《喻夫人王氏改葬墓誌銘》）則祖謙此書應不晚於淳熙七年庚子冬；以此證之，前此，先生嘗有書與祖謙也。

淳熙八年辛丑，三十二歲。

改武昌軍節度判官。六月，少保史浩薦於朝，先生以狀申省，繼上書丞相，辭不就，改浙西提刑司幹辦公事。

《墓碑記》：「（淳熙）八年，武昌軍節推，少保史公浩薦赴都堂審察，辭不赴。擢授浙西提刑司幹辦公事。」

《宋史》本傳：「改武昌軍節度判官，少保史浩薦於朝，召之，不至。改浙西提刑司幹辦公事，士多從之遊。」

《宋史》卷三五《孝宗本紀三》：「淳熙八年六月戊辰，史浩薦薛叔似、楊簡、陸九淵、陳謙、葉適、袁燮、趙善譽等十六人，詔並赴都堂審查。」

又卷三九六《史浩傳》：「及自經筵將告歸，乃於小官中薦江浙之士十五人，有令升擢，皆一時選也。如薛叔似、楊簡、陸九淵、石宗昭、陳謙、葉適、袁燮、趙靜之、張子智，後皆擢用。」

案：《孝宗本紀》與《史浩傳》所載薦士數不合。考之《鄮峰眞隱漫録》卷九《陛辭薦薛叔似等劄子》，浩所薦之另十四人爲薛叔似、楊簡、陸九淵、石宗昭、陳謙、崔敦禮、袁燮、趙善譽（靜之）、張貴謨（子智）、胡撰、舒璘、舒烈、王恕、湛循，其數與《史浩傳》合。又《水心文集》卷二七《與趙丞相書》、卷二八《祭史太師文》，並云浩所薦者爲十五人；足證《孝宗本紀》之誤。

又案：浩薦先生辭云：「新鄂州推官葉適，資稟甚高，博記能文，其學進而未已。」是知浩薦先生於朝，在改武昌軍節判不久之後也。

《水心文集》卷二七《與趙丞相書》：「比者免（母）喪不死，亦幾年矣。……少師史公，以得還之謝，薦海內之賢，而使若某者獲與十五人之中；主上以史公之重，例令審察，而使若某者遽在陞擢之數。……聞命之日，慚惶悚仄，不能出聲氣。蓋前日之忝竊科第，視其等倫，已超越甚矣。使不服勤幕職，嘗試吏事，而遂躐他途以希進取，則不唯喪失名義，而他日之法令事功，疏拙曠廢，將有面牆之羞，以辜負朝廷器使之意。而況今之武昌，以格待次，有問學讀書之閒，使不能補治其所不足，而驟以未習之學施之於用，則必有迂闊不通之譏。二者，揆之於私，無一而可，此某所以欲行而不敢也。某又復思念，史公採虛名之譽，以足其所薦而已，不必以爲眞可舉；主上之恩，相公之命，不欲於史公之薦有所擇而已，不必以爲眞可察。……故已具公狀申省，而又以其私告相公。」

案：《宋史》卷三五《孝宗本紀三》，趙雄以淳熙八年八月八日庚戌罷相，而史浩以是年六月二十三日戊辰薦先生；則先生上書之時或在七月之初。又書云：「今之武昌，以格待次，有問學讀書之閒。」是先生時雖授官而尚未見缺也。

春，鄭伯熊奉母赴建寧府任，先生以詩送之。

《水心文集》卷八《送鄭景望二首》：「兩地旌旗一閏中，十年監牧九卿崇。安輿遍就東南養，遺俗將陶雅頌功。愛護元身如寶玉，節宣時序戒螟螽。遙知獨上千山路，處處梅花逐暖風。」「江左諸賢盡凋落，邇來名字未深知。願公年德加前輩，救世勳庸莫後時。國重四維人建立，天還一統道藩籬。彌綸康濟何曾極，自古忠臣不遠期。」

案：伯熊，字景望，永嘉人（一一二七？—一一八一）。紹興十五年進士，累官至宗正少卿，知寧國府，卒於建寧府任。與弟伯英字景元，並有時名，人稱大小鄭公。先生述永嘉之學，以周（行己）、鄭、薛（季宣）、陳（傅良）相承，鄭乃南渡後永嘉學派之第一宗師，先生亦其門人也（詳《宋元學案》卷三二《周許諸儒學案表》、卷五四《水心學案表》）。先生《歸愚翁文集序》云：「余嘗嘆章、蔡氏擅事，秦檜終成之，更五六十年，閉經塞史，豈滅絕理義，天下以佞諛鄙淺成俗，豈唯聖賢之常道隱，民彝并喪矣。於斯時也，士能以古人源流，前輩出處，終始執守，慨然力行，爲後生率，非瓌傑特起者乎？吾永嘉二鄭公是已。蓋其長曰伯熊，字景望；季曰伯英，字景元。大鄭公恂恂，少而德成，經爲人師，深厚悃愊，無一指不本於仁義，無一言不關於廊廟；而景元俊健果決，論事憤發，思得其志，則必欲盡洗紹聖以來弊政，復還祖宗之舊，非隨時默默苟爲仕祿者也。……自二鄭公後，儒豪接踵，而永嘉與爲多。」（《水心文集》卷一二）又《鄭景元墓誌銘》云：「方秦氏以愚擅國，人自識字外，不知有學。獨景元與其兄，推性命微眇，酌古今要會，師友警策，唯統紀不接是憂，今天下名學者，皆出其後也。」（同集卷二一）則先生於鄭氏之學，推尊備矣。

又案：伯熊除知建寧府，孫衣言《大鄭公行年小紀》考爲淳熙七年冬，而於八年春初上道（《遜學齋文鈔》卷一二），故先生此詩亦從孫氏繫於是春。

又案：《水心文集》卷七亦有《送鄭丈赴建寧五首》，與陳傅良《止齋集》（卷五《送鄭少卿知建寧五首》）重出，孫氏校云：「景望守建寧，在孝宗淳熙七年，時止齋先由福倅劾歸，水心則方服闋改官，而末章有『屛棄』『牢愁』等語，是非水心詩也。」孫氏雖誤以爲先生改官在淳熙七年（應為八年，詳後），然其疑良是；蓋先生時方服闋，實無由逆知其終遭「屛棄」也。

是夏，鄭伯熊卒於建寧，先生自武昌爲文祭之，又有《哭鄭丈》詩四首。

《水心文集》卷二八《祭鄭景望龍圖文》：「嗚呼鄭公，官雖不爲賤而未得要地以建白，年雖不爲夭而遽委慈親以先卒。在物理而不然，抱此疑而安詰！……歷觀近歲，賢者之志，各出其力，以救斯世。然而質有厚薄，意有同異，疏者見侮，剛者見忌。上下之交不合，君臣之心罔契。嗟寶玉之誤斥，難復登於衮佩，而猶凋謝滅沒，不存一二。匪摧棟以折軸，將喪朋而亡類。唯公順正靜密，夷曠粹沖，不違其心，不褻其躬，出處進退，潛涵顯融，謗譽不及，庶幾中庸。此愚不肖，謂如公者，可以繫天下之望，而待萬物之會通。區區之心，冀其德業之愈懋，年壽之日隆。宜百齡而未已，曾一病以殂終！嗚呼哀哉！某之於公，長幼公殊；登門晚矣，承教則疏。自聞公喪，晝喟夜吁，茫茫長空，慟不可呼！死生一訣，公其享與！」

同集卷七《哭鄭丈》四首：「道義秦城重，聲名冀馬空。河、汾談聖制，鄒、魯振儒風。有學堪經世，無官可效忠。浮雲公豈計，吾道自憐窮。」「誰謂居今世，無由見古人。事親曾、閔上，遊世葛、懷民。德盛天爲侶，慈薰物與春。清風如尚想，猶足洗囂塵。」「插架軸三萬，撑腸卷五千。京都通百郡，溟渤匯羣川。深淺人隨汲，東西意各便。後生無復見，媢學謾躚躚。」「憶在諸生列，曾窺太史書。泉蒙煩濬達，槁質費吹噓。外宅寧成相，生芻早弔閭。臨風兩行淚，愁絕向輀車。」

七月二十九日，呂祖謙卒於金華，先生以文祭之。

《水心文集》卷二八《祭呂太史文》：「嗚呼！語何必深，論不欲極，使人心而有止，則雖言而寧默。緬道術其難知，超聖賢之獨得；雖經籍之具存，蓋不存之莫測。昔余之於公也，年有長少之序，輩有先後之隔；每將言而輒止，意遲遲而太息。今余之於公也，喪前路之鄉導，廢旁觀之軌則；縱欲言而誰聞，恨冥冥而不白。人材兮離合，世道兮開塞。彼蒼蒼之吉凶，竟無所考兮，余亦安能至此而不惑也！紹興以來，聞卑見陋，士失常心，顛錯昏晝，非無豪傑，力止自救。公以生稟之知，世家之舊，備義理於一身，講源流於遍扣。既徹牖以並納，亦隨方而獨誘。由是東南之士，拔起林岫，爲英爲哲，繼公之後。如雷雨之先物，咸穎發而苕秀；流蘋藻以芼擷，潔黍稷而饋餾。嗚呼！公之施於世者，止此而已。至於不以記爲博，不以文爲富，器不止於一能，學不期於偏就。事欲析而愈精，德欲充而兼冒，暢羣儒之異旨，續先民之遺冑。周、孔之業，散而不述；禹、湯之功，息而不奏。若千載之有待，又一朝而永謬。疑古人之皆然，儻今人而何咎。恃哭泣之可忍，徒薦哀於此酎！」

案：先生之於祖謙，蓋在師友之間。《習學記言序目》卷五十（《文鑑》）云：「呂氏既葬明招山，（陳）亮與潘景愈使余嗣其學。余顧從游晚，呂氏賢俊衆，辭不敢當。然不幸不死，後四十年，舊人皆盡，呂氏之學，未知其孰傳也。」《習學記言序目》成於先生晚年，則世儒謂先生實傳祖謙之學者，非也。

十一月，撰《白石淨慧院經藏記》。

案：記見《水心文集》卷九。《黃氏日抄》卷六八：「《白石經藏記》，記少年游歷，可觀。」

是月，赴浙西提刑司幹辦公事任，陳傅良以詩送之；途中曾致書林鼐。

《水心文集》卷二七《與黃巖林元秀書》：「上覆元秀、國材二兄：尊友姚君俞之行，附訊必達。忽領來教，慰喜不可言也。冬中凝沍，伏唯侍奉有相，尊履萬福。佞官事簡，而閩中縣多佳，非江、浙費力之比，但益入南，非有志者所宜往耳。自君擧要覓福倅，某有此説，渠不以爲然，今亦從此論也。添創屋已畢否？且喜國材親事有期，見從黄巖來者，皆云國材近日學問之規模甚嚴，而此訊乃不曾説及，何耶？向亦曾説及子靜事，不知曾記憶否？世之所謂無志者，混然隨流俗，頹墮於聲利而已矣。及其有志，則又以考之不詳，資之不深，隨其所論，牽陷於寡淺缺廢之地，此自古之所患，是與無志者同爲流俗也。與二君親厚，非復他人之比，每願相聚數日，講學其所當言。而事役參差，竟不一遂，將如之何！牒試俟到官不容不盡力，有即報矣。或因此得早來吳中，豈非幸會！改習《尚書》甚好，取人差寬，又省力耳。某今歲家事勞費，又倍於前時，所謂久之無間然者，外間之説，是誠如此，然二兄未知其故也。新婦曾有娠，數月而失。婦女兼後生，當此艱難百罹，内外極覺無意。況但業如此，無可論者。臨浙西之行，已取此月二十八日就道。臨期轉行李於妻家，一宵鄰舍火作，生生之具燔爇略盡，尤可嘆笑也。某行役兼之災變，頗復擾冗，未能別有所言。須到吳復作書。萬先生事，曾屬象先矣，恐未易集，奈何！老兄不可不頻惠書。餘祝自厚，不宣。」

《止齋集》卷二《送葉正則赴浙西憲幕》：「頻年送行客，酒罄詩不工。歲晚與君別，奈此百感叢！岐山有鳴鳳，《雅》《頌》移《豳風》。于時二老生，出處海上同。曹劉對匕箸，失色一語中。明朝蜀江水，不與灞滻通。人心起毫末，世故關鴻蒙。乃知貧賤交，不下王霸功。

霜根宿病驥，雲帆背蛩鴻。秋水能隔人，白蘋況連空。相從自束髮，各去隨轉蓬。今懷欣有合，後會苦未重。鱸魚直萬錢，羊酪醅一鍾。願君養盛年，我友半已翁。」

案：先生改官浙西，孫譜繫於淳熙九年，葉譜繫於淳熙十二年，蓋未見先生《墓碑記》而然也。

又案：先生改官，不悉何月。其《答林元秀書》既有「冬中凝沍」、「須到吳復作書」之語，知其赴任，應在十一月二十八日，而書則作於途中也。

又案：《宋史》本傳言，其在浙西，士多從之遊；又《水心文集》卷二五《孟達甫墓誌銘》言：「葑門幽寂，俊流數十，論難捷起。」則先生在吳，其門弟子亦極一時之盛也。今略述其可考者如次：

錢易直　字季莊（一一六八—一二一一），樂清人。紹熙元年，試禮部第一。累官至著作佐郎。《水心文集》卷一八《著作佐郎錢君墓誌銘》：「繾綣我從兮，三十雨霜。」易直卒於嘉定四年，年四十四。逆推三十年，其從先生，約在是年前後。

王仲德　年里不詳。陳亮《龍川文集》卷一五《送王仲德序》：「王仲德於亮爲鄰人，少有俊才，不自滿足，翻然往從葉正則學問，盡交永嘉之俊造，而猶未以爲足，又將從正則於吳門，以畢其業。」

薛仲庚　字子長，吳人。《水心文集》卷一二《覆瓿集序》：「初，薛子長從余貢院崇德，愛其靜而敏，文過於輩流而已，未鉅怪也。來姑蘇葑門，出《老翁賦》、《續通鑑論》，始駭然異之。」

（以上三人，不見於《宋元學案》及《宋元學案補遺》。）

孟猷　字良甫（一一五六—一二一六），吳人。《水心文集》卷二二《故運副龍圖侍郎孟公墓誌銘》：「初，余入吳，而良甫兄弟最先至，氣斂然謙恭，語退然益卑，齒寒士中不見異。」

孟導　猷弟（一一六〇—一二二〇）。《水心文集》卷二五《孟達甫墓誌銘》：「孟導，字達甫，從其兄學於余。葑門幽寂，紅葉被野如荼，俊流數十，論難捷起，良甫酬接甚簡，時然後言，達甫尤簡，或終席不一語，衆謂良甫以道自命當爾，猶未測達甫所至。余間與偶坐，則縱言細民疾苦，田里愁嘆，吏賢不肖，無一不中，側聽者皆服，知其於時事最精切也。」

滕宬　字季度（一一五四—一二一八），吳人。《水心文集》卷二四《滕季度墓誌銘》：「君初見余，謁入，字卻寫線上，衆皆笑。余異其沈敏，學未久，坤闔乾闢，無不洞達。」

孔元忠　字復君（一一五七—一二三四），商河人，居長州。劉宰《漫塘集》卷三五《寺丞孔公行述》：「侍郎葉公適初爲部從事，見公所著《論語說》，深加嘆賞。葉以文鳴，來學者衆，公爲高弟。」

周南　字南仲（一一五九—一二一三），吳人。《水心文集》卷一二《周南仲文集序》：「自余吳、楚、淮南十餘年，而周南仲、孟良甫兄弟、滕（宬）、孔（元忠）諸人，相與上下追逐。」

厲詳　又名仲詳，後易名仲方，字約甫（一一五九—一二一二）。《水心文集》卷一三《厲君墓誌銘》：「東陽厲詳，自余居永嘉及吳也，東西數百里來學，歲時不歸，同席異其專。」厲君名邦俊，詳父。

王大受　字宗可，又字拙齋，饒州人，居吳。生卒不詳。《水心文集》卷一三《翰林醫痊王君墓誌銘》：「君之子大受，以銘示余，……拜曰：『願改石，以屬君。』……上即位之元年，余參議于荆，距讀銘之歲八年，荆去吳郡四千里，友朋之間，累月不至，大受數寄余書，必言改銘事。」按：上即位之元年，即紹熙元年（一一九〇），上推八年爲淳熙九年，誌言是年大受以其父舊銘示先生，則其從學，當在此之前。

（以上七人，《宋元學案》或《宋元學案補遺》有傳。）

淳熙九年壬寅，三十三歲。

八月，劉仲光知奉新縣事，先生序而送之。

《水心文集》卷一二《送劉茂實序》：「劉茂實爲知奉新縣事，某序送之，曰：昔之立法者，以職官令、錄近於民，非舉其材不得爲之。最重者改官而知大縣，奏上，天子臨前，侍郎讀臚句傳而命之，謂之再及第，由是脫吏部而登朝廷矣。蓋其厚以一縣爲寄而超尊之，非恤士大夫而苟榮其身也。及其久也，循習而例不明，以爲凡仕者必關陞，必改官，此上所設以待人之求，而其進取條目之限當如此也。自改官至外員郎，有祿以傳其子，所以備一身之事爾。故其既得改官也，反以爲格法之咎，曰何必使我爲知縣！而厭苦之至，常避免而不得，則勉強而後受。既至如不能脫，未有樂而久居者也，皆務爲苟且之政。雖欲無大闕敗，然積百數十歲以一意相承，而功化之陵夷甚矣。嗚呼！以不樂爲知縣之人，改其所願之官，其必至是歟！然余見今之論者，眞以縣爲難治，位卑責重，不可以自爲，又以不自爲者爲罪也，亦未盡力而已。秦、漢以下，顧何容有易治之縣耶？獨未知三代何如耳。曹、滕、郳、莒，有南面之尊，未嘗得自行其志。雖孔子之門人冉求、仲由之果藝，又未嘗不以宰邑爲難。然則縣之難治，亦非獨今世也。其要使爲國者盡去煩密之法，無破產之役，無雜名之斂，一出於簡古而不以所難責吏，則庶幾公私之論可一而民可善治矣。不然，則或幸而得仁厚通敏之才，不以改官爲身計，而能因今之法度，以行其政事之仁，然後可望以一縣之善治也，不其難歟！茂實材厚通敏，順物險易。其居自勉以道義之重，而爲朋友之所望者當何如，況一改官之利哉！所謂幸而得之者也。故於其行也，歷道古今之變以告之，不獨慶奉新之人將蒙其澤，而茂實之功名亦可少見矣。淳熙九年八月日序。」

十月，包昂卒，先生有挽詞二首。

案：昂，字顒叟（一一三三—一一八三），樂清人。長子履常，與先生同壻高氏（《水心文集》卷二三《包顒叟墓記》)。先生挽詞曰:「風沙江上宅,斥鹵望中村。密竹元遮徑,崇蘭早映門。笑談看磊落,材力可騰掀。誰復知心事,滄波霧雨昏。」「養志諸郎事,專經永夜殘。雖云綠衫易,更覺綵衣難。客散碁奩閉,庭虛酒盎乾。無言慰孤苦,持此問漫漫。」(《水心文集》卷七《包顒叟挽詞》)

淳熙十年癸卯,三十四歲。

十一月十三日,姚穎卒於蘇州官舍,先生哭送其柩出盤門。

《水心文集》卷一三《宣教郎通判平江府姚君墓誌銘》:「余友四明姚君洪卿淳熙十年十一月十三日終於蘇州官舍,余哭送其柩出盤門。」

案:據《墓誌》,洪卿名穎(一一五〇—一一八三),淳熙五年策進士第一(先生第二),時與先生同官於吳,姚任平江府通判,而先生則爲浙西提刑司幹辦公事也。

淳熙十一年甲辰,三十五歲。

女媛生。

《水心文集》卷一三《媛女瘞銘》:「媛女始生能誰認,俄病癇不省憶,四年而夭。……余多險艱,垂四十矣。……蓋媛以淳熙十四年七月二十八日死。」據此,媛當生於本年。

案:銘又言「初有二女,連歲皆失之,故與高氏頗自傷,又傷媛之難成也。」則媛爲先生第三女也。

六月,詔大臣各舉賢良方正能直言極諫者一人。

《宋史》卷三五《孝宗本紀三》:「(淳熙十一年六月)壬戌,詔在內尚書、侍郎、兩省諫議大夫以上、御史中丞、學士、待制，在外守臣、監司，不限科舉年分，各舉賢良方正能直言極諫一人。」

案：阮元《研經室外集》卷四《賢良進卷提要》云：「宋寶謨閣學士葉適撰。……按《宋史·孝宗本紀》：淳熙十一年六月詔在內尚書、侍郎、兩省諫議大夫以上、御史中丞、學士、待制，在外守臣、監司，不限科舉年分，各舉賢良方正能直言極諫一人。適此卷即于其時所進。蓋適抱匡時之用，故初年輪對即以經世之說進。」又孫詒讓《溫州經籍志》卷二一云：「案水心《賢良進卷》五十篇，蓋水心少時所作以備制科之舉者。《文獻通考》三十三：高宗紹興元年下詔復賢良方正能直言極諫科，先具詞業（策論共五十篇）繳送兩省侍從參考之。又淳熙四年監察御史潘緯言：『《制科進卷》率皆宿著。』是《進卷》定著五十篇，且皆預撰以備應舉之證。水心舉淳熙戊戌進士，未嘗試制科，然此書在當時盛行於世，慶元禁僞學，與陳止齋《待遇集》並見於彈章。」二家之說互異，則先生《進卷》究竟上於何年，或是否已上此卷，皆無由詳考，今亦不必臆斷。

又案：今本《水心別集》載《進卷》五十篇八卷，前四卷論治道，計《序發》一、《君德》二、《治勢》三、《國本》三、《民事》三、《財計》三、《官法》三、《士學》二、《兵權》二、《外論》四，共二十六篇，自成一體系。後四卷論經、史、諸子、人物，共二十四篇，另成一體系。故宮所藏《賢良進卷》清鈔本二冊，即僅有前四卷。又阮氏所見亦四卷本，其內容或與故宮藏本同。

十二月，鄭噩卒。

案：噩，字仲酉（一一二九—一一八五），溫州平陽人，官婺州武義縣丞，臨江軍錄事參軍、新淦知縣。先生在武義，時猶未顯，噩待之甚厚，嘗深夜踏雪訪之於茭道廐（《水心文集》卷一五《鄭仲酉墓誌銘》，參見本譜乾道五年）。

是年，朱子辨浙學。

《朱子年譜》卷三之上：「先生還自浙東，見其士習馳騖於外，每語學者，且觀《孟子》「道性善」、「求放心」兩章，務收斂凝定，以致克己求仁之功，而深斥其所學之誤。以爲舍六經、《論》、《孟》而尊史遷，舍窮理盡性而談世變，舍治心修身而喜事功，大爲學者心術之害。力爲呂祖儉、潘景愈、孫應時言之。」

朱子又與陳亮爲漢、唐之辨。

案：先生於朱、陳之辯，不欲評論，蓋以「面前人各持論未定，不欲更注腳，徒自取煩聒」也（參見本譜嘉定七年）。然考先生《習學記言序目》云：「以勢力威令爲君道，以刑政末作爲治本，然則漢之文、宣，唐之太宗，雖號賢君，其實去桀、紂尚無幾也！」（卷六《詩》）持論之嚴，不下於朱子，以是知先生實未以陳亮王霸之說爲是也。

淳熙十二年乙巳，三十六歲。

春，陳亮抱膝亭成，爲作《抱膝吟》二首。

《龍川文集》卷二十《與朱元晦秘書》：「今年不免聚二三十小秀才，以孝書爲行戶，一面治小圃，多植竹林，起數處小亭子，後年隨衆赴一省試，或可僥倖一名目遮蔽其身，而後徜徉於園亭之間，以待盡矣。……亮舊與秘書對坐處，横接一間，名曰燕坐，前行十步，對柏屋三間，名曰抱膝，接以秋香海棠，圍以竹，雜以梅，前置兩檜、兩柏，而臨一小池，是中眞可老矣。葉正則爲作《抱膝吟》二首，君舉作一首，詞語甚工，然猶說長說短，說人說我，未能盡暢抱膝之意也。」

《水心文集》卷六《陳同甫抱膝齋》二首：「昔人但抱膝，將軍擁和鑾。徒知許國易，未信藏身難。功雖愆歲晚，譽已塞世間。今人但抱膝，流俗忌長嘆。儒書所不傳，羣士欲焚删。讖詞致囚箠，一飯不得安。珠玉無先容，松柏有後艱。內窺深深息，仰視冥冥翰。勿要兩髀消，且令四體胖。徘徊重徘徊，夜雪埋前山。」「音駭則難聽，問駭則難答。我欲終言之，復恐來噂沓。培風鵬未高，弱水海不納。匹夫負獨志，經史考離合。手捩二千年，柔條起衰颯。念烈儻天回，意大須事匝。偶然不施用，甘盡齋中榻。寧爲楚人弓，亡矢任挽踏。莫作隨侯珠，彈射墜埃壒。」

無名氏《愛日齋叢鈔》卷三：「陳同甫治園地，爲柏屋三間，名曰抱膝齋，葉正則爲作《抱膝吟》二首，其一云：……其二云：……陳君舉有《寄題抱膝齋》詩：『稻粱不難謀，軒冕亦易得；

胡爲抱膝翁，惻惻復惻惻。秋風墮碧梧，鳳鳥去無跡。愁吟草際蛩，兒女淚盈臆。忽然一長嘯，孤響起空寂。今人識雅頌，一唱三嘆息。室廬在路傍，耕鑿在民籍。行人聽笑語，稚子共含食。讀書果何罪？鬢髮又半百。此意太勞勞，此身長抑抑。抱膝且不可，出門更何適？但勿問門外，蓬蒿若干尺。』同甫復因書求題咏於文公，……文公辭曰：『抱膝詩以數日修整破屋，扶傾補敗，叢冗細碎，不勝其勞，無長者池臺之勝，而有其擾，以此不暇致思，……伺且夕有意思卻爲作附便以往也。二公詩皆甚高，而正則之摹寫尤工，卒章致意尤篤，令人嘆息，所惜不曾向頂門上下一針，猶落第二義也。』」……自淳熙乙巳有請，迨紹熙癸丑幾十年，訖不許。」

朱子來書，欲與先生商量學問。

《朱文公文集》卷三六《答陳同甫》：「正則聞甚長進。比得其書，甚久不甚答得，前日有便，已寫下而復遺之，今以附納，幸爲致之。觀其議論，亦多與鄙意不同，此事儘當商量，但卒乍未能得相聚，便得相聚，亦恐未便信得及耳。」

案：朱子此書作於乙巳春，與《愛日齋叢鈔》所引係同一書（無「附便以往也」以上文字）；先生與朱子書則不見今本《水心文集》中，莫得其詳。

八月二十六日，記包昂墓（《水心文集》卷二三《包顒叟墓記》）。

冬，自姑蘇入京，屬稿四十餘篇，以備問質。

《水心別集》卷一五《自跋》：「淳熙乙巳，余將自姑蘇入都，私念明天子方早夜求治，而今日之治，其條目纖悉至多，非言之盡不能知，非知之盡不能行也。恐或有問質，輒稿屬四十餘篇。」

案：此四十餘篇爲：《始議》二、《取燕》三、《息虛論》二、《實謀》、《財總論》二、《經總制錢》二、《和買》、《折帛》、《茶鹽》、《兵總論》二、《四屯駐大兵》、《廂禁軍弓手士兵》、《法度總論》三、《資格》、《銓選》、《薦舉》、《任子》、《科舉》、《學校》、《制科》、《宏詞》、《役法》、《新書》、《吏胥》、《監司》、《紀綱》四、《終論》七，見《水心別集》卷十至十五。先生經世思想之規模，至此已定。

又案：《東甌詩集》卷三載趙汝回《呈水心先生》詩有「《外稿》定於何日上，中興只在十年間」之句，則先生《外稿》似迄未奏進也。

《四朝聞見錄》甲集宏詞條：「嘉定間，未嘗詔罷詞學，有司望風承意太過，每遇郡試，必摘其微疵，僅從中省，予載之詳矣。水心先生著爲《進卷外藁》，其論宏詞曰：『宏詞之興，其最貴者四六之文，然其文最爲陋而無用。士大夫以對偶親切，用事精的相夸，至有以一聯之工而遂擅終身之官爵者。此風熾而不可遏七八十年矣；前後居卿相顯人，祖父子孫相望於要地者，率詞科之人也。既已爲詞科，則其人已自絕於道德性命之本統，以爲天下之所能者，盡於區區之曲藝，則其患又不止於舉朝廷高爵厚祿以予之而已。蓋進士等科，其法猶有可議而損益之，至宏詞則直罷之而已矣。』先生《外藁》蓋草於淳熙自姑蘇入都之時，是書流傳，則盛於嘉定間。雖先生本無意於媕詞科，亦異於望風承意者，然適值其時，若有所爲。」

是年，朱子辨陸學之非；並續與陳亮爲漢、唐之辨（《朱子年譜》卷三之上）。

淳熙十三年丙午，三十七歲。

正月初一日，銘孟夫人墓。

案：夫人姓仲氏，名靈湛，孟嵩之妻，子猷、導，皆從先生學（《水心文集》卷一三《孟夫人墓誌銘》）。

春，陳亮上書丞相王淮，力薦先生。

《龍川文集》卷一九《與王丞相》：「亮獨有甚憂者，秦丞相主和，薰炙天地，身享不過十五年，又六年而和敗，通止二十一年耳。近者乙酉、丙戌之和，本非有一定之計，而今亦二十一年矣。此其勢不能久也。南北分裂，於今六十年，此天數之當復也。……亦嘗以區區管見窺測上意，緩急所用，非今日之所用也。……丞相今日縱未能盡收召天下之人才，當一一知其姓名，某人可當何任，某人可辦何事。……亮向嘗言葉適之文學與其爲人，此衆所共知，丞相亦嘗首肯之矣。此人極有思慮，又心事和平，不肯隨時翻覆，既有時名，又取甲科，今一任回改官，於格例極易拈掇，丞相若拔擢而用之，必將有爲報效者。但秀才要索事分，若使之隨列久候於逆旅，恐非其所能。今已餘兩月，丞相若於半月間那輟一差遣與之，徐議拔擢，亦無不可。薛叔似文學雖不及適，然識慮精密，心事和平，蓋亦不減，向因面對，上亦意其可用，丞相蓋已將順上意矣。若併收此人，更與一遷，而適代之，上必不以爲難，是丞相一舉而得兩士，亦足以厭滿天下之公論，亮當以五十口保任其終始可信也。」

案：此書當及乙酉、丙戌之和，又曰：「而今亦二十一年矣。」考乙酉、丙戌爲孝宗乾道一、二年（一一六五—一一六六），二十一年後亮上書，當在淳熙十三年丙午。孫譜繫之於淳熙十年癸卯，失考。

四月，由太學正遷博士。

《墓碑記》：「淳熙十三年，慶典，循儒林郎，當年改宣教郎。四月，除太學博士。」

案：《宋史·儒林傳》云：「少保史浩薦之於朝，召之，不至。改浙西提刑司幹辦公事，士多從之游。參知政事龔茂良復薦之，召爲太學正，遷博士。」蓋言先生自浙西任回改官，因龔茂良之薦，而有太學正之除。今考《宋史》卷三八五《龔茂良傳》、徐自明《宋宰輔編年錄》、畢沅《續資治通鑑》等所載，茂良於淳熙元年戊戌拜參知政事，三年六月丁丑以謝廓然劾罷，七月責授寧遠軍節度副使，英州安置，明年卒於貶所。淳熙丙午，茂良屍骨已寒十年，安能繼浩薦之！是薦先生者，宜別有其人。《周文忠公全集·奉詔錄》卷七《繳薦士奏》再貼黃云：「葉適是王淮用爲學官。」以此與陳亮《與王丞相書》對照，知薦先生者即亮也。

又案：先生之除太學正，不知在何時。考先生於淳熙乙巳冬自姑蘇入都，明春有陳亮之薦，四月有太學博士之除，則其除太學正當在是年春無疑。又據《水心文集》卷一三《將仕郎嵇君墓記》，嵇氏以淳熙十二年二月十七日卒，明年八月二十三日葬，夫人趙氏爲先生婦之異姓姑，前來求銘於先生，先生於墓記後自署爲「宣教郎行太學正葉適記」，則先生於十三年秋，猶在太學正任也，與《墓碑記》不合。唯前人所撰墓誌，往往有空其葬日以備喪家自塡者，《嵇君墓記》，或亦如此。

是年，在太學與劉必明、俞烈爲僚友。

《水心文集》卷一六《夫人徐氏墓誌銘》：「始余入太學，與信安劉必明會直廬。必明初解褐，飲啜俯僂，叉手低首，意氣翼翼，卑下殊甚。余頗疑士人甫得官，即矯屈爲是，何也？及在荆州，必明官博士，間攜子克勤相與還往，風蒲霜葦，淡語常盡日，尤卑下過於直廬，余尙疑其自抑以求進，勢不得不然，非情也。後數年，必明令湖南，有能政，舉員足。一日，引鏡照白髮，慨然嘆曰：『此豈改官時耶？』遂謝事去。余聞而異之。道行信安，必明迎余客舍，謙謙卑下如故。自是十年，必明書疏不闕，然愈卑下不已。噫！爲亢而昧進，再取垢辱，而以淺疑人，然後知必明之賢遠矣。」

《水心文集》卷一四《安人張氏墓誌銘》：「余在太學，與國子博士俞君烈爲僚，博士資厚而文，發和而剛，余慕而交之久矣。」

朱子致書陳亮，稱述先生與陳傅良所爲《抱膝齋》詩。

《朱文公文集》卷三六《答陳同甫》：

「《抱膝吟》久做不成，蓋不合先寄陳、葉二詩來，田地都被占卻，教人無下手處也。況今病思如此，是安能復有好語道得老兄意中事耶？」

淳熙十四年丁未，三十八歲。

在太學博士任。冬，因輪對，奏國事之四難、五不可，孝宗讀畢，慘然久之。

《宋史》本傳：「遷博士，因輪對，奏曰：『人臣之義當爲陛下建明者，一大事而已。二陵之讎未報，故疆之半未復，而言者以爲當乘其機，當待其時。然機自我發，何彼之乘！時自我爲，何彼之待！非眞難、眞不可也，正以我自爲難，自爲不可耳。於是力屈氣索，甘爲退伏者，於此二十六年，積今之所謂難者陰沮之，所謂不可者默制之也。蓋其難有四，其不可有五。置不共戴天之仇而廣兼愛之義，自爲虛弱。此國是之難一也。國之所是既然，士大夫之論亦然。爲奇謀密畫者，止於乘機待時；忠義決策者，止於親征遷都；深沈遠慮者，止於固本自治。此議論之難二也。環視諸臣，迭進迭退，其知事本而可以反覆議論者誰乎？抱此志意而可以策勵期望者誰乎？此人才之難三也。論者徒鑒五代之致亂，而不思靖康之得禍。今循守舊模，而欲驅一世之人以報君仇，則形勢乖阻，誠無展足之地；若順時增損，則其所更張動搖，關係至重。此法度之難四也。又有甚不可者，兵以多而至於弱，財以多而至於乏，不信官而信吏，不任人而任法，不用賢能而用資格。此五者，舉天下以爲不可動，豈非今之實患歟！沿習牽制，非一時矣。講利害，明虛實，斷是非，決廢置，在陛下所爲耳。』讀未竟，帝蹙額曰：『朕比苦目疾，此志已泯，誰克任此，唯與卿言之耳。』及再讀，帝慘然久之。」

案：以上《宋史》本傳所引奏疏，見《水心文集》卷一《上孝宗皇帝劄子》（《別集》卷一五作《上殿劄子》），篇目下標爲淳熙十四年。又文集卷二《辨兵部郎官朱元晦狀》云：「臣去冬蒙恩面對，論一大事，有四難、五不可之條，其説至長，未獲究竟。」狀上於淳熙十五年，則知先生之輪對在本年之末也。

七月二十八日，女嫒卒。翌日，葬之於錢塘門外寶勝寺後。

《水心文集》卷一三《嫒女瘞銘》：「余多險艱，垂四十矣。初有二女，連歲皆失之，故與高氏頗自傷，又傷嫒之難成也。蓋嫒以淳熙十四年七月二十八日死，明日葬錢塘門外寶勝寺後。」

三十日，趙不悳卒，先生以文祭之。

《水心文集》卷二八《祭趙知宗文》：「唯公廉問岷、梁，政兼忠惠，稱一時奉使之賢；糾察邦族，事遵法敎，爲近世司宗之首。至於思慮款實，皆有益之言；服用粗樸，無私積之富。顧瞻遺老，存者幾人；尙其耇者，永以引翼。遽聞殞背，徒切摧傷。熒然一卮，於此永訣。」

案：不悳，字仁仲，宋太祖六世孫（一一二一—一一八七）。累官至知大宗正事，封崇國公。子汝談、汝讜並從先生學（《水心文集》卷二六《故昭慶軍承宣使知宗正事贈開府儀同三司崇國趙公行狀》、《宋元學案》卷五四《水心學案》上)。

十月八日，高宗崩於德壽殿（《宋史》卷三二《高宗本紀九》)。

是年，銘厲邦俊墓。

邦俊，字元明，東陽人（一一三八—一一八五）。子詳（仲詳），先生弟子（《水心文集》卷一三）。

淳熙十五年戊申，三十九歲。

除太常博士。

案：《宋史》本傳於先生輪對後，即接書除太常博士，兼實錄院檢討官。今考李心傳《道命錄》卷六、《朱子年譜》卷三下，林栗於十五年六月因論《西銘》不合，上書糾劾朱熹，先生即於是月上疏爲熹辨誣，時爲太常博士。又考先生於十五年三月撰《石菴藏書序》，序云：「君（蔡瑞）之從孫武學諭鎬，與余同寮，以請而序之。」（文集卷一二）知先生於是年三月，尚在太學博士任。則先生太常博士之除，當在戊申春夏之間。唯孫譜云：「《水心集》二十六《昭慶軍承宣使崇國趙公行狀》：公淳熙十四年七月三十日薨於位，……以是年十月二十三日葬於臨安府餘姚同仕鄉裏山宋宣之原。末云：『奉議郎、太常博士、兼實錄院檢討官葉某狀』，按趙公名不悳。又《謚議》云：『某既狀公之行上之太常，而承乏博士，當以謚配行，其可不信！』蓋行狀作於十五年，其遷太常博士當在十四年。」案：不悳行狀雖作於十五年，然先生亦於是年七月以太常博士兼實錄院檢討官（詳後），孫譜繫其事於十四年，誤。

三月，循同僚蔡鎬之請，爲其伯祖撰《石菴藏書序》（見前）。

六月，陳賈請禁道學。

《道命録》卷五《陳賈論道學欺世盜名乞擯斥》：「臣竊謂天下之士，學於聖人之道，未始不同，既同矣，而謂己之學獨異於人，是必假其名以濟其僞者也。……臣伏見近世搢紳士夫有所謂道學者，大率類此，其説以謹獨爲能，以踐履爲高，以正心誠意、克己復禮爲事，……道先王之語而行如市人，竊處士之名而規取顯位，輕視典憲，旁若無人。故上焉者得以遂其姦，次焉者得以護其短，下焉者得以掩其不能，相與造作語言，互爲標榜。……萬一有是人而得用也，則必求有以相勝，欺君罔上，其術遂行，利害不在其身而在天下也。……故臣願陛下明詔中外，痛革此習，於聽納除授之際，考察其人，擯斥勿用，以示好惡之所在，庶幾多士靡然向風，言行表裏一出於正，無或肆爲詭異，以干治體，實宗社無疆之福（蓋指朱熹一派人而言也。六月五日奉聖旨，依）。」

同月，林栗劾朱子爲亂臣之首，請罷其新舊任指揮，先生上書與之辨。

《宋史》卷三五《孝宗本紀三》：「（淳熙十五年）六月癸酉，以新江西提點刑獄朱熹爲兵部郎官，熹以疾未就職，侍郎林栗劾熹慢命。熹乞奉祠。太常博士葉適論栗襲王淮、鄭丙、陳賈之説，爲道學之目，妄廢正人，詔熹仍赴江西，熹力辭不赴。」

《道命録》卷五《林栗劾晦庵先生狀》：

「熹本無學術，徒竊張載、程頤之緒餘，以爲浮誕宗主，謂之道學；妄自推尊，所至輒攜門生十數人，習爲春秋戰國之態，妄希孔、孟歷聘之風，繩以治世之法，則亂臣之首，所宜禁絶。今采其虚名，俾之入奏，將置朝列，以次收用。熹聞命之初，遷延道路，邀索高價，妄意要津，門生迭爲游説，政府許以風聞，然後入門，既經陛對，得旨除郎，而輒懷不滿，傲睨累日，不肯供職，其作僞有不可掩者，是豈張載、程頤之學教之然也！……乞將熹新舊任指揮並且停罷，姑令循省，以爲事君無禮者之戒。」

《水心文集》卷二《辨兵部郎官朱元晦狀》：「六月日，宣教郎太常博士葉適謹昧死再拜上書皇帝陛下（此二十三字據《道命録》卷六補）：臣聞臣子告君父之言必以實，非其實而敢告者，唯私意之是徇，而忘君父之爲不可欺者也。臣竊見近日朱熹除兵部郎官，未供職間，而侍郎林栗劾去之，士論怪駭，莫測其故。蓋熹素有文學行誼，居官所至有績，因王淮深惡之，遂不敢仕。陛下差熹江西提刑，使之奏事，熹趦趄辭避，終未敢前。淮既罷去，陛下趣熹入對，用爲郎官，人知陛下進熹有漸，無不稱慶，忽爲栗誣奏逐去，衆議所以洶洶不平。臣始疑之，以爲栗何故至此，得非熹果有罪，外人不能知，而栗獨得其實以告陛下也？暨栗劾奏熹文字傳播中外，臣始得以始末參驗，然後知其言熹罪，無一實者，特發於私意而遂忘其欺爾。栗雖貴而近，臣雖賤而遠，然臣子之於君父，大義一也，烏有栗以熹不實之罪欺罔君父之前，而臣忍不以實陳於陛下乎！栗言：『熹敢自稱私計非便，只欲回就江西提刑，已受省劄，不肯赴部供職。』臣聞熹既受除郎官省劄，即時遣回江西提刑司接人，客將兵卒等皆已辭去，其時朝士有候熹者，皆共見之。熹以腳疾發動，不任下床，遂申尚書省，乞給假候痊安日供職。是栗謂熹只欲回就江西不肯供職者，非其實也。栗言：『熹四司郎官廳印記不肯收受，推出門外，令送長貳。緣長貳不合收管郎官廳印記，臣再令送還，仍加鐫諭。既能出入宮門，上殿奏事，並遍謁宰執臺諫，即乘轎入部供職，良不爲難。兼郎官印記，難以棄擲在外，慮有失去。其朱熹堅執不從，臣爲貳卿，不能率屬，致其偃蹇拒違君命，實負慚德。所有印記無所歸著，不免令四司人吏抱守終夕，至於達旦。』臣聞熹未對之前，腳疾已作，當對之日，偶然少止。對下之日，後與宰執臺諫相見，腳疾痛復劇，既申尚書省祗受恩命，止乞給假供職，適會歇泊旬休，未及將上。所有郎官印記，熹既未供職，豈可受乎！熹已申省乞給假矣，雖欲聽栗鐫諭而扶曳供職，可乎？郎官未供職以前，印記合是何官收掌，此正長貳之所當知，其可推以委熹乎？是栗謂熹不受印記，偃蹇拒違君命，非其實也。栗又言：『熹本無學術，徒竊張載、程頤之緒餘，以爲浮誕宗主，謂之道學。妄自推尊，所至輒攜門生十數人，習爲春秋戰國之態，妄希孔、孟歷聘之風。繩以治世之法，則亂人之首也。』臣聞朝廷開學校，建儒官，公教育於上，士子闢家塾，隆師友，私淑艾於下，自古而然矣。使熹果無學術歟？人何用仰之？果有學術歟？其相與從之者，非欲強自標目以勸人爲忠爲孝者，乃所以爲人材計，爲國家計也。惟蔡京用事，諱習元祐學術，曾有不得爲師之禁。今栗以諸生不得從熹講學爲熹之罪，而又謂非治世之法，宜禁絶之，此又非其實也。栗又言：『熹欲索高價，妄意要津，傲睨累日，不肯供職，以爲作僞有不可掩。』夫栗逆探熹之用心而暴揚之，此非臣之所得知也。臣所得知者，熹以今月初八日除郎，十一日再爲江西提刑，栗之劾熹，當在初九、初十爾。相去隔日之間，而栗以熹累日不肯供職，是栗急於誣熹，而不自顧其言之非實也。栗又言：『陛下愛惜名器，館學寺監久次當遷郎官者，只令兼權，其視郎選亦不輕矣，而熹乃輕之。兵部郎官本係大宗丞計衡兼權，以熹之故，移計衡於都官而以兵部處熹，所以待熹亦不薄矣，而熹乃薄之。』臣聞陛下明詔，曾任監司知縣者，始得除郎，其事久矣。館學寺監，雖久次而未嘗歷知縣監司，則不可兼權，豈得謂其當遷郎哉！差除之際，那换闕次，移衡用熹，熹何德焉！是又栗急於誣熹之罪，組織其言語，足其文爾，而不自顧其言之非實也。栗又言：『職制者朝廷之紀綱，熹既除兵部，在臣合有統攝，乞將熹新舊任並且停罷。』臣聞唐左右丞進退郎官矣，本朝故事，未之或然。唯臺諫彈劾有停斥之請，給舍繳駁，有寢罷之文。至於六部寺監舉劾其屬，必曰『乞行迴避』，微其文，婉其義，所以重臺綱，尊國體也。今熹得爲栗之屬，尚未供職，而栗望風劾之，且兼用給舍、臺諫繳劾百官之例，何哉？栗以職制紀綱非其實也。凡而先自亂之，是職制紀綱非其實也。至於其栗之辭，始末參驗，無一實者。至於其中『謂之道學』一語，則無實最甚。利害所係，不獨朱熹，臣不可不力辯。蓋自昔小人殘害忠良，率有指名，或以爲好名，或以爲立異，或以爲植黨。近創爲『道學』之目，鄭丙倡之，陳賈和之，居要津者密相付授，見士大夫有稍慕潔修，麤能操守，輒以道學之名歸之。以爲善爲玷闕，以好學爲過愆，相爲鈎距，使不能進，從旁窺伺，使不獲安。於是賢士惴慄，中材解體，銷聲滅影，穢德垢行，以避此名，殆如喫菜事魔影迹犯敗之類。往日王淮表裏臺諫，陰廢正人，

蓋用此術。此於陛下彰善黜惡，封殖人才，以爲子孫無窮之命者，其損不細矣。栗爲侍從，就其蹇淺，無以達陛下之德意志慮，示信於下。而更襲用鄭丙、陳賈密相付授之説，以道學爲大罪，文致語言，逐去一熹。自此游辭無實，讒口横生，善良受禍，何所不有！臣伏見栗恥不得與廟號之義，遂爲樂堯之説，而人知其横；怒詳定所人吏執覆，遂請罷局，而人知其專。而況職匪風聞，古有常守。今又苟恣一身之狠愎，不畏君父之高明，公形無實之言，顯逐知名之士。陛下原其用心，察其旨趣，舉動如此，欲以何爲？誠不可不預防，不可不早辨也。臣去冬蒙恩面對，論一大事有四難、五不可之條，其説至長，未獲究竟。方齋心滌慮，以俟陛下反覆詰難，庶幾竭

盡愚衷。今以郎官去留，何至上封事譏譏，徒溷宸慮哉！蓋見大臣以下，畏栗兇燄，莫敢明辨，積在厲階，將害大體爾。伏願陛下正紀綱之所在，絕欺罔於既形，無惟其近，惟其賢，無惟其官，惟其是，摧折暴横以扶善類，奮發剛斷以慰公言，國家之本，孰大於此！臣不勝效忠思報之至，干冒宸嚴，伏地待罪。」

《道命録》卷六《葉正則爲晦庵先生辨誣及論陳賈封事》：「林栗之劾晦庵先生也，葉正則時爲博士奉常，上疏論列；胡侍御史晉臣亦言栗狠愎自用，黨同伐異之論，乃起於論思獻納之臣，無事而指學者爲黨，最令人惡聞，所謂天下本無事，庸人自擾之爾。詔罷栗知泉州，先生（朱熹）復再辭，乃有崇福之命。」

《黄氏日抄》卷六八：「《辨兵部郎官朱元晦劄子》，此晦翁爲林栗所劾，而水心辨之者。按栗時爲法從，水心非言官，又所學與晦翁不相下，非平昔相黨友者，一旦不忍其誣，出位抗言，廷斥不少恕，此當與汲長孺面責公孫弘、張湯者同科。嗚呼，壯哉！然晦翁初不以此重輕，而水心則由此並重矣。」

明王直黎（諒）《刻水心文集序》：「先生之學，浩乎沛然，蓋無所不窺。……其論林栗一書，有功於斯道甚大。時栗唱道學之說，欲竄逐文公，善人君子皆惴懼，先生獨上書天子，論栗姦邪，請加摧折，以扶善類。國家之本，莫大於是。先生正直剛明，嚴於善惡之辨如此。今去已遠而其言存，是亦可以不朽矣。」

七月，兼實録院檢討官。

《南宋館閣續錄》卷九實錄院檢討官（淳熙以後）：「十五年七月，以太常博士兼。」

十一月，銘杜椿墓。

椿，字大年，台州黃巖善士。其壻林鼐，字伯和，先生之友（《水心文集》十三《杜君墓誌銘》）。

是年，林湜、詹體仁並在太常，與先生交游甚洽。

《水心文集》卷一九《中奉大夫直龍圖閣司農少卿林公墓銘》：「余昔與公及詹元善同在太常，續炬縱語，以銘屬余者也。」

案：湜字正甫（一一三二—一二〇二），福州長樂人。登紹興庚辰進士。朱子既謫，士諱其學，湜執弟子禮不變，累官至司農少卿卒。體仁字元善（一一四三—一二〇七），浦城人。少從朱子學，得其指要。已而徧觀諸書，博求百家，融會通浹，天文、地理、象數、異書，無不該極。年未冠，登進士，累官至司農卿、湖廣總領（《水心文集》卷一五《司農卿湖廣總領詹公墓誌銘》）。

是年，薦陳傅良等三十四人於朝。

《宋史》本傳：「除太常博士，兼實錄院檢討官，嘗薦陳傅良等三十四人於丞相，後皆召用，時稱得人。」

《水心文集》卷一六《寶謨閣待制中書舍人陳公墓誌銘》：「通判福州，右正言黃洽引王安石事劾公罷，主管崇道觀，知桂陽軍。或言知名士廢不用者三十三人，公爲其首。執政病之，稍遷提舉湖南常平茶鹽，轉運判官，浙西提刑，吏部員外郎。」

同集卷二七《上執政薦士書》：「國家之用賢才，必如饑渴之於飲食，誠心好之，求取之急惟恐不至，口腹之獲惟恐不盡。及其醉飽之餘，嗜好衰息，方復調適衆味，和劑八珍，祈懇而後進，勉強而後餐，其不棄去者寡矣。故上有失士之患，而士有不遇時之悲，至使官職曠闕，治功陵夷，雅俗隳壞，遺風不接，由其始用之非誠心，善人之類遭厭薄而散漫也。竊以近歲海內方聞之士，志行端一，才能敏強，可以卓然當國家之用者，宜不爲少。而其間雖有已經選用，不究才能，嘗預薦聞，未蒙旌擢；亦有已罹憂患，恐致沉淪，既得外遷，因不復入。以一疑而傷衆信，屈浮華而傷實能。又況其自安常分，無所扳援，復貽頹年，永絕榮進者乎！每一思之，深切痛悼。伏惟丞相國公，晉當國柄，所宜察饑渴飲食之時，體盡誠好士之心，急求力取，博選亟用，以爲國本民命永遠之地，以報明主之遇，以塞多士之責。某等見聞所親不相爲比，所愛不相爲私，疏以公相信，遠以義相昭。昔班固奏記東平王蒼，薦者六人，國爲得才，不專幕府，而蒼納之；裴伯爲李吉甫疏三十士，吉甫藉以舉用，而當時翕然稱其得人。某等濫膺朝列，叨竊祿食，常愧聽聞短狹，知賢不多，無以裨補萬一，不勝慚愧！謹自陳傅良以下三十四人，冒昧以聞，伏候採擇：陳傅良、劉清之、勾昌泰、祝環、石斗文、陸九淵、沈煥、王謙、豐誼、章穎、陳損之、鄭伯英、黃艾、王叔簡、馬大同、呂祖儉、石宗昭、范仲黼、徐誼、楊簡、潘景憲、徐元德、戴溪、蔡戡、岳甫、王枏、游九言、吳鎰、項安世、劉爚、舒璘、林鼐、袁謇、廖德明。」

案：此書與《宋史》本傳並云所薦之士共三十四人，且著有名姓，則《陳公墓誌銘》曰三十三人者，偶誤。

又案：孫譜淳熙十六年條云：「葉譜繫薦陳傳良狀於是年，按本傳先言薦陳傳良，後言爭林栗劾朱子，據《道命錄》，爭林栗狀十五年六月上，則薦士當在十四年初造朝時也。」孫氏引本傳以證葉譜之非，似有所據。然本傳叙事，原自倒錯。既以先生薦傳良等爲兼實錄院檢討官（十五年七月）以後之事，又安能置之於爭林栗劾朱子（十五年六月）之前？孫氏豈未之察耶？今考《陳公墓誌》，先生之薦傳良，在其知桂陽軍後；又據孫蕖田撰《陳文節公年譜》，傳良以淳熙十四年冬赴桂陽軍任，十六年二月改除提舉湖南常平茶鹽，而傳良又以先生之薦獲遷，則其事自當繫於淳熙十五年戊申。

是年，又撰《故昭慶軍承宣使知大宗正事開府儀同三司崇國趙公行狀》，及諸謚議。

案：狀見《水心文集》卷二六，不著年月。唯以狀末所署「奉議郎、太常博士、兼實錄院檢討官」職銜考之，當在是年七月兼實錄院檢討官之後，明年五月卸太常博士任之前。又定謚乃太常博士所職，故同卷《故昭慶軍承宣使知大宗正事贈開府儀同三司崇國趙公謚宣簡議》、《故贈右諫議大夫龔公（夬）謚節肅議》、《黄端明（中）謚簡肅議》、《李丞相綱謚忠定議》，應並成於太常博士任。其中除《李丞相謚議》外，皆不確定爲淳熙戊申或己酉，姑繫此備考。

淳熙十六年己酉，四十歲。

正月，上《李丞相綱謚忠定議》。

《宋史》卷三五《孝宗本紀三》：「（淳熙十六年春正月）己未，更德壽宫爲重華宫，謚李綱曰忠定。」

案：《謚議》見《水心文集》卷二六。己未爲二十八日，先生上《謚議》當在此日或此日之前。

二月二日，孝宗内禪，皇太子惇即位，是爲光宗。

《宋史》卷三五《孝宗本紀三》：「（二月）壬戌，下詔傳位皇太子，是月，皇太子即皇帝位。」

三十日，中書舍人羅點薦可爲臺諫者，以先生爲首。

《宋史》卷三六《光宗本紀》：淳熙十六年（未改元）二月「庚寅，詔中書舍人羅點具可爲臺諫者，點以葉適、吴鎰、孫逢吉、張（詹）體仁、馮震武、鄭湜、劉崇之、沈清臣八人上之。」

五月，除秘書郎，仍兼實録院檢討官。是月，又有湖北參議官之命。

《南宋館閣續録》卷九實録院檢討官（淳熙以後）：「十六年五月爲秘書郎，仍兼。」

同書卷八秘書郎（淳熙以後）：「十六年五月除，是月爲湖北參議官。」

《墓碑記》：「（淳熙）十六年五月，除秘

書郎，乞補外，添湖北安撫司參議官。」陳亮《龍川集》卷二一《與尤延之侍郎書》：「幾仲、正則聞欲求補外，周丈獨當政柄，何以使賢者至此乎？君舉邈然與蠻夷爲鄰，鬢髮斑斑，知舊滿前而莫或念之，此固其命也。」

是月，自京師歸覲其親，過永康，訪陳亮，留一宿而行。

《龍川集》卷一九《復呂子約》：「朱丈辭職得遂，此廟堂處事之善者也。葉正則近過此，宿一日而行。云二十七日吳石方試，渠以此日渡江，不知試得如何？……正則甚念，欲得一見，迫於歸覲其親，再三託導意。亦嘗以來簡示之，約六月半再過此，併懇台照。」

案：此書顏虛心《陳龍川先生年譜》繫於淳熙十六年五月，是。蓋先生是月既有湖北參議官之除，乃歸永嘉觀親，而於次月赴任也。又據王懋竑《朱子年譜》卷之三下淳熙十六年己酉條，朱子於是年四月，再辭秘閣修撰，獲允，與書中所言者合。

六月，赴江陵任所，陳亮以詞送之。

《龍川集》卷一七六月十一日《送葉正則如江陵·祝英臺近》詞：「駕扁舟，衝劇暑，千里江上去。夜宿晨興，一一舊時路。百年忘了旬頭，被人饞破，故紙裏是爭雄處。怎生訴？欲待細與分疏，其如有憑據。包裹生魚，活底怎遭遇？相逢樽酒何時？征衫容易，君去也，自家須住。」

是年，銘陳巖墓。

案：巖，字仲石（一一三四—一一八八），平陽人。受業於徐誼、陳傅良。

《水心文集》卷二一《東塘處士墓誌銘》：「昔平陽陳巖，學能造微，爲陳君舉、徐子宜密授。不幸早夭，二公俾余記其藏。」是陳巖墓誌銘之作（見《水心文集》卷一三），乃循陳、徐二氏之請也。東塘處士名陳瑾，字國器，巖爲其子。另一子志崇，及壻邵持正，並先生弟子。《止齋文集》卷四二《跋葉正則所爲陳仲石墓誌》：「某不善書，强書此以慰吾仲石。欲作數語附碑陰，又無以出銘意之外者。嗟乎！仲石斯銘，亦足以不朽矣。銘作於淳熙而書於紹熙之癸丑，故正則用前銜云。」

又應詔上書條陳六事。

《水心文集》卷一《上光宗皇帝劄子》（《別集》卷一五作《應詔條奏六事》）：「臣恭惟陛下始初臨御，思深慮遠，曾未浹旬，遽詔中外之臣各以其言疏列來上，誠欲治之主正本始之先務也。臣不敢汎濫條奏，苟應故常，惟陛下少留聽焉。臣聞古之號爲賢君者，必能先明所以治其國之意。能先明所以治其國之意，知病所在，鋟剔根柢，不憚改爲，則雖已衰復興，垂敗復成，終必得其所願而後已。不能先明所以治其國之意，因循姑息，隨目前之苟且，望他日之遠大，錯施雜用，精神不應，文理差舛，久而無驗，心志怠忽，則雖已興已治之餘，衰亂出焉，況欲求其興且治乎！所謂當先明治國之意者何也？蓋當微弱之時，則必思强大；當分之時，則必思混并；當仇恥之時，則必思報復；當弊壞之時，則必思振起；當中國全盛之時，則必思維持保守；當夷狄賓服之時，則必思兼愛休息；先視其時之所當尙而擇其術之所當出，不可錯施而雜用也。堯、舜、三代，莫不皆然。秦、漢以還可稱之君，暨我本朝藝祖、太宗，聖人迭起，積其勤勞，奮其勇智，功隆業鉅，垂裕來葉，何嘗有迷其時而誤其術者哉！陛下以臣之言視今之時，則其時果當何尙，而其術果當何擇歟？豈以爲微弱而當思強大，分裂而當思混幷，仇恥而當思報復，弊壞而當思振起歟？抑以爲中國全盛而當思維持保守，夷狄賓服而當思兼愛休息也？無乃當微弱、分裂、仇恥、弊壞之時，而但處之以中國全盛、夷狄賓服之勢；用維持保守、兼愛休息之術，而欲庶幾乎強大、混幷、報復、振起之功歟？治道之象，微而難知。臣雖至愚，

竊論今日之事，恐其由前之時而處以後之勢，用後之術而欲求前之功，補瀉雜醫，不能起疾，禾莠參種，迄靡豐年，此所謂治國之意當先明者也。誠先明其意，則國之所是可斟酌而定，議論趨向可審詳而決，課功責效可歲月而待。臣昧死，願論今日之未善者六事，皆治國之意未明之故。何謂未善者六事？今日之國勢未善也，今日之士未善也，今日之民未善也，今日之兵未善也，今日之財未善也，今日之紀綱法度未善也。何謂今日國勢未善？請即漢、唐之興廢，以考見宣和、靖康之始末。漢中衰也，爲王莽所篡，尺地一民非諸劉之有矣。然其人心猶未潰也，故光武以宗室疏屬，至與乞食之饑民聚謀協力，卒以誅莽而盡復漢業者二百年。唐自天寶之後，大

亂相乘，盜竊名字跨據藩鎮者接踵，加以世有內患，日就衰削。亦以其人心猶未潰也，故猶得專主，行其命令，盡羈縻其土宇者百五十年，不至於播遷不復而使中原遂爲左衽也。國家宣和、靖康之變，雖曰小人造釁，力取幽、燕，貪功不靖，激成禍亂。然三鎮雖割而其民未嘗願降也，京師雖陷而天下未嘗有變也，虜雖以威立張邦昌、劉豫，而姦雄未有崛起而與我抗者也。建炎巡幸，遠至溫、台；從衛隆祐，分適洪、贛；川、陝處置，自爲扞禦。三方阻隔，不相聞知，然臣民奔走愛戴，無異平日。及劉豫再犯江、淮，兀朮復取河南，震動陵逼，自以爲豕突之勢莫之敢校，然將士用命，首尾鏖擊，豫以退卻而兀朮大敗，卒甘心而求盟焉。是自宣和之末至紹興十年之後，凡二十年之間，中國實無潰叛之形也。然終不免於罷兵增幣，分裂南北以和寇仇，大則無東漢戡復之勳，小則無晚唐羈縻之政，何也？此臣所以深疑當時治國之意未明，於微弱、分裂、仇恥、弊壞之時，猥用維持保守、兼愛休息之術，枘鑿不合，矛盾相戾，畏而安之，佐成其鋒，以致此也。自是以來，幾二十年，顏亮兇狂，離其巢窟，跳躑一戰，鼓聲所震，常、潤之屋瓦幾無寧者。當是之時，我方過於防慮，豈敢謂其眞送死乎？然而胡人篡之，華人叛之，卒殞其首。於是中原響合，殆將百萬，而我以素無紀律之兵，聲勢不接，猶能所向有功。是中國雖名屬彼而實未嘗潰叛於我者如故也。自是以來，休而息之，愛虜而不敢愛中原者，又幾三十年矣。

歲月雖已遠，長老雖已亡，號令雖已絕，然而臣揆之天理，驗之人心，察之事勢，雖其名屬彼而實未嘗潰叛於我者猶在也。陛下盍先明所以治其國之意而斟酌國是於此乎！且夫微弱者必思強大，湯以七十里，文王以百里是也；分裂者必思混幷，秦、晉、隋之力爭，藝祖、太宗之無敵是也；仇恥者必思報復，夏少康、越句踐、漢武帝、唐太宗是也；弊壞者必思振起，秦孝公、周世宗是也。豈昔之能斟酌國是於此，而今有不能乎？若曰『業已然矣，吾獨奈何』，又曰『天不悔禍，吾其敢逆』！事之未立，則曰『乘其機也』，不知動者之有機而不動者之無機也，縱有其機也，與無奚異？功之未成，則曰『待其時也』，不知爲者之有時而不爲者之無時矣，縱其有時也，與無奚別？然則用後之術而欲求前之功，治國之意終於未明，而今日之國勢亦終於未善，而無所復論矣。何謂今日之士未善？自古國家，曷嘗不以任賢使能爲急歟？然而以意行事，以人勝法者，乃今日之所諱也。故事之曲折，無不諉法；習而行之，吏胥所工，士大夫媿焉。幸時無事，將迎唯諾，自可稱職，而賢能遂至於無用矣。其無用也，故今之修飭廉隅者反以行見異，研玩經術者反以學見非，志尚卓犖者反以材見嫉，倫類通博者反以名見忌，是豈世之惡賢能歟？賢能之無用，勢有以激之也。錮於朋黨，沉於卑賤，老於巖穴，何不可者？然而臣竊怪其旣無用於今世矣，而風流日以墜失，士俗日以頽敗，官無素望，人無定品，諸路無平時之帥，羣僚無充事之員，舉躊躇嘆息而且以乏材爲患者，何歟？豈其既以爲無用而可以抑遏，又以爲有用而不可磨滅歟？然則以爲有用而不求其實而收之，以爲無用而不思其弊而救之者，何歟？此臣所以深疑治國之意未明，而使今日之士未善也，陛下盍先明之乎！若治國之意終於未明，則今日之士亦終於未善，而無所復論矣。何謂今日之民未善？三代之養民，臣猶未敢言也。若夫漢當文、景之際，則公私有餘，武帝則蕭然耗矣；江左、元嘉之政，其盛衰亦然。蓋民之貧富，專繫其用兵之多少矣。自紹興之中年及乾道、淳熙，將五十年，中間用兵一二年爾，亦可謂少矣。民之富，州縣之寬，宜與文、景比，而今日獨奈何民力最窮，州縣最困歟？試即士大夫而問今天下之縣，曰『某可爲歟，某不可爲歟』，其不可爲者十居八九矣。又試既士大夫而問今天下之州，曰『某可爲歟，某不可爲歟』，其不可爲者十居六七矣。又問其『不可爲者何事歟』？曰：『月樁、板帳錢爾，經總制、上供爾，歸正人、官兵俸料爾。』又問『民力之所以窮者何説歟』？曰：『役法爾，和買爾，折帛爾，和買而又折帛爾。』然則國家有休兵之實過於文、景，而天下被用兵之害甚於武帝，何歟？此臣所以深疑治國之意未明而使今日之民未善也，陛下盍先明之乎！若治國之意終於未明，則今日之民亦終於未善，而無所復論矣。何謂今日之兵未善？古人之兵，以宿師爲拙，以聚屯爲病，不敢別異於民而特養之，雖特養之，不多數也。一朝有事，菽椹其食，料簡其民，雖少而未嘗不勝者，厲而使之也。今之特養者，將兵、禁兵、廂兵，世世坐食，總其成數，斯不少矣。古人之兵患未得此數爾，固足横行於天下。又有特養之大者，御前之軍，屯駐四處，鑄兵買馬，截撥綱運，貲力竭矣，然而上下徊徨，皆曰『兵不可不養也』。屈意仇讎，堅守盟誓，行人歲遣，琛貨空矣；然而内外怵惕，又皆曰『兵不可用也』。不知兵既不可不養，而何以反不可用歟？統副非人，朘刻廩賜，卒伍窮餓，怨嗟流聞。議者又以爲『就使用之，終不可以致其死命也』。不知既不可用而徒養之，又何以徒養之者爲累歟？然則昔人之能厲其兵，雖少而必勝，今日之以兵自累，雖多而愈弱者，何歟？臣所以深疑治國之意未明，而使今日之兵未善也，陛下盍先明之乎！若爲國之意終於未明，則今日之兵亦終於未善，而無所復論矣。何謂今日之財未善？財之善者，不曰『米粟布帛取於民力之所有』歟？及王制浸廢，運魚鹽榷酒茗以佐用度，然終不盡利，而亦不盡以金錢責其下之所無，雖少而不得不足者，蓋亦未至於一切肆行而不顧也。今之茶鹽淨利，酒稅征榷，何其浩大歟！雖漢、唐極盛之時，盡一天下之輸，曾未能當今三務場之數。其又有浩大者，經總制錢，強立窠名，從而分隸；和買、白著，折帛、折變，再倍而取；累其所入，開闢以來未之有也。入既若是，出亦如之。蓋嘗倉猝不繼，相視無策，遂印兩界會子而權之者，有年數矣。不知取錢之多既若是，而何以卒歲擾擾，反憂不足歟？今天下幸欲暫安於無事，而徒以是錢爲患也；設更有事，其一切不顧而取之者，又將覆出歟？夫昔者不敢盡取雖少而猶足，今日不顧而取之雖多而猶匱者，何歟？臣所以深疑治國之意未明，而使今日財未善也，陛下盍先明之乎！若治國之意終於未明，則今日之財亦終於未善，而無所復論矣。何謂今日之紀綱法度未善？昔之立國者，知威柄之不能獨專也，故必有所分；控持之不可盡用也，故必有所縱。三代以上，星分棋布，悉爲諸侯，其自居者千里已。此非後世之所能，然猶堅植其四隅，倚之捍禦；封崇其險阨，示以形勢；至於對立鼎峙，雌雄所爭，則必隆其委任，多其分畫。豈無外重生奸跋扈致寇之患哉？歷代相承，莫之或變，蓋非不欲其密，而亦能不使之疏也。然則盡收威柄，一總事權，視天下之大如一家之細，孰有如本朝之密者歟？嗚呼！靖康之禍，何爲遠夷作難而中國拱手歟，小民伏死而州郡迎降歟，邊關莫禦而汴都摧破歟？今猶弗之悟也，豈私其臣之無一事不稟承我者爲國利，而忘其讎之無一事不禁切我者爲國害歟？豈其能專而不能分，能密而不能疏，知控持而不知縱捨歟？此臣所以深疑治國之意未明，而使今日之紀綱法度未善也，陛下盍先明之乎！若爲國之意終於未明，則今日之紀綱法度亦終於未善，而無所復論矣。恭承明詔，念軍國之利害不能究知，生民之休戚無以自達，法或不宜於俗，事或不便於時。臣固以爲無大於此六者矣，然而當先明治國之意而已。不先明治國之意，使此六者本傷而未壞，心蠹而枝披，支離渙散，而臣之議論無所復用矣。誠先明治國之意，則臣今所論，特其目耳。源流汗漫，變故萬端，非兼考古今，不能盡其理；非並知難易，不能通其變；非獨悟良策，不能操其決；非豫覩成效，不能待其久也。陛下不以臣之愚，試留聽焉。誠欲先明所以治國之意，則固當視今之時。陛下以爲今果何時歟？果微弱歟，則意固在於強大矣；果分裂歟，則意固在於混并矣；果仇恥歟，則意固在於報復矣；果弊壞歟，則意固在於振起矣。在陛下審觀熟察而已。然則謂今之時爲中國全盛、夷狄賓服者，臣恐其名託之而實非也；謂治國之意當維持保守、兼愛休息者，臣恐其形似之而實謬也；在陛下果斷改爲而已。臣伏觀壽皇聖帝在位

二十八年，英武剛健，勤勞恭儉，整厲臣工，變移風俗，大志未酬，親授陛下。舜、禹之美，二典所載，若帝之初，何以過焉！陛下嚴祗寅畏，足以膺受付託；仁恕溫厚，足以慰答徯望；虛心無我，足以容受正直；廣覽兼聽，足以照臨欺蔽；至公寡欲，足以杜塞僥倖；長駕遠馭，足以招徠英傑；於此而先明所以治國之意，又何難哉！譬之行天下者，在所問津而已。干犯旒扆，無任恐懼！」

案：此疏《黃氏日抄》作《應詔條陳六事》，與《別集》稍異；黃氏注云：「在光宗受禪初年。」

本譜　卷二

宋光宗紹熙元年庚戌，四十一歲。

在湖北參議官任。公餘讀佛書盡千卷，以告朱子，朱子駭然。時陳傅良正提舉湖南常平茶鹽，特以詩問之。

《水心文集》卷一三《翰林醫痊王君墓誌銘》：「上即位之元年，余參議於荊。」同集卷二九《題張君所注佛書》：「昔余在荊州，無吏責，讀浮屠書盡千卷，於其義類，粗若該涉。」

劉壎《隱居通議》卷一「水心論佛學」：「先生以荊州讀佛書有見告之文公，文公答曰：『此殊可駭，不謂正則乃作如此語！』」

《止齋文集》卷三《聞葉正則閱藏經次其送客韻以問之》：「順水去吳會，逆水來夔門。萬古逆順舟，以斗占旦昏。曩余好百家，信不及魯論。初亦半喜愕，久之乍亡存。白髮一無成，頗識委與源。風停波自平，卻視消長痕。六經夫如何？夫子手所翻。恆言但桑稼，怪志無鵬鵾。規圓而矩方，往往萬巧攢。諸儒各有得，長短賢若干。玉帛相會盟，兵車相併吞。一語苟暗合，羣生皆晏溫。經成今幾年，嘗試以是觀。此道未軻死，此書未秦燔。猶之斗經天，於以生蓋渾。西方亦人豪，國自爲乾坤。書來入中州，坐使學者奔。君豈捨從之？或但遊其藩？吾聞欲乘槎，鑿空訪河根！孰與斗瞻車，把柂行江湍。」

案：先生之於異端，不甚闢之。以爲佛氏亦世外奇偉廣博之論，望而非之，固非聖人之道；若夫發明儒說以求勝之，則其害尤大，蓋不欲以中國之學佐佑異端也。其言云：「學者，所以至乎道也，豈以孔、佛、老爲間哉？使其爲道誠有過於孔氏，則雖孔氏猶將從之。唯其參驗反覆，要之於道之所窮，卒不可以捨孔氏而他求者，故雖後世亦莫得而從也。嗚乎！若此者，可以爲忠厚之至，有以合於聖人之本心矣，烏在於望而非之若其世仇也，必奮而操戈焉！是未能尊其道而徒私其人也。」（《水心别集》卷六《進卷·老子》）又云：「夫西戎僻阻，無禮義忠信之教，彼浮屠者，直以人身喜怒哀樂之間，披析解剝，别其眞妄，究其終始，爲聖狂賢不肖之分，蓋世外奇偉廣博之論也，與中國之學皎然殊異，豈可同哉？世之儒者不知其淺深，猥欲強爲攘斥，然反以中國之學佐佑異端，而曰吾能自信不惑者，其於知道鮮矣。」（《水心文集》卷二九《題張君所注佛書》）是先生之於佛氏，與時儒之見截然異趨，此朱熹之所以爲之駭然也。

七月十四日，友人林頤叔卒。

案：頤叔，字正仲（一一四二—一一九〇），瑞安人。與弟懿仲同師陳傅良。卒後二十餘年，先生銘其墓（《水心文集》卷一六《林正仲墓誌銘》）。

八月二十日，撰《江陵府修城記》（《水心文集》卷九）。

十月，撰《漢陽軍新修學記》（《水心文集》卷九）。

是月，差知蘄州。

《墓碑記》：「紹熙元年，轉朝請郎；十

月，差知蘄州。」

案：《宋史》本傳云：「光宗嗣位，由秘書郎出知蘄州，入爲尚書左選郎官。」今考《墓碑記》、《南宋館閣續錄》，先生出知蘄州之前，尚有湖北參議官之除（見前）。而先生《蘄州到任謝表》（詳本譜紹熙二年）亦云：「始參戎幕，無最可書，驟借專城，以恩被錄。」則先生實由秘書郎出爲湖北參議，復由參議改知蘄州也。《宋史》誤矣。

十一月二十日，爲華陽范仲藝撰《覺齋記》。仲藝，祖禹孫也。

《水心文集》卷九：「所謂覺者，道德、仁義、天命、人事之理是已。夫是理豈不素具而常存乎？其於人也，豈不均賦而無偏乎？然而無色無形，無對無待，其於是人也，必穎然獨悟，必眇然特見，其耳目之聰明，心志之思慮，必有出於見聞覺知之外者焉；不如是者，不足以得之。古之人，其養是覺也何道？將非一趨於問學而不變乎？將非責難於師友而不息乎？將非先義而後利乎？將非篤於所以自爲而不苟於所以爲人乎？是其得之也，死生禍福齊焉，是非邪正定焉；人之大倫，天下國家之經紀，取極於是矣。余觀三代之後，世遠俗壞，士以利害得喪爲準的，雜揉其思慮，紛汩其聰明，以求參乎人情違順之間，喜相翫也，怒相寇也，障固其公共者使之狹小，闌闢其專私者而更自以爲廣大也。於時獨悟特見之士，覺於道而違於世，昏然爲天下大迷。悲夫！以一人而覺一世之所迷，合一世以咻一人之所覺，其所謂問學師友之序，義利人己之辨，常患乎乍存乍亡、若起若滅，方與世俗交鬥而未已也。然則理雖常存，而覺之者病矣。及其甚也，異端之說至於中國，上不盡乎性命，下不達乎世俗，舉以聰明爲障，思慮爲賊，顛錯漫汗而謂之破巢窟，頹弛放散而謂之得本心，以愚求眞，以粗合妙，而卒歸之於無有，是又大異矣。然其知是也，其覺是也，亦必穎然獨悟，亦必眇然特見，耳目之聰明，心志之思慮，亦必有出於見聞覺知而後可。士徒厭夫雜揉紛汩之爲己累也，遂捨而求之者十八九矣。嗚呼！聰明固無紛汩而正矣，思慮固無雜揉而壹矣，道德仁義天命人事之理不可以有易也，夷夏之學不可以有亂也。以世俗之覺蔽其中，而又以異端之覺奪其外，則理之素具者其不缺，而常存者其不隱乎！是故今士之於道，有二難焉。華陽范東叔名燕居之齋曰覺，使余記之。蓋東叔之致其知深矣，故以余之所疑質焉。紹熙元年十一月二十日。」

紹熙二年辛亥，四十二歲。

抵蘄州任所，有《到任謝表》、《謁先聖文》、《祭諸廟文》。

《水心文集》卷一四《高夫人墓誌銘》：「去歲，余來蘄陽，夫人送高氏（先生妻）至江濱，有訣別語，蓋知其不再見也。悲夫！」

案：先生妻母高氏卒於紹熙三年三月，則知先生抵蘄州任所，在紹熙二年也。

又案：《水心文集》卷一三《翰林醫痊王君墓誌銘》云：「余既次君事，……紹熙二年，去荆過吳。」同集卷九

《時齋記》：「余方謀議荆南，不果作，比反道過錢塘，公（李寅仲）由太史乞守眉。」據此，先生在知蘄州前，蓋嘗一歸永嘉；及聞蘄州之命，復挈家人以往，故有高夫人送至江濱語也。又據《南宋館閣續錄》卷八著作佐郎門，寅仲以紹熙二年正月知眉州，則先生歸過錢塘，當在此之前。

《水心文集》卷二《蘄州到任謝表》：「始從參幕，無最可書；驟借專城，以恩被錄。對寵靈而甚願，誤寄委以知難。中謝。伏念臣頃隸太常，承乏博士，方壽皇襲行舜、禹之舊，當陛下祗見祖宗之初，頗預討論，嘗叨奉引。何幸清明之上，獲綴末班；乃緣貧悴之餘，自求外補。遠役忽棲於故楚，浮家幾遍於長川。恭惟駕馭豪傑之時，兼有收挽孤寒之道，遂令試郡，課以治民。江、黄之間，山澤相雜，素號僻左，本極貧虛。屬因淮南行鐵以來，暨乎蘄口置監而後，陰仰官鑪之羨，不勝僞冶之煩，浸用驕奢，無復繩矩，所以檢覈增鑄，禁絶私錢。畏兩文銷折之多，市井至於晝閉；取十年工本之數，軍庫爲之頓空。解紛既難，任責良重。將欲布宣國家拊循之德，奉行監司督察之威，稍安人情，麤給經費。懼非孱拙，所克堪勝。茲蓋伏遇皇帝陛下，詳於使臣，察於知遠。柬擢疏賤，即爲守望之親；磨厲鈍頑，收其敏達之效；輯和邊面，培壯本根。臣敢不因時所宜，以靜爲福。日計不足，雖無毫髮之功；心力未窮，尚答乾坤之造。」

案：《謁先聖文》、《祭諸廟文》並見《水心文集》卷二六；其作成之時蓋與此表相先後。

是年，有《翰林醫痊王君墓誌銘》、《郭府君墓誌銘》。

案：王君，名克明，字彥昭（一一一二—一一七八），饒州樂平人。子大受，字宗可，從先生學。郭君，名良臣，字德鄰，東陽人。子澄、江，皆有學行，與先生爲友（二銘並見《水心文集》卷一三）。

又有書與朱子論學。

案：先生與朱子書，不見今本文集中，朱子答書見於其文集卷五六，王懋竑《朱子年譜》（卷之四上）繫之於紹熙辛亥。朱子與先生書略云：「向來相見之日甚淺，而荷相與之意甚深。中間寓舍並坐移晷，觀左右之意，若欲有所言者，而竟囁嚅不能出口。前書疏往來，雖復少見鋒穎，而亦未能彼此傾倒，以求實是之歸。但見士子傳誦所著書，及答問書尺，類多籠罩包藏之語。不唯他人所不解。意者左右亦自未能曉然於心而無所疑也。世衰道微，以學爲諱，上下相徇，識見議論，日益卑下。彼既不足言矣，而吾黨之爲學者，又皆草率苟簡，未曾略識道理規模，工夫次第，便以己見搏量湊合，撰出一般說話，高自標置，下視古人。及考其實，則全是含糊影響之言，不敢分明道著實處。竊料其心，豈無所疑，只是已作如此聲勢，不可復謂有所不知，遂不免一向自瞞，強作撐柱，且要如此鶻突將去，究竟成就得何事業？未論後世，只今日旁觀，便須有人識破。未論他人，只自家方寸，如何得安穩耶？如來書所謂：『在荆州無事，看佛書，乃知世外瑰奇之說，本不能與治道相亂，所以參雜辨爭，亦是讀者不深考爾。』此殊可駭，不謂正則乃作如此語話也！中間得君舉書，亦深以講究辨切爲不然。此蓋無他，只是自家不曾見得親切端的，不容有毫釐之差處，故作此見耳。欲得會面相與劇談，庶幾彼此盡情吐露，尋一個是處。大家講究到底，大開眼看覷，大開口說話，分明去取，直截剖判，不須得如此遮前掩後，似說不說，做三日新婦子模樣，不亦快哉！孟子自許雖行霸王之事，而不動其心，究其根原，乃只在識破詖淫邪遁四種病處。今之學者，不唯不能識此，而其所做家計巢窟，乃反在此四種病中，便欲將此見識判斷古今，議論聖賢，豈不誤哉？相望千里，死亡無日。因書聊復一言，不識明者以爲如何？然勿示人，恐又起鬧，無益而有損也。」

紹熙三年壬子，四十三歲。

除淮西提舉，兼提刑，轉鹽鐵冶司公事，有《除淮西提舉謝表》。時鐵錢法弊，先生具狀申省，有旨盡力安集商賈，歲餘始定。

《墓碑記》：「（紹熙）三年，除淮西提舉，兼提刑，轉鹽鐵冶司公事。」

《水心文集》卷二《除淮西提舉謝表》：「素抱迂愚，自投閒散。責之禦守，試事淺而未酬；就俾按行，忝命優而難稱。中謝。伏以久令一使，兼總三臺。屬昔荒殘，在權宜而當省，於今壘闕，蓋吏道之滋繁。重以鐵冶之司，旁制江湖之遠。適幣泉淆雜之過，幸朝廷收换之恩。而錢之官私，尚難辨其眞僞；鑄有新舊，致徒分於愛憎。人心交疑，物貨浸少，兹爲大慮，所貴周防。譬之琴瑟既解而更張，然膠柱之譏猶在；如彼馬牛不安於乘服，則駭輿之患當思。臣暫領蘄陽，未彰善效；弗諳淮土，早動鄉情。敢以章句之諸生，輒叨金穀之劇選！此蓋恭遇皇帝陛下，順時除弊，因事討論。不惜厚費，以解詿誤之窮愁；不變本謀，以消姦非之階禍。臣祗承德意，遵用寬慈，察部之條，視身爲律。倘刑罰可損而事以底定，則威靈所被而民用遹寧。」同集卷二二《舒彥升墓誌銘》：「紹熙初，鐵錢法弊，商賈頓虧折，所至皆皇惑罷市，余偶爲蘄州，被使一路，奉上旨盡力安集，歲餘方稍定。」

同集卷二《淮西論鐵錢五事狀》：「臣竊見近歲私鑄鐵錢散漫江淮，公私受弊，人情摇動，其事多端，幸蒙朝廷不惜厚費，特與收换，始得寧帖。臣昨在蘄州目見利害，詢採吏民，頗爲親切。今暫領兼司，所當隨時補緝，務使淮人迄臻安靜，謹具奏聞。其事有五：一曰開民間行使之路，二曰責州縣關防之要，三曰審朝廷稱提之政，四曰謹諸監鑄造之法，五曰詳冶司廢置之宜。何謂開民間行使之路？始初鐵錢不分官私，民間不辨好惡，得錢便使。自禁私錢，百姓懲創，賣買交關，文文揀擇。或將官錢指爲私錢，不肯收受；或只要一色樣錢，謂如舒、蘄人各只使本監字號錢之類；或只要新鑄官錢，且免揀擇。民旅持錢買物，一貫之中，常退出三四百，至以米穀他物自相酬準。城市尚可，村落尤甚。緣此行用艱難，物貨稀少。朝廷禁斷私錢，本要流通官錢，若官錢方更疑惑，豈得穩便！臣近以乾道、同安、蘄春、大冶、宿松、漢陽、定城新舊諸樣官錢，釘板印榜，曉諭民間，令其從便行使，亦立私錢樣，令揀選不用。令各州簽廳官委諸縣釘樣於都保，又別差官親至村落委曲勸喻，欲其耳目接熟，用錢不疑。須待官錢流通，物價復舊，方見禁斷私錢之利。在臣本路，已逐一如此施行，其淮東、湖北，臣目所不見，未知如何。近因還司過蘄口鎮，鎮民詣臣稱：揚、眞、泰州，凡紹熙元年二年蘄春監所鑄錢，皆嫌麤惡，揀退不使。臣尋令拆辯揀擇，其字文模糊尤甚，十居二三，見已關會諸處別議措置。然則揀擇用錢，人情不甚相遠。兼既有新舊諸錢，並私錢色樣不一，曾經揀換，錢文牴牾，若不於行使地分明加告報，終恐向後用者疑惑。臣不敢作冶司發往兩路州郡，欲乞自朝廷降樣行下，永遠照使，要令村落僻遠認識不疑，民旅交易流通無礙。如此，則既擾之精神可以收回，人亦知收換之實利矣。何謂責州縣關防之要？兩路先後立限收換私錢，淮東多而淮西少。雖緣禁有遲速之故，然積累數年，委有許多私錢別無歸著，其當與收換則一爾。今已於限内申報盡絕，而舊色私錢，尚頗散在民間。或限內齎赴不及，出限不可投換；或貫陌少可，無力投換；或富人收藏，意圖他時禁弛，復得行用；既各盡絕，難卹其餘。然市錢日用之中，常有夾帶，所幸民間識認，擇出不要。其新鑄私錢，間有三兩文到市上者，姦民窺伺，豈肯遽已！自禁戢以來，號令紛紛，爭爲嚴峻，或令五家結甲，或令旬申有無私鑄，巡尉以捕捉入銜，敗獲治經由透漏，沿流常要巡綽，津渡皆須搜邏，吏人甘伏決配，官員當俟朝典。臣檢照舊事及不住承準申明，雖皆已遵守覺察，然終未得關防之要。必行則誣告羅織，獄訟繁興；泛行則便同文具，姦宄仍在。臣近令各州簽廳官，責屬內廂巡地分都保等處，專一禁止行使私錢之家，旬具委無行使私錢結罪，類申本司。只此一令，不必繁多，但要行之堅久，私錢無用，私鑄自息。此雖治司職事，亦但可施之本路。欲乞朝廷指揮，於行使鐵錢州郡，除照官錢色樣從便流通行使外，並要本州月具更無行使私錢文狀，結罪申尚書省。蓋欲必無私鑄，其說難信；欲必不使私錢，其事易遵。況經收換，朝廷爲民之意已足；如有違戾，懲治大吏一人，自然震聳用命。如此，則令簡而可行，實而可久矣。

何謂審廷稱提之政？始作鐵錢，非要添此一項泉幣，蓋專以絕銅錢滲漏之患爾。銅錢過江北，既有鐵錢以易之矣；鐵錢過江南，亦必有銅錢易之可也。今爲銅錢地而不爲鐵錢地，事不均平，豈行法以來偶未之思歟？故江北自行鐵錢之後，金銀官會，無不高貴，富商大賈，財本隔礙。而淮旁之民，只是往來兩岸洲夾之內，銅鐵異用，風波滯留，便已盤費消折，安居雖久，仍舊凋疏。淮人嘆息，以爲朝廷緣銅錢之故，致令江北不得自在，空懷抑鬱，無與上聞。近戶部建明，權作兩淮交子百萬，通行沿江州郡，仍許入納，淮人若驟得此數行用，稍廣目前利益。但臣採其土俗之論，以爲月日稍久，流轉不行，必有減落百陌之憂，將爲店鋪停塌之利。若要稱提得所，義理均平，當使鐵錢之過江南，亦如銅錢之過江北，皆有兑換之處，兩無廢棄之虞。於江南沿江州郡，以銅錢會子中半，或一分銅錢，二分會子，直行兑換鐵錢。計其所收，或科撥付總領所，或仍換銅錢，則可以減諸監歲鑄之額。或付兩淮和糴、樁積、馬料、修城，則更不支降交會，亦於朝廷初無所失。淮人知鐵錢過江有兑換之處，自加貴重，商旅之在淮南者，亦不敢輕賤鐵錢，則金銀官會及其他物貨，自當低小。如此稱提，雖行鐵錢，可以經久無弊。若恐鐵錢過江兑換者多，自合量宜撙節，但要存此發泄一路而已。何謂謹諸監鑄造之法？臣竊詳興監以來所鑄鐵錢，其輕重薄厚，精麤大小，略爲相等。就中淳熙七、八、九年中間，蘄春監所鑄，字畫精細，輪郭堅明，比於諸錢，又爲精好。十五、六年以至紹熙元、二，則頓成麤惡。習久生弊，勢亦宜然。昨鐵冶司急欲取勝盜鑄者，遂翻新樣，四季別爲字文，舊重四斤十二兩，今增爲五斤八兩，新錢比舊，大幾一輪。臣竊以錢文宜一，輕重大小宜均，則民聽不疑，行用不惑。季別一樣，自鑄工不能記憶，民間何由辨認！而又新錢特大，形跡舊錢。常人之情，喜新厭舊，所以有只要新錢之說，豈可舊錢遂成無用！又特大者，自爲貫辨，則可行使，分開互用，串聯不合。臣細視之，新錢刻畫麤大，其實不如舊錢，用鐵雖多，錢體不重，但加比驗，自可分明。兼照自淳熙七年至紹熙二年上半年，同、春兩監通鑄過四百餘萬貫，七年之前及他監所鑄，又未有數目。前公私行用，官中自應保護舊錢。其新錢但當鈐束監匠，盡工鑄造，深鑒末年之弊，必如初鑄之精而已。若徒翻樣增鐵以自別異，深所未可。故湖廣總所近有申請，以新舊官錢不同，未敢通用，正謂此也。臣已行下諸監，只以蘄春監淳熙七、八、九年錢樣爲準，務令精好，更不添兩數及四季翻樣，欲乞更賜聖裁。庶幾民聽不疑，新舊一等。何謂詳冶司廢置之宜？臣竊以臣僚初議，專置鐵冶一司，是時私鑄熾盛，鐵錢流入浙西，內地駭愕，專官講求，誠合權道。及其方略禁姦，摧遏鋒銳，雖傷猛驟，亦中事機。今觀冶司陳請三十餘事，皆已施行矣。然終是論建太廣，行移束濕，至使諸司乖戾，州郡掣肘，人心驚疑，異論蜂起。自有各路監司任責指揮，人情少安，方敢向前措置，此臣所親見也。事變之來，動以靜勝，不在張皇。其後冶司亦自畏縮，雖已得旨者，多不果用。且如舒、蘄兩監，鼓鑄之政，舊責守臣，其增造減工，糙惡生弊，走弄文曆，支用自由，當職官吏，固宜黜罰。爲冶司者，但當督察稽考，總其大柄而已。取而自鑄，遂致怨咨，以爲破壞兩州，事起倉猝。至於辟置幹官撿踏，創造廨宇營房，列屬徒多，控制州郡，況鐵炭中賣，處處增足，非比銅坑，苗脈需要尋求。坐食端閒，冗長無用。以臣所見，私錢既蒙朝廷收換，若民間照樣行使，則官錢通流，州郡嚴禁夾帶，則私鑄止絕。鑄造並遵舊法，而新舊錢不疑，稱提出於均平，而江南、北如一，逐路自有監司任責，則提點江淮、湖北，空令取會迂回。更乞聖慈與宰執商量，數月之間，合與未合結局，協於權制，不爲贅疣。塞希恩僥倖之門，杜貪功紛亂之意，靜治不擾，淮人自安。臣謬蒙恩選委，所有愚慮，不敢不言。干冒天威，臣無任隕越俟命之至！」

案：狀云：「臣昨在蘄州，目見利害，詢採吏民，頗爲親切。今暫領兼司，所當隨時補緝，務使迄臻安靜。」是知先生雖除淮西提舉，仍知蘄州事也。此與舒彥升誌「偶爲蘄州，被使一路」可以互證。狀又云：「近因還過蘄口鎮，鎮民詣臣稱：揚、眞、泰州，凡紹熙元年二年蘄春監所鑄錢，皆嫌粗惡，揀退不使。」又云：「淳熙七、八、九年中間，蘄春監所鑄，字畫精細，輪郭堅明，比於諸錢，又爲精好。十五、六年以至紹熙元、二，則頓成麤惡。」其他文字，亦但至紹熙二年而止，無一語及三年以後之事，是知先生之除淮西提舉，必在三年初也。

正月四日，撰《煙霏樓記》（《水心文集》卷九）。

三月，妻母翁氏卒，先生及永康陳亮並有祭文。

《水心文集》卷二八《祭妻母翁安人文》：「外舅后家，門貴身貧。夫人南產，地異材鈞。京山四年，遠不偕戍。

挾兩幼女，終永獨處。居閒歲深，得官日淺。分甘共少，其樂衎衎。內不爲豐，外不求多。稱力而食，靡廛彼禾。人所弗堪，己則自保。巧拙之間，豈有天道。我生多艱，蓬首木質。夫人愛之，始自鋤祓。漂流不已，齒髮既衰。如雲出山，未雨莫回。每得安來，忽以凶報。預知將終，曾不我告。所不老壽，噫我之禍！亦有短懷，自今無愬。彼一卮酒，地遠味酸。寄哀此文，追琢我肝。」

《龍川集》卷二五《祭葉正則外母翁氏文》：「嗚呼！惟恭人生長儒素，嬪於勳門，匪惟勳門，國之戚姻。德尚多有，貴無與倫。方其盛時，震動簪紳。中更多事，散而之溫。大家世族，能幾人存！粵其存者，往往瓜分。各求其配，唯德是論。恭人宜之，豈適王孫！亦惟其德，相待如賓。自飭以禮，自督以勤。再立門戶，其命維新。賢士大夫，以類而親。有酒既旨，有殺既珍，爰多受祉，以友輔仁。相夫至此，有終則坤。云胡不淑，遽以訃聞，使其夫子，號叫云云。恭人甥館，第一輩人。亮忝交久，義同弟昆。一奠至哀，詎曰無因！恭人饗之，以誠非文。」

案：翁氏（一一三五—一一九二），溫州永嘉人。夫高子莫，知永州；先生妻爲其長女。既卒，先生銘其墓，略云：「始，高氏既歸余，余號尤貧。高氏之能勻厚培薄，均足內外，使余尚自立於閭巷者，皆用夫人教。余年益晚，髮禿齒缺，沿漢浮江，栖栖羈旅，惟不足以養是謀，獨夫人察而憐之，非特以壻故愛也。今夫人不幸不

老於壽以死，豈惟高氏之不弔，蓋余命之窮也已。」（《水心文集》卷一四《高夫人墓誌銘》）

是春，銘蔡待時、鎬父子墓。

據《水心文集》卷一四《忠翊郎致仕蔡君墓誌銘》，待時以淳熙十六年九月卒，先生誌其墓云：「始，鎬爲君求余誌其墓，余許之，未及而鎬卒。余念鎬父子併死，大則爲國失士也，小則其鄉無任也，豈獨一家之禍哉？既銘博士（鎬），又以銘君。」則待時與鎬墓誌乃同時作，而待時稍後。又同卷《忠翊郎武學博士（鎬）墓誌銘》云：「丁父憂，服喪垂畢，即召命，未至，以疾卒。」未著鎬逝世年月，以古人服喪之成例考之，當在紹熙二年冬。而誌又云：「淑（鎬長子）走愬余於濡須，相見北關門外，久雪始融，泥潦尺餘，拜且哭曰：『先人臨絕以再世墓銘託夫子，今卜以某年月日葬某所，非得子文不掩也。』」余義知君，於其弔也，遽不及誄，因爲長言繫諸銘。」濡須在今安徽省含山縣附近，宋時屬淮南西路，知先生之誌二蔡君墓，必在紹熙三年春，時正提舉淮西也。是年末，先生則有浙西之命矣。

四月十七日，鄭伯英卒，先生以文祭之。

《水心文集》卷二八《祭鄭景元文》：「天之生才，豈不欲用？曰人不致，匪天能送。人之有材，豈不求通？曰天不顯，匪人能洪。天人相尤，事茫理昧；材雖美成，卒以朽敗。壽皇御極，思得奇幹，大長爲偉，小短爲悍。誰不緣飾，誰不奮迅！取於疏遠，誰不親近！臨歸重華，尚親拔擢。公登甲科，乃自訪落。既又異能，又有絕度。率馬以驥，遵彼大路。乃不卿相，乃不方鎮。乃不奔走，禦侮四鄰。乃爲選人，鬚鬢雪白。其田不食，海濱廣斥。上書非忿，飲酒非狂。非如啼鴂，使草不芳。非天非人，使公蹇蹇。曰唯公命，則又鄙淺。永嘉翩翩，號多友朋。公在其間，前援後承。我最晚出，公顧亦厚。謬志紛紜，蓋嘗一剖。置之何爲？戀家爲樂。但念公亡，山川寂寞。且弔公墓，且哭公堂。且聲此詞，以紀我傷。」

案：伯英，字景元（一〇三〇—一一九二），永嘉人，隆興癸未進士，慷慨有志節，曾任秀州判官，後以母老，終身不仕。與兄伯熊齊名，永嘉名學者，多出二人之後（參見《水心文集》卷二一《鄭景元墓誌銘》暨本譜淳熙八年）。

七月，友人林鼐卒於黃巖，先生傷之，有祭文。

《水心文集》卷二八《祭林伯和文》：「嗟君之質，堅厚而明；敢決不回，惟是之行。我之厚君，豈獨故舊！望其誠然，陽燧在晝。家既淑友，官既廉清。進趨之行，既恬以寧。……君之於善，蓋其性爾。至其所遭，則有命矣。雖以此說，詎能勿怨！我於君弟，如我與君。君之幼兒，今爲幾歲？學不可失，我其與誨。」

七月十一日，弟子丁希亮卒（《水心文集》卷一四《丁少詹墓誌銘》）。

十一月，妻母高夫人葬永嘉護國寺山（《水心文集》卷一四《高夫人墓誌銘》）。

十二月，陸九淵卒（一一三九—一一九

二），年五十四（李紱《象山先生年譜》）。

是月，除浙西提刑。

《墓碑記》：「（紹熙三年）十二月，除浙西提刑。」

是年，朱子有答項平甫書，評先生之學。

《朱文公文集》卷五四：「中間得葉正則書，亦方似此依違籠罩，而自處甚高，不自知其淺陋，殊可憐憫。以書告之，久不得復報，恐未必能堪此苦也。」

又撰《司馬溫公祠堂記》。

案：記見《水心文集》卷九。是年，光州守王聞詩改祠溫公於郡東堂，而光州爲西路屬郡，故請先生爲之記也。又同卷有《李氏中洲記》，當亦紹熙二、三年間先生在蘄時所作。李氏名之翰，蘄人，所居中洲在郡城西。

又銘妻母夫人墓。

案：《水心文集》卷一四《高夫人墓誌銘》：「夫人紹熙三年三月某日卒，年五十八。十一月某日，葬永嘉護國寺山。」又云：「去歲，余來蘄陽，夫人送高氏至江濱，有訣別語。」先生以紹熙二年至蘄，是知其銘高夫人墓不晚於本年末也。

紹熙四年癸丑，四十四歲。

八月，奉召如京師。

《墓碑記》：「（紹熙）四年，轉朝散郎；八月，召赴行在。」

十一月，除尚書左選郎官，諫光宗不過重華宮。

《墓碑記》：「（紹熙四年）十一月內引，除尚書郎官。」

《宋史》本傳：「光宗嗣位，……入爲尚

書左選郎官。是時帝以疾不朝重華宮者七月，事無鉅細，皆廢不行。適見上，力言：『父子親愛，出於自然。浮疑私畏，似是而非，豈有事實！若因是而定省廢於上，號令愆於下，人情離阻，其能久乎！』既而帝兩詣重華宮，都人歡說。適復奏：『自今宜於過宮之日，令宰執侍從先詣起居，異時兩宮聖意有難言者，自可因此傳致，則責任有歸，不可復使近習小人增損言語，以生疑惑。』不報。」

案：孫譜繫此事於紹熙三年四月。曰：「按《通鑑》，光宗二年十一月，帝得心疾，至三年四月，始朝重華宮。是年閏二月，正所謂不朝重華宮者七月。是先生以三年奉召至京爲左選郎官也。又《通鑑》於三年四月書朝重華宮，又於十一月書羅點、尤袤及尙書左選郎官葉適等上疏請朝重華宮，不從。既而因趙汝愚入對，遂與皇后先後過宮，從容竟日。又於四年正月書朝重華宮。此所謂兩朝重華也。至十一月，因趙彥逾請，復朝重華，先生乃有宰執侍從先詣起居之請。是本傳於先生再請過宮，失載；而葉譜以初次見上之言繫於四年，亦爲失考。」繼引紹熙三年《通鑑》本文爲證，云：「十一月丙戌，日南至，丞相留正率百官詣重華宮拜表稱賀（按原書無「拜表」字），兵部尙書羅點，給事中尤袤、中書舍人黃裳、御史黃度、尙書左選郎官葉適等（按原書下有「皆」字）上疏，請（按原書上有「帝」字）朝重華宮，不從。」孫氏所謂《通鑑》，當指清畢沅《續資治通鑑》而言，其書乃纂輯前代史文而成，似難免有誤。今考《宋史》卷三六《光宗本紀》：「（紹熙三年十一月）丙戌，日南至，丞相率百官詣重華宮拜表稱賀。兵部尚書羅點、給事中尤袤、中書舍人黄裳皆上疏請帝朝重華，吏部尚書趙汝愚亦因面對以請，帝開納。」無黄度以及先生，殆黄度及先生並有爭過宮事，畢氏未深考，乃附益於羅點等人之後也。又考是年《本紀》云：正月乙巳，帝以疾不視朝；三月辛巳，疾漸瘳，始御延和殿聽政。四月戊午，朝重華宮；冬十月辛亥，詣重華宮進香；十一月辛卯，以羣臣之請，再朝重華宮，皇后繼至，都人大説。據上所載，自四月戊午至十一月辛亥，首尾合計，方爲七月，又自十月辛亥至十一月辛卯，相距四十日，則本傳所謂帝不朝重華宮者七月，因先生等之諫，乃兩過重華宮云云，必不在紹熙三年。又考四年《本紀》云：帝於正月己巳朔朝重華宮；三月丙子，再朝重華宮，皇后從；九月庚午重明節，百官上壽，侍從、兩省請朝重華宮，不聽。甲申，帝將朝重華宮，皇后止帝，中書舍人陳傅良引裾力諫，不聽。十月壬子，秘書省官請朝重華宮，疏三上，不報。乙卯會慶節，帝以疾復不果朝，丞相葛邲率百官賀於重華宮，侍從上章，居家待罪，詔不許。嘉王府翊善黄裳上疏，請誅內侍楊舜卿，臺諫張叔椿、章穎上疏乞罷黜。戊午，太學生汪安仁等二百一十八人上書請朝重華，不報。庚申，帝將朝重華宮，復以疾不果，丞相以下上疏自劾，請罷政，彭龜年請逐陳源以謝天下，皆不報。十一月辛未，日中有黑子。癸酉，太白晝見，地生毛，夜有赤雲白氣。戊寅，帝朝重華宮，都人大悦。十二月戊戌，復朝重華宮。據上所載，自三月丙子至十一月辛未，恰七月有餘，又自十一月戊寅至十二月戊戌，相距僅二十日，則本傳所云帝不朝重華宮者七月，因先生等之諫，乃兩過重華宮云云，當在是年無誤。以此證之，先生入爲尚書左選郎官，亦如《墓碑記》所載，在是年十一月也。孫譜以葉氏繫於四年爲誤，不知葉譜本不誤也。

樓鑰《攻媿集》卷三八《浙西提刑葉適吏部員外郎制》：「敕具官某，郎選在今爲甚重，雖朝列名流，必著外庸而後授。今得人物之英爲之，又增重矣。爾博極羣書，洞視千古，文章之發，追配作者。頃由冊府，試以郡寄，臨事知變，就俾使節以寵之。天官名曹，寔爲星省之冠，是不予爾而誰屬！簡要清通，爾其兼之。」

案：所謂尚書左選郎官者，實即吏部員外郎也（黄本驥《歷代職官表》卷一）。瞿蜕園《歷代職官簡釋》云：「宋代吏部並不行使吏部的職權，另設審官院掌銓選，其職務分爲四部分：文官的銓選歸審官東院及流内銓，武官的銓選歸審官西院及三班院。審官東、西院稱爲尚書左、右選，由吏部尚書主持，管較高級的文武官；流內銓及三班院稱爲侍郎左、右選，由吏部侍郎主持，管較低級的文武官。」

冬，鞏豐母喪，求先生表其墓。

《水心文集》卷一四《楊夫人墓表》：「去年冬，豐墨衰絰，旅於江下民舍久矣。余間往唁之，問所從來。豐泣曰：『吾謀葬吾母，冢上之表，子爲則宜。』」

案：表作於紹熙五年閏十月。

是年，銘陳彥羣、姜安禮墓。

案：彥羣，名季雅，溫州永嘉人；安禮，名處恭，淄州長山人（二墓誌銘並見於《水心文集》卷一四）。

紹熙五年甲寅，四十五歲。

正月十一日，孝宗不豫，光宗以疾不往朝，先生言於丞相留正，當俟帝疾瘳，再請朝重華宮。

《宋史》本傳：「及孝宗不豫，羣臣至號泣攀裾以請，帝竟不往。適責宰相留正曰：『上有疾明甚，父子相見，當俟疾瘳。公不播告，使臣下輕議君父，可乎？』」

《水心文集》卷一七《蔡知閤墓誌銘》：「紹熙初，光宗已不豫，雖御朝，猶苒苒未平。外庭不知之，多諫上宜過北宮省候如禮。疏積几上，言或訐至，上寬優不加怒，然亦不能從也。自是中外訛言相洶動，無不譏切過宮者，甚至羣以相率攀上衣裾泣曰：『壽皇死也，陛下合上輦一出！』隨至福寧殿不退。上亦泣曰：『此非卿等行處也。』急還內，袴絨爲裂。有責宰相：『上有疾明矣。父子相見，宜俟疾瘳。公不播告，使臣下輕議君父，可乎？』宰相悵然曰：『君殆未曉。夫上實有疾，然諱言疾，日御朝自如，兹所以爲疾也。且人臣無自以疾名上身之理。」」

二月，陳亮以《呂夫人夏氏墓誌銘》示先生，使題其墓。

《水心文集》卷一四《呂君墓誌銘》：「昔余過陳同甫，同甫以所述夏氏銘示余，因使余題其墓。余笑曰：『吾字書不能分偏旁，將安取此！』同甫滋欲必得，余强許之。同甫使其僕隨余至漁浦，取書而去。」

案：夏氏，永康呂師愈妻，其墓誌銘見於《龍川集》卷三十。夏氏葬於紹熙五年二月二十七日，其子呂約、浩、源於葬前請銘。故顏虛心撰《陳龍川年譜》即繫其事於二月。則亮使先生題夏氏墓，亦當與此同時或稍後。

是月，撰《六安縣新修學記》（《水心文集》卷九）。

三月，陳亮卒於永康（顏虛心《陳同甫年譜》），先生哭之慟，有祭文。

《水心文集》卷二八《祭陳同甫文》：「嗚乎同甫，氣足蓋物，力足首事，天所畀也，孰可抑制！以智開物，以機動事，學而得之，又相比佽。載書以來，糾結披藉，解剖闔闢，遇其殊特。著於詞章，無後無前，啓蟄滌酲，獨爲時先。補空續高，扶英植豪，探海取鼇，唯己所操。回視世人，磨細研精，俯墨仰繩，用影律形。視人而行，服勞終身。□□□□，俎豆僅列。我漫一奏，韶壞雅闕。嗚呼同甫！絶代之寶，衆豈同美！抵擲棄捐，亦其常理。子重受禍，嘻又已甚。寓矢以攻，殺者無禁。脱廷尉械，爲進士頭；天子第之，始莫我尤。謂天弗省，天乃終定；謂天既定，而弗永命。嗚乎同甫！心事難平，寵光易滿，萬世之長，一朝之短。余蚤從子，今也變衰，子有微言，余何遽知。畏子高明，痛子憔悴，鐫嗟無勇，和、隨有罪。子不余謬，懸俾余銘，且曰必信，視我如生。疇昔之言，余不敢苟。哀哉此酒，能復飲否？」

四月五日，史浩卒，年八十九（《攻媿集》卷九三《純誠厚德元老之碑》）。先生有祭文。浩，淳熙間薦先生者也。

《水心文集》卷二八《祭史太師文》：「嗚呼！公事孝宗，奮由龍潛，翊之天飛，勞畫倍兼。孝宗命相，公再當國，同致太平，亦同好德。公老卧家，孝宗禪禹，辭於羣臣，獨詔公處。公之將薨，孝宗始疾；及其訃聞，震悼以亟。嗟夫！天之生公，實畀孝宗；君臣之間，自初及終。豈唯君臣，以師以友，言同慮從，恩隆情厚。官爲太師，九十之齒。中興以來，未有公比。於皇孝宗！廟祏既祔，四海恫瘝，三年縞素。唯公元臣，存歿無虧。民思孝宗，則偕公悲。昔公剡士，十有五輩，或至或否，均受其賚。我不知公，公亦薦我，如公至心，固自爲可。生不能謝，死也宜哀。敬陳兹觴，公無吐哉！」

五月，作《醉樂亭記》（《水心文集》卷九）。

《黃氏日抄》卷六八：「《醉樂亭記》，永嘉俗尚西山之游，吏因邏酒榷利數倍，宣城孫公爲郡，始縱民自飲，作新亭以休遨者，名醉樂亭。末及古政教，尤佳。」

六月九日，孝宗崩於重華殿，先生與趙汝

愚、蔡必勝、韓侂胄等同定內禪議。

宋史卷三五《孝宗本紀三》：「紹熙五年五月壬戌，壽皇聖帝不豫。六月戊戌，崩於重華殿，年六十八。」

《宋史》本傳：「孝宗崩，光宗不能執喪，軍士籍籍有語，變且不測。適又告正曰：『上疾而不執喪，將何辭以謝天下！今嘉王長，若預建參決，則疑謗釋矣。』宰執用其言，同入奏，立嘉王爲皇太子，帝許之。俄得御批，有『歷事歲久，念欲退閒』之語，正懼而去。人心欲搖，知樞密院趙汝愚，憂危不知所出。適告知閤門事蔡必勝曰：『國事至此，子爲近臣，庸坐視乎！』蔡許諾，與宣贊舍人傅昌朝、知內侍省關禮、知閤門事韓侂胄三人定計。侂胄，太皇太后甥也。會慈福宮提點張宗尹過侂胄，侂胄覘其意，以告必勝，適得之，即亟白汝愚。汝愚請必勝議事，遂遣侂胄因張宗尹、關禮以內禪議奏太皇太后，且請垂簾，許之，計遂定。翊日，禫祭，太皇太后臨朝，嘉王即皇帝位，親行祭禮。百官班賀，中外晏然。凡表奏，皆汝愚與適裁定，臨期取以授儀曹郎，人始知其預議焉。遷國子司業。」

周密《齊東野語》卷三：「六月九日戊戌，壽皇崩於重華殿。……十三日，壽皇大殮，車駕不至，無與成服，人情憂懼。留正等遂奏請憲聖代行祭奠之禮，以安人心。往反數四，始得太皇聖旨：『皇帝以疾，聽就內中成服。太皇太后代行祭奠之禮，宰相百官就重華宮成服。』正等遂遵行之。然中外人情洶洶，以禍在旦夕。近習富室，競輦金帛藏匿村落。

而朝士中如項安世等，遁去數人。如李詳等搬家歸鄉者甚衆，侍從至欲相率出城。於是留正等連疏乞立太子，以重國本。二十四日晚，御批云：『甚好。』次日，宰執擬立太子，指揮進入，御筆批：『依，付學士院降詔。』是晚又御批云：『歷事歲久，念欲退閒。』留正見之，懼。……遂力請罷免，出城俟命。工部尚書趙彥逾時爲山陵按行使，臨欲渡江，因別汝愚曰：『近事危急如此，知院乃同姓之卿，豈容坐視？當思救之之策可也。……聞上有御筆八字，果否？』汝愚曰：『留丞相丁寧莫說，今事急矣，與尚書說亦不妨。』彥逾曰：『既有此意，何以不便立嘉王？』汝愚驚曰：『向嘗有立儲之請，尚恐上怒，此事誰敢擔當？且看慈福、壽成兩宮之意如何？』……於是令徐誼、葉適因閤門蔡必勝諭意於知閤門事韓侂胄。胄母，憲聖女弟也，其妻又憲聖女姪也，最爲親近。侂胄曰：『某世受國恩，託在肺腑，願得效力。』於是往見慈福宮提舉張宗尹、……重華宮提舉關禮。……禮〔入〕曰：『今宰執正令韓侂胄在外，欲奏內禪事，望聖人三思，早定大計。』憲聖不語，久之，曰：『我前日略曾見吳琚說來，若事順須是做教好，且許來早於梓宮垂簾，引執政面對。』禮遂傳旨侂胄，侂胄乃復命於汝愚，始往報陳騤、余端禮、郭杲並步帥閻仲，關禮使其姻黨閤門舍人傅昌朝密製黃袍。……七月四日甲子，禫祭，羣臣入，王亦入。執政率百僚詣大行前奏請太皇，頃之垂簾，有旨令韓侂胄同執政奏事。汝愚等再拜，詣簾前奏曰：『皇帝以疾，至今未能執喪，臣等累入劄，乞立皇子嘉王爲皇太子，以繫人心，皇帝批出「甚好」。繼又批「歷事歲久，念欲退閒」，取太皇太后旨處分。』憲聖曰：『皇帝既有御筆，相公自當奉行。』汝愚等奏曰：『此事甚大，須降一指揮方可。』憲聖曰：『好。』汝愚遂袖出所擬指揮以進曰：『皇帝以疾，未能執喪，曾有御筆，自欲退閒，皇子嘉王可即皇帝位。』憲聖覽訖，曰：『甚好。』汝愚等再拜。……太皇命侂胄入簾，授以黃袍，命扶嗣君即皇帝位。」《水心文集》卷一七《蔡知閤墓誌銘》：「既而孝宗大漸，上成服宮中，中外訛言益甚。或言『某將輒奔赴』，或傳『某軍私聚哭』，大抵皆反矣。朝士潛遁者前後數人，私竊以家去者甚衆，近幸富民，競匿重器村舍中，都人朝夕不自聊。或（先生也）又責宰相：『上雖疾而不臨喪，無以辭於天下。今嘉王長，若豫建參決，則疑謗釋矣。』宰相又悵然曰：『他日降出一草茅書，書言儲副事。吾袖進取旨，上變色曰：儲副不豫建，建即代也，朕欲卿知其妄爾。然試合辭以請，上再報曰：甚好，朕欲退閒久矣。屢乞奏事不獲命，憂懼無所出。』公自爭過宮至孝宗崩，晝不食，夜不寐，……獨與知樞密院趙公往反定議。時韓侂胄同在閤門，公素善侂胄，曰：『公於太皇，甥也。吾欲以公至趙公所。』侂胄知指，許諾。公遂挾侂胄見趙公參語，因知省關禮白太皇太后。趙公又約工部尚書趙彥逾戒郭杲飭宿衛，起居舍人彭龜年告嘉邸備進發，皆定矣。五年七月甲寅，禫祭，……太皇太后遂引宰執至簾下，詔曰：『皇帝疾，至今未能執喪，自欲退閒。此御筆也。嘉王可即皇帝位於重華宮，躬行喪禮。』百官泣拜起。而今上已立，天下晏然復寧者，公本致侂胄於趙公，定策遂立元子之力也。」

案：以上三條所記，大略相似，紹熙末定內禪之議，先生與有功焉（另《林下偶談》卷三亦載其事，詳後）。然錢大昕《二十二史考異》云：「紹熙內禪，汝愚實主之，適以郎官與聞斯議，而傳叙其事首尾三百餘言，蓋文人作誌狀者攘美之詞，史家因而書之，斯無識矣。」（《儒林傳》四）蓋言先生於紹熙內禪無大功可言也。今考以上文獻所載，殊爲不然。故孫詒讓氏駁之云：「錢曉徵《宋史考異》嘗以本傳詳載光宗內禪事，謂修史者採誌狀之文，不免誇飾，然趙忠定定策，水心贊助之力爲多，載之本傳，自宜詳悉。」（《孫籀廎先生集·籀高述林》卷六《書宋史葉適傳後》）

七月，寧宗即皇帝位，遷國子司業。進對，申《卷阿》之義爲獻。

《攻媿集》卷四十《吏部郎官葉適國子司業制》：「敕具官某，國家萃天下英才而置之學，選於衆而爲之師，經術由此而明，人物由此而出，豈唯細故哉！朕御圖之初，思欲作新學者耳目，求當今第一流素爲天下士所推服者以正師席，宜莫若汝。矧茲郎潛，資望俱稱，故用之不疑。傳不云乎，善待問者如撞鐘，叩之以大則大鳴，叩之以小則小鳴，唯汝足以當此哉！」

案：制詞既有「朕御圖之初」之語，則先生遷國子司業，即在嘉王即皇帝位後。今考孫詒讓《書宋史葉適傳後》云：「傳於遷左選郎官後，即接叙光宗不能執喪，嘉王即皇帝位，遷國子司業。蓋謂遷國子司業在紹熙五年七月寧宗即位後，今考吳氏《荆溪林下偶談》（卷三「水心能斷大事」）云：『紹熙末年，光廟不過重華宫，諫者盈庭，中外洶洶。未幾，壽皇大漸，諸公計無所出。水心實爲司業，御史黄公度使其婿太學生王棐仲溫密問水心曰：「今若更不成服，何如？」水心曰：「如此卻是獨夫也。」仲溫歸以告黄公，黄公大悟，而内禪之議起於此矣。』吳爲水心弟子，所記當得其實，史謂寧宗既即位後方遷司業，誤也。」

按：孫氏之言雖若有據，然先生制詞，具在今本《攻媿集》中，豈偶未之見耶？孫氏於鄉邦文獻，知之甚悉，且撰《周禮正義》若干卷，以發揚永嘉之學，而疏誤不免，益見考史之難矣。

《水心文集》卷一《嘉泰三年上寧宗皇帝劄子》一：「往者陛下初嗣大寶，臣服在百僚，偶當進對，輒不能自已，竊嘗申繹《卷阿》之義爲陛下獻。」

是月十七日，宋傅卒。

案：傅，字巖老，永嘉人。先生與之善，卒年七十（一一二五—一一九四）。《水心文集》卷一四《參議宋公墓誌銘》：「自鄭景望兄弟、薛士隆、陳君舉，持議精立，號有芒鍔，公居其間，徐折衷之，諸公皆曰：『向某事某議，於巖老意未然，不可輕也。』」

蓋傳，亦永嘉諸子之先導也。

八月，轉朝請郎（詳後）。

九月，除顯謨閣學士差充館伴使（詳後）。

十月，兼實錄院檢討官。

《墓碑記》：「（紹熙）五年，除國子司業；八月，覃恩轉朝請郎；九月，除顯謨閣學士差充館伴使（詳後）；十月，兼實錄院檢討官。」

《南宋館閣續錄》卷八實錄院檢討官（紹熙以後）：「葉適，五年十月以國子司業再兼。」

是月，同年友范仲黼知彭州，先生以詩送之。

《南宋館閣續錄》卷八著作郎（紹熙以後）：「范仲黼，字文叔，成都雙流人。淳熙五年姚穎榜進士，治詩賦。五年八月除，十月知彭州。」

《水心文集》卷八《送范文叔知彭州》：「君今結束歸何勇，我獨棲遲去不能。江水入冬猶浩蕩，風帆逼歲合騫騰。相逢論事信徒爾，清坐矢心嗟未曾。想得彭州退公後，夜窗重整照書燈。」

閏十月，撰《楊夫人墓表》。楊氏，婺州武義人，友人鞏豐之母（《水心文集》卷一四）。

十一月十二日，除太府卿、總領淮東軍馬錢糧。有《謝表》、《總司祭先聖文》、《諸廟文》。

《墓碑記》：「（紹熙五年）十一月，除太府卿、淮東總領。」

《宋史》本傳：「汝愚既相，賞功將及適，適曰：『國危效忠，職也，適何功之有！』而侂胄恃功，以遷秩不滿望怨汝愚。適以告汝愚曰：『侂胄所望，不過節鉞，宜與之。』汝愚不從。適嘆曰：『禍自此始矣！』遂力求補外。除太府卿，總領淮東軍馬錢糧。」

吳子良《林下偶談》卷四紹熙立君詔：「紹熙末，光廟有疾，嘉王之立，起於水心先生與徐子宜之謀。趙忠定令水心草詔，序孝廟大漸，所以立嘉王之故，云：『病無嘗藥之人，崩乏居喪之主。』忠定不肯用，別爲之。水心曰：『禍將作矣，吾當亟去。』蓋爲立君大事，不明言其故，必有小人造謗興讒，以禍諸君子者。水心竟不言功，隨即去國。徐子宜本爲都司，以功進從官，未幾侂胄果造謗，忠定貶死而子宜亦遠竄。水心既不言功受賞，亦不因功受禍。若水心，可謂知幾卓識之君子矣。此事游丞相語余，謂得之於先忠公之說如此。……忠公名仲鴻，後以僞學與水心同入黨籍坐廢者也。」

《止齋文集》卷一八《國子司業葉適除太府卿淮南總領制》：「敕具官某，昔者仲尼考定六藝，至《大學》之卒章，歸於義利；《易》道深矣，亦曰天地大德，次及於理財也。今宿師數十萬，以天下之財贍之，不領於大農之經費，而居此官者不知此誼，是不重爲吾民病乎！宜廷臣論建者欲得賢士大夫，使之久任，以加惠吾元元也。朕覽奏矍然，改圖其人，而大臣首以爾適應選擇。輟從司成，晉長外府，以儒術總戎餉，昉於此矣。行爾所學，奚必多訓。可。（原注：十一月十二日）」

《水心文集》卷二一《除太府卿淮東總領謝表》：「既莞錢米，又知甲兵，本乞漫游，更叨煩委。中謝。伏念序遷學校，固慚課業之荒唐；內迫家門，重困食用之寡薄。一貧殆不可忍，屢請期於必從。然而辭尊居卑，陳力就列，視古爲訓，於退則宜。今乃升寄卿班，示厥號名之寵；預聞軍政，制其財賦之權。猥用榮章，被之弱質。若夫此地，爰自積年，務場壞而經常之鏹大虧，綱運弊而濕惡之糧亦匱。口累日重者近憂而已，兵民俱困則遠患若何！況於由細入麤，以輕馭重，忽當警急，無異承平。國其選擇而使能，臣姑冒昧而就祿。此蓋恭遇皇帝陛下，勤勞初載，謹審外防。謂臣粗讀古書，合更時務，因其欲斂藏湖海之上，且復令周旋戎馬之間。臣敢不事貴經通，身先捐節。必吝出納，是爲有司之常；苟逃曠瘝，終返腐儒之舊。」

案：《總司祭先聖文》、《祭諸廟文》，並見《水心文集》卷二六，當與此表相先後。

十一月二十八日，陳傅良奏以右文殿修撰或秘閣名目以留先生。

《止齋文集》卷二七《辭免實錄院同修撰第二狀》：「以臣所見，當今良史之才，莫如朱熹、葉適，其餘如吳仁傑、王明清之徒，皆有志於此者也。朱熹、葉適近嘗入院，未幾而熹帥江陵，適總淮餉，秉筆之士，相顧嗟惜。陛下誠聽臣言，以一朝大典之重，不吝改作，復用二人者，使之專領，將天下皆以爲得人，豈非聖朝之美事，明主之盛舉哉！但熹既去國，假如強起，猶在數月之後，而適尚未朝辭，足可下留行之命。臣愚欲望聖明發於英斷，以所除臣同修撰一官，改作右文殿修撰或秘閣名目以留葉適，則不過年歲，可冀奏篇。」又云：「葉適與臣有鄉曲朋友之好，臣以公論，不敢避嫌。如蒙採聽之後，有以爲其人不堪此選，即臣當伏罔上之罪。」

十二月，抵淮東總領任所。

《嘉定鎮江志》卷一七總領所：「葉適，朝請郎試太府卿，紹熙五年十二月到。」

寧宗慶元元年乙卯，四十六歲。

五月二十日，爲友人績溪令王柟撰《績溪縣新開塘記》（《水心文集》卷九）。

六月，撰《樂清縣學三賢祠堂記》。三賢者，王十朋、錢堯卿、賈如規也（《水心文集》卷一四）。

九月，撰《通直郎致仕總幹黃公行狀》。

案：狀見《水心文集》卷二六。黃公名雲，字瑞達，吳郡人，中書舍人黃由之父。狀末署云：「慶元元年九月，朝請郎、試太府卿、〔總領〕淮東軍馬錢糧葉適狀。」

十二月二十九日，撰《金壇縣新修學記》。

案：記見《水心文集》卷九，末署慶元元年十二月二十九日，時知縣爲李枀。

是年，陳傅良妻死，求先生銘其墓。

案：《水心文集》卷一四《張令人墓誌》，傅良妻以是年八月二十二日卒，時傅良爲中書舍人，以書抵先生曰：「吾夢景惠盛服出布帷，問焉往？曰往見子謝。意屬子銘也。」考傅良以慶元二年六月，爲言者所劾，罷舍人職，而《墓誌》又未及其妻安葬時日，是其求銘，或在慶元元年也。

是年末，撰《丁君墓誌銘》。

案：丁君，名世雄，黃巖人，希亮堂

兄。子木，字子植，嘉定四年進士，從先生學。（《宋元學案補遺》沿《台州府志》之誤，丁木作丁本，今當以《丁君墓誌銘》及《黄巖縣志》正之。按：襄公三十年《左傳》云：「陳，亡國也，其君弱植。」正義：「草木為植。」丁木名字，蓋取義於斯。）

慶元二年丙辰，四十七歲。

遭監察御史胡紘劾罷。

《宋史》本傳：「及汝愚貶衡陽，適亦爲御史胡紘所劾，降兩官罷，主管沖佑觀。」

《墓碑記》：「慶元二年，遭監察御史胡紘論，降兩官，放罷。」

《嘉定鎮江志》卷一七總領所：「葉適，朝請郎試太府卿，……慶元二年三月罷。」

案：《宋史》卷三七《寧宗本紀》、卷三九二《趙汝愚傳》、《慶元黨禁》（不分卷），汝愚以監察御史胡紘言，責授寧遠軍節度副使，永州安置，時在慶元元年十一月丙午，明年正月二十日庚子，卒於衡陽。則先生爲胡紘劾罷，或稍後於此，與《鎮江志》所載者合。

《四朝聞見録》甲集胡紘、李沐：「韓侂胄欲圖忠定而莫有助之者，謀之於某官，某語侂胄曰：『公留某則可圖趙。』」韓遂於上前力留之，後竟拜相。某官既爲韓留，則力薦紘、沐，沐遂誣忠定爲不軌，紘代擊考亭先生，誣以歐陽公被謗事，又斥其輒廢校舍爲宅；論水心所著《進策·君德論》以爲無君。」

《朱文公文集》卷三一《答蔡季通書》：「葉正則遭論，鐫兩秩罷去，並毁其書板，章中已見及，名次甚高。」

案：論者，指胡紘也。葉譜繫先生放

罷事於元年，誤。

五月，撰《丁少詹墓誌銘》（《水心文集》卷一四）。

九月，撰《姚君俞墓誌銘》（《水心文集》卷一四）。

十月十八日，撰《鄭仲西墓誌銘》（《水心文集》卷一五）。

十二月，監察御史沈繼祖劾朱熹，詔落熹秘閣修撰，罷宮觀。竄處士蔡元定於道州（《宋史》卷三七《寧宗本紀一》）。

是年，銘宋傅、呂師愈墓。師愈，字少韓，永康人，與陳亮善。傅，已見本譜紹熙四年。

慶元三年丁巳，四十八歲。

七月，爲瑞安沈體仁撰《沈氏萱竹堂記》（《水心文集》卷九）。

八月，銘邵叔豹墓。叔豹，字隱甫（一一二七—一一九四），溫州平陽人。子持正，工文詞，學於先生（《水心文集》卷一五《宋武翼郎新製造御前軍器所監造官邵君墓誌銘》）。

十月，銘鄭耕老墓。耕老，字穀叔，永嘉人。嘗「著《仁義》、《禮樂》、《扶中》、《截流》等論，推明聖人之道。」（《水心文集》卷一五《奉議郎鄭公墓誌銘》）

十二月十七日，用王沇言，籍僞學姓名凡五十九人，先生與焉。

《宋史》卷三七《寧宗本紀一》：「（慶元三年十二月）丁酉，以知綿州王沇請，詔省部籍僞學姓名。」

畢沅《續資治通鑑》卷一五四《寧宗紀》：「（慶元三年十二月）丁酉，知綿州王沇上疏乞置僞學之籍，仍自今曾受僞學舉薦關陞及刑法廉吏自代之人，並令省部籍記姓名，與閒慢差遣，從之。於是僞學逆黨得罪著籍者，宰執則有趙汝愚、留正、周必大、王藺四人，待制以上則有朱熹、徐誼、彭龜年、陳傅良、薛叔似、章穎、鄭湜、樓鑰、林大中、黃由、黃黼、何異、孫逢吉十三人，餘官則有劉光祖、呂祖儉、葉適、楊芳、項安世、李埴、沈有開、曾三聘、游仲鴻、吳獵、李祥、楊簡、趙汝讜、趙汝談、陳峴、范仲黼、汪逵、孫元卿、袁燮、陳武、田澹、黃度、張（詹）體仁、蔡幼學、黃灝、周南、吳柔勝、王厚之、孟浩、趙鞏、白炎震三十一人，武臣則有皇甫斌、危仲壬、張致遠三人，士人則有楊宏中、周端朝、張道、林仲麟、蔣傅、徐範、蔡元定、呂祖泰八人，共五十九人。」

案：以上所列僞黨人數姓名與《慶元黨禁》同，溫州學者入籍者凡八人：知臨江府徐誼、中書舍人陳傅良、戶部侍郎薛叔似、校書郎陳峴、國子博士孫元卿、國子正陳武、福建提舉蔡幼學、士人周端朝，以及先生。其中周南、趙汝讜、趙汝談、周端朝四人，皆先生弟子。蓋當時溫州學者甚多，且負盛名，故忌之者亦衆。李心傳《道命録》卷七下載臣僚上言曰：「三十年來，僞學顯行，場屋之權，盡歸三溫人。預說試題，陰通私書。所謂狀元、省元，與兩優釋褐者，若非私其親故，即是其徒。」（言者論廷省魁兩優釋褐皆僞徒，不可輕召）三溫人者，蓋謂先生、徐誼、陳傅良也。

是年，銘彭仲剛、沈大經墓。

案：仲剛字子復，溫州平陽人，其學篤實踐履，紹熙五年官至承議郎卒（一一四三—一一九四）。大經字元誠，瑞安人。紹熙二年正月卒（？—一一九一）。從父躬行，本誠居敬，從程氏學，爲先生所稱「永嘉九先生」之一（《水心文集》卷一五《彭子復墓誌銘》、《沈元誠墓誌銘》）。

慶元四年戊午，四十九歲。

差管沖佑觀，朝奉大夫。始居西湖，王植來學。

《墓碑記》：「（慶元四年）差管沖佑觀，朝奉大夫。」

《水心文集》卷一六《莊夫人墓誌銘》：「慶元戊午，余始居生薑門外西湖上，金華王植立之實來。於時士相禁以學，立之宰相（王淮）家子，匿姓名，捨輜重，立從余窮絕處，水村夜寂，蟹舍一燈，漁火隱約，而立之執書循崖，聲甚悲苦。」

四月，右諫議大夫姚愈上疏論姦僞之徒盜名欺世，乞定國是。

《道命錄》卷七下：「『臣竊見近世行險僥倖之徒，創爲道學之名，竊取程頤、張載之說，張而大之，聾瞽愚俗，權臣力主其說，結爲死黨。陛下取其罪魁之顯然者，止從竄免，餘悉不問，所以存全之意，可謂至矣。奈何習之深者，怙惡不悛，日懷怨望，反以元祐黨籍自比。如近日徐誼令弟芸援韓維謫筠州日，諸子納官贖罪，以求歸侍，此皆假借元祐大賢之名，以欺天下後世。當元祐時，宰輔如司馬光輩，其肯陰蓄邪謀，窺伺神器，自謂夢壽皇授鼎，白龍登天，如汝愚之無君者乎？侍從如蘇軾輩，其肯阿附權臣，妄謂風雷之變，爲今天動威，以彰周公之德，如劉光祖者乎？其肯當揖遜之際，有但得趙家肉一塊足矣，以助汝愚之爲姦，如徐誼者乎？其餘百職事如秦觀輩，其肯推尋宗派，以爲汝愚乃楚王之裔，宜承大統，如游仲鴻者乎？其肯獻佞汝愚，以爲外閒軍民，推戴相公，如沈淸臣謂汝愚爲壽皇養子；張致遠陰受汝愚指教，圖兼兵柄，如此之類，見於論疏，不一而足。此天下之所共知，安可誣也！夫元祐之黨如彼，而今僞黨如彼，臣願特降明詔，播告天下，使中外曉然知邪正之實，庶姦僞之徒，不至假借疑似，以盜名欺世。仍乞宣諭宰執、侍從、兩省、臺諫，凡進退人才，宜各堅守正論，無惑邪說，以定國是。』……（四月二十二日，奉聖旨，依。慶元四年上。）」

夏，差知衢州，辭。

案：《宋史》本傳云：「差知衢州，辭；起爲湖南轉運判官。」不書先生復官年月，今考《慶元黨禁》云：「慶元四年戊午秋七月己未，直寶文閣、都大（提舉）川秦茶馬丁逢入見，極論元祐中調停之害，且引蘇轍、任伯雨之事爲證，時薛叔似、葉適坐汝愚黨久斥，皆起家爲郡，故逢有是言，宰執京鏜、何澹大然之。」則先生起家爲郡，當在是年七月之前。又《水心文集》卷二《湖南運判到任謝表》云：「伏念臣思過特深，自量尤審，一昨賜歸於窮舍，即甘息望於榮途。唯君父之矜憐不衰，與朝廷之記錄常在，甫頒祠廩，遽錫州麾。雖許控辭，終蒙注意，遂出重湖之節，假以灌輸之權。示欲必行，嚴爲期會。臣子供奔走之職，何敢屢違；穹蒼垂覆蓋之私，所宜仰戴。載馳袢暑，綿涉修程，既達置司，奉將隆指。」所謂「甫頒祠祿，遽錫州麾」云云，明言先生差管沖佑觀不久，即有知州之除也。唯孫譜慶元四年條云：「《通鑑》又言，薛叔似、葉適坐汝愚黨久斥，皆起郡爲官，四川茶馬丁逢極言元祐、建中時調停之害，考先生起典州郡在嘉泰二年，《通鑑》誤也。」又嘉泰二年條云：「《道命錄》七下：『先是，姚愈乞降詔戒飭僞邪之徒，溫人有爲薛叔似象先、葉適正則地者，以天道循環，無往不復之說感侂胄，乃起象先、正則典州郡。象先嘗爲戶部侍郎，正則太府卿、淮東總領，皆坐趙丞相累罷斥者也。』姚愈此疏上於慶元二年，或其時已起先生典州郡，而史失書耶？按《水心集》，慶元二、三年間，先生方以疾家居，無出典州郡之事，或《道命錄》所云，即謂嘉泰三年以後事耶？」則孫氏言先生之起典州郡，或在嘉泰二年，或在嘉泰三年，自不能必。孫氏復據《水心文集》，謂先生慶元二、三年間以疾家居，無出典州郡事。殊不知《宋史》本傳已言先生辭未赴任矣，且姚愈上疏爲慶元四年事；先生之差知衢州，亦爲慶元四年事，《道命錄》及《慶元黨禁》言之甚明，孫氏何以未見耶？

十一月十四日，應郭津之請，撰《石洞書院記》（《水心文集》卷九、《石洞貽芳集》卷二)。
是年，又銘平陽鄒希孟墓，不詳月日(《水心文集》卷一五《宋鄒卿墓誌銘》)。
慶元五年己未，五十歲。
夏，感風疾，自是十年未瘉。
《水心文集》卷一五《高永州墓誌銘》：「慶元己未夏，余畏風，更用寒熱，藥不療病，聚腹脅上行，四肢百體皆失度，如土木偶。衆醫妄議卻立，親黨不知所爲，多引去，唯外舅朝奉大夫永州高使君來視余。其明年庚申，……余不能伏枕席，常狂行竟日。……(又七年)丁卯，余疾終未瘉也，然漸欲操筆矣。」
同集卷一六《孫永叔墓誌銘》：「餘姚孫君椿年，字永叔，生五十九年，卒於慶元己未。……君子之宏來索銘，值余得眩疾，文理顛倒，不自省錄，乃請山陰陸公表於墓以待。余疾更十年不愈，之宏索銘不置。」
《水心別集》卷一五《自跋》：「慶元己未，始得異疾，六年不自分死生，筆墨之道廢。嘉泰甲子，若稍蘇而未愈也。」
慶元六年庚申，五十一歲。
三月九日，朱熹卒(一一三〇—一二〇〇)，年七十一(王懋竑《朱子年譜》)。
四月二十三日，妻父高子莫卒，先生哀之，有祭文。
《水心文集》卷二八《祭高永州文》：「先后聖德，天報其門。何以報之?維材與賢。簪笏之䐈，而自陶冶。不以師教，有如公者。靡驕曩貴，靡羞後貧。銖廉黍約，以標厥身。官奚弗昭，知亦非少。薦聞實多，不用竟老。眇然零陵，併重奪之。理不可推，通人所疑。我慚素賤，洒辱公女。手擇寒蔬，相與敬處。公歸自洪，我屏西山。瘦馬獨來，共談草間。視我我疾異甚，遲旦暮死，公今忽先，視我餘幾。以義當哀，以情當悲。昏塞我衷，不知施爲。又失我思，無復昔語。強寄茲觴，公酭勿吐。」

案：子莫，字執中，宣仁后之後。歷知明州象山縣、處州麗水縣，通判台州、隆興府。知永州，未到郡卒，年六十一（一一四〇—一二〇〇）。夫人翁氏，封宜人。其長女，先生妻也（《水心文集》卷一五《高永州墓誌銘》）。

八月，光宗崩於壽康宮，年五十四。

《宋史》卷三六《光宗本紀》：「（慶元）六年八月庚寅，太上皇帝不豫。辛卯，崩於壽康宮，年五十四。」

本譜　卷三

嘉泰元年辛酉，五十二歲。

除湖南運判，有《到任謝表》。

《墓碑記》：「嘉泰元年，除湖南運判。」

《宋史》本傳：「差知衢州，辭，起爲湖南轉運判官。」

《水心文集》卷二《湖南運判到任謝表》：「冒選擇於久閑之日，厚矣曷酬；拜恩除於尙病之時，羸而難任。陳情未察，恭命勉行。中謝。伏念臣思過特深，自量尤審，一昨賜歸於窮舍，即甘息望於榮塗。惟君父之矜憐不衰，與朝廷之記錄常在，甫頒祠廩，遽錫州麾。雖許控辭，終蒙注意，遂出重湖之節，假以灌輸之權。示欲必行，嚴爲期會。臣子供奔走之職，何敢屢違；穹蒼垂覆蓋之私，所宜仰戴。載馳袢暑，綿涉修程，既達置司，奉將隆指。然念臣災屯合聚，痾恙侵凌，形質至於變移，心慮從而昏奪。累年沈痼，衆藥備嘗，曾微除愈之期，僅有蘇醒之覺。故人玩於存省，或疑無他；醫工莫知主名，可謂異疾。今有事任於一路不爲少，非展布其四體無以堪，若姑以疲憊臨之，則何但鹵莽而已。更虞闕敗，上累生成。此蓋伏遇皇帝陛下，法帝堯之知人，致文王之多士。考於已試，寧使勿欺；採其舊聞，責以來效。故令廢惰，玷此光華。臣敢不銷虛威以周下情，立實信以觀遠俗。視殘軀之可力，傾盡而爲；儻宿疢之或平，糜捐以報。」

案：先生之除湖南運判，葉譜、孫譜並繫之於嘉泰二年，誤。又先生謝表云：「載馳袢暑，綿涉修程。」知先生之赴任，在本年夏也。

十一月九日，葬妻父於永嘉官莊（《水心文集》卷一五《高永州墓誌銘》）。

十二月，轉朝（敬）〔散〕大夫。

《墓碑記》：「（嘉泰元年）十二月，轉朝（敬）〔散〕大夫。」

嘉泰二年壬戌，五十三歲。

除秘閣修撰，有謝表。

《墓碑記》：「（嘉泰）二年，除秘閣修撰。」

《水心文集》卷二《除秘閣修撰謝表》：「諗疾丐歸，將待休於一壑；疏恩寓職，乃增重於三湘。衆之所榮，臣以爲忝。中謝。竊以典修中秘，肇自政和，必須資歷之多，號稱館閣之舊。屬厭時望，積累外庸，不虛論撰之名，始副掄除之實。

伏思臣者，素謂畸人，雖早汙於清班，亦濫塵於煩使。施已深而未報，福遽過以攎災。坐閱寒涼，再徂歲閏。及此扶行而問俗，幾成尸素以具官。惘惘於簿書之程，區區乎醫藥之事。空抱膏肓之苦，莫克砭磨；迄何毫髮之勞，可當褒序。飾朽株以丹青之美，登醜石於珪瓚之叢，凜然無堪，躐是異數。此蓋伏遇皇帝陛下，至公衡聽，兼愛曲成。憐其拙疎，若在所取；不緣孤外，而有遐遺。使之託身文字之林，掛名奎壁之次，煥矣賁賁，燁其寵章。臣末路幸逢，矢心銘激。悵沈痾之縈薄，未測頽齡；恐綿力之支離，弗酬大造。」

案：先生除秘閣修撰，《宋史》本傳不書，但云：「起爲湖南轉運判官，遷知泉州。」今考謝表云：「諗疾丐歸，將待休於一壑，疏恩寓職，乃增重於三湘。」是先生之除秘閣修撰，在任湖南運判後也；其知泉州，又在任秘閣修撰後也。

又案：葉譜以除湖南運判、任秘閣修撰、知泉州，並爲嘉泰二年事，而又顛倒其序，以爲知州事在除秘閣修撰前；至孫譜則以知州、除秘閣修撰繫於嘉泰三年，且云：「先生年五十四，遷知泉州，四月到泉州，九月召爲秘閣修撰。」其疏誤尤甚於葉。今按除秘閣修撰謝表既有「坐閱寒涼，再徂歲閏」之語，已明言該職之除授在嘉泰二年矣（案是年閏正月），而孫氏竟未注意，何也？

七月二十六日，林湜卒（《水心文集》卷一九《中奉大夫直龍圖閣司農卿林公墓誌銘》）。

十二月，除右文殿修撰，知泉州。

《墓碑記》：「（嘉泰二年）十二月，除右文殿修撰，知泉州。」

是年，弛僞學之禁。

嘉泰三年癸亥，五十四歲。

四月，至泉州任所。

《泉州府志》卷二六《文職官》上知州事：「葉適，永嘉人。嘉泰三年四月任。」

八月十九日，蔡必勝卒，先生有挽詞二首。

《水心文集》卷七《吉州刺史蔡直之挽詞》：「領閤號親貴，光宗始用儒。諒惟醫國手，果驗活人書。負郭可稅駕，行田宜蹇驢。相看滿川月，無計遣長鬚。」「能事實偉甚，謙終猶罕聞。忘身賓出日，斂手避浮雲。天欲消胡運，人誰靖楚氛。未刊千字誄，長掩一丘墳。」

案：必勝，字直之，溫州平陽人。孝宗時以武學博士對策第一，素負氣節，歷知邵、楚、盧、吉等州。孝宗崩，光宗以疾不能發喪，遂與趙汝愚、韓侂胄、先生等同定內禪（《水心文集》卷一七《蔡知閤墓誌銘》）。

九月，赴召，薦樓鑰、丘崈、黃度三人。有入對劄子三篇。

《泉州府志》卷二六《文職官》上知州事：「（嘉泰三年）九月，赴召。」

《宋史》本傳：「遷知泉州。召入對，言於寧宗曰：『陛下初嗣大寶，臣嘗申繹《卷阿》之義爲獻。天啓聖明，銷磨黨偏，人才庶幾復合。然治國以和爲體，處世以平爲極，臣欲人臣忘己體國，息心既往，圖報方來，可也。』帝嘉納之。

初，韓侂胄用事，患人不附，一時小人在言路者，創爲僞學之名，舉海内知名士，貶竄殆盡。其後侂胄亦悔，故適奏及之，且薦樓鑰、丘崈、黄度三人，悉與郡。自是禁網漸解矣。」

《水心文集》卷一《上寧宗皇帝劄子》一：「臣聞欲占國家盛衰之符，必以人材離合爲驗。昔周文、武身致多士，作而用之，預卜天命，最爲長久。召康公爲成王賦《卷阿》之詩，言求賢用吉士，其興託淵然以深，其旨意沃然以長，不以美而以戒，其詞曰：『藹藹王多吉士，惟君子使，媚於天子。』又曰：『藹藹王多吉人，惟君子命，媚於庶人。』夫上媚天子，下媚庶人，不以抗犯爲能而以順悦爲得，此豈有諂曲之意存乎其間哉？忠信誠實，盡公忘家，惟以國之休戚關憂樂，不以己之曲直校勝負。故能上爲人主所信，下爲百姓所愛。蓋人材合一之時，和平極盛之治，其效如此，非末世所能及也。往者陛下初嗣大寶，臣服在百僚，偶當進對，輒不自己，竊嘗申繹《卷阿》之義爲陛下獻。天啓明聖，德意開廣，志慮日新，銷磨黨偏，秉執中道，人材庶幾復合，和平可以馴致。臣災疾羸殘，目覩斯事，不勝感嘆！臣聞治國以和爲體，處事以平爲極。和如庖人之味焉，主於養口而無酸鹹甘苦之爭也；使猶有酸鹹甘苦之爭，則非和矣。平如工人之器焉，主於利用而無痕跡節目之累也；若猶以痕跡節目爲累，則非平矣。故善調味者必使衆味不得各執其味，而善制器者必能消衆不平使皆效其平。人臣誰無有己，惟明主能使其忘己。

仁宗初年，嘗有黨論。至和、嘉祐之間，昔所廢棄，皆復湔洗，不分彼此，不間新舊，人材復合，遂爲本朝盛時。臣久病積衰，已絕榮望。區區之愚，所期人臣忘己體國，銘心旣往，圖報方來，如子事父，無有怠竭。職任所係，畢知陳力，分守所嚴，極忠盡敬，不私一身以自徇，而與公家相爲先後。如此則下知和平之實義，上享和平之實福，遠追文、武，近法仁宗，以無媿於《卷阿》之詩。陛下財幸。」

《劄子》二：「臣病苦餘日，聖恩垂憐，使轉漕湖外，守符泉南。今又特蒙收召，入奏之初，有兩處職事，不敢不陳愚慮。臣採湖南士民之論，以爲二十年來，歲雖熟而小歉輒不耐；地之所產，米最盛而中家無儲糧。臣嘗細察其故矣。江湖連接，無地不通，一舟出門，萬里惟意，靡有礙隔。民計每歲種食之外，餘米盡以貿易。大商則聚小家之所有，小舟亦附大艦而同營；展轉販糶，以規厚利。父子相襲，老於風波，以爲常俗。其不耐小歉而無餘蓄，勢使之也，故每遇小歉，閭里不能自相給，惟仰州縣賑救。城市之民，青黃未接，食於常平者十家而九。此事諸司當任責，而漕司爲一路通融有無之處，其責尤重。然湖南漕司，歲計所入甚少，比江西纔十之三四，比湖北纔十之五六，曾不足以支本司一年之經用。向者團簇大軍錢數多，總司所取不盡，可以通借，故不自覺而反冒富厚之名。自大軍錢屢減舊額，總司按籍盡取，積以歲月，坐致漏底。今漕司索然窮匱者五六年矣。除湊足交頭之外，每遇新舊交易，使者與屬官聚議，搏手無以具接送之費。臣比承乏諸郡，小歉雖先事講求荒政，終不能有所捐貸，爲諸司之倡。去歲祁陽蔣圈十，借糧作過，守令張皇，一時駭動，幸而就擒。欲出少米以哺之，力不能及，竟閔默而止。臣以爲一司事力殫乏至此，平居不足以自存，萬一水旱急難，辜負任使，利害不細。臣每念漕司所得屬郡財賦，久失定規，不可復取。本司當自擇其間利源，與州縣百姓不相干涉，及他司有例可以參酌施行者，以漸經理，庶稍有餘積，爲萬一水旱急難百姓指準之地。此誠一路之急政，不可忽也。臣頃雖熟計，不敢奏陳。蓋創始既難，而臣方病昏，不能勝任。令有通練敏達之士，授以意指，俾之講求，許其自行，無使貽害，足以爲一路之預備，寬九重之顧憂，豈不幸甚！」

《劄子》三：「臣切以泉南素有樂郡之名，與他州異。蓋上供皆承平常賦，過取殊少，起輸以產錢定入，橫費不多。吏畏民，不輕出令，民愛吏，思其遺化，每示蠲放，不知督迫，郡計所入，僅僅無餘。比因更易頻仍，通約歲終當欠四萬餘緡。臣將去官，百方補湊元交之數，極爲費力。若更積累日月，竊恐所欠愈甚，昔之已放，不免復取。一切之政既行，吏民交相恨望，樂郡之名，自此不可復得矣。臣仔細考究，乃有本州合得財賦，遞年循習不加整會者二事：其一，南外宗子等請受錢，準元降指揮，轉運司與本州各應副一半。今照嘉泰二年，計支一十三萬餘貫，而轉運司自淳熙十五年止，應副四萬八千餘貫，又增撥漳州有名無實者，其實每年支取惟二萬一千餘貫而已。其米價錢，轉運司合撥一萬五千貫，近年只應副一半。三項截日計虧少本州錢四十二萬二千餘貫。其二，本州遞年代爲宣、信、建昌、邵武四郡發納上供銀一萬五千六百餘兩，四州軍卻合應副本州衣絹紬等，自減半之後，通計五千五百餘匹、綿七千餘兩，惟信州取足而疎惡不堪。三州軍每年計虧三千二百餘疋，積欠紬價至五十九萬八千餘貫。臣以爲此二事於一郡非小故也。且轉運司以合應副之錢委之本州，使自陪備以困民力，其理豈得穩便！況三州軍（士）上供銀，本州每年兩限起發，不敢違欠銖兩，而三州軍坐視不還，使本州自擘畫衣綿支散官兵，於義安乎！蓋轉運司於本州爲所部官吏，雖常伸愬，不敢取必，而三州軍彼此列郡，不相統臨，坐視積欠，遂至百餘萬緡，自應然爾。自非守臣開析利害，達於聖聰，而陛下惻然主張，特發聖訓，厥弊無由可革。欲乞睿旨，轉運司須管照元降指揮，今後每歲應副本州一半宗子米價等錢，並令支實價，不將有名無實者搪拄充數，以至欠折。其三州軍上供銀並本州衣絹，今後並令各自措置，所有以前積欠，卻與盡行豁除。如此，則本州歲實可省三萬餘緡，守臣更加撙節以補不足，庶幾已放者不至復取，一切之政亦未遽行，樂郡之名可以不失，仰稱陛下加惠泉民之意。」

案：先生《上寧宗皇帝》三劄子見文集卷一，篇題下署爲嘉泰三年。《黃氏日抄》題曰「嘉泰上殿三劄」。

十一月，除兵部侍郎。

《墓碑記》：「嘉泰三年……十一月，除兵部侍郎。」

案：《宋史》本傳於先生薦樓鑰等三人後，繼言「除權兵部侍郎，以父憂去。」與《墓碑記》合。先生之父卒於十一月十一日（詳後），門人滕宬記壙，時先生官銜爲「朝散大夫、尚書兵部侍郎」，則先生之任兵部侍郎，不過數日而已。

十一日，丁父朝請公憂。

《水心文集》卷一五《致政朝請郎葉公壙誌》：「年八十五，嘉泰三年十一月十一日卒。積封至朝請郎，賜紫衣金魚。」

十二日，陳傅良卒於瑞安，先生哀之，有祭文。

《水心文集》卷二八《祭陳君舉中書文》：「嗚乎！惟公勤而□苦之累，敏而成鈍之功。豈徒意講聖賢之精粗，固已實考王伯之汙隆。所欲託之空言，又曰不如載之行事者，皆古人之未及，詎廣學而希通！有能行之，審周道如貫銖，曉百世若發蒙。開章程於草昧，調轡策於駑癃。其廣其長，其深其崇，可以運之掌上而措之寰中。嗚於海陬，敗履瘦笻。暴名如雷，新語如風。宿老負牆，豪俊景從。而時文靡然由之一變，遂爲多士之宗。……自我獲見，四十餘冬，其術則殊，其論鮮同。偉標寒而韻遠，有死始而生終。異疾侵陵，美人西東，天罰不宥，鎖殞併空。公既棄我，又遭鞠凶，日餘幾何，而不隨公。覆酒成池，有痛塡胸。」

案：傅良（一一二七—一二〇三），鄭伯熊、薛季宣門人。年未三十，講學瑞安城南茶院，遠近風動。入太學，與張栻、呂祖謙相視遇如兄弟。舉乾道八年進士。累官至集英殿修撰、寶謨閣待制。先生述其學云：「公之從鄭、薛也，以克己兢畏爲主，敬德集義，於張公盡心焉。至古人經制，三代治法，又與薛公反復論之。而呂公爲言：『本朝文獻相承，所以垂世立國者，然後學之内外本末備矣。』公猶不已，年經月緯，晝驗夜索，詢世舊，繙吏牘，蒐斷簡，採異聞，一事一物，必稽於極而後止。千載之上，珠貫而絲組之，若目見而身折旋其間，呂公以爲其長不獨在文字也。公既實究治體，故常本原祖宗德意，欲減重征，捐末利，還之於民，省兵薄刑，期於富厚。而稍修取士法，養其理義廉恥爲人材地，以待上用。其於君德内治，則欲内朝外庭爲人主一體，羣臣庶民並詢迭諫，而無壅塞不通之情。凡成周之所以爲盛，皆可以行於今世，視昔人之致其君，非止以氣力荷負之，華藻潤色之而已也。嗚呼！其操術精而致用遠，彌綸之義弘矣。」（《水心文集》卷一六《寶謨閣待制中書舍人陳公墓誌銘》）傅良精研《周禮》，著述宏富，鄭、薛以後，言經制之學者，咸宗傅良。先生之於傅良，義兼師友。元人劉壎云：「予按水心公誌止齋墓云『從公四十年』，似有師弟子之分矣，而每字之。薛尤前輩，止齋所師，而亦字之，未嘗曰先生也。然水心行狀止云『少詣呂太史』，不言止齋，豈於止齋惟平交歟？」（《隱居通議》卷二永嘉之學）案傅良長先生十三歲，其《止齋集》卷三六《答陳同甫書》云：「蒙老兄拈掇最早，晚又爲正則推爲前輩行，此二三年間，雖不鄉進，而交遊殊無散落，皆二兄之賜，獨恨未及與晦庵游。」則先生推傅良爲前輩，乃必有之事，而傅良實未以前輩自居也。

嘉泰四年甲子，五十五歲。

二月八日，葬父朝請公於無相院山。

《水心文集》卷一五《致政朝請郎葉公壙誌》：「夫人杜氏，先公二十六年卒。……（公）嘉泰四年二月初八日，葬永嘉縣建牙鄉無相院山之右。初，杜氏葬膺符鄉上水陸院西，及是不克合。」

三月一日，序陳亮《龍川集》。

《水心文集》卷一二：「同甫文字行於世者，《酌古論》、《陳子課稿》、《上皇帝四書》，最著者也。子沈聚他作爲若干卷以授余。初，天子得同甫所上書，驚異累日，以爲絶出，使執政召問當從何處下手，將由布衣徑唯諾殿上以定大事，何其盛也！然而詆訕交起，竟用空言羅織成罪，再入大理獄幾死，又何酷也！使同甫晚不登進士第，則世終以爲狠疾人矣。嗚呼悲夫！同甫其果有罪於世乎？天乎！余知其無罪也。同甫其果無罪於世乎？世之好惡未有不以情者，彼於同甫何獨異哉！雖然，同甫爲德不爲怨，自厚而薄責人，則疑若以爲有罪焉可矣。同甫既修皇帝王霸之學，上下二千餘年，考其合散，發其秘藏，見聖賢之精微常流行於事物，儒者失其指，故不足以開物成務。其説皆今人所未講，朱公元晦意有不與，而不能奪也。呂公伯恭退居金華，同甫間往視之，極論至夜分，呂公嘆曰：『未可以世爲不能用，虎帥以聽，誰敢犯子！』同甫亦頗慰意焉。余最鄙且鈍，同甫微言，十不能解一二，猶以爲可教者。病眊十年，耗忘盡矣。今其遺文，大抵班班具焉，覽者詳之而已。」

案：序末不署年月。今考中華書局四部備要版《龍川文集》書首有先生之序，文末題爲嘉泰甲子春三月朔旦。

十月，《外稿》修訂竣事。

《水心別集》卷一五《自跋》：「淳熙乙巳，余將自姑蘇入都，私念明天子方早夜求治，而今日之治，其條目纖悉至多，非言之盡不能知，非知之盡不能行也。萬一由此備下列於朝，恐或有所問質，輒稿屬四十餘篇。既而獲對孝宗，至光宗初又應詔條六事。然無復詰難，遂篋藏不出矣。慶元己未，始得異疾，六年不自分死生，筆墨之道廢。嘉泰甲子，若稍蘇而未愈也，取而讀之，恍然不啻如隔世事。嗟乎！余既沈痼且老，不勝先人之喪，懼即殞滅，而此書雖與一世之論絶異，然其上考前世興壞之變，接乎今日利害之實，未嘗特立意見，創爲新説也。惜其粗有益於治道，因稍比次而繫以二疏於後，他日以授寀、宓焉。十月□□日，龍泉葉適。」

案：先生云此書有益治道，將以他日授之寀、宓；知是時寀、宓仍在稚年也。考先生妻高氏，卒於嘉定四年辛末（一二一一），年五十二。先生《代子祭令人文》云：「某僅脱童丱，識未及遠；教而使立，則母之願。」是年上距先生修訂《外稿》，又已六年，則嘉泰四年，先生長子宣亦不過十歲左右，此可與先生高令人墓誌「晚歲，三子始育」一語互證。又先生此跋，但云以《外稿》授之寀、宓，而不及宣，其事甚異。考先生《墓碑記》云：「男三人：長宣；次寀，承務郎，新知台州天台縣丞；三宓，早卒。」則先生卒時，宣仍健在也。豈以宣之資質魯鈍，故先生不以其學傳之歟？

開禧元年乙丑，五十六歲。

三月，陳傅良葬，先生賦五七言詩各一首寄慨。

《水心文集》卷七《待制中書舍人陳公之亡以山宅須利既遷殯而未葬也後五月乃克葬焉》二首：「可怕陰陽惡，還驚日月遒。終成埋璧去，不作坐禪留。雨洗一篁淨，風翻千橘愁。門前繫船橛，宿鳥漫啁啾。」「嗟我與公同澹泊，一生一死又淒涼。經綸傳世止於此，老病著身行自當。挂壁斷弦從別調，拂天野水渡新航。暮春未有風雩伴，且閤遺編住冢傍。」

五月，莆田劉起晦卒，先生銘其墓。起晦，字建翁，先生同年友，二劉先生朔之子也（《水心文集》卷一八《劉建翁墓誌銘》）。

十二月七日，翁忱卒於郴州，先生有挽詞一首。

《水心文集》卷六《翁誠之挽詞》：「西方之人美無度，眷此南邑朝陽鳴。如錐出囊擬砥國，似璞有價空連城。三仕郎官老將及，一去郴州喚不膺。朔風吹潮沒復湧，渡口野梅飛碎瓊。」

案：忱，字誠之（一一三七—一二〇五），溫州樂清人。淳熙五年進士，爲人貌方神清，色詞嚴正。學不主一家，文字重密，有周、漢體，詩尤得句律，先生同年友也（《水心文集》卷一五《翁誠之墓誌銘》）。

是年，弟子王植復來問學。

《水心文集》卷一六《莊夫人墓誌銘》：「余先人祥之歲，立之來而亟去，止之不可。曰：『婦將娩，吾欲勿行。婦曰：「第往，吾期未也。」今其未或既皆不可知，吾速反矣。』」

又銘黃仁靜墓。仁靜，字仲山，禮部尙書黃度之父（《水心文集》卷一五《朝奉大夫致仕黃公墓誌銘》）。

開禧二年丙寅，五十七歲。

正月，銘平陽黃正己墓（《水心文集》卷一五《承事郎致仕黃君墓誌銘》）。

二月，爲同年友李寅仲撰《時齋記》。

《水心文集》卷九：「余與巴西李公君亮，同館同年，相善也。公間語余便私之室時齋，圖以示余，請記之。問所以名『時』何也？公曰：『在《易》，「時止則止，時行則行」，是歟非耶？』余方謀議荆南，不果作。比返道過錢塘，公由太史乞守眉矣，又不果。後十餘年余召自溫陵，而公以少司空入侍，迎余而笑曰：『可得記否？』余喪先人，又輒不果。其明年，公自乞帥瀘以歸。又明年，乃貽書曰：『願卒記之。』時之爲用大矣，發生於朽敗之餘，流行於缺絕之後。天地雖人物之主，而不自爲，一皆聽命於時而已，所興不能奪，所廢莫之與也。故物無不作媚取好求必於時者，而況於人，擇奇而用智，爭險以賈力，禍患壓而不悔，血氣衰而未已，惟恐時之去己也。時常運而無息，萬物與人亦皆動而不止。《易》雖因事以明隨時之義，然終不能盡其變通，而古今憧憧，更起迭仆，如機發輪轉而不得停也，可不哀歟！惟艮以息爲象，時雖運而必息；人以止爲本，道必止而後行，孔氏以爲君子宜取節焉。是其義以止明行而非以行明行，以靜柅動而非以動柅動也。時所同趨，將遯而不返。利所共獲，將弭而不進。榮寵艷麗矣，祿位酣美矣，而有甘澹泊、安卑辱以自終其身者，大則範世紀俗，小則委己順命，蓋時且行之而吾固止之，物方動之而吾卒靜之也。故能『不失其時，而其道光明』，此豈習於利害之情而以時自達者哉！君亮性退而行沖，曲肱一榻，冰雪枯槁，不與物對，而山川草木無不自得。入備顧問，出守方鎮，天下之言靜止者皆歸焉。蓋公既有進於斯，而余亦以自警也。開禧二年二月。」

三月，服除，召對延和殿。時韓侂胄將啓兵端，先生力主審慎，以爲備成乃可以動，守定乃可以戰；有答子三篇。

《墓碑記》：「開禧二年，召赴行在。三月內引。」

《宋史》本傳：「服除，召至。時有勸侂胄立蓋世功以固位者，侂胄然之，將啓兵端。適因奏曰：『甘弱而幸安者衰，改弱而就強者興。陛下申命大臣，先慮預算，思報積恥，規恢祖業，蓋欲改弱以就強矣。竊謂必先審知強弱之勢而定其論，論定，然後修實政、行實德，弱可變而爲強，非有難也。今欲改弱以就強，爲問罪驟興之舉，此至大至重事也，必備成而後動，守定而後戰。今或謂金已衰弱，姑開先釁，不計後艱，求宣和之所不能，爲紹興之所不敢，此至險至危事也。且所謂實政者，當經營瀕淮沿漢諸郡，各爲處所，牢實自守。敵兵至，則阻於堅城，彼此策應，而後進取之計可言。至於四處御前大軍，練之使足以制敵，小大之臣，試之使足以立事，皆實政也。所謂實德者，當今賦稅雖重而國愈貧，如和買、折帛之類，民間至有用田租一半以上輸納者。況欲規恢，宜有恩澤。乞詔有司審度，何名之賦害民最甚，何等橫費裁節宜先，減所入之額，定所出之費。既修實政於上，又行實德於下，此其所以能屢戰而不屈，必勝而無敗也。』」

《水心文集》卷一《上寧宗皇帝劄子》一：「臣聞甘弱而幸安者衰，改弱以就強者興。今陛下申命大臣，先慮預算，思報積恥，規恢祖業，蓋欲改弱以就強矣。臣宿有志願，中夜感發，竊謂必先審知今日強弱之勢而定其論，論定而後修實政，行實德，如此則弱果可變而爲強，非有難也。臣將搏陳極論，而事闊語長，誠恐久留天聽。臣每念契丹，累世大國也，女眞乃以數千人挺鬥而天祚無戰不北，遂至於亡。以勢而言，當是時，我疑若可以分功者，然終不得一逞，而盧溝之役，累世軍實皆殲焉，何至此哉？又況西兵，我之勁卒也，方臘猝叛，聲搖汴都，諸將提偏師，俘臘無遺種矣。渡江以後，扈衛艱難，誅翦盜賊，大抵西兵西將之餘也。夫契丹以燕、遼全盛之力，而滅於女眞崛起之兵；我以關、陝驍悍之師，而敗於契丹垂盡之將，然則宣和強弱之勢，斯可識矣。自是以來，京城則陷，中原則失，維揚則渡江，會稽則航海，十年之間，未有能與女眞抗者也。其後虜與逆臣劉豫迫我不已，激而思應，於是我始能勝於大儀，又勝於李家灣，又勝於順昌、柘皐，而虜始與我定和矣。顏亮兇狂自殞，而我始能以敵國自立矣。夫虜以敗殞而後和，雖和而猶不失爲雄；我以應久而後勝，雖勝而猶不敢盡用，然則紹興、隆興強弱之勢，又可驗矣。今欲改弱以就強，移迫動應久之兵而爲問罪驟興之舉，作東南幸安之氣而摧女眞素銳之鋒，此至大至重事也。誠宜深謀，誠宜熟慮，宜百前而不慴，不宜一卻而不收。故必備成而後動，守定而後戰。今或謂虜已衰弱，虜有天變，虜有外患，怵輕勇試進之計，用驫武直上之策，姑開先釁，不懼後艱，求宣和之所不能，爲紹興、隆興之所不敢，此至險至危事也。臣願陛下先定其論，論定而後修實政，行實德，變弱爲強，誠無難者，在所施設如何爾。」

《劄子》二：「臣所謂備成而後動，守定而後戰者：臣伏覩建炎、紹興渡江之後，非不欲固守兩淮、襄、漢，而虜人衝突無常，勢不暇及。既議和好，則收兵撤戍，已有定約，又不敢謀，故淮、漢千餘里，常蕩然不自保也。今雖分兵就邊，稍圖外向，然我既能往，彼必能來。是時淮、漢守備不全，倉猝不過移治，而專倚大軍迎敵，勝負不可知，要必扼江而後止。如此，則往者未足以係西北之望，而來者已足以搖東南之心矣。本期外攘，豈願內擾，萬一搖動，將何賴焉？故臣欲經營瀕淮沿漢諸郡，各做家計，牢實自守。虜雖擁衆而至，阻於堅城，彼此策應，首尾相接，藩牆禦扞，堂奧不動，然後進取之計可言矣。此臣所謂改弱就強實政之一也。四處御前大兵，國家倚以爲命，歲費緡錢數千萬、米斛數百萬，東南事力盡矣。譬如亭子，所賴四楹，一楹有闕，累及三陲，無獨全者。臣慮其間統副將校，人馬器甲，營伍隊陣，進戰退守，必然未能一一皆是。若今所委付果已得人，尤宜曉夕用心，事事警策，件件理會。若其人未當，則利害甚多，伏惟陛下審之重之。此兵幾三十萬，未可便望一可當十，十可當百；但一人眞有一人之用，淮、漢能守，此兵能戰，數年之內，制虜有餘。此臣所謂改弱就強實政之二也。圖此大事，莫先人材。陛下比年首以大義倡率，而在廷之臣和者極寡。此未必皆怯懦首鼠，不肯任責也，亦由積安之久，素所不習，耳聞目見，茫然生疎。昔宇文粹中論京城守具，自時中自謂事非經歷則不知，而況兩陣決機，有大於此乎！今天下亦非無智意材力願得自效。若淮、漢千里果當固守，四處大軍果當精練，四方之才，隨其小大，宜付一職，使之觀事揆策，以身嘗試。習熟漸久，方能捨燕安而樂麤澀，易脆腐而爲堅強，勁虜在前，行者思奮。此臣所謂改弱就强實政之三也。至於朝廷之上，封域之内，綱紀法度，號令賞罰，黜虚從實，條目至煩。然總先是三者，則其餘可次第舉矣。」《劄子》三：「臣所謂行實德者：臣竊觀仁宗、英宗，號極盛之世，而不能得志於西北二虜，蓋以增兵既多，經費困乏，寧自屈己，不敢病民也。王安石大挈利柄，封樁之錢，所在充滿。紹聖、元符間，拓地進築而斂不及民，熙、豐舊人矜伐其美。然陳瓘譏切曾布，以爲轉天下之積耗之西邊，邦本自此撥矣。於是蔡京變茶鹽法，括地寶，走商賈，所得五千萬，内窮奢侈，外熾兵革。宣和之後，方臘甫平，理傷殘之地，則七色始立；燕雲乍復，急新邊之用，而免夫又興。自是以來，羽檄交警，增取之目，大者十數，而東南之賦，遂以八千萬緡爲額焉。多財本以富國，財既多而國愈貧；加賦本以就事，賦既加而事愈散。然則英主身濟非常之業，豈以貨財多少爲拘！近者國用置司，偶當警飭武備之際，外人但見立式太細，鈎校甚詳，不能無疑，謂將復取，臣獨以爲不然。何者？『名實不欺，用度有紀，式寬民力，永底阜康』，此詔書也。兩浙鹽丁既盡免矣，方以寬民，而何至於復取乎！參考内外財賦所入，經費所出，一切會計而總覈之，其理固當。然臣謂國家之體，當先論其所入。所入或悖，足以殃民，則所出非經，其爲蠹國審矣。今經總制、月樁、青草、折估等錢，雖稍已減損，猶患太重，趁辦甚難，而和買、折帛之類，民間至有用田租一半以上輸納者。

貪官暴吏，展轉科折，民既窮極，而州縣亦不可爲矣。以此自保，懼無善後之計，況欲規恢，宜有大賚之澤。伏乞陛下特詔大臣，使國用司詳議審度，何名之賦害民最甚，何等橫費裁節宜先？減所入之額，定所出之費，不須對補，便可蠲除，小民蒙自活之利，疲俗有寬息之實。陛下修實政於上，而又行實德於下，和氣融浹，善頌流聞，此其所以能屢戰而不屈，必勝而無敗者也。改弱以就強，孰大於此？凡此皆其大要而已，陛下不以臣爲愚且迂，敢不自竭而詳陳焉！」

案：此三疏《黃氏日抄》卷六八作「開禧上殿劄子」。黃氏云：「謹按水心淳熙上殿以復讎爲第一大事，至開禧用兵又指以爲至險至危事，宜識事機者。然猶爲韓侂冑用，金陵之行，一語不踐，夫兵固非爲士者所宜輕言，非言之難，而爲之難也。」

四月，除權工部侍郎，兼國用參計官。時侂冑用兵之謀益堅，欲藉先生草詔以動中外，改除吏部侍郎，兼直學士院。先生既勸侂冑息用兵之謀，不聽，乃託疾力辭兼職。有除工部、吏部侍郎謝表。

《墓碑記》：「開禧二年……四月，除權工部侍郎，兼（國）用參計官，轉朝請大夫，除權吏部侍郎，兼直學士院。」

《宋史》本傳：「除權工部侍郎。侂冑欲藉其草詔以動中外，改權吏部侍郎，兼直學士院，以疾力辭兼職。」

《林下偶談》卷二「爲文須遇佳題伸直筆」：「開禧間，廟堂欲以水心直北門，水心辭不能。且云：『某作一詔當用十日半月，恐不及事。』蓋是時國論已非，水心正慮墮此二者，故設辭。」又同書卷三「水心薦周南仲」：「韓侂冑當國，欲以水心直學士院，草用兵詔。水心謝不能爲四六。易彥章見水心，言：『院吏自有見成本子，何難？』蓋兒童之論，非知水心者。既而衛清叔被命草詔云：『百年爲墟，誰任諸人之責？一日縱敵，遂貽數世之憂。』清叔見水心，舉似誤以『爲墟』爲『成墟』，水心問之，衛憫然。他日，周南仲至，水心謂：『清叔文字，近頗長進，然「成墟」二字可疑。』南仲愕曰：『本爲「墟」字，何改也？』水心方知南仲實代作。蓋南仲，其姻家也。水心因薦南仲宜爲文字官，遂召試館職。」《建炎以來朝野雜記》乙集卷一〇「葉正則不肯草出師詔」：「韓侂冑將舉兵，先以葉正則直學士院，蓋藉其名使草出師詔也。正則喻其意，堅辭至三四不受。」

《水心文集》卷二《除工部侍郎謝表》：「未散沈憂，徒抱不天之恨；迄緣終制，冒參掌士之聯。再竊身榮，永辜親養。中謝。伏念臣昨承君命而趨走，遽罹家禍之悲傷。當其冥迷，仍復顧省。雖云順變，驚日月之不留；強使復常，恍形神之非昔。記憐俯逮，命召趨行。賜先見於延和，歸舊班於起部。沐浴膏澤之美，殆異餘人；生施枯槁之恩，有愈造物。而臣摧殘故步，損耗宿心，豈無激昂之思，滋甚衰遲之迫。鎰稱殊失，難課近功；一憶十忘，何裨末誼。但積徊徨之媿，莫知退避之方。此蓋伏遇皇帝陛下，龍德顯行，乾剛獨運，毖而求助，謙以圖終。拔臣寡特之中，冀銷迎附；察臣憂患之後，多自創懲。回視此生之幾何，常懼移忠而靡及。滄溟善下，或堪涓勺之輸；穹昊蓋高，尙竭么微之告。」

同卷《除吏部侍郎謝表》：「甫越兼旬，遽移冠部，畀之華劇，增以事權。中謝。伏念臣素弱而不能自強，無材而願出人下。乃欲安分，匪云執謙。胥疏退惰之中，功名絶紀；蹇產病昏之後，意樂全銷。天許會逢，上命親近，從冬卿而陪獻納，考地貢而修虞衡。外耀恩榮，內藏拙守，於臣何所不足，愧臣無以仰承。今也超六聯之清高，司右列之銓序，效職既重，責成必深。用名已浮，計實安有？耳目睹記，夙宵隱憂。此蓋恭遇皇帝陛下，有拔士之至明，以好賢爲大德，馭下極稱亭之審，待臣循理分之宜，位著所嚴，等威自辨。臣蕭然二篇，不勝禮樂之陳；眇矣一金，豈在範鎔之列。雖厲平凡之操，曷酬卓異之知。」

案：先生《除工部侍郎謝表》云：「未散沈憂，徒抱不天之恨；迄緣終制，冒參掌土之聯。再竊身榮，永辜親養。」又《除吏部侍郎謝表》云：「甫越兼旬，遽移冠部，畀之華劇，增以事權。……天許會逢，上命親近，從冬卿而陪獻納，考地貢而修虞衡。」則先生之擢爲吏部侍郎，當在除工部侍郎二十日之後。

五月，首倡防江之議。

《水心文集》卷二《定山瓜步石跋三堡塢狀》（開禧三年上）：「某去歲忝綴朝列，首建防江之議。」

同集卷十《葉嶺書房記》：「丙寅歲，驟

起師北伐，余爭論於朝，請昇、潤、江、池別募兵急備守，補樓船器甲之壞以虞寇至，未之許也。無幾，田俊邁爲虜得，郭倬、李爽、皇甫斌不任戰而潰，中外恐悚，遂出余金陵，制置江上。」

《宋史》本傳：「會詔諸將四路出師，適又告侂胄宜先防江，不聽。未幾，諸軍皆敗，侂胄懼，以丘崈爲江淮宣撫使，除適寶謨閣待制，知建康府，兼沿江制置使。」

案：《宋史》卷三六《寧宗本紀》：開禧二年五月丁亥下詔伐金。癸巳，以伐金告於天地、宗廟、社稷。皇甫斌引兵攻唐州，敗績。興元都統秦世輔出師至城固縣，軍大亂。甲午，以池州副都統郭倬、主管馬軍行司公事李汝翼會兵攻宿州，敗績。癸卯，郭倬等還至蘄縣，金人追而圍之，倬執馬軍司統制田俊邁以與金人，乃得免。則先生建防江之議，當在是月無疑。

六月十九日，友人王聞禮卒，先生有挽詞一首。

《水心文集》卷七《王運使挽詞》：「種虜昔逾塞，三邊各受師。共傳君善守，能護國西陲。卿秩恩雖早，郎班詔已遲。須獎未盡賞，酬折在豐碑。」

案：聞禮，字立之，王龜齡次子。以蔭補官，至直秘閣、江東運判卒。聞禮政事精明，著有功績，尤以知黎州時平定西南夷之叛爲最。卒前數日，嘗與先生書，論事耿耿。既卒，先生誌其墓焉。兄聞詩興之，亦與先生善（《水心文集》卷一七《運使直閣郎中王公墓誌銘》）。

是月，除寶謨閣待制、江東安撫使、知建康府兼行宮留守。有《除知建康到任謝表》。

《墓碑記》：「開禧二年……六月，除寶謨閣待制、知建康府兼行宮留守。」

《景定建康志》卷二五制置司：「開禧二年六月復置，以朝請大夫、寶謨閣待制、知建康軍府充江東安撫使葉適兼沿江制置使。」

案：此云制置司之恢復在二年六月，非云先生兼沿江制置使亦在是月也，詳後。

同書卷一四建康表十：「（開禧二年丙寅六月）二十二日，朝請大夫、寶謨閣待制、江東安撫使葉適知府事。」

又同書卷一留都錄一行宮留守：「葉適，開禧二年六月，以朝請大夫、安撫使兼行宮留守公事。」

《水心文集》卷二《除知建康到任謝表》：「內參從橐之華，外付帥垣之重，蓋人以爲寵，而臣之所憂。中謝。伏以行宮蒙高宗臨御之頻，建鄴爲六朝都邑之舊。感時雖遠，撫事尚存。義執仇讎，安得不居今而思古；慮先根本，則豈容忘實而徇名。藩牆初銳於掃除，堂奧遽煩於備警。江流回繞，遂將數里而屯；民力空殫，必也計丁而役。募市人至萬數，閱水艦且千餘，欲以歲年之規，責於旬月之近。自憐憂患，復苦病昏，忽被趣行，罔知攸措。此蓋伏遇皇帝陛下，文訓武克，天施地生。觀衣裀濡曳之爻，所宜戒懼；誦桑土綢繆之句，尤在恩勤。臣敢不怵惕以預防，拊循而夙具。視身衰謝，已無欲速之心；憑國威靈，願附不爭之勝。」

七月十一日，兼沿江制置使。

《墓碑記》：「開禧二年……七月，兼沿江制置使。」

《景定建康志》卷一四建康表十：「開禧二年……七月十一日，兼沿江制置使。」

《毘陵集》卷二《葉適寶謨閣待制知建康府兼沿江制置使制》：「朕緬懷函夏，式重陪京。維昔秣陵，有孫仲謀、劉元德之論在；於今江左，與漢河內、唐東都之地均。惟時保釐，必在俊傑。具官葉某，天才英邁，神慮安閒。學廣問多，務輯先民之緒；任重道遠，不蘄近俗之名。嘉揭注之不盈，趣延登而入侍，而志計懇到，裨益宏多。嗟議論之折衷，實獻納之攸賴。朕惟藜藿之不採，莫強樽俎之折衝。方圖制勝之自中，重惜爾身之在外。然念石頭之形勢，實爲江左之重輕，爰陞次對之班，允副居留之望。噫！覽神州之風景，勿謂無人；撫地險之山川，亦足用武。其往敷於聲教，以思啓於封疆。」

十月，邊事告急，金兵屯定山十萬，先生著門人厲仲方破走之。復趨兵解六合危，人心始安。

《水心文集》卷二七《厲領衛墓誌銘》：「君來建康也，虜屯兵定山十萬。君募石斌賢、夏侯成再破走之。虜留六合，余趨君解圍，料其當自退，不亟出兵，虜卒去。」

同集卷二《定山瓜步石跋三堡塢狀》：「至十月之末，邊遽告急，淮人渡江以億萬計，江南震動，衆情惶惑。一日，有兩騎僞效番裝，躍馬江岸，相傳虜人至矣，濟渡之舟，砍纜離岸，櫓楫失措，渡者攀舟，覆溺者數十百人。……於是始捐重賞，募勇士，渡江北，劫虜營，石跋、定山上下，凡數十往返，取其（浮）〔俘〕馘，係纍以報，江南奮氣，見者賈勇，而人心始安，虜亦由此卷甲遁矣。然後知三國孫氏嘗以江北守江，而不以江南守江；至於六朝，無不皆然，乃昔人已用之明驗。自南唐以來，始稍失之，故建炎、紹興不暇尋繹爾。」

《宋史》本傳：「及金兵大入，一日，有二騎舉旗若將渡者，淮民倉皇，爭砍舟纜，覆溺者衆，建康震動。適謂人心一搖，不可復制，惟劫砦南人所長，乃募市井悍少並帳下願行者，得二百人，使采石將徐緯統以往。夜過半，遇金人，蔽茅葦中射之，應弦而倒，矢盡，揮刀以前，金人皆錯愕不進。黎明，知我軍寡，來追，則已在舟中矣。復命石跋、定山之人劫敵營，得其俘馘以歸。金解和州圍，退屯瓜步，城中始安。又遣石斌賢渡宣化，夏侯成等分道而往，所向皆捷，金自滁州遁去。時羽檄旁午，而適治事如平時。軍須皆從官給，民以不擾。淮民等渡江有舟，次止有寺，給錢餉米，其來如歸。」

《水心文集》卷十《葉嶺書房記》：「丙寅歲，驟起師北伐，余……制置江上，平陽蔡任子重實豫在行。數月，虜大入，淮民避走江南百萬家矣。一日，傳有胡人三騎抄水濱，兩舟溺岸側，城中聞之皆震動，吏顫余前，不能持紙。喟然而嘆，始悟建炎以來，虜輕渡江，敢鬥明、越之遠者，非眞勁悍不可敵也。既挑於石跋脊，復邀之定山，虜遽解和州圍，退屯瓜步。郭偰雖敗而亦以困歸。當是時，子重專治軍事，晝夜不得休息，而余聽訟斷獄，從容如平常，不然則建康之人，未見敵先遁，隳建、紹覆轍矣。」

是冬，病背。

開禧三年《定山瓜步石跋三堡塢狀》：「某自去冬，憂悸熏心，舊疾之外，復增新病，背病半身，呻吟宛轉，自有改兼江淮之命，不敢辭避，力疾督趣，成此三堡。」（《水心文集》卷三）

是年，魏了翁有書抵先生，求銘其所居齋。

《鶴山大全集》卷三二《上建康留守葉侍郎》：「某邛之鄙人也，生長寒鄉，幼嘗有志於學，網羅經傳，涉獵書記，往往能以誦說詞章悅人耳目，哆然謂如此長足矣。少長而稍聞先生長者之訓，知聖賢之學在於求仁、格物、居敬、精一，以明吾性分之所固有者耳，則憮然以失，瞿然以興，於是俛焉以求其志，不幸而貧賤迫之，科舉累之，而志始撓弱。一行作吏，則益不能以純固矣。……因惟聖人之學，十五而志，逮三十而立，某今也行年二十有九矣，聖人生知安行，固未能窺倣萬一，而獨不可知所師慕，以爲求端用力之標準乎？於是焉歸田，以『師立』名所居齋，擬求一語爲謝。侍郎方以道學正宗倡明後進，幾有警誨之，俾得以循是而思所以立焉，不勝幸甚。」

《水心文集》卷二六《師立齋銘》：「臨邛魏華甫，自校書郎出守漢嘉，於是生二十九年矣。榜其齋曰師立，而請爲銘：人之晞聖，資蓋匪夷。亦或僅有，而患失時。我材甚□，我年孔當。捨彼雋轍，鮮爲物降。命以義知，心非外假。至於不踰，夫孰禦者！雖則云然，有言於茲。是二非一，必也貫之。曾參之忠，端木之恕，浩乎兩間，何憂何懼！既見其易，復見其難。一簣苟止，無以爲山。卓哉淵徽，大矣文獻，□□式昭，亹亹勿倦！」

案：了翁，諸書無年歲；錢大昕《疑年錄》以爲生於孝宗淳熙五年（一一七八），則二十九歲求銘於先生，當在本年。

開禧三年丁卯，五十八歲。

二月十三日，除寶文閣待制、兼江淮制置使，奏請安集兩淮，並條陳堡塢五事。

《墓碑記》：「（開禧）三年二月，除寶文閣待制，兼江淮制置使。」

《宋史》卷三八《寧宗本紀二》：「（開禧三年二月己未），沿江制置使葉適兼江淮制置使。」

《景定建康志》卷二五制置司：「三年二月十六日，除寶文閣待制兼江淮制置使，專一措置屯田。」

《水心文集》卷二《安集兩淮申省狀》：「某竊照去歲虜入兩淮所殘破處，安豐、濠、盱眙、楚、廬、和、揚凡七郡，……度今七郡之民，通計三十萬家，和議未定，室廬不成；就使和議有定，其短長之期又未可知。此三十萬家者，終當皇皇無所歸宿。蓋淮上四戰之場，虜敵往來之地，民生其間，勢固應爾。然自古立國，未嘗不有以處之也，無以處之，則地爲棄地，而國誰與共守！設使今歲邊報復急，此三十萬家者，又將奔迸流徙而喪其生乎！……自唐以後，至於本朝，以和戎爲國是，千里之州，百里之邑，混然一區，煙火相望，無有扞蔽。一旦胡塵猝起，星飛雲散，無有能自保者。南渡之後，前經逆亮之禍，近有僕散揆之寇，累世生聚，一朝蕩然。故某昨於國家營度規恢之初，以爲未須便做。且當於邊淮先募弓弩手，耕極邊三十里之地，西至襄、漢，東盡楚、泗，約可十萬家，列屋而居，使邊面牢實，虜人不得逾越，所以安其外也。蓋漢、唐守邊郡而安中州，未有不如此者也。今事已無及，長淮之險，與虜共之。惟有因民之欲，令其依山阻水，自相保聚，用其豪傑，借其聲勢，縻以小職，濟其急難。春夏散耕，秋冬入堡。大將憑城郭，諸使總號令。虜雖大入，而吾之人民安堵如故，扣城則不下，攻壁則不入，然後設伏以誘其進，縱兵以擾其歸。使此謀果定，行之有成，又何汲汲於畏虜乎？所以安其內也。……伏乞照會（實）〔指揮施〕行。」

《景定建康志》卷三五葉適議安集淮民以扞江面：

「一、自江距淮，地里闊遠，加以濠梁殘寇未退，人情憂疑，未敢放心復業。保聚之計，只得自近而遠。今欲先於沿江地分眞、滁、和三州，各立堡塢一層，如眞州則於瓜步，滁州則於定山一帶（定山一帶係屬真、和州界，緣沿江別無滁州地分，惟定山一帶，最為徑便。其滁州人户願就此處保聚者聽從。所有稅役，自合仍舊屬真、和州），和州則於楊林、石跋。不但緩急之際，可以保衛居民，亦可扞蔽江面，以待策應（去歲虜騎蹂踐兩淮，曾於瓜步、定山一帶劄寨，及於楊林、石跋窺覘江面。今措置保聚，最為緊切去處）。

一、上項瓜步、定山、楊林、石跋，並合從官司措置，隨其地勢，或依山，或阻水，就加葺理，務令牢實。此外入深第二層，更擇別有山水險要可充堡塢去處，接續措置，以次申奏。其沿邊差官未及去處，見已出給公據，付忠義頭目等人，分頭前去說諭各處土豪，令從便一面先次團結，本司即與差官覆實措置，乃量立賞格，以示激勸。今具所給公據如後：

當司今差某人前去某州軍界內說諭本處土豪有信義爲衆所推服之人，先與借補官資，差充總首，令各從便選擇地利，依山傍水，可充堡塢去處，團結人戶，防備虜騎衝突。目即勸誘流民復業，且就便居止，或有急難，則入塢屯聚。如保守無虞，即當差官前去點檢，照當司所定則例，具申朝廷，正補官資施行。今開具下項：三千口以上補進勇副尉，五千口以上補進義副尉，一萬口以上補進義校尉，一萬五千口以上補進武校尉，二萬口以上補承信郎，三萬口以上補成節郎，四萬口以上補保義郎，五萬口以上補成忠郎。

右帖付某人，仰執此前去，多方說諭。仍開具已說諭到土豪姓名，及圖畫堡塢去處山水形勢，逐一貼說繳申，切待差官覆實施行。

此項目今淮上如和州瀝湖有胡知禮，盱眙嘉山有趙玘兄弟等，去歲皆自團結，虜騎侵犯，已能保守。內瀝湖曾射殺虜統軍並人騎甚衆，遺屍至今滿河，功賞未録。其他安豐、光、黄等處，往往皆有土豪保聚之人。官司要須因其險阻，斟酌措置，俟見次第，續行條具申明。

一、瓜步、定山、楊林、石跋等處，係是捍蔽江面，不止爲淮民保聚之計，合於內起蓋蘆蓰屋，屯駐官兵及應副本司官吏，官泊椿頓錢糧軍器等（內倉敖甲仗庫等，合用瓦屋）。仍開掘壕塹，築壘土城，以備虜騎衝突，及其餘接續措置去處，所有工料錢米，難以便行拘捎，歸一數目。欲乞朝廷科撥錢四十萬貫，米一十萬石，付淮東、西總領所椿管，仍就總領所差官受給。遇有本司支遣，即關牒照數支破，俟結局日，具細數申朝廷出豁施行（兼照若與此役，流民必多應募，因可以贍給之，不至狼狽失所）。

一、今來所立堡塢，蓋爲各自保護一處；及虜或衝突攻圍，即互策應，燒劫營寨，出奇立功。所用軍器，合從官司量行給付。照得兩淮民兵，最便於皮笠、紙甲、皮甲、短裝弩，勝於鐵兜鍪、鐵甲及神勁、剋敵等弩遠甚。又其工費難易，相去十之七八。此外如三叉槍、短槍、手斧、提刀之類，皆不可闕。今當以十萬人軍器爲率。欲乞朝廷行下內郡，逐急分頭置造施行。

一、兩淮地分，除舒、蘄、通、泰諸州人戶見自安業，不用措置外，有廬、和、濠、光、揚、楚、眞、滁州、安豐、高郵、盱眙及黄州、故鎮、無爲、巢縣等處，並合從上項條具，次第措置施行。」

案：此五條《景定建康志》綴於《安集淮民狀》末；孫衣言校正本《水心集》則列於《補遺》，別題爲《條陳堡塢五事》。《黄氏日抄》卷六八《讀水心文集》有《屯田畫一申請狀》，載其大略，似即此文。又案狀云：「去歲虜騎蹂踐兩淮，曾於瓜步、定山一帶劄寨，及於楊林、石跋窺佔江面，今措置堡聚最爲緊切去處。」以此考之，先生陳此五事當與《安集淮民狀》相先後，彼時諸堡塢尚未竣事也。

三月一日，門人滕宬以先生之奏薦，獲賜廉靖處士。

案：《水心文集》卷二七有《奏薦滕賢良》一文，文末云：「三月一日奉聖旨，賜廉靖處士。」未著何年。然文中又云：「宬廉靖自樂，不競不絿，年踰五十，絕意仕進，蕭然一廛，甘於退老。」則宬之獲賜廉靖處士，已在五十歲以後。又據《水心文集》卷二四《滕季度墓誌銘》云：「薦者累累不已。韓侂胄方擅事，尤忌君，故爲軟語逗日月。君寤，笑曰：『吾得守一技足矣，焉用溟涬風波間！』」余爲奏授廉靖處士。」考滕宬卒於嘉定十一年九月，年六十五。五十歲時爲嘉泰三年。先生於前一年十一月受命知泉州，是年四月抵任所；十一月，以丁父憂去職，以迄開禧二年三月服除入對，其間似不能有所奏薦。而開禧三年十二月，先生即爲雷孝友劾罷，則滕宬之獲賜廉靖處士，或爲開禧三年之三月一日。今暫繫此。

夏，經營定山、瓜步、石跋三堡塢成，上

三處堡塢圖本，並四十七處團結山水寨居民戶口姓名帳冊。

《宋史》本傳：「初，淮民被兵驚散，日不相保。適遂於墟落數十里內，依山水險要爲堡塢，使復業以守，春夏散耕，秋冬入堡，凡四十七處。又度沿江地，創三大堡：石跋則屏蔽采石，定山則屏蔽靖安，瓜步則屏蔽東陽、下蜀，西護溧陽，東連儀眞，緩急應援，首尾連絡，東西三百里，南北三四十里。每堡以二千家爲率，教之習射，無事則戍。以五百人一將，有警則增募新兵及抽摘諸州禁軍二千人，並堡塢內居民，通爲四千五百人，共相守戍。而制司於每歲防秋，別募死士千人，以爲劫砦焚糧之用。……三堡就，流民漸歸。」

《水心文集》卷二《定山瓜步石跋三堡塢狀》：「某昨蒙差兼江淮制置，專一措置屯田。被命之始，即嘗深念，以爲今之屯田，與昔不同。夫省運就糧，分兵久駐，磨以歲月，待敵之變，此昔日屯田之常論也。頃自虜寇驚騷，淮人奔迸南渡，生理破壞，田舍荒墟，十郡蕭然，無復保聚。今之所急，在於耕其舊業而復其所常安，守其舊廬而忘其所甚畏爾，豈得以昔日之常論冒行之乎！故某遂急，且於江北創立三堡，先生一層。今三堡既就，流民漸歸，所宜招徠安集，量加賑貸。令於東西一二百里、南北三四十里之內，其舊有田舍者，依本住坐，元無本業，隨便居止。其間有強壯者，稍加勸募，給之弓弩，教以習射，時命程試，利以賞激。度一堡界分內，可得二千家爲率，萬一虜騎今秋再至，隨處入堡，與官兵共守，此今日經營之大略也。至於屏蔽江南，防把口岸，則其說尤長，敢不盡布愚悃。某去歲忝綴朝列，首建防江之議。繼來建康，考詳前後案牘，無非葺治戰艦，布列岸兵，栽埋鹿角，釘設暗樁，開掘溝塹，計步而守，數里而屯。皆元勳故老之已行，謀臣策士之素講，雖其間用之有利不利，然終未有能捨此而特立者也。況某晚進末學，何所能爲，不過守舉舊事，期於無闕而已。如鹿角、暗樁之類，去歲論者固嘗指爲兒戲，及扣其別有何策，則又寂無所言。某猶謂厲人心而堅守，阻大江而自固，則如前數事，亦豈不足以立功。至十月之末，邊遽告急，淮人渡江以億萬計，江南震動，衆情惶惑。一日，有兩騎僞效番裝，躍馬江岸，相傳虜人至矣，濟渡之舟，斫纜離岸，櫓楫失措，渡者攀舟，覆溺數十百人。某始嘆息曰：「是眞不足賴也。」今雖岸步有寨，江流有船，鹿角、暗樁，數重並設，溝塹深闊，不可越踰，其如人心已搖，誰與力拒！萬一虜兵果至，彼皆棄之而走爾。所以建炎、紹興之間，兀朮未嘗不徑渡江南，如逆亮之不得濟而殞者，幸也。於是始捐重賞，募勇士，渡江北，劫虜營，石跋、定山上下，凡十數往返，取其俘馘，係纍以報，江南奮氣，見者賈勇，而人心始安，虜亦由此卻甲遁矣。然後知三國孫氏常以江北守江，而不以江南守江，至於六朝，無不皆然，乃昔人已用之明驗。自南唐以來，始稍失之，故建炎、紹興不暇尋繹爾。然渡江之兵，苦於江北無家，基寨無所駐足，故石斌賢之徒不能成大功。宣司嘗急呼封彦明、王益，欲令將兵策應和州，竟閔嘿而止。今石跋則屛蔽采石，定山則屛蔽靖安，瓜步則屛蔽東陽、下蜀，西護歷陽，東連儀眞，緩急應援，首尾聯絡，所築皆是故基，磚石猶在。今各堡無事之時，只以五百人一將戍守，常加修葺，勿使廢壞。收聚居民，與之爲主，令岸渡繁會，自成市井。若萬一有警，乞從朝廷即令各堡增募一千人，照吐渾等仗，並與幫收，總領所請給，隨堡防守教閱，諸州禁兵抽摘二千人，以九月至，並於防江效用內摘那千人，各堡二千五百人，並堡塢內居民二千家之勝兵者，或臨時旋行招募，亦各二千人，各堡通爲四千五百人，相共守把。然後令制置司以八九月別募精勇敢死士千人，厚幫請給，以待劫寨焚糧直前前搏擊之用。蓋堡塢之成，於防江有四利：往日江南列營五萬人，去歲亦不下三萬，而民兵不預。然止可坐食而守，敵果窺江，責其不走，固已難矣，而況進戰乎！何者？虜在北岸，共長江之險，兵衆騎多，而吾軍之氣已奪矣。今堡塢既立，虜有所忌，固不敢窺江。就使來窺，江南岸兵膽氣自生，志力得展，使之前進，無所畏怯，一利也。雖有各處戰艦，然虜已在江岸，或聲言奪船徑渡，或實爲造舟之勢，我之舟師往往不敢放出北岸，勝負未決，旁觀膽落，憂恐萬端。今堡塢既成，虜縱在江北，我有應接之利，或近岸排列，千弩並發，或捨舟登岸，乘勢擊逐，二利也。至於海舟，風帆八面，便利捷疾，尤在舟師之上。然迫虜於岸而收全功者其勢易，俟其入江而決死鬥者其勢難。今堡塢既成，有易無難，三利也。戰艦甲士，虛閉舟中，擁戈坐觀，從昔病之，無策可治。今舟得便利，人無虛設，四利也。使虜果忌堡塢爲彼之害，或擁大衆，志在必取。今石跋、瓜步，近在江津，定山去江纔三里爾。我以戰艦海舟爲江中家計，強弩所及，虜人腹背受敵，自投死地，理在不疑。脫若虜人畏而不前，置而不問，盡力攻擊和、滁、眞、六合等城，或有退遯，我以堡塢全力助其逐襲，或形其前，或出其後，制勝必矣。此堡塢之利，所以爲用力寡而收功博，孫氏、六朝以江北而守江南，能立國於百戰之餘者，非幸也，數也。故某欲因屯田堡塢之立，收兵民雜守之用，屏蔽江面，先作一層，使江北之民，心有所恃。虜雖再來，不復求渡，騰突紛擾，貽亂江南。次第入深，因其險要，用其豪傑。見團結山水爲寨者四十七處，此於官司之力，無緣周遍，特借以聲勢，使自爲守，春夏散耕，秋冬入堡。蓋孫氏、六朝保固江、淮之成規，非充國先零、棗祗許下之謂也。不然，則南北並爭之際，無歲不有兵革，淮人豈能屢逃屢復，以自瀕於流離死亡也哉！某自去冬，憂悸熏心，舊疾之外，復增新病，背病半年，呻吟宛轉。自有改兼江淮之命，不敢辭避，力疾督趣，成此三堡，其間條目，極有未備。而某羸證既成，不能扶持忍死，以待畢事，豈勝慚懼！伏乞朝廷速賜選擇總練通方老於智謀之士，前來建康，糾剔某妄作疎漏之失，考尋前史規畫縝密之舊，克集功緒，以究遠圖，某不任祈叩之至！所有定山、瓜步、石跋三處堡塢圖本，並四十七處團結山水寨居民戶口姓名帳冊，謹隨狀繳申，伏乞指揮施行！」

案：狀云：「某自去冬，憂悸熏心，舊疾之外，復增新病，背病半年，呻吟宛轉，自有改江淮之命，不敢辭避，力疾督趣，成此三堡。」則知先生經營三堡，始於春後。又云：「度今一堡界分內，可得二千家爲率，萬一虜騎今秋又至，隨處入堡，與官兵共守，此今日經營之大略也。」又知先生成此三堡，在於秋前。

又禱雨於祠山廟。

《水心文集》卷六《禱雨題張王廟跋》：「開禧三年春不雨，江河淺狹，田野皆枯裂。夏至秧老，憂不得入土，禱於祠山廟，期以三日。逾夕而雨大降，插播畢，猶有餘澤。乃作此詩，刻於廟廡。」

秋，李壆起行在，赴常德，過金陵，以父燾《巽巖集》出示，先生序之（王德毅《李燾父子年譜》）。

《黃氏日抄》卷六八：「《巽巖集序》，略曰：『自有文字以來，名世數十，大抵以筆勢縱放，凌厲馳騁爲極功。風霆怒而江河流，六驥調而八音和，春輝秋明，而海澄嶽靜也。公未嘗藻繪琢鏤，以媚俗爲意，曾點之瑟方希，化人之酒欲清，又非以聲色臭味自怡悅也。』愚謂水心此言，亦寫胸中之所自得者歟！巽巖，蜀人李燾也，著《通鑑長編》，二子壁、壆，皆名世。」

七月，召赴行在。

《墓碑記》：「開禧三年……七月，召赴

行在。」

十二月，轉朝議大夫，尋落職奉祠。

《墓碑記》：「開禧三年，……十二月，轉朝議大夫，遭御史中丞雷孝友論，落職。」

《宋史》卷三八寧宗開禧三年《本紀》：「十二月，……己酉，落葉適寶文閣待制。」

《宋史》本傳：「侂胄誅，中丞雷孝友劾適附侂胄用兵，遂奪職。自後奉祠凡十三年，至寶文閣待制，通議大夫。」

案：先生附侂胄用兵，後世頗有譏評，但亦有爲之辯誣者，今謹錄五條於後：

左綿侯曰：「嗚乎！慶元黨禍，小人之罪不容於誅矣，而善類出處有可得而言乎？……爲君子謀，守儉德之初心，固阨窮之晚節，聽小人之自爲闔闢，吾惟益堅其理義之壁，以俟他日之復可也。其或憤於久鬱，樂於乍伸，動其彈冠經世之念，則其思猶未熟也。復仇，天下之大義也，張忠獻（浚）抵死切齒而不得伸，阜陵二十八年長太息而不得遂者，一旦舉而行之，誰曰不可？抑開禧之事，開邊也，非復仇也；圖不軌也，非爲社稷也，而予之，而翼之，可不可也！」（《慶元黨禁》引）

《宋史》本傳曰：「適志意慷慨，雅以經濟自負。方侂胄之欲開兵端也，以適每有大仇未復之言，重之。而適自召還，每奏疏，必言當審而後發，且力辭草詔。第出師之時，適能極力諫止，曉以利害禍福，則侂胄必不妄爲，可免南北生靈之禍，議者不能不爲之嘆息焉。」方回曰：「水心爲侂胄一再出，有可議。……永嘉諸人，嘉泰、開禧間出處乖刺，謂文足掩行，未也。」（《桐江集》卷二《讀篔窗荆溪集跋》）李贄曰：「適志意慷慨，雅以經濟自負，始侂胄欲開兵端，以適嘗有大仇未復之言附之，而適自召還，每奏疏必言當審而後發，且力辭草詔。議者乃咎其不極力諫止侂胄，以致用兵，何其輕於論人也！禿翁曰：『此儒者乃無半點頭巾氣，勝李綱、范純仁遠矣。眞用得，眞用得！』」（李氏《藏書》卷一四《名臣傳》）全祖望曰：「時中朝方急於求和，先生以爲不必，但請力修堡塢以自固，

乃徐爲進取之漸。而韓侂胄死，朝事又一變。許及之、雷孝友，本韓黨也，至是畏罪，乃反劾先生附會侂胄起兵端，並以此追削辛棄疾諸人官。而先生前此封事，具在廟堂，竟未能明其本末。蓋大臣亦藉此以去君子。先生杜門家居，絕不自辯也。嘗嘆息曰：『女眞崛起暴強，據吾太平之土壤，已五六十年矣。使其復爲天祚，盛極將亡，他人必出而有之，不可畏哉！』蓋其先見如此。」又曰：「許及之、雷孝友之劾先生也，當時無以爲然者，自方回始據之以詆先生。其意特以先生論學有所異同於朱子，遂拾小人之說以毀之，《宋史》亦不復白其誣，予續修學案，始別爲立傳，而特詳具其事跡以明之。」（《宋元學案》卷五四

《水心學案》上）

案：許及之非劾先生者，全氏偶誤。考《宋史》卷三九四《許及之傳》云：「兵端開，侂胄欲令及之守金陵，及之辭。侂胄誅，中丞雷孝友奏及之實贊侂胄開邊，及守金陵，始詭計免行。降兩官，泉州居住。」則及之非但未劾先生，且爲孝友所劾。又據《宋史》，及之卒於嘉定二年，先生挽之云：「容成堂上光華別，謝客巖前意象閑。身到三臺良未滿，年添九老定誰慳。高期落落塵囂外，苦論喧喧醉夢間。我欲爲公深著語，桂林芝樹不同刪。」「行露空多曉色催，夜香燒斷作飛埃。松江鱠好憑誰憶，金谷花濃只自開。玉女雲中應盡去，仙人霧裏更重來。千年一判禁銷得，涕掩寒塘錯莫回。」（《水心文集》卷八《許相公挽詞二首》）是亦可爲及之未曾劾先生之一證（余有《關於葉適傳記資料方面的一些問題》一文，載《毛子水先生九五壽慶論文集》，辨之甚明）。

又案：先生於開禧用兵事，頗多自解之詞，亦非如全祖望所云「絕不自辯」也。如其誌趙彥橚墓云：「侂胄始得志，鬱挫天下士，使不自容。後頗悔曰：『此輩豈可無喫飯處耶？』稍收拾，銖寸與之，士甘其晚悟，未深慮也。侂胄既亟敗，忌者反指爲黨，疑似鋤剗不少借。公常痛憤，謂：『始坐僞學廢，終用兵端斥，苟欲錮士，何患無名，而益友之類絕矣。材盡而求不獲，有國之公患，寃甚而謗不息，非士之私恥也。』每進退，未嘗不懇激爲上言。又以凡在近臣，皆當規諷補切。夫已見上殿，侍從也；直前奏事，左右史也。故又懇激爲同舍言，毋曠素業，隳舊典。而公自以不得其言，汲汲去位恐不速。再命爲州，終不行。一時聞風皆悚慕，後相繼稍有言者自公發。」（《水心文集》卷二三《故寶謨閣待制知平江府趙公墓誌銘》）又誌厲詳墓云：「夫搢紳守和親，介胄言征伐，由漢已然矣。其不能相合而相非，至於喧忿詆悖而相加以惡，亦其常情，無足怪也。故季布廷諍欲斬樊將軍，而臧宮、馬武之請，至煩人主諄悉詔諭而後止，豈非往事之明戒也哉！君爲武人，蓋失路誤入爾。人猶以故步期君，其所以責之者，抑所以厚之歟！然使君致其壹於進士，何患不如武舉所得，褒衣大帶，掌幄中之論，無冒十死九生之危，夷侯而訾其缺！則人之所以責我者，而我反以責人矣，不亦又可哀也！」（同集卷二二《厲領衛墓誌銘》）又誌何瀹墓云：「自復讎之議出，余固懇懇論奏，謂：『須家計牢實，彼必不可以進而後我可以不退。且盟約久定矣，必彼先破壞而後我徐應之。不然，前直掩而較後曲，藩牆擾則堂奧搖矣。』執事者不審，輕動妄發，未幾，勇怯俱弊。使據正守義如君之賢者，勞苦困極而不得以老死。故其喪歸，鄉人迎之，無親疏貴賤皆霣涕雪泣，非特其恩厚素感於人，亦以君仕不逢，失其常所而痛惜之也。」（同集卷二一《故通直郎清流知縣何君墓誌銘》）以是考之，先生於黨禁後復出，實由於韓侂胄之悔悟，非如左綿侯所謂「憤於久鬱，樂於乍申」也。又自復仇之議出，先生即已懇懇論奏，以爲不可輕舉，亦非如《宋史》本傳所謂不加諫止者也。又本傳謂：侂胄出師之時，先生如能曉以利害，必不妄爲云云，似亦言之太易。余以爲以上諸家，唯祖望發於公心，得議論之正。夫自古以來，勇於責人，怯於任事，乃多士之患，自附於道學者流，又何能免乎！

是年，自金陵歸，舍舟山行，過寧國，始識知縣應懋之。

《水心文集》卷一六《夫人林氏墓誌銘》：「昔予在金陵，雅聞君能治寧國，號令清省，絕少笞扑。民愛信之，異口同辭。余以病歸，捨舟山行，始識君。」

案：懋之，金華人，從朱子游。

是年，門人王植來，求銘其妻墓。

《水心文集》卷一六《莊夫人墓誌銘》：「去年，余在建鄴，立之來，嘆曰：『莊氏，子所謂賢者，丙寅八月初七死矣。十二月十四日，葬某所矣。……子哀吾者，豈得無辭乎？』」

案：文末署爲嘉定元年七月，則植來求銘當在本年。

是年，銘友人翁忱、妻父高子莫墓（《水心文集》卷五十《翁誠之墓誌銘》、《高永州墓誌銘》）。

本譜　卷四

嘉定元年戊辰，五十九歲。

七月一日，徐誼卒，先生撰文祭之。《水心文集》卷二八《祭徐子宜侍郎文》：「嗚呼！甲寅之歲，天地震崩。唯左司郎，晝惶夜驚。刳心爲謀，殞身爲行。奉漏沃焦，幸而復寧。曾未幾時，有命南竄。虛罪山出，浮毀波亂。騰書交章，預指牢犴。請誅請族，以一咻萬。自茲十年，旅食儆宿。以醫自混，以藥自鬻。穉兒道長，老母門哭。逢舊御史，攘臂瞋目。歲復在寅，江、淮大兇。投之溢城，俾塞賊衝。毁樓學舠，燒土補墉，募兵滿階，敎劍交胸。秣陵之畫，衆固不右。遂徙豫章，聞聽日謬。沸羹再興，羅織重就。朝傳罷斥，莫報彈奏。嗚呼哀哉！課其前功，廟祏之思；陳其往寃，行路之悲。彼讒不圖，別立是非。室人孔安，噫我獨危。嗚呼哀哉！心恭貌沖，氣順詞正。如璋如珪，起愛起敬。誰託之孤？誰寄之命？今也云亡，可以論定。嗚呼哀哉！唯鑒者神，唯知者天。物險我平，雖艱不偏。匪伊後來，古聖則然。盡此一觴，歸安於泉。」

案：誼，字子宜，一字宏父（一一四四—一二〇八），溫州人，乾道八年進士。累官至寶謨閣待制，知建康府兼江淮制置使，以知隆興府卒。光宗末，與先生、吳琚以及趙汝愚等同定內禪議，社稷賴以安焉。先生述其學云：「公少而異質，自然合道。天下雖爭爲性命之學，然而滯痼於語言，播流於偏末，多茫昧影響而已。及公以悟爲宗，懸解昭徹，近取日用之內，爲學者開示。修證所緣，至於形廢心死，神視氣聽，如靜中震霆，冥外郎日，無不洗然自以爲有得也。」（《水心文集》卷二一《寶謨閣待制知隆興府徐公墓誌銘》）《宋元學案》列爲象山同調。

是月，銘王植妻墓（《水心文集》卷一六《莊夫人墓誌銘》）。

九月六日，鮑潚卒，先生有挽詞一首。

《水心文集》卷七《冲佑大夫鮑公挽詞》：「幽人眇何在，高閣鎖重關。梅冷橋邊月，菊殘籬外山。可憐清絕地，長憶笑談閒。寂寞私鹽港，漁樵自往還。」

案：潚，字清卿（一一三一—一二〇八），永嘉人。歷知潮、融二州，以提舉冲佑觀卒。先生銘其墓（《水心文集》卷一六《朝散大夫主管冲佑觀鮑公墓誌銘》）。

是月，撰《溫州開元寺千佛閣記》（《水心文集》卷九）。

是年，銘薛夫人墓。夫人，起居舍人徽言之女，知常州季宣女弟（《水心文集》卷一五《薛夫人墓誌銘》）。

又銘陳傅良墓。

《水心文集》卷一六《寶謨閣待制中書舍人陳公墓誌銘》：「開禧元年三月庚寅，葬於帆遊鄉澍村前山。……公葬四年，吏部侍郎蔡公行之始狀其行於太史。行之從公早，載之詳。余亦陪公游四十年，教余勤矣。故摭其平生大指，刻於墓上，以紀余之哀思。而行之已載者，不復述也。」考幼學所爲行狀（見《止齋集》卷五二附録），文末署爲嘉定元年十一月，則先生銘傅良墓，當在此年之末或稍後，今暫繫於此。

嘉定二年己巳，六十歲。

二月，養病於宿覺菴下，有《宿覺菴記》。

《水心文集》卷九：「（宿覺大師）所居山，延袤十里，有江月松風之勝，依而寺者十數。余亦在其下，苦疾痼，非人事酬答不妄出。」

四月，撰《龜山楊先生祠堂記》（《水心文集》卷十）。

《黄氏日抄》卷六八：「《龜山祠堂記》，楊氏子孫賣宅，太守余景瞻贖還之，又修補其漏闕，因以祠龜山。記文優緩，而理趣高。」

九月，撰《平陽縣代納坊場錢記》（《水心文集》卷十）。

是年，銘二劉公、孫椿年墓。

《水心文集》卷一六《二劉公墓誌》云：「不幸正字（劉朔）年四十四，以乾道六年六月卒。其明年五月，著作（劉夙）年四十八，亦卒。四方相弔，如悲親戚。後四十年，道其事者，尙相與悼惜不已。……余童孺事二公，既與彌正爲友，而起晦實同年生。彌正曰：『吾二父銘，以幸子。』病眊十年不能文。嗚呼悲夫！二公之卒也，艾軒先生（林光朝）爲國受弔，筆濡不忍銘，以至是也，而余何敢僭！雖然，艾軒之不忍，痛至也；痛且遠，德將湮，無以屬來者矣，而余何敢忽！」

案：先生以慶元己未（一一九九）夏病風，順推十年，其銘二劉公墓，當在是年前後。又乾道六年（一一七〇）至嘉定二年，首尾亦恰爲四十年也。

又同卷《孫永叔墓誌》云：「永叔卒於慶元己未，余疾更十年不瘉，之宏索銘不置。」是先生之銘孫椿年墓，亦當在本年前後也。之宏，椿年子，先生門人。

又與同邑薛紹爲眞率之會。

《水心文集》卷一九《中奉大夫薛公墓誌銘》：「初，公由少奉常領祠官，至再焉，未七十，屢自請，以直秘閣致仕。家有司馬溫公眞率約，按舊事，率年及六十者行之，余亦預往。」按是年紹七十有一，先生年甫六十。

是年，許及之卒，先生有挽詞二首（《宋史》卷三九四《許及之傳》，挽詞已見本譜開禧三年）。

嘉定三年庚午，六十一歲。

五月二日，陳景思卒於信州，先生作挽詞一首。

《水心文集》卷七《陳侍郎挽詞》：「生死悲歡地，長嗟付短吟。北門晨鵲趁，西甸晚鴉尋。三品官名重，千年墓色新。廣東正思憶，淚激海潮音。」

案：景思，字思誠（一一六八—一二一〇），弋陽人。祖康伯，相高宗。思誠與先生善，開禧間除太府卿，兼夏官侍郎，尋以不附侂胄用兵得罪。既卒，先生銘其墓。《水心文集》卷一八《朝請大夫主管沖佑觀煥章侍郎陳公墓誌銘》：「邊事將作，思誠諗故。余告以立說有先後，定計有始末，無誤也。思誠復言：『虜衰有徵矣。』余又告以魚爛瓦解，其實未見，今外弱而形飢，非也。思誠悟曰：『決矣！先生當知我爲不預人事者。』未幾，果以議不合去。」則思誠見黜於侂胄，先生實有以啓之。此條可與本譜開禧三年參看。

九月二日，葉士寧卒。

《水心文集》卷一八《葉君宗儒墓誌銘》：「嘉定三年，君養疾州南，始復見之，鬢髮雪白，追記昔日，相與把手絶嘆，蓋年六十六矣，遂以九月丁卯卒。」

案：先生初識士寧於樂清，年約十六七，至是已四十有五六年矣。

是年，瑞安縣重建廳事，役畢，知縣事許興裔請先生爲記（《水心文集》卷十《瑞安縣重建廳事記》）。又銘林頤叔墓。

案：頤叔，字正仲，紹熙元年卒，《墓誌》中有「二十年銘未立」之語，則此銘當作於本年前後（《水心文集》卷一六《林正仲墓誌銘》）。

嘉定四年辛未，六十二歲。

轉中奉大夫。

《墓碑記》：「（嘉定）四年，轉中奉大夫。」

二月，徐照卒於永嘉。

案：照，字靈暉（道暉），先生門人，與徐璣字靈淵（文淵）、翁卷字靈舒、趙師秀字靈秀（紫芝）爲詩同宗晚唐，號爲永嘉四靈。先生銘其墓云：「有詩數百，斲思尤奇，皆橫絶欻起，冰懸雪跨，使讀者變踔憀慄，肯首吟嘆不自已，然無異語，皆人所知也，人不能道爾。蓋魏、晉名家，多發興高遠之言，少驗物切近之實，及沈約、謝朓永明體出，士爭效之，初猶甚艱，或僅得一偶句，便已名世矣。夫束字十餘，五色彰施，而律呂相命，豈易工哉！故善爲是者，取成於心，寄妍於物，融會一法，涵受萬象，豨苓、桔梗，時而爲帝，無不按節赴之，君尊臣卑，賓順主穆，如丸投區，矢破的，此唐人之精也。然厭之者，謂其纖碎而害道，淫肆而亂雅，至於廷設九奏，廣袖大舞，而反以浮響疑宮商，布縷繆組繡，則失其其所以爲詩矣。然則發今人未悟之幾，回百年已廢之學，使後復言唐詩自君始，不亦詞人墨卿之一快也！惜其不尚以年，不及臻乎開元、元和之盛。」（《水心文集》卷一七《徐道暉墓誌銘》）

五月，提舉太平興國宮。

《墓碑記》：「（嘉定四年）五月，提舉江州太平興國宮。」

六月，撰《利涉橋記》，循黃巖林鼐爲其縣令楊圭之請也（《水心文集》卷十）。

八月，撰《敬亭後記》。

《水心文集》卷十：「程氏誨學者必以敬爲始，故思叔（張繹）曰：『敬則實，實則虛，虛則無事矣。』以余所聞，學有本始，如物始生，無不懋長焉，不可强立也。孔子敎顏子『克己復禮爲仁』，請問其目，曰：『非禮勿視，非禮勿聽，非禮勿言，非禮勿動。』顏子曰：『回雖不敏，請事斯語矣。』是則復禮者，學之始也。敎曾子曰：『安上治民莫善於禮。禮者，敬而已矣。故敬其父則子悅，敬其兄則弟悅，敬其君則臣悅，敬一人而千萬人悅。』是則敬者，德之成也。學必始於復禮，故治其非禮者而後能復。禮復而後能敬，所敬者寡而悅者衆矣，則謂之無事焉可也。未能復禮而遽責以敬，內則不悅于己，外則不悅於人，誠行之則近愚，明行之則近僞。愚與僞雜，則禮散而事益繁，安得謂無！此教之失，非孔氏之本旨也。」

案：「涵養須用敬，進學則在致知」，爲程朱學旨，先生於《敬亭後記》一舉而覆之，先生學幟，至此益明。

九月，撰《張秀樗行狀》。秀樗，字延卿（一一二七—一二〇四），永嘉人。歷官沅、光、和、濠等州，所至有聲。先生甚敬重之（《水心文集》卷二六《故宋中散大夫提舉武夷山沖佑觀張公行狀》）〔一〕。

十二月十日，妻高氏卒，先生哀痛逾恆，有《祭令人文》、《代子祭令人文》。

《水心文集》卷二八《祭令人文》：「嗚呼！子之物變周匝，不止於辨一家；材明勇決，不止於了一身。余寡偶而少徒，忽遇子而獲親。雖月艱而歲棘，常旦友而昏賓。何慮之多而食之鮮，豈衣之敝而笥之新！動息先至，如鶴警分；尺寸自達，如葦涉津。竟復奚爲，邱夷谷堙！哀哉悲夫！拔塵凡而高騫，旣罔滯於性靈。撫機關而遠離，亦靡吝於情（貞）〔眞〕。哀莫哀兮道無成，悲莫悲於事難平。憶昔余疾屢絕，子誓以偕死。今子病亟往，余不如無生。凜枯槎之介雪，噤野雁而吞聲。大塊漫漫，誰濁誰清？昭此無昧，浩乎獨行！」

又《代子祭令人文》：「某僅脫童丱，識未及遠；教而使立，則母之願。養之以成，唯母是依。何圖一朝，割裂至此！後永存者，無形無聲。我母之去，日疏日隔。自戊子至今日，始克昭告，哀哉！痛哉！」

是月，銘葉士寧墓（《水心文集》卷一八《葉君宗儒墓誌銘》）。

是年，沈體仁卒。體仁，字仲一（一一五〇—一二一二），沈躬行之後，學於陳傅良（《水心文集》卷一七《仲一墓誌銘》）。

是年，又有《瑞安縣重修學記》（《水心文集》卷十）

嘉定五年壬申，六十三歲。

正月二日，薛紹卒。

案：《水心文集》卷一九《中奉大夫太常少卿直秘閣致士薛公墓誌銘》：紹字承之（一一三九—一二一二），永嘉人。爲人魁重凝特，造次不以詞色自達而誠意內充，與之遊久者，皆厭然心服。初，紹由少奉常領祠官者再，遂自請以直秘閣致仕。所居宅有園林之勝，先生嘗與同邑諸老於紹家爲眞率之會，見本譜嘉定二年。

三月二十日，葬妻於永嘉開元觀後山（《水心文集》卷一八《高令人墓誌銘》）。

九月二十五日，弟子厲仲方卒於邵州，先生以文祭之。

案：仲方，初名仲詳，字約甫（一一五九—一二一二），東陽人。中紹熙元年武舉，歷官武學諭、閤門舍人、左領衛中郎將。先生制置江淮，仲詳奉令防守建康，時金兵屯定山十餘萬，仲詳募石斌賢、夏侯成破走之；金兵留六合，先生又趣仲詳解圍，不亟出兵而金兵卒去。後以御史劾罷，徙邵州卒。仲詳舊從先生學，諸生旬沐歲省皆散去，仲詳獨閉一室，未嘗窺戶，遂以文字知名。又發明九牛弓、戰車等，屢敗金人。先生門下文武全材者，仲詳一人而已。既卒，先生爲文祭之云：「嗚呼哀哉！行學忘家，經營博浹。三場甚工，一第可躡。用此取獲，安坐運籌；以短議人，於己曷尤？奚其兩圖，併習孫武；雖得俊科，已失故步。箭插於腰，馬行翩翾。按則抵掌，勢則當然。湘山之長，湘水之遠，招子而來，留子不返。噫母啼矣，淚盡目乾。噫友悲矣，氣折鼻酸。詩應絕吟，易應罷訓。萬感都消，百殞誰惱！扶柩復宇，上恩如春。魂將無同，我語或聞。」（《水心文集》卷二八《祭厲約甫文》）蓋深惜之也。

是年，子宓卒，先生哭之慟。

《水心文集》卷二八《祭子三郎文》：「噫嘻！汝其幼成耶？汝幼既能率禮，長必能行義。教以郎師，如護珠玉。日望成立，如養苗稼。何物怪病，如追寇讎。我但迷癡，莫敢挽奪。方葬汝母，俄喪汝生。哭淚縱橫，同口異說。汝其誤□□□事雖麤，脆而難持。我欲合之，彼固離之；我欲成之，彼固敗之。我身無堅，變□則宜。念汝何罪，今也併罹！我汝絕同，振手於茲。哀哉！」

案：文中有「方葬汝母，俄喪汝生」之語，是知三郎卒於高氏既葬之後也。又案《墓碑記》云：「男三人：長宣；次宲，承務郎，新知台州天台縣縣丞；三宓，承務郎，早卒。」是又知三郎即宓也。今考先生文集卷二八別有《祭內子令人文》，云：「世言夫婦，蓋有等差。子於婦職，得之實多。外直內正，無一邪曲。我每敬愧，自消其欲。私願既然，使有中壽，侃侃雝雝，家道可久。自子之逝，宣姜別隨；宓滯下夭，三嫂徑歸。我病大熱，儽然枯峙。斯命也歟，抑天所棄？開元之陽，繚其□□。□□若孩，遲我同往。」孫譜綴之於是年三月先生葬妻高令人條下，且爲案語云：「此蓋葬時祭文。令人以十二月初十日卒，其葬在此年三月，而墓誌及前祭文均不言喪子，則宓卒在此年春間。」其後又別爲「子三郎殤」一條，綴以先生《祭三郎文》（見前），復爲案語云：「三郎蓋以令人葬後卒，墓誌言『晚歲三子始育』，然則先生是時獨存一子寀耶？」孫氏既誤以宓與三郎爲二人，復以爲宓卒於高氏葬前，「三郎」卒於高氏葬後，蓋未見《墓碑記》而然也。是先生此文，應成於高氏既葬之後，謂其爲葬時祭文，非也。

是年，柟溪李源卒。

案：源，字深之（一一五四—一二一二），父仲舉，鄭伯熊、薛季宣等引爲親近，謂其不可小知而可大受。源幼從先生爲童子戲，儼然端默，先生慚，爲棄戲歛衽。少年益友也（《水心文集》卷一八《李仲舉墓誌銘》）。

是年，有《上蔡先生祠堂記》、《同安縣朱先生祠堂記》、《晉元帝廟記》（《水心文集》卷十）、《羅袁州文集序》（同上卷一二）、《沈仲一墓誌銘》（同上卷一七）、《故大理正知袁州羅公墓誌銘》（同上卷二三）。

案：《水心文集》卷一九《建康府教授惠君墓誌銘》：「毘陵惠端方爲永嘉

丞，……謂余曰：『吾父乾道三年八月某日卒。……後四十年，遠無以詔，吾重悲之。子幸使墓有銘，可乎？』」則先生銘惠君墓，亦當在本年前後。惠君名哲，字茂明。

嘉定六年癸酉，六十四歲。

三月二十七日，劉穎卒，先生哀之，有祭文。

《水心文集》卷二八《祭劉公實侍郎文》：「昔我官吳，事公爲屬。且戇且拙，無一可矚。手一卷書，隨吏後先。公顧而笑，如是積年。别公東西，若常在側，問訊寒暑，莫敢有失。問胡闊焉，子困妻屯。公乃長謝，報行始聞。偉公自置，介介特特。雖爲侍從，屢去王國。未嘗屈己，未嘗徇人，未嘗計惜，私售其身。我因乏使，時踵公後。情嚴律寬，可效可守。歸從泉山，棄祠而止。上兩起公，公不一起。望公深者，終遂高蹈。待公淺者，公曷輕矯！出處大矣，古今所難。孰如公完，既老愈安！菱角之塘，采菱若雲。激其歌聲，以傳後人。」

案：穎，字公實（一一三六—一二一三），衢州西安人。紹興丁丑進士，歷官戶部郎中、淮東、淮西總領、集英殿修撰，知寧國、紹興、泉州等府。穎素有高識，氣節崢嶸。先生在吳，爲其僚屬，雅敬重之（《水心文集》卷二十《寶謨閣直學士贈光禄大夫劉公墓誌銘》）。

四月十八日，樓鑰卒，先生有挽詞一首。

《水心文集》卷八《樓參政挽詞》：「外補何多只近州，卻於中禁牘淹留。晚參國論非無樂，苦說時難更有愁。天下知心古來少，人間此夢覺應休。自嗟不識鄞江路，淸淚因公寄海流。」

案：鑰，字大防，自號攻媿主人（一一三七—一二一三）。隆興元年進士，累官至參知政事。鑰爲人淸正，文辭精博，尤深於經史（《絜齋集》卷一一《資政殿大學士贈少師樓公行狀》）。

七月六日，友人劉彌正卒。

案：彌正，字退翁（一一五七—一二一三），莆田人。劉夙長子，克莊之父。與先生交誼甚篤，歷官至吏部侍郎卒，年五十七（《水心文集》卷二十《故吏部侍郎劉公墓誌銘》）。

閏九月一日，弟子周南卒，先生哭之哀，有祭文。

案：南，字南仲（一一五九—一二一三），吳縣人。紹熙元年進士，累官至秘書省正字。南耽書喜誦，出於天性。十五六時，視吳下問學止科（學）〔舉〕，心陋之，一往旬日，已，棄去。歲五易師，一易師爲傾動，相播告擯絕。既從先生，耳改目化，氣竦神涌，古今事物，錯落高下，不以涯量。常以世道興廢爲己任，憂時如家，憂人如身。文詞撥去今作，脫換騷雅，欲以力自成家，而瑰麗精切，達於時用，亦人所莫及。既卒，先生深惜之，爲銘其墓，又祭以文云：「山未高而亟進，井既深而更掘。積劬勞者至矣，終拔類而離匹。力欲周乎世人，紛上勤而下衈。寧小俯以爲巽，不苦勁而轉激。冀家化而戶曉，乃羣譏而衆嫉。意希合而何有，曾不暖其一席。粗窺右文之戶，迄老集英之秩。身常屛於窮巷，論每喧乎京邑。」全祖望云：「水心在吳中弟子，以南仲爲第一。」南著有《山房集》，先生序之（《水心文集》卷二十《文林郎前秘書省正字周南仲墓誌銘》、卷二八《祭周南仲文》）。

四日，弟子王度卒，先生爲文祭之。

案：度，字君玉（一一五七—一二一三），會稽人。官至太學博士。既卒，先生爲銘其墓，又祭以文，略云：「早指子學，愼水之坻。愛子德容，質淳無虧。晚哦子詩，鍾山之璧。喜子藝業，更進往昔。四十年間，散合靡常。寒溫每通，細密其行。籍田以來，倩咐尤謹。我已昧昧，子何懇懇！自云師友，義定不忒。緩當不後，急當不先。鼓之答桴，我則多愧。駿之從輿，子信不背。」（《水心文集》卷二十《太學博士王君墓誌銘》、卷二八《祭王君玉太博文》）

十月十三日，友人黃度卒，先生傷之，有祭文。

《水心文集》卷二八《祭黃尚書文》：「嗚呼！方哭公壻，俄又哭公。哀我人斯，一門兩逢。始公少時，便期不朽。必天下材，乃相與友。聚書成山，積疑成林。不質不止，斷以內心。唯唯默默，與世不隔；卓卓的的，自爲令德。進諫何晚，退奚闊焉！何復外徙，南東其邊！公存匪石，終始根柢。常扶正論，獨引大體。既病既衰，猶爲時咨。得士三十，可培國基。今始五六，嘻其難遇。所識未博，乏賢是懼。人生幾何，誰能無媮！思公壯意，令我涕流。憂人雖急，憂己尤重。傳聞得謝，有識欣悚。天台可去，雁蕩可來。公若許我，老懷共開。茲焉止矣，且置是事。有釃彼酒，有切彼胾。公不歆我，意則已宣；公如我歆，一念萬年。」

案：度，字文叔（一一三八—一二一三），越州新昌人。志在經世，而以學爲本。凡天文、地理、井田、兵法，無所不窺，尤長於《周禮》。累官至禮部尚書。壻周南，先生弟子也（《水心文集》卷二十《故禮部尚書龍圖閣直學士黄公墓誌銘》）。先生序其《周禮說》云：「《周官》晚出，而劉歆遽行之，大壞矣，蘇綽又壞矣，王安石又壞矣。千四百年，更三大壞，而是書所存無幾矣。《詩》、《書》、《春秋》皆孔子論定，孟軻諸儒相與弼承，世不能知而信其所從；井洌於逵，衆酌飲焉，唯其量爾，故治雖不足而書有餘也。孔子未嘗言《周官》，孟子亦以爲不可得聞，一旦驟至，如奇方大藥，非黄帝、神農所名，無制使服食之法，而庸夫鄙人妄咀吞之，不眩亂顛錯幾希，故用雖有餘，而書不足也。雖然，以余考之，周之道固莫聚於此書，他經其散者也；周之籍固莫切於此書，他經其緩者也。公卿敬，羣有司廉，教法齊備，義利均等，固文、武、周、召之實政在是也，奈何使降爲度數事物之學哉！新昌黄文叔，始述五官而爲之說，亹亹乎孔、孟之以理貫事者，必相發明也；惻惻乎文、武之以己形民者，必相緯經也。守天下，非私智也；設邦家，非自尊也。養民至厚，取之至簿，爲下甚逸，爲上甚勞。洗滌三壞之腥穢，而一以性命道德起後世之公心，雖未能表是書而獨行，猶將合他經而共存也，其功大矣！同時永嘉陳君舉亦著《周禮說》十二篇，蓋嘗獻之紹熙天子，爲科舉家宗尚。君舉素善文叔，論議頗相出入。所以異者，君舉以後準前，由本朝至漢，溯而通之；文叔以前準後，由春秋、戰國至本朝，沿而別之。其叙鄉遂溝洫，辨二鄭是非，凡一字一語，細入毫芒，不可損益也。」（同集卷一二）考永嘉學者最尊《周禮》，亦即其經制之學所從出。先生《習學記言序目》卷七論《周禮》云：「周官言道則兼藝，貴自國子弟，賤及民庶，皆教之。其言『儒以道得民』，『至德以爲道本』，最爲要切，而未嘗言其所以爲道者。雖書堯舜時，亦以言道，及孔子言道尤著明，然終不的言明道是何物，豈古人所謂道者，上下皆通知之，但患所行不至邪？老聃本周史官，而其書盡遺萬事，而特言道，凡其形貌朕兆渺忽微妙，無不悉具，予疑非聃所著，或隱者之辭也。而《易傳》及子思、孟子亦爭言道，皆定爲某物，故後世之於道，始有異說，而又益以莊、列、西方之學，愈乖離矣。今且當以《周禮》二言爲證，庶學者無畔援之患，而不失古人之統。」（《宋元學案》卷五四《水心學案》上全祖望案云：「此永嘉以經制言學之大旨。」）與此序合觀，則先生《周禮》之學，其大概可知矣。又度另有《詩說》，先生亦序之。

十二月十日，妻大祥日，有設醮青詞，代子作也。

《水心文集》卷二六《大祥設醮青詞》：「母亡子在，徒想音容。祝孝嘏慈，豈迷影響！伏念臣妣令人高氏，不登中壽，輕捨幼孤。速甚須臾，宛已二年之隔；索於罔象，曾無一日之還。敢上覬於超升，乞下招其離散。獲留家宇，長奉昏晨。詔許降衷，便肉既枯之骨；恩垂復性，益歆未泯之魂。」

是年，有《台州重建中津橋記》、《平江縣王文正公祠堂記》（《水心文集》卷十），《黃子耕墓誌銘》、《胡崇禮墓誌銘》（同上卷一七），《朝奉郎致仕俞公墓誌銘》（同上卷一九），《題石月硯屏後》（同上卷二九）。

嘉定七年甲戌，六十五歲。

春，金華呂皓疏朱、陳之辯數萬言求正於先生。先生答以不必深論，蓋不欲自取煩聒也。

呂皓《雲谿稿》（不分卷）：「皓自分山林，窮老待盡，直時未到耳。至於胸中抱此耿耿，亦自分曉，更向誰說得！蓋自東萊、晦庵二三儒先生相繼長往，東南之士，十十五五，各自雄長，有類鄉村團結保伍，斬木揭竿，各自標號而無所統屬。……士論一至先生，而無異辭。……唯先生尙須豁闢門戶，廣示堂奧，與後學共之，使十十五五之徒望而震驚，失其所固執，遁者自遁，伏者自伏，聽之而已。皓不自量，別有一紙請問晦庵、龍川二先生論辨條目，尙唯先生有教無類，或思得狂士以誘來者，不罪僭亡，賜之一言，以爲印證，俾後輩知所循持，亦先生廣示堂奧之微端也，唯先生其熟念之。」（《與水心先生葉侍郎書》）又同書《水心先生哀辭》：「某嘗暇日取龍川陳公與晦庵朱公往復辯說王霸之純駁與夫漢唐之要略，推析而錙銖之，疏其目爲書幾萬言而求正於公焉，而公復書謂：『討論精詳如此，某豈不能贊一語之決？要是面前人各持論未定，不欲更注腳，徒自取煩聒。』嘉定甲戌之春也。先生既戒以置前話，遂以其所素學假老子著《通儒說》以自見。」

十月，爲李伯珍撰《風雩堂記》。

《水心文集》卷十：「浴乎沂，風乎舞雩，魯之褉事也，陳《宛邱》、鄭《溱洧》，皆是也。方其士女和會，衆粲交發，彼外有所逐，徇一世而狂者，固以淫情蕩志爲譏矣；而內有所操，不與衆俱靡者，豈不以閉關絕物爲病哉！欣時和，美備服，即名川之易狎，同魯人之願游，詠歌而還，容順體適，此義理之中，物我之平也。……浴沂舞雩，近時語道之大端也。學者未知潔己以並俗，遠利以寡怨，懸料浮想，庶幾聖賢，而出處得喪之爭，能全其樂鮮矣。」《黃氏日抄》卷六八：「風雩堂，李伯珍築之豫章之圃，而水心爲記。風雩今爲聖門一大議論，善形容者往往極於高明，水心謂舞雩魯之褉事，……說極平常，而文采燁然可讀也。」

二十日，徐璣卒，先生有祭文。

《水心文集》卷二八《祭徐靈淵文》：「嗚呼！不難進爲，難於窮處。耕釣雖微，賢哲皆聚。孔鸞高翔，直不萬尋。

長鯨淵潛，下超重深。念子少時，獨負奇意。方諸擎空，明水自至。尙滯遠邑，稀逢殊知；誓將退休，割棄毫釐。回風雲旗，豹舄翠被。懷文抱質，調笑纚纚。臨絕之恨，豈猶未平！噫曰造物，吝我者名。子實有能，何必老壽！友朋共傳，可以永久。酌子芳酒，送子好辭。子安其歸，毋擾我思。」

案：璣，字文淵，又字靈淵、致中（一一六二—一二一四），永嘉人。歷知武當、長泰等縣。璣早與先生游，晚歲欲棄官以從先生，未及而死。初，唐詩廢久，璣與其友徐照、翁卷、趙師秀議曰：「昔人以浮聲切響、單字隻句計巧拙，蓋風騷之至精也。近世乃連篇累牘，汗漫而無禁，豈能名家哉！」四人之語遂極工，而唐詩由此復行矣（《水心文集》卷二一《徐文淵墓誌銘》）。世謂「四靈」詩風，先生有以啓之。吳子良辨之云：「水心之門，趙師秀紫芝，徐照道暉，璣致中，翁卷靈舒，工爲唐律，專以賈島、姚合、劉得仁爲法，其徒尊爲四靈，翕然效之，有八俊之目。水心廣納後輩，頗加稱奬，其詳見徐道暉墓誌。而末乃云：『（不）尙以年，不及乎開元、元和之盛，而君旣死。』雖不沒其長，而亦終不滿也。後爲《王木叔詩序》，謂：『木叔不喜唐詩，……聞者皆以爲疑。夫爭妍鬥巧，極外物之意態，唐人所長也。終不足定其志之所守，唐人所短也。木叔之評，豈可忽諸！』又《跋劉潛夫詩卷》，謂：『謝顯道不如流連光景之詩(三)。此論既行，而詩因以廢矣。潛夫能以謝公之所薄者自鑒，而進於古人不已，參雅頌、軼風騷可也，何必四靈哉！』此跋既出，爲唐律者頗怨。而後人不知，反以爲水心崇尚晚唐者，誤也。」(《林下偶談》卷四「四靈詩」)觀子良之辨，則先生言詩不尊晚唐，著著明矣。

是年，《龍川集》刻於州學，先生書其後。

《水心文集》卷二九《書龍川集後》：「余既爲同甫序龍川文，而太守邱侯眞長刻於州學，教授侯君敞，推官趙君崇岊，皆佐其役費。同甫雖以上一人賜第，不及至官而卒，於是二十年矣，遺稿未輯，愈久將墜。眞長不唯收卹舊故，存其家聲，可以託生死，厲薄俗。至於趯然以其文字廢興任爲己事，僚友一時，志同義合，相與扶立俊豪魁特之緒，使流風餘論猶能表見於後人，蓋知古太守職業者也。同甫集有《春秋屬辭》三卷，放今世經義破題，乃昔人連珠急就之比，而寄意尤深遠。又有長短句四卷，每一章就，輒自嘆曰：『平生經濟之懷，略已陳矣！』余所謂微言，多此類也。若其他文，海涵澤聚，天霽風止，無狂浪暴流，而回漩起洑，縈映妙巧，極天下之奇險，固人所共知，不待余言也。」

案：陳亮以紹熙五年(一一九四)春賜進士及第，後二十年先生跋其文集，當在本年前後。

嘉定八年乙亥，六十六歲。

提舉隆興府玉隆萬壽宮。

《墓碑記》：「(嘉定)八年，提舉隆興府玉隆萬壽宮。」

正月十二日，劉愚卒。
案：愚，字必明（一一三三—一二一五），永嘉人。幼時貧甚，待食於先生之家。及長，節堅志厲，學必是古。年五十餘，釋褐爲江陵府教授。卒後，友人高其行，共謚曰「靖君」。全祖望《重修學案》，列爲先生學侶（《水心文集》卷二一《劉靖君墓誌銘》、《宋元學案》卷五五《水心學案》下）。
是月，又題陳堯英（秀伯）碑陰（《水心文集》卷二九）。
二月，台州屬縣簿趙汝駉建屋以藏戶版，先生爲名曰孔先，並著其詞（《水心文集》卷二九）。
是月，銘李寬妻鄭氏墓（《水心文集》卷二一《宜人鄭氏墓誌銘》）。
三月，銘徐誼墓（《水心文集》卷二一《寶謨閣待制知隆興府徐公墓誌銘》）。
五月，撰《溫州新修學記》，明永嘉學統。記見《水心文集》卷十。略云：「昔周恭叔首聞程、呂氏微言，始放新經，黜舊疏，挈其儔倫，退而自求；視千載之已絶，儼然如醉忽醒，夢方覺也。頗益衰歇，而鄭景望出，明見天理，神暢氣怡，篤信固守，言與行應，而後知今人之心可即於古人之心矣。故永嘉之學，必兢省以禦物欲者，周作於前而鄭承於後也。薛士隆憤發昭曠，獨究體統，興王遠大之制，叔末寡陋之術，不隨毀譽，必摭故實，如有用我，療復之方安在！至陳君舉，尤號精密，民病某政，國厭某法，銖稱鎰數，各到根穴，而後知古人之治可措於今人之治矣。故永嘉之學必彌綸以通世變者，薛經其始而陳緯其終也。四人，邦之哲民也，諸生得無景行哉！」

二十二日，友人毛子中卒。

案：子中，字積夫，任俠使氣，行游鄂、沔間，得賢豪名。年逾六十，自度不偶，屏居林野，日吟小山招隱諸詞，哀憤激烈，作振衣亭，請先生爲記，未畢而病。卒之前一日，嘗以書來求先生銘其墓焉（《水心文集》卷二一《毛積夫墓誌銘》）。

是月，又有《漳浦縣聖祖殿記》（《水心文集》卷十）。

九月，銘徐璣、毛子中、曾漸墓（《水心文集》卷二一《徐文淵墓誌銘》、《毛積夫墓誌銘》、《中奉大夫工部侍郎曾公墓誌銘》）。

十月，銘劉愚墓（《水心文集》卷二一《劉靖君墓誌銘》）。

十一月，撰《郭氏種德菴記》（《水心文集》卷一二），銘鄭伯英、何掄、林璞妻陳夫人墓（《水心文集》卷二一《鄭景元墓誌銘》、《故通直郎清流知縣何君墓誌銘》、《夫人陳氏墓誌銘》）。

十二月，銘陳瑾墓。瑾，字國器，自號東塘處士（一一二六—一一九五），平陽人。子志崇、壻邵持正，並從先生學（《水心文集》卷二一《東塘處士墓誌銘》）。

是年，又有《紹興府新置三莊記》、《信州教授訶記》（《水心文集》卷十）。

案：《教授廳記》不著年月。考《水心文集》卷一一《信州重修學記》云：「余記教授廳之明年，施君應龍大修學。」記末署爲嘉定九年正月，知

《教授廳記》必作於嘉定八年。

嘉定九年丙子，六十七歲。

正月，爲友人施應龍撰《信州重修學記》（《水心文集》卷一一）。

二月，銘趙善悉墓。善悉，字壽卿（一一四一—一一九八）。子汝鐸，學於先生（《水心文集》卷二一《中大夫直敷文閣趙公墓誌銘》）。

五月十七日，舒杲卒。杲字彥升（一一五一—一二一六），信州永豐人，先生同年進士。既卒，先生誌其墓（《水心文集》卷二二《舒彥升墓誌銘》）。

七月，銘葛自得墓（《水心文集》卷二五《葛君墓誌銘》）。

八月一日，陳謙卒，先生爲文祭之。《水心文集》卷二八《祭陳益之待制文》：「嗚呼！知復何言，言又曷明？世所謂善，孰非我朋？豈或舉之，而莫能勝？亦幸有一，神和語平。棲遲嘯歌，水送山迎。自斸荒陂，窈無紅青。如鄭公業，頗以豪名。一飯不孤，四坐常盈。筆硯欲絕，忽編永寧。耆舊昔聞，汝、潁今評。攄吐宿慮，鐫磨晚生。投楊已瞑，百詢靡醒。慨此多友，聚爲時英，各秉志義，俱存法程。唯公恢特，文武綸經。國有大命，率先啓行。夜下巴峽，風回洞庭。匪勇爲尙，由其血誠。天之牖民，心膂股肱。誰甘蔀屋，捨車弗乘。銷沉至死，有困無亨。竭盡寒卮，以哀冥冥。」

案：謙，字益之（一一四四—一一二一六），永嘉人。乾道八年進士。授國子錄、勅令所刪定官、樞密院編修官，曾爲孝宗陳中興五事。徙知常、袁二州，復以司農少卿總領湖廣。侂胄死，以用兵罷。先生爲撰墓誌，言「浙東儒學特盛，以名字擅海內數十人，唯公才最高。」（《水心文集》卷二五《朝請大夫提舉江州太平興國宫陳公墓誌銘》）《宋史》卷三九六有傳。

十月，林鼒卒，先生哀之，有祭文。

《水心文集》卷二八《祭林叔和文》：「嗚呼！我少狂勇，自喜先登。援而惕者，獨君弟兄。人之所利，我之所諱；君不我同，亦不我異。君質甚和，内涵至剛，學婉而茂，行沖而芳。名馳勢奔，其難在止。始約終窮，要信於己。如水條源，細而常流；行潦雖大，豈爲海謀！如山定居，物所倚鎮。嗜欲爭高，摧壓必盡。截彼委羽，密化潛符。敬不敢斥，號君草廬。芒芒生民，之死奚辨。有德者貴，無德者賤。昔君過我，一樽二篇。春筍秋花，爛漫窗几。屢剋後會，不果其來。書題永斷，墓草新栽。竹遠莫將，菊尚可把，薦君之清，移植壠下。」

案：鼒，字叔和，號草廬（一一四六—一二一六），黄巖人。與先生交游五十年。既卒，先生銘其墓（《水心文集》卷一九《草廬先生墓誌銘》）。

十一月，記長溪縣新學，銘厲仲方墓（《水心文集》卷一一《長溪新修學記》、卷二二《厲領衛墓誌銘》）。

十二月七日，弟子孟猷卒。

案：猷，字良甫（一一五六—一二一六），吴人，元祐皇后侄曾孫。累官至太府卿，兼刑部侍郎、龍圖閣直學士、江東運副。先生官吴，良甫偕弟達甫最先至。良甫之學，以觀省密察爲主。先生欲其博達倫類，盡究古今之變而不能（《水心文集》卷二二《故運副龍圖侍郎孟公墓誌銘》）。參見本譜淳熙八年。

是月，銘樓氏、薛弼墓（《水心文集》卷二二《趙孺人墓誌銘》、《故知廣州敷文閣待制薛公墓誌銘》）。

案：樓氏，樓鑰之姪、弟子趙汝鐸之妻；薛弼，永嘉大儒薛季宣伯父。

嘉定十年丁丑，六十八歲。

除華文閣待制，提舉西京嵩山崇福宮；辭，不獲。有諸謝表。

《墓碑記》：「（嘉定十年），提舉西京嵩山崇福宮。」

《水心文集》卷二《辭免華文閣待制提舉西京嵩山崇福宮狀》：「次對之職，爲選甚高。曩玷留都，雖嘗假寵；退甘窮巷，固已黜幽。恍歲月之屢遷，何夢寐之敢及！七十既至，一再控陳，但得歸休，便爲止足。豈意矜憐枯瘁，委曲陶鎔，特畀新除，復還舊物。然而竊尋故實，兼考前文，唯必諧告老，則或容過與以示恩；今猶使奉祠，則安得因閒而冒受。夙夜自揆，震驚靡遑。伏乞俯諒微誠，特賜敷奏，寢免華文閣待制恩命，只以本官依舊宮觀。不越常分，庶幾少安，無任跼蹐俟命之至！」

同卷《謝除華文閣待制提舉西京崇福宮表》：「昭示眷留，未即野人之賤；寵還舊職，復參近侍之榮。姓名已沒於朽陳，命賜忽超於新特。伏念臣資樸疏信己之學，乏進趣合變之能。昨一內忝論思，浸成違忤；暨乎外專屛翰，又負憂虞。

迄無顯效於盛時，固合冥心於暮齒。若乃羸扶短策，緩駕卑車。追憶悔尤，濫軒裳之非據；自嗟衰耄，指林壑以言歸。唯賴天度并涵，皇明隱燭，獲從容而善退，保優佚之令終。至於躑躅往愆，寂寥久廢。因茲告請，遂曲軫於深慈；悉與還除，俾再通於禁籍。尙縻素廩，仍躡眞游，爲幸則然，非願敢及。此蓋恭遇皇帝陛下，躬秉上德，化幾泰和，馭臣以貴爲初，美俗在寬之用。哀憐末路，蓋欲補其前修；矜恤老窮，不忍失其故步。竊仰鴻施，有如神功。臣身未殞而年徂，志空存而力盡。雖曰愈重受恩之地，然而莫知報國之方。顚越是期，兢慚罔措。」

同卷《除華文閣待制提舉西京崇福宮謝皇太子牋》：「於禮有稽，宜併今祠而賜免；以恩未聽，反叨舊次而重居。猥以凋殘，蒙茲化育。伏念某不能則止，既老當休，已積處於退閒，更求全於晚末。故官何在，初無昨夢之尋；陳迹都忘，杳若歸雲之靜。至迺興憐遐遠，回念沉淪，因再請之至誠，煥一綸之新渥。涇舟詠雅，猶存飛躍之餘；舜閣垂文，復紀賡歌之盛。稀闊喧於里社，疑信雜於友朋。血氣既衰，雖云在得；日月其逝，終將奚爲？恭遇皇太子殿下，唯德而譽時髦，秉道而參國命。內稟密訓，備諳多士之長；外穆周行，靡失一夫之用。以其昔忝班列之久，不使驟從農圃之游。某敢不勉竭頹年，溫理幼學。庖廩有繼，莫酬素食之譏；扈衛無功，益媿榮名之忝。」

案：《辭免狀》云：「七十既至，一

再控陳，但得歸休，便爲止足。」先生時年六十八，而稱七十者，取其成數以便於行文也。孫譜繫先生提舉崇福宮事於嘉定十二年，葉譜繫於十一年，並誤。

又案：《謝皇太子箋》云：「恭遇皇太子殿下，唯德而譽時髦，秉道而參國命。内稟秘訓，備諳多士之長；外穆周行，靡失一夫之用。以其昔忝班列之久，不使驟從農圃之游。某敢不勉竭頹年，溫理幼學。」則先生之得繼庖廩，或由於皇太子之力也。

正月三十日，友人鞏豐卒，先生作哀詞一首。

《水心文集》卷七《哀鞏仲至》：「老衰哭無淚，行嘆復坐嗟。荒涼鶴鳴村，尙友初萌芽。當時各年少，涉世迷驪駒。中天懸明月，爭欲伸手拏。朝語日再昃，夜談更五撾。君文蚤貴重，蜀錦載胡車；離離三千首，雅正排淫哇。石碑富規製，玉策垂芬葩。簡牘尤妙美，一字不可加。笑我自山野，悲君混泥沙。古稱騷人窮，留與後代誇。昨誰寄音信，已受南臺銜。俄然被彈射，翻燎北塢畬。季也守大玉，千里畦稻麻。請登小芙蓉，萬仞凌煙霞。兹遊隱者事，亦乃期屢差。書來病良慰，誓言指春華。秉我烏臼燭，瀹以蔣富茶。那知是絕筆，楊柳空白花。頗疑魂氣升，彷彿天之涯。多生註《周易》，遙認草《玄》家。」

案：豐，字仲至（一一四八—一二一七），婺州武義人，與先生爲總角交，歷任漢陽軍教授、臨安縣知縣，後以奉祠卒。先生銘其墓云：「時新迪義理之學，草茅士震於見聞，多矜露忲狃，至他文史言論，儒之藝業，又昧陋顚倒，莫知幅程。獨仲至抑縱開闔，條流品彙，應變不迫，富若素有。余本拙疏不自達，而仲至廣導曲引，示幽入眇，蓋爲之黽勉追逐於荒原斷澗之側數年。」蓋先生早年益友也（《水心文集》卷二二《翠仲至墓誌銘》）。

二月，銘宋紹恭墓。

案：紹恭，字彦安（一一二二—一一二一六），開封人。知永嘉縣，通判江州，知峽州。官永嘉時，先生猶未顯，紹恭損邑大夫之重，坐語常移日，與先生交誼甚篤。子駒，先生弟子（《水心文集》卷二二《故朝奉大夫知峽州宋公墓誌銘》）。

五月，王枏卒，先生撰祭文及挽詞一首以哀之。

《水心文集》卷二八《祭王木叔秘監文》：「嗚呼！忠者上之肝膂也，孰盤石而不移？明者事之蓍蔡也，孰鑒燧而不欺？廉所以紀其身也，圭芒琰而力持；諒所以端其友也，矢激烈而正詞。亭山維高，岷岡維平。舒以春溫，斂以秋淸。屹其少時，已自前輩，不汲以進，不撓以退。曷徐其行，曷亟其止！垂拱之侍，無幾日爾。鹽梅腥熟，終歸臭腐。庸夫嚇哉，哲士肯顧。公昔浮舟，駕言東流，排我籬戶，笑談忘憂。舟藏人往，徒載遺像。後生觀之，猶得髣髴。」

又卷六《王木叔秘監挽詞》：「美人昔來芙蓉傍，山爲發靈水吐芒。美人今歸在何處？簫哀鼓悲葬前岡。我欲從之似雲山，友風子雨游四方。夢魂無憑不可挽，坐攬衰涕終摧藏。」

案：柟，字木叔，溫州人。乾道丙戌進士，累官至秘書少監，國史院編修兼實錄院檢討官，後知贛州，以與提刑不合奉祠，卒，年七十五（一一四三—一二一七）。先生從柟游，自少至老，臭味契合。柟善詩，嘗裒之爲集，先生序之（《水心文集》卷二三《朝議大夫秘書少監王公墓誌銘》、卷一二《王木叔詩序》）。

八日，趙師羿卒，先生作挽詞二首。

《水心文集》卷七《趙尙書挽詞》二首：「材業將時偶，聲名門寵新。文昌留不住，大尹政通神。力說和我好，從撩相國嗔。春花插秋鬢，還得自由身。」「江北江南曲，吟高許和同。相迎黃蔑浪，失笑白蘋風。老病猶貪活，漂零各隕空。長懷洞庭橘，買宅傍牆東。」

案：師羿，字從善，太祖八世孫，歷事高、孝、寧三朝，累官至徽猷閣直學士兵部尙書。年六十五，乞致仕，後以寶謨閣學士提舉萬壽宮卒（一一四八—一二一七）。師羿舊與先生同淮漕，同總領，子希蒼復從先生於金陵，蓋故交也（《水心文集》卷二四《兵部尙書徽猷閣直學士趙公墓誌銘》）。

四月，銘孟猷墓（《水心文集》卷二二《故運副龍圖侍郎孟公墓誌銘》）。

七月二日，蔡幼學（行之）卒，先生以文祭之。

《水心文集》卷二八《祭蔡行之尙書文》：「乾道初元，始變時文。公尙總角，捨龐趨淳。機杼自生，筆墨爲春。太學南宮，徧魁等倫，答策忠憤，直詞大振，名傳外夷，氣蓋先民。賜第而歸，猶未冠紳。……及見於用，黑白洞分。政和以安，布在全閩。有論有執，西垣北門。夏卿籌邊，絕不與鄰。衆方諤諤，公何恂恂。不貴其難，而貴其仁。」

案：幼學，字行之（一一四五—一二一七），瑞安人。乾道八年進士，歷官刑、吏部侍郎，知泉，福二州，至兵部尚書兼太子詹事卒。幼學早從陳傅良爲經制之學，尤精於史，所著甚豐。其墓，先生銘之（《水心文集》卷二三《兵部尚書蔡公墓誌銘》）。

八月，妻之諸父高子潤卒。子潤素厚先生，訃至，哭之哀，並濡筆爲銘（《水心文集》卷二二《故大宗丞兼度支郎官高公墓誌銘》）。

十月五日，青田尉陳耆卿以書通先生，求教《習學記言》大旨。

《篔窗集》卷五《上水心先生書》：「十月五日，迪功郎、處州青田主簿陳耆卿謹齋沐裁書再拜獻於崇福、侍制、侍郎先生閣下：耆卿聞道之在人，猶日月之在天，有晦有明，而未始有泯滅也。何也？晦明者，日月之光也，人能以光見日月也，而不能以光盡日月也。故晦與明百千萬變，不能損益乎日月之一毫，道之有晦明，非道也，亦道之光也。庸人之於道，猶行者之於日月也，行者一息不見日月，則瞽其目矣。庸人一日不見道，則瞽其心矣。……耆卿起山林中，不敢自絕於斯道，竊窺先生之學，千載一朝，堯舜禹湯文武周公孔子之道賴以勿替，噓吸太極，轇轕三光，駕風鞭霆，斡乾轉坤。聞所著述有曰《習學記言》

者，天下學子爭師誦之，期與古聖賢同一不朽，而耆卿則未也。今日之來，惟提耳以告焉。」

案：方回《桐江集》卷二《讀篔窗荆溪集跋》云：耆卿生於淳熙七年庚子，三十五歲登甲戌袁榜，爲青田尉時以書見先生。又案同治《青田志》卷八「秩官主簿」條云：耆卿於嘉定十年以迪功郎至，十三年陞（《名宦傳》云：十三年陞從事郎，慶元府教授）。是耆卿上書先生當在嘉定十至十三年間，與書中稱先生爲「崇福待制」者合。孫譜嘉定十年條云：「是年臨海陳耆卿自青田來永嘉，以所著《篔窗初集》及《論孟紀蒙》求教於先生，先生深歎異之，遂授以文法。及先生卒，篔窗以文鳴天下。」未言何據。以耆卿上先生書考之，其所求教者爲《習學記言》大旨，與文字之事無涉。先生文集卷二九雖有《題陳壽老論孟紀蒙》及《題陳壽老文集後》二文，然詳其文意，並應作於耆卿上先生書之後。孫譜既混此二事爲一譚，復謂先生即以文法授之，顯有未諦。以其言考之，或係雜揉《青田志》與《林下偶談》而爲說。（《青田志·名宦傳》云：「時水心葉適唱道永嘉，以斯文為己任，耆卿上書請益，躬造其廬。水心一見歎異，作詩送之。有云：『古今文人不多出，元祐唯四建安七。性與天道亦得聞，伊洛淵源未為失。』其推許至矣。」又《林下偶談》卷二「知文難」云：「往時水心先生汲引後進如飢渴，然自周南仲死，文字之傳未有所屬；

晚得篔窗陳壽老，即傾倒囑付之。時士論猶未厭，水心舉《太息》一篇為證，且謂他日之論終當定於今日。今才十數年，世上文字日益衰落，而篔窗卓然為學者所宗，則論定固無疑。然水心之文，世猶深知之者少，則於篔窗之文，宜未必盡知之也。」）今按先生與耆卿論文，雖爲必有之事（《林下偶談》卷三「水心文不蹈襲」：「水心與篔窗論文至夜半。」又方回《桐江集》列舉耆卿模擬先生之詩甚多，皆可以為證），然不必於初覿面時也。

是月，銘王棐母唐氏墓（《水心文集》卷二二《太孺人唐氏墓銘》）。

十二月，撰《溫州社稷記》（《水心文集》卷一一）。

是年，又銘高松、王夷仲墓（《水心文集》卷一七《台州教授高公墓誌銘》、卷一八《校書郎王公夷仲墓誌銘》）。

嘉定十一年戊寅，六十九歲。

九月，循縣令胡衍之請，撰《永嘉縣社稷記》（《水心文集》卷一一）

是月，弟子滕宬卒。

案：宬，字季度（一一五四—一二一八），吳人。博學沈敏，不喜時文。開禧間，先生爲奏授廉靖處士（《水心文集》卷二四《滕季度墓誌銘》）。參見本譜淳熙八年、開禧三年。

十月，撰《林德秀墓誌銘》（《水心文集》卷二二）。

是年，又有《季子廟記》、《宋吏部侍郎鄒公墓亭記》（《水心文集》卷一一），《郭伯山墓誌銘》（同集卷二二）。

嘉定十二年己卯，七十歲。

乞致仕。

《水心文集》卷二《申省乞致仕狀》：「某伏自惟念，初無藝能，濫塵科目。往備使令之偶乏，猥超涯分而已多。效職蔑聞，捫心內愧。今既七十，餘景不長。素有氣疾，眩暈拘迫；近尤畏寒，澀縮慘懍。咳嗽隨聲，涕淚交下，倦憊屢月，瘦悴羸殘，視蔭將息，固無久存之理。伏乞矜憐，特賜敷奏，許令致仕。儻或垂逝之年，猶保可全之節，冀以歌詠太平之樂，仰酬君父難報之恩。不勝感激俟命之至！」

又《再申省狀》：「某伏準省劄，奉聖旨不允者。上恩隆而未許，誠不計其歲年；下情迫以再干，敢自違於經律。伏念某少而怯懦，長益病昏。方當壯盛之時，已無血氣之勇。論建常慚於迂闊，事功奚有於毫分。況今老至而衰，心意銷索。目視耳聽，皆聵眊之餘；手拘足攣，非奔走之具。惟欲乞身暮景，得謝明朝。驪希知足之風，不爲學者之愧。伏乞俯加矜惻，特賜奏聞，許令就今年致仕。漁樵故物，復還山澤之臞；耕鑿遺民，永被乾坤之造。不勝銜荷激切俟命之至！」

案：孫譜云：「先生以老引年，請致祠祿，而朝廷不允其請，復除待制，更俾（觀）提舉祠祿。蓋前奪制置時，猶主宮觀，而今復還待制，又畀以提舉祠錄，則其體更崇。故辭待制表云：『只以本官依舊宮觀』之語；而《謝待制表》又云『命賜忽超於新特』也。所謂本官者，蓋前爲制置使時之朝請大夫；傳未及詳。葉譜繫待制於六十九，似亦未詳考。」案葉譜繫待制於六十九，固誤；而孫氏繫待制於七十，亦誤（已詳前考）。至謂先生以乞致仕不允，朝廷復除以華文閣待制提舉崇福宫云云，尤爲無據。

五月，先生七十初度，戴栩以詩來壽。《浣川集》卷二《賀水心先生七十》詩：「欲盟鷗鷺老昌湖，其奈君恩未許何！遲此經綸今日後，定須酬折得年多。著書新稿天無盡，閱世關心海不波。七十卻嫌人賀壽，繚牆門雨長庭莎。」

案：詩曰先生「欲盟鷗鷺」、「君恩未許」云云，是知先生之乞致仕，在戴栩此詩之前也。栩，字文子，永嘉人，先生弟子。

六月，銘蔡幼學、夏庭簡墓（《水心文集》卷二三《兵部尚書蔡公墓誌銘》、《宣教郎夏君墓誌銘》）。

案：庭簡，字迪卿（一一七三—一二一八），黃巖人，以進士授長溪簿，往來任所，必過先生，遂受業焉。語不妄發，問則博辨，先生甚愛之。幼學，已見本譜嘉定十年。

七月，撰《南安軍三先生祠堂記》。三先生者，周敦頤、程顥、程頤也（《水心文集》卷一一）。

八月，銘趙彥倓、包昂墓（《水心文集》卷二三《福建運使直顯謨閣少卿趙公墓誌銘》、《包顒叟墓記》）。又記台州州學三老先生祠堂，三老者，羅適、陳公輔、陳良翰也（同集卷一一《台州州學三老先生祠堂記》）。

十二月，銘滕宬墓（《水心文集》卷二四《滕季度墓誌銘》）。

是年，撰《徐德操春秋解序》。

序見《水心文集》卷一二。序云：「昔余爲潮州銘，言其學博而要，文約而費。諸子又自列銘旁曰：『《春秋解》十二卷，《書舍問答》二卷，《禮經疑難》一卷，詩文、《崇孝同參録》，並藏於家。』余頗疑之而未克見。後二十六年，始見所謂《春秋解》者，良悔前銘稱美未極，且怪諸子不早示余也。」

案：先生銘徐潮州墓，在紹熙四年；則二十六年後而爲此序，當在本年前後。

又銘林鼐墓（《水心文集》卷一九《草廬先生墓誌銘》）。

案：草廬先生林鼐，卒於嘉定九年十月，先生言其子季復、幼常除喪來告，遂記其墓，則先生之銘草廬墓，應在本年。

嘉定十三年庚辰，七十一歲。

正月八日，友人黄章卒，先生有文祭之。《水心文集》卷二八《祭黄觀復文》：「嗚呼！昔同吴官，拂楊延飭。子時少年，未測我語。子尊亦疑，匿使南去。既歷三紀，蒼涼成翁。百聞滿臆，千慮塡胸。乃能與我，深闢淺攻。學之難知，非適今日。自有經籍，朋吁衆咈。及余未死，要徵以一。卓彼鑒者，爛如晨星；有鬱彼蒙，渙兮春冰。悲子一昏，不復再明。八年豈多，喪我四友。子宗三失，海縮嶽朽。凜凜兹酹，地將不受。」

案：章，字觀復（一一六六—一二二〇），越州新昌人。黄度仲子，從陳傅良學。先生官吴時，嘗爲同僚（《水心文集》卷二五《黄觀復墓誌銘》）。

二月，銘趙彦橚墓（《水心文集》卷二三《故寶謨閣待制知平江府趙公墓誌銘》）。

五月七日，弟子宋駒卒於山陰，先生自永嘉以文祭之。

《水心文集》卷二八《祭宋廄父文》：「淳熙初載，實偕我遊。我言甚切，世謾不訓。子惠聞之，如水東流，惟其所欲，書外無求。食或腐鮭，衣或穿裘。山或欙載，溪或桴浮。若耶之曲，雲門之陬。抱篋獨往，竟歲長留。三墳啓伏，百世承周。雷霆聵塞，日月昏幽。子不人語，人不子謀，自悟自樂，孰知其憂！嗚呼！天欲死我，盡喪厥儔。無復傳聲，無復置郵，無復影響，千里相收。寂寂永夜，茫茫古邱。不如我先，放子白頭。」

案：駒，字廄父（一一五八—一二二〇）。時諸儒以觀心空寂爲學，不能有論詰，猥曰道已存矣。駒父疑之，質於先生。先生爲言學之本統，古今倫貫，物變終始，所當究極。已而識增智長，千年以來是非成敗之迹，昭灼條理。先生銘其墓云：「余友如君比不過數人爾。數年間相繼死，悲夫！無以寄予老矣！」蓋深悼惜之也。孫譜繫廄父卒於嘉定十二年，誤（《水心文集》卷二五《宋厩父墓誌銘》）。

六月，銘李祥、周鼎臣墓（《水心文集》卷二四《國子祭酒贈寶謨閣待制李公墓誌銘》、《周鎮伯墓誌銘》）。

九月，銘趙師羿墓。

案：師羿嘗媚事韓侂胄，史家多貶之；而先生作墓誌，則稱揚頗甚。乾隆乙亥，雷鋐重刊《水心文集》，竟不收《師羿墓銘》。孫衣言跋今本《水心文集》云：「刻古人集，固不宜輕有所棄，而又水心意氣之盛，自處之高，師羿又同時，誠使其才能、政事一無所取，水心必不諛之以文。且鷄鳴狗吠之事（武案：《慶元黨禁》云：「侂胄嘗與客飲南園，過山莊，指其竹籬茅舍曰：『此真田野間氣象，所惜者欠雞鳴犬吠耳。』少焉，有犬嗥於叢薄之下，亟遣視之，京尹趙侍郎也。侂胄大笑。」雞鳴狗吠云云，蓋指此而言也），周密《齊東野語》固謂其以撻武學生，怨家構成之，非事實。然則師羿固不若是之甚也，而又何嫌於水心之文哉！」（《遜學齋文鈔》卷十）

十月，記宜興縣學（《水心文集》卷一一）。

十二月，銘汪勃墓（《水心文集》卷二四《故樞密參政汪公墓誌銘》）。

《林下偶談》卷二「前輩不肯妄改已成文字」：「水心作《汪參政勃墓誌》，有云：『佐佑執政，共持國論。』執政蓋與秦檜同時者也。汪之孫浙東憲綱不樂，請改。水心答云：『凡秦檜時執政，某未有言其善者也。獨以先正厚德，故勉爲此，自謂已極稱揚，不知盛意猶未足也。』汪請益力，終不從。未幾，水心死，趙蹈中方刊文集，未就，門下有受汪囑者，竟爲除去『佐佑執政』四字，碑本亦除之，非水心意也。水心答書，惜不見集中。」

是年，荆溪吴子良以書通先生，求教道學名實之說。

方回《桐江集》卷二《讀篔窗荆溪集

跋》：「（荆溪）年二十四時以書通水心，爲道學名實之說，以九鼎爲譬，而詆大名爲舉而實未嘗舉者，頗似迎合。水心答謂『以學致道，不以道致學。道學之名，起於近世儒者，其意曰：舉天下之學皆不足以致道，獨我能致之故云爾。』回則謂朱、張、呂三大儒未嘗有是說也，出於其門，名爲舉鼎而實未嘗舉，以之欺世，未有事久而論不定者，顧何患焉！」

《水心文集》卷二七《答吳明輔書》：「垂論道學名實眞僞之說。《書》『惟學遜志，務時敏，厥修乃來。允懷于兹，道積于厥躬』，言學修而後道積也；《詩》『日就有將，學有緝熙於光明。佛是仔肩，示我顯德行』，言學明而後德顯也，皆以學致道而不以道致學。道學之名，起於近世儒者，其意曰『舉天下之學皆不足以致其道，獨我能致之』，故云爾。其本少差，其末大弊矣。足下有志於古人，當以詩書爲正，後之名實僞眞，毋致辨焉，更與壽老講求之可也。」

案：方跋，荆溪生於慶元三年丁巳（一一九七），年二十四時以書通先生，當在嘉定十三年庚辰，則先生答書亦必在是年無疑。

是年，銘戴龜朋墓（《水心文集》卷二三《竹洲戴君墓誌銘》）。

嘉定十四年辛巳，七十二歲。

轉大中大夫。

《墓碑記》：「（嘉定）十四年，轉大中大夫。」

正月，撰《陳同甫王道甫墓誌銘》（《水心文集》卷二四）。

《無用閒談》：「葉水心並陳同甫、王道甫作一墓誌，二人同稱並列，古今都無此例。」

案：先生合陳同甫、王道甫作一墓誌，後人有傚之者，如黄梨洲合周唯一、余若水爲一誌，合張元岵、朱康流爲一誌，即其著者也（《南雷文定》前集卷六《余若水周唯一兩先生墓誌銘》、卷七《張元岵先生墓誌銘》）。

《林下偶談》卷二「水心合銘陳同甫王道甫」：「水心與陳龍川游，龍川才高而學未粹，水心每以爲然也。作《抱膝軒》詩，鐫誚規責，切中其病，是時水心初起，而龍川已有盛名，龍川雖不樂，亦不怒，垂死猶託銘於水心曰：『銘或不信，吾當虛空中與子辨！』故水心祭龍川文云：『子不余謬，懸俾余銘。且曰必信，視我如生。疇昔之言，余豈敢苟！哀哉此酒，能復飲否？』水心既嘗爲銘，而病毦失之。……（龍川）諸子再求銘於水心，遂以陳同甫、王道甫合一銘，蓋用太史公老子、韓非及魯連、鄒陽同傳之意。老子非韓非之比，然異端著書則同；魯連非鄒陽之比，然慷慨言事則同；陳同甫視王道甫雖差有高下，而有志復仇，不畏權倖則同。其言大義、大慮、大節，以爲春秋戰國之材無是，稱揚同甫至矣。末後微寓抑揚，其論尤正，又與昌黎許柳子厚略相類。水心於龍川，自少至老，自生至死，只守一說，而後輩不知本末，或以爲疑，此要當爲知者道也。」

二月，銘施師點墓（《水心文集》卷二四《故知樞密院資政殿大學士施公墓誌銘》）。

三月，李埴重修潼川府城，既畢役，先生爲之記（《水心文集》卷一一《潼川府修城記》）。

四月，銘弟子宋駒墓（《水心文集》卷二五《宋厩父墓誌銘》）。

五月，銘姜處度墓（《水心文集》卷二五《朝奉大夫姜公墓誌銘》）。

六月，賦葉文翁居思堂。

《水心文集》卷七《葉路分居思堂後叙》：「葉文翁再薦不中第，駐兵永嘉，暇日必從余游。博聞善論，而恂恂衆人中，無異寒士。初，衛國夫人黃氏，君之五世妣；丞相顒，高祖也。少而嫠居，建義學以教後進。丞相既貴，以爲夫人之報焉。君因義學故基作居思堂，請予賦之。嘉定十四年六月。」

七月，除寶謨閣直學士，提舉上清太平宮。辭不獲，有謝表。

《墓碑記》：「（嘉定）十四年，……七月，除寶謨閣直學士，提舉鳳翔府上清太平宮。」

《水心文集》卷二《辭免除寶謨閣直學士提舉鳳翔府上清太平宮狀》：「聞命殊常，省躬震越。蓋臣子年耄而食貧，上所矜閔，則爲之改祠賦祿，所以示恩也。至於超進職名，寵光榮耀，將以爲勸，則非德進而業廣，不在茲選。某頹齡暮景，貧病交迫，伏蒙至仁，曲加憐念，特畀祠官，所宜祗服恩私，俯僂拜受，無敢後矣。恭惟先帝大訓，華閣秘藏，學士寓直，最爲清近。而某志行凋落，問學空殫，性與年徂，材隨老盡。儻若貪榮冒處，不知自引，是彰聖朝濫予之過，而非所以爲勸也。伏望鈞慈特賜敷奏，令某止仍舊職，寅奉新祠。所有寶謨閣直學士恩命，乞賜寢免，不勝俟命之至！」

又《謝除寶謨閣直學士提舉鳳翔府上清太平宮表》：「帝典近而易遵，皇居親而愈切。超踰次對，启沃前旒，顧慚衰邁之蹤，難副知憐之厚。伏以鑒觀治忽，審擇後先，大化所覃，右文爲盛。藏奎圖之府，建自太宗；直學士之官，置從景德。逮茲列聖，並煥鴻名；分命諸儒，遞升華序。博達今古，從容規諷之間；先識幾微，補報職業之外。臣力耕朽壤，勤鑿枯泉，空有胼手胝足之勞，曾無曝背食芹之獻。忽進陪於閣職，復嚴奉於仙靈，淺陋則多，潤色奚賴。此蓋恭遇皇帝陛下，同天造化，與世範圍，萬物覩聖而作新，一毫皆上所成就。存留宿舊，閔惜餘殘；非必選賢，示將假寵。臣敢不寅恭異數，夕惕茂恩。待滿今祠，終償晚歲乞身之願；試尋末學，少殫平生致主之忠。」

案：葉譜、孫譜並繫先生除寶謨閣直學士、提舉上清太平宮於嘉定十五年，誤。孫譜又引《宋史》本傳「至寶文閣學士、通議大夫」爲證，且爲按語云：「本傳無『直』字，『謨』作『文』。當從本集。」殊不知《宋史》原未有誤，寶文閣學士乃先生謝世之年所除，在此之後。考《宋史》卷一六二《職官志》二，實文閣舊稱壽昌閣，慶曆始改曰寶文。其設學士、直學士、待制，則始於治平四年。至寶謨閣學士、直學士、待制之設，則晚在嘉泰二年。孫氏混寶謨、寶文二閣爲一，且輕疑《宋史》本傳有誤，不知《宋史》本不誤也。

是月，撰《連州開楞伽峽記》（《水心文集》卷一一）、《孟達甫墓誌銘》（同集卷二五）。

案：達甫名導（一一六〇—一二二〇），與兄猷良甫皆師事先生。參見本譜淳熙八年。

九月，撰《茶陵軍減苗置寨記》（《水心文集》卷一一）。

十二月，銘黃章墓（《水心文集》卷二五《黃觀復墓誌銘》）。

閏十二月，銘楊愿墓（《水心文集》卷二三《資政殿學士參政楊公墓誌銘》）。

是年，薛叔似卒，先生撰祭文及挽詩二首。《水心文集》卷二八《祭薛端明文》：

「嗚呼！視不以目而明，聽不以耳而聰。譬巧射之百發，豈勞思乎彀中！由天分之素高，與性會而俱崇，故樂廣約言而能以理服物，徐傳善論而不以學爲功。蚤名重於淳熙，翕多士其並宗。謹獨悟與衆得，皆自余之啓蒙。彼建安之裁量，外永嘉而弗同。幸於公而無疑，亦莫知其所從。噫道術之難明，非專智之可窮。雖弗同其奚害，公胡恃以自容！偉鳳雛之挺出，貫千載而兼通。患霍霍以先逝，遂悽悽而奄終。嗚呼！方諫垣之始合兮，謂禮樂之皆可舉。何師干之晚試兮，乃時命之不吾與！位暫伸而志屈，神尙完而形沮。每相從於一邱，付萬事於無語。耆老都盡，寂寥誰主？我但孤存，有隕如雨。」

同集卷八《薛端明挽詩》二首：「可但

補闕名官日，不逢引裾强諫時。上朝有疏天常納，下殿無行誰獨疑。論道何如出綸晚，督軍頗嘆封侯遲。凌煙畫手今寂寞，荳蔻林高荔子垂。」「冰稼初融闕月沈，英豪四坐地爐深。爭看麈尾頻揮處，難了朱弦未盡音。怪我輕談當世事，知公默會古人心。空山穩對梅花宿，錯向林逋墓裏尋。」

案：叔似，字象先，永嘉人，季宣兄子。累官至兵部尚書、端明殿學士，後以佐侂胄開邊，謫福州卒。叔似雅慕朱熹，窮道德性命之旨，又精通天文、地理、鐘律、象數之學。《宋史》卷三九七有傳。

嘉定十五年壬午，七十三歲。

轉通議大夫。

《墓碑記》：「（嘉定）十五年，轉通議大夫。」

正月，銘戴丁、吴葵墓（《水心文集》卷二五《戴佛墓誌銘》、《修職郎監和劑局吴君墓誌銘》）。

二月，爲友人衛湜撰《櫟齋藏書記》（《水心文集》卷一一）。

三月，湖州太守趙希蒼建勝賞樓成，請先生爲記（《水心文集》卷一一《湖州勝賞樓記》）。

案：《水心文集》卷二四《兵部尚書徽猷閣學士趙公墓誌銘》云：「公名師羿，字從善。……子希蒼，某官保義郎。……余與公同淮漕，同總領，希蒼再從余金陵，自公殁，即遣客候余，閲數年不倦。」則希蒼亦先生之弟子也。《宋元學案》及《宋元學案補遺》失載。

五月，友人劉光祖卒，先生哀之，有祭文。

《水心文集》卷二八《祭劉閣學文》：「公副雜端，奏效豈多！從余楚宮，樽酒笑歌。其爲二史，述作未久；我適饋師，再見京口。比三召之，余卧不聞。竟復改命，不得至門。道之合離，古云有數。惜哉匆匆，徇彼長路！仰有茂木，俯有清泉；既老而休，樂以永年。公初秉德，維蜀之望。德成而尊，四海順向。凡今善人，與夫志士，無不相弔，簡溪亡矣。人生如贅，何計往來！我亦行死，孰爲公哀？」

案：光祖，字德修，簡州陽安人（一一四二—一二二二），學者稱後溪先生。紹熙後，乾、淳諸老相繼凋殁，後溪與先生遂爲天下學者所宗。二人交誼素篤，時有詩文往還（《真文忠公文集》卷四三《劉閣學墓誌銘》）。

六月，李壁卒，先生有祭文。

《水心文集》卷二八《祭李參政文》：「昔公預政，轉敧爲平。黼扆一去，岷峨幾程。天藴良謨，發於妙齡。逮兹退藏，愈勵愈明。今所未知，古所已行。方略部分，如將使兵。百家龘殘，全取粹精；一代文獻，得其紀承。予日深佇，鼎餗再羹。刲割既壞，撥扶將興。奈何一朝，長隔死生！」

案：先生少習李燾《長編》，謂「《春秋》之後，才有此書。」又於祭文稱壁「一代文獻，得其紀承」。於李氏父子，推崇至矣。

是月，又銘王夢龍妻趙汝議墓（《水心文集》卷二五《趙孺人墓誌銘》）。

嘉定十六年癸未，七十四歲。

正月，除敷文閣學士，提舉鴻慶宮。乞致仕，除寶文閣學士，轉正議大夫。

《墓碑記》：「（嘉定）十六年，除敷文閣學士，提舉南京鴻慶宮。……乞致仕，除寶文閣學士，轉正議大夫。」

二十日，卒於家。年七十四。贈光祿大夫，謚文定。葬永嘉城内慈山。呂皓、程珌、魏了翁、陳耆卿皆有文來祭，劉宰、劉克莊、陳耆卿、吳子良各有挽詩若干首。

《墓碑記》：「夙抱氣疾，驟發動，以正月二十日薨於正寢，……享年七十四。」

案：方回《桐江集》卷二《讀篔窗荆溪集跋》云：「水心之卒，在嘉定十六年癸未正月二十六日，年七十四。」記先生卒忌，與此小異，當以《墓碑記》爲準（案：今所見元鈔本《桐江集》奪誤甚多，如方跋誤吳子良為韓子良，即其一例）。

《宋史》本傳：「嘉定十六年卒，年七十四。贈光祿大夫，謚忠定。」

案：光緒《龍泉縣志》卷十《人物志》謂先生年四十七卒，誤。又先生之謚，《宋史》本傳、《宋元學案》、光緒《永嘉縣志》並作「忠定」；今當依陳昉《潁川語小》、先生墓碑記、溫州葉水心祠祠額、慈山《葉水心墓碣》作「文定」。葉譜、孫譜亦以「文定」爲先生謚也。

光緒《永嘉縣志》卷二一《冢墓》：「寶文閣學士、忠定公葉適墓在城内慈山。」

呂皓《雲谿稿·水心先生哀辭》：「惟公目閲四瀆之亂流兮不激西東，手理千載之棼絲兮任彼錯綜。絕學無憂兮靡問窮通，絕識難追兮洞澈始終。接諸儒之統緒兮不徇人而苟同，擅一世之文衡兮養以道而益充。淵、軻以上兮猶足折衷，荀、揚以下兮未愜乎中。帝制屢褒兮已極其隆，時論未厭兮庶登顯庸。牆數仞兮門則闢之，堂數尺兮室則甚夷。我且直之兮一動於微言而深知，若二老之論載不通兮使得以撤其籬（案：二老指晦庵、東萊）。《通儒》八十一章兮聲叩而響隨，示余以四十七條兮多是而寡非（案：皓有《老子通儒説》，經先生是正，並為之序）。謂老去而學不倦兮未有如吾子陽，出處之大節兮吾謹識之衷腸。將與子之書俱上兮俾爾死而不亡，時疾已革兮緘寄以二章。吁嗟乎！人生知己眞難遇，少年角立氣未降。出門同人不我同，偶得一二又參商。昔賢四十始抱蜀，誰能需血鬢毛蒼。高山流水長自在，伯牙死後琴虛張。聯篇累牘宛在目，寧忍視之中心藏。從今未死竟何爲，禿筆如東□如囊。惟時登密蒲之上，矯首東甌涕泗滂。吾自寫吾哀而已，那知地厚與天長。」

程珌《洺水集》卷一二《祭葉水心》：「曠宇宙以奚歸兮，唯道爲依。逢論訟之方興兮，聊解安於翠微。觀肖翹之喙息兮，與夫草木之參差。驗斯人之耕鑿兮，信裘葛之惟時。方渾沌之初剖兮，詎止見其象滋。如天玄地黃之形色兮，寧事乎龍馬之神奇。上徹昆侖之巔兮，下周渤澥之湄，仰窺盤古之初兮，俯占來代之期。感羲黃之啓鑰兮，居然萬世之師，馳帝塗驟軌兮，洋洋易易之流輝。暨炎劉而訖五季兮，亦未始不啜其糟醨。彼風后力牧之倫兮，迨夫臯禼之疇咨。築巖耕野之徒兮，接于周召之倚毗。由漢、唐之良輔兮，以至于我宋之元龜。雖治體之分兮，有醇駁古今之異，而功業之見兮，有崇卑義利之睽。然皆本於躬行兮，非空非而可致，亦必依道有立兮，非一切而背馳。蓋粒非五穀兮何以爲食，而嘉肴不食兮亦奚療饑？蓋是理也，嘗發揮於洙泗之語，又辯證於七篇之辭。舍而弗講，紛紛奚爲！一仁義兮涉歲，一敬一兮靡時，焦唇敝舌，更請迭疑，審思力行，必也兼之。矯矯我公，長鳴盛時，告之吾君，不激不卑。內達國家之體，外明當世之宜，使卒行之，庶幾雍熙。胡午軸之已停，乃結轍於崦嵫，不能者時，天寔爲之。思疇昔之秦淮，獲從容乎歲期，每接函間之席，常嗟行道之遲。公曰不然，唯人在茲。自爾契闊，緘書亦希。先邱雙蓮，惠然賦詩，曾報牘之未馳，乃凶問之東來。傷非我私，爲斯人悲。香烈茶清，公其格斯。」一魏了翁《鶴山大全集》卷九一《哭葉侍郎適文》：「嗚乎！合散消息，陰陽之分。奚獨於公，感深涕霣。匪傷我私，我憂孔殷。舟流莫屆，行邁靡臻。匪學弗濟，匪才弗久。苟尚有存，毋間中外。如珠在淵，如玉在山，木石何知，枯潤所關。公居海濱，奚與人事。海內同氣，睎爲榮悴。門牆孤峻，基宇邃深。披剝傳注，融貫古今。東南諸老，收影戢形。軒裳所欣，公力未慭。前年爲詩，寄我鶴山；去年貽書，喜我東還。精神風采，英晤踔軼，言論風旨，間見層出。迨我造朝，公詩未賡。公書未報，公體不平。然猶私謂，人畸天耦，天如有意，則俾單厚。胡然藐藐，不弔我師。三朝舊人，所存幾誰？年開八秩，不爲夭蹙。天驚斯文，寧有絶續！獨嗟人物，如千秋松，封植培養，匪一旦功。日零月替，世道攸繫。公知不知，我未有屆。」

劉宰《漫塘集》卷三六《挽葉水心侍郎》：「北學源流遠，南來歲月遷。羣心知未昧，諸老屹相連。百歲同歸盡，斯文要有傳。宵長殘月墮，遺恨渺山川。」「嘉會欣千歲，偏安隘一方。言言本周孔，草草笑隋唐。禁路無停轍，江流有巨防。空餘遺稿在，萬古日爭光。」「憶袖彌衡刺，嘗登元禮門。相忘如舊識，一笑等春溫。東望山川遠，西歸歲月奔。遙憐人築室，煙鎖暮江昏。」

劉克莊《後村大全集》卷七《挽水心先生》：「一夢孝皇初，悽然四紀餘。國人莫知我，天下孰宗予？散地雖無柄，名山儘有書。烏乎傳萬世，猶足矯元虛。」「所學如山海，吁嗟不一施。未聞訪箕子，但見誄宣尼。空郡來陪哭，無人敢撰碑。紛紛門弟子，若箇解稱師。」

方回《桐江集》卷二《讀篔窗荆溪集跋》：「荆溪之文，稍不及篔窗，各爲哭水心詩十，力量輕重不見。荆溪有云：『韓、柳詞空偉，歐、曾見未親。』回則謂水心之見尤其未親，而於韓、柳得一班耳。又云：『受用終無盡，文詞莫太工。』回謂水心文惟其太工，所以不盡及古，何其言之戾也。篔窗祭水心有云：『始見阜陵，則末年之冉冉；再遇光廟，則初元之悤悤。』荆溪祭篔窗又云：『聯東闕兮十年之冉冉，貳監胄兮數月之悤悤。』……文章機杼，果脱馨而已耶？歟

公云：『韓文雖高，不必似之。』荆溪嘗舉是言，而自背之，何耶？」（案：耆卿、子良哭先生詩及耆卿祭先生文並佚）

〔一〕葉適文集原載張秀樗卒于嘉泰四年（一二〇四）閏二月，年七十八，葬于是年九月，故《年譜》署其生年爲一一二七年。又，葉適《行狀》撰于嘉定四年（一二一一）九月。疑「嘉泰」爲「嘉定」之誤。

〔二〕「謝顯道」句：《水心文集》卷二九作：「謝顯道謂：『陶冶塵思，模寫物態，曾不如顔、謝、徐、庾留連光景之詩。』」

譜後

嘉定十六年癸未

十月，子寀所編《習學記言序目》付梓，門人孫之宏序之，知紹興府汪綱跋之。

《習學記言序目》卷首孫之宏序：「《習學記言序目》者，龍泉葉先生所述也。初，先生輯錄經史百氏條目，名《習學記言》，未有論述。自金陵歸閒，研玩羣書更十六寒暑，迺成序目五十卷。子寀既以先志編次，諗今越帥新安汪公鋟木郡齋，又囑之宏揭其大指於書首。竊聞學必待習而成，因所習而記焉，稽合乎孔氏之本統者也。夫去聖綿邈，百家競起，孰不曰道術有在於此，獨先生之書，能稽合乎孔氏之本統者，何也？蓋學失其統久矣。漢、唐諸儒皆推宗孟軻氏，謂其能嗣孔子，至本朝關、洛騾興，始稱子思得之曾子，孟軻本之子思，是爲孔門之要傳。近世張、呂、朱氏二三鉅公，益加探討，名人秀士鮮不從風而靡。先生後出，異識超曠，不假梯級，謂洙泗所講，前世帝王之典籍賴以存，開物成務之倫紀賴以簪。《易》彖、象，仲尼親筆也，十翼則訛矣；《詩》、《書》，義理所聚也，《中庸》、《大學》則後矣。曾子不在四科之目，曰：『參也魯。』以孟軻能嗣孔子未爲過也，捨孔子而宗孟軻則於本統離矣。故根柢六經，折衷諸子，剖析秦漢，訖於五季，以呂氏《文鑑》終焉。其致道成德之要，如渴飲飢食之切於日用也；指治摘亂之幾，如刺腧中肓之速於起疾也。推迹世道之升降，品目人材之短長，皆若繩準而銖稱之，前聖之緒業可續，後儒之浮論盡廢，其切理會心，冰消日朗，無異親造孔室之閎深，繼有宗廟百官之美富，故曰稽合乎孔氏之本統者也。至於憂時慮國，不捨食息，思爲康濟，常追恨唐初務廣地而兆夷狄內侵之禍，中世廢府兵而縣官受養兵之患，本朝承平，未遑悛定，矧以舊虜垂亡，邊方數警，筆墨將絕，遂爲後總，特秘而未傳。嗚呼！誰能知先生之苦心哉！然賈誼分封之策，至武帝卒能寬同姓之憂；烏重嗣欲殺節鎮之權，我宋實用以弭五代之禍，舉天下之勢變而通之，存乎其人而已。先生之書，所望於後人者，豈易量哉？之宏之序是書，固不容無所表見於斯也。嘉定十六年十月日，門人山陰孫之宏序。」

又同書卷末汪綱跋：「余曩得林德叟所

傳水心《習學記言》前後兩帙，一自《書》、《詩》、《春秋》三經，歷代史記，訖五代史，大抵備史法之醇疵，集時政之得失，所關於世道者甚大；一自《易》、《禮》、《語》、《孟》五經，諸子，訖呂氏《文鑑》，大抵究物理之顯微，箸文理之盛衰，所關於世教者尤切。今孫偉夫攜至一本，乃用諸經史子前後排比次第，聚爲一書，總五十卷，發以序文，具諗余鋟板郡齋。工未竟，趙振文來，具道水心箸述，前後與余所得於德叟者同，余嘗反覆紬繹其故，此分彼合，要皆不爲無意，讀者幸有考焉。德叟名居安，瑞安人；偉夫名之宏，餘姚人；振文名汝鐸，今居樂清，皆水心高弟云。癸未良月望日，新安汪綱仲舉父書。」

案：此書名《習學記言》，在先生生前，即已流行，陳耆卿上先生書（詳本譜嘉定十年）所謂「聞所著述有《習學記言》者，天下學子爭師誦之」，是其證也。又孫序云：「初，先生輯錄經史百氏條目，名《習學記言》，未有論述，自金陵歸閒，研玩羣書更十六寒暑，迺成《序目》五十卷。」則《習學記言》與《習學記言序目》，應有詳略之別，今人習稱《習學記言序目》爲《習學記言》，誤矣。又據汪跋，先生此書，在宋時原有二本，一本出於林居安，前後兩帙；一本出於孫之宏，孫序所謂先生子寀編次，汪氏據以刊行者也。於是後世藏書家輾轉鈔刻者，皆出汪本，林本遂不復傳。孫詒讓云：「以汪氏所述推之，林本先後分合義例不甚可解，固不若孫本之精整。然今本書末亦有學生林居安校正一行，則汪刊雖依孫本，亦經林氏手校矣。又四十六卷末孫氏附記云：『按諸子書，惟《莊》、《列》、《文中子》不及論述，先生嘗答之宏書云：《記言序目》孫卿後僅有四卷，如《莊》、《列》諸書雖熟商量，莫知所以命筆，只得且放過，以此且欲將《文鑑》結尾作了當去。」又云：「《莊》、《列》、《文中子》向本欲先下手，爲其當條理處太多，不勝筆墨，頗若煩碎，合爲一論，則又貫穿未易。」』是此書終《文鑑》，水心手定本固已如是，至云荀卿後有四卷，則與今本不合（原注：今本《荀子》在四十四卷，四十五卷《管子》，四十六卷《孫》、《吴》、《司馬法》、《六韜》、《三略》、《尉繚子》、《李靖問對》，四十七至五十卷並《文鑑》，凡六卷），疑葉宷及門人編定時或有分并矣。」（《温州經籍志》卷一七）其說良是。

又案：此書乃先生畢生心力所在，欲明先生之學者，舍此莫由；前人書目多有著錄，亦間有評論者。宋陳振孫《直齋書錄解題》（卷十）云：「《習學記言》五十卷，……自六經諸史子以及《文鑑》，皆有論說，大抵務爲新奇，無所蹈襲，其文刻削精工，而義理未得爲純明正大也。自孔子之外，古今百家，隨其淺深，咸有遺論，無得免者。」又《四庫全書總目》（卷一一七）云：「其書乃輯錄經史百氏，各爲論述，條列成編。……所論喜爲新奇，不屑摭拾陳語，故陳振孫《書錄解題》謂『其文刻峭精工，而義理未得爲純明正大』。劉克莊爲趙虛齋作《註莊子序》，亦稱其講學析理，多異先儒。今觀其書，如謂『太極生兩儀』等語爲『文淺義陋』；謂《檀弓》『膚率於義理，而嗇縮於文詞』；謂《孟子》『子產不知爲政』、『仲尼不爲已甚』，語皆未當，此類誠不免於駭俗。然如論讀《詩》者專溺舊文，不得詩意，盡去本序，其失愈多；言《國語》非左氏所作；以及考子思生卒年月、斥漢人言《洪範》五行災異之非，皆能確有所見，足與其雄辨之才相副。至於論唐史諸條，往往爲宋事而發，於治亂通變之原，言之最悉，甚未易及。特當宋之末世，方恪守洛、閩之言，而適獨不免於同異，故振孫等不滿之耳。」其他議論，未暇一一引述，僅錄此二家，以見一斑。

又案：先生著述宏富，除《習學記言序目》外，另有《唐鈔》若干卷（詳宋魏仲舉《五百家注音辨昌黎文集》卷首所列先生名字下）、《荀楊問答》若干卷（見萬曆《温州府志》卷一七、光緒《永嘉縣志》卷一四。《千頃堂書目》卷一一作《荀楊問答外編》，《宋史藝文志補》作《外稿》；其後雍正《浙江通志》、乾隆《温州府志》、嘉慶《瑞安縣志》並沿用《宋史藝文志補》之名）、《賢良進卷》八卷（詳本譜淳熙十一年）、《策場標準集》若干卷（見黎諒《水心文集叙》。孫氏《温州經籍志》卷二一注云「佚」）、《水心文粹》若干卷（見黎諒《水心文集叙》；

《温州經籍志》注云「佚」。唯清末沈曾植嘗於維揚書肆見之，詳中央圖書館特藏明末刊本沈氏跋）、《水心文鈔》若干卷（《季滄葦書目》載有宋鈔本，二册；《温州經籍志》卷二一載方婺如别有十卷鈔本，桐鄉葉良求刻之）、《胝望遺編水心文》（故宫博物院藏有舊鈔本，共四册）、《水心文集》二十八卷、《拾遺》一卷、《别集》十六卷（皆詳後）。另有《習學記言》、《周易述釋》一卷，前人疑爲門人袁聘儒作；《春秋通説》十三卷，前人疑爲黄仲炎作。詳見《書目季刊》十一卷二期拙著《葉適著作考》。

明英宗正統十三年戊辰，卒後二百二十五年。

春，處州推官黎諒重編先生文集付梓，並跋其後。

明黎刻本《水心文集》跋：「余幼時，先君東臯處士以遺書一帙名曰《策場標準集》授諒，謂是書乃水心葉先生適在宋時所著也。其忠君愛國之誠，藹然溢於言意之表，惜乎前後亡缺脱落，有不可讀者。嘗募求全集，竟不可得。及余領鄉薦，授官栝郡。先生乃郡邑龍泉人也，後徙居温之瑞安。嘗因公事詣邑，訪求遺本，無有存者。間或得一二篇或數十篇，歷八載始克備。有曰《文粹》，曰《葉學士文集》，曰《水心文集》，及余幼時所讀《標準集》者，其總目有四，惟《標準》一集十亡其七八，公暇躬自謄錄。其各集中所作劄、狀、奏議、記、序、詩、銘並雜著，成篇章者得八百餘篇，編集彙次，分爲二十九卷，其所著經傳子史，編爲後集，總名曰《水心先生文集》，繡梓以永其傳，與四方同志共覽焉。集中字義脫落無可考者，不敢僭補，姑虛以待後之君子而正之。正統十三年戊辰歲孟春望日，處州府推官章貢黎諒謹識。」

景帝景泰二年辛未，卒後二百二十八年。

三月，黎刻《水心文集》竣事，吏部尚書王直序之。

黎刻本《水心文集》卷首王氏序：「昔宋盛時，以文章名家，有廬陵、南豐、眉山、臨川，數公者窮聖賢之奧，究道德之微，故其爲文足以繼漢、唐之盛，天下皆師尊之。南渡以來，作者猶衆，葉水心先生其一也。先生之學，浩乎沛然，蓋無所不窺，而才氣之卓越，又足以發之。然先生之心，思行道於當時而見之功業，不但爲文而已也。觀其議論謀猷，本於民彝物則之常，欲以正人心，明天理。至於求賢、審官、訓兵、理財，一切施諸政事之間，可以隆國體，濟時艱。然未至於大用而道不盛行，今之所見，惟其文而已，豈非可惜哉！其論林栗一書，有功於斯道甚大。時栗唱道學之說，欲竄逐文公，善人君子皆惴懼，先生獨上書天子，論栗姦邪，請加摧折，以扶善類。國家之本，莫大於是。先生正直剛明，嚴於善惡之辨如此。今去已遠而其言存，是亦可以不朽矣。章貢黎諒，字公允，早得先生之文讀之，固已起敬起慕，然恨不得見其全。及爲處州府推官，乃先生鄉郡，常行縣訪之士大夫，得奏議、記、叙等作八百餘篇，手自讎校，分爲二十九卷，鋟梓以傳，而屬直爲序。於乎！先生之文，豈直所能知，而亦豈待序而傳哉！念今之仕者，於其分所當爲，上之人之所督責，猶有不能盡其職而挂於吏議，若非其所當急，則怠廢可知矣。公允於此文，非其所急也，而知之深，好之篤，勤敏足以有爲，從容於政事之餘，收輯而刊布之，使前之諸公有以繼，後之爲士者有所視法而興起，尙賢與善之意厚矣，是可嘉也，故爲序而道之。景泰二年三月朔日，榮祿大夫、太子太保、兼吏部尙書泰和王直書。」

案：趙希弁《讀書附志》卷下著錄《水心文集》二十八卷，注云：「右葉適正則之文也。門人趙汝讜叙而刻之，水心其自號云。」今所見各本《水心文集》，卷首咸有趙汝讜序，略云：「備衆文名一家言者，在唐始著，前不多見也。先生之作，從壯至老，由今並古，日邁月超，神心窮天地，偉刻動海嶽，翼然如登明堂，入清廟，黻冕崇麗，金奏而玉應，其光濯變化，如驪龍翔而慶雲隨也。盛矣哉其於文乎！粹矣哉其於道乎！蓋周典、孔籍之奧不傳，左冊、馬書之妙不續，詩迄韋、張，騷降景、宋，華與質始判，正與奇始分，道失其統緒久矣。世遂以文爲可玩之物，爭慕趨之，騁馳以其力，雕鎪以其巧，彰施以其色，暢達以其才，無不自託於文，而道益離矣，豈能言易知言難歟？……以詞爲經，以藻爲緯，文人之文也；以事爲經，以法爲緯，史氏之文也；以理爲經，以言爲緯，聖哲之文也；本之聖哲而參之史，先生之文也，乃所謂大成也。……集起淳熙壬寅，更三朝四十餘年中，期運通塞，人物散聚，政化隆替，策慮安危，往往發之於文，讀之者可以感慨矣！故一用編年，庶有考也。」趙氏本編於何年，無可詳考。唯陳振孫《直齋書錄解題》卷一八云：「《水心文集》二十八卷，吏部侍郎永嘉葉適正則撰。淮東本無《拾遺》，編次亦不同。」則先生文集在宋時原有二本也。趙希弁所見者，無《拾遺》一卷，應即淮東本。又據宋《黃氏日抄》卷六八所引先生諸文考之，其所據文集並未全依年月編次，與趙序所謂用編年法者不同，或者亦爲淮東本。《林下偶談》卷三云：「水心作《汪參政勃墓誌》有云：『佐佑執政，共持國論。』汪之孫綱不樂，請水心，終不從。水心死，趙蹈中方刊文集，未就，門下有受汪囑者，竟爲除去『佐佑執政』四字。」考今黎本「佐佑執政」作「居紀綱地」，蓋即門下所改，而《黃氏日抄》所錄仍作「佐佑執政」，則知淮東二十八卷本刊行在前，附《拾遺》本刊行在後，二本同出於汝讜也。

清聖祖康熙九年庚戌，卒後四百四十七年。

永嘉知縣陳聖俞重建先生祠。

光緒《永嘉縣志》卷四《建置壇廟》：「葉文定公祠在金鼇石巷，祀宋學士葉適；久圮，國朝康熙九年，知縣陳聖俞重建。」

案：金鼇石巷今易名爲金鎖匙巷，先生祠仍維修完好。

高宗乾隆二十年乙亥，卒後五百三十二年。

學使雷鋐命教授王執玉重刻先生文集於溫州東山書院（見乾隆本卷首雷鋐序）。

案：乾隆本較黎本缺失尤多，而以碑誌諸卷之竄亂爲最。孫衣言跋今本《水心文集》云：「集中銘墓文，水心往往自書作文年月於篇末，此本脱漏。趙師羿銘則竟削去之，蓋以師羿小人，水心不宜予以文耳。」（《遜學齋文鈔》卷十）考今中華書局四部備要本《水心文集》，前有雷鋐、朱椿序，卷首云「據通行本校刊」，亦略去趙師羿銘，殆其所據，即此乾隆乙亥本也。

穆宗同治九年庚午，卒後六百四十七年。

十一月，孫衣言、李春龢重刻先生《別集》。

同治本《水心別集》李春龢序：「宋乾、淳間，永嘉之學盛於東南，屹然與新安、金華鼎足而立。其諸儒纂述之傳於世者，若薛文憲之淵雅，陳文節之醇粹，葉忠定之閎博，可以想見一時之盛。而文章之工，尤以忠定爲最，同時講學諸儒，自東萊呂氏外，莫能及也。忠定所著《水心集》，明時已無完本。正統間，章貢黎諒掇拾散佚，重爲編刻，遂復顯於世。至《別集》十六卷，則僅見於陳伯玉《書錄解題》，自黎氏編正集時，已不獲見其全。乾隆間，朝廷開四庫館，廣搜天下遺籍，而箸於目錄者，亦僅黎編正集，則是書之湮沒蓋已久矣。春龢自乙丑冬攝令瑞安，瑞安爲先生故里。時吾師孫琴西先生方奉諱家居，所藏永嘉諸先生遺書至夥，因從假得《別集》寫本，讀之，歎其論治之精，有益於經世，欲爲重墨諸版。會代去，未果也。逮今年春，春龢復攝江山，而吾師亦以觀察需次江寧，因寄貲請校刻之。蓋世之學者，自此可以讀先生之全書矣。此集凡《進卷》九卷、《廷對》一卷、《外稿》五卷、《後總》一卷，蓋論治之言爲多。其論宋政之敝及所以療復之方，至爲詳備。春龢每讀此書，至於《資格》、《銓選》、《科舉》、《學校》、《新書》、《吏胥》諸篇，蓋未嘗不掩卷嘆息，以爲古今之有同患也。然則先生此書，豈徒以救宋之弊哉！士之有志經世者，誠能熟復而精擇之，上觀宋政以通之時務，而勿徒悅其文章之工，此則春龢與吾師校刻此書之微意爾。同治九年十一月，遵義後學李春龢謹序。」

案：《别集》一至八卷爲《進卷》，即今所傳之《賢良進卷》也（參見本譜淳熙十一年）；九至十五卷爲《外稿》，據自跋即淳熙乙巳所作將進之孝宗，以備乙覽者（參見本譜淳熙十二年）。其末爲《後總》，《自跋》未及，考之孫之宏《習學紀言序》，乃先生絶筆之作。三書原各自爲卷帙，前二書計十五卷，蓋先生親手編次（詳本譜嘉泰四年所録先生自跋），《後總》一卷，間有門人袁聘儒校語，疑始刻先生《别集》者即建人袁聘儒也。

又案：别集與黎編正集重複者四十九篇，其中除《上殿劄子》（正集作《上孝宗皇帝劄子》）、《應詔條奏六事》（正集作《上光宗皇帝劄子》）在宋時業已重複外，其他卷十、十二、十三、十四、十五及卷一之《治勢上》、卷二之《財計》上下（正集《財計》下

注：「缺」）、卷四《外論》（四篇（正集《外論》三、四下注：「缺」）悉與正集重出，蓋黎氏編文集時誤將別集殘本納入耳。

德宗光緒八年壬午，卒後六百五十九年。

裔孫葉慶湜等重建先生祠（光緒《永嘉縣志》卷四《建置壇廟》）。

是年，孫衣言拾遺本《水心文集》刊行。

孫衣言校刊黎本《水心文集》書後：「《葉文定公集》，余家所藏，但有乾隆時永嘉刻本，雷憲副序所謂『於武林藏書家得全本補綴之』者也。每病其多訛脫，又以意改竄，頗類淺人所爲。繼得方文輈《水心文鈔》本，又於士友處見國初大字本，則永嘉本之誤皆自大字本出，乃知雷序所謂全本，即此書也。訪求明正統時黎氏刻本，久而未獲。同治丁卯，主講杭州，於錢唐丁松生所得黎刻殘本，中有抄補數卷，未敢遂以爲據。後五年，以皖臬入覲，同年錢侍御桂森出此本見惠，首尾完善，意甚珍之。十餘年來，宦轍所至，輒以自隨。竊惟宋南渡後，吾鄉陳文節、葉文定二家之文，實非同時諸公所及。予編《永嘉叢書》，既刻《止齋集》、《水心別集》，謀重刊此本，乃取《事文類聚》、《黃氏日抄》、馬氏《通考》、周密《浩然齋雅談》、李心傳《道命錄》、吳子良《林下偶談》、劉壎《隱居通議》、《景定建康志》、《咸淳臨安志》、永樂《歷代名臣奏議》諸書所載水心詩文，補正闕誤。其他無可考，則永嘉本、大字本、方本與侍御元校本（原注：不知校者何人，似反以永嘉本改易黎本，而其與永嘉本不同者，又似別有所據，今姑取其一二），亦有取焉。或缺誤顯然，可以文義推測，知爲某字，輒以意改定，蓋取便頌讀而已。至於各本文字，偶有不同，概不輕改，以存黎氏之舊。刻既竣，復爲校注二卷，附之於後，著其所以沿革之故，俾閲者得以訂其當否。字句之異義可兩存者，亦並著之，以資參考。集中銘墓之文獨多，所載吾鄉人物，有可補志乘之缺者，間爲詳其出處。其關涉時事，如職官、選舉、食貨、兵制之類，多見《宋史》志傳。其偶用當時俚言及官牒中語，亦頗見宋人説部，輒就所知爲之注出，亦爲後生頌讀設也。惟前五卷所謂奏議者，皆具《别集》。自上殿諸劄、四六謝表外，實水心撰擬進御之文。黎氏編集時未見其書，故所收不全，且往往亂其篇次。今既刊《别集》，學者自當盡讀全書。兹惟取文義較優者數條，藉正此本之失。其餘字句異同，不可悉舉，亦不復著也。老病眊忘，且鮮友朋之助，以意改定，又不免自蹈前人之失，姑置家塾，爲子弟輩講肄，不足爲傳本也。光緒八年四月，遜學老人孫衣言書於邵嶼寓廬。」

案：此本孫氏校訂甚精，以較黎本，計補入奏劄三篇，書、序各一篇，詩兩首，另有《大學講義》及《翁靈舒詩集序》殘文各一，總爲《補遺》一卷，以殿先生文集之後，爲日前先生文集之最完整版本。

民國十七年戊辰，卒後七百零五年。

平陽黄溯初重校《習學記言序目》，以鉛字排印，入《敬鄉樓叢書》。

民國二十五年丙子，卒後七百一十三年。

一月二十五日，永嘉區徵集先哲遺著委員會決議發起修葺慈山鄉先哲葉水心墓（《文瀾學報》二卷一期《書林》）。

參考書目

一、專　書

（一）史　部

《宋史》　元脱脱等撰　鼎文書局新校二十五史本

《金史》　元脱脱等撰　鼎文書局新校二十五史本（以上正史類）

《續資治通鑑長編》　宋李燾撰　清光緒刊本

《續資治通鑑》　清畢沅撰　世界書局新校本

《宋史全文》　失名　文海出版社影印本

《宋元通鑑》　明薛應旂撰　明天啓刊本（以上編年類）

《宋史記事本末》　明陳邦瞻撰　商務印書館排印本（記事本末類）

《南宋書》　明錢士升撰　清嘉慶刊本

《宋史新編》　明柯維騏撰　明嘉靖刊本

《宋史翼》　清陸心源撰　文海出版社影印本

（以上別史類）

《建炎以來朝野雜記》　宋李心傳撰　文海出版社影印本

《建炎以來繫年要録》　宋李心傳撰　文海出版社影印本

《二十二史考異》　清錢大昕撰　德志出版社影印本

《宋會要輯稿》　世界書局影印本（以上雜史類）

《歷代名臣奏議》　明黄淮等編　學生書局影印本（奏議類）

《道命録》　宋李心傳撰　藝文印書館影印知不足齋叢書本

《吴中人物志》　明張昶撰　學生書局影印本

《南宋名臣言行録》　明尹直撰　明弘治刊本

《藏書》　明李贄撰　學生書局影印本

《宋元學案》　清黄宗羲等撰　世界書局排印本

《宋元學案補遺》　清王梓材等撰　世界書局影印本

《疑年録》　清錢大昕撰　清刻粤雅堂叢書本

《理學宗傳》　清孫奇逢撰　藝文印書館影印本

《三山葉氏祠録》　清葉大湜續修　清光緒刊本（國學文獻館攝自哈佛大學燕京圖書館顯微膠卷）

《葉文定公年譜》　清葉嘉棆　述舊齋寫定本

《葉文定公年譜》　清孫衣言撰　孫氏手稿本

《宋陳文節公傳良年譜》　清孫蕖田撰　商務印書館名人年譜集成本

《朱子年譜》　清王懋竑撰　商務印書館人人文庫本

《平江葉氏族譜》　葉培元等纂修　民國二十四年鉛印本（國學文獻館攝自哈佛大學燕京圖書館顯微膠卷）

《陳亮年譜》　童振福撰　商務印書館名人年譜集成本

《宋陳龍川先生亮年譜》　顔虛心撰　商務印書

館名人年譜集成本
《宋人傳記資料索引》 昌彼得等先生編 鼎文書局排印本
《朱熹》 周予同撰 商務印書館人人文庫本
《中國歷代名人年譜總目》 王德毅先生編 華世出版社印行
《李燾父子年譜》 王德毅先生撰 中國學術著作獎助委員會出版（以上傳記類）
《輿地紀勝》 宋王象祖撰 文海出版社影印本
《吳郡志》 宋范成大撰 國泰文化事業有限公司影印本
《嘉定鎮江志》 宋盧憲撰 成文出版社影印清道光刊本
《赤城志》 宋陳耆卿撰 藝文印書館影印台州叢書本
《寶慶四明志》 宋羅濬撰 商務印書館影印四庫全書本
《景定建康志》 宋周應合撰 商務印書館影印四庫全書本
《咸淳臨安志》 宋潛説友撰 國泰文化事業有限公司影印本
《姑蘇志》 明王鏊等撰 學生書局影印本
《蘇州府志》 明盧熊等撰 成文出版社影印明鈔本
《吳江志》 明莫旦纂 成文出版社影印明弘治刊本
《温州府志》 明王光蘊撰 明萬曆刊本
《温州府志》 清齊召南等撰 清同治刊本
《浙江通志》 清沈翼機撰 華文書局影印清乾隆刊本
《廣東通志》 清陳昌齊等撰 華文書局影印清刊本
《泉州府志》 清章卓標撰 賴金源氏影印清同治刊本
《廬州府志》 清林之望等纂 成文出版社影印清光緒刊本

《衢州府志》 清楊廷望撰 成文出版社影印清康熙刊本
《處州府志》 清周榮椿纂 成文出版社影印清光緒刊本
《龍泉縣志》 清顧國詔等纂 成文出版社影印清光緒刊本
《永嘉縣志》 清王棻等編 清光緒刊本
《黃巖縣志》 清王詠霓纂 成文出版社影印清光緒刊本
《金華縣志》 清鄧鍾玉等纂 成文出版社影印民國二十三年鉛字重印本
《永康縣志》 清潘樹棠等纂 成文出版社影印民國二十一年重印本
《青田縣志》 清王棻等纂 成文出版社影印清光緒刊本
《瑞安縣志》 清黃徵又等纂 清嘉慶十三年刊本
《江陵縣志》 清黃義尊纂 學生書局影印清乾隆刊本
《臨海縣志》 何奏簧纂 成文出版社影印民國二十四年重修鉛印本
《平陽縣志》 符璋等纂 成文出版社影印民國十四年鉛印本
《湖北通志》 張仲炘等纂 華文書局影印民國十年重刊本
《中國歷史地圖集》 程光裕等編 中華文化出版事業委員會出版（以上地理類）
《南宋館閣録》 宋陳騤撰 商務印書館影印四庫全書本
《南宋館閣續録》 宋失名 商務印書館影印四庫全書本
《宋宰輔編年録》 宋徐自明撰 文海出版社影印本
《歷代職官表》 清黃本驥撰 樂天書局排印本
《南宋制撫年表》 清吳廷燮撰 開明書店二十五史補編本

《歷代職官簡釋》瞿蛻園撰　樂天書局歷代職官表附印本（以上職官類）

《文獻通考》　元馬端臨撰　新興書局影印本（政書類）

《直齋書録解題》　宋陳振孫撰　商務印書館排印本

《讀書附志》　宋趙希弁撰　商務印書館排印本

《温州經籍志》　清孫詒讓撰　廣文書局書目叢編本

《四庫全書總目提要》　清紀昀等撰　藝文印書館影印本

《四庫提要辨證》　余嘉錫撰　藝文印書館排印本（以上目録類）

（二）子部

《朱子語類》　正中書局影印本

《麗澤論説集録》　宋吕祖謙撰　續金華叢書刊本

《習學記言序目》　宋葉適撰　商務印書館影印四庫全書本

《習學記言序目》　宋葉適撰　中央圖書館特藏萃古齋精鈔本

《習學記言序目》　宋葉適撰　敬鄉樓叢書本

《賢良進卷》　宋葉適撰　故宫博物院圖書館特藏清抄本

《潁川語小》　宋陳昉撰　藝文印書館影印守山閣叢書本

《澗泉日記》　宋韓淲撰　商務印書館叢書集成簡編本

《勤有堂隨録》　宋陳櫟撰　藝文印書館影印學海類編本

《黄氏日抄》　宋黄震撰　商務印書館影印四庫全書本

《困學記聞》　宋王應麟撰　中華書局四部備要本

《隱居通議》　元劉壎撰　廣文書局筆記四編本

《文史通義》　清章學誠撰　國史研究室排印本

（以上雜家類）

《永樂大典》　明姚廣孝等編　世界書局影印本
（類書類）

《四朝聞見録》　宋葉紹翁撰　藝文印書館影印知不足齋叢書本

《夷堅志》　宋洪邁撰　清雍正間刊本

《林下偶談》　宋吴子良撰　藝文印書館影印寶顔堂秘笈本

《桯史》　宋岳珂撰　商務印書館影印四庫全書本

《齊東野語》　宋周密撰　廣文書局影印本

《浩然齋雅談》　宋周密撰　武英殿聚珍版叢書本

《癸辛雜識》　宋周密撰　稗海本（不著影印書局）

《愛日齋叢鈔》　宋失名　廣文書局筆記四編影印本

《湛淵静語》　元白珽撰　清光緒乙未武林往哲遺著刊本

《宋人軼事彙編》　丁傳靖編　源流出版社印行
（以上小説家類）

（三）集　部

《劉左史集》　宋劉安節撰　永嘉叢書刊本

《劉給諫集》　宋劉安上撰　永嘉叢書刊本

《建康集》　宋葉夢得撰　商務印書館影印四庫全書本

《浮沚集》　宋周行己撰　武英殿聚珍版叢書本

《横塘集》　宋許景衡撰　清人重編底稿本

《浪語集》　宋薛季宣撰　永嘉叢書刊本

《鄮峰真隱漫録》　宋史浩撰　商務印書館影印四庫全書本

《朱文公文集》　宋朱熹撰　商務印書館四部叢刊本

《周文忠公全集》　宋周必大撰　清道光刻本

《東萊吕太史文集》（内附年譜）　宋吕祖謙撰　續金華叢書刊本

《吕東萊文集》宋吕祖謙撰　商務印書館國學基本叢書本

《東萊文集》宋吕祖謙撰　中央圖書館特藏清抄本

《南軒文集》宋張栻撰　廣學社影印本

《止齋先生文集》宋陳傅良撰　商務印書館四部叢刊本

《攻媿集》宋樓鑰撰　商務印書館四部叢刊本

《龍川集》宋陳亮撰　中華書局四部備要本

《象山全集》（内附李紱所撰年譜）宋陸九淵撰　中華書局四部備要本

《絜齋集》宋袁燮撰　商務印書館影印四庫全書本

《水心文集》宋葉適撰　中央圖書館特藏明正統刊本

《水心文集》宋葉適撰　中央圖書館特藏清人沈曾植題記明末刊本

《水心文集》宋葉適撰　清乾隆間刊本

《水心文集》宋葉適撰　永嘉叢書刊本

《水心別集》宋葉適撰　永嘉叢書刊本

《葉適集》宋葉適撰　河洛圖書出版社排印本

《水心題跋》宋葉適撰　津逮秘書刊本

《脉望遺編水心文》宋葉適撰　故宫博物院圖書館特藏舊抄本

《山房集》宋周南撰　商務印書館影印四庫全書本

《浣川集》宋戴栩撰　商務印書館影印四庫全書本

《篔窗集》宋陳耆卿撰　商務印書館影印四庫全書本

《毘陵集》宋張守撰　商務印書館影印四庫全書本

《燭湖集》宋孫應時撰　商務印書館影印四庫全書本

《定齋集》宋蔡戡撰　商務印書館影印四庫全書本

《木鐘集》　宋陳埴撰　商務印書館影印四庫全書本
《勉齋文集》　宋黄榦撰　商務印書館影印四庫全書本
《雲谿稿》　宋吕皓撰　續金華叢書刊本
《後村先生大全集》　宋劉克莊撰　商務印書館四部叢刊本
《洺水集》　宋程珌撰　商務印書館影印四庫全書本
《漫堂文集》　宋劉宰撰　吴興嘉業堂刊本
《真文忠公集》　宋真德秀撰　上海涵芬樓影印明正統刊本
《鶴山大全集》　宋魏了翁撰　上海涵芬樓影印宋刊本
《文文山集》　宋文天祥撰　世界書局排印本
《桐江集》　元方回撰　國立中央圖書館元代珍本文集彙刊本
《桐江續集》　元方回撰　商務印書館影印四庫全書本
《吴正傳先生文集》　元吴師道撰　國立中央圖書館元代珍本文集彙刊本
《宋濳溪集》　明宋濂撰　上海涵芬樓影印本
《南雷文定》　清黄宗羲撰　商務印書館排印本
《鮚埼亭集》　清全祖望撰　上海涵芬樓影印本
《亭林文集》　清顧炎武撰　上海涵芬樓影印本
《遜學齋文鈔》、《續鈔》　清孫衣言撰　清末刻本
《孫籀廎先生集》　清孫詒讓撰　藝文印書館影印本
《研經室外集》　清阮元撰　藝文印書館影印文選樓叢書本（以上别集類）
《宋文鑑》　宋吕祖謙編　世界書局影印本
《吴都文粹》　宋鄭虎臣編　中央圖書館特藏舊鈔本
《五百家注音辨昌黎先生文集》　宋魏仲舉編　商務印書館影印四庫全書本

《聖宋名賢五百家播芳大全文粹》 宋魏齊英等編 學生書局影印舊鈔本

《事文類聚》 宋祝穆等編 清道光間刊本

《吳都文粹續集》 明錢穀編 商務印書館影印四庫全書本

《石洞貽芳集》 明郭鈇編 金華叢書刊本

《宋詩鈔》 清吳之振等編 商務印書館排印本

《南宋文範》 清莊仲方編 清道光間活字本

（以上總集類）

《吳氏詩話》 宋吳子良撰 藝文印書館影印學海類編本

《梅磵詩話》 宋韋居安撰 商務印書館叢書集成簡編本

《全浙詩話》 清陶篁村輯 清乾隆間刊本

《宋詩紀事》 清厲鶚等編 商務印書館排印本

（以上詩文評類）

二、論文

《溫州文獻述概》 孫延釗撰 文瀾學報二卷一期

《書林》 文瀾學報二卷一期

《葉文定公墓碑記介紹》 張一純撰 文史哲（一九五八年四月）

《論葉適在中國哲學史上的地位》 何格恩撰 嶺南學報二卷四期

《宋人生卒考示例》 鄭師因百撰 幼獅學誌六卷一、二期

《宋人生卒考示例續編》 鄭師因百撰 幼獅學誌七卷四期

《陳亮年譜及宋史陳亮傳考證》 何格恩撰 民族雜誌三卷十一期

勉齋先生黄文肅公年譜

（宋）鄭元肅　録
陳義和　編
吴洪澤校點

元刊本《勉齋先生黄文肅公文集》卷末附

黄榦（一一五二—一二二一），字直卿，號勉齋，閩縣（今福建福州）人。早年受業于朱熹，熹妻以女。慶元元年，授迪功郎、監台州户部贍軍酒庫，隨朱熹返閩，教授諸生。嘉泰二年調監石門酒庫。開禧二年爲荆湖北路安撫司激賞酒庫兼準備差遣，三年知臨川縣。嘉定四年移知劍浦，五年改知臨江軍新淦縣，六年通判安豐軍，七年添差通判建康府，除權發遣漢陽軍、提舉義勇民兵。八年奉祠，主管武夷山冲佑觀。九年除權發遣安慶府事，兼制置司參議官。所至多善政。十一年七月除大理寺丞，論罷，奉祠歸鄉，巴蜀、江、湖之士多從之學。十四年卒，年七十，謚文肅。

黄榦爲朱熹嫡傳弟子，以道學、政事知名。所著有《書説》十卷、《六經講義》三十卷等，已佚。今存元刊本《勉齋先生黄文肅公集》四十卷。事蹟見《勉齋黄先生行實》（《勉齋集》附）、《宋史》卷四三〇本傳。

黄榦年譜，據《文淵閣書目》卷四載宋潘植著有《勉齋年譜》，未見傳本。此譜爲宋鄭元肅録、陳義和編，編撰年代相近，保存了較多的第一手資料。陳義和，字子紹，侯官（今福建福州）人。嘉定七年進士。年逾五十，分教泉南，端平間以薦知晋江縣。淳祐間除邵武軍通判，累官國子監簿，以朝奉郎、直秘閣致仕。事見《淳熙三山志》卷三一。鄭元肅，嘗從陳義和遊，卒於景定五年前。本書據元刊本《勉齋先生黄文肅公文集》附録年譜校點，譜中訛闕字，則據文集訂補。

勉齋先生黄文肅公年譜

門人　荷谿鄭元肅　録
門人朝義郎直秘閣致仕陳義和編

高宗紹興二十二年壬申

六月壬申亥時，先生生于三山城東故居。

朱文公撰《黄御史墓誌》云：「其先世居福州長樂縣青山，後乃徙家郡城之東，爲閩縣人，六世矣。」《黄氏世系記》云：「所居在城東里餘，三昧、崇壽兩寺之間。」

曾祖時。祖南仲，七試禮部，以子御史恩封朝奉郎。父瑀，朝散郎、監察御史，其德業名節，朱文公銘之。

先生諱榦，字季直，父御史公之第四子也。

母曰安人葉氏。

先生贈御史爲朝奉大夫，安人贈宜人。御史公五子，長曰杲，仕至江西提刑司檢法官；次曰東，樂安知縣；次曰香，不仕；次則先生；又次曰梲，蚤世。

先生表樂安之墓曰：「惟吾家自御史公以剛方廉潔、慈愛惠利著聞當世，伯兄杲亦以才氣超逸克世其家，今君所植立又如此。」

二十三年癸酉

二十四年甲戌

二十五年乙亥

二十六年丙子

二十七年丁丑

御史公爲永春宰，先生從行，生六年矣。

二十八年戊寅

二十九年己卯

三十年庚辰

三十一年辛巳

三十二年壬午

孝宗隆興元年癸未

二年甲申

乾道元年乙酉

二年丙戌

三年丁亥

四年戊子

八月辛卯，御史府君卒。先生年十七，居喪如禮。

瓜山潘柄曰：公居家孝友，居察院及夫人喪，蔬食毁瘠，治喪皆按古禮，不用浮屠，鄉人從而化者多矣。

既葬，遂從學於鄉先生淡齋李公深卿。

信齋楊復曰：先生廬墓浸久，私以失學爲憂，遂從淡齋學詞賦，既成，又學古文，盡得其妙，非其好也。

又嘗遊拙齋先生林公少穎之門。

按：先生《祭潘立之文》云：「昔我弟兄及君父子俱以諸生摳趨林、李。」蓋同時而從二先生也。

五年己丑

六年庚寅

七年辛卯

八年壬辰

九年癸巳

淳熙元年甲午

伯兄官於湖北，先生於桃源侍母，遂應湖北漕舉。

二年乙未

冬，仲兄官於吉州，先生從行，因識清江劉公子澄，以書進之晦菴朱文公先生，遂以歲除之名，登舟如建安。

劉子澄，諱清之，自號靜春，原父之後。潘瓜山曰：劉公一見奇之，曰：「子乃遠器，時學非所以處子也。」遂以書進公於朱文公之門。

門人陳倫《師訓》曰：先生性稟高明，家法嚴重。自少年勇於有立，即有任重道遠之意。一日歲晏，劉公叩門約同拜朱夫子。入稟母夫人，即日命行。出門，雪大作。既抵屏山，朱夫子適他出。先生留客邸，堅苦思索，蓋卧起一榻，不解衣者兩月，而後夫子歸，遂終身焉，其得道之傳自此始。先生每從容與倫言及此事，曰：「此吾母之明且決也。」蓋先生得斯道之傳，雖其天資絶人，亦察院剛明風烈、葉夫人懿行遠識之所助云。

三年丙申

春，始見朱文公於五夫。文公館先生於屏山潭溪之側。先生業精思苦，久而益篤。文公深知其有得於道，於是有傳授付畀之意。

按先生祭文公文：「丙申之春，師門始登。誨言諄諄，情猶父兄。」文公撰《御史墓誌》云：「始余試吏泉之同安，聞旁邑有賢令尹曰黃公。後十餘年，屏居里中，有書生來請受業，學精思苦，久而益篤，問其出，則公之季子也。」

先生嘗言：初見文公，年二十五歲。文公令人邀去一所在看文字，乃是臨溪一小屋，在大樟樹下，四顧全無人聲。屋中舊祗有一村老翁，日間寄他做三頓飯，村翁出去作息，則做了一日飯而後去，夜間村翁往田中，其寥寥可知。某自拜先生後，夜不設床。記得舊有大椅子，倦時跳上去坐，略睡一瞌，又起看文字，如是者三兩月。或夜間只坐到天曉，孤燈獨坐，聽屋頭風聲，令人聳然。那時豈有如今這樣書冊，都是去尋覓，費多少力。而今人討得見成好書讀，更不去讀。」

是歲自建安如金華，從學於東萊呂先生，逾年始歸。

案《祭林丕顯文》云：「丙申金華，師席連侍。」

四年丁酉

五年戊戌

六年己亥

文公守南康，先生從行，因遊白鹿，歷觀廬阜之陽。事見文公在南康日所賦諸詩及先生《新修白鹿書院記》。

《廬山題名》云：「晦翁與程正思、丁復之、黃直卿俱來，覽江山之勝，樂而忘歸。時淳熙己亥重午日。」

四月，伯兄檢法府君卒，先生奔喪還家。

六月十七日，文公與呂東萊書云：「此兩月只看得兩篇《論語》，亦是直卿先爲看過，參考異同，方爲折中，尚且如此。渠昨日又聞兄喪歸去，此事又難就緒矣。」

七年庚子

先生尚留福州。

是歲，文公書與先生云：「南軒云亡，吾道益孤，朋友難得十分可指擬者。所望於賢者不輕，千萬勉旃。」又云：「老病無聊，益厭俯仰，但思歸臥山林，與如直卿者一二人相與講論，以終素業耳。」

案：先生今歲始與文公有經年之別，其書拳拳如此，可見異日畀付之意也。

八年辛丑

閏三月，文公代歸，先生從行，同遊廬阜

之陰。事見文公《山北紀行》詩及《濂溪光風霽月亭題名》。

文公以是月二十七日出城，歷遊廬山北境勝處，偕劉子澄以下十五人同行。四月六日，會拜濂溪先生像於書堂。七日，朋友各散，先生侍文公南歸。文公在南康時，先生嘗以御史公墓銘爲請，罷郡乃克爲之。

十月，文公被召至京，先生從行。事見文公《靈隱寺題名》。

九年壬寅

文公以仲女歸於先生，館於紫陽書堂。

案：先生祭文公文云「始授室於潭溪」，是時猶在五夫也。先生登文公之門，至是八年矣。

潘瓜山曰：文公語公以道德性命之旨，言下領悟，遂厭科舉之業，慨然有志於道，深觀默養，殆幾十年。文公喜其用意清苦，遂妻以女。時文公聲名已盛，公卿名家莫不攀慕，爭欲以子弟求昏。公家清貧，門戶衰冷，文公獨屬於公者，以吾道所在，欲有託也。

十年癸卯

十一年甲辰

先生留建安。

潘瓜山曰：文公退居山谷者三十年，專討論經典，訓釋諸書，以惠後學。時從遊者獨公日侍左右，纂集考訂之功居多。《論語通釋·衛靈公篇》「誰毁誰譽」章記云：「先師之用意於《集註》一書，余嘗親睹之，一字未安，一語未順，覃思靜慮，更易不置。或一日二日而不已，夜坐或至三四更。如此章乃親見其更改之勞。坐對至四鼓，先師曰：『此心已孤，且休矣。」退而就寢，目未交睫，忽見小史持板牌以見示，則是退而猶未寐也。未幾而天明矣。用心之苦如此，而學者顧以易心讀之，安能得聖賢之意哉！追念往事，著之於此，以爲世戒。」

先生《送徐居父序》云：「淳熙甲辰，始識包君定於武夷之下，君定，永嘉人也。」

十二月，長子輅生。

十二年乙巳

十三年丙午

三月，仲子輔生。是歲仲兄奉太夫人官於沙邑，先生自建安往來省侍。事見文公後書。

十四年丁未

文公命季子在從學於沙邑。事見文公書。

十五年戊申

夏，先生以婦氏及輅、輔歸於太夫人侍下。

四月十日，文公有書與樂安云：「累承諭及女子歸期，即已隨事經葺，以趁此月中澣之期。忽得直卿書，欲且緩行，殊不可曉。不免且令兒輩送此女及二甥，定三十日就道，約直卿來建劍間接去。」又與先生書：「此女得歸德門，事賢者，固爲甚幸。但早年失母，闕於禮教，而貧家資遣不能豐備，深用愧恨。想太夫人慈念，必能闊略。然婦禮不可缺者，亦更賴直卿早晚詳細與說，使不至於曠敗爲善。」

已而復歸文公之側。

時朱失人、二子俱留沙邑，先生復往五夫。文公此時有書與樂安，云「直卿在此，甚安」，又有「承諭女子諸孫安穩」之語。

冬，又如沙邑。

此時文公有書與樂安云：「直卿來歲之計果何所定？此人回，幸見報。若在後山，此間諸生亦有能往者，老拙亦可時一到也。」

十六年己酉

光宗紹熙元年庚戌

春，復歸文公之側。

文公三月二十四日與樂安書云：「病中得直卿攜女子、輅孫歸來，甚慰。」

夏，文公守漳州，先生從行。

秋，自臨漳復還三山。

十月，同諸生遊北郊三山。事見先生所□《紀行》詩。同遊者趙仲宗、趙舜和、潘謙之、曾魯仲也〔一〕。又有《凡今之人莫如兄弟》詩。

十一月，復如臨漳。

案：先生以十月遊北郊，而文公在漳州以是歲臘月刊蔡帖，跋尾有先生名，明年又歸家，則是時在臨漳僅月餘耳。

二年辛亥

春，自臨漳歸三山。

正月二日，文公有書與樂安云：「直卿告歸，併挈女子一房歸侍。」

朋友生徒會於新河舊居。

梅塢林羽曰：初見先生於新河，家徒四壁，日特疏食以對賓客，端坐講論，至達旦不寐。書前輩詩於壁曰：「愚夫飽欲死，志士常苦飢，但能守簞瓢，何事不可爲。」識者見之，已凜然有廉頑立懦之風矣。

時趙忠定公汝愚爲七閩帥，舍先生於登瀛館，諸生從學於所館。已而移會葉氏悅樂堂。

初，趙公以館借先生，未幾有公事當隔勘者，吏以館空閑對，趙公不察，遂令置獄館中。先生移會葉氏家塾，名其堂曰悅樂。趙公後悔，又別占一僧舍，令遷居其中，先生謝之而已。

五月，同諸君遊鼓山大頂峰。先生賦詩，其首聯云：「登山如學道，可進不可已。」卒章云：「摩挲古石刻，歲月爲我紀。」人咸異之，詳見集中。同遊者，同郡潘謙之、趙舜和、鄭成叔、唐去華，括蒼葉味道，永嘉徐居父、仁父。

是歲有《送陳元平宰昭武》、《送徐居父歸永嘉》二序。

按：《送居父序》云：「甲辰始識包君定，後八年識徐居父於清潭之側，既又因居父識其兄仁父、其內弟葉味道。」則是年中間嘗如清潭也。

秋，文公自漳州請祠南歸，道經三山。先生從文公至武夷，尋復歸鄉。

春，約表兄弟歲兩集於城外僧舍。事見先生《代仲兄會表兄弟序》。

諸生從學于城東古寺。

三年壬子

是時文公書與先生云：「世道如此，吾人幸得竊聞聖賢遺教，安可不推所聞以拯斯人之溺？政使不得行於當年，亦須有補於後也。」又云：「爲學直是先要立本文義，卻可且與說出正意，令其寬心玩味，未可便令考校同異，研究纖悉，恐其意思迫促，難得長進。將來見得大意，略舉一二節目，漸次理會，蓋未晚也。」

初，文公編集《儀禮經傳通解》，先生分掌《喪》、《祭》二禮，是秋始與朋友共討論之。
九月，子輹生。
冬，自三山如建安。
四年癸丑
春，自建安歸三山所居。鍾山趙氏館先生以爲諸子師。
趙公善綽字友裕，庸齋趙公汝騰之父。
秋，泛舟九龍山，哭故人之喪。林君丕顯也。祭文略云：「丙申金華，師席連侍。」又云：「十有八年之間，離合不常。」
因訪鄭文遹成叔於象山下。
冬，仲兄奉太夫人之官衢州，先生又如建安。十二月，歸三山。
五年甲寅
春，先生將如三衢省母，道建安。會文公爲湖南帥，先生從行。
七月，寧宗即位。文公以捧表恩奏補先生將仕郎。
鄭元肅録云：先生初受官時，力辭於文公，諸公以爲不可而止。先生嘗謂：「某初辭官，非爲過高。每念先公歷任至部使者，俸餘僅足以給道路之需。況於官卑俸薄，仰祿既不足以爲貧，居官又未足以行志，而枉費心力於簿書米鹽之間，孰若隱居山林，講學問道之爲樂哉！」其後，因到銓曹，事不如意，屢有繳納之興。蓋先生於未仕之前，誓以清苦傳家，必毋忝先訓。而進退浩然，又非爵祿之所能羈縻也。
楊信齋曰：文公心嘉其剛勁堅苦，可與任道，未十年而授之以室，又十年而畀之以官。先生涵養日久，自得益深，每誦程子之言曰：「泰山爲高矣，然山頂上已不屬之泰山。雖堯舜事業，亦只是一點浮雲過目。」程子此言，非先生知道，孰能識之？又曰：「進道之要固多端，且刊落世間許多物欲外慕，見得榮辱、得失、利害皆不足道。只有直截此心，無愧無懼，方見之動静語默，皆是道理。」故先生平日居正位，行大道，得失、利害、禍福不足以動其心。由其見道之明，故能守道之篤也。

時趙忠定公爲丞相，召文公爲侍講，先生從至京師。

林梅塢曰：趙公與文公厚善，聞先生抵中都，每對客念其貧，且意其必來見也。先生聞之，曰：「丈夫豈可爲人憐？」卒不見之。

韓侂胄用事，忠定公及文公俱罷。先生從行出京，留于三衢。

先生嘗言：「趙丞相、朱文公初得貶時，或問某所以自處之計，某語之曰：『已辦一杖雙履，欲從先生度嶺過海矣。』」蓋先生於文公恩深義重，以死相從，已決於心。其後嘗舉「子畏於匡，顔淵後」，「吾以汝爲死矣」等語以勵學者，皆有深意云。

寧宗慶元元年乙卯

春二月，銓中。春，和議賑貸賦。

四月，授迪功郎、監台州戶部贍軍酒庫。

在行都與呂公子約、子約諱祖儉，東萊先生弟。趙公子欽諱彥輔。交遊，因以《禮書圖證》相與講明之。

《汪氏遺事》云：公言：「吾去年來行都下，不與物款接，今年與善類過從衆矣，始見若是即之非也，况索之至再三乎？唯呂子約、趙子欽愈久愈賢，吾行閩中、湘中，皆無有是人者，安得長友之乎！」遂賦古詩二章，分簡二公。其簡趙公卒章云：「安得老桐江，從君皆其儀。」蓋公爲《士寢廟圖》、《冠》、《昏》、《喪》、《祭禮》，皆精切於《儀禮》者。士大夫想聞公賢，願交者衆，公所與金石交乃獨取二公，其簡嚴如此。二公眞天下偉士，篤學力行，始終不變，近世言學者，不能跂及也。

會呂公以言事得罪，竄瑞州。先生餞之，出境乃反。

呂公以孟夏抵貶所，事見王峴《祭晦菴文》。

是時，朝命甚峻，呂公之行，莫敢餞之者，先生獨出城與別。送卒有侵呂公者，先生以義責且諭之，其人感服。

十一月，趙丞相謫永州，文公奉祠居家。

先生自京還，留文公之側。

楊信齋曰：「丞相之逐也，文公不勝憤抑，草封事欲上，直指姦邪，以明丞相之寃。先生力諫，勸以筮決之，遂止。繼而文公乞收還職名，又以病乞休致。論者或以爲可以已，若不已，則當婉其辭，不必他及；或以爲受職名而後乞休致。先生曰：「二子之論微有不同，而皆主於畏禍。禍不足畏，但使吾之出處者合於義，則死生禍福一聽天命可也。詘道以避禍，非也；非道以取禍，亦非也。故前日封章不可上，今日辭職休致不可已。以此決之，可質諸聖賢而無疑矣。」」

二年丙辰

自建安歸三山，諸生從學於城南。時文公被旨落職，罷祠閑居，分畀門人編輯《禮書》。先生實爲分經類傳，文公刪修筆削條例，皆與議焉。初，文公雖以《喪》、《祭》二禮分畀先生，其實全帙自《冠》、《昏》、《家》、《鄉》、《邦國》、《王朝》等類皆與先生平章之。文公嘗與先生書云：「所喻編禮次第甚善。」又云：「千萬更與同志勉勵，究此大業。」又云：「將來送彼參訂，修歸一塗。」又云：「此事異時直卿當任其責。」其他往復條例，文多不能盡載。明年三月乙亥朔，竹林精舍編次《儀禮集傳》、《集註》書成。條理經傳，寫成定本，文公當之；而分經類傳，則歸其功於先生焉。然《集註》、《集傳》乃此書之舊名，自丙辰、丁巳以後，累歲刊定，訖于庚申，猶未脫藁。而先生所分《喪》、《祭》二禮猶未在其中也。是秋，自三山復如文公之側。

黃義剛錄：文公云：「直卿與某相聚多年，看文字甚子細。在三山亦甚有益於學者。今日可爲某說。」直卿起辭，先生曰：「不必多遜。」包顯道請申言《論語》「有子」一章，於是直卿略言此章之指，復歷述聖賢相傳之心法。

三年丁巳

仲兄之官廬陵，先生從行。文公爲築室於考亭新居之旁。

按：先生祭文公文云：「復問舍於星亭。」蓋前年文公始遷居於此，今乃謀爲先生築室也。是時，文公書與先生云：「見謀屋於後園中，作精舍，規模甚盛。他時歸來，便可請直卿掛牌秉拂也。作此之後，幷爲直卿作一小屋，亦不難矣。」又云：「五夫不可居，不如只此相聚。爲謀一屋，不就別討屋基了，相去又十數步，若作小屋三間，儘可居也。」

七月，皇妣安人葉氏卒，先生與仲兄護喪來歸。先生家世清貧，諸兄官滿，多無以歸。又皇妣卒，先生鬻所跨驢，製衰服，從仲兄徒步以喪歸。於是仲兄奉喪，莅於箕山先塋之精舍，因同居焉。

四年戊午

諸生從學于箕山廬居。

文公與先生書云：「居廬讀《禮》，學者自來甚善，但不易。彼中後生乃能如此。」又云：「諸友相向，甚不易得。年來此道爲世排斥，其勢愈甚，而後生鄉之者曾不少變，自非天意，何以及此？」

先生爲林氏二子字序云：「慶元戊午，予屏居箕山。林仲則之二子曰武曰庚，自栗山來從予遊。」即此時也。

□月，祔葬母夫人於先兆。

是歲，文公得疾，貽書先生爲訣，因以深衣及平生所著書授之。

先生諸子以爲此書今不復存，惟深衣尚在耳。

五年己未

諸生從學於新河所居，文公遣其諸孫來執經。

文公書與先生云：「書社想亦漸成次第，更宜勉力交相磨切，使有成就，非細事也。」又云：「彼中學者，今年有幾人，可更精切自做工夫，勤於接引爲佳。」又曰：「齋館既開，慕從者衆，尤以爲喜。規繩既定，更又耐煩勉力，使後生輩稍知以讀書修己爲務，少變前日淺陋儇浮之習，非細事也。」

會聚朋友修纂《喪》、《祭》二禮，各爲長

編以納于文公之所。楊信齋《喪禮後序》曰：先生嘗語諸生云：「文公當時分《喪》、《祭》二禮俾某編纂，某夙夜究心，粗成端緒。嘗奉而質之先師，喜曰：『吾所創立，規模甚善。他日若能以吾所編《家》、《鄉》、《邦國》、《王朝》禮悉用《喪》、《祭》禮規模，尤佳也。』於是讀《喪禮》十一章終篇，注疏有繁冗之文，悉皆親筆删削。於『不杖大功』章有親批五條，其他商確發明不一而足。」

七月，免喪，遂遷朋友於城南。

八月朔日，始課諸生。日講《易》一卦、《孟子》兩版。休日畢集於僧舍，設湯餅供。迭請五六人覆講，不通者罰，從容終日而罷。

十一月，登粟山，訪故舊。還，遂如考亭，因遷於新居。

六年庚申

春，自考亭還三山，諸生從學於閩縣學。

按：文公先與樂安書云：「直卿到此，葺治園屋，方粗成次第，而彼中諸生復來迎致。此間殊恨失助，然又不可爽彼之約。今便登舟，極令人作惡也。」

先生以二月十二日自考亭登舟至家，二十一日，諸生擬試，遂行舍菜之禮。三月一日，立定課程讀書。事見先生《與潘瓜山書》。

三月甲子，文公歿。前一日，貽書先生爲訣，以勉學及修正《遺書》爲言。

是月八日，文公疾革，手書以遺先生云：「人還得書，知已到三山，一行安樂。又知授書次第，人益信向。所示告

「奉別之後，日行百里。」又云：「屬纊已十日矣。」又云：「某以甥舅之親行，師生之禮誼，不可復歸。」

五月，仲兄樂安府君卒。訃聞，先生徒步迎喪於撫州學舍。

八月，以樂安之喪寓於考亭。

十一月，文公葬於唐石。

嘉泰元年辛酉

正月，先生告辭文公几筵，護樂安之喪歸於三山。諸生從學於栗山草堂，文公諸孫在焉。

先生以初十日行，有《辭几筵文》，見集中。

潘瓜山曰：公於兄弟友愛尤至，視猶子如子，通其有無，所入不以私諸己。樂安中年即世，撫育孤子，自襁褓以至冠，嘗攜以自隨，教養備至，使有成立。

文規約皆佳，深以爲慰。今想愈成倫理，凡百更宜勉力。吾道之託在此者，吾無憾矣。異時諸子諸孫，切望一一推誠力賜教誨，使不爲門戶之羞，至祝至祝。禮書今爲用之、履之不來，亦不濟事，無人商量。了可便報之，直就直卿處折衷，如向來《喪禮》，詳略皆已得中矣。《臣禮》一篇幷舊本，今先附寄，可一面整理。其他幷望參攷條例，以次修成。就諸處借來分寫，教作兩樣本，行道大小，幷附去紙各千番，可收也。謙之、公度各煩致意。不意遂成永訣，各希珍重。仁卿未行，亦可致意。病昏且倦，作字不成所懷，徒切悽黯。」

訃聞，先生日行百里，丙子至考亭，爲文公護喪事。遂持心喪三年，不復調官。

先生歸考亭後，有書與縣學朋友云：

三月，文公小祥，先生設位奠於所館。

七月，同諸君山行，因如考亭，未幾還館。

是歲，爲趙師恕書潮州所刊《大學》後。

二年壬戌

三月，文公大祥，先生心喪終除。夏，赴調行都。

八月，得監嘉興府崇德縣石門酒庫，待次於家。

九月，喪樂安君於桃枝山。遂會朋友於城南烏石山寺，續後修《儀禮》，以成文公之志。

時先創書局於神光寺，又移仁王寺，皆李鈞翁先生寓居也。先生以書招鄭文遹入書局，書中有「此間不能久留」，「修書亦頗有次第」，「日望賢者之來」等語。局中所修之書，先生董之，同門友劉勵用之、門人鄭宗亮惟忠、潘儆茂修與鄭文遹成叔分任其事，蓋先修《王朝禮》一部，亦未知所止也。時有別定禮書目錄，揭之壁間。文遹以爲先生欲遵文公遺言，悉取《家禮》以下別爲次第，此時實與諸君子商確其目。追惟此書，終先生之世既不及爲，而目錄手藁具藏，當以編入先師遺言之內云。

是歲有《林端仲墓誌銘》。

冬，遂歸考亭。子軏生。

三年癸亥

劉忠肅公之子學雅正之延先生於家塾，以爲二子師。

正之號遂初居士，先生謝之以詩，有「君因戆直招時論，我以疎愚厭俗紛」之語。

是歲，有與劉正之、實之唱和諸詩，又作《劉氏遂初堂記》。

冬，赴石門酒庫，十二月到任。

時先生單車到官，家人尚未至也。

門人葉士龍曰：石門酒庫弊壞，爲浙西之最，公私宿逋，動以萬計，幾不可爲。先生未及涖職，已預爲糴本計。暨至，而米麥之舟已艤于岸下矣。前後庫官始參部使者，出給酒本，多爲胥吏折辱誅求。至是呈告則先生自袖之，出券則先生自印之，吏輩莫得邀阻以行其姦也。昔之爲政者，非不欲究心經理，姦胥猾吏首以貨賂爲始至之獻，一有所受，則俯首受制，不復可以有爲。先生洞知其弊，凡欺公媚上者，首罷斥之，至是爲蠹弊者去矣。監當之職，率皆膏粱子弟爲之，養安而憚勞也。米麴之用，大半入於胥吏之家。故先生涖職，夙興夜寐，祁寒盛暑有所不避，防其滲漏而幾其出入，於是規畫井井有條也。

始至石門，有通漕使及幕屬、知州、縣官啓，《申漕司公事狀》三通。

四年甲子

石門酒政修舉。

葉氏曰：曩者弊端百出，酒味澆漓，其技止於抑拍戶，且嚴於私酤，雖追繩治，而酒之不行自若也。先生至，宿弊頓革，酒復醇醲，不行抑賣，罕捕私酤。於是舊戶盡復，新課日登，甫一年而舊額補足，又一年而盡還上戶所貸。

林梅塢曰：官酤既行，私釀不禁而自戢，歲入沛然。或謂：「是瑣瑣者，何足以煩君子？」先生笑曰：「孰非公家事耶？惟無事不知，無事不能，乃爲通材。世之仕者務爲簡佚，儼如神明，竟亦何用。」侍郎辛公棄疾過石門見之，歎曰：

「是所謂聖賢嘗爲委吏乘田者也。」

是歲有《謁陸宣公祠》、《謁高僉判所居》、《閔雨》、《喜雨》、《道中》、《石門》諸詩，又《謝漕使啓》、《與辛侍郎書》。

冬，檄權新市、烏青諸庫。

按：先生《謝漕使啓》有「奔馳兩庫，竭盡一心」之語，又云：「自冬涉春，愧代庖而越俎。」

鄭元肅録云：先生被檄之初，言於部使者，請先給新市舊官俸給，乃敢受命。使者不許，固請，從之。或問其故，先生曰：「彼特無能爲耳。家貧俸薄，又從而奪之，豈人之情？且彼既窘，必貸於庫家。從之則近於背公行私，不從則必至傷恩生怨。彼若不得請於我，必須於吏輩，吏反啗之，他日復職，彼益不得有爲，而庫日壞矣。」

楊信齋曰：漕司檄先生攝鄰庫，庫無粒米，數月不造酒。先生曰：「課利以日積者也，一日無酒，則失一日之利。既久不造酒，課利安從生？」責吏輩人各認借米五石，凡得數十石，而酒本已辦。遂牓示三日，賣酒人訝其速。先生歸石門，載酒兩舟借之。旬日間，遂循他庫例解發，而前借悉償。先生道大才雄，屈於筦庫，人疑其不屑意。先生連興三庫，從容整頓，有精於辦事吏所不能及者。識者於細處，而知先生有用之學無施而不可矣。

有《庫中五銘》。

開禧元年乙丑

浙西三庫酒政皆舉，部使者遂薦之於朝。

兩浙運判詹公徽之舉充從事郎以上任使，詞曰：「存不矜之心，爲有用之學，屈在筦庫，未究所長。」先生有謝詹公二啓。

二年丙寅

春，往來三庫涖事。

正月元日，與楊信齋書云：「鄰庫往來誠勞，亦只得五日一往。甲夜登舟，天明即至，往來不費力，但事頗多，不能不費思慮耳。」先生石門在任兩考零兩月，是歲某月某日解罷。

會邊事動，吳公獵出帥江陵，躬至石門訪問籌策，奏辟先生入幕。

三月，授荊湖北路安撫司激賞酒庫兼準備差遣。五月到任。

楊信齋曰：吳公雅敬先生名德，奏辟帥屬，先生曰：「聞議者欲爲大舉深入之謀，果爾，必敗，爲社稷憂。此何時，可圖進取哉？」至江陵，邊事已動，羽檄交馳，先生爲書權宜守禦之策，同幕諸公有不能相容者多矣。

以招軍買馬有勞，辭賞不受。

按：先生與吳公賓客張生書曰：「招軍諸邑之力，買馬獸醫之事，某何功之有？不才無似，從師友游三十年矣，幸不得罪於朋友。今顧以善招軍買馬見薦，人其謂何？帥府千里而辟一士，某亦以千里而從辟，今乃以善招軍買馬得名，豈不輕大府，羞當世之士哉！自古乘田委吏，聖人亦甘心焉。然欲以此爲功，則稍自好者不願也。」帥遂止。

七月，檄措置極邊關隘總領、宣撫二司，就委提點八關，經歷光、黃、德安、信陽四郡之間。

十一月，虜攻棗陽，破隨州。帥司檄先生

歸，在塗絕糧成疾。未幾，吳公改除京西湖北宣撫，先生隨司解罷。

時朝旨令本司措置信陽關隘，地係極邊，人憚其行，先生被檄以出。總領陳公謙、宣撫薛公叔似移書江陵，請就委先生提點八關，經歷光、黃、信陽、德安四郡。奔走窮山絕谷，往返三四千里。及虜騎來攻棗陽，破隨州，攻德安，帥司始檄先生歸江陵。時盜賊四起，道途梗塞。逃匿山谷間，數日不粒食，遂以成疾。三日三夜，嘔血數斗，伏枕逾月。吳公見其危殆，會有宣撫之命，遂令隨司解罷。此以先生《辭宇文帥書》及《干堂求嶽祠》二劄修附。

在江陵府時，有《代吳公禱雨》及言事諸劄。

三年丁卯

宇文公紹節代吳公爲帥，再辟先生入幕。四月，復授湖北帥屬，力辭。別與幹官差遣，又辭。丐祠未報，徑歸建安。

楊信齋曰：宇文奏辟，當路已從。先生對人曰：「此則斷然不可。」其言甚厲。宇文知先生不來，以書問先生施行所宜，先生條答荊襄事宜甚悉，竟辭辟命而行。諸公皆以不從宇文爲非，先生曰：「興兵動衆，國之大事；以身許人，亦非小節。要當斟酌可否，豈宜見利則趨！」

葉士龍曰：時侂胄專權，朝綱日紊，先生知不可爲，遂乞嶽祠，不俟報而歸。未幾果敗。

事見先生所作《不從宇文辟辯》及《與宇文宣撫劄子》、《申廟堂丐祠祿狀》、《丁卯揲卦二解》、《送許太博入宇文幕序》。

十一月，江西提舉常平趙公希懌知撫州，高公商老奏辟先生知臨川縣事。十二月，之任。

高、趙二公奏狀云：黄某稟資公正，律己廉勤。使宰百里，綽有餘才。

嘉定元年戊辰

正月，到任。

門人黄義勇曰：臨川地大民繁，素號難治。蓋自趙善謈以能稱，已四十餘年無賢令尹矣。先生初至，每日裁決，觀者如堵。先生剖決如流，每決一事，衆皆咨嗟歎息而退，蓋無不犂然有當於人心也。五鼓出理事，終日坐廳，夜繼以燭，漏下二十刻始休。初，吏輩疑其始政勉強如此，久而必懈。其後無日不然，吏輩皆昏困，不能奉行文書，然後大服其精力誠不可及也。先生平時往來臨川甚久，親故多來謁者，略無間拒，每日賓朋滿坐，談笑議論，對坐處決，一以至公行之。士友亦未嘗忍以私干之，是以終始三年，故舊往來如一日。上而臺府，下而士民，無一人有異言者。臨川風俗强勁負氣，小有爭訟，雖破家亡身皆有所不暇恤。由是事務繁劇，有微事而數年不決者，紛至沓來。先生一旦立辨，人無不服。或有田畝山林之爭，先生親往定驗。每一出必五六事，自是徧履鄉落，民間銖兩之姦，皆得其姓名。偶訟牒及之，追胥不少恕。里正解子素擾鄉閭者，無一人敢自縱於境內。自是良善帖息，視之如父母。每出，童兒婦女皆爭聚覩，謂安得見此知縣也。臨川民負富室之租，殺子女以誣之。前後有司不察，即委官驗視。自兩驗之餘，富民雖得直，而產業已蕩然矣。由是兇人得逞其姦，相扇成風。先生深懲此弊，每有告者即留之，星馳吏輩同里正鄉官急下地頭驗其事，無不得其情實，然後究其誣罔之狀。由是富室得保全其家，而兇人自絕天倫之風遂息。

案：臨川政事決訟理冤等事，見集中《上漕使理王氏饒珉訟書》、《與江西安撫撫州知郡辯危教授訴熊祥書》，又《辨王寺簿買山事書》，及任內前後判語，然未必皆在此年也。

是歲又有臨川社稷、夫子廟、城隍祠并諸廟文，《黃西坡文集序》，《代陳知郡條奏五事》并奏事二劄，《篤孝傅公墓誌銘》。

二年己巳

春正月，郡守以禮延先生于郡庠講書，爲講四德四端之要。

三月，新作臨川縣學。

初九日，與楊信齋書云：「縣學落成，不以試選而以公選，肯來讀書者則容之。頗成倫叙，但未有毅然任道者耳。」

時州郡方以催科爲急，先生力言其弊，且爲經理之。

三月，與楊信齋書云：「郡計缺乏之甚，催愈多而督促愈急，令人可厭，亦欲棄之而去。屬以此間去歲旱蝗，爲之平糴價，而人方有生意。若遽去此，頑民閉糴，便有饑莩之憂。俟五月便作去計，老矣，誰能僕僕於此耶！」

案：催科事恐不止在此年，姑因與楊君書而附此。以後書「州家以財賦見怪」等語考之，此年爲甚。

葉士龍曰：州郡方以催科爲急，取其舊者縣催而縣納，以其新者縣催而州納，舊者常少而新者常多故也。先生深言其弊有三：其一不可爲，其二不敢爲，其三不當爲。後州郡盡撥還縣催，民力得以少寬。蓋先生爲政，學道愛人出於至誠惻怛，而不肯爲俗吏具文而已。事見《催科辯》。

楊信齋曰：臨川民户之害莫甚於户長，先生深察民情，以逐都之内合納官物分隸民户，使之自爲甲首，給人户自承，由子付之甲首自行催管，人户免差户長之害，而官物反增於當年，民甚便之。

三年庚午

春，帥檄稟議，自臨川如豫章。

春間書與楊信齋，有「再書下考」，又云：「近抵豫章，李敬子之徒兩三人亦來相聚。」

時邑中仍歲旱、蝗，至是民益艱食。先生爲平糴價，寬征歛，民賴以安。

門人臨川黄義勇曰：先生自到任，值旱、蝗相仍，禱雨不驗。先生露宿於野，親往二百里外禱於龍湫，躋攀險阻，必造其巔，卒至感應。蝗蟲蔽天，所止之地，竹木立空，禾穗不遺。細民仰天號泣，無所赴訴。先生下四隅諸鄉，遇蝗到處，即鳴鈴走報，親帥鄉官監督保甲併力打撲，且埋且焚，無下數十萬斛。東馳西騖，盛暑烈日皆不遑恤，由是蝗不甚爲災。次年，蝗復生，急令保甲捕捉，以米易之，又得數萬斛以致縣庭，自是其種遂絶。次年，穀價騰踊，倉司行下賑糴，先生讀之，曰：「可謂滿紙仁人之言也。然實殺人之具，不可用也。」於是下四隅官鄉官，大嚴米穀出界之弊。臨川居水上流，江淮諸郡米價踴甚，每一碩可得七八倍之息。由是豪民百計求泄，或假上司文牓，或因權貴之家，或借綱運之名，先生力禁止之。有監司滿還，送吏將米出境。先生遠送，隨其坐舟，卻之不退，監司乃悟其意，因搜舟中，果得藏米，遂懲之。至於宰執侍從子弟欲乘時射利者，悉捕得之，舟米併沒，略無假借。於旱、蝗之餘，一邑按然，略無乏食之憂，以至鄰邑旁郡皆蒙其利。先生立法，境內之米，在東者不得過西，在南者不得移北，令行禁止，民樂爲用。臨川下流如沙河等處，去豫章界甚邇。先生每挈小舟奄至，親到牙儈之家檢察，有疑似迹即痛懲之，姦猾之徒凜然常若知縣臨其前。先生在臨川，其利民最博者莫大於此。未幾，朝廷行下江西諸郡和糴，撫得數多，州家欲自置場。先生恐事出州家，則因此壞其港禁，遂乞發下縣自糴。先生素孚於民，凡有舉動，靡不鄉應。故糴數雖多，富室無不樂輸，初不以爲怨。蓋前此和糴銀會，吏輩多解除，又給不以時，多爲牙攬用過，是以每以中糶爲苦。先生盡革前弊，凡和糴之銀，自半兩至十兩，悉封記之。人戶入糴計直，當廳俵散。非惟吏不容尅，而牙攬不得以遂其指掩之私矣。由是所糴不逾時而辦。

臨川政成，郡太守、部使者交薦于朝。知撫州陳公蕃孫奏云：「充其所學，施於有政，郡既有賴，民亦以安。」江西安撫使趙公希懌奏云：「以選人宰劇邑，律己清廉，涖民公正，篤意字民，一路五十四縣無能出其右者。」提刑李公珏奏云：「操行醇正，持論公平。撥煩治劇，井有條理。」運判胡公槻奏云：「學有源流，才兼劇易。」又有《舉政績狀》，未見。提舉常平章公良肱奏云：「學有師承，文尚體要。更明吏道，甚得民心。」以上并舉改官。

提舉常平王公顧問舉政績奏云：黄某靜而有守，直而不阿。自入仕以來，屢經諸司奏辟。臨川民雜事繁，率務已勝。某能不畏彊禦，一決以公，閭閻細民尤樂稱道。適遇旱歉，奉行荒政，不爲具文。至於禱雨除蝗，躬行阡陌，雖盛暑有所不憚，邑人感之。

初，連帥趙公希懌雅敬先生，辟置先生而力薦之。撫有女冠黄道存者，挾宫闈之勢，侵占百姓墳墓、屋宇以廣其居。州縣畏其聲焰，莫敢誰何。先生覽訟牒，閱實其事，竟申諸司逐去之。趙公不能不左右道存，遂忤先生意。先生取其京劄封而還之，趙公自爲投之吏部。

吏部尚書汪公逵特以先生政績奏聞。汪公父子與御史公及朱文公皆有雅好，薦先生蓋眞知己者，故特書之。其後又舉充所知，又應制舉堪充邊郡。先生與劉寶學書云「端明汪公三嘗見薦於未識面之前」是也。

時溪峒盜起，調發益急。先生爲郡治酒政，爲憲司招官兵，皆賴其用。

黄義勇曰：臨川郡務酒政頽壞，知郡林公岊以先生往年石門酒政大舉，委先生督其事。先生以縣事煩、力不能及，辭不獲已，就縣別置庫，就用都務匠者造酒，以比郡務酒味。合干人以是不敢爲欺弊，縣庫流通，遂以息還州家，縣計亦稍賴於此。未幾峒寇爲擾，節制司委自江右如行都。六月，循從政郎，授南劍州劍浦縣令，待次考亭。

潘瓜山曰：「公不卑小官，恥於求薦舉。筮仕以來，不以書考爲意。及宰臨川，諸司剡薦交上，一時五紙，不求自至。而到部之日，吏以格法不備爲沮，公曰：『吾晚得一官，但求升斗之祿，豈復有榮進之心？』即注劍浦令以歸。」

是歲，爲眉山家恭伯作《重齋記》。

五年壬申

二月，改宣教郎，知臨江軍。盧公子文奏辟先生知新淦縣事，四月命下，五月到任。

新淦爲邑，凋弊特甚。先生到任，盡心畢力，窮究弊源，大抵如臨川。邑之爲累，莫大於綱運，前後滯久，欠折無慮五六萬石，爲邑者率不滿秩而去。先生

先生招敢死士。所招皆豪健，日椎牛釃酒以勞之，士皆踴躍思奮。又擇茶商陳凱統之，峒寇頓息，多賴其力，凱遂策勳補官。其後節制所給招軍之費不足充用，往往多資於酒利。先生終更，恐是庫在縣，他日爲宰者精力有不及，卒爲後人之累，於是悉還州本息，併撤庫屋，以絕其迹。

四年辛未

春，江西提刑李公珏檄先生兼督捕節制司幹官，且聞于朝。力辭不就。

時峒寇猶未平也，先生力辭，有二劄子，云「行年六十矣」，又云「農事方興，青黃未接」，故知此春也。

二月，臨川秩滿。李公又以爲請，先生又辭。臨川在任三考零二十四日，以是年二月日滿。

首申諸司豁去，然後爲之經理。先生又以綱運所以欠折者，蓋由船不預辦。舊例嘗以納米之後方造船，造船之後方差官，淹延日月。及將起發，春水已退，不可遽進，於是沿途泊岸，以待水肥。及久不雨，則易小艘搬傳，謂之傳淺。因此綱官盜用，舟梢蠹食，弊端百出，不可稽考。及至總所，所餘無幾。往往綱官苛留印紙，拘繫監納舟人估賣船隻、貨鬻妻子以償，猶不足，則江岸人家悉被攤賴，不問是非，不辨有無，無一得免者。先生熟知此弊，今年之冬，猶未開場，先令造船，及開場則舟楫已辦。每日人戶輸米，即令下船，不復入倉。先生日治縣政，夜則下倉，秉炬運米，差官遣吏，以至水腳縻費，一一辦具。即戒部綱官吏促裝，期以春水肥，立命離岸。一日水漲，先生具酒三行，就別綱官於舟中。酒罷揖之，使即解纜，支犒篙師有差。巨艘數十，銜尾而下，鼓吹歌謠之聲，滿江如雷。先生目送久之而後歸。及至總司，官吏驚駭，以爲新淦綱運常居諸郡邑之後，而且不足，今乃先至而無顆粒之耗。綱官以此奏功轉官云。

時邑有寓公，以貲武斷鄉曲，租稅不輸，邑與民苦之，累訟牒至三四百紙，先生爲申諸司，白于朝，徙居隆興。

漕使楊公楫延先生於東湖書院，講《中庸》之第四章。

先生嘗言：「江西諸公有言學不必講，可以一僦至聖賢之域。爲申此章以辨之。」

始有勉齋之號。

初，文公訣別之書有「勉學」之語，故先生因以自號。

是歲作《台州四先生祠堂記》。到官之初，有《謁廟文》及通啓及《曾一菴記跋》。

六年癸酉

新淦政成，部使者、郡太守交薦於朝。運判楊公楫奏云：「黄某性資通徹，學問精深，務實用而不爲空言，善應變而不失正理。曩爲酒官，兼總數庫；近宰臨川，聲望尤著。新淦爲邑，劇是狼狽。某盡心畢力，究見弊源，撫恤困窮，不畏彊禦，經理財賦，綱運整辦。理斷民訟，人罕再訴。它日新淦遂成佳邑。」時楊公病革，上章力薦三人，先生爲之首。提舉常平袁公燮奏言：「黄某學有本原，才堪負荷。昨宰臨川，去替之日，民不忍捨；今任新淦，凋弊之餘，事靡不集。所藴未易可量，而年已過六十矣。若不早寘朝行，則精力疲於一縣，深爲明時惜之。」知軍盧公子文奏言：「黄某少能力學，自有源流，晚而精明，益加刻勵。不惟學問廉隅，有以過人，至於居官盡職，無所回撓。昨宰臨川，至今人懷去思。臣被命之初，新淦尙缺縣令。兩班改秩，無肯就者。蓋臨江雖小壘，三邑素號繁劇，珥筆之風盛於江右，率多過而弗顧。臣以某申辟，蒙朝廷送部注授。自某之來，縣事井井有條。強者服其威，弱者懷其惠。臣以爲百里之政固其所長，然某抱負不凡，未盡其材。」安撫使李公珏、運使王公補之亦舉政績。江西安撫使王公補之檄先生攝南安軍，不果往。六月，除監尙書六部門。

王公奏言：黄某政事優長，累經論薦。今再作縣，績效益著。

時有《郭氏叙譜》及《瑞蓮堂記》、《書龔君錫文公語録後》、《與楊澧通老書》及《祭楊澧通老文》。

未赴，改差通判安豐軍。

部門之除，朝列有懼先生之來，欲沮之者。會江淮制使欲得先生守邊郡，乃有是命。

九月，到任。未幾爲郡將誣陷，先生引疾請歸，不許。

葉士龍曰：先生天資高明，不同流合汙以自媚於世，郡將郭紹彭不樂。會徐師點、李明之徒結集北界，紹彭妄謂先生實使之，物論沸騰，頗聞于朝，先生遂以疾丐祠。事見《與淮西帥李仲詩書》及《申狀》。

近臣論薦先生堪守邊郡。

十月五日，臣寮奏乞明詔大臣精擇邊守，仍令侍從，兩省，臺諫廣行搜訪，各薦二人。諫議大夫鄭公昭先應詔奏言：「黄某名父之子，學有源流。自初試吏，已著能聲。平時議論，有志當世，人頗知之。新淦素號難治，比益廢壞。某爲政期年，爬梳剔抉，頓復舊觀。邑有彊宗恣爲民害，某極力鋤治，民以安妥。自是善譽翕然，朝廷寵以内除。足未登畿，俾倅安豐。邊城事簡，局於職守，未究設施，材優用狹，公論殊鬱。若處以邊城之寄，必能坐收捍禦撫摩之功。然詳觀其才，推而上之，恐不止於守邊而已。」時吏書汪公逵亦應詔薦。

十二月，自安豐如歷陽鞫獄。

楊信齋曰：和州有疑獄未決，帥檄先生

鞫之。先生釋囚桎梏，飲食之，委曲審問，未得其情。一夜感夢，井有人焉。明日呼囚詰之曰：「汝殺人投之於井，我悉知之矣，胡得欺我！」囚遂驚服，果於廢井得其屍骸，其誠所感如此。

安豐在任五月二十一日，以明年二月罷。事見《與潘謙之書》。

始編《文公語錄》。

《語錄》今刊于池陽倉司，凡四十三家，實先生之所編次，而蜀人李公道傳貫之取以刊之。

七年甲戌

二月，特添差通判建康府事，仍釐務。諫官爲辨安豐之謗，郡將坐黜。正言倪公千里論之。

自安豐巡歷淮堧守禦要害。事見《與劉晦伯書》。

道經儀眞，與李公道傳胥會。有問答可考。

五月，到任，制使檄權太平州，未幾還任。有《張日新訴莊武判語》。

寶謨閣學士、利路安撫使劉公甲、兵部侍郎李公珏舉先生自代。

劉公奏言：「黃某師友淵源，氣節剛正，恥同流俗，有志事功。舉辟不樂苟從，佐郡以嚴見憚。才學行義，臣實不如，舉以自代。」

李公奏言：「黃某學有淵源，行有根本。忠孝（竊）〔切〕於許國，信義長於使人。其材足以濟繁難，其節足以臨緩急。近蒙朝廷稍試以事，藹著聲稱，士論以爲可當大任。」

九月，除權發遣漢陽軍、提舉義勇民兵，辭不許。十月，到任。

與孫行之云：「自金陵五十日到官。」

增兵積粟，爲城築計。

楊信齋曰：漢陽與鄂州接境，一葦可航。前此士大夫往往違法出境，奔走臺府，以求知己，雖守臣不免也。故臺府吏卒視漢陽，如縣吏之視都保，誅求無禮，久而益甚。先生嚴戒屬吏，非公事無得越江，由是郡政肅然。

葉士龍曰：漢陽實武昌之唇齒，吳、蜀之咽喉。先生丙寅年間，親見武昌之民望漢陽之烽火以決去就，而略無城郭之固，郭內之民僅二千家，有兵二百人。郭外沿江亦二千家，皆浮居草屋，夏則遷於城南，冬則遷於城北。先生至，首集郡兵而第其彊弱，增給廩粟以活其家，校武藝之工拙，數支賞給，而士卒始有固志，自是遂有應募而來。既而請築城，講究利病與其費用，各有成畫，竟以大旱寢其事。

時有再申朝省、制置、總領諸司乞經營築城，及與制帥、總卿、漕使劄、李侍郎夢聞書，皆言漢陽城築事。

是歲有《徽州朱文公祠堂》、《平江府尹和靖祠堂》、《安慶府府學》三記，《董叔重墓銘》，答叔重之子及王幼觀書。

八年乙亥

大旱。竭力爲荒政備，坐是與制垣漕使不合，六月丐祠，不報。漕使上救荒之功，乞留在任。

楊信齋曰：歲大旱，先生知米價必騰踴，先計戶多寡，勸諭人戶有粟之家，官先支價錢以償之，而寄穀於其家。乃給曆付貧民，使之就糴，甚貧者以常平米賙之。然大約不過自冬至春而止，無以爲繼。遂招諭米商，酒食迎勞，又爲之革官吏抑勒、牙儈邀阻之弊。由是船商輻湊，駱廩充積。及諸寺觀官舍皆滿，以所糴之本價而糶於民。規畫有條，給散有法，自城市以及鄉村，莫不被其惠。初，漕使吴公與先生謀救荒政，先生以早收糴之說告之，吴不能用。已而鄂州米價高於漢陽三倍，吴不能平，差官拘漢陽商船，先生曰：「漢陽一郡二十萬家，州郡只得爲之深思遠慮。今差官攔米，是棄漢陽也。」遂稱疾丐祠而歸。時制帥趙公方與漕使吴公柔勝交爭，始者制司遣兵於本軍境内邀截，不令入武昌界。漕司以聞於朝，制司又反其說，欲令本軍發取所樁米斛以給鄂州，文移甚峻。時先生多方招徠船，商者說而願集於漢陽之市。其至鄂渚者甚希，漕司恥之，又令人邀勒商船，必歸其境。

先生皆不以爲然，累書爭論，辨析甚詳。制帥動以威脅官吏，先生不以之爲恐，拒之益急。漕使雖先生之故人，而尤不能平，先生亦不顧也。然卒莫奪先生志，制使訖不敢加侮，而吴公後大悔悟，反以此薦先生之功。然先生當時蓋已決爲去計，於是以六月走价請祠，未許。又以書囑李公珏爲請，大略言：「某既冠而執經於晦菴，一見便有相教誨之意，未數年而授之以室，又數年而奏之以官，又數年而爲之築室廬，約爲終老之計，而囑之曰：『遺言甚墜，汝其保之。』今先師之亡十有六年矣，奔走仕途，束遺書於高閣，未嘗披覩。每一念之，如負芒刺，死何以見先師於地下耶？」蓋先生丐歸本謀如此。會趙君師夏新除本路常平使者，趙君娶文公之孫女，與先生長子輅爲友婿。於是復申前請，力引親嫌，而朝廷猶未許也。事見申制司、漕司公狀，及與趙帥、吳漕劄，又與潘謙之、李貫之、李夢聞、眞景元、孫行之書。

秋，始治學政，五日一下學，勸課諸生講誦，躬督敎之。

十一月，新作五先生祠堂、鳳山書院皆成。

十一月，與楊信齋書云：「某行且一考，秋間方整頓學校。遇一、六日下學，與士友講說，且課其讀《論語》，使之自講大義。湖外士子卻質直可喜，且開其路，異日亦當有興起者耳。」

有《孟子講義》二十篇及《五先生祠堂記》。

十一月，丐祠，十二月，差主管建寧府武夷山冲佑觀。

初請，六月，奉旨不允。又請，九月，奉旨不允。又請，十一月，奉旨依；十二月命下。

漕使再乞留。

吳運使再申：「照對本路漢陽軍今歲係十分被旱去處，若非郡守得人，撫摩安集，不遺餘力，則流離轉徙，其害立見。伏覩黃知軍自夏初以來，即能先事措置收糴米斛，以爲荒政之備。又能委任僚屬，家至戶到，規畫有條，給散有法，自城市以至鄉村，莫不被其實惠。遂使一郡之民，當此歉歲，不至失所。考其政事，實爲本路十五郡之冠。昨者因其丐祠，已嘗具申朝廷，乞行存留在任。今月二十七日，忽睹邸報，黃知軍依所乞宮觀。竊惟當今士風不振，人才難得。今有公廉清介，忠誠懇惻，如黃知軍者，顧乃置之閑散之地，當職深切惜之。況自黄知軍有奉祠之請，闔郡士民皇皇然皆恐其去，如赤子之慕慈母，前來本司陳乞舉留者數十百人。深恐黄知軍既去之後，一方百姓失所依賴，必至狼狽。近因巡歷經過漢陽，親見漢陽黄知軍精神如故，了無疾病。欲乞鈞慈加惠漢陽之民，特賜敷奏，收還已降指揮，仍舊令黄宣教知漢陽軍。庶幾一郡之民賴以全活，不勝大幸。」

九年丙子

二月，轉通直郎。三月，自漢陽道廬山之下以歸。四月，至考亭所居。

漢陽在任乙考有零。

諸生從學於文公竹林精舍。

葉士龍曰：先生灑掃精舍，獨處一室，聚子姪及鄉之後進而誘掖之。著書立言，以詔來世。

有《精舍春祀講義》。

始草文公行狀。

葉士龍曰：夫子歿已十七年，而行狀未有所屬。季子在以先生知夫子行履爲最詳，講夫子道德爲最密，請先生述其事。先生至是始爲草定其狀。是時雖已草具此文，而未欲傳布。

是歲有《葉雲叟子名序》，跋餘杭所刊《家禮》及陳履道家諸書、楊龜山家書後，與李貫之論編修禮書及先師所說出處大節及東漢黨人事，及答鬼神說。

閏七月，新作草堂三間于考亭之寓舍，名以環峰，以毋忘御史之遺訓。

門人陳宓爲仲子輔作《雲谷樓記》曰：「聞之先生曰：『吾早歲惟師是從，師以別墅畀我，我今始能爲屋三間，名以環峰，乃吾考察院祖居山名也。』」命長子輅居環峰，曰：「毋忘爾祖之訓也。」草堂經始，實在此年。

十月，自考亭還三山舊居。

十一月，寓居城南法雲僧舍。

先生遷於城南也，時參政衛公涇帥閩，龍圖陳公孔碩爲參議官，知先生無家，帖法雲西廡數間，權爲居止。義和與今知院陳公韡共相經理。先生到寺居，有詩一聯云：「投老無家依寶刹，爲貧竊粟奉琳宮。」蕭寺荒涼，處之晏如。

十二月，除權發遣安慶府事，力辭，不許。

告詞曰：「長、淮諸郡，被邊帶江。屏翰得人，形勢增重。龍舒闕守，弄印久之。兹用命汝，可以知其選矣。爾學有師法，才裕劇繁。嘗奏最於邊城，可久安於家食。亟由簡拔，起畀郡符。使桐城之民恃汝以爲保障，庶寬朕之顧憂。爰疾其驅，以對休命。」中書舍人莊夏行。

十年丁丑

春，朋舊生徒畢集於法雲寓居，先生爲立《同志規約》以示學者。

《同志規約》以每日各讀一經一子一史，而以《論語》、《周易》、《左傳》爲之首。日記所讀多寡，所疑事目，并疏于簿。在郡者月一集，五十里外者季一集，百里外者歲一集。每集各以所記文字至，與師友講明而問難之，大要欲明義利之分，謹言行之要，以共保先師遺訓之意。

二月，始拜安慶之命。

楊信齋曰：時聞將有邊警，單騎赴任，不挈家屬。家人皆願隨侍，先生曰：「安慶次邊，一有兵馬衝突之虞，我爲守臣，當盡忠報國，力所不及，則握節以死。不暇顧家，汝曹欲與我俱死乎？」

四月，到任。會虜攻破光州，沿邊多警，漕司欲發安慶民運糧，先生拒之而止。於是竭力經營安慶城池，大爲戰守之備。葉士龍曰：先生朔日交印，後四日，虜人破光山而沿邊多警。安慶去浮光不遠，民情震恐。先生以謂：「城池無可恃者，何以爲固？借曰虜人不至，則紹興間嘗罹李成之變，丙寅再罹張軍大之變，長驅入境，旁若無人。今兩淮騷動，焉保其無陸梁竊發者哉？失今不圖，後悔無及。」即申朝廷乞興版築，爲與民死守之計。不俟報，自五月八日興工。士民爭獻竹木，同官、寄居爭效心力。會淮西漕臣起發本府人夫二萬，往廬州負糧至安豐，先生陳其非便，乞免起發，漕司不從。凡三四請，最後乞將老守按劾，以代百姓之苦，且併申制司。制司是先生議，併免無爲、蘄、舒三州之役，以安民心，且劾去漕臣。百姓由是鼓舞聽命，築城惟恐後。城廣三千四百三十步，通女牆高二丈七尺，趾廣四丈二尺。凡一百七十日而畢役，民兵五千人，人役九十日，而計人戶產錢起丁夫；通役二萬夫人，十日而罷。初借大軍四十人及役本府廂禁軍，皆以慵惰不任事而止。役者往來更番，前後更代，具有條理。暑月每月休六日，每日亭午休一時，至秋漸殺其半。費米計直官會八萬緡，皆本府趲積支遣，并不支朝廷樁積與交割錢物。包砌城腳，用石三層，城身用磚四重，通計用石六千餘丈，用磚五百餘萬。人夫支費在外，用會二十餘萬貫有奇。方其興作也，以城分爲十二料，先以一料自築，計其工費若干，然後委官吏、寓公、士人分料主之。先生每日五鼓坐宣化堂，令合干濠寨官入聽命，以一日成算授之：役某鄉民兵若干，某鄉人夫若干；分布於某人料分，或搬運某處土木；應副某料，使用某料；民兵人夫合當更代，合散幾日錢米。俱受命畢，乃治府事，理民訟，接賓客，閱士卒，會僚佐，講究邊防利病。次則巡城視役。晚入書院講論經史，或舉酒屬客。不問寒暑，率以爲常，雖年事寖高，晝夜勤勞，而精神愈清，有非年少所及者。蓋先生稟純剛之姿，加之持養之力，故能臨事不倦如此。版築經始，合用鐵杵五千，倉卒未辦。先生以爲本府錢監有未鑄之鐵可用，事畢復還之，委官相度，不勞而集。既築之際，民兵歌詩相杵，節以旗鼓，江南兒童爭效之，以爲戲樂。是夏旱勢甚廣，綿亘千餘里，獨安慶祈輒得雨。先生未嘗出禱，晨興詣府治天柱閣，遙望灊山再拜，雨即隨至。

安慶學者張某曰：安慶素無城池之險，先後相仍，悉以沙磧不任築鑿爲辭，因陋就簡，僥倖僅安者非一日矣。先生盡排紛議，斷以己見，盡捐曩日申獻羡餘之積，董視經營，不謀之兵戎胥吏而獨謀之邦人士友，不委之官吏僚佐而獨委之學校諸生。役不知而成，事不擾而集。王某曰：創築城壁之初，邦人莫不爭先獻助，先生一切卻之而不受，皆是樽節浮費，不半年而築城千七百餘丈。今閱五年，并無尺寸頹圮。時先生既築新城，又思民所以守城之策，乃以紹興名臣陳公規守城之法鋟木以示邦人，使熟習之，自爲之序。既畢工，因元宵張燈城上，燈火十里，熒煌如晝。合城内外喜緩急之有託也，扶老攜幼，往來不絶。間有深山窮谷，平生足跡未嘗入城，皆願來觀。有一老嫗年百歲，二子以籃輿舁之，諸孫曾孫皆從至府致謝。先生禮之，命予酒炙，又勞以金帛，嫗曰：「老婦之來，爲一郡生靈謝耳。太守之賜，非所冀也。」卒不受而去。

江淮制置使李公珏奏辟先生爲參議官，十一月命下，仍候新城畢工日赴司供職。又辭，不許。

初，李公行時，面請於朝，乞以先生爲上賓，朝廷乃起先生知安慶府。先生到官之初，凡三書達之，一言國勢邊事之要，二言江淮守禦之方，三言今日必戰之計，且屢以經營城築，免起運夫爲言，李公多從之。

林梅塢曰：李公節制江淮，先生乃其夙所敬重者也。念不可以常禮事之，貽書規切，大抵言：「今日以決戰爲大計，先自朝廷進君子，退小人，革薄習，下哀痛之詔以激忠義之心。次則制司以至公血誠感動人心，非兵不講，非戰不談，各求實事，無尙虛談。然後擇良將，明賞罰，以厲大軍；廣招募，增事權，以重武定軍。」仍疏兩淮奇材劍客之姓名，以備錄用。謂幕中議論不一，當益開書閤，延賢俊與之講切。又言：「虜自南遷，虐用河南之民，莫不延頸以歸我，宣諭淮北豪傑能攻城略地者，即以與之。然後以吾兵爲之擁護，虜將救死不暇，何暇謀人乎？」

案，此即先生三書之要，語見與豐宅之寺丞、李貫之兵部、劉晦伯侍郎，皆及邊陲大計，并見集中。

是歲作《隆山李德進毋自欺齋記》〔二〕，《白鹿洞書院記》、《趙季仁二子字序》，《書新淦郭氏叙譜堂記》。

十一年戊寅

春正月，虜犯黃州、砂窩諸關。詔以先生提督五關守禦，督戰光州，節制江、池三州戍兵，光、黃、蘄、安慶四州民兵。二月，改除權發遣和州，兼管內安撫，節制戍兵，力辭，不許。

安慶在任未及乙考，以是年二月解罷。

葉士龍曰：是春，城之五門結砌已畢，城之裏環植萬柳，城之外四圍包砌已三之二。未幾虜大入，窺黃州、砂窩諸關，遂命先生節制五郡軍馬，提督五關，又命先生越關往光州督戰。先生聞警就道有日，忽得旨改和州。

時王師敗績於泗水，制帥請令先生赴司稟議。自龍舒來金陵，從制帥勞軍維揚，尋以所議不合引歸。

朝命知和州，仍赴司議事。先生辭免和州，遵稟議事。

葉士龍曰：泗上之役，喪師萬人。良將勁卒，精兵利器，不戰而淪於泗水、黃團，老幼俘虜殺戮五六千人，盱眙東西千餘里莽爲丘墟。適先生自龍舒至，從帥往維揚犒師還之五日，先生密書抵之，勸其出宿於外，大戒於國，日與四方之賢士討論條畫，以爲後圖。且爲陳策應安豐、守衛浮光及屯固始、守五關之計，皆不能用。先生杜門稱疾，而歸計決矣。

林梅塢曰：先生一見，箴規闕失，皆人

所不敢言者。先生嘗歷沿淮郡倅，多識兩淮豪傑，而豪傑亦習知先生之爲人，所願歸心焉。至是聞先生在幕府，皆有奮身自效之意，而幕府諸人益忌之。蓋時方掩覆以避禍，欺誕以爲功，而先生所言者，皆公爾忘私之語，經遠務實之計，則言出而身危者宜矣。

《汪氏遺事》曰：公在江淮幕府數月，告去甚力，制使留之不可，自往見公曰：「是終不可屈留耶？」公曰：「非然也。方今淮西之事可憂，尙書若責實經理，命駕駐合淝數月。某雖奔走六關，爲幕府倡，人任一事可也。不然，亦安用某爲哉？不若許去之爲得也。」

鄭元肅錄云：當時幕府書館，往往輕儇浮靡之士，僚吏士民有獻邊畫機謀，多爲毁抹疏駁。將帥偏裨屬槖於庭，踞坐受之，略不爲禮。人心不附，所向無功。時方流移滿道，餓莩盈野，而諸司長吏設樂張燕無虛日。先生每事痛言其非，語侵幕中賓客，制帥外雖勉從，而内已不能堪，同僚遂從而媒孽之。初，制帥奏辟，先生本不樂就，以方有守關督戰之委，不敢辭難。讒之制帥者乃有逼己之嫌，制帥旣惑於人言，反舉自代。然先生引疾苦辭，浩然去志已凛乎有不可奪者矣。

四月，依舊知安慶府，兼制置司參議官。

六月，召赴行在奏事，屢辭不就。

初辭，五月，奉旨不允。再辭，六月，有奏事之命。又辭，七月，奉旨不允。

由池陽如江州，寓居廬山棲賢僧舍，以俟朝命。朋友生徒游從講學於山間。於是，安慶新城内外畢役。

葉士龍曰：朝廷復畀安慶，了畢城壁。先生以安慶除代難以再就，再辭。遂自池陽迤邐俟報，至濂溪祠堂，移文促官吏輩成城。暨先生被入奏之命，而安慶之城已砌將畢。

楊信齋曰：安慶之民數百人競趨制司，乞先生還安慶。李公因奏乞先生再知安慶，先生曰：「安慶潛藩，和州列郡，昨辭和州，而今受安慶，辭小居大，其無廉恥甚矣！」

時先生已遣家眷東歸，而獨徜徉池陽、九江間以俟請祠之報。蓋兩郡於舒爲近，以見臣子不敢自安之意，然先生不往龍舒，蓋已決矣。

時有《白鹿講義》、《廬山問答》。

七月，除大理寺丞，又辭。監察御史李楠奏罷之。命下，先生已至臨川，遂遊麻姑，取道順昌以歸。

林梅塢曰：先生方退避請祠，而中外亦慮先生入見必直言邊事以悟上意，叶謀擠之。先生既歸，杜門謝絕人事。惟聞邊報與水旱，則蹙額不樂者久之。

金華何伯慧曰：先生夙有大志，自少講貫，不爲無用之學。初入荆湖幕府，奔走諸關，與江淮豪傑游，往往已有依附意。及倅安豐，武定諸將皆歸心焉。後倅建康，守漢陽，聲問益著，諸豪又深知先生倜儻有謀。及來安慶，且兼制幕，長、淮軍民之心翕然相向，每遇制司文移失當，則悻然而怒，皆願得先生以爲依歸。此聲既出，在位者益忌，故同僚羣起而見擠，有馳書於朝，令其親屬譖之時宰，故當時陽召而實逐之。不知先生浩然歸志，已見於不從諫之日矣。

先生去後，舒民懷思不忘。後三年，虜大入，邊城被禍，獨安慶無虞，人益感先生之德。楊信齋曰：先生在安慶，民立生祠於城北；去後，思先生恩德之深，復立祠城南，蓋南北之人各欲便於熏祝也。及聞臺劾有「安慶築城，軍民愁嘆」之語，又爲詩曰：「要識舒民愁嘆處，城南城北兩祠堂。」以此見民情之不可拂，公論之不可泯如此。後三年，虜又自間道直趨蘄、黃，破城郭，殺官吏，守臣以下皆死，兩州墜於塗炭。惟舒城晏然，虜不敢犯，至是始知先生之大功庇民遠矣。金壇王公遂祭文曰：「誰爲此言，和附詆排。謂關不必守，虜不必來。未幾明年，虜入就食，今來關破，連城告蹈，黃以身竄，蘄以家徇。溥彼皖城，畏不敢近。舒卒有來，泣涕相告：微我黃公，父子不保。」

八月，長孫輿公生。

九月，先生歸至法雲寓舍。

十一月，差主管建寧府武夷山沖佑觀。重修《儀禮經傳》續卷，置局於寓舍之書室及城東張氏南園，四方生徒會聚講學。林梅塢曰：文公所編《儀禮》，工夫汗漫，十未及一二。而先生身任其責，中間奔走王事，作輟不常，每以爲慊。及此投閑，乃整葺爲書，與同志者以卒其業。

楊信齋曰：先生日接鄉黨後進，講明身心性情之德、修己治人之方，以開曉學者，始知向方。朋友自蜀、江、湖來者日衆。

江西□□□□、岳陽方暹明父，蜀人家

擯本仲皆來。

十二年己卯

諸生移寓於山之嘉福僧舍。

先是先生以法雲寓居迫狹，無以容朋友，更闢草舍三間於門側，先生坐卧寢食其間。至是諸生來者寖多，又不能容，乃假嘉福寺居之。

林梅塢曰：先生朝往夕返，日以爲常。諸生質疑請益，氣象如文公時。或有過於思索者，先生曰：「以心照書，無以書入心可也。」又嘗言：「學者役精神於文義，而不反求諸心，終未免有口耳之學。」故於講論之際，必宛轉而歸諸求放心，存天理者焉。

始通釋文公《論語》。

潘瓜山曰：公晚年丏閑，方欲成先志，取文公諸書以次通釋，《論語》僅已，抱恨九原矣。

門人陳宓《題叙通釋》曰：「先生合文公《集注》、《集義》、《或問》三書而通釋之。蓋《集注》之辭簡而嚴，學者未能遽曉。於是作《或問》一書，設爲問答，以盡其詳，且明去取諸家之意。先生恐學者不暇旁究，故直取疏解《集注》之辭而列之於後，以便觀覽。然《集注》、《或問》間有去取之不同，發揮之未盡，先生追憶向日親炙之語，附以己意，名曰《通釋》，於是始無遺憾矣。嗚呼！文公年七十一，自弱冠至于易簀，未嘗一日不用其力於此書。先生弱冠從文公遊者三十餘年，未嘗不執經在左右，其去取之論，無不與聞。先生年亦七十，從事是書亦五十年。晚歲得閑歸三山，生徒雲集，講論餘暇，率夜坐至四鼓，未晨而興。手釋二十篇，比成而逝。其用心堅苦如此，學者其可以易觀哉！」

先生之意，蓋欲合《集注》、《集議》、《或問》、《語錄》四書而通釋之，其後《語錄》未果入也。

五月，新作書樓法雲寓居之右，牓曰雲谷，以示毋忘文公之訓。

陳氏記曰：先生歸寓舍，立重屋，讀書其上，命曰雲谷，取朱先生隱廬之舊名。

十二月，門人張元簡以古昏禮歸其女弟，請於先生。爲之正其儀法行之。

張氏姻家龔君□□，人共賢之。

潘瓜山曰：鄉人有欲行古婚者，獨以奠鴈恐爲人駭笑，來質於公，公曰：「今人家子弟鬥雞走馬，不以爲怪，而巍冠博帶以行禮，顧慮人之非笑？」其人遂決意行之。

十三年庚辰

春，先生躬相丘宅於北山匏犧原，結廬其旁，牓曰高峰書院。諸生從學於山間。地在懷安縣靈山鄉遵化里林洋寺。是年陳師復、潘謙之自莆來會，山間題名在焉。

初，先生有意卜居北郊，以近父兄墳墓爲安。既得吉兆，喜甚。廬成，名其亭曰求得正，其閣曰老益壯，其軒曰笑不答，其泉曰逝如斯，安處其中。州郡屢延請講書，辭不就。一向深入，學者賫糧從於山間云。

三月，門人陳仍以古冠禮冠其長子，請於先生。爲之正其儀法，且涖其事。時肄業於嘉福寺，遂即其地而行禮焉。陳君之兄偉爲主人，楊信齋爲賓，先生與趙季仁、張敬父諸君涖焉。

夏，《儀禮經傳通解》續卷《喪禮》書成。

楊信齋曰：先生歸自建鄴，奉祠居家，始取向來《喪禮》稿本精修。至庚辰之夏，而《喪禮》書成。本經則《喪服》、《士喪禮》上下、《士虞禮》，所補者則《喪大記》上下、《卒哭祔練祥禫記》、《補服》[三]、《喪服變除》、《喪服制度》、《喪服義》、《喪通禮》、《喪變禮》、《弔禮》、《喪禮義》，凡十五卷。《祭禮》亦已有書，本經則《特牲》、《少牢》、《有司徹》，大戴則《釁廟》，所補者則自《天神》、《地祇》、《百神》、《宗廟》，以至因事而祭者，如《建國》、《遷都》、《巡守》、《師田》、《行役》、《祈禳》及《祭服》、《祭器》，事序終始，其綱目尤爲詳備。先生嘗言：「某於《祭禮》用力甚久，規模已定。每取其書翻閱而推明之，間一二條尚欠修正。」方欲加意更定，而先生歿矣。嗚呼！《禮》莫重於《喪》、《祭》，文公以二書屬之先生，其責蓋不輕也。先生於是書也，推明文王、周公之典，辨正諸儒同異之論，剖擊世俗蠹壞人心之邪說，以示天下後世。其正人心、扶世教之功至遠也。先生之心，憂天下後世爲心，夫豈以著述爲一己之書哉？先生又念《喪禮》條目散闕，欲撰《喪服圖式》一卷以舉其要，草創已就，猶慊然不滿意曰：「此卷尚欲審訂，或別爲一書，如外書，以附其後可也。」又曰：先生嘗言：「此卷乃十五卷之樞要，又包舉古今喪禮之變，兼括節文度數之詳，尚欲子細審訂以成之。」蓋謹重不輕之意也。先生又嘗謂：「《祭禮》已有七八分，欲修定，用力甚省。」復請於先生曰：「他卷更無可議，惟《天神》一門更宜整正。」先生然其言。

五月，門人趙師恕率鄉黨朋友習鄉飲酒儀於補山，先生以上僎臨之。潘瓜山曰：公嘗謂鄉飲酒之禮久廢不講，率諸生習而行之。聞而沮之者甚衆，公執之愈堅，行之愈力。習禮之日，時官、寓公以與，集爲榮觀者千百輩，無一人敢非笑者，蓋公率之以誠故也。

八月，轉奉議郎。

九月，除權發遣潮州，再辭。

十二月，差主管亳州明道宫。楊信齋曰：時食指頗衆，祠禄將滿。或以爲貧，勉先生赴上，先生曰：「事論義理之當否，豈可言貧？若徒曰爲貧而已，則貧之一字，何時而能足哉！志士不忘在溝壑，勇士不忘喪其元，死不足恤，何畏於貧？況明年七十，當掛冠。若到官未久，便請掛冠而歸，進退何所據哉？」朋友有以書問先生出處，答曰：「久病不可以臨民，臨民則廢事，廢事則爲不忠；年老不可以入廣，入廣則忘身，忘身則爲不孝。」卒辭之。

《孝經本旨》成。

初，文公嘗欲掇次他書之言，可發明《孝經》之旨，别爲外傳，而未暇爲。今先生之爲此書，蓋成其志也。門人陳宓刊於延平。

乞致仕，以明年七十也。

十四年辛巳

正月，《文公行狀》成。有《告文公祠堂文》。

三月壬寅，終于所居之正寢。

前六日，與楊信齋書云：「《論語》讀得

一過，益見聖人之道大。老矣，既不可追悔。朋友間不能刻意求進，一得之智，一偏之見，便志滿意足，大可歎也。以是今歲趲催學者愈急也。」

先生素苦痞氣，至是發動。前屬纊之夕，猶誦書課童孫，晨興而逝。衣衾棺槨，皆朋舊共成之。

四月乙丑，葳于高峰書院。

門人弟子執紼者二百餘人，皆衰絰菅屨，引柩三十餘里至山間，喪儀如禮。鄉人歎息，以爲前此未之見。

八月壬子朔，孺人朱氏卒。十月，合葬於高峰之原。

葉士龍曰：夫人生有淑質，長服家庭之訓，事先生無違德。以明堂恩封孺人。先生歿，而夫人以哀毁成疾而逝，相去僅一百三十三日耳。

林梅塢曰：夫人生長德門，閨閫儀範，師表一世。羽向者侍先生之側，嘗言：「夫人居清貧中，撫育之勞，寒暑補綴，針線未嘗去手。遇食則分肉以飼諸子，每持空羹以對飯。」羽親聞其語，凜然起敬。

門人孫德輿曰：夫人性行均淑，賢德著聞於中外。克相君子，終始儉勤。義重所天，遂成哀毁，卒從夫子於九原。悲夫！

十二月，轉承議郎致仕。

告詞曰：「儒者而以才顯此有用之學，而儒之爲貴也。爾聞道甚深，晚方一命龍舒，版築之功，巋然爲淮右重，可謂不負左符之寄矣。幕府謀猷，不合而去，悵賢業之未究，而遽致其事。莫奪汝志。姑進一階，尚淑後人，以綏多祉。」

理宗寶慶三年丁亥

諸生祠先生於鼇峰精舍，即嘉福僧舍，舊日從遊之地。瓜山潘柄與門人楊復、陳宓等衆議儒、釋難與共處，遂卜其地於鼇峰之趾，不遠先生平日讀書息遊之所。諸生捐金，得提幹李氏之舊宅，東至龜石祠，西至池，南至妙嚴，北至陳給事〔四〕。規模形勝。彷彿武夷白鹿之意存焉。李弘齋記文。

嘉熙三年

安撫司撥助祭花、利池二頃，坐落迎仙橋南。佃戶李惠等年納租陸拾伍貫足。使府公據壹道。

紹定六年癸巳

詔贈朝奉郎，仍與一子恩澤。

告詞曰：「洙泗之斯文未喪，得顏、曾數子羽翼而其教大明；伊洛之正學方興，得尹、楊諸人發明而其傳益廣。今有倡道武夷，而門人之中，卓然以扶世立教自任，是國家之所當尊向也。以爾紹興名御史璵之子，慶元朱侍講熹之甥。密察精思，盡得師承之正；篤行力踐，發爲賢業之光。矧熹於易簀之時，屬爾以傳道之託。討論三《禮》，敷繹《四書》。朕今讀其書，求其徒，思堅正弘毅如榦者，既不得與之同時矣。則追榮一秩，燕及後昆，朕又何愛焉？可特贈朝奉郎，仍與一子恩澤。」直舍人院吴公行。

端平三年丙申

謚文肅。

太常少卿吴公昌裔率其屬議曰：「造道入德之方，莫過致知居敬而已。《堯典》首論欽明文思，而聖人之道以傳；孔門申言博文約禮，而聖人之道以立。《大學》『格物致知』，《中庸》『學問思辯』，則窮理之極功也。其曰『誠意正心』，曰『戒謹恐懼』，則治心之要法也。蓋吾心之靈，萬物畢備，必主一收斂，以澄其源；聖賢之書，嘉言具列，必隨事窮格，以精其義。二者蓋互相發，不容以偏廢也。程子曰：『涵養須用敬，進學則在致知。』朱子曰：『主敬以立其本，窮理以致其知。』兩先生挈提綱領，開示後學者至矣。勉齋黃先生自登文公之門，即喜此身有所歸宿。於是萬事悉置，而專探索於義理之淵；一物不留，而常提省於神明之舍。謂學問無窮，不可以輕儇浮淺得也。則遠而觀諸陰陽道器之運，進而求諸精氣魂魄之神，大而察諸性道中和體用之貫，微而考諸敬義文禮知行之精。文公四書，口授面講，一義必繹，

一字必訂。既嘗與於討論之事。先生所著，《禮》有續編，《語》有通釋，《大學》有經解，《中庸》、《孟子》有講義，尤足以發明師傳未發之言。則先生之致知，可謂密矣。知心爲活物，不可以縱肆緩慢求也，則以丹書『敬勝怠』之語列坐右，以《洪範》『恭作肅』之訓授諸生。其操心也靜而一，其應物也動而明。吾義可安，雖簞瓢屢空，有所不厭；吾志可行，雖筦庫卑官，有所不屑。其任州縣，寧以匹夫不被其澤爲恥，不以一時近利爲己功；其參幕府，寧以殺一不辜爲戒，不以流俗姍笑爲己病。力可以自任天下之重，而見不以禮，不肯曳裾於權門；才可以經綸天下之經，而招非其道，不忘志在於溝壑。頹簷敗屋，人不堪憂，而風味蕭然，尚有堅壯之志；

莫齡宿疾，歲不我與，而講論亹亹，一無衰惰之容。則先生之持敬可謂篤矣。世之學問，溺志卑近者既騖於方策而不能存養本原，馳心高妙者又略於章句而不務研索義理。惟文公發明致知主敬之義，每使學者互進功程，其說固已內外兼該。而先生體帖居敬集義之旨，專欲教人點檢身心，其功尤爲近裏親切。是則文公有功於程氏，而先生有助於師門，千載師友之盛，眞所謂顏、曾之於洙泗矣。文公嘗曰：『直卿志堅思苦，吾道之託，在此無憾。』則文公之『文』，不在茲乎？先生嘗曰：『先師嘗以畏字狀敬，某又看得肅字較密。』則先生之『肅』，非苟知之乎，其允蹈之乎！謚法：『道德博聞曰文，剛德克就曰肅。』合二字而謚先生，夫誰曰不宜？」

尙書考功員外郎王公瓚《覆謚議》曰：「議謚者，奉常也。覆謚者，考功也。少卿吳公昌裔謚故大理寺丞、特贈朝奉郎黃公某曰文肅，三復斯議而歎曰：懿哉，斯名乎！瓚嘗分教歷陽，邂逅登公之堂矣。炙其誨論，則旨趣敷暢，金奏玉應，秩然而理也；挹其容貌，則矩度端嚴，霜凝冰沍，凜然而威也。傷今不復見矣，可無以寓其形容之意乎？竊謂道以人而傳，亦以人而明。吾夫子以身任斯道之責，與諸門人弟子相講明者，大端不過博文約禮而已。顏子得之而爲克己之仁，曾子得之而爲省身之學，子思得之而有明辯篤行之說，孟子得之而有敬義內外之辨。是以道由夫子而傳，至諸子而明矣。洙泗而後，逮本朝而周、程出焉，繼之者晦菴朱文公某、南軒張宣公某、東萊呂成公某，公則受業文公之門者也。文公嘗曰：『主敬以立其本，窮理以進其知。』公亦拳拳於舟書敬怠之格言，伊洛精微之奧旨，朝夕講誦，必欲到徹底處。故自格物而至於致知，精義而至於入神，則明誠之教，皆誠明之性，形而下者之器，皆形而上者之道。羣疑洮汰，萬境昭融，不期文而自文矣，非道德博聞者乎。自直內而至於方外，誠意而至於正心，則不睹不聞之中，常如手指目視之地；家庭燕處之時，常如宗廟顯臨之日。尸居龍見，淵默雷聲，不期肅而自肅矣，非剛德克就者乎？抑嘗謂德行、文學雖列兩科，文行忠信實同一教，必志慮寧靜而後可言講學之功，必義理貫通而後可言存心之要[五]。齋著乎正，所以養斯文之原也；文理密察，所以充此敬之用也。文公既以斯道而託於公，公亦以斯道自任，發明文公之學，位雖不稱，其德乃若。討論三《禮》，敷繹《四書》，其化今，其傳後，有補於學者多矣。一時名公與今知院鄭公性之頌述其美，以贈官節惠申請於朝，綸誥褒獎，至有『密察精思，盡得師傳之正，篤行力踐，發爲賢業之光』，且有『堅正弘毅』、『不得同時』之歎。公之道至是始光明於天下矣。聖上因讀《禮書》，問朱某適傳是黃某，黃某適傳爲誰？又相與編《禮》門人爲誰？殿院王公遂抗疏謂公遊文公之門，爲後進領袖，講說著述，世多傳誦。人以爲學明東南，文公之功爲大，公之力爲多。請迓易名之典，詔下奉常，謚以文肅。盍從少卿之議，以充太史之録。謹謚。」四月九日，奉聖旨依。

〔一〕魯：原闕，據文淵閣四庫全書本《勉齋集》卷四〇補。

〔二〕德進：原作「進德」，據《文集》卷一八乙。

〔三〕服：原脱，據《儀禮經傳通解續》卷八補。

〔四〕「事」下疑有脱字。

〔五〕「自直」以下至「必義理貫通」一段，原多闕文，據元刊本《勉齋先生黄文肅公文集·附集》所載《覆謚》補。

義和自弱冠登勉齋先生門，因表叔潘瓜山柄以進。延于家塾，俾課諸子讀書，義和因而受學。暨義和補入太學，時先生守官，乃之石門。義和從先生往官所，朝夕侍側，聽先生教誨爲最親。嘗記在法雲寓舍，一日，先生與瓜山説乾坤易簡，顧語義和曰：「乾惟健故易，此『易』字非是輕易，亦非止平易。如人剛健，則任重不難。」先生禀德既剛，加以學力，剛與慾反，擺脱世上昏利，見理分明，以此守身居官，健而無息，何事不濟！石門酒政成，薦者交剡。託一二朋友代謝啓，無可其意者，乃自述，其中一聯云：「與其因偷敗事，因貪敗名，孰若以勤易安，以廉易飽？」此寫出先生本心，豈他人所能道！秩未滿，值邊事動，故人吴公獵出帥湖北，道經石門，艤舟訪先生，且請於朝。先生安貧守道，其心不忘天下。宣勞湖幕，□試劇邑，倅貳極邊，所至有聲。然立身易，用世難。守漢陽，與帥漕不合；守安慶，與制垣不合。方時多事，專方面者以功名自壯，實不離乎富貴。吾欲以道義行乎其間，難矣！昔孟子談仁義於齊、梁之間，如以方枘入圓鑿，黄鍾動俚耳，烏能有合？然盛行不加，窮居不損，孟子之所性自若也。先生自安慶歸，義和撰履僅數月，適常德冷官及戍，悤悤又別。臨行，告先生曰：「授徒講學，以紹朱文公之統，今其時矣。」既抵官，聞朋友聚黿峰日盛，竊以爲喜。甫再期而聞先生之訃，哀哉！先生生無田廬，棲僧寺以居；死無衣衾棺槨，賴朋友共爲之。貧者，命也。蓄德未展於用者，時也。出處以義，不負朱門之付託者，有道存焉，命與時不足言也。先生歿，今四十四年矣。家日貧，諸孤無存，行狀誌銘未具。近得《年譜》一卷於先生之猶子友進，乃門人鄭元肅所録。元肅舊從予遊，壯之四方，學問益長進，今亡矣。反覆此卷，亦頗完備。間有剪其繁蕪，補其疏漏，可爲行狀誌銘張本，以俟他日作者。敬書卷末，少叙哀悃。景定五年歲次甲子，門人朝奉郎、直秘閣致仕陳義和謹述。

劉過年表

劉宗彬 編

劉過（一一五四—一二〇六），字改之，號龍洲道人，吉州太和（今江西泰和）人，晚年客居崑山。爲人尚氣節，喜飲酒，以功業自許。淳熙間與劉仙倫齊名，有廬陵二劉之稱。曾多次上書宰臣，陳恢復方略，不被採用。紹熙五年扣閽上書，請光宗過宫，言極剴切，備受稱許。屢試不第，漂泊江淮，以詩詞客食四方，與陸游、陳亮、辛棄疾等交遊。又以詩詞上韓侂胄，爲韓所喜。開禧元年至京口，與岳珂相識，與章升之、黄機、王邁等遊處，廣題郡中名勝，尤以《多景樓》一詩知名。二年，卒於昆山，年五十三。

劉過以詩詞著名，其詞長調師法辛棄疾，多豪健之筆，小令則俊逸纖秀，宛轉含蓄。詩入江湖派，而多悲壯感慨之作，滿懷愛國激情。著有《龍洲集》十四卷，端平元年劉澥刊，今存明嘉靖間王朝用刻十五卷本，《四庫全書》十四卷、附録二卷本，《叢書集成初編》影印《函海》十卷本。《龍洲詞》一卷，有汲古閣《宋六十名家詞》、《四庫全書》所收一卷本，《彊村叢書》所收二卷、補遺一卷本。一九七八年上海古籍出版社有點校本《龍洲集》。事蹟見吕大中《宋詩人劉君墓碑》、楊維楨《宋龍洲先生劉公墓表》。

本年譜爲劉宗彬編撰，據《墓碑》、《墓表》及詩詞集等，考訂劉過行歷、交遊事跡及詩詞繫年等，較爲簡略。

宋紹興二十四年甲戌，一歲。

生於江西泰和龍洲（今泰和縣澄清江鎮龍洲村）。祖父名廷器，字梓材。父名邦治，伯父名邦政，叔父名時輝。

劉過的生年歷代有爭論。此依明陳謨《題劉龍洲易蓮峰二公墓》詩「同是廬陵人，皆年五十三」爲說。元王公輔《祭劉龍洲先生文》：「天靳斯文，五十而殞。」元袁華《復龍洲劉先生墓》詩：「五十死無嗣。」則認爲劉過五十歲去世。

劉過出身貧寒，宋呂大中《宋詩人劉君墓碑》：「家徒壁立，無擔石儲，此所謂生而窮者。」

《龍洲劉氏族譜》載：「邦治，衍龍洲，子一，過。」但《龍洲集》卷五有《西湖別舍弟潤之》詩，此舍弟名澥，字潤之，曾與劉過一同赴臨安應試。宋理宗端平年間（一二三四—一二三六），劉澥曾爲《龍洲集》作序。

三十歲以前的事跡不詳。主要生活在江西、湖南，或讀書，或漫遊。在湖南潭洲（今長沙市），從戴溪遊。戴溪，字肖望，號岷隱。永嘉（今浙江溫州）人。淳熙五年（一一七八），爲別頭試第一。唐宋科舉制，考試者與考官有親故關係或其他原因而另設的考試。劉過曾在湖南獲得參加禮部大試的資格。三十年間，歷孝宗隆興、乾道、淳熙。此間作品有《天仙子·初赴省別妾於三十里頭》詞。

淳熙十年癸卯，三十歲。

冬，離開湖南往臨安。觀孝宗大閱，作《沁園春·御閱不定期上郭殿嚴》。

淳熙十一年甲寅，三十一歲。

初入臨安應舉子試，與弟劉澥遊西湖（《龍

洲集》卷七《西湖次舍弟潤之韻》）。

考試落第。

《龍洲集》卷六《下第》詩：「蕩蕩天門叫不應，起尋歸路嘆南行。……傷心故國三千里，才是餘杭第一程。」

落第傷心不久，不把科舉放在心上。《寄呂英父》詩：「文章已得眞消息，三十科名未是遲。」

北上荆淮（今湖北、安徽一帶）。

《龍洲集》卷五《西湖別舍弟潤之》詩：「落第我爲中酒味，圜橋子亟洗儒酸。臂弓秣馬長淮去，莫笑狂夫老据鞍。」

秋，經蘄州、黄州赴鄂州，《沁園春·蘇州黄尙書同夫人惠齋遊報恩寺》即遊黄州時作。紹熙末（一一九三）在紹興所作《憶鄂渚》言「我離鄂渚已十年。」十年前，即指淳熙十一年（一一八四）。又嘉泰四年（一二〇四）八月中秋所作《唐多令·重過武昌》詞「二十年重過南樓」，即指此行。

淳熙十二年乙巳，三十二歲。

在襄陽，從高夔等人遊。

高夔，据吳廷燮《南宋制撫年表》載，淳熙十二年至十五年，高夔以京西南路安撫使知襄陽。《續資治通鑑》卷一五〇孝宗淳熙十二年九月，「知襄陽府高夔……奏襄漢之間麥稻熟時……」。

《滿江紅·同襄陽帥泛湖》、《滿江紅·高帥席上》當作於是年夏末秋初。《襄陽歌》詩亦此行之作。

冬，仍在襄陽，有《襄陽雪中寄江西諸友》詩。

淳熙十三年丙午，三十三歲。

由襄陽前往淮河邊地，遊八公山（今安徽

壽縣西北)。又東至邊城盱眙(今江蘇盱眙縣),有《艤舟采石》、《盱眙行》等詩紀此行程。

淳熙十四年丁未,三十四歲。

從北地南返,經湖州長興(今浙江長興),并在長興逗留。

《與許從道書》:「正言程冬老丁未歲尉長興時,爲某言……。」程冬老,即程松,字冬老。紹熙進士。《宋史》卷三九六有傳。

此年臨安會試,劉過當因應試而返回臨安。

淳熙十五年戊申,三十五歲。

在臨安,與許從道交遊。

許從道,浙江東陽人。《與許從道書》:「倒指記之,自戊申及今已來,日月逾邁,動經一紀。……追念疇昔,定交於行都而盍簪於儀眞。」

淳熙十六年己酉,三十六歲。

居臨安,曾拜謁宰相周必大。

周必大,字子充,一字洪道,自號平園老叟。吉州廬陵(今江西吉安)人。《宋史·宰輔表》載周必大於淳熙十四年二月拜右丞相,十五年封濟國公,十六年正月拜左丞相,封許國公,三月拜少保,封益國公。劉過向周陳恢復中原方略,未被用。有多首上周必大詩,如《慶周益公新府》、《辭周益公》等。周必大於是年五月被何澹彈劾落職。据詩中所稱「益公」,知作於此年。

光宗紹熙元年庚戌,三十七歲。

從臨安北上,歷和州(今安徽和縣)、焦湖(今安徽巢湖)等地,至建康(今南京市),與楊万里相見。

楊万里,字廷秀,號誠齋,江西吉水人。

楊万里於紹熙元年免兼實錄院檢討官，出爲江東轉運副使、權總領淮西江東軍馬錢糧，秋天到建康任職。劉過有《上劉和州煒》詩二首、《投誠齋》詩七首。

是年有會試。

紹熙二年辛亥，三十八歲。

秋，由兩淮轉赴蘇州，途中與許從道結拜於眞州（今江蘇儀徵）。在蘇州上詩謁袁說友。

袁說友，字起巖，建安（今福建建安）人，劉過稱他「袁文昌」。

又拜見餘古。

餘古，即俞太古，《龍洲集》卷三有《俞太古嘗叩閽上書有名天下甚敬之相會於姑蘇將歸洞庭讀書賦詩以壯其行》詩。

秋冬之際，轉赴揚州，《六州歌頭》即是赴揚州前後作品。

紹熙三年壬子，三十九歲。

在四明（今浙江寧波）參加秋試，觀明州大閱。《賀新郎·贈娼》、《沁園春·張路分秋閱作》、《明州觀大閱》等皆作於此時。

《賀新郎·贈娼》跋云：「壬子秋，余試牒四明，賦贈老娼。至今天下與禁中皆歌之。」

冬，在越州（今浙江紹興）遊。

《龍洲集》卷一《大雪登越州城樓》：「北風吹雪天盡頭，蘇州未了來越州。」

紹熙四年癸丑，四十歲。

初春，在越州，與姜夔交往。

姜夔，字堯章，號白石道人，鄱陽（今江西波陽）人。工詩，詞尤有名。姜夔於此年客居紹興。《龍洲集》卷三有《雨寒寄姜堯章》詩。

春，往山陰拜訪陸游。

陸游，字務觀，號放翁，山陰人。於淳熙十六年罷官居山陰，不願仕宦。其間，劉過與陸互有酬唱之作，如劉過《放翁席上》詩，陸游《贈劉改之秀才》詩等。

由紹興西去，入嚴州（治所在今浙江建德縣東北梅城鎮），經桐廬（今浙江桐廬），至徽州（今安徽歙縣），遊歙溪。《寄桐廬程宰》詩紀此行程，「路入嚴州去，桐廬得暫過。」程宰，指程淮。

此年有會試，陳亮爲狀元。

紹熙五年甲寅，四十一歲。

正月，太上皇孝宗病重，丞相留正、大臣趙汝愚等請光宗問病。光宗不問，兩宮失和，引起丞相辭職，朝内騷動。局勢危殆，劉過毅然伏闕抗疏，請光宗侍病，以安定人心。

春，叩閽上書，得旨回鄉。有《初伏闕上書得旨還鄉上楊守秘書》詩二首，其云：「訪舊鬢俱白，過家心欲摧。故鄉非不好，不是錦衣回。」劉過感到功名無成，飄泊不定，半生布衣，歸鄉有愧。

在家鄉逗留時間很短。

寧宗慶元元年乙卯，四十二歲。

重遊淮甸，拜謁和州知州程九萬。

程九萬，据《宋詩紀事》卷五六：「程九萬，字鵬飛，池州人……慶元中守歷陽。」歷陽爲和州治所。吴廷燮《南宋制撫年表》載程於慶元二年始往襄陽，則知和州當在慶元元年。劉過有《賀盧帥程徽猷鵬飛》、《寄程鵬飛》等詩。

秋，北至六合（今江蘇六合）等地。《六合道中》詩紀此遊程，「十年曾記來此遊，有策中原一戰收。」十年前即淳熙十三年（一一八六）曾遊淮河邊地盱眙。

慶元二年丙辰至四年戊午，四十三至四十五歲。

此三年時間的活動範圍以蘇州爲中心，遊無錫、吳江等地。與許從道、吳縣尉俞商卿、常熟縣令孫應時等人交遊。

《寄竹隱先生孫應時》詩自注云：「時爲常熟宰。」康熙《常熟縣志》卷十《官師表》載：孫應時在慶元二年至四年爲常熟縣令。任職秩滿，郡守以私憤加害孫，被貶官。《沁園春·寄孫竹湖》即紀此事。

慶元二年有會試。

慶元五年己未，四十六歲。

夏六月，遊東陽（今浙江東陽）。

《與許從道書》云：「九月初三日，友生廬陵劉過再拜至書某足下……自戊申及今己未。」又許從道《東陽遊戲序》：「慶元己未夏六月，廬陵劉改之來遊東陽，凡月日，得詩文五十餘篇。將行，集之，因爲之序。……改之遊吾鄉，往來石洞、清潭山谷間，盤薄邑里，賦詩最多。邑之善士，莫不傾接。……秋九月朔，許從道序。」其中《遊清潭呂資益蟠谷》、《遊郭希呂石洞二十詠》、《贈許從道之子祖孫》等詩，皆東陽時作。

是年有會試。

慶元六年庚申，四十七歲。

在建康，與吳平仲發生衝突，被陷入金陵獄。

宋周密《浩然齋雅談》：「劉改之嘗遊富沙，與友人吳平仲飲於吳所歡盼兒家，賦詞贈之……盼遂屬意改之。吳憤甚，挾刀刺之，誤傷其妓。遂悉繫有司。吳居父爲帥，改之以啓上居父，遂釋之。」吳居父（一作吉父），即吳琚，號雲壑，太寧郡王吳益之子。《景定建康志》卷一四及《南宋制撫年表》載，吳琚於慶元六年閏二月以鎮安軍節度使開府儀同三司江東安撫使守建康。《建康獄中上吳居父》詩紀其被解救事。
與郭倪等人遊。
《景定建康志》卷二六《官守志》：郭倪，「慶元……五年八月八日除馬司都虞候，嘉泰元年八月改除。」《謁郭馬帥倪》詩當作於此時。

寧宗嘉泰元年辛酉，四十八歲。
居金陵。
秋冬之際，隨郭倪至臨安。

嘉泰二年壬戌，四十九歲。
在臨安與郭倪等人交遊。有七言古詩數首紀此行程。

嘉泰三年癸亥，五十歲。

在臨安。《西湖》詩：「西湖湖上山如畫，二十年前曾客來。」心慕辛棄疾，作《沁園春·寄辛稼軒》詞獻辛。
辛棄疾，字幼安，號稼軒，歷城（今山東歷城）人。一生堅決主張抗金。其詞風格以豪放爲主。此時辛棄疾由賦閑多年被韓侂胄起用，知紹興府兼浙東安撫使，六月到任（見《會稽續志》卷二）。辛棄疾讀劉詞，大喜，邀劉至紹興，館燕彌月，并贈千緡。其間，有《呈稼軒》詩五首、《念奴嬌·留別辛稼軒》詞等作品。
冬，居臨安，與姜夔交往。
《雨寒寄姜堯章》詩云：「一冬無此寒，十日不得出。閉門坐如鈞，老去萬感入。……東城有佳士，詞筆最華逸。持此往問之，雨濺袍褥濕。」

游泰和官。

《過泰和宮》詩有「四十九年蘧伯玉」句。春秋衛國人蘧伯玉，知四十九歲非而五十歲是。

與陳亮、陸游等人交往。

陳亮，字同甫，婺州永康（今浙江永康）人。學者稱龍川先生。南宋著名思想家和愛國詞人。陳亮作詩「劉郎吟詩如飲酒，淋灕醉墨龍蛇走」，稱頌劉過的詩才和書法。陸游《贈劉改之秀才》詩：「胸中九淵蛟龍蟠，筆底六月冰雹寒」，亦贊譽劉過的才氣。

嘉泰四年甲子，五十一歲。

權臣韓侂冑生日，劉過作《西江月·賀詞》以賀。

韓侂冑，字節夫，相州安陽（今河南安陽）人，北宋名臣韓琦曾孫。寧宗時，以外戚執政十三年，權位居左右丞相之上。從陸游詩稿卷五十二《韓太傅生日》詩「清霜粲瓦初作寒，天爲明時生帝傅」看，韓的生日當在初秋。

由杭州回故里，作《念奴嬌》（知音者少），與辛棄疾告別，經今安徽采石、池州、江西九江、湖北武昌等地遊歸。

《上譙江州》詩：「丘公鎮金陵，辛老治京口。君王神武欲籌邊，九江更使何人守？九江太守今譙侯，……出門煙火空茫茫，西爲漢沔南衡陽。指點武昌今何許？買船又謁吳侯去。」丘公，即丘崈，字子卿，河南人。吳侯，即吳獵，字德夫，潭州醴陵人。官至四川安撫制置使。《賀新郎》（彈鋏西來路）亦是紀此行程之作。遊武昌有多首作品，《唐多令·重過武昌》作於八月五日，《轆轤金井·席上贈馬僉判舞姬》、《六州歌頭·題岳鄂王廟》、《南康邂逅江西吳運判》等詩詞，皆此時之作。

寧宗開禧元年乙丑，五十二歲。

由江西湖口至洞庭。又東行至臨安，在盧祖皋處作客。

盧祖皋，字申之，號蒲江，一號菊澗。慶元五年進士。《念奴嬌·盧蒲江席上時有新第宗室》詞紀此交遊。

秋，至鎮江，作《登多景樓》、《多景樓醉歌》詩多首。與岳珂交遊。

岳珂，南宋文學家，字肅之，號倦翁，湯陰（今河南湯陰）人。岳珂《桯史》載：「廬陵劉改之過以詩鳴江西，……開禧乙丑過京口（今江蘇鎮江市），余爲餉幕吏，因識焉。」

在鎮江還與辛以初、黃幾叔、王安世、王英伯等交遊。

作《八聲甘州·送湖北招撫吳獵》。

宋魏了翁《吳獵行狀》：吳獵於開禧元年（一二〇五）十二月知江陵府，主管荆湖北路安撫司公事。

開禧二年丙寅，五十三歲。

初春，在京口，作《謁金門·京口賦與歌者以侑尊》，詞曰：「歸不去，船泊早春梅渚。」

夏，韓侂冑北伐，劉過從軍，在陳孝慶軍中。

《龍洲集》卷三《吳陳總領》五首，記北伐開始至失利過程。

北伐失敗後，劉過應崑山縣令潘友文之邀，赴崑山。娶妻定居，不久病故。

岳珂《桯史》卷二：「既而別去，如崑山，大姓董氏者愛之，女焉。余未及瓜而聞其訃。」

嘉靖《昆山縣志》卷一二《人物·流寓》載：「劉過……時故人潘友文宰崑山，延致之。過雅志欲航海，因各其所，遂娶婦而家焉。既死，無子。友人與主簿趙希懋共出資買地馬鞍山東葬之。」

王鏊《姑蘇志》卷三四《塚墓》：「劉過墓在崑山縣馬鞍山。嘉定五年（一二一二），令潘友文、簿趙希楙葬之。」

崑山建劉過祀祠。

羅振常《訂補懷賢錄》：「考萬曆《崑山志》稱祠建於宋嘉定五年，即龍洲葬年也。」

姜白石先生年譜

（近）馬維新　編

山東大學《勵學》第一、二册

姜夔（一一五五？—一二二一？），字堯章，鄱陽（今江西波陽）人，㽌子。幼隨父宦遊，父卒，依姊居。成年後遊歷江淮，往來沔、鄂近二十年。淳熙間客湖南，蕭德藻妻以兄女，携之同寓湖州，卜居苕溪，所居近白石洞天，因號石帚，又號白石道人。以布衣而結交楊萬里、范成大、尤袤、朱熹、樓鑰、葉適、京鏜等名流，往來于湖州、杭州、蘇州、金陵、合肥等地，其後寓居杭州，漫游浙東、無錫等地。慶元三年，進《大樂議》、《琴瑟考古圖》于朝。五年，又上《聖宋鐃歌鼓吹》，與免解。嘉泰間有詞賀辛棄疾再度起用。晚年生活凄苦，約在嘉定十年前後去世，友人葬之於錢塘門外。

姜夔爲人清高，在詞、詩、文、詩歌理論方面都卓有建樹，尤以詞成就最高，備受後人推崇。著述今存《姜白石詩詞合集》九卷、《詩説》、《續書譜》、《絳帖平》等，新近整理本有夏承燾校輯《白石詩詞集》（一九五九年人民文學出版社）、《姜白石詞編年箋校》（一九六一年中華書局），孫玄常《姜白石詩集箋注》（一九八六年山西人民出版社）。事蹟散見《齊東野語》、《宋史翼》等書。

姜夔二十世孫虬緣編有《白石道人詩詞年譜》，收入清乾隆九年寫本《白石道人詩詞集》内，較簡略。近人陳思、馬維新、陸侃如、李鴻璵、夏承燾，今人高風均編有姜白石年譜，其中夏承燾《白石道人年表》流傳最廣（收入《唐宋詞人年譜》）。本譜爲馬維新編，原載一九三三至一九三四年山東大學出版的《勵學》第一、二册，本書收録時，按全書體例作了版式、標點、公元年號等規範處理，並改正了一些訛誤。

南宋姜白石先生，生當詞學極盛之時，復值社稷多事之秋。精研音律，嘗奏正樂之章；潛心詩詞，遂成一家之著。雖生不逢辰，身未顯達；而志託於言，名足垂後。况遨遊多千載之勝蹟，往來盡一時之英俊，鍾山川之靈秀，所至也高；被師友之陶鑄，所成也厚。雖然，性好楮墨，豈僅吟風弄月之文；沈跡泉石，每有傷亂感時之作。論其詩則自出機杼，清婉拔俗；言其詞則屏除浮靡，清空精妙。雖兩者兼工，而詩爲詞掩，蓋以其用筆特異，卓然一格故也。自是途徑一闢，靡然從風。宋之詞人，固競相摹擬；清之浙派，亦遠紹厥緒，其影響詞壇者非細矣。顧吾人欲研討其詩詞，非瞭然先生之事跡，無以窺見其心志，與夫致力之由。然《宋史》無傳，生卒莫詳。今不揣愚陋，爰就先生詩詞，細心探索，旁及有關史志，互的鈎稽，譜此一篇，聊爲愛嗜先生作品者之一助云爾。手邊典籍未備，攷覈推斷，錯誤必多。尚望國内博雅，有以指正。作者謹識。

先生姓姜氏，名夔，字堯章，號白石道人，又號石帚，人稱白石道人，鄱陽人。舊屬江西饒州府治，今屬江西潯陽道，位於鄱陽湖之東岸昌江與樂安河會流處。先世出九眞，漢初姜氏以關東大族徙關中，遂居天水。蜀大將軍平襄侯姜維裔孫明世居上邽，自是分上邽、九真兩系。先生本出九真，故《春日書懷》有「九真河蒼蒼，乃在清漢尾」之句。其著名於史者，自唐德宗朝宰相公輔始。姜公輔愛州日南人，唐肅宗上元進士，補校書郎，以制策異等授右拾遺，爲翰林學士。歲滿當遷，以母老賴禄而養，求兼京兆户曹參軍事。公輔有高材，每進見，敷奏詳亮，德宗器之。朱（滔）〔泚〕助田悦也，以密裹書問道，邀泚，太原馬燧獲之，泚不知，召還京師，公輔請誅朱泚，帝不從。建中四年十月，涇師犯闕，帝自苑北便門出，公輔叩馬而諫，帝倉卒不及聽。帝欲倚張鎰，公輔諫，乃幸奉天，不數日，鳳翔果亂。帝在奉天，有言泚反者，請爲守，盧杞謂泚忠正，不當叛。公輔請帝嚴衛自固，已而泚兵果至如所言，乃擢公輔諫議大夫，同中書門下平章事（案：即宰相之職。貞觀八年，僕射李靖以疾辭位，詔疾小瘳，三兩日一至中書門下平章事，而平章事之名，蓋起于此）。帝徙梁，唐安公主道薨，帝悼之甚，詔厚其葬。公輔力諫宜從儉以濟軍興，帝怒黜之，下遷左庶子，時興元元年四月甲寅也。尋以母喪，復爲右庶子，久之不遷。陸贄爲相，公輔數求官，贄告以帝不悦之意。公輔懼，請爲道士，未報，它日又言之，帝問故，公輔隱贄言以參語對。帝怒，黜公輔泉州别駕。順宗立，拜吉州刺史，未就官卒。憲宗時贈禮部尚書，謚忠肅。家欽州。隋置，今廣東欽縣東北。其子忠，爲左拾遺。忠生子誠，貞元十六年進士，官少府大監。誠子援，唐末爲荆州録事。援子照，五季時南平高氏辟從事。照生靜，宋初廣東肇慶府判。靜生泮，官饒州教授，因家上饒。宋信州，清廣信府治，今江西潯陽道。泮生承信郎岵。岵生光禄寺簿俌。

偁生太常博士頤，即先生之高王父也。

曾祖諱俊民，紹興八年進士，官祕閣修撰。

祖諱元卺，爲太學錄。

父諱噩，字肅父，紹興三十年（庚辰）進士，以新喻丞知漢陽縣。今湖北漢陽。

宋高宗紹興二十五年乙亥，先生生。上距周美成之卒三十五年。

九月，先生生於鄱陽。

案：《壽朴翁》詩：「與師同月不同年，歸墨歸儒各自緣。想得山中無壽酒，但攜茶到菊花前。」

葛天民，字無懷，山陰人。初爲僧，名義銛，字朴翁。其後返初服，居西湖上，一時所交皆名士。有二侍姬，一名如夢，一名如幻。有《無懷小集》。

十月，秦檜卒，詔黜檜姻黨。

紹興二十六年丙子，二歲。

六月，宋欽宗卒於金。

紹興二十七年丁丑，三歲。

紹興二十八年戊寅，四歲。

十月，金營汴宮。

紹興二十九年己卯，五歲。

二月，金籍諸路兵，造戰具。

紹興三十年庚辰，六歲。

太公肅父第進士，爲新喻丞。漢新喻縣，唐改名。明清皆屬江西臨江府，今屬江西廬陵道。

紹興三十一年辛巳，七歲。

九月，金主亮大舉入寇。十一月，虞允文大敗金軍於采石，金主亮爲其下所殺。未幾，金軍皆北還。金主雍入燕，是爲世宗。

案：先生《昔遊》詩：「白湖辛巳歲，忽墮死蜿蜒。……是年虜亮至，送死江之壖。或云祖龍讖，詭異非偶然。」

正詠是年事。

紹興三十二年壬午，八歲。

帝傳位，自稱太上皇帝。追復岳飛官。

孝宗隆興元年癸未，九歲。

以張浚爲樞密使，都督江淮軍馬。

隆興二年甲申，十歲。

太公肅父宰漢陽，先生隨任在沔。

《探春慢序》：「予自孩幼，從先人宦于古沔。」

十一月，金兵破楚州，逼揚州。見《孝宗紀》。

乾道元年乙酉，十一歲。

乾道二年丙戌，十二歲。

先生在沔。

十二月，置制國用司，以宰相兼領錢穀事。

乾道三年丁亥，十三歲。

乾道四年戊子，十四歲。

姊氏嫁漢川。

《探春慢序》：「予自孩幼，從先人宦于古沔，女須因嫁焉。女須，姊也。見《楚辭》。中去復來幾二十年。」語在淳熙丙午冬，故知爲是年事。

乾道五年己丑，十五歲。

王炎、曾丰第進士。

炎字晦叔，婺源人，乾道五年進士。始令臨湘，慶元中官著作佐郎，出守湖州，後官至軍器少監，有《雙溪集》，今存二十七卷。曾丰字幼度，撫州樂安人，乾道五年進士，官德慶太守。恬于仕進，築室曰〔撙〕〔撙〕齋，有《緣督集》，今存二十卷（自《永樂大典》輯出）。

按：二人曾與先生遊。

乾道六年庚寅，十六歲。

閏五月，（以）起居郎范成大以資政殿大學士爲金國祈請使。六月甲子出國門。范成大字致能，吳郡人，紹興二十四年擢進士第，授戶曹監和劑局。隆興元年遷正字，累遷著作（仕）〔佐〕郎，除吏部郎官，言者論其超躐，罷奉祠，起知處州。隆興再講和，失定受書之禮，上嘗悔之，遷成大起居郎，假資政殿大學士，充金祈請國信使。國書專求陵寢，蓋泛使也。凡人才可用者，悉致幕下，用所長，不拘小節。其傑然者，露章薦之，往往顯於朝位，至二府。召對，除權吏部尚書，拜參知政事。兩月，爲言者所論，奉祠。起知明州，奏罷海物之獻。除端明殿學士，尋帥金陵。會歲旱，奏移軍儲米二十萬振饑民，減租米五萬。以病請閑，進資政殿學士，再領洞霄宮。紹熙三年加大學士，四年薨，謚文穆。成大素有文名，尤工於詩。上嘗命陳俊卿擇文士掌內制，俊卿以成大及張震對。自號石湖，有《石湖集》、《攬轡録》、《桂海虞衡志》行于世〔一〕。

乾道七年辛卯，十七歲。

金以一品禮葬欽宗於鞏洛之原。

乾道八年壬辰，十八歲。

先（王）〔生〕有《女郎山》詩。女郎山在漢陽西二十里。

《女郎山》：「不見郢中而賦客，可憐負此女郎山。冰魂寂寞無歸處，獨宿鴛鴦沙水寒。」

案：晚歲《春日書懷》詩：「垂楊大別寺，春草郎官湖。」皆在沔時境。大別寺，《清一統志》：太平興國寺在漢陽縣北大別山，唐建，舊名大別寺。大別山即龜山。郎官湖，《清一統志》：郎官湖在漢陽城東南隅。《李白集》有《泛沔州城南郎官湖》：「郎官愛此水，因號郎官湖。」郎官，謂尚書郎張謂也。

乾道九年癸巳，十九歲。

肅父公卒。

《昔遊詩序》「夔蚤歲孤貧」，又《自述》云：「某早孤不振，幸不墜先人之緒業。」雖未知確在何年，要在乾道間無疑。

淳熙元年甲午，二十歲。

商飛卿第進士。

飛卿字翬仲，台州寧海人。淳熙初，由太學登進士第，任無爲軍教授，累官至工部郎官。……開禧中就擢戶部侍郎，……後以憂卒（《宋史》）。

淳熙二年乙未，二十一歲。

先生依姊氏山陽，間歸饒州，有《于越亭》詩及《憶王孫》詞。

《讀史方輿記要》：餘干縣在饒州南百二十里，春秋時爲越西境，所謂干越也。漢爲餘汗縣（見《前漢書》）。劉宋改「汗」爲「干」，隋平陳，屬饒州。縣有于越亭。

《憶王孫·番陽彭氏小樓》：「冷紅葉葉下塘秋，長與行雲共一舟。零落江南不自由。兩綢繆，料得吟鸞夜夜愁。」

放洞庭，溯沅湘而上，經龍陽、湘陰，歷長沙，至零陵，零陵，隋置。宋屬荆湖南路，清爲湖南永州府治，今屬湖南衡陽道。識蕭東夫，東夫曰：「吾四十年作詩，始得此友。」

蕭德藻字東夫，閩清人（舊屬福建福州府，今屬福建閩海道），紹興三十年進士。初調湖州烏程令，悅其山水，遂家焉。歷知峽州，又爲湖北參議官，終福建安撫司參議。所居屏山，千巖競秀，因自號千巖老人。德藻長於詩，造語苦硬頓挫，而極其工，與范成大、尤袤、陸游齊名。官湖湘時，楊萬里一見獎異，嘗曰：「近世之詩人，若范石湖之清新，尤梁溪之平淡，陸放翁之敷腴，蕭千巖之工致，皆余所畏也。」著有《千巖擇稿》七卷（外編三卷、續編四卷）。《詩集自叙》：「余識千巖於瀟湘之上，……」又《自述》：「復州蕭公，世所謂千巖先生者也，以爲四十年作詩，始得此友。」

案：楊誠齋《千巖摘稿序》：「吾友蕭東夫，余初識之於零陵。」又曰：「自是別去，各不相聞者十有六年。淳熙丁酉，余出（字）〔守〕毗陵，東夫丞龍川。相遇于上饒之西郊，一揖而別。」據「淳熙丁酉」之語推之，則二人定交零陵之時，適當紹興壬午（三十二年）。又誠齋《江湖集》壬午秋有《和蕭判官東夫韻寄之》詩，次歲癸未春（孝宗隆興元年），又有《武岡李（薄）〔簿〕回多問蕭判官東夫》一詩，則此十數年間，東夫爲零陵判官可知。先生自肅父公卒後，孤貧無依，雖寄寓姊氏，終非久安之策，是以漂流四方，奔走衣食。遊瀟湘之上，得識千巖，亦當在此時。

陳造第進士。

造字唐卿，高郵人，淳熙二年進士。調繁昌尉，尋宰定海，倅房陵，至淮浙安撫使參議。晚號江湖長翁，有《江湖長翁文集》四十卷。嘗與先生投贈。

淳熙三年丙申，二十二歲。

先生與蕭東夫買舟浮江。

《吴興掌故》：「千巖與夔相得，遂攜過苕霅。」苕溪一名苕水，分爲二源：一、東苕溪，源出天目山之陽，東流經臨安、餘杭二縣，又東北流經德清，爲餘不溪，至吴興爲霅溪。二、西苕溪，源出天目山之陰，東流經長興，至吴興，兩溪始合，又北流注入太湖。舊時有苕花夾岸，漂浮水面，故名。

冬至日過維揚，今江蘇、安徽、江西、浙江、福建之地，古通謂之揚州。隋改置揚州於江都，即今之江蘇江都。遇雪，有《揚州慢》。

《揚州慢序》：「淳熙丙申至日，余過維揚。夜雪初霽，薺麥彌望。入其城，則四顧蕭條，寒水自碧，暮色漸起，戍角悲吟。余懷愴然，感慨今昔，因自度此曲。千巖老人以爲有《黍離》之悲也。」

淳熙四年丁酉，二十三歲。

居苕上，師事千巖。

《江西通志》：蕚攜之苕上。

按：蕭蕚乃元人，前人多誤爲蕭德藻。《鶴林玉露》：姜堯章學詩于蕭千巖，琢句精工。

蕭東夫以兄女妻之。

陳直齋《書録解題》：「蕭東夫識之於年少客遊，以其兄之子妻之。」

《樂府紀聞》：「蕭東夫尤愛其詞，以其兄之子妻焉。」

又《吴興掌故》：「千巖與夔相得，遂攜過苕霅，以兄之女妻之，遂家武康。」吴分烏程、餘杭，立永安縣。晉武帝太康元年，更名武康。宋明清皆屬浙江湖州府，今屬浙江錢塘道。

是歲東夫丞龍川，秦置，故城在今廣東龍川縣西北。隋廢，五代時南漢復置，宋徙今治。今屬廣東湖循道。發烏程。

《千巖摘藁序》：「淳熙丁酉，余出守毗陵，東夫丞龍川，相遇於上饒之西郊，一揖而別。」

案：誠齋之官毗陵，在是歲四月，有《苕溪登舟》、《舟過德清》詩。

淳熙五年戊戌，二十四歲。

三月，范成大以權吏部尚書兼直院。四月，除參知政事。時年五十三。

陳燁爲淳安令。

燁字日華，福州人。淳熙五年爲淳安令，時詔府州舉行義役，燁集大姓于庭，多方諭之，衆皆聽命。淳安，舊屬浙江嚴州府，今屬浙江金華道，在新安江之中流，建德之西北。燁嘗與先生游。先生客淳安，有《陳日華侍兒讀書》詩。

《陳日華侍兒讀書》：「繹句尋章久未休，花房日晏不梳頭。誰教郎主能多事，乞與冥冥千古愁。」

遊嚴州烏石寺，有詩。

《鶴林玉露》：「嚴州烏石寺，在高山之上。有岳忠武飛、張循王浚、應作俊。劉太尉光世題名。劉不能書，（今）〔令〕侍兒意真代書。姜堯章題詩云：『諸老凋零極可哀，尚留名姓壓崔嵬。劉郎可是疏文墨，空幾點臙脂涴綠苔〔二〕。』」

案：先生原題爲：《登烏石寺觀張魏公劉安成岳武穆留題，劉云侍兒意真奉命題記》。「名姓」作「名字」，「涴」作「汙」。張魏公名浚，《鶴林玉露》作張循王，誤。

葉適第進士。

適字正則，號水心居士，永嘉人，淳熙五年進士。寧宗朝，歷權吏部侍郎、寶文閣待制，知建康府，沿江制置使，兼制江淮，終寶文閣學士，卒謚忠定。有《水心集》二十九卷。

淳熙六年己亥，二十五歲。

蕭東夫秩滿歸烏程。

《千巖摘藁序》：「淳熙丁酉，余出守毘陵，東夫丞龍川。……後二年，余移廣東常平使者，東夫官滿，歸訪余於南溪之敝廬。」

淳熙七年庚子，二十六歲。

先生習書，約在是年。

《定武舊刻禊帖（趺）〔跋〕》：「余二十餘年習《蘭亭》。」語在嘉泰三年三月，故知其習書約自是年始。

淳熙八年辛丑，二十七歲。

七月，著作郎呂祖謙卒，年四十五。祖謙，夷簡五世孫，其學本之家庭，有中原文獻之傳。著《讀書記》、《大事記》，皆未成書。考定《古周易書說》、《閫範》、《官箴》、《辨志錄》、《皇朝文鑑》行於世，學者稱東萊先生。

淳熙九年壬寅，二十八歲。

范成大帥金陵。

《范成大本傳》：除端明殿學士，尋帥金陵。

《誠齋集·聖筆石湖大字歌序》：「淳熙壬寅，聖人賜宴，臨遣端明殿大學士參政臣范成大，居守金陵，觴次肆筆作『石湖』二大字賜之，以寵其行。臣成大刻石以碑本分似，小臣楊万里敢拜手稽首賦長句。」

淳熙十年癸卯，二十九歲。

過金陵，識范致能。

案：《醉吟商序》，先生識石湖，在謁誠齋以前。謁誠齋在淳熙十四年，而十一年、十二年客湖北，十三年客長沙。是時范（舉）〔致〕能適在金陵，其識致能當在是時。

淳熙十一年甲辰，三十歲。

客武陵。宋爲荆湖北路常德府治，清爲湖南省常德府治，今改常德縣。

《念奴嬌序》：「予客武陵，湖北憲治在焉。古城野水，喬木參天。予與二三友日蕩舟其間，薄荷花而飲，意象幽閒，不類人境。秋水且涸，荷葉出地尋丈，因列坐其下。上不見日，清風徐來，緑雲自動，間疏處窺見遊人畫船，亦一樂也。揭來吳興，數得相羊荷花中，又夜泛西湖，光景奇絕。故以此句寫之。」《昔遊》詩：「放舟龍陽縣，洞庭包五河。」五河即澧、沅、濱、湘、大江。又：「昔遊桃源山，先次白馬渡。」桃源縣界。皆寫武陵境。

案：《淳熙薦士録》，十二年蕭東夫爲湖北參議。又案先生《別沔鄂親友》詩，十三年東夫已罷官歸苕，則十一年東夫在任可知，而先生遊武陵之時，亦可推定。

淳熙十二年乙巳，三十一歲。

蕭東夫爲湖北參議官。先生仍客武陵。

《淳熙薦士録》：「蕭德藻文學甚古，氣節甚高。其志常學有爲，其進未嘗苟合。老而不遇，士者屈之。今爲湖北參議官。」

案：《淳熙薦士録序》：「淳熙乙巳，誠齋爲吏部郎中，時王季海爲丞相。一日（相丞）〔丞相〕問誠齋云：『宰相何最急先務？』誠齋答薦士爲先。因呈《薦士録》。」

是歲秋發武陵，過湘陰。舊屬湖南長沙府，今屬湖南湘江道，在長沙之北，地濱湘江。有《寄千巖》詩。《寄千巖》詩：「渺渺臨風思美人，荻花楓葉帶離聲。夜深吹笛移船去，三十六灣秋月明。」又《昔遊》詩：「洞庭八百里，玉盤盛水銀。長虹忽照影，大哉五色輪。我舟渡其中，晃晃驚我神。朝發黃陵祠，暮至赤沙曲。借問此何處，滄灣三十六。青蘆望不盡，明月耿如燭。灣灣無人家，只就蘆邊宿。」案：是詩亦寫此時景。《清波引》、《八歸》、《小重山令》，皆是時客湘之作。

八月，楊萬里以吏部郎中兼侍讀，十二月除檢詳仍兼。

淳熙十三年丙午，三十二歲。

客長沙別駕之觀政堂。長沙，今湖南長沙縣，舊爲長沙、善化二縣。

案：《昔遊》詩：「蕭蕭湘陰縣，寂寂黃陵祠。喬木蔭樓殿，晝壁半傾攲。蘆洲雨中淡，漁網煙外歸。重華不可見，但見江鷗飛。假令無恨事，過此亦依依。」又：「青草長沙境，洞庭渺相連。洞庭西北角，雲夢更無邊。後有白湖沌，渺莽里數千。」皆言赴長沙途中境。

正月七日登定王臺，漢長沙定王發既之國，築臺以望母。有《一萼紅》。

《一萼紅序》：「丙午人日，予客長沙別駕之觀政堂。堂下曲沼。沼西負古垣。有盧橘幽篁，一徑深曲。穿徑而南，官梅數十株，如椒如菽，或紅破白露，枝影扶疏。著屐蒼苔細石間，埜興橫生，亟命駕登定王臺，亂湘流，入麓山。湘雲低昂，湘波容與。興盡悲來，醉吟成調。」麓山，陳田夫《南嶽總勝集》：靈麓峰，即岳麓峰也，在潭州湘水之西。

立夏日，遊南嶽。

案：《昔遊》詩：「昔遊衡山上，未曉入幽谷。……一峰高一峰，峰峰秀林木。仰看同來客，木末見冠服。高臺石橋路，尋常雲所宿。下方雷雨時，此上自晴旭。」當指是時事。又「昔遊衡山下，看水入朱陵」，乃在雪霽後，殆又一時也。

至雲密峰，遇若士，以《詩說》見贈。

《詩說序》：「淳熙丙午立夏，余遊南嶽，至雲密峰，徘徊禹溪橋下上。愛其幽絕，即屏置僕馬，獨尋溪源，行且吟哦。顧見茅屋，蔽虧林木間。若士坐大石上，眉宇闓爽，年可四、五十。心知其異人，即前揖之，相接甚溫，便邀入舍內，煎苦茶共食從容，問從何來，適吟何語？余以實告，且舉似昨日《望嶽》『小山不能雲，大山半爲天』之句。若士喜，謂余可人，遂探囊出書一卷云：『是《詩說》，老夫頃者常留意茲事，故有此書。今無作矣！徑以付君。』余益異之，然匆匆不暇觀，但袖藏致謝而已。問其年則慶曆間生，始大驚。意必得長生不老之道，再三求教，笑而不言，亦不道姓名。再相留噉黃精粥，余辭以與人偕來，在官道上相候。告別出，至橋上馬，遍詢土人，無知者，惟一老父嘆曰：『此先生久不出，今猶在耶！』欲與語，忽失所在，悵然而去。晚解鞍，細讀其書，甚偉。常寘枕中，時時翫味。好事者有聞，問來取觀，亦不靳也。昔軒轅彌明能詩，多在南山，若士豈其儔哉！」

案：先生遇若士之説，乃託諸空言，亦猶陶淵明《桃花源記》也。

又《昔遊》詩：「衡山爲眞宫，道士飲我酒。共坐有何人，山中白衣叟。問叟家何在？近住山洞口。殷勤起見邀，徐步入林藪。雲深險徑黑，石亂湍水吼。尋源行漸遠，茅屋翦如帚。老烹茶味苦，野琢琴形醜。叟云司馬遷，學道此居久。屋東大磐石，棋畫今尚有。古木庇覆之，清泉石根走。因悲百年内，汲汲成白首。仙人固難值，隱者亦可偶。」

案：此詩與前説合而不玄，其贈《詩説》事，可不攻自破矣。

秋登祝融峰，得祠神之曲，曰《黄帝鹽》、《蘇合香》。又於樂工故書中，得商調《霓裳曲》十八闋，皆虚譜無辭，因度《霓裳中序第一》。

《霓裳中序》：「丙午歲留長沙，登祝融，因得其祠神之曲，曰《黄帝鹽》、《蘇合香》。又於樂工故書中，得商調《霓裳曲》十八闋，皆虚譜無辭。按沈氏《樂律》，霓裳道調，此乃商調。樂天詩云『散序六闋』，此特兩闋，未知孰是。然音節閑雅，不類今曲。予不暇盡作，作《中序》一闋傳於世。予方羈遊，感此古音，不自知其辭之怨抑也。」

七月十五日，長溪今福建長溪縣。楊聲伯，時典長沙，約先生與趙景魯、景望，蕭和父、裕父、時父、恭父，大舟浮湘。舟次，吟詠度曲，頗極一時之盛，有《湘月》。

楊聲伯，事蹟無可考。近人陳思《白石

道人歌曲疏證》引《一統志》：福寧府楊惇，字穆仲，長溪人，崇寧進士，建炎初以御史召。楊興宗，字似之，長溪人，少師鄭樵，復執經林光朝之門，舉紹興進士。楊楫字通老，長溪人，淳熙進士，累官司農簿，或聲伯之族也。蕭和父、裕父、時父、恭父，或爲蕭東夫之子侄，無可考。《齊東野語》謂蕭千巖之侄滾得白石舊藏五字不損本《禊帖敘》。不知滾係和父兄弟何人之名。又宋無名氏《錦繡萬花谷》載淳熙十五年自叙，稱命名者乃烏江蕭恭父，河南胡恪。「烏江」當是「烏程」之（僞）〔譌〕，即此恭父也。又周密《浩然齋雅談》載白石《載雪錄》，自叙有蕭介父題詩。是和父兄弟，又不止四人矣。

《湘月序》：「長溪楊聲伯典長沙楫櫂，居瀕湘江，窗間所見，如燕公郭熙畫圖，卧起幽適。丙午七月既望，聲伯約予與趙景魯、景望、蕭和父、裕父、時父、恭父，大舟浮湘，放乎中流，山水空寒，煙月交映，凄然其爲秋也。坐客皆小冠練服，或彈琴，或浩歌，或自酌，或援筆搜句。予度此曲，即《念奴嬌》之鬲指聲也，於雙調中吹之。鬲指亦謂之過腔，見《晁無咎集》。凡能吹竹者，便能過腔也。」

有《浣溪沙》。

八月歸沔陽，寓姊氏家，日與甥安子遊。

《浣溪沙序》：「予女須家沔之山陽《漢陽府志》：九真山在西南九十里，山陽即九真山之陽也。左白湖，即太白湖。陳注引《漢陽府志》：太白湖一名九真湖，周二百餘里。右雲夢。即沔陽州西北古雲社。陳注引《漢陽府志》：雲社故城在沔陽州西北。《水經注》：沔水又東南過江夏縣東，夏水從西來注之，即渚口也。《禹貢》所謂「雲土夢作乂」，故縣取名焉。春水方生，浸數千里，冬寒沙露，衰草入雲。丙午之秋，予與安甥或蕩舟採菱，或舉火罝兔，或觀魚簺下，山行（趾）〔野〕吟，自適其適。憑虛悵望，因賦是闋。」

冬十二月，千巖老人蕭東夫約往苕霅，遂發沔口，賦《別沔鄂親友》十詩。

題爲《以長歌意無極好爲老夫聽爲韻奉別沔鄂親友》。第一首云：「滔滔沔鄂留，有靦三宿桑。持鉢了白日，事賤丸蛣蜣。念當去石友，煙席凌江湘。爲君試歌商，歌短意則長。」

其所贈者爲：楊大昌，字正之。鄭仁舉、字次皡。《漢陽縣志·隱逸傳》云：鄭仁舉隱居郎官湖上，不求聞達，善言名理。辛泌、字克清，能詩。見《漢陽縣志·文學傳》。單煒、字炳文，沅陵人。博學能文，得二王筆法，字畫遒勁，合古法度，于考書法尤精。武舉得官，仕至路分。著聲江湖間，名士大夫多與之遊，自號定齋居士，與堯章投分最稔，亦韻士也。蔡武伯。蔡迨堅吾子。

案：先生著《(讀)〔續〕書譜》，或始此時。因是詩末有「著書窮愁濱，可續離騷經」句可證。

乘濤載雪而下，有《探春慢》。

《探春慢序》：「予自孩幼，從先人宦于古沔，女須因嫁焉。中去復來幾二十年，豈惟姊弟之愛，沔之父老兒女子，亦莫不予愛也。丙午冬，千巖老人約予過苕霅，歲晚乘濤載雪而下。顧念依依，殆不能去，作此曲別鄭次皡、辛克清、姚剛中諸君。」

過武昌，因安遠樓成，與劉去非等往遊，

有《翠樓吟》。

安遠樓即武昌南樓。劉過《龍洲詞·唐多令》「安遠樓小集」詞，有「二十年重過南樓」句，又名南樓令。劉去非，劉過《龍洲詞·唐多令序》：「安遠樓小集，侑觴歌板之姬黃姓者，乞詞於龍州道人，爲賦《唐多令》。同柳阜之、劉去非、石民瞻、周嘉仲、陳夢參、夢容，時八月五日也。」去非仕履無可考。

《翠樓吟序》：「淳熙丙午冬，武昌安遠樓成，與劉去非諸友落之，度曲見志。」

案：《雪中六解》：「黃鶴磯邊晚渡時，柳花風急片帆飛。一聲長笛魚龍舞，白浪如山不肯歸。」當指此時。

渡揚子。長江。

《昔遊》詩：「揚舲下大江，日日風雨雪。」又：「既離湖口縣，未至落星灣。舟中兩三程，程程見廬山。」又：「雪霽下揚子，閒望江上山。山山如白玉，日照金孱顏。」正爾時事。

淳熙十四年丁未，三十三歲。

正月元日，過金陵江上，有《踏莎行》。

《踏莎行序》：「自沔東來，丁未元日至金陵，江上感夢而作。」

二日道金陵，有《杏花天影》。

案：《踏莎行》與是闋，皆懷沔妓作。

《杏花天影序》：「丙午之冬發沔口。丁未正月二日道金陵，北望淮楚，風日清淑，小舟挂席，容與波上。」

至苕溪，復往臨安。吳分餘杭爲臨水縣，晉武帝太康元年，更名臨安。宋高宗建炎三年，升杭州爲臨安府，紹興八年定都。其域東至秀州界，西至徽州界，南至紹興府，北至湖州界，東南到紹興府界，西南到嚴州界，東北到秀州界，西北到宣州界。

謁楊誠齋。

楊萬里字廷秀，吉州吉水人（今江西廬陵道），中紹興二十四年進士第。爲章貢州司戶，調永州零陵丞。時張浚謫永，杜門謝客，萬里三往，不得見，以書力請，始見之。浚勉以正心誠意之學，萬里服其教終身，乃名讀書之室曰誠齋。浚入相，薦之朝，除臨安府教授。未赴，丁父憂，改知隆興府奉新縣。會陳俊卿、虞允文爲相，交薦之，召爲國子博士，侍講，遷太常博士，尋升丞兼吏部侍右郎官，轉將作少監。甲午出知漳州，改常州。己亥提舉廣東，就除提點刑獄。……俄以憂去，免喪，召爲尚左郎官。淳熙十二年五月庚寅，以地震應詔上書。東宮講官闕，帝親擢萬里爲侍讀，歷樞密院檢討，守右司郎中，遷左司郎中。十四年夏旱，萬里復應詔言，遷祕書少監。光宗即位，召爲祕書監。紹熙元年，借煥章閣學士，爲接伴金國賀正旦使，兼實錄院檢討官。寧宗嗣位，召赴行在，辭，升煥章閣待制，引年乞休。時韓侂胄用事，築南園，屬萬里爲之記，許以掖垣。萬里曰：「官可棄，記不可作。」開禧元年召，復辭。明〔年〕，升寶謨閣學士。及家居，侂胄專僭日甚，萬里憂憤成疾。會族子言侂胄用兵事，萬里慟哭失聲，呼紙書其罪狀，又書十四言別妻子，擲筆而逝，年八十三（《宋史》誤，應作八十，説詳後）。贈光祿大夫，謚文節。光宗嘗爲書「誠齋」二字，學者稱誠齋先生。有《誠齋易傳》、《誠齋集》及《詩話》。

《白石道人詩集自叙》：「東來，識誠齋、

石湖。」

案：《誠齋集》及本傳，淳熙十四年，誠齋適在臨安官左司郎中，先生來謁，當在是時。

三月，買舟往蘇州，謁石湖。楊誠齋有送先生詩，先生有次韻作。

《誠齋集·送姜堯章謁石湖先生》詩：「釣璜英氣横白蜺，咳唾珠玉皆新詩。江山愁訴鶯爲泣，鬼神露索天洩機。彭蠡波心弄明月，詩星入腸肺肝裂。吐作春風百種花，吹散瀕湖數峰雪。青鞋布襪軟紅塵，千詩只博一字貧。吾友彝陵蕭太守，逢人説項不離口。袖詩東來謁老夫，慚無高價索璠璵。翻然欲買松江艇，逕去蘇州參石湖。」先生之識誠齋，蓋由蕭東夫爲介也。

《次韻誠齋送僕往見石湖長句》：「客來讀賦作雌蜺，平生未聞衡説詩。省中詩人官事了，狎鷗入夢心無機。韻高落落懸清月，鏗鏘妙語春冰裂。一自長安識子雲，三嘆郢中無白雪。范公蕭爽思出塵，有客如此渠不貧。堂堂五字作城守，平章勁敵君在口。二公句法妙萬夫，西來囊中藏魯璵。只今擊節烏棲曲，不愧當年賀鑑湖。」

夏回苕溪，依千巖。有《千巖曲水》詩及《惜紅衣》詞。

《千巖曲水》詩：「紅雨灑溪流，下瀨仍小駐。魚隊獵殘香，故故作呑吐。老子把一盞，微風忽吹去。」

《惜紅衣序》：「吴興號水晶宫，荷花盛麗。《能改齋漫録》：「楊濮守湖州，賦詩云：『溪上玉樓樓上月，清光合作水晶宫。』其後遂以湖州爲水晶宫。」陳簡齋云：『今年何以報君恩，一路荷華相送到青墩。』亦可見矣。

陳與義《無住詞·虞美人序》：「予甲寅歲自春官出守湖州，秋杪，道中荷花無復存者。乙卯歲，自瑣闥以病得請奉祠，卜居青墩鎮，立秋後三日行，舟之前後如朝霞相映，望之不斷也，以長短句記之。」詞云：「扁舟三日秋塘路，平度荷花去。病夫因病得來遊，更值滿川烟雨洗清秋。　去年長恨拏舟晚，空見殘荷滿。今年何以報君恩，一路荷花相送到青墩。」丁未之夏，予遊千巖，數往來細香中。自度此曲，以無射宮歌之。」千巖在湖州弁山。（宏）〔弘〕治《湖州府志》：卞山在烏程縣西北十八里。

秋，張功甫新第落成，先生有《喜遷鶯慢》。

張鎡字功甫（舊字時可，慕郭功父，故易之），號約齋，西秦人，循王張俊之曾孫。生於紹興二十三年三月二日，約卒於嘉定五年。歷官承事郎、直祕閣，權通判臨安府事兼管內勸農事，宣義郎，終右司郎。開禧中誅韓侂冑，功甫預其謀。韓既誅，史彌遠忌之，遂有霅溪之謫。後以旨得還，因史變法，坐前憾，復謫死象臺。初，循王封清河郡王，城南清河坊即以其賜第得名。其居近市而隘，功甫於南湖之濱得曹氏廢圃，遂治宅移居，園中峰石，即撤舊居小假山爲之，花木泉石，爲當時錢塘之最，所交亦盡一世名彥。功甫以詩名，其詩得活法之妙，遠宗香山於唐，近則得力誠齋、放翁諸人。今存《南湖集》十卷、《玉照堂詞》一卷。

《喜遷鶯慢序》：「功父新第落成。」

案：「甫」與「父」字古通，宋人書多互用。

案：《南湖集·玉照堂梅品序》：「淳

熙歲乙巳（十二年），予得曹氏荒圃於南湖之濱。」又《桂隱記詠序》：「淳熙丁未秋，僕自臨安通守以疾丐祠，既歸桂隱，遂捐故（盧）〔廬〕爲東寺，指新舍爲西宅，南湖以經其前，北園以殿其後。因枚立堂宇、橋、舟諸名，各賦小詩一篇，緣題述興，不拘一律，區區樂閒之心，聊用以自見云。」又，淳熙十四年七月初七日《捨宅誓願疏文》：「經懷昨倦處於舊廬，遂更謀於別業。園得百畝，地占一隅，幽當北郭之鄰，秀踞南湖之上。雖混京塵，而有山林之趣；雖在人境，而無車馬之諠。爰翦荆榛，式營棟宇，勞一心而經始，歷二歲而落成。」又《桂隱百課序》：「綱舉而言之，東寺爲報上嚴先之地，西宅爲安身攜幼之所，南湖則管領風月，北園則娛燕賓親，亦庵晨居植福以資淨業也。」據此則功甫治宅於十二年，落成於十四年秋，而先生之賀詞，亦當作於此時。

冬，過吳淞，俗呼蘇州河。源出江蘇太湖，爲古三江之一，東流至上海縣北，會黄浦江入海。有《點絳脣》詞及《三高祠》詩。

《點絳脣序》：「丁未冬過吳淞作。」

《三高祠》：「越國霸來頭已白，洛京歸後夢猶驚。沈思只羨天隨子，蓑笠寒江過一生。」

三高祠，龔明之《中吳紀聞》三高亭條：「越上將軍范蠡、江東步兵張翰、贈右補闕陸龜蒙，各有畫像在吳江鱸鄉亭。東坡嘗有《吳江三賢畫像》詩，後易其名曰三高，且更爲塑像。朏庵主人王文孺獻其地雪灘，因遷之。今在長橋之北，與垂虹亭相望。石湖居士爲之記。」《花庵詞選》：「范成大《三高祠記》，天下之人誦之。天隨子，陸龜蒙號。」《吳郡圖經續志》：「陸龜蒙宅在松江上甫里。」案：宋人以白石比龜蒙。白石自述云：「待制楊公以爲予文無所不工，甚似陸天隨。」楊公謂萬里也。又《除夜自石湖歸苕霅》云：「三生定是陸天隨，又向吳松作客歸。」是先生亦以龜蒙自命矣。

案：先生《姑蘇懷古》詩：「夜暗歸雲繞柁牙，江涵星影鷺眠沙。行人悵望蘇臺柳，曾與吳王掃落花。」當作於是年。

是歲十月太上皇崩。楊萬里除秘書少監，仍兼。

淳熙十五年戊申，三十四歲。

客臨安。先生嘗寓吳興張仲遠家，有《百宜嬌》詞。一名《眉嫵》。

《耆舊續聞》：「姜堯章嘗寓吳興張仲遠家。仲遠屢出外，其室人知書，賓客通問，必先窺來札，性頗妬。堯章戲作《百宜嬌》以遺仲（達）〔遠〕云：『看垂楊連苑，杜若侵沙，愁損未歸眼。信馬青樓去，重簾下，娉婷人妙飛燕。翠樽共款，聽豔歌，郎意先感。便攜手，月地雲階裏，愛良夜微煖。無限風流疏散。有暗藏弓履，偷寄香翰，明日聞津鼓，湘江上，催人還解春纜。亂紅萬點，悵斷魂煙水遙遠。又爭似相攜，乘一舸、鎮長見。』仲遠歸，竟莫能辨，則受其指爪損面，至不能出外云。」

四月，楊萬里與郡。

夏，先生游郭氏菴，有《坐上和約齋》詩。

張功父《過湖至郭氏菴》詩：「山色稜層出，荷花浪漫開。只如平日看，自喜此時來。楊柳侵船影，蜻蜓傍酒杯。僧盧須過夜，城禁莫催回。」

先生和詩云：「句入冰輪冷，愁因玉宇開。可無如此客，猶恨不能杯。好句長城立，寒鴉結陣來。箜篌莫停手，拚卻斷腸回。」

案：《南湖集》爲張功父於嘉定庚午（三年）手定，雖經散佚，然就存者觀之，尚足見其梗概。功父《過湖至郭氏菴》詩，今編在卷四。案卷四第一首爲《春前一日賦呈誠齋覓荆（詩溪）（溪詩）編且邀看玉照堂花》詩，證之《誠齋集》，（《誠齋集》為楊萬里自定，未佚。卷二十三淳熙十四年詩，有《除夜張功父惠詩索荆溪集次韻送往》一首）乃十四年歲暮之作，則《過湖至郭氏菴》詩爲十五年夏作無疑。

還寓苕溪，以詩卷寄贈張功父，功父以詩報之。

《南湖集》卷六《因過田倅，坐間得姜堯章所贈詩卷以七字爲報》：「京塵輿馬競揚埃，何礙騷人獨往回。我住水邊奚自識，詩如雲外寄將來。一從袖風攜歸看，屢向松亭靜展開。應是冰清逢玉潤，只因佳句不因媒。」

淳熙十六年己酉，三十五歲。

正月，客吳興。收燈夜不出，有《浣溪沙》。

《浣溪沙序》：「己酉歲客吳興，收燈夜闔戶無聊。俞商卿呼之不出，因記所見。」

俞灝字商卿，世居杭，父徙烏程。登紹

熙四年進士。開禧議開邊，政府密引灝畫計，灝言：「輕脱寡謀之人不可信，趙良嗣、張覺，往轍可鑒。」歷秉麾節，皆有聲。寶慶二年致仕，築室九里松，買舟西湖，會意處竟日忘返，以詩詞自適。自號青松居士，有《青松居士集》。

早春，與田幾道尋梅北山沈氏圃，遇雪，有《夜行船》詞。

田幾道，未詳，詩集卷三有《寄田郎》一律，或即其人。北山即蒼山。姜虬緑鈔本《白石道人集》：「蒼弁有大小玲瓏。小玲瓏一名沈家白石洞。」吴甘泉《弁山志》可據。宋時沈氏搜鑿之，得白石數斛，故名。今洞中尚鐫有「白石洞天」字。後人省其呼直稱「沈家」，不復名白石。白石己酉尋梅北山，或即其地。或者卜築因緣，卜於此役，亦未可知。

陳注引《烏程縣志》：「小玲瓏山亦名賽玲瓏山，在城北太史灣。」周密《癸辛雜識》：「賽玲瓏山去玲瓏山近三里許，近歲沈氏抉剔爲之。大率此山十餘里皆奇石也。」

《夜行船序》：「己酉歲寓吴興，同田幾道尋梅北山沈氏圃，載雪而歸。」

二月，帝傳位於太子惇。太子即位，尊帝爲壽皇聖帝，皇后爲壽成皇后，皇太后爲壽聖皇太后。

春，與蕭時父載酒南郭，有《琵琶仙》詞。

《琵琶仙序》：「《吴都賦》云：『戶藏烟浦，家具畫船。』」顧廣圻云：此《唐文粹》李庚《西都賦》文，作《吴都賦》誤。見《思適齋集》十五《姜白石集跋》。唯吴興爲然，春遊之盛，西湖未能過也。己酉歲，予與蕭時父載酒南郭，感遇成歌。」

秋居苕溪，賦《鷓鴣天》。

《鷓鴣天序》：「己酉之秋，苕溪記所見。」

卜居白石洞下，因號白石道人，有《白石歌》。

《白石歌序》：「余居苕溪上，與白石洞天爲鄰。潘德久字予曰白石道人，以詩見畀。其詞曰：『人間官爵似樗蒲，採到枯松亦大夫。白石道人新拜號，斷無繳駁任稱呼。』予以長句報貺。」

潘檉字德久，號轉菴，永嘉人。舉進士不第，用父賞授右職，爲閤門舍人、福建兵鈐。有《轉菴集》。

周晉仙《題堯章新成草堂》詩：「早將心事付漁樵，若被幽人苦見招。多種竹將挑筍喫，旋裁松待斫柴燒。壁間古畫身都碎，架上枯琴尾半焦。猶有住山窮活計，仙經盈卷一村（風）瓢。」

周文璞字晉仙，號方泉老人，又號野齋，又號山楹，陽穀人，爲南渡後名士。有《方泉先生集》四卷（賦一卷，詩三卷）。

案：先生卜居白石洞下，當在淳熙十六年秋，而姜虬緣定爲紹熙元年。姜虬緣云：己酉以前，但僑寄霅川，未成卜築，故《夜行船》詞序，止稱歲寓吳興。且其指蒼弁爲北山，又載酒爲南郭，則寓在郡中，絶非山林可知。而辛亥除夕別石湖，乃稱歸苕日歸，則顯然有家矣。據先後兩年事蹟並論，則先生之卜築在是年無疑。周方泉題先生《新成草堂》詩，有「多種竹將挑筍喫，旋裁松待斫柴燒」，及「猶有住山窮活計」之句，與先生自序所謂「與白石洞天爲鄰」脗合，則所居已在山非復城市明矣。然紹熙二年正月二十四日先生發合肥，有別妓之《浣溪沙》，是以知其居肥戀妓非一日矣。且《淡黃柳詞序》：「客居合肥南城赤闌橋之西。」詞云：「明朝又寒食。」若定爲辛亥之作，則先生於正月發合肥，夏謁楊誠齋於金陵，絕無中途折回之理。則是詞爲紹熙元年客肥之作無疑。如是則先生卜居白石洞下，必在淳熙十六年矣。

光宗紹熙元年庚戌，三十六歲。

客合肥，漢時爲合肥、逡遒二縣地。清爲安徽廬州府附郭首縣。今裁府留縣，屬安慶道，縣城濱長岡店水。寓南城赤闌橋西，有《淡黃柳》。

《淡黃柳序》：「客居合肥南城赤闌橋之西，巷陌淒涼，與江左異。唯柳色夾道，依依可憐。因度此曲，以紓客懷。」

紹熙二年辛亥，三十七歲。

先生《送朝天續集》歸誠齋。有《送朝天續集歸誠齋時在金陵》詩。

案：《宋史·楊萬里傳》及《誠齋集》：萬里去年（紹熙元年）出爲江東轉運副使。明年（紹熙三年）知贛州，不赴。陳注引《誠齋集》、《江東運副告詞》紹（興）〔熙〕元年十一月十三日，《知贛州告詞》紹熙三年八月十一日。又誠齋《江東集序》：「紹熙庚戌十月，予上章匄外，蒙恩除江東副漕。」又《石湖集》卅三《謝江東漕楊廷秀祕監送江東集》云：「短夢相尋白下門。」則誠齋官金陵時，適當辛亥。

正月二十四日發合肥，有《浣溪沙》。

《浣溪沙》：「釵燕籠雲晚不忺，擬將裙帶繫郎船，別離滋味又今年。楊柳夜寒猶自舞，鴛鴦風急不成眠。些兒閑事莫縈牽。」此係別合肥妓詞。

晦日泛巢湖。在安徽巢縣、合肥、廬江、舒城四縣之間，本巢縣地，後陷爲湖，一名灤湖，一名焦湖。自度平韻《滿江紅》，爲迎送湖神之曲。

《滿江紅序》：「《滿江紅》舊調用仄韻，多不協律，如末句云『無心撲』三字，歌者將『心』字融入去聲，方諧音律。予欲以平韻爲之，久不能成。因泛巢湖，聞遠岸簫鼓聲，問之舟師，云：居人爲此湖神姥壽也。《輿地紀勝》（四十五）：「巢湖聖姥廟在城左廂明教台上。」曹元忠《淩波詞·滿江紅序》：「考神姥當本《淮南王書》『歷陽之郡，一夕成湖』事。故《方輿勝覽》云：『姥山在巢湖中，湖（滔）〔陷〕，姥升此山。有廟。』羅隱詩亦云：『借問邑人沉水事，已經秦漢幾千年』也。」因祝曰：『得一席風，徑至居巢，當以平韻《滿江紅》爲迎送神曲。』言訖，風與筆俱駛，頃刻而成，末句云『聞佩環』，則協律矣。書以綠箋，沈于白浪，辛亥正月晦也。」

又有《長亭怨慢》。憶別之作。

《長亭怨慢序》：「予頗喜自製曲，初率意爲長短句，然後協以律，故前後闋多不同。桓大司馬云：『昔年種柳，依依漢南。今看搖落，悽愴江潭。樹猶如此，人何以堪！』此語予深愛之。」「桓大司馬」云云，見庾信《枯樹賦》，白石誤以爲桓溫語。四庫《白石詞集提要》及吴衡照《蓮子居詞話》已駁正之。

夏至金陵，謁楊誠齋，有《醉吟商小品》。

《醉吟商小品序》：「石湖老人謂予云：『琵琶有四曲，今不傳矣。曰護索梁州，轉關綠腰，醉吟商湖（謂）〔渭〕州，歷絃薄媚也。』《石湖詩集》卅一有《復作韻記昨日坐中劇談及趙家琵琶之妙呈王正之提刑》二絶，自注云：「正之云：轉關六幺，護索梁州，歷統（即絃）薄媚，醉吟商湖渭州，此四曲承平時專入琵琶，今不復有能傳者。」《（白）〔石〕湖集》以此詩編在《庚戌秋夕不能佳眠》之下，是琵琶四曲，石湖去年庚戌聞之王正之，今年轉告白石。予每念之。辛亥之夏，予謁楊廷秀丈於金陵邸中，遇琵琶工，解作醉吟商湖渭州。因求得品絃法，譯成此譜，實雙聲耳。」

六月，復度巢湖，刻《仙姥來》詞于柱間。

《滿江紅序》：「是歲六月，復過祠下，因刻之柱間。有客來自居巢，云：『土人祠姥，輒能歌此詞。』」

秋過牛渚，山名，今在安徽當塗縣西北二十里。其山下突入江處，謂之采石磯。有詩。

《牛渚》詩：「牛渚磯邊渺渺秋，笛聲吹下月中流。西風不識張京兆，畫得娥眉如許愁。」

寓合肥，有《摸魚兒》、《秋宵吟》、《淒涼犯》。

《摸魚兒序》：「辛亥秋期，予寓合肥。小雨初霽，偃卧窗下，心事悠然。起與趙君猷露坐月飲，戲吟此曲，蓋欲一洗鈿合金釵之塵。他日野處見之，甚爲予擊節也。」

洪邁字景盧，號野處，又號容齋，鄱陽人，忠宣公皓子，紹興十五年登第。兄文惠适、文安遵，皆中博學宏詞科，由是三洪名滿天下。累遷吏、禮二部員外郎，尋進煥章閣學士，知紹興，告老，以端明殿學士致仕，卒謚文敏。有《容齋五筆》、《夷堅志》、《萬首唐人絕句》、《野處類稿》行於世。按《名人年譜》，洪邁此年歸鄱陽。

《秋宵吟》「衛娘何在，宋玉歸來」句，與《摸魚兒》「織錦人歸，乘槎客去」之語合。先生以本年夏往金陵，秋返合肥，時令亦符，是同時之作無疑。

《淒涼犯序》：「合肥巷陌皆種柳，秋風夕起騷騷然。予客居闔戶，時聞馬嘶。出城（出）〔四〕顧，則荒烟野草，不勝淒黯，乃著此解。」

是秋，蕭東夫《千巖摘稿》編定，請楊誠齋爲之序。

楊誠齋紹熙辛亥九月七日《千巖摘藁序》：「余至金陵之一月，呼中男次公而告之曰：『東夫可念，亟遣騎以書候之。』東夫答余書，其辭充然自得，其意怡然自樂。寄詩一編曰《千巖摘藁》，屬余序之。」

冬，先生載雪詣石湖，有《雪中訪石湖》詩，范至能有次韻作。

《雪中訪石湖》詩：「雪矸如玉城，偏師敢輕犯。黃蘆陣野鶩，我自將十萬。三戰渠未降，北面石湖范。先生霸越手，定自一笑粲。」

范至能《次韻堯章雪中見贈》：「玉龍陣長空，皐比忽先犯。鱗甲塞天飛，戰退三百萬。當時訪戴舟，卻訪一寒范。新詩如美人，蓬蓽愧三粲。」

案《浩然齋雅談》：至能有《酬堯章》詩云：「鵝鶩聲暗雪臆豪，直前不憚夜行勞。更能橐鞬尊裴度，千古人知李愬高。」但《石湖集》只有《次堯章韻作》，而無是絕句。或編集時刪去，亦未可知。

《點絳脣》及《解連環》，亦是時再自合肥東歸，别妓之作。

止月餘，有《玉梅令》。

《玉梅令序》：「石湖家自製此聲，未有語實之，命予作。石湖宅南鬲河有圃曰范村，梅開雪落，竹院深靜，而石湖畏寒不出，故戲及之。」石湖宅，《齊東野語》（十）：「文穆范公成大，晚歲卜築於吳郡盤門外十里，蓋因闔閭所築越來溪故城之基，隨地高下而爲亭榭，所植皆名花，而梅尤多。别築農圃堂，對楞伽山，臨石湖，蓋太湖之一派，范蠡所從入五湖者也。孝皇嘗御書『石湖』二大字以賜之。公作上梁文亦云『吳波萬頃，偶維風雨之舟，越戍千年，因築湖山之觀』是也。」《蘇州府志》（三十七）：「石湖别墅在吳縣西南十二里。」范村，范成大《梅譜自序》：「余於石湖玉雪坡既有梅數百本，比年又於舍南買王氏僦舍七十楹，盡拆除之，治爲范村，以其地三分之一與梅。吳下栽梅特盛，其品不一，今始盡得之，隨所得爲之譜，以遺好事者。」《蘇州府志》（廿七）：「范參政宅南有范村，以唐胡六子涉海所遇爲名。梅曰『淩寒』，海棠曰『花仙』。」石湖畏寒不出，《石湖集》是年有《范村雪後》五律、《雪後苦寒》七絶諸詩。

石湖徵新聲，先生爲《暗香》、《疏影》二詞。

《暗香疏影序》：「辛亥之冬，予載雪詣石湖。止既月，授簡索句，且徵新聲。作此兩曲，石湖把玩不已，使工妓肄習之，音節諧婉，乃名之曰《暗香》、《疏影》。」

將歸吳興，石湖以小紅見贈。

《古今詞話》：「辟寒、小紅，順陽公（即范石湖。）青衣也，有色藝。順陽公之請老，姜堯章詣之。一日授簡徵新聲，堯章製《暗香》、《疏影》兩曲，公使二妓肄習之，音節清婉。姜堯章歸吳興，公尋以小紅贈之。」

除夕别石湖歸苕，有《除夜歸苕溪》十絶。

《慶宮春序》：「紹熙辛亥除夕，予别石湖歸吳興。」

《除夜自石湖歸苕溪》詩，其一云：「笠澤茫茫雁影微，玉峰重疊護雲衣。長橋寂寞春寒夜，只有詩人一舸歸。」自注曰：「此詩錄寄誠齋，得報云：『所寄十詩，有裁雲縫霧之妙思，敲金戛玉之奇聲。』」

雪後過垂虹，有詩。垂虹，亭名，在吴江利往橋上。

《硯北雜志》：「姜堯章歸吴興，公尋以小紅贈之。其夕大雪，過垂虹，賦詩曰：『自琢新詞韻最嬌，小紅低唱我吹簫。曲終過盡松陵路，回首烟波十四橋。』」

案：《石湖仙》壽石湖居士一詞，當作於是年。

紹熙三年壬子，三十八歲。

居苕溪。

案：辛亥《除夕》詩：「但得明年少行役，只裁白紵作春衫。」是歲或居苕不出。

蕭東夫赴池陽。池陽縣，漢置，後魏廢，故城在今陝西涇陽縣西北〔三〕。

虞儔《尊白堂集·述情詩序》云：「與蕭東夫相別幾二十年矣。此來假守吴興，而東夫令嗣監酒赴官池陽，迎侍以行，舟次城下，遂得一見。小詩述情。」

紹熙四年癸丑，三十九歲。

春客越中，有《越九歌》、《陪張平甫遊禹廟》詩、《越中士女春遊》詩、《項里梅》詩。先生識張平甫，當自是時。

《越九歌序》：「越人好祠，其神多古聖賢。予依《九歌》爲之辭，且繫其聲，使歌以祠之。」《越九歌》：帝舜、王禹、越王、越相、項王、濤之神、曹娥、龐將軍、旌忠，蔡孝子。

《陪張平甫遊禹廟》詩：「鏡裏山林綠到

天，春風只在禹祠前。一聲何處提壺鳥，猛省紅塵二十年。」張平甫事蹟無考。

案：《南湖集》卷六有《余家兄弟未嘗久別今夏（約在淳熙十四年）送平父之官山口（口當作陰）冬仲朔又送深父爲四明船官因成長句》詩，又有《種蠟梅喜成欲暫往梁溪》詩。又《萬姓統譜》：「張錤字深父，父宗元，歷兩淮（特）〔轉〕運幕，委明州造船。」是平甫宗元子，鎡、錤之兄弟也。又陸游《德勳廟碑》：「公之曾孫鎡（公指張俊），三世傳嫡長，始築廟於居第之東。自忠烈以下爲三室，忠烈之配曰魏氏、章氏。第二室曰子厚，配蕭氏。三室曰宗元，配劉氏。」而《武林舊事·高宗幸張府次略》：「宗元婦王氏。」按《南湖集·表兄劉東玉提幹挽詩》云「王祖扶天日，同聲外氏功」，卷七《題平甫弟梁溪莊園》「是字差雖遠」，是鎡劉出，平甫與錤當皆王出，鎡之異母弟也。又戴表元《送張叔夏西遊詩序》：「叔夏之先世高曾祖父，皆鐘鳴鼎食。江湖高才詞客姜夔堯章、孫花翁季蕃之徒，往往出入館穀其門。」蘇泂平甫逝後寄堯章云：「我亦此公門下客，只今垂淚過京華。」據此互證，叔夏，平甫之曾孫也。《宋史·趙鼎傳》：「鼎在吉州，門人故吏不敢通問，惟廣西帥張宗元饋鼎醪米，爲檜所忌。」《張浚傳》謂張宗元獄株連及浚。《續通鑑》紹興二十五年：「張宗元以與張浚書並壽詩得罪。」其服膺紫巖之心學可知。《萬姓統譜》謂張錤所居，幃屏壁門皆有銘以自警。平甫之學，雖無可考，而先生挽詩曰「將軍家世出臞儒」，其所造必近深父而異鎡之雄豪也。總上觀之，平甫爲循王張俊之曾孫，與鎡、錤爲兄弟行，嘗官山□，而卜居梁溪。

《越中士女春遊》詩：「秦山越樹兩依依，閒〔倚〕闌干看落暉。楊柳梢頭春又暗，玉簫聲裏夜遊歸。」

《項里詩序》：「項里，項王之里也。在山陰西南二十餘里，地多楊梅苔梅，皆妙天下。范成大《梅譜》：「項里出古梅，老幹奇怪，苔蘚封枝，疏花點綴，夭矯如畫。殊令人愛翫不忍捨。」王性之賦項里楊梅云：『只今枝頭萬顆紅，猶似咸陽三月火。』予近得苔梅一株，古怪特甚，爲作七言。」

歲暮留越，有《玲瓏四犯》。

《玲瓏四犯序》：「越中歲暮，聞簫鼓感懷。」

是歲范致能卒，年六十八。先生有《悼石湖》詩三首。

《范成大本傳》：紹熙三年加大學士，四年薨。

《悼石湖》詩：「身退詩仍健，官高病已侵。江山平日眼，花鳥暮年心。九轉終無助，三高竟欲尋。尚留巾墊角，胡虜有知音。」又：「未作龍蛇夢，驚聞露電身。百年無此老，千首屬何人。安得公長健，那知事轉新。酸風憂國淚，高塚臥麒麟。」又：「未定情鍾痛，何堪更悼亡。遺書知伏枕，來弔只空堂。雪裏評詩句，梅邊按樂章。沈思酒杯落，天闊意茫茫。」

俞商卿（灝）登進士第。

紹熙五年甲寅，四十歲。

春，同張平甫自越還吳，攜家妓觀梅於孤山之西村。《武林舊事》（五）「孤州路：西陵橋又名西泠橋，又名西村。」有《鶯聲繞紅樓》。

《鶯聲繞紅樓序》：「甲寅春，平甫與予自越來吳，攜家妓觀梅于孤山之西村，命國工吹笛，妓皆以柳黃爲衣。」

旋與俞商卿遊西湖，再觀梅於西村。已而商卿發吳興，嘗獨往，因自度《角招》。

《角招序》：「甲寅春，予與俞商卿燕遊西湖，觀梅於孤山之西邨。玉雪照映，吹香薄人。已而商卿歸吳興，予獨來，則山橫春烟，新柳被水，遊人容與飛花中，悵然有懷，作此寄之。……商卿善歌聲，稍以儒雅緣飾。予每自度曲吟洞簫，商卿輒歌而和之，極有山林縹緲之思。今予離憂，商卿一行作吏。殆無復此樂矣。」《咸淳臨安志》：「俞灝紹熙四年登第。」出仕當在是年。

五月二十四日，樓鑰以中書舍人兼實錄院同修撰，除兼直院。

樓鑰字大防，明州鄞縣人。隆興元年試南宮，有司偉其辭藝，欲以冠多士。策偶犯舊諱，知貢舉洪遵奏，得旨以冠末等，調溫州教授。官至參知政事，除資政殿大學士，提舉萬壽觀。嘉定六年薨，年七十七，贈少師，謚宣獻。論文精博，自號攻媿主人。有《攻媿集》一百二十卷，今存一百一十二卷。

先生《自述》：「若東州之士，則樓公大防，尤所賞激。」

九月二日，樓大防除給事中，仍舊兼。京鏜簽書樞密院事。

京鏜字仲遠，豫章人，紹興二十七年進士，寧宗朝拜左丞相。卒贈太保，謚莊定。有《松坡集》。

先生《自述》：「丞相京公，不獨稱其禮樂之書，又愛其駢儷之文。」

十月，謝深甫爲御史中丞。

先生《自述》：「丞相謝公，愛其樂書，使次子來謁焉。」

十二月十七日，樓鑰除權吏部尙書，兼如舊。京鏜參知政事。

是歲胡紘以京鏜薦，監都進奏院，遷司農寺主簿、祕書郎。

胡紘字應期，處州遂昌人，淳熙中舉進士。紹熙五年以京鏜薦，監都進奏院，遷司農寺主簿，祕書郎。嘗上疏力言僞學之罪，俄遷紘起居舍人。……自是學禁益急，進起居郎，權工部侍郎，移禮部，又移吏部。坐同知貢舉，考宏詞不當而罷。未幾學禁漸弛，紘亦廢棄，卒于家。

寧宗慶元元年乙卯，四十一歲。

春，與張平甫自南昌同遊西山玉隆宮，有《鷓鴣天》。西山，《輿地紀勝》（廿六）隆興府：「西山在新建西，高二千丈，周三百里。《寰宇志》云：又名南昌山。」玉隆宮，《輿地紀勝》（廿六）：「在新建縣界，舊名游帷觀。初許旌陽學道於丹陽黃堂，嘗以五色錦帷施於黃堂。及旌陽上昇，錦帷飛還古宅，俄復昇天。晉故立遊帷觀。國朝祥符中改賜玉隆觀額。」

《鷓鴣天序》：「予與張平甫自南昌同遊西山玉隆宮，止宿而返，蓋乙卯三月十四日也。是日即平甫初度，因買酒茅舍，竝坐古楓下。古楓旌陽在時物也，旌陽嘗以草屨懸其上，土人以屨爲屩，因名曰挂屩楓。蒼山四圍，平野盡綠，隔澗野花，紅白照影可喜，使人採擷，以藤糾纏著楓上。少焉月出，大於黃金盆，逸興橫生，遂成痛飲，午夜乃寢。明年平甫初度，欲治舟往封禺。松竹間念此遊之不可再也，歌以壽之。」旌陽，《能改齋漫録》十「許旌陽作鐵柱鎮蛟」條：「晋許真君爲旌陽令，時江西有蛟爲害，旌陽與其徒吴猛仗劍殺蛟，遂作大鐵柱鎮其處。今豫章有鐵柱觀，而柱猶存也。」《豫章古今記·藝術部》：「許真君遜，字敬之，南昌人。晋永和二年八月十五日合家仙去，其宅今遊帷觀是也。」封禺，談鑰《嘉泰吴興志》(四)：「武康有封山禺山。」《太平寰宇志》：「防風山先名封禺山。」(宏)〔弘〕治《湖州志》：「禺山本禹十二代孫禺所居。」

四月，京鏜知樞密院事，謝深甫簽書院事。

五月二十三日，樓鑰丐祠，除顯謨閣直學士，知婺州。

吴獵遷校書郎。

獵字德夫，潭州醴陵人。登進士第，初主潯州平南簿。寧宗即位，遷校書郎，除監察御史。……黨禁弛，起爲廣西轉運判官，除戶部員外郎，總領湖廣、江西、京西財賦。……終以敷文閣學士、四川安撫(判)〔制〕置使、兼知成都府。嘉定六年召還，卒，家無餘資。獵初從張栻學，乾道初朱熹會栻于潭，獵又親炙，湖湘之學一出于正，獵實表率之。有《畏齋文集》、《奏議》六十卷，謚文定。

慶元二年丙辰，四十二歲。

正月，京鏜爲右丞相，謝深甫參知政事。

春，先生客武康，有《少年遊》。

《少年遊》注云「戲平甫」，詞云「今夜泊前溪」。前溪，《一統志》：「在武康縣治前。」《寰宇記》：「在縣西一百步，古永安縣前之溪也。」

案：去年先生《鷓鴣天序》云：「明年平甫初度，欲治舟往封禺。」是平甫

有家在武康也。據此平甫納妾於武康，

而先生戲之亦當在此時也。

復居吳。

《翠樓吟序》：「淳熙丙午冬，武昌安遠樓成，與劉去非諸友落之，度曲見志。予去武昌十年（適當丙辰），故人有泊舟鸚鵡洲者，在湖北漢陽縣西南江中，南與武昌之鮎魚套、白沙洲，隔江相對。漢禰衡作賦，洲因以名。聞小姬歌此詞，問之，頗能道其事，還吳爲予言之。興懷昔遊，且傷今之離索也。」

三月十四日，與張平甫同宿湖西定香寺，有《阮郎歸》二首。

《阮郎歸序》：「爲張平甫壽。是日同宿湖西定香寺。」《武林舊事》（五）《西湖三隄路》：「旌德觀元係定香寺。」《西湖志》（十）：「旌總觀在蘇隄映波橋。」《西湖遊覽志》：「觀本定香寺。」

先生撰《張循王遺事》成，已佚。樓鑰爲之跋。

《絕妙好詞箋》：「白石撰有《絳帖平》、《續書譜》、《大樂議》、《張循王遺事》、《集古印譜》。」

樓鑰《攻媿集》卷七十一《跋姜堯章所編張循王遺事》：「柳河東以段太尉逸事上史館，自言好問老校退卒，能言其事，攷其所載者三：戮郭晞之軍士，撫焦令諶之農者，不受朱泚大綾之幣。顧太尉忠節顯著，何必俟此三者而後爲賢？蓋惜其逸墜，且以見太尉之平昔，非一時奮不慮死以得名者。《舊唐史》之傳雖詳，以未見河東之狀，故三事皆闕而不書，宋景文公謹（謹）書之，其爲佳傳之助多矣。堯章慕循王大功，而惜其細行小節人罕知者，矻矻然訪問而得此，將以補史氏之遺，其志可嘉也。」

案：《攻媿集·循王遺事跋下》有《跋了翁有門頌帖》。有句云：「慶元二年八月上澣，有二僧叩門，袖出了翁眞蹟及與延慶第四代明智講主論此頌二帖。」又次首《跋施武子所藏諸帖》云：「慶元二年孟冬壬子，見餘姚施令尹。」是白石《循王遺事》，亦當成於是歲夏末秋初。且先生感念平甫知遇之隆，因及其先人之德，爲此以報，亦人之恆情也。

八月，禁僞學之黨。

秋，先生與張功甫會飲張達可家，有《齊天樂·蟋蟀》詞。

《齊天樂序》：「丙辰歲，與張功父同「甫」。會飲張達可之堂，聞屋壁間蟋蟀有聲。功父約予同賦，以授歌者。功父先成，辭甚美。予徘徊茉莉花間，仰見秋月，頓起幽思，尋亦得此。蟋蟀中都呼爲促織，善鬭，趣織，見陸璣《詩·蟋蟀疏》，不始於宋之中都。好事者或以二三十萬錢致一枚，鏤象齒爲樓觀以貯之。宋顧文薦《負喧雜録》禽蟲善鬥條：「鬥蟲亦起于天寶間，長安富人鏤象牙爲籠而畜之，以萬金之資，付之一喙，其來遠矣。」（見《説郛》十八）

張功甫《滿庭芳·促織》詞：「月洗高梧，露溥幽草，寶釵樓外秋深。土花沿翠，螢火墜牆陰。靜聽寒聲斷續，微韻轉，凄咽悲沉。爭求侶，殷勤勸織，促破曉機心。　兒時曾記得，呼燈灌穴，斂步隨音。任滿身花影，猶自追尋。攜向華堂戲鬭，亭臺小，籠巧妝金。今休説，從渠牀下，涼夜伴孤吟。」

秋依朴翁，寓封禺。有《武康丞宅詠牽牛

花》詩。

《武康丞宅同朴翁詠牽牛》詩：「青花綠葉上疏籬，別有長條竹尾垂。老覺淡妝差有味，滿身秋露立多時。」

冬，與張平甫、俞商卿、銛朴翁自封禺同載詣梁溪。水名，在江蘇無錫縣西，源出慧山，北合運河，南通太湖。按張平甫家梁溪。道經吳淞，賦《慶宮春》，並詩五十餘解。

《慶宮春序》：「紹熙辛亥除夕，予別石湖歸吳興。……後五年冬，復與俞商卿、張平甫、銛朴翁自封禺同載詣梁溪。道經吳淞，山寒天迥，雲浪四合，中夕相呼步垂虹，亭名，在長橋之上。長橋，《吳郡圖經續志》（中）：「吳江利往橋，慶曆八年，縣尉王廷堅所建也，東西千餘尺，用木萬計，縈以修闌，甃以淨甓。前臨具區，橫截松陵，河光海氣，蕩漾一色。乃三吳之絕景也。……橋有亭曰垂虹。蘇子美嘗有詩云：『長橋跨空古未有，大亭壓浪勢亦豪。』非虛語也。」星斗下垂，錯雜漁火，朔吹凜凜，卮酒不能支。朴翁以衾自纏，猶相與行吟。因賦此闋，蓋過旬塗藁乃定。朴翁咎予無益，然意所耽不能自已也。平甫、商卿、朴翁皆工於詩，所出奇詭，予亦能追逐之。此行既歸，各得五十餘解。」

此小序入《澄懷錄》。張平甫詩今無考。厲鶚《宋詩紀事》載俞灝二首，《武康道中》云：「竹窗聽雨自安眠，不道驚湍近屋前。省得去年桃葉渡，水痕祇列樹旁邊。」（引《前賢小集拾遺》）《湖隄晚行》云：「暝色俄從草色生，管絃羅綺盡歸城。不應閑卻孤山路，我自扶藜月下行。」（引《（淳熙）〔咸淳〕臨安志》）葛天民詩，今傳《無懷集》，亦不見有「奇詭」者。此殆指《載雪錄敘》所謂

「伽語小詞」，今已佚矣。《浩然齋雅談》(中)：「慶元丙辰冬，姜堯章與俞商卿、銛朴翁、張平甫自封禺同載詣梁溪，道經吳淞，既歸，各得詩詞若干解，鈔爲一卷，命之曰《載雪錄》。其《自叙》云：『予自武康與商卿、朴翁同載至南(當作梁)谿，道出苕霅吳淞，天寒野迥，迎見鴈鶩飛下玉鑑中。詩興橫發，朝唫吟諷，造次出語便工，而朴翁尤敏不可敵。未浹日得七十餘解，復有伽語小詞，隨事一笑。大要三人鼎立，朴翁似曹孟德，據詩社出奇無窮；商卿似江東，多奇秀英妙之士；獨予椎魯不武，雖自謂漢家子孫，然不敢與二豪抗也。』且云：(案此下疑有脫句)「此編向見之雪林李和甫，後歸之僧頤蒙，乃朴翁手書也。古律、絕句、贊、頌、偈、聯句、詞曲、紀夢，凡一百五十三，多集中所無者。蕭介父題云：『亂雲連野水連雲，只有沙鷗共數公。想得句成天亦喜，雪花迎櫂入吳中。』孫季蕃云：『詩字峥嶸照眼開，人隨塵劫挽難回。清苕載雪流寒碧，老我扁舟獨自來。』」此叙不及平甫，與詞題異。

案：先生詩集(下)《雪中六解》之四：「曾泛扁舟訪石湖，恍然坐我范寬圖。天寒遠掛一行鴈，三十六峰生玉壺。」亦指此行。

止梁溪月餘。謁尤延之。

尤袤字延之，常州無錫人，紹興十八年擢進士第，嘗爲泰興令，取孫綽《遂初賦》以自號，光宗書扁賜之。有《(隨)〔遂〕初小藁》六十卷、《內外制》三十卷。嘉定五年〔卒〕，謚文簡。子棐、

（慨）〔槩〕、孫熂，禮部尚書。

詩集《自叙》：「近過梁溪，見尤延之先生，問余詩自誰氏。余對以異時泛閱衆作，已而病其駁如也，三薰三沐，師黄太史氏，居數年，一語噤不敢吐，始大悟學即病，顧不若無學之爲得，雖黄詩亦偃然高閣矣。」

將詣淮，不果，有《江梅引》。

《江梅引序》：「丙辰之冬，予留梁溪，將詣淮而不得，因夢思以述志。」案：是詞憶合肥妓作。

遂歸。有《隔溪梅令》。

《隔溪梅令》：「丙辰冬，自無錫歸，作此寓意。」

十二月，與俞商卿、銛朴翁同寓新安溪莊舍，有《浣溪沙》。

《浣溪沙序》：「丙辰臘，與俞商卿、銛朴翁同寓新安溪莊舍，得《臘花韻甚》二首。」「臘」當作「蠟」。陳注引《一統志》：「新安鎮在無錫縣東南三十里。元初置新安巡司。東出吳門，此爲必經之地。」張鎡《南湖集》有《離無錫夜入溪莊港口》詩、《題平甫弟梁溪莊園》詩。陳思謂張循王葬無錫，新安溪莊其墓田也。

歲不盡五日，歸舟過吳淞，有《浣溪沙》。

《浣溪沙序》：「丙辰歲不盡五日，吳松作。」

是歲黄景説通判全州。

景説字巖老，號白石，閩人，乾道五年進士。紹熙四年爲永豐宰，慶元二年通判全州。嘉定中直祕閣，知静江府，有《白石丁藁》一卷。

《鶴林玉露》：「姜白石、黄巖老學詩於蕭千巖。巖老亦號白石，詩亦工，時人號雙白石云。」

王阮亭《香祖筆記》：「余於宋南渡後，

詩自陸放翁之外，最喜姜夔堯章，堯章又號白石道人，學詩於蕭千巖，而與范石湖、楊誠齋善。時黄巖老亦號白石，亦學詩於千巖，時稱雙白石云。」《齊東野語》：「同時黄白石之言曰：『造物者不欲以富貴浼堯章，使之聲名焜耀於無窮也。此意甚厚。』」

慶元三年丁巳，四十三歲。

元日家居，有《鷓鴣天》。

《鷓鴣天》：「柏綠椒紅事事新。鬲籬燈影賀年人。三茅鐘動西窗曉，詩鬢無端又一春。　慵對客，緩開門。梅花閑伴老來身。嬌兒學作人間字，鬱壘神荼寫未眞。」三茅鐘，《咸淳臨安志》（十三）行在所録：「寧壽觀在七寶山，本三茅堂。紹興中賜古器玩三種……其二唐鐘，本唐澄清觀舊物。禁中每聽鐘聲，以爲寢興食息之節。」《兩浙金石志》（八）「宋三茅甯壽觀尚書省牒碑」：「紹興二十年，尚書省奉勅賜額臨安府七寶山三茅堂。（正字小書）……紹興二十年六月日牒。」鄭校：《輟耕録》引陳隨隱《南渡行宫記》云：「吴知古掌焚修，每三茅觀鐘鳴，則觀堂之鐘應之。」是知此解爲先生在杭州作可證。《武林舊事》（二）元正條：「以三茅鐘鳴，駕興。」

又《鷓鴣天》「元夕有所夢」諸首，皆憶合肥妓作。

十一日觀燈，有《鷓鴣天》。

《鷓鴣天》：「巷陌風光縱賞時。籠紗未出馬先嘶。白頭居士無呵殿，只有乘肩小女隨。　花滿市，月侵衣。少年情事老來悲。沙河塘上春寒淺，看了遊人緩緩歸。」《武林舊事》（二）元夕條：「十二、十三兩日禁樂，則有裝宅眷，籠燈前引，珠翠盛飾。少年尾其後，訶殿而來。卒然遇之，不辨虛僞。」又云：「都城自舊歲孟冬駕回，已有乘肩小女鼓吹舞綰者數十隊，以供貴邸豪家幕次之玩。」《夢窗甲稿·玉樓春》元夕詞有「乘肩争看小腰身」之句。

沙河塘，《唐書·地理志》：「錢塘南五里，有沙河塘，咸通二年刺史崔彦曾開。」姜鈔詩集《觀燈口號》注云：「按《西湖志餘》，沙河宋時居民甚盛，碧瓦紅簷，歌管不絕，官長往往遊焉。東坡詩『燈火沙河夜夜春』是也。」

十六日夜出，有《鷓鴣天》。

《鷓鴣天》：「輦路珠簾兩行垂。千枝銀燭舞僛僛。東風歷歷紅樓下，誰識三生杜牧之。　歡正好，夜何其。明朝春過小桃枝。鼓聲漸遠行人散，惆悵歸來有月知。」

先生有《送陳敬甫》詩。

陳善字敬甫，號秋塘，淳熙間豪士，有《雪篷夜話》。未見。

《送陳敬甫》詩云：「十年所聞溢吾耳，去年誦君書一紙。」又云：「才高自古人所忌，論高不售反驚世。」是陳乃狂士耳。

案：是詩編在《送項平甫》詩前。又據「十年所聞溢吾耳」及「如君之貧不可避」之句推之，則陳當年豪放之狀，及是時落拓之情可知。而先生是作，亦當在此時。

春，項平甫將通判重慶，未拜，爲池陽倅。池陽，今陝西涇陽縣西北。先生有《送項平甫倅池陽》詩。

項安世字平父，其先括蒼人，後徙家江陵。淳熙二年進士，召試，除秘書正字。光宗以疾不過重華宮，安世上書，不報，安世遺宰相留正書求去，尋遷校書郎。寧宗朝以僞學黨罷。開禧元年用兵，安世方丁內艱，起復鄂州。終湖廣轉運判官。嘉定元年卒。有《易玩辭》、《項氏家說》、《平庵悔藁》。

案：慶元二年二月，端明殿學士葉翥

與劉德秀同知貢舉，奏言僞學之魁以匹夫竊人主之柄，鼓動天下，故文風未能丕變。乞將語録之類，盡行毁除。八月遂禁僞學之黨。

又《宋史·項安世傳》：（慶元二年）時朱熹召至闕，未幾予祠，安世率館職上書留之，不報。俄爲言者劾去，通判重慶府，未拜，以僞學黨罷。

案：朱熹以是年十二月削祕閣修撰官，項平甫時爲校書郎，以上書留熹故爲言者劾去，通判重慶。未拜，復以僞學黨罷。其爲池陽倅，史雖未明言，然以先生詩「萬里江湖入歸夢，子雲不願校書郎」之句證之，則平甫官池陽之年，當在慶元丁巳。又據「石渠春水綠泱泱，閣下無人白日長」互證，先生送平甫之時，在慶元三年春無疑。

春，又有《月下笛》。

近人陳思謂《月下笛》思美人也。上年秋，范仲訥往合肥，曾煩寄聲。冬留梁溪，將詣淮而不得，因夢述志，作《江梅引》。本年元夕又有所夢，作《鷓鴣天》。玩此詞「尚沾惹殘茸」，「再見無路」，「揚州夢覺」，「問吟袖弓腰在否」等句，一往情深，前後輝映。

夏四月，上書論雅樂，竝進《大樂議》一卷、《琴瑟考古圖》一卷，詔付奉常收掌。同寺官校正不合，歸。

《慶元會要》：「慶元三年丁巳四月□日，饒州布衣姜夔上書論雅樂事，并進《大樂議》一卷、《琴瑟考古圖》一卷，詔付奉常。有司以其用工頗精，留書以備採擇。」

又《吳興掌故》：「姜堯章長於音律，嘗

著《大樂議》，欲正廟樂。慶元之年，詔付奉常有司收掌。令太常寺與議大樂，時嫉其能，是以不獲盡其所議，人大惜之。」

《宋史·樂志》：「理宗享國四十餘年，凡禮樂之事，式遵舊章，未嘗有所改作。……當時中興六、七十載之間，士多嘆樂典之久墜，類欲蒐講古制，以補遺軼，於是姜夔乃進《大樂議》於朝。夔言紹興大樂多用大晟府所造，有編鐘、鎛鐘、景鐘，有特磬、玉磬、編磬。三鐘三磬，未必相應；塤有大小，簫篪箋有長短，笙竽之簧有厚薄，未必能合度；琴瑟絃有緩急燥溼，軫有旋復，柱有進退，未必能合調。總衆音而言之，金欲應石，石欲應絲，絲欲應竹，竹欲應匏，匏欲應土，而四金之音，又欲應黃鍾，不知其果應否？樂曲知以七律爲一調，而未知度曲之義；知一律配一字，而未知永言之旨。黃鍾奏而聲或林鍾，林鍾奏而聲或太簇，七音之協四聲，各有自然之理。今以平入配重濁，以上去配輕清，奏之多不諧協。八音之中，琴瑟尤難，琴必每調而改弦，瑟必每調而退柱，上下相生，其理至妙，知之者鮮。又琴瑟聲微，常見蔽於鐘、磬、鼓、簫之聲；匏、竹、土聲長，而金石常不能以相待，往往考擊失宜，消息未盡。至於歌詩，則一句而鐘四擊，一字而竽一吹，未協古人槁木貫珠之意。况樂工苟焉占籍，擊鐘磬者不知聲，吹匏竹者不知穴，操琴瑟者不知弦，同奏則動手不均，迭奏則發聲不屬。」（下略，詳見《宋史》卷一三一）

秋寓湖上。有《七月望湖上書事》及《和轉庵丹桂》詩。

《丁巳七月望湖上書事》：「白天碎碎如拆綿，黑天昧昧如陳玄。白黑破處青天出，海月飛來光尚濕。是夜太史奏月蝕，三家各自矜算術。或云七分或食既，或云食晝不在夕。上令御史登吳山，下視海門監月出。年來歷失無人修，三家之說誰爲優。乍如破鏡光炯炯，漸若小兒初食餅。時方下令嚴禁銅，破鏡何爲來海東？天邊有餅不可食，聞說飢民滿淮北。是鏡是餅且勿論，須臾還我黃金盆。金盆當空四山靜，平波倒浸雲天影。下連八表共此光，上接銀河通一泠。御史歸家太史眠，人間不聞鐘鼓傳。白石道人呼釣船，一瓢欲酌湖中天。荷葉擺頭君睡去，西風急送敲窗句。」《和轉庵丹桂韻》詩長不録。

是時蕭東夫在苕。先生有《呈徐通仲兼簡仲錫。通仲與誠齋爲鄉人，近來赴調，而誠齋去國，又通仲久與千巖有苕霅之約而未至，余挽通仲，欲與同歸千巖，故末章及之》詩。

案：《楊萬里傳》：「寧宗嗣位，召赴行在，辭，升煥章閣待制，……引年乞休。」與先生詩「毫端灑秋露，去國詞愈偉」句合，故知爲是時之作。

慶元四年戊午，四十四歲。

寓湖上，有《戊午春帖子》詩。

《戊午春帖子》：「晴窗日日擬雕蟲，惆悵明時不易逢。二十五絃人不識，淡黄楊柳舞春風。」是詩爲上書論雅樂事而發。

七月，謝深甫知樞密院事。

慶元五年己未，四十五歲。

寓湖上，有《送李萬頃》詩。

《送李萬頃》：「猛相思裏得君來，正喜歡時卻便回。別路恐無青柳折，到家應有小桃開。起居五馬兼堂上，問信千巖及阿灰。張樟姪張曙，小字阿灰。兒女癡玩夫婦健，漂零何日共尊罍。」

按：小桃狀如垂絲海棠，上元前後著花，故知當作於正月。

上《聖宋鐃歌鼓吹曲》十四章，詔免解，與試禮部，不第。

《聖宋鐃歌鼓吹曲書》：「慶元五年，青龍在己亥，番陽民姜夔頓首上尚書：臣聞鐃歌者，漢樂也。殿前謂之鼓吹，軍中謂之騎吹，其曲有《朱鷺》等二十二篇。由漢逮隋，承用不替，雖名數不同，而樂紀罔墜，各以詠歌祖宗功業。唐亡鐃部，有柳宗元作十二篇，亦棄弗錄。神宋受命，帝績皇烈，光耀震動，而逸典未舉。迺政和七年，臣工以請，上詔製用，中更否擾，聲文罔傳。中興文儒荐有擬述，不麗於樂，厥誼不昭。臣今製曲辭十四首，昧死以獻。臣若稽前代鐃歌，咸叙威武。衄人之軍，屠人之國，以得土疆，乃矜厥能。惟我太祖、太宗、眞、仁、高宗，或取或守，罔匪仁術，討者弗戮，執者弗劉，仁融義安，歷數彌永。故臣斯文，特倡盛德，其辭舒和，與前作異。臣又惟宋因唐度，古曲墜逸，鼓吹所錄，惟存三篇，譜文乖訛，因事製辭，曰《導引曲》、《十二時》、《六州歌頭》，皆用羽調，音節悲促。而登封岱宗，郊祀天地，見廟耕耤，帝后冊寶，發引升祔，五禮殊情，樂不異曲，義理未究。乞詔有司，取臣之詩，協其清濁，被之簫管，俾聲辭達，感藏人心，永念宋德，無有紀極，海內稱幸。臣夔頓首上尚書。」

《宋史·樂志》：「夔乃自作《聖宋鐃歌曲》：宋受命曰《上帝命》，平上黨曰《河之表》，定維揚曰《淮海清》，取湖南曰《沅之上》，得荆州曰《皇威暢》，取蜀曰《蜀土邃》，取廣南曰《時雨霈》，下江南曰《望鍾山》，吳越獻國曰《大哉仁》，漳泉獻土曰《謳歌歸》，克河東曰《伐功繼》，征澶淵曰《帝臨墉》，美仁治曰《維四葉》，歌中興曰《炎精復》，凡十有四篇，上於尚書省。書奏，詔付太常。」

案：《樂志》各題有誤，當從《白石道人歌曲集》。

《歌曲集》：《上帝命》太祖受命，《河之表》破澤州，《淮海（濁）〔清〕》定維揚，《沅之上》取湖南，《皇威暢》得荆州，《蜀山邃》取蜀，《時雨霈》取廣南，《望鍾山》下江南，《大哉仁》吳越錢俶獻其國，《謳歌歸》漳泉來獻，《伐功繼》克河東，《帝臨墉》征澶淵，《維四葉》美致治，《炎精復》歌中興。

《硯北雜志》：「白石《鐃歌鼓吹曲》乃步驟尹師魯《皇雅》，《越九歌》乃規模鮮于子駿《九誦》，然言辭峻潔，意度高遠，頗有超越驊騮之意。」

《絕妙好詞箋》：「慶元中，曾上書乞正太常雅樂，得免解，訖不第。」

慶元六年庚申，四十六歲。

寓湖上，館水磨方氏家。《遊覽志》：「稱水磨頭爲小溜水橋，在石函聖堂兩閘之中，亦名中龍閘。」

吴文英《詞藁》：「姜石帚館水磨方氏。」
《武林舊事》：「水磨頭近石函橋。」
葛天民《清明日訪白石不值》詩：「花薺懸燈柳拂簷，老懷那得似餳甜。畫船已載先生去，燕子無人自入簾。」
閏月，京鏜、謝深甫爲左右丞相。
《自述》：「丞相謝公，愛其樂書，使次子來謁焉。」
八月，太上皇崩。
秋，有《湖上寓居雜詠》詩。詩多不録。
案：先生詩「鈎窗不忍見南山，下有三雛骨未寒」，是先生已殯三子，知在杭非一日矣。又云「而今漸欲抛塵事，未了狐裘一悵然」，知先生欲家而未能也。
又有《臨安旅邸答蘇虞叟》詩。
《臨安旅邸答蘇虞叟》：「垂楊風雨小樓寒，宋玉《秋詞》不忍看。萬里青山無處隱，可憐投老客長安。」
是歲，京鏜卒。
嘉泰元年辛酉，四十七歲。
客越中。
上下西興錢清間，欲家未果。西興即古之西陵鎮，在浙江蕭山縣西十二里，由此西達錢塘江口，爲吴越之通衢。錢清，鎮名，在錢清江之兩岸。
有《徵招詞》。
《徵招詞序》：「越中山水幽遠，余數上下西興錢清間，襟抱清曠。越人善爲舟，卷篷方底，舟師行歌徐徐曳之，如偃卧榻上，無動摇突兀勢，以故得盡情騁望。予欲家焉而未得，作《徵招》以寄興。」
《徵招》，先生在越作，不注甲子。姜虬緑定爲紹熙四年作。然詞序謂「數上下西興錢清間」，據《絳帖平自序》，嘉泰元年曾入越，《保母帖跋》亦謂嘉泰中曾至錢清，故知當在是年作。詞序又云「其説詳於予所作《琴書》」，「琴書」當指《琴瑟考古圖》，乃慶元三年作。亦此詞非紹熙四年作之證也。

歸吳興，與吳文英遊。

吳文英字君特，號夢窗，四明人。從吳履齋諸公遊，有《夢窗甲乙丙丁藁》。

吳文英《惜紅衣序》：「予從姜石帚遊苕霅間三十五年矣。重來傷今感昔，聊以詠懷。」

案：《夢窗詞藁》，非盡爲甲、乙、丙、丁四年之作。今考《甲藁》有癸卯元夕一闋；《丁藁》有壬寅吳門元夕風雨之《六醜》，有癸卯除夜之思佳客，知其爲後人蒐輯無疑。又考與先生有關之作：計《甲藁》得《解連環》、《拜星月慢》、《齊天樂》、《惜紅衣》四闋，《丙藁》得《三部樂》一闋，《丁藁》得《三姝媚》一闋。若將此六闋定爲淳祐中之甲、乙、丙、丁四年作（吴文英卒於淳祐十一年辛亥），則先生沒已十餘年（先生約卒於端平二年）；如定爲淳熙中之甲、乙、丙、丁四年作，則先生尚未居吳興。此非盡爲四年中所作之又一證。然以先生卒年及夢窗「三十五年」之語推考之，知二人同遊之時，當在嘉泰初。

八月，張巖參知政事。

秋作《昔遊》詩。潘檉德久、韓淲仲止均有書後詩，王炎有《題舊遊詩卷》詩。

潘檉、王炎事蹟見前，韓淲字仲止，上饒人，元吉之子。有高節，從仕不久，即歸信上。嘉定中卒。仲止工詩，與徐文卿斯遠、趙蕃昌父齊名。昌父號章泉，與淲並稱曰「二泉」，其居在五雲山南澗。著有《澗泉日記》及《澗泉集》二十卷（《永樂大典》本）。

《昔遊詩序》：「夔早歲孤貧，奔走川陸。數年以來，始獲寧處。秋日無謂，追述舊遊可喜可愕者，吟爲五字古句，時欲展閱，自省生平，不足以爲詩也。」

案：小序「數年以來，始獲寧處」之語，歷考編年，惟戊申、己酉、庚戌三載及丁巳以來至是年，未從遠役。而初刻本列是詩於卷末，知爲辛酉之作無疑。

潘檉《書昔遊詩後》：「我行半天下，未能到瀟湘。君詩如畫圖，歷歷記所嘗。起我遠遊興，其如鬢毛霜。何以舒此懷，轉軫彈清商。」

韓淲《書昔遊詩後》：「平生未踏洞庭野，亦不曾登南嶽峰。因君談舊遊，恍如常相從。江淮歷歷轉湘浦，裘馬意氣傳邊烽。吾嘗汎大江，只見康廬松。乘風醉卧帆影底，高浪直濺嵐光濃。日暮泊船時，是夜方嚴冬。雪花壓船船背重，纜搖柂鼓聲如鐘。當年意淺語不到，無句可寫波濤舂。君詩乃如許，景物不易供。盡歸一毫端，狀〔出三〕飛龍。人間勝處貴著眼，雖有此興無由逢。錢唐山水亦自好，奈何薄宦難從容。南高北高一千丈，潮頭日夜鳴靈蹤。應有隱者爲識賞，青鞋布襪扶杖筇。君無詫彼我愧此，急還詩卷心徒忪。」

王炎《題堯章舊遊詩卷》：「出郭栽花涉小園，歸調琴譜輯詩編。少年豪健今擊劍，休羨騎鯨李謫仙。」

嘉泰二年壬戌，四十八歲。

客臨安，上元日同朴翁過淨林，有詩。又有《訪全老》及《觀沈碑隆畫》二詩。淨林廣福院，開府楊慶祖墳庵，土人呼爲上楊庵，有松關、南泉、芳杜亭。後爲演福寺，遂廢。

《咸淳臨安志》：《同朴翁過淨林廣福院》詩：「四人松下共盤桓，筆硯花壺石上安。今日興懷同此味，老仙留字在孱顏。」又，《嘉泰壬戌上元日訪全老於淨林廣福院觀沈傳師碑隆茂宗畫贈詩》。詩略。

二月，弛僞學黨禁，復諸貶謫者官，禁私史。

先生有《遊龍井》詩。

《咸淳臨安志》：《龍井》詩：「年時六月海揚塵，遙見青山起白雲。聞有高僧來誦咒，巖前拋珓問龍君。」《武林舊事》：「龍井，吳赤烏中，葛稚川嘗煉丹於此，在風篁嶺上。巖壑林樾幽古，石竇一泓，清徹寒翠，甘美可愛，雖久旱不涸。石上流水處，其色如丹。游者視久，水輒溢，人去即減。其深不可測，相傳與江海通，有龍居之，每禱雨必應，或見小蟹、斑魚、蜇、蜴之類。井旁有惠濟龍王廟。」

秋，客雲間。江蘇松江縣之古稱。有《蓴山溪》詞及《華亭錢參政園池》詩。

陳譜引嘉慶《松江府志》：錢良臣字友魏。紹興二十四年進士。淳熙五年，繇給事中除端明殿學士，簽書樞密院，復除參知政事。九年罷政事，除資政殿學士。光宗時卒。

《蓴山溪》：題錢氏溪月。

《題華亭錢參政園池》：「花裏藏仙宅，簾邊駐客舟。浦涵滄海潤，雲接洞庭秋。草木山山秀，闌干處處幽。機雲韜世業，暇日此夷猶。」

案：詩詞皆咏雲間洞天。光緒《華亭縣志》：「宋雲間洞天，錢參政良臣園，在里仁坊內。宅居其旁，廣輪數里。至今指其坊猶稱錢家府云。府有御書『雲漢昭回』之閣、興慶等堂。園有東巖堂、巫山十二峰、觀音巖、桃花洞諸佳致。具見方岳《錢府百詠》。」

至日編《歌曲》六卷成，雲間錢希武刻諸東巖即雲間洞天之東巖堂。之讀書堂。見《歌曲集》及趙與峕跋。

《歌曲跋》：「歌曲特文人餘事耳，或者少諧音律。白石留心學古，有志雅樂，如會要所載、奉常所錄，未能盡見也。聲文之美，槩具此編，嘉泰壬戌刻於雲間之東巖。其家轉徙自隨珍藏者五十載，淳祐辛亥，復歸嘉禾郡齋千歲令威，夫豈偶然，因筆之以識歲月。端午日菊坡趙與峕書。」

十二月，得盧朝奉所藏定武舊刻禊帖。

嘉泰三年癸亥，四十九歲。

正月謝深甫罷，張巖罷。

先生客臨安。張平甫卒，有挽詩。

《張平甫哀挽》：「將軍家世出膴儒，合上青雲作計疏。吳下宅成花未種，湖邊地吉草新鉏。空嗟過隙催人世，賴有提孩讀父書。他日石羊芳草路，弟兄來此一沾裾。」

《自述》：「舊所依倚，惟有張兄平甫。其人甚賢，十年相處，情甚骨肉，而某亦竭誠盡力，憂樂關念。平甫念某困躓場屋，至欲輸資以拜爵，某辭謝不願；又欲割錫山之膏腴，以養其山林無用之身。惜乎平甫下世，今惘惘然若有所失。人生百年有幾，賓主如某與平甫復有幾？撫事感慨，不能爲懷。平甫既歿，稚子甚幼，入其門則必爲之悽然。終日獨坐，逡巡而歸。思欲捨去，則念平甫垂絕之言，何忍言去；留而不去，則既無主人矣，其能久乎？」

案：先生《自敘》於楊萬里、朱熹皆稱「待制」，其文作於平甫卒年，則平甫當卒於嘉泰三年。且先生與平甫遊，始於紹熙四年，下距嘉泰三年正十載，與《自敘》「十年相處」之語合。則平甫之卒，當在是歲。

案：平甫之宅及先生之寓，均近東青門。《咸淳臨安志》：「紹興二十八年，增築城……城東東青門，俗呼菜市門。」《武林舊事》：「東青門俗呼菜市門，在菜市橋東。今東青巷，即城之舊址也。」先生《挽張平甫》詩「吳下宅成花未種」及玉田《臺城路·遷居》詞「屋破秋容，牀空對雨，迷卻青門瓜圃」，則平甫新宅近東青門可知。又先生《念奴嬌》（毀舍後作）有「卧看青門轍」之句。劉過《龍洲集·雨寒寄姜堯章》詩「東城有佳士，詞筆最華逸」，是先生之寓，亦近東青門，與平甫宅相去不遠。

三月十一日，跋所得禊帖，自謂二十餘年習《蘭亭》，皆無入處，今夕燈下觀之，頗有所悟。

春，復客越中。有《蕭山》詩及《同朴翁登卧龍山》詩。

《蕭山》詩：「歸心已逐晚雲輕，又見越中長短亭。十里水邊山下路，桃花無數麥青青。」

《同朴翁登卧龍山》：「龍尾回平野，簷牙出翠微。望山憐綠遠，坐樹覺春歸。草合平吳路，鷗忘霸越機。午涼松影亂，白羽對禪衣。」

夏，有《次朴翁蘭亭》詩。

《次朴翁遊蘭亭韻》：「亞字橋亭面面風，六人同坐樹陰中。松交歸路如留客，石礙流杯故惱公。山色最憐秦望綠，野花只作晉時紅。夕陽啼鳥人將散，俯仰興懷自昔同。」右軍祠堂有杜鵑花兩株，極照灼。

秋夜與黃慶長未詳。泛鑑湖，有《水龍吟》。

《水龍吟序》：「黃慶長夜泛鑑湖，有懷歸之曲，課予和之。」

與辛稼軒遊。

辛棄疾字幼安，號稼軒，歷城人。耿京聚兵山東，節制忠義軍馬，留掌書記。奉表來歸，高宗召見，授承務郎，差簽判江陰。累官浙東安撫，加龍圖閣待制、樞密院都承旨。德祐初，以謝枋得請，贈少師，謚忠敏。有《稼軒長短句》十二卷。

中秋前二日，有次韻稼軒《漢宮春》。

《漢宮春》：「雲曰歸歟，縱垂天曳曳，終反衡廬。揚州十年一夢，俛仰差殊。秦碑越殿，悔舊遊。作計全疏。分付與，高懷老尹，管弦絲竹寧無。知公愛山入剡，若南尋李白，問訊何如。年年雁飛波上，愁亦關予。臨皐領客，向月邊、攜酒攜鱸。今但借，秋風一榻，公歌我亦能書。」辛詞略。

案：稼軒原章題云：「會稽秋風亭觀雨。」秋風亭在卧龍山東。稼軒以嘉泰三年六月十一日到浙東任，十二月二十八日召赴行在，此及蓬萊閣詞，皆是年作。

張鎡《南湖集·漢宮春》，題爲：「稼軒帥浙東，作秋風亭成，以長短句寄余，欲和久之，偶霜晴，小樓登眺，因次來韻代書奉。」詞略。又丘宗卿《文定公詞》有次韻一首，題爲「和辛幼安秋風亭韻，癸亥中秋前二日」。據此則先生和作，亦當在是時。

又有次韻稼軒蓬萊閣《漢宮春》。《寶慶會稽續志》：蓬萊閣在設廳後臥龍山下，乃吳越錢鏐所建。淳熙元年，其八世孫端禮重修，並揭於梁間云「定亂安國功臣、鎮東鎮海兩軍節度使、檢校太師、侍中兼中書令、食邑一萬户、實封六百户越王鏐建」。其名蓬萊者，蓋因元微之詩「我是玉皇香案吏，謫居猶得住蓬萊」而得名也。《漢宮春》：「一顧傾吳，指西施。苧蘿人不見，烟杳重湖。當時事如對奕，此亦天乎。大夫仙去，大夫，《嘉泰會稽志》：臥龍山舊名種山，越大夫種所葬處。《夢窗乙稿》有《高陽台》種山即越文種墓一首。笑人間千古須臾，有倦客，扁舟夜泛，猶疑水鳥相呼。秦山對樓自綠，《水經注》：「秦望山在〔越〕州城正南，爲羣峰之傑。秦始皇登之，以望南海。」怕越王故壘，萬曆《紹興府志》：「越王台今在臥龍山之西。」時下樵蘇。只今倚闌一笑，然則非與。小叢解唱，此用盛小叢事，切越中故實。《碧雞漫志》（五）「西河長命女」條：「崔元範自越州幕府辭侍御史，李訥尚書餞於鑑湖，命盛小叢歌。」案丘宗和辛《漢宮春》「秋風亭韻」有「三英笑粲」、「阿素工書」句，是小叢指稼軒侍兒也。倩松風爲我吹竽。更坐待，千巖月落，城頭眇眇啼烏。

案：辛稼軒原章題「會稽蓬萊閣懷古」，詞略。亦爲嘉泰癸亥之作。

《自述》：稼軒辛公，深服其長短句。

冬，以《江東集》歸楊誠齋，有詩。誠齋喜，謂其長子伯子曰：「吾與汝勿〔如〕

堯章也！」報之以詩。

楊誠齋《進退格寄張功父姜堯章》：「尤蕭范陸四詩翁，此後誰當第一功。新拜南湖爲上將，更推白石作先鋒。可憐公等俱一作皆。癡絶，不見詞一本作詩。人到老窮。謝遣管城儂已晚，酒泉端欲乞移一作疏。封。」《誠齋集》卷四十一，嘉泰三年癸亥冬作。

《鶴林玉露》：「姜堯章學詩于蕭千巖，琢句精工，有《姑蘇懷古》詩，楊誠齋喜誦之。嘗以詩送《江東集》歸誠齋，案：先生集中有《送朝天續集歸誠齋》詩，而無送《江東集》詩。或羅大經《鶴林玉露》所記有誤，或有詩今佚，未敢臆斷，俟詳考。誠齋大稱賞，謂其家嗣伯子曰：『吾與汝勿如姜堯章也！』報之以詩云云。」楊長孺字伯子，號東山，萬里子。嘉定間守湖州，後爲番禺帥。端平初，累辭召命，以集英殿修撰致仕，家居卒。

《樂府紀聞》：「鄱陽姜堯章流寓吴興，嘗暇日遊金閶，徘徊弔古。賦柳枝詞，有「行人悵望蘇臺柳，曾與吴王掃落花」之句，楊誠齋極喜誦之。蕭東父尤愛其詞，以其兄之子妻焉。」

詩集二卷，當刻於是歲。

案：集中有《華亭錢園》詩，知在壬戌後。

是歲撰《絳帖評》二十卷。今存六卷。

卷首嘉泰癸亥《自序》云：「小學既廢，流爲法書；法書又廢，惟存法帖。帖雖小技，而上下千載，關涉史傳爲多。故於是編條疏而考證之，一一别其僞眞，察其苗髮。」

《四庫全書總目》：《絳帖平》六卷，宋姜夔撰。案曹士冕《法帖譜系》云：絳本舊帖，尚書郎（瀋）〔潘〕師旦以官帖私自摹刻者，世稱（瀋）〔潘〕駙馬帖。又稱（瀋）〔潘〕氏析居，法帖石分而爲二。其後絳州公庫乃得其一，於是補刻餘帖，是名東庫本。逐卷各分字號，以「日月光天德，山河壯帝居，太平何以報，願上登封書」爲別。今夔所論，每卷字號與士冕所説相合，然則夔所得者即東庫本也。宋之論法帖者，米芾、黄長睿以下，互有疏密，夔欲折衷其論，故取漢宮廷尉平之義，以名其書。首有嘉泰癸亥《自序》云：「帖雖小技，而上下千載，關涉史傳爲多。」觀是書考據精博，可謂不負其言。惟第五卷内論智果書，梁武帝評書語，武帝藏鍾張二王書，嘗使虞龢陶隱居訂正。案：虞龢宋人，其上《法書表》在宋孝武帝之世，去梁武帝甚遠，斯則考論之偶疏耳。據《墨莊漫録》，其書本二十卷，舊止鈔本相傳，未及雕刻。所載字號，止於「山」字，其「何」字以下亡佚，十四卷竟不可復得，然殘珪斷璧，終可寶也。

嘉泰四年甲子，五十歲。

正月，韓侂胄定議伐金。

三月，寓齋毁於火，有《念奴嬌》。

《念奴嬌序》：毁舍後作。

《宋史·五行志》：「嘉泰四年三月丁卯，行都大火，燔尚書省、中書省、樞密院、六部、右丞相府。火作時分數道，燔二千七十餘家。」

又陳造《次姜堯章贈詩卷中韻》：「徐郎巢已焚，庭竹亦無在。」是先生寓齋毁於火也。

又有《洞仙歌》黄木香贈辛稼軒。詞略。

辛棄疾正月入見，建議伐金，見《宋史》

四七四《韓侂胄傳》及《慶元黨禁》。陳譜引《羣芳譜》：「木香開於四月。」則是詞當此年春夏間在杭作。

五月，追封岳飛爲鄂王。

先生客鎮江。今江蘇境。

秋，有北固樓次稼軒韻《永遇樂》。

《永遇樂》：「雲隔迷樓，苔封很石，人向何處。數騎秋煙，一篙寒汐，千古空來去。使君心在，蒼崖綠嶂，苦被北門留住。有尊中酒差可飲，大旗盡繡熊虎。

前身諸葛，來遊此地，數語便酬三顧。樓外冥冥，江皋隱隱，認得征西路。中原生聚，神京耆老，南望長淮金鼓。問當時，依依種柳，至今在否？」

稼軒原章題云《京口北固亭懷古》：「千古江山，英雄無覓，孫仲謀處。舞榭歌臺，風流總被，雨打風吹去。斜陽草樹，尋常巷陌，人道寄奴曾住。想當年，金戈鐵馬，氣吞萬里如虎。元嘉草草，封狼居胥，贏得倉皇北顧。四十三年，望中猶記，烽火揚州路。可堪回首，佛狸祠下，一片神鴉社鼓。憑誰問，廉頗老矣，尚能飯否？」紹興三十二年，稼軒知忠義軍（常）〔掌〕書記，奉表歸朝。嘉泰四年知鎮江府，相距恰四十三年。

《宋史·辛棄疾傳》：「紹興三十二年，耿京遣將賈端與棄疾奉表來歸，高宗召見，授承務郎，即以京知東平府節度使。」棄疾北還復命，行至海州，聞張安國已殺耿京降金，乃徑趨金營，即衆中縛安國以歸，獻俘行在，斬安國於市。嘉泰四年，棄疾在浙東帥任，召見，力言金必內亂，請朝廷備戰，上嘉許，尋差知鎮江府。據此，是秋稼軒知鎮江，先生和韻作亦當在此時。

十月，張巖自資政殿學士、知揚州，除參知政事。

開禧元年乙丑，五十一歲。

客鎮江。未幾歸吳興，有《留別張思順》詩。

張履信字思順，號遊初，鄱陽人，侍郎南仲之子，嘗監京口鎮，官至連江守。《京口留別張思順》：「伯勞飛燕若爲忙，還憶東齋夜共牀。別後無書非棄我，春前會面卻他鄉。連宵爲說經憂患，異日相逢各老倉。更欲少留天不許，曉風吹艇入垂楊。」

六月，易祓以國子司業兼學士院權直。八月除左司諫，兔兼。

易祓字彥章，潭州人，第進士，開禧間官左司諫，有《語溪集》[四]。嘗與先生交。

項平甫起復知鄂渚。

開禧二年丙寅，五十二歲。

四月，追奪秦檜王爵，改謚謬醜。

五月八日，楊廷秀卒，年八十。下詔伐金。《歷代名人年譜》：「楊廷秀卒於五月二日，年八十二。」而《宋史》又作年八十三，然案《誠齋集》卷二十八《大兒長孺赴零陵簿示以雜言一首》長孺舊名壽仁。編在紹熙元年庚戌正月，以「老夫今年六十四，大兒壯歲初筮仕」之語推之，則其卒年當作八十。又卷四十五《和淵明歸去來兮辭序》云：「予倦遊半生，思歸不得。紹熙壬子，予年六十有六，自江東漕司移病自免，蒙恩守贛，病不能赴，因和《歸去來兮辭》以自慰。」據此其卒歲亦作八十。《歷代名人年譜》及《宋史》均誤。又卷百三十三楊長孺、楊次公、楊幼輿狀奏：「開禧二年，歲在丙寅，侂胄矯詔生事，開邊釁，啓兵端。臣等家人知先臣萬里憂國愛君，忠誠深切，而又老病，恐傷其心，凡聞時事，皆不敢告。忽有族姪楊士元者，端午節自吉州郡城書會所歸省其親。伍月柒日來訪先臣萬里，方坐未定，遽言及邸報中所報侂胄用兵事，先臣万里失聲慟哭，謂『姦臣妄作，一至於此』，流涕長太息者久之。是夕不寐，次朝不食，兀坐齋房，取春膏紙一幅，手書八十有四言，其辭曰：『吾年八秩，吾官品□，吾爵通侯，子孫滿前，吾復何憾？老而不死，惡況難堪。韓侂胄姦臣，專權無上，動兵殘民，狼子野心，謀危社稷。吾頭顱如許，報國無路，惟有孤憤，不免遯移，今日遂行，書此爲別。汝等好將息，萬古萬萬古。』其後又書十有四言，其辭曰：『右，辭長孺母子兄弟姊妹，五月八日押。』又自緘封，題云：『遺囑付長孺母子兄弟姊妹，吾押。』既書題畢，擲筆隱几而沒，實五月八日午時也。」

七月，張巖知樞密院事。易祓以權禮部尚書兼侍讀，兼直學士院。八月與宮觀。

先生客處州，與趙雍遊，有《東堂聯句》及《虞美人》。

《東堂聯句》：金風涼夜深，吹我蕭蕭髮。趙雍和仲。起折丹桂枝，驚落花上月。白石。

《宋詩紀事》：「趙廱一作『雍』，號竹潭，忠簡後人。開禧間，爲處州太守，有《煙雨樓》詩。」據此是時先生遊處無疑。

《虞美人序》：「括蒼烟雨樓，《浙江通志·處州》：喻良能《舊州治記》：「由好溪堂層級，三休至煙雨樓，凭欄四顧，目與天遠。」《括蒼彙紀》：「郡守楊嘉言建。」石湖居士所造也。《石湖詩集》三十四《桂林中秋賦》「戊子守括蒼」，蓋乾道四年。乾道五年被召去處，見《詩集》十一。風景似越之蓬萊閣，而山勢環繞，峰嶺高秀過之。觀居士題顏，《方輿勝覽》：煙雨樓在州治，范至能書。且歌其所作《虞美人》，今《石湖詞》無煙雨樓詞。夔亦作一解。

復遊永嘉。屬浙江甌海道治，舊爲溫州府附郭首縣。有《水調歌頭》。

《水調歌頭》：富覽亭永嘉作。富覽亭，《明一統志》：「在永嘉縣郭公山。」《永和縣志》（二十一）：「在郭公山上，不越几席，而盡山水之勝。額係晉王羲之筆。宋嘉祐三年，知州楚建中重建。」萬曆《溫州府志》：「郭公山在郡城西北，晉郭璞登此卜居，故名。」

案：是詞雖無年代，然詞云「一葉泝西來」，故知先生途徑，係自處州泛甌江而至永嘉。

十二月，邱崈遣使如金議和。

開禧三年丁卯，五十三歲。

正月，參政張巖督視江淮軍馬，先生有《賀張肖翁參政》詩。

張巖字肖翁，大梁人，徙家揚州。紹熙末，渡江居潮州。爲人機警，柔回善諂。登乾道五年進士第，歷官爲監察〔御〕史。與張釜、陳自強、劉三傑、程松等阿附時相韓侂胄，誣逐當時賢者，嚴道學之禁。進殿中侍御史，累遷給事中，除參知政事。以言者罷爲資政殿學士，知平江府。旋升大學士，知揚州。……

以銀青光祿大夫致仕，薨，贈特進。

《宋史·張巖傳》：「時邊釁方開，召巖與程松分帥兩淮，已而召還，爲參知政事，兼同知國用事。開禧二年，遷知樞密院事，明年除督視江淮軍馬。」

案：張巖以嘉泰四年十月參知政事，十二月，詔宰相兼用國使。開禧二年七月，遷知樞密院。三年正月，除督視江淮軍馬，與先生賀詩「太乙圖書客屢談，已知上相出淮南」之句正合。

樓鑰以龍圖閣直學士致仕。十一月落致仕，除翰林學士。十二月，除吏部尚書兼翰林學士，兼侍讀。

十一月，禮部侍郎史彌遠誅韓侂胄於玉津園，治韓侂胄黨。

嘉定元年戊戌，五十四歲。

正月，樓鑰兼修國史，兼實錄院修撰，仍舊兼。八月，除端明殿學士，簽書樞密院事，兼太子賓客。

以史彌遠知樞密院事。

三月，以韓侂胄、蘇師旦首畀金。

九月，金遣使來，和議成。

十月，樓鑰同知院事。

先生工書法。著《續書譜》，以繼孫過庭。

孫過庭撰《書譜》一卷，篇末自題「垂拱三年」，蓋唐武后時作。竇蒙《述書賦》注曰：「孫過庭字虔禮，富陽人，右衛胄曹參軍。」（《總目》一一二）

《江西通志·姜夔傳》：夔工書法，《硯北雜志》（下）：「近世以筆墨爲事者，無如姜堯章、趙子固，二公人品高，故所録皆絶俗。」宋陳藏一曰：「白石道人姜堯章，氣貌若不勝衣，而筆力足以扛百斛之鼎。」《書史會要》一陶九成曰：「姜堯章書法迥脱脂粉，一洗塵俗，有如山人隱者，難登廟堂。」著《續書譜》，以繼孫過庭，頗造翰墨閫域。

《續書譜總論》：「眞行草書之法，其源出於蟲篆、八分、飛白、章草等。圓勁古淡，則出於蟲篆；點畫波發，則出於八分；轉換向背，則出於飛白；簡便痛快，則出於章草。然而眞草與行，各有體製：歐率更、顏平原輩，以眞爲草；李邕、李西臺輩，以行爲眞。亦以古人有專工正書者，有專工草書者，有專工行書者，信乎其不能兼美也。或云：草書千字，不抵行書十字；行書十字，不抵眞書一字。意以爲草至易，而眞至難，豈眞（和）〔知〕書者哉？大抵下筆之際，盡倣古人，則少神氣；專務遒勁，則俗病不除。所貴熟習兼通，心手相應，斯爲妙矣。白雲先生歐率更《書訣》亦能言其梗概，孫過庭論之又詳，皆可參稽也。」

天台謝采伯得《續書譜》，乃爲鋟木行於世。

《續書譜序》：「姜夔字堯章，番陽布衣也，自號爲白石。生好學，無所不通。嘗請于□朝，欲是正頌臺樂律，以議不合而罷。有《大樂議》、《琴瑟攷》、《鐃歌》等書傳于世。予略識於一友人處，知其爲名士，頗敬之，不知其能書也。近閱其手墨數紙，運筆遒勁，波瀾老成。又得其所著《續書譜》一卷，議論精到，三讀三歎，眞擊書學之蒙者也。夫自大學不明，而小學盡廢，游心六藝者，固已絕無僅有，而堯章迺用志刻苦，筆法入能品乎？固恨其不遇於時，又自恨向者不能盡知，而不獲摳衣北面以請也，因爲鋟木，以志吾過云。嘉定戊辰，天台謝采伯元若引。」

《四庫總目》卷一一二：《續書譜》一卷，宋姜夔撰。是編其論書之語曰：《續書譜》者，唐孫過庭先有《書譜》故也。前有嘉定戊辰天台謝采伯序，……蓋夔撰是書，至采伯始刊行也。此本爲王氏《書苑補益》所載，凡二十則：一曰總論，二曰眞書，三曰用筆，四曰草書，五曰用筆，六曰用墨，七曰行書，八曰臨摹，九曰書丹，十曰情性，十一曰血脈，十二曰燥潤，十三曰勁媚，十四曰方圓，十五曰向背，十六曰位置，十七曰疏密，十八曰風神，十九曰遲速，二十曰筆鋒。其燥潤、勁媚二則，均有錄無書，燥潤下註曰「見用筆條」，勁媚下註曰「見情性條」，然燥潤之説，實在用墨條中，疑有舛誤。又眞書、草書之後，各有用筆一則，而草書後之論用筆，乃是八法，竝非論草，疑有訛。

項平（南）〔甫〕卒。

嘉定二年己巳，五十五歲。

正月，以樓鑰參知政事。

五月，蒙古入靈州，夏主安全降。金主永濟立。

嘉定三年庚午，五十六歲。

十二月，蒙古侵金。

是年，籍沒韓侂胄家。

陸務觀卒，年八十六。

嘉定四年辛未，五十七歲。

四月，金使人求和於蒙古，不聽，取金西京。

八月，夏主安全卒，族子遵頊立，改元光定。

嘉定五年壬申，五十八歲。

河東、陝西大飢。

張功甫約卒於是年。

嘉定六年癸酉，五十九歲。

三月，樓鑰罷。

四月，金主永濟復以赫舍哩呼沙虎爲右副元帥。

八月，呼沙虎弒永濟而立昇王珣，自爲太師、尚書令、都元帥，封澤王。

樓鑰卒，年七十七，謚宣獻。

吳德夫卒，謚文定。

嘉定七年甲戌，六十歲。

金以故主永濟女歸蒙古。四月，及蒙古平。

嘉定八年乙亥，六十一歲。

五月，蒙古入燕，又侵汴，金人敗之。

八月，元世祖生。

嘉定九年丙子，六十二歲。

蒙古克金潼關，宋不納歲幣於金。

嘉定十年丁丑，六十三歲。

四月，金人分道入寇，江淮制置使趙方破之。

八月，金以河南爲中京。

吳潛登進士第一。

潛字毅夫，號履齋，宣州寧國人，淵弟。嘉定十年進士第一。淳祐九年帥越，爲觀文殿大學士，封慶國公，改封許國公。景定初，以沈炎論劾謫化州團練使，循州安置，卒，贈少師。有《履齋遺集》四卷（詩一卷、詩餘一卷、雜文二卷）。《宋史》有傳。

嘉定十一年戊寅，六十四歲。

金主乞和，不納。

嘉定十二年己卯，六十五歲。

春，金人入洋州。

四月，金築汴京裏城。

先生客維揚，識吳潛。

吳潛《暗香疏影序》：「猶記己卯、庚辰之間，初識堯章于維揚。」（見《履齋詩餘・别集一》）

十二月，趙方使扈再興、許國、孟宗政帥師，分道伐金。

嘉定十三年庚辰，六十六歲。

先生仍客揚州，有《側犯》詠芍藥。《能改齋漫録》（十五）「芍藥譜」條引孔常甫《芍藥譜》云：「揚州芍藥，名滿天下，非特以多爲誇也。其敷腴盛大而纖麗巧密，皆他州所不及。」

案：吳潛《暗香疏影序》云「猶記己卯庚辰之間，初識堯章于維揚」，是二年之中，先生又客揚州也。《側犯》云「卻向揚州住」，又云「誰念我鬢成絲」，時地皆合。先生淳熙三年曾遊揚州，方二十二歲，焉能「鬢成絲」？是《側犯》之作，當在是年。

七月，金使人如蒙古求和。安丙遣兵會夏人伐金。金擊蒙古，敗績。

九月，蒙古遣使如金。

嘉定十四年辛巳，六十七歲。

十月，夏人復乞會師伐金。

宋立太祖裔孫竑爲皇子。趙方卒。

嘉定十五年壬午，六十八歲。

正月朔，受恭膺天命寶於大慶殿，大赦。進封子竑爲濟國公。蒙古滅回回國，進次忻都。

嘉定十六年癸未，六十九歲。

十二月，金伐蒙古，復河中。金主珣卒，子守緒立。

葉正則卒，年七十四。

嘉定十七年甲申，七十歲。

閏三月，帝崩，年五十七。史彌遠矯詔立沂王子貴誠，更名昀，尊皇后爲皇太后，同聽政。封皇子竑爲濟王，出居湖州。

十月，夏及金平。金哀宗立。

理宗寶慶元年乙酉，七十一歲。

正月，湖州潘壬起兵謀立濟王竑，竑討平之。史彌遠矯詔殺竑，追貶爲巴陵郡公。

四月，太后以疾罷聽政。

六月，加史彌遠太師，封魏國公。

寶慶二年丙戌，七十二歲。

先生遊金陵，有《永遇樂》。

《永遇樂·次韻辛克清先生》：「我與先生，夙期已久，人間無此。不學楊郎，南山種豆，十一徵微利。雲霄直上，諸公衮衮，乃作道邊苦李。五千言，老來受用，肯教造物兒戲。東岡記得，同來胥宇，歲月幾何難計。柳老悲桓，松高對阮，未辦爲鄰地。長干白下，青樓朱閣，往往夢中槐蟻。卻不如，窪尊放滿，老夫未醉。」

《泠然齋集·金陵雜興》詩：「白石鄰姜病更貧，幾年白下往來頻。新詞剪就能哀怨，未必劉郎是後身。」

案：蘇泂於寶慶二年再入建康幕，與先生《永遇樂》「長干白下」句合，是先生重遊金陵，亦當在此時。

俞灝致仕，築室九里松，自號青松居士。

七月，夏主德旺以憂卒，弟子晛立。

寶慶三年丁亥，七十三歲。

正月，贈朱熹太師、信國公。蒙古遣使責歲幣於金。

六月，金遣使請和於蒙古。蒙古特穆津滅夏，以夏主晛歸。

紹定元年戊子，七十四歲。

三月，金將完顏陳和尚大敗蒙古兵於大昌原。史天澤守中原。

十二月，葛洪參知政事。

紹定二年己丑，七十五歲。

先生客嘉興，再晤吳潛。嘉興府，宋爲嘉禾郡，尋升嘉興府。隸浙江省。今併嘉興、秀水爲縣。

吳潛《暗香疏影序》：「猶記己卯、庚辰之間，初識堯章于維揚。己丑嘉興再會。」

蒙古太宗烏格台立。

十二月，蒙古始定田賦。

紹定三年庚寅，七十六歲。

三月，蒙古定都和林，立十路課税所。

十二月，詔史彌遠十日一赴都堂治事。李全忠寇揚州。

紹定四年辛卯，七十七歲。

正月，趙范、趙葵大敗李全於揚州城下，全走，死新塘。

十月，蜀□諸郡陷於蒙古。

紹定五年壬辰，七十八歲。

三月，蒙古圍金汴京。金遣曹王額爾克質於蒙古，請和。

四月，蒙古退軍河洛。

十二月，蒙古遣使來議伐金，許之。金主守緒出奔河北，蒙古蘇布特復圍汴。

周公謹密生於富春縣齋。

紹定六年癸巳，七十九歲。

九月，金人來乞糧，不許。宋師會蒙古伐金。

十月，封史彌遠爲會稽郡王，奉朝請，彌遠尋卒。

先生家馬塍。《淳祐臨安志》卷九：「東西馬塍，在餘杭門外羊角埂之間。土細，宜花卉。園人多工於種接，爲都城之冠。或云是錢王舊城，非塍也。今北關門，古之餘杭門外城也。元自有北關門，今有夾城巷，乃古基也，地與馬城相接。」宋董嗣杲《西湖百詠》：「東西馬塍在溜水橋北，羊角埂是也。河界東西土脉宜栽花卉，園人工於種接，仰此爲業。間有園亭，不過養種。西塍有土神廟，額扁作馬城。」《卜算子·吏部梅花八詠》：「家在馬城西。」

張鎡《南湖集》（十）有《卜算子·無逸寄示梅詞次韻回贈》一首云：「常記十年前，共醉梅邊路。別後頻收尺素書，依舊情相與。早願卻來看，玉照花深處。風暖還聽柳際鶯，休唱《閒居賦》。」此與姜詞第一首同韻。查《南湖詩集》有與曾無逸唱酬詩多首，《酬曾無逸架閣見寄》一首注云：「無逸兄無玷，今主大府簿。」

案：《宋史》四二二《曾三聘傳》：「字無逸。」又四一五《曾三復傳》：「字無玷，無逸兄。」無逸即曾三聘無疑。三聘寧宗初爲考功郎，故姜詞稱爲「吏部」。知此八首皆和曾三聘作也。又《南湖集》結集於嘉定三年，見方回跋。白石此詞在《別集》，必嘉泰二年後至嘉定三年，八、九年間之作。先生《出北關》詩：「吳兒臨水宅，四面見行舟。蒲葉侵鵝項，楊枝蘸馬頭。年年人去國，夜夜月歸樓。傳語城中客，功名半是愁。」《南宋古蹟考》：餘杭門在城北（北）。《杭州府志》：杭人舊有十三門，惟餘杭門在不得出，居人之舊，亦名北關。葉紹翁《出北關一里》詩有「出得城門能幾步，船頭便有白鷗來。」《志雅堂雜鈔》（下）：「北關接待寺……其前殿即歲殿，亦舊物。外有給衆庫，石碑立于側，其文乃鎦樸翁撰、姜堯章書。……此寺乃淳熙間道者喻彌陀開山。」據此則先生家在西馬塍，而時出入於北關可知矣。

端平元年甲午，八十歲。

正月，金主守緒傳位於其宗室承麟。孟珙以蒙古兵入蔡州，守緒及其尙書右丞相完顔呼沙呼死之，承麟爲亂兵所殺，金亡。

四月，獻金俘於太廟。

先生遺嫁小紅。

《硯北雜志》：「堯章每喜自度曲，小紅輒歌而和之。堯章後以疾沒，故蘇石挽之云：『幸是小紅方嫁了，不然啼損馬塍花。』」〔一〕《宋詩紀事小傳補正》（卷四）：所録兩句乃蘇洞字召叟《哭姜夔》詩四首之末章也。明刻《硯北雜志》引之，誤「召」爲「石」，又脱「叟」字。厲書蓋承《硯北雜志》之訛。

端平二年乙未，八十一歲。

正月，以程芾爲蒙古通好使。

五月眞德秀卒，年五十八，謚文忠。

先生以布衣卒。葬西馬塍。

吳潛《暗香疏影序》：「猶記己卯、庚辰之間，初識堯章于維揚。己丑嘉興再會。自此契闊，聞堯章死西湖，嘗助諸丈爲殯之，今又不知幾年矣。自昭忽録示堯章《暗香》、《疏影》二詞，因信手酬酢，幷賡潘德久之詩云。」

《硯北雜志》：「宋時花藥，皆出東、西馬塍。西馬塍皆名人葬處，白石沒後葬此。」

遺子二：瓊後爲太廟齋郎，瑛爲禾郡僉判。

《江西通志·姜夔傳》。

〔一〕桂海虞衡志：原誤作「桂海衡集」，據其現存書目改。

〔二〕「空幾點」句：據汲古閣刊本《南宋六十家

集·白石道人詩集》，原詩爲「幾點胭脂污緑苔」。

〔三〕原譜此條考證有誤。今陜西地域南宋時爲金所有，南宋官吏不可能官于此。「池陽」當另有其地，疑或爲池州（今安徽貴池），俟考。其後「慶元三年」條同。

〔四〕語溪集：原文所載有誤。據《宋詩紀事》卷五八，易袚有詩載于《浯溪集》。此集非易氏專集。易袚號山齋先生，今人王德毅《宋人傳記資料索引》謂其有《山齋集》，然不見諸書記載，俟考。

附輓詩評語

蘇泂《泠然齋集·到馬塍哭姜堯章》詩：蘇泂字召叟，山陰人，右僕射頌四世孫。《宋史·頌傳》不詳列其後裔，故泂始末無可考。爲詩鑱刻淬鍊，有《泠然齋集》二十卷（清自《永樂大典》輯出，得八卷）。「初聞訃告一場悲，寫盡肝陽在挽詩。今日親來見靈柩，對君妻子但如癡。」「花案空空但滿塵，樂章起草偏窗身。孺人侍妾相持泣，安得君歸更肅賓。」「南宫垂上鬢星星，畢竟襴衫不肯青。除卻《樂書》誰殉葬，一琴一硯一《蘭亭》。」「兒年十七未更事，曷日文章能世家？賴是小紅渠已嫁，不然啼碎馬塍花。」

周文璞《弔堯章》詩：「相逢蕭寺已纍然，自詠《離騷》講《太玄》。極目舊遊惟白石，傷心孤塚只蒼烟。兒從外舍收殘稿，客向空山泣斷絃。帝所修文與張樂，魂兮應是到鈞天。」

評語

黄白石云：造物者不欲以富貴浼堯章，使之聲名焜耀於無窮也。

楊長孺云：先君在朝列時，薄海英才，雲次鱗集，亦不少矣，而布衣中得一人焉，曰姜堯章。

陳藏一云：白石道人姜堯章，氣貌若不勝衣，而筆力足以扛百斛之鼎；家無立錐，而一飯未嘗無食客。圖史翰墨之藏，汗牛充棟。襟期灑落，如晉宋間人，意到語工，不期於高遠而自高遠。

樂雷發《題許介之譽文堂》詩曰：「姜夔劉過竟何爲，空向江湖老布衣。」又《題史主簿授庵集藁後》云：「姜夔荒塚白蘋深，鸞鶩無聲結綠沈。」

黃叔暘曰：白石詞極妙，不減清眞，其高處有美成所不能及。《絶妙詞選》。

沈伯時曰：姜白石清勁知音，亦未免有生硬處。《詞旨》。

張叔夏曰：詞要清空，不宜質實。清空則古雅峭拔，質實則凝澀晦昧。姜白石如野雲孤飛，去留無跡。吳夢窗如七寶樓臺，眩人眼目，拆碎下來，不成片段。《樂府指迷》。

朱竹垞曰：唐之孟襄陽、宋之姜白石、明之徐迪功，盡洗鉛華，極蕭散自得之趣，故獨步一時。《曝書亭集》。

王阮亭曰：《白石集》予鈔之近百首，蓋能參活句者。白石詞家大宗，其於詩亦能深造自得。自序同時詩人，以溫潤推范石湖，痛快推楊誠齋，高古推蕭千巖，俊逸推陸放翁。白石遊於諸公間，故其言如此。其詩初學黃太史，正以不深染江西派爲佳。《帶經堂集》。

參攷書目

《舊唐書》
《新唐書》
《宋史》
《浙江通志》
《江西通志》
《福建通志》
宋周淙《乾道臨安志》（武林掌故叢編）
潛説〔友〕《咸淳臨安志》（仝上）
施諤《淳祐臨安志》（仝上）
《南宋古蹟考》（仝上）
董嗣杲《西湖百詠》（仝上）
《吳興記》（雲自在龕叢書）
王象之《輿地紀勝》
清《兩浙金石志》
宋姜夔《白石詞》（汲古閣本）
《白石道人詞集》（四印齋本）
《白石道人歌曲》（榆園叢書本）
《白石道人歌曲》（彊村叢書本）
《白石集》（知不足齋本）
《白石詩詞合集》（四部叢刊本）
《續書譜》（百川學海本）
宋范成大《石湖詩集》（四部叢刊本）
《石湖詞》
《攬轡録》
《吳船録》
《桂海虞衡志》
《梅譜》
楊萬里《誠齋集》（四部叢刊本）
《淳熙薦士録》（函海）
《誠齋詩話》
張鎡《南湖集》（四部叢刊本）
樓鑰《攻媿集》（仝上）
葉適《水心別集》（永嘉叢書本）
《水心先生文集》（四部叢刊本）

吴文英《夢窗甲乙丙丁詞稿》（彊村叢書本）
近人梁啓勳《稼軒詞疏證》
宋沈義父《樂府指迷》
陸行直《詞旨》
周密《齊東野語》
《澄懷録》
《武林舊事》（武林掌故叢編）
《浩然齋雅談》（懺花盦叢書）
《志雅堂雜鈔》（粤雅堂本）
陳鵠《耆舊續聞》
何異《宋中興百官題名》
元方回《瀛奎律髓》
清厲鶚《宋詩紀事》
陸心源《宋詩紀事補遺》
況周儀《蕙風叢書》
《圖書集成》
《四庫全書總目》
近人夏承燾先生《白石道人歌曲攷證》（之江學報第一卷第二期）

崔與之事蹟繫年

何忠禮　編

據《文史》第四十一輯修訂

崔與之（一一五八—一二三九），字正子，號菊坡，增城（今屬廣東）人。家貧，力學自奮。紹熙四年進士，授潯州司法參軍、淮西檢法官，開禧間知建昌新城，通判邕州。歷廣西提刑，嘉定間知揚州，召爲秘書少監、秘書監，權工部侍郎，出知成都府，任四川安撫制置使。召爲禮部尚書，辭，徑歸廣州。端平二年，除廣東經略安撫使兼知廣州。拜參知政事、右丞相，皆力辭。嘉熙三年，以觀文殿大學士提舉洞霄宮致仕，卒，年八十二，謚清獻。

崔與之富於政治和軍事才能，爲南宋時期兩廣偉人，其文其詞也頗爲後人看重，如《水調歌頭·題劍閣》一闋，心繫國事，豪邁雄壯，不減蘇、辛。所著文集若干卷，已佚。後人輯其遺文、言行爲《崔清獻公全録》十卷，有明嘉靖刻本。事蹟見李昴英《崔清獻公行狀》、《宋史》卷四〇六本傳。

明魯守約撰有《崔清獻公行譜》二卷（《中國歷代人物年譜考録》），不傳。近人賀次君編《崔清獻公年譜》，載《廣東建設研究》第一卷第一期（一九四六年八月刊），事屬草創，錯訛較多。本譜爲今人何忠禮編，考述崔與之歷官事蹟，較爲簡明。原載《文史》第四十一輯（中華書局一九九六年），今重加修訂，收入本書。

崔與之（一一五八—一二三九年），字正子，一字正之，號菊坡，廣州增城（廣東今市）人。南宋光宗紹熙四年（一一九三）登進士第。歷任潯州司法參軍、廣西提點刑獄、知揚州、知成都府、知廣州等，并先後兼任淮東制置使、四川安撫制置使、廣東經略安撫使。晚年，召爲禮部尚書、吏部尚書，又除參知政事，再拜右丞相兼樞密使，皆懇辭不就，後以觀文殿大學士致仕。卒，贈少師，謚清獻。

與之歷仕光、寧、理三朝四十七年，以清正廉潔，勤於政事，關心民瘼，淡泊名利著稱，在軍事上亦卓具才幹。他出任地方官，則遍歷所部，興利除弊，不遺餘力，深受當地百姓愛戴；奉命護邊，乃修明軍政，協和將士，注重防備，從而有效地抵禦了金人對淮甸和川蜀的侵擾。他知人善任，受薦擢者達數十人，其中如游似、洪咨夔、林略、魏了翁、家大酉、劉克莊、李性傳、李心傳、度正、程公許、吴純臣、温若春等輩，皆爲一時之選。

與之生活於南宋中後期，其時，由於大臣相繼擅權，對金戰争屢遭失利，加之統治集團内部的諸多矛盾，使得朝政更加黑暗混亂。在士大夫中間，黨同伐異之風大盛，他却能獨立不阿，以直道行事。在對金關係上，某些主戰官員由於不顧實力，輕率用兵，往往給國家帶來嚴重後果；主和者則一味苟且偷安，輕信和議，置民族利益於腦後。對此，與之皆以爲不可，提出只有「實邊而後可以安邊，富國而後可以强國」的主張，始終力持自强守禦之説。在思想上，隨着程朱理學的正式形成，并由受壓制而逐漸取得統治地位，道學思想開始彌漫朝野，士大夫拱手高談性命成爲時尚，與之却不加盲從，更是難能可貴。其座右銘曰：「無以嗜欲殺身，無以財貨殺子孫，無以政事殺民，無以學術殺天下後世。」足見其見識之遠，志向之高，所持操術趨向，决非一般俗儒可以企及。

然而，正由於與之不入道學宗派，遂遭到後世理學家的冷落，其事蹟既鮮爲人知，詩文亦大多不傳，今天能够見到有關其履歷和言行的材料，比較集中記載者只有《宋史》卷四〇六《崔與之傳》（以下簡稱本傳）、《崔清獻公集》（以下簡稱《文集》）五卷、門人李昴英所撰之《崔清獻公行狀》（以下簡稱《行狀》）、宋末元初由同郡李肖龍所輯録之《崔清獻公言行録》（以下簡稱《言行録》）三卷、明人黄佐所撰之《廣州人物傳》卷八《崔清獻公》（以下簡稱《人物傳》）等數種。由於史料不足，記事闊略，又頗多舛誤，使後人對崔與之的研究遇到許多困難，這恐怕就是人們對這位著名歷史人物仍然感到比較陌生的重要原因。今筆者不揣識昧，在上述史料的基礎上，再勾稽群籍，排比考證，爰成此文。若萬一能對深入研究與之其人有所幫助，則有幸焉。

南宋高宗紹興二十八年戊寅，崔與之生。

崔與之，字正子，號菊坡，廣州增城縣人（《行狀》，載李昴英《文溪存稿》卷一一）。其先爲汴人，後遷贛之寧都，歷十一世，始居嶺南（元黄諫《崔氏修續世牒·序》）。父世明，試有司連黜，每曰：「不爲宰相，則爲良醫。」便悉心研究醫書，「貧者療之不受直」（本傳）。母羅氏，後贈申國夫人（明陳璉《琴軒集》卷三《崔清獻公祠堂記》）。祖母歐陽夫人，外祖父歐陽二助教（《文集》卷五《歐陽氏山墳記》）。

按：崔與之一字正之，《鶴山先生大全集》卷八二《郭公墓誌銘》中有「崔正之與之……稱疾去」云云。又，與之幼名星郎（見《言行録》卷一，陳璉《祠堂記》作「星即」，其意不可解，當係「星郎」之誤刊。）

是年十二月，宋以金有意敗盟，令利州路團練義士（《建炎以來繫年要録》卷一八〇），金營大汴京（《金史·海陵紀》）。

紹興二十九年己卯，二歲。

與之幼孤而貧，居於外邑（《文集》卷五《歐陽氏山墳記》）。

按：與之喪父時間不詳，此條記事姑繫於本年。

是年二月，金籍壯丁，造戰船；三月，遣使詣諸路造兵器；八月，又調兵馬以備南侵（《金史·海陵紀》）。

紹興三十年庚辰，三歲。

二月癸酉，普安郡王瑗（孝宗）立爲皇太子。八月癸丑，參知政事賀允中使金還，言金人必背盟，宜爲之備。高宗疑而未決，允中致仕。壬申，淮東馬步軍副都總管許世安奏，金主完顏亮至汴京，起兵五十餘萬，屯宿、泗州，謀攻宋（《建炎以來繫年要録》卷一八五）。

紹興三十一年辛巳，四歲。

七月，金遷都汴京（《宋史·高宗紀九》）。九月，金人背盟，大舉南侵（《建炎以來繫年要録》卷一九二）。十月丙午，金人立東京留守完顏雍爲皇帝，次日，改元大定，是爲世宗（《金史·世宗紀上》）。十一月丙子，虞允文督舟師敗金兵於采石。乙未，完顏亮爲其下所殺。戊戌，金遣人與南宋議和（《宋史·高宗紀九》）。

紹興三十二年壬午，五歲。

六月丙子，高宗自爲太上皇帝，太子眘即位，是爲孝宗（《宋史·高宗紀九》）。七月戊申，追復岳飛元官，以禮改葬（《宋史·孝宗紀一》）。

孝宗隆興元年癸未，六歲。

四月，用張浚議，出兵攻金。五月甲寅，宋軍大潰於符離。八月，宋金復議和（《宋史·孝宗紀一》）。

隆興二年甲申，七歲。

八月辛巳，張浚卒，年六十八。十二月，宋金和議成，金宋爲叔侄之國，歲貢改稱歲幣，銀絹各減五萬兩，地界如紹興之時（《宋史·孝宗紀一》）。

乾道三年丁亥，十歲。

五月甲寅，知興元府、充利州路安撫使、四川宣撫使吴璘卒，年六十六（《宋史·孝宗紀二》）。

乾道八年壬辰，十五歲。

二月乙巳，詔改尚書左右僕射、同中書門下平章事爲左、右丞相。辛亥，以虞允文爲左丞相，梁克家爲右丞相，并兼樞密使（《宋史·孝宗紀二》）。

孝宗淳熙元年甲午，十七歲。

二月癸酉，虞允文卒，年六十四（《宋史·孝宗紀二》）。

淳熙二年乙未，十八歲。

四月，茶戶賴文政起義於湖北，起義軍入湖南、江西，屢敗官軍，六月至廣東，閏九月，賴文政被殺，起義失敗（《宋史·孝宗紀二》）。

淳熙五年戊戌，二十一歲。

正月辛丑，詔以侍御史謝廓然之請，戒有司毋用程頤、王安石之說取士（《宋史·孝宗紀二》）。

淳熙六年己亥，二十二歲。

是年，陳峒、李接先後起義於湖南、廣西，不久皆敗死（《宋史·孝宗紀三》）。

淳熙七年庚子，二十三歲。

十一月，黎州戍卒伍進等起義，旋敗死（《宋史·孝宗紀三》）。

淳熙八年辛丑，二十四歲。

二月，黎州土丁張百祥等不堪科役起義，旋敗（《宋史·孝宗紀三》）。

淳熙十年癸卯，二十六歲。

六月，監察御史陳賈奏稱程朱理學爲道學，又斥之爲「僞學」，請禁絕之。帝從之（《宋史·孝宗紀三》、《中興兩朝聖政》卷六〇）。

淳熙十四年丁未，三十歲。

十月乙亥，太上皇（高宗）卒（《宋史·高宗紀九》）。

淳熙十五年戊申，三十一歲。

六月癸酉，太常博士葉適論兵部侍郎林栗襲用鄭丙、陳賈之說，創爲「道學」之目，「陰廢正人」（《水心文集》卷二《辨兵部郎官朱元晦狀》）。

淳熙十六年己酉，三十二歲。

正月癸巳，金世宗完顏雍卒，皇太孫完顏璟繼位，是爲章宗（《金史·章宗紀一》）。

二月壬戌，孝宗傳位皇太子惇，惇繼位，是爲光宗（《宋史·孝宗紀三》）。

光宗紹熙元年庚戌，三十三歲。

是年，與之入太學（《文溪存稿》卷四《跋菊坡太學生時書稿》），「既中選，朝夕肄業，足跡未嘗至廛市」（《行狀》）。

按：廣州去行在四千里，水陸約七十程。當地士人以補試雖登名，仍爲一領白衣，故即使稍有物力者，憂其費之鉅而憚其行。與之乃一介寒士，「聞其入京參齋時，皆朋友相資助」。他初入太學，即立下「必期三年成名而歸」的志向，其後讀書之勤，可以想見（參見《跋菊坡太學生時書稿》）。

中年喪偶，不再娶。

按：與之中年喪偶事，見《言行錄》卷二據曾就《閑錄》所載，但具體年月不詳，姑繫於本年。

紹熙四年癸丑，三十六歲。

五月，舉進士乙科。廣人由太學取第者，自與之始。

按：是年，以吏部尚書兼侍讀趙汝愚知貢舉，給事中黃裳、右司諫胡瑑同知貢舉。得合格奏名進士徐邦憲以下三百九十六人。殿試第一人陳亮，補承事郎，簽書諸州節度判官廳公事。第二人宋質、第三人黃中，並文林郎，兩使職官。第四人滕強恕、第五人楊燦，並從事郎，初等職官。第六人以下至第四甲，並迪功郎，諸州司戶簿尉。第五甲守選（《宋會要輯稿》選舉一之二三至二九）。與之既舉進士乙科，其初授官當爲迪功郎，諸州司戶簿尉。

授潯州司法參軍。「常平倉久弗葺，慮雨壞米，撤居廨瓦覆之」（本傳）。

按：潯州屬廣南西路，即今廣西桂平，距廣州約七百里。

紹熙五年甲寅，三十七歲。

四月，與之撰《重建東嶽行宮記》（《文集》卷五）。

六月戊戌，壽皇（孝宗）卒。七月甲子，光宗爲太上皇，子擴即位，是爲寧宗（《宋史·光宗紀》）。閏十月戊寅，煥章閣待制、兼侍講朱熹以上疏忤韓侂胄罷（《宋史·寧宗紀一》）。

寧宗慶元元年乙卯，三十八歲。

在潯州任。

二月戊寅，右丞相趙汝愚因逆權臣韓侂胄罷（《宋史·寧宗紀一》）。

慶元二年丙辰，三十九歲。

在潯州任。

郡守欲移常平倉之積以供他用，與之堅持不可，守敬服，更薦之（本傳）。

按：本條記事，本傳不詳其歲月，然南宋選人改京官頗爲不易，郡守「更薦之」事，當在其初任之末，故繫於本年。

是年正月庚子，趙汝愚貶卒，年四十五。甲辰，留正以「引用僞學之黨」被劾，落觀文殿大學士，罷宮觀。八月丙辰，太常少卿胡紘請禁僞學。十二月，朱熹落秘閣修撰，罷宮觀（《宋史·寧宗紀一》）。

慶元三年丁巳，四十歲。

居家待闕。

按：宋代官員三年一任，由於官冗，選人一任滿，須待闕數年，方能注新任差遣，故本年及以後二年當是與之居家待闕時期。

是年九月，金募上京、東京、北京、西京、咸平、臨潢等路漢人爲兵（《金史·章宗紀二》）。十二月丁酉，詔應知綿州王沇請，命省部置「僞學逆黨籍」，共五十九人（《兩朝綱目備要》卷五）。

慶元四年戊午，四十一歲。

居家待闕。

是年五月己酉，詔禁僞學（《宋史·寧宗紀一》）。

慶元五年己未，四十二歲。

居家待闕。

慶元六年庚申，四十三歲。

調淮西提刑司檢法。「民有窘於豪民逋負，毆死其子誣之者，其長欲流之，與之曰：『小民計出倉猝，忍使一家轉徙乎？況故殺子孫，罪止徒。』卒從之」（本傳）。

按：與之除淮西檢法時間不詳，若待闕三年，似當於本年除新任。

是年三月甲子，朱熹卒，年七十一。八月辛卯，太上皇（光宗）卒（《宋史·寧宗紀一》）。

嘉泰元年辛酉，四十四歲。

在淮西任。「時王樞密當國，有子豪奪僧寺田，官吏無敢決其訟，公直筆擬斷，不爲權勢屈。王聞而壯之，薦於朝。由是諸臺交剡爭致」（《言行録》卷一並小注：《家集》有《謝王樞密啓》）。

按：查《宋史·宰輔表》四所載，寧宗一朝並無王姓任樞密使者，上述之「王樞密」不知爲誰？待考。

是年二月癸巳，觀文殿大學士致仕周必大以「首創僞學，私植黨與」，降爲少保（《宋史·寧宗紀二》）。

嘉泰二年壬戌，四十五歲。

在淮西任。撰《送時漕大卿》詩。

按：考《文集》卷五《送時漕大卿》（淮西檢法）詩中有「十年宦海任飄零」之句，知與之本年仍爲淮西檢法。

是年二月，弛僞學之禁（《兩朝綱目備要》卷七）。十月，追復朱熹煥章閣待制致仕。十二月甲申，立貴妃楊氏爲皇后，加韓侂胄太師。閏十二月，復周必大少傅、觀文殿大學士（《宋史·寧宗紀二》）。

嘉泰三年癸亥，四十六歲。

待次。

按：與之任淮西檢法已滿三考，根據他下一任的除官情況，本年正屬磨勘改官時期。

嘉泰四年甲子，四十七歲。

知建昌新城縣。「新城素號難治，公始至，歲適大歉，民有強發廩者，公折其手足以徇，因請自劾，守大異之」（《行狀》）。「治新城，以撫字寓之，催科酌道里爲信限，悉蠲浮費，民輸直造庭下，東廡交錢，西廡給鈔。未納無泛比，已納無泛追，不事一箠而賦益辦」。「會歲祲，舉行荒政，供億軍需無窘蹙峻迫狀，邑境帖然。當路取其規畫下諸州縣倣行之，上其治行」（《言行録》卷一引《家集·辭在内升擢狀》）。

按：新城縣屬今江西南城。考《新城

縣志》卷七《秩官》，與之知新城始於本年。

開禧元年乙丑，四十八歲。

在新城任。

是年三月，宋軍數入金境，謀北伐（《金史·章宗紀四》）。七月庚申，以韓侂胄爲平章軍國事（《宋史·寧宗紀二》）。

開禧二年丙寅，四十九歲。

在新城任。「開禧用兵，軍需苛急，公悉以縣帑收市，一毫不取于民。和糴令下，公依時值躬自交受，令民自概，不擾而辦，爲諸邑最。趙漕使希懌令諸邑視以爲法，且特薦於朝，他司相繼論薦」（《行狀》）。

按：建昌軍屬江南西路，據《西山集》卷四五《趙正惠公墓誌銘》載，希懌於開禧間出任本路轉運使，時值開禧北伐，則希懌薦與之事當在本年。

是年三月癸巳，以程松爲四川宣撫使，知興州吳曦通款於金，求封蜀王（《兩朝綱目備要》卷九）。冬，金大舉反攻，中路攻荆襄，東路入兩淮，西綫破大散關。先後攻佔棗陽軍、信陽軍、滁州、隨州、西和州、濠州、安豐軍等州軍（《金史·章宗紀四》）。

開禧三年丁卯，五十歲。

通判邕州，攝知賓州。「邕守武人，惟苛刻，御禁卒無狀，相率爲亂。公時攝賓陽，聞變，亟歸。叛者將擁門拒之，公疾馳以入，執首亂者戮之，縱其徒不問，闔郡帖然」（《行狀》）。

按：與之知新城任滿，例當待闕，因其在任政績卓著，「時相欲留中」，與之不就，故朝廷立即授以嶺南差遣。

又本傳云「（邕）守武人，苛刻，衣賜不時給，諸卒大哄。漕司檄與之攝守，叛者帖然。」似乎與之本年乃攝邕而非攝賓，亦在情理之中，否則便沒有「聞變，亟歸」之事。至於與之是否同時攝知邕州，待考。

是年二月乙亥，楊巨源等殺吳曦。六月癸酉，四川宣撫副使安丙殺其參議官楊巨源。十一月乙亥，禮部侍郎史彌遠等殺韓侂胄（《宋史·寧宗紀二》）。

寧宗嘉定元年戊辰，五十一歲。

知賓州。「倅邕未期，適賓州軍哄，諸臺以公長於應變，列辟賓守」（《言行録》卷一，《家集》有《謝賓州啓》）。

是年正月，以史彌遠知樞密院事。三月戊子，復秦檜王爵、贈謚。本月，宋金和議成，南宋以韓侂胄首送金人，以贖淮南地，改宋金叔侄爲伯侄之國，增歲幣。六月，以史彌遠兼參知政事。十月，以史彌遠爲右丞相，開始擅權。十一月丙辰，金章宗卒，衛王完顏永濟立，是爲衛紹王（《宋史·寧宗紀三》、《金史·章宗紀四》）。

嘉定二年己巳，五十二歲。

除廣西提點刑獄兼提舉河渠、常平。與之「遍歷所部，至浮海巡朱崖，秋毫無擾州縣」。「朱崖地產苦荳，民或取葉以代茗，州郡徵之，歲五百緡。瓊人以吉貝織爲衣衾，工作皆婦人，役之有至期年者，棄稚違老，民尤苦之。與之皆爲榜免。其他利病，罷行甚衆。瓊之人次其事爲《海上澄清錄》。嶺海去天萬里，用刑慘酷，貪吏厲民，乃疏爲十事，申諭而痛懲之。高惟肖嘗刻之，號《嶺海便民榜》。廣右僻縣多右選攝事者，類多貪黷，與之請援廣東循、梅諸邑〔例〕，減舉員賞格，以勸選人。熙寧免役之法，獨不及海外四州，民破家相望。與之議舉行未果，以語顏棪，棪守瓊，遂行之」（本傳）。

按：據《言行錄》卷一載：「守賓年餘，除本路憲使。」則與之除廣西提點刑獄當在本年。又載與之之官爲「廣西提點刑獄兼提舉河渠常平」，則他一身兼任提刑、常平兩職。《嶺南便民榜》所疏十事爲：「一曰獄囚充斥之弊，二曰鞫勘不法之弊，三曰死囚冤枉之弊，四曰贓物供攤之弊；五曰戶長科役不均，六曰弓手土軍騷擾，七曰催科泛追，八曰輯捕生事，九曰奸猾健訟，十曰州縣病民。」

是年，陸游卒，年八十五（《宋史·陸游傳》）。十一月，郴州黑風峒首領李元礪起事，攻掠江西、湖南、廣東等地，屢敗官軍。十二月己巳，賜朱熹謚曰文（《宋史·寧宗紀三》）。

嘉定三年庚午，五十三歲。

在廣西任。與之「歷巡所部，朝嵐晝暑，星行露宿，以葉舟渡朱崖，衝冒川途之險而弗顧。自春徂冬，往返數千里，形容凋瘁，鬢毛悉斑。所至搴帷問俗，導人使言，有條利害以告者，必爲之罷行乃去。幽枉之民，遮車而赴訴者，駢肩累跡於道。」（《言行録》卷一引《家傳》）

是年正月，宋廷以連年旱蝗，飢民群起掠食，官吏名之爲盜，下詔招諭之，並戒官吏妥爲安撫。十二月，李元礪攻掠經年，至是被俘，事平（《兩朝綱目備要》

卷一二）。

嘉定四年辛未，五十四歲

在廣西任。

嘉定五年壬申，五十五歲。

在廣西任。劾知高州黄鳳治郡無狀。

按：《宋會要輯稿》職官七四之四二至四三載：「（嘉定五年五月）三十日，新知金州勾廷永放罷，知高州黄鳳追三官，永不得與親民、釐務差遣。……鳳守昌化時，有銀綱因風濤失陷，仍妄稱被劫。暨而廣西提刑崔與之復言鳳治郡亡狀，勒主客户納錢買鹽，發賣收利，故有是命。」可知本年初與之仍任廣西提刑。

嘉定六年癸酉，五十六歲。

赴召，途次桂林、吉水等地。

按：光緒《臨桂縣志》卷二三《金石四》載《題名桂林白龍洞》云：「五羊崔正子，趣召有行，括蒼管定夫，送别於白龍洞。……嘉定癸酉二月旦日。」又《文集》卷五《題吉水黿潭李氏仁壽堂》詩自序謂：「嘉定癸酉，以廣西憲赴召經此。」知與之於本年春召赴行在。其詩有云：「自憐一身孤，蒲柳先秋衰。百念盡灰冷，故園勞所思。我有石壁山，畝計十有奇。歸去營一窟，曲肱送斜暉。培植先人樹，投老長相依。清泉白石盟，甘心天一涯。」與之清廉可知。

召爲金部員外郎。「時郎官多養資望，不省事，與之鉅細必親省決，吏爲欺者必杖之，莫不震栗。」（本傳）

是年八月，金衛紹王爲其下所殺。九月甲辰，完顔珣即位，是爲宣宗（《金史·宣宗紀上》）。秋、冬，蒙古兵分道破金河東、河北、山東九十餘州（《元史·太祖紀》）。

嘉定七年甲戌，五十七歲。

正月，知揚州兼淮南東路制置使。

按：《文集》卷五《小詩謝山神》自序謂：「嘉定甲戌正月，以金部郎分閫東淮。正當金虜棄巢南奔之時，人不願往，以君命不敢辭，首尾五年而不得代。」《言行錄》卷一載：「嘉定七年，金虜爲韃靼所攻，棄燕來汴，李全復據京東，兩淮腹背受敵，命公帥淮左。陛辭，首疏以選擇守將，招集民兵爲第一事。」

五月，金遷都南京（《金史·宣宗紀上》）金山東紅襖軍大起，楊安兒稱皇帝，建元天順，與濰州李全等攻山東諸州縣，金遣將擊之（《續資治通鑑》卷一六〇）。

七月庚寅，宋罷金國歲幣（《宋史·寧宗紀三》）。

嘉定八年乙亥，五十八歲。

守揚州。修揚州城。

按：據《言行錄》卷一所錄《揚州重修城壕記》云：「（修城）經始於（嘉定）八年八月，訖於九年九月，工一百一十五萬四百二十五，費朝家緡錢三十四萬八千七百五十六，米石二萬一千八百四十七。州家激犒爲緡錢五萬一千六百。節縮有道，勸懲有章，公私不以爲病。」

命官軍沿城外羊馬牆內環植柳樹六萬餘株，以爲禁限（《言行錄》卷一）。

按：與之在揚州積極備戰，朝廷卻下詔「以張皇爲戒」。對此，他上疏予以駁斥，謂：「守邊以鎮靜爲先，以張皇爲戒，古今之通論也。然事勢有萌，猶戒張皇，備禦未周，徒爲鎮靜，識者隱憂。諜聞燕山已立新主，韃靼又復交攻，山東乘虛寇之，亦甚蹙迫。……彼境之人皆言其垂涎歲賫不得，欲以兵脅取，豈容無備？如滁州合整輯關隘，以爲障蔽。盱眙合措置山砦，以爲聲援。楚州合經理清河口，守把淮口，以爲控扼。輪日教閱，激作士氣，常時戒嚴，以守爲戰，非惟緩急不致誤事，亦可集事。」（《言行録》卷二引《家集》）

是年二月，蒙古下金北京。秋，蒙古取金城邑八百六十二（《元史·太祖紀》）。

是歲，兩浙、江東西路旱蝗（《宋史·寧宗紀三》）。

嘉定九年丙子，五十九歲。

守揚州。因滁州有山林之阻，與之創五砦，結忠義民兵。金人犯淮東，沿邊之民得附山自固。「金人亦疑設伏，自是不敢深入」（本傳）。揚州倉廒少且圮壞，新糴無放處，與之於北門内修倉廒十二座，積粟充裕。時浙東大飢，流民渡淮求活以數千計。與之命僚屬於南門外，「籍口給錢米，民得無飢亂以死」（《言行録》卷一）。

按：與之在揚州創五砦及建倉廒時間不詳，姑繫於本年。又，去年浙東大飢，賑濟流民事，當在本年。

侍郎聶子述爲蜀之行，舟過揚州，作詩贈之（《文集》卷五）。

嘉定十年丁丑，六十歲。

守揚州。練步軍、馬軍，「由是淮東軍聲大

振」，「緩急可恃爲用」。淮東原有萬弩社，與之以爲，追襲、邀擊以騎射爲優，遂請於朝，更創萬馬社，募淮民爲之，應募合格者官助鞍轡錢二十千，人復租税三百畝，平時散在田里，緩急調用（《言行録》卷一引《家集》）。

是年六月戊午，南宋下詔伐金（《兩朝綱目備要》卷一五）。十二月，金大舉犯四川，己巳破天水軍，庚午據大散關（《宋史·寧宗紀四》）。

嘉定十一年戊寅，六十一歲。

守揚州。拒絶與金議和。

按：時金人大舉進犯川陝、荆湖及兩淮，宋廷大震，宰相連遺與之三書，命與金議和，與之上書反對，他指出：「中國所恃以待夷狄者，不過戰、守、和三事而已。唯能固守，而後可以戰，可以和，權在我也；守且不固，遂易戰而爲和，權在彼也。」與之在列舉兩淮粉碎金兵進犯之各種有利條件及議和之害以後，表示：「乞別差通敏者，以任和議之責。」對議和斷然加以拒絶（《言行録》卷一引《家集》）。爾後，「金人深入無功，而和議亦寢」（本傳）。

十一月，罷知揚州，召爲秘書少監，辭（《南宋館閣續録》卷七、《文集》卷一《第三次辭免秘書少監》）。

按：據劉克莊《後村先生大全集》卷一〇八《崔菊坡與劉制置書》載：「（嘉定）戊寅，余從制帥尚書李（珏）公行邊，淸獻猶在揚，李公盛陳兵衛入境，淸獻以素對數十人過揚子橋來謁李公，……又勸李公持重。俄而我出泗上師失利，虜大入。廟謨以咎李公，議擢清獻代之，俾續和議，先以貽書諭上意。清獻力言虜垂亡，不可和，李公不可去。後李公聞而嘆曰：『若他人，必擠而奪之矣。』明年，余出幕，清獻自揚召歸。」由此足見與之對和戰的態度和一心爲國的情操。

是年正月，山東李全率衆降宋（《兩朝綱目備要》卷一五）。

嘉定十二年己卯，六十二歲。

正月，降秘書少監兼國史院編修官兼實錄院檢討官（《南宋館閣續録》卷九）。

赴臨安任。

按：《文集》卷五《小詩謝山神》自序云：「（嘉定）戊寅臘月，以少蓬召，而病且衰矣。自知不堪世用，決意南歸。舟次豫章，三疏丐閑而不得請，幡然東下。」又本傳云：「召爲秘書少監，軍民遮道垂涕。與之力辭召命，竟還。將度嶺，趣召不已，行次池口，聞金人至邊，乃造朝。」可知與之於去冬今春屢除新任後，不顧趣召，仍力辭歸嶺南。中途，聞金人至邊，方回棹赴闕，則抵臨安的時間大約在春夏之交。然而《言行錄》卷一及卷二以爲，與之於本年冬召除秘書監，「丐祠不許，舟次池口」，「有旨令入奏，方回棹」，召回時間及除命皆誤。

抵臨安。首奏：「臣自外來，但知外患未息之爲可憂，致身內地，始知內治未立之爲可慮。蓋內外之情不通，最爲今日大患。人才之進退，言路之通塞，國勢之安危繫焉。用人必親其人，聽言必行其言。事之鉅細，必有良規而後可以獨運，事之利害，必有眞見而後可以獨斷。願於用人聽言之際，一付公論。」廷對劄子言：「立國之道在謹邊備以爲藩籬，安人心，以爲根本。根本固，則藩籬壯。……務要綏靜，俾民復業，爲國强邊。……務有以繫其心，寬其力，不惟可以實邊，緩急可以爲官軍聲援。」又奏：「事功之不立，由意向之不明，意向之不明，由規模之不定。殘虜雖微，窮獸必搏，要汲汲自治以待之，乘釁一動，收功萬全。臣昨乘障五年，力持守禦一說始終不變，毀言日至，不遑恤也。有爲進取之舉者，臣知其必不利；又有爲議和之說者，臣亦斷以爲不可以，既而竟如所料。今虜退三閲月，朝廷幸目前之暫安，寖不經意，邊臣日上平安之報，而不言禦備之方，正恐不待秋高，邊塵已聳，必有潰裂四出之患。乞行下江淮制置司、安撫司軍帥邊守，……庶幾豫爲之圖，毋至臨期誤事。」（《言行録》卷二引《奏稿》）

按：據《宋史·寧宗紀四》載，金人自淮南退師在本年閏三月末，則上述奏疏，當不晚於今夏。

薦吳純臣，遂除廣西憲。薦溫若春，遂除秘書郎（《言行録》卷二）。

十二月，除秘書監（《南宋館閣續録》卷九）。以詩送袁校書赴湖州別駕（《文集》卷五）。遺弟書，曰：「須是閉門守常，不得干預外事。」（《言行録》卷二）

是年，閏三月，興元軍士張福等起義，以紅巾爲號，連破數城。金兵入淮南，至東采石、楊林渡，建康大震，李全引兵來援，金兵退去。七月，紅巾軍張福等敗死（《宋史·寧宗紀四》）。

嘉定十三年庚辰，六十三歲。

正月二日，楊尙書率同年團拜西湖，與之作詩和之（《文集》卷五）。

除朝請郎、試秘書監、兼太子侍講（《文集》卷一《辭免除兼太子侍講狀》）。

三月，除工部侍郎，兼同修國史，兼實録院同修撰（《南宋館閣續録》卷九）。

四月，除煥章閣待制、知成都府、本路安撫使（《文集》卷一《辭免除煥章閣待制知成都府本路安撫使狀》、《言行録》卷一）。

按：是時，金人因受蒙古侵迫，大發兵攻南宋，四川更是其主要用兵目標。加之去年當地經紅巾軍起義後，州縣殘破，使南宋在四川的統治產生了極大危機，故宋廷於此時倉促任命與之爲成都帥，以安定蜀地政局。與之赴任前奏曰：「天下之事，須要中外相應，大小相維，而後有濟。……實邊而後可以安邊，富國而後可以強國。竊聞軍興以來，帑庾告竭，設若有警，摶手無策，而後有請於朝，恐無及矣。臣區區此行，職所當爲，義有可爲，誓當糜捐以圖報稱，不敢爲身計。至於廣科撥以寬民力，厚儲積以壯邊聲，陛下當爲蜀計。」（《言行録》卷二引《奏稿》）

入蜀，舟次黄崗，適逢通判趙奇夫沿檄行邊，不遇，以詩寄之。

冬，之官成都。至城外驛，遇李侍郎赴鎮於道，惠詩答之（詩文皆參見《文集》卷五）。

是年，正月，宋攻金鄧、唐等州，不克而

還。金人追擊，攻樊城。夏人致書四川，議夾攻金人（《宋史·寧宗紀四》）。

嘉定十四年辛巳，六十四歲。

知成都府。

按：時安丙爲四川宣撫使，握蜀重兵久，每忌蜀帥之自東南來者，與之至，「獨推誠相與」（本傳）。

薦洪咨夔爲籍田令、通判成都府（《宋史·洪咨夔傳》）。劾杜植。

按：《宋會要輯稿》職官七五之三〇載：「（嘉定十四年）十二月七日，知永康軍杜植與宮觀，以其愚蔽自用，久病簡出，繆政多端，民被其害，爲知成都府崔與之論列故也。」

十一月己亥，安丙卒。朝廷以與之爲權四川宣撫司職事。

按：《言行錄》卷一作除「權四川宣撫使」，今據《文集》卷一《辭免除四川制置使狀》改。

十二月，除四川安撫制置使（《言行錄》卷二）。

是年，二月，金兵再入兩淮及荆湖北路，圍光州、黄州，攻漢陽。三月，金破黄、蘄，李全自楚州引兵援淮西。六月丙寅，詔以侄貴和爲皇子，更名竑（《兩朝綱目備要》卷一六）。同月，宋與蒙古互遣使通好（《續資治通鑑》卷一六二）。

本年，簡州立「三賢祠」，以崔與之配張詠、趙抃祠（《鶴山先生大全集》卷四九《簡州三賢閣記》）。

嘉定十五年壬午，六十五歲。

知成都府，兼四川安撫制置使。

薦吳昌裔知華陽縣（《宋史·吳昌裔傳》）。

薦程公許知崇寧縣（《宋史·程公許傳》）。

薦林略爲武學博士（《宋史·林略傳》）。

薦皮龍榮爲著作郎（《宋史·皮龍榮傳》）。

按：薦吴昌裔等不詳其年月，姑繫於本年。

請朝廷毋以邊藩付趙彦吶。

按：《宋史·趙彦吶傳》：崔與之代丙，始察知沔州趙彦吶大言無實，謂他日誤事者必此人，請朝廷毋付以邊藩。

劾劉參、胡酋仲、安伯恕。

按《宋會要輯稿》職官七五之三〇載：「（嘉定十五年二月）二十八日，知石泉軍劉參、知涪州胡酉仲并放罷。新知合州安伯恕罷新任。以四川宣撫崔與之言參貪婪深刻，濟以駔儈；酉仲凶狠貪殘，勇爲不義；伯恕輕浮躁競，濟以奸險。」

請改葬楊巨源。

按：楊巨源誅叛臣吴曦立有大功，然而不久即遭安丙冤殺。丙卒，「制置使崔與之請官給其葬，加贈寶謨閣直學士、太中大夫」（參見《宋史·楊巨源傳》）。

是年，二月，金以宋絶歲幣，復遣兵攻南宋（《金史·宣宗紀下》）。

嘉定十六年癸未，六十六歲。

知成都府，兼四川安撫制置使。

轉焕章閣直學士、朝散大夫（參見《文集》卷一《四川制置乞祠狀》）。

劾何友諒。

按：據《宋會要輯稿》職官七五之三四載，嘉定十六年八月十九日，新知漢州何友諒與祠禄，以四川制置（使）崔與之言黎州禁軍之變，由何處置不當所致，故有是命。

夏人攻金，派兵入宋境求援，與之使都統李冲告之曰：「通問當遣介持書，不當遣兵徑入。」夏人知不可動，退兵。

按：本傳載此事在安丙卒後之逾年，故次於本年。

招金人之奔南宋者。

按：據本傳載：初，金人奔南宋甚衆，或疑不敢納。與之優加爵賞以待來者。未幾，金萬戶呼延棫等來歸，與之察其誠，納之，籍其兵千餘人。後又鏤榜招納，自是金人「上下相疑，多所屠戮，人無固志，以至於亡」。

積極收市軍馬。封植關外林木，以防金人突至。厚間探者賞，使覘金人動靜。積米三十萬石，以備不測。蓄府庫錢至千餘萬，金帛稱是（本傳）。

大力拔擢人才。

按：與之在四川任上拔擢人材尤多，若游似、洪咨夔、魏了翁、李庭芝、家大酉、陳韡、劉克莊、李鼎、程公許、黎伯登、李性傳、王辰應、王溪、高稼、丁焴、家抑、張褌、度正、王子申、程德隆、郭正孫、蘇植、黃申、高泰叔、李性傳、李心傳、吳彥等，皆以道德、文學、功名受與之薦擢（參見《言行録》卷二及《文集》卷五《四川制帥手帖》）。

六月十一日，召赴行在。爾後，又命與之暫權，候正官到日起發（《文集》卷一《辭免赴行在狀》）。

以詩贈丁黼赴召。

按：據《宋史翼》卷一七《丁黼傳》載：與之聞四川夔州路安撫使兼知夔州丁黼至，贈詩曰：「同志辰星少，孤愁暮雨多。」嘉熙三年（一二三九），黼以成都制置使領兵至新井迎戰蒙軍，犧牲。贈詩時間不詳，姑繫於本年。

十二月，金宣宗卒，太子守緒繼位，是爲哀宗（《金史·宣宗紀下》）。

嘉定十七年甲申，六十七歲。

年初，暫權四川制置使兼知成都府。

三月，以權禮部尚書召，不拜，便道還廣州。

按：考《文集》卷五《嘉定甲申以禮部尚書得請便道還家作此詩》所載，與之已於本年返廣州。又，與之「去之日，四路饋贐，俗謂大送，悉卻之」（《人物傳》）。

閏八月丁酉，宋寧宗卒，史彌遠矯詔立其侄貴誠爲皇子，更名昀，即皇帝位，是爲理宗（《宋史·寧宗紀四》）。

理宗寶慶元年乙酉，六十八歲。

居廣州。詔除知潭州、湖南安撫使，辭不就。轉中奉大夫。

按：《文集》卷二載與之寶慶元年《第四辭免禮部尚書狀》中，自稱「煥章閣直學士、朝請大夫、前四川安撫制置使」；《辭免知潭州湖南安撫使狀》中，則自稱「煥章閣直學士、中奉大夫、前四川安撫制置使」。可知本年已由朝請大夫轉中奉大夫。自理宗即位後，屢召不起，故《宋史·劉宰傳》言：「理宗即位，……一時譽望，收召略盡，所不能致者，宰與崔與之耳。」

是年，正月，湖州人潘壬、潘丙兄弟，組織太湖漁民和巡尉兵卒，擁立濟王竑爲帝，事敗，竑爲史彌遠所害。

寶慶二年丙戌，六十九歲。

居廣州。

除寶謨閣學士，依所乞提舉西京嵩山崇福宮，任便居住（參見《文集》卷二《辭免寶謨閣學士狀》）。

是年，李昴英以進士第三名及第（《人物傳》卷九《李昴英》）。

寶慶三年丁亥，七十歲。

居廣州。

除煥章閣學士，提舉南京鴻慶宮（參見《文集》卷二《辭免除煥章閣學士狀》）。

是年，正月己巳，贈朱熹太師，追封信國公（《宋史·理宗紀一》）。七月，成吉思汗卒，蒙古滅西夏（《元史·太祖紀》）。十二月，蒙古軍破關外諸隘，四川制置使鄭損棄三關（《宋史·理宗紀一》）。

紹定元年戊子，七十一歲。

居廣州。

詔除知隆興府、江西安撫使，力辭不就。

轉中大夫。

按：據《文集》卷二《辭免知隆興府江西安撫使狀》載，本年與之已由中散大夫轉中大夫。

紹定二年己丑，七十二歲。

居廣州。

紹定三年庚寅，七十三歲。

居廣州。除徽猷閣學士（《文集》卷三《辭免徽猷閣學士狀》）。

是年，六月，蒙古破金京兆。七月，蒙古窩闊臺汗自將攻金（《元史·太宗紀》）。十二月，李全叛宋，攻宋之揚州（《宋史·李全傳》）。

紹定四年辛卯，七十四歲。

居廣州。

轉大中大夫（參見《文集》卷三《乞守本官致仕狀》）。

是年，正月，李全敗死。八月，蒙古軍入興元，攻仙人關（《宋史·理宗紀一》）。

紹定五年壬辰，七十五歲。

居廣州。乞守本官致仕，不允。

是年，三月，蒙古圍金南京（開封），十二月，金哀宗奔歸德府，尋奔蔡州，蒙古再遣使議攻金，宋遣使報謝（《宋史·理宗紀一》、《金史·哀宗紀》、《元史·太宗紀》）。

紹定六年癸巳，七十六歲。

居廣州。十月己丑，召赴行在，辭（《宋史·理宗紀一》）。

是年，正月，金大臣崔立以南京降於蒙古（《金史·哀宗紀下》）。十月，蒙古及宋軍會師蔡州。乙未，史彌遠卒，年七十（《宋史·理宗紀一》）。

端平元年甲午，七十七歲。

居廣州。

除吏部尚書，不拜。

六月，己巳，除端明殿學士，提舉西京嵩山崇福宮（《宋史全文》卷三三）。

按：本傳、《言行錄》卷一及《人物傳》等皆以爲朝廷先除與之吏部尚書，後因屢辭而授宮觀。然而，《宋史·理宗紀一》卻將授宮觀時間繫於本年五月壬戌，即以爲早於除吏部尚書之時間，此與端平初年之用人政策不合，疑誤。

時朝廷議取河南三京，與之聞之浩嘆（本傳）。

是年，正月戊申，金哀宗傳位宗室承麟。己酉，蔡州城破，哀宗自殺，承麟亦被殺，金亡（《金史·哀宗紀下》）。七月，南宋謀復河南三京地（《宋史全文》卷三二）。蒙古窩闊臺汗召集諸王大會，確定滅宋方針（《元史·塔思傳》）。八月，蒙古軍入洛，宋軍撤兵（周密《齊東野語》卷五《端平入洛》）。

端平二年乙未，七十八歲。

居廣州。

二月，廣州摧鋒軍兵變，與之權宜知廣州。

三月二日，除廣東經略安撫使，兼知廣州（《文集》卷三《奏暫領經略安撫使知廣州印乞除官代狀》）。

按：據本傳載：「先是，廣州摧鋒軍遠戍建康，留四年，比撤戍歸，未逾嶺，就留戍江西。又四年，轉戰所向皆捷，而上功幕府，不報，求撤戍，又不報，遂相率倡亂，縱火惠陽郡，長驅至廣州城。」又據《行狀》載：「摧鋒叛兵自惠陽擁衆扣州城，郡守曾治鳳宵遁，官吏群造里第，請公登城。公肩輿至，開諭禍福，又遣門人李昂英、楊汪中縋城親諭之。……俄有旨，依舊端明殿學士、廣東經略安撫使，兼知廣州。公即家治事，區處條畫，揣摩調度，動中事機。」

六月，事定。壬午，詔拜參知政事，辭（《言行録》卷一、《宋史·理宗紀一》）。

按：《言行録》卷二載：「（六月，摧鋒軍叛兵平定），即力辭閫事，所得廣帥月廩一萬一千餘緡、米二千八百餘石，悉歸於官，一無所受。」又《言行録》據與之《辭免除參知政事狀》，以爲詔拜參知政事在閏七月，《宋史·宰輔表五》則以爲與之實任參知政事，皆誤。

是年，五月甲辰，眞德秀卒，年五十八（《宋史·理宗紀二》）。十月，蒙古軍破棗陽，攻襄、鄧，掠郢州（《元史·太宗紀》）。

端平三年丙申，七十九歲。

居廣州。

四月，詔除資政殿學士，提舉臨安洞霄宮，任便居住，辭。

九月乙亥，詔除正議大夫、右丞相兼樞密使，復辭。

按：詔除與之右丞相兼樞密使時間，《宋史·理宗紀二》、《宋史·宰輔表五》皆作本年九月乙亥，《言行錄》卷二以爲在十一月。考與之最早上《辭免特授正議大夫右丞相兼樞密使狀》已在十月，《言行錄》所載誤。又，自詔除右丞相兼樞密使以後，與之屢辭不就，而《宰輔表五》仍作實任記載，亦誤。

是年，三月，襄陽軍亂，降於蒙古。四月癸丑，理宗下詔悔開邊，責己（《宋史·理宗紀二》）。冬，蒙古軍大舉入川，破成都等地（吴泳《鶴林集》卷二〇《論壞蜀四證及救蜀五策劄子》）。蒙古軍至三泉，四川制置使趙彥吶大敗，貶衡州（《宋史·趙彥吶傳》）。

嘉熙元年丁酉，八十歲。

居廣州。力辭右丞相兼樞密使。

按：《言行錄》卷二引《家集》謂：「（與之）三奉詔書，四承御札，中使關彬、鄒成、王淵銜命趣行，往復再三。宣賜路費金三百兩，曲示優崇延竚之意。復命廣帥彭公鉉以禮勸勉就道。又以郡人李昴英嘗從公游，擬自班行，畀之便郡，專往諭志。公控辭至十三疏，竟不爲動。」又引《奏稿》謂：「上既知公必不可強，乃下御札乞言。公疏數千言，大略曰：……用人聽言爲立國之本，自任則用人不廣，自是則聽言不專，而用人、聽言之本，又皆歸之清心寡欲。其論用人，則以德勝才爲君子，才勝德爲小人。以眞德秀、洪咨夔、魏了翁薦。其論聽言，則乞以和議之實意，備邊之大略，衆議而公行之，毋事獨斷。又謂内臣不可令采訪外事及問群臣能否，以開干預之門。」與之「自謝事還里，所得祠祿、衣賜悉辭不受。客有問者，公答曰：『仕而食祿，猶懼素餐，今既佚我以老，而貪君之賜，可乎？』」

是年，三月乙亥，魏了翁卒，年六十（《宋史·理宗紀二》）。

嘉熙二年戊戌，八十一歲。

居廣州。

五月丙戌，提舉洞霄宫，任便居住（《宋史·理宗紀二》）。

按：與之榜燕居以「菊坡」，題曰：「韓魏公云：『保初節易，保晚節難。』余嘉定辛巳建制閫於益昌，愛公『閑花晚節』之句，築菊坡以自適。今告老歸里，復以名其居。」（《言行録》卷三）與之「中年喪偶，不再娶。官至貴顯，不蓄聲妓。買宅一區，未嘗增飾園池臺榭，亦未嘗增置産業。便坐左右圖書，無玩好，書室所豢白宦鷄一雙而已。其恬淡無欲，蓋由天性，非矯也。」「嘗刪改處士劉皋語，命其客吳中隸書爲座右銘，云：『無以嗜欲殺身，無以貨財殺子孫，無以政事殺民，無以學術殺天下後世。』宰臣恩例，不妄予人，其姊嘗爲外甥求之，公曰：『官之賢否，繫民休戚，非可私相爲賜。』竟靳不予。家法清嚴，親故倚勢妄作，必見斥絶，終身不齒，鄉閭德之。公之子字叔似，性寬厚，納婦有苗田六百石爲資奩，公命歸之。」（《言行録》卷二）

嘉熙三年己亥，八十二歲。

居廣州。

六月庚子，以觀文殿大學士致仕（《宋史全文》卷三三）。

七月一日，撰《歐陽氏山墳記》。

按：在《文集》卷五《歐陽氏山墳記》中，與之自署其官爲「觀文殿大學士、正議大夫、提舉臨安洞霄宮、南海郡開國公、食邑三千八百戶、實封六百戶」。然而，《人物傳》載與之終官爲「金紫光祿大夫、開府儀同三司、上柱國」，未知此官何時所授，待考。又，《續資治通鑑》卷一六九以爲「南海郡開國公」係與之卒後所追封，誤。

十二月己未，崔與之卒，贈少師，謚清獻（《宋史·理宗紀二》、《人物傳》）。

按：《行狀》、《言行録》卷一皆作「贈太師」，疑誤。

垂沒，戒用佛事，子侄俱戒無出仕（《言行録》卷二）。

按：與之《遺表》謂：「事有萬變而隱乎微，人唯一心而攻者衆。出而大小忠良之臣箴規之日少，入而左右佞幸之徒承順之時多。倘戒謹之志稍衰，則淸明之躬易怠。蓋天下以身而爲本，惟聖人以禮而自防。毋不敬則内敬常存，思無邪則外邪難入。大書特書，用以自警，安行勉行，久而有功。……握君子小人消長之機，而辨之在早；審中國外夷盛衰之勢，而防於未然。」（《言行録》卷三）其絶筆謂：「東南民力竭矣，諸賢寬得一分，民受一分之賜。」（《人物傳》）

墓在增城西五十里，葬於其父母之傍（《言行録》卷三）。

與之有文集若干卷，門人家大酉書其端曰：「白麻不起，千載一人。」（《人物傳》）

程珌年譜

黃寬重 編

據臺灣大學歷史學研究所《史原》第五期修訂

程珌（一一六四—一二四二），字懷古，自號洺水遺民，休寧（今屬安徽）人。紹熙四年進士，授昌化主簿。歷江淮宣撫司準備差遣，知富陽縣，嘉定間累遷秘書丞，歷著作郎，除起居舍人，權吏部侍郎兼權中書舍人。寧宗崩，史彌遠授意草矯詔廢濟王，立理宗，兼侍讀。寶慶二年除翰林學士、知制誥。紹定元年，出知建寧府。淳祐二年，除端明殿學士致仕，卒，年七十九。

珌雖附彌遠草詔廢濟王，而爲後人置入《小人傳》，然其立朝剛直，爲政愛民，誠可嘉獎。其文自成機杼，雅健精深；詞效辛棄疾，頗富豪情。著有《洺水先生集》六十卷、《内制類稿》十卷、《外制類稿》二十卷，已佚。明嘉靖間程元昺輯刻爲《洺水集》二十六卷，今存。事蹟見吕午《宋端明殿學士程公行狀》、程若愚《程公墓誌》、《宋史》卷四二二本傳。

本譜爲黄寬重編，爲其《程珌與洺水集研究之二》。是譜採《行狀》、《墓誌》，而參以史傳，博證以文集、方志、世譜等，考輯程珌事蹟，以正前史詆其過而忽其功之憾。原載臺灣大學歷史學研究所編《史原》第五期（一九七四年十月），今重加校訂，删去公元及金、元年號，按叢刊體例對版式略有調整。

一、前言

揚雄曾説：「用賢轉石，去佞拔山。」用人得當與否，是衡量政治得失之尺度，國家興替的指標。南宋晚期，雖將帥輩出，邊防鞏固，終以權奸擅權專政於上，小人甘爲鷹犬，比附於下，結黨徇私，排斥異己，形成激烈的政争，以至能者遭忌，賢者被逐，善類爲之一空，國脉遂不能久繫。明王洙在《史質·小人列傳》中説：「《易》稱小人者陰象也，是故爲貪，爲詐，爲黨。貪者功利之心也，詐者矯誣之術也，黨者朋比之私也，先之以功利之心，則患得患失，而欲不可窮，飾之以矯誣之術，則僞言僞行，而情不可辨，脅之以朋比之私，則相擠相濟，而根不可去。……小人而至於難去，則天下之禍成矣。」這羣權奸小人實是腐蝕宋朝國祚的催化劑。

嘉定十七年，寧宗崩，丞相史彌遠召程珌草矯詔，廢濟王，立理宗，後世史家以彌遠殺濟王，逐善類，擅權誤國，視爲權奸，而以珌參與廢立之謀，遂列入《小人傳》，以示釜鉞之罰，爲後世者戒。《史質·小人列傳》云：「是故秦檜、韓侂胄、史彌遠、賈似道皆權奸也，以爲之魁，尹穡、范同、樓昭、梁成大、程松、陳謙、程珌之徒，皆鄙夫也，而爲之附，宰衡可稱也，我王可頌也，壽松可名也，濟王可弑也，小人至此，文公所謂『瑣如蟣虱，糾結如蚷蚓』者是已。國家不亡，將焉俟哉！」《宋史新編·小人列傳》亦謂：「宣尼有訓，富與貴是人之所欲也，不以其道得之，不處也。觀程珌、李大同第録録，梁成大、李知孝與莫澤號三凶，顧皆躐華階，享不貲之禄，夷考其故，則或以史彌遠廢立，預其謀也；或以彌遠假手，斥異己也。或以喬行簡鄉曲所昵也，是謂以道乎否耶？……世之士大夫，何樂於爲小人也！」

珌助彌遠矯詔立理宗，誠於大節有虧，又以受厚賞遭彌遠所銜恨，然理宗即位初，珌即與真德秀、朱著同列侍讀，每於經筵，瀝陳爲政之道，拳拳以國計民瘼爲言，實有導帝德於正途之心。及見史彌遠違法亂紀；陰弒濟王，放逐君子，鬆弛邊防，國將不國，珌每念國家前途，本諸良知，上書諷彌遠，其詞懇懇，冀彌遠幡然悔悟，以圖中興。不料却以此遭忌，終彌遠執政之世，不得再與朝政，則珌非欲躐華階，貪富貴而已，實亦欲有所爲也。《史質》、《宋史新編》竟將珌與甘爲排斥異己鷹犬之梁成大、李知孝等同列《小人傳》，實不能服人，《四庫全書》本《洺水集》提要首表懷疑，並發不平之鳴替珌辯護，稱：「時邵經邦《宏簡録》，載其同史彌遠矯詔立理宗後，受楊后緘金之賜，彌遠以是銜之，今觀集中《上執政書》，議壅蔽乾廷，不公賞罰，疑當以是忤彌遠，《宏簡録》所載未必確也。」論史貴在平實，《史質》等未詳究事實本末，徒以一端而羅織珌罪，未免厚誣古人。知人論事，不亦難乎？

珌秉性聰穎，又出生於文風鼎盛之徽州，幼承庭訓，夙有經世大志，登進士後，初入丘宗幕府，即表現處事才能，繼任牧民之職，再入預朝政，均能貢獻才智，勸政愛民，每得佳譽，真德秀所謂「三、四十年無此賢太守」，非過譽也。珌既抱濟世之心，躬行實踐，加以素工音律，擅詞章，故發爲文章，最切要旨，決非世人所能企及，《四庫全書總目提要》稱珌：「立朝以經濟自任，……論邊備，蠲税諸疏，則拳拳於國計民瘼，詳明剴切，利病井然，蓋所長在此。」所言確是。筆者近以編輯宋代佛教資料之便，研讀珌所著《洛水集》，既憾《宋史》、《宋史新編》、《史質》、《宏簡録》等書所載珌事蹟，不僅簡陋多誤，且與史實相去遠甚，爲發揚前人之潛德，乃極力搜集文集、方志等史料以互證之，考其異同，依年月次序編成《程珌年譜》，置於篇首，以明其生平事蹟大概。

唯《四庫全書》本《洛水集》卷數，與本傳所述差距甚大，敝意該書必多脱漏，爲探求文集流傳情形與板本異同，乃參閲公私藏書目録，草成《洛水集板本源流考》一文，以明本末。繼則尋訪善本，幸得見明嘉靖刊本於中央研究院傅斯年圖書館，崇禎元年、二年所刊之不同板本於中央圖書館與臺大研究圖書館，以之與《四庫全書》本互校，發覺各板本字句頗有差異，遂逐字比勘，草成《洛水集校勘記》。又以四庫本既多脱漏，乃參以上述諸板本及《新安文獻志》等資料，輯成《四庫全書本洛水集補遺》，以補四庫本之缺，而《洛水集》之真面目乃宛然可見也。

年譜的編纂，係就各史料原文互相比勘，取較確當者載入譜中，爲求其真實，盡量引述原文，並注出處。遇有考證異同，或説明之必要時，加注案語於後。

至於紀年，以宋紀元爲主，而以西曆及金、元紀元爲輔，下繫干支及珌的歲數，月、日均用陰曆（編者按：本條下有删略）。

本文撰述，歷時經年，其間幾度輟筆，幸得王德毅師暨諸友鼓勵與指導，始得完成，謹此致謝。惟筆者年事尚輕，志學日淺，謬誤之處，自不能免，尚祈師友不吝賜教，俾來日補正是幸！

二、年譜

世譜

新安程氏，系出高陽子重黎後。周宣王時，大司馬休父平淮夷，佐宣王中興有功，封程伯，子孫因以國爲姓。春秋時，程嬰與公孫杵臼事晉趙氏，有殺身立孤之節，封忠誠君。東漢末，程普從孫吳定江東，破曹操，賜第於建業（今南京），爲都亭侯。及晉永嘉亂生，程元譚佐瑯琊王起建業，爲新安太守，有善政，民請留之，賜第於郡西之黃墩，是爲新安程氏之始祖。其後枝葉繁茂，代有顯人，爲新安著姓。方回在《晉新安太守程公墓碑》文中，略記程氏先世譜說：「程氏自黃唐三代迄於漢魏，世有名人，蕃衍碩大，而居於洛水者最盛，故天下之程皆出於廣平，歙之程號黃墩程，自洛水徙。東晉而後，歙程氏又獨盛於天下。蕭梁時有儀同忠壯公靈洗，以武勳顯，《南史》有傳，太守十三世孫也。至唐，有檢校御史中丞都使公澐，檢校祭酒巖將公淘兄弟八房，愈盛碩茂，又忠壯公十三世孫也。都使、巖將兩房休寧汊口都使房又十世而端明殿學士、贈少師珌，爲嘉定、寶慶名詞臣。」（《桐江集》補遺）茲據呂午所撰《程珌行狀》、《新安文獻志》、《新安民族志》、《新安程氏統宗世譜》、《休寧率口程氏續編本宗譜》

等資料，略製世譜如後：

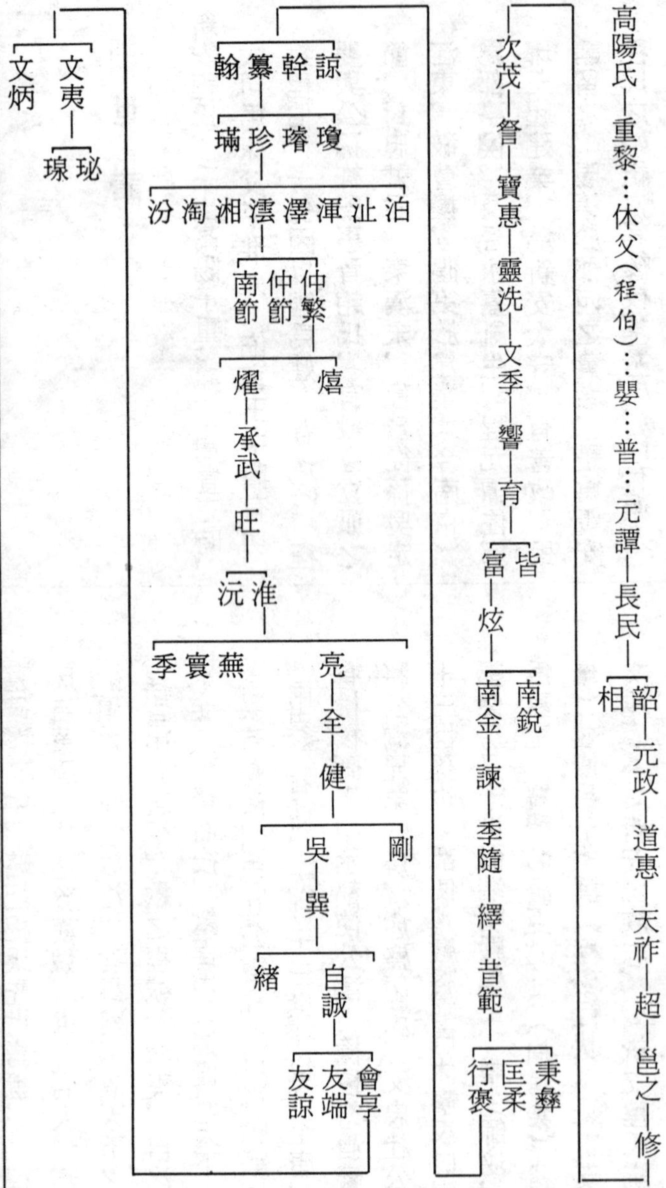
高陽氏—重黎……休父（程伯）……嬰……普……元譚—長民—韶—元政—道惠—天祚—超—邕之—修
相
次茂—晉—寶惠—靈洗—文季—響—育—皆
富—炫—南鋭
南金—諫—季隨—繹—昔範—秉彝
匡柔
行褒
諒　幹　纂　翰
瓊　璿　珍　璊
泊　沚　渾　澤　澐　湘　洵　汾
仲繁　仲節　南節
熺
燿—承武—旺—淮
沅
亮—全—健—剛
吳—巽—自誠—會亨
友端
友諒
緒
燕　寰　季
文夷—珌
璟
文炳

本譜

宋孝宗隆興二年甲申，一歲。

八月二十日，午時珌生。珌字懷古，自號洺水遺民，世居徽州（新安）休寧縣汊口。呂午撰珌《行狀》說：「曾祖諱自誠，里中稱長者；妣吳氏。祖諱會亨，強記博識，書法逼長蘇公；妣姚氏。考諱文夷，故承務郎致仕，累贈宣奉大夫；妣黃氏，繼黃氏，俱贈淑人。宣奉公少以文學稱，蜚聲庠序。」

案：珌生日、時，乃依珌子若愚所撰《墓誌》。而呂午撰的《行狀》，有日無時。

又案：據《新安程氏統宗世譜》卷二，知珌曾祖自誠葬於小富營，祖會亨字彥亨，葬上坑。父文夷字元章，兩娶，都是黃何之姊妹行，珌出自誰雖不可考，但文夷有二女二男，女齡均較長，疑前妻生二女，繼室生珌與琭。

是年，妻祖王淮三十九歲，范成大三十九歲，楊萬里三十八歲，朱熹三十四歲，丘崈三十歲，辛棄疾二十五歲，葉適十五歲，友人李壆四歲，史彌遠一歲。

乾道三年丁亥，四歲。

是年，弟琭生（《新安程氏統宗世譜》）。

乾道九年癸巳，十歲。

是年，珌才十歲，詠冰語出驚人，知者以將來必爲世用，舅氏黃何遂授以經世之學。《新安郡續志·傳》及《徽州府志·人物志》《文苑傳》都說：「甫十歲，詠冰有句云：『莫言此物渾無用，曾向滹沱渡漢兵。』識者奇之，舅氏黃寺丞何察珌非常兒，挾以自隨，以平生所得二吳俯、儆之學，及有聞於程大昌者，盡以授之。」珌後日有成，實賴母舅之教。

淳熙元年甲午，十一歲。

是年，夫人王氏生。夫人爲金華王丞相淮之長孫女（《行狀》）。

案：夫人之生係據珌《行狀》所記「王氏……先公一年卒，實（淳祐）元年二月十一日也，享年六十八。」逆推得之，惟月日無可考。

又案：《宋史》卷四二二、《史質》卷八十、《宋史新編》卷一五八、《徽州府志》卷七及邵經邦《宏簡錄》卷一三八之《程珌傳》，均作「珌妻王丞相淮女也」。而珌《行狀》、《墓誌》都作「丞相文定公淮之長孫女」。樓鑰《王公（淮）行狀》則說：「公子八人，……女三人，……孫男十三人，孫女十一人，長適迪功郎、新建康府府學教授程珌。」知《宋史》等均誤。

淳熙十年癸卯，二十歲。

是年，珌弱冠，時值盛年，珌熟讀羣書，對於千古治亂，尤加致意，論議時事，每有卓見。

《行狀》說：「弱冠，與諸老游，論議超卓，每曰：『張公栻，吕公祖謙，人正學醇，不壽不大，天也。』」

《墓誌》又云：「迨弱冠，於書無不讀，研窮義理，洞徹精微，千古治亂，歷歷舌端，發而爲文，出自機杼。」

淳熙十六年己酉，二十六歲。

八月十二日，妻祖王淮卒。淮字季海，欽宗靖康元年（丙午）生於浙江金華，幼聰穎，年二十舉進士，爲台州臨海尉。孝宗初爲右正言，論事頗切，歷官太常少卿、中書舍人、兼直學士院，遷翰林學士知制誥，詩詞深厚，得王言體。淳熙二年，除端明殿學士、簽書樞密院，進同知，兼參政。八年拜右丞相，旋遷左相。淮因不喜朱熹，遂攻道學，慶元僞學之禁，實肇於此。十六年卒，葬於婺城北十里許隆壽之原，年六十四，贈太師，謚文定（《王公行狀》）。

光宗紹熙四年癸丑，三十歲。

五月，珌由鄉薦，應試禮部，時丞相趙汝愚典試，奇其才，擢本經第二，授迪功郎，臨安府昌化縣主簿。上任之後，加意經營，振學風，革苛政，辨冤獄，治績甚著。

《行狀》云：「四年，登進士第，時丞相趙公汝愚典奉春官，一見公文，曰：『天下奇才也。』擢魁多士。有以道學疑者，寘本經第二，公論稱抑。授迪功郎，主臨安府昌化簿。邑介萬山，士風弗振，公至，篤意經理，不啻父兄之於子弟，由是捧鄉書預廷對者相望。邑之酤額重，榷禁嚴，有種秫者，官必履畝而籍，民以爲病。公言於御史，奏蠲其額，百里德之。凡訟久不決者，投牒臺郡，乞以委公，能聲籍甚。公以明經擢第，素工音律。」

是年，娶金華王丞相淮之長孫女爲妻。

案：珌結婚之年，各書、狀均不載，唯珌在《洺水集》卷一二《夫人哀辭》中有云：「嗟嗟夫人，歸我四十九年。」又從珌《行狀》知夫人享年六十八，以此逆推得之。

是年，丁外艱，守喪在家。

《行狀》說：「秩垂滿，丁外艱，居喪，哀毀備至，服除，欲再試詞科，丞相謝公深甫曰：『君廊廟材也，何必是！』」

寧宗慶元二年丙辰，三十三歲。

是年，長子若水生。

案：若水生年，各狀、傳均不詳何年，《洺水集》卷一二《若水哀辭》說：「從予仕宦蓋三十有二矣。」逆推得之。

嘉泰元年辛酉，三十八歲。

十一月，珌以素工音律，故服除之後又應博學宏詞科，除建康府教授（《休寧縣志·傳》、《宋百家詩存》），即入樞密丘崈幕府。《行狀》說：「十一月，除建康府教授，樞密丘公崈留守陪都，於僚屬中重許可，一見公，遇以國士。」

開禧元年乙丑，四十二歲。

春正月，服闋，陞從政郎（《墓誌》）。

開禧二年丙寅，四十三歲。

夏四月二十四日，宋廷以郭倪兼山東京東路招撫使、鄂州都統（《寧宗本紀》）。

五月七日，宋下詔北伐（即所謂開禧用兵），詔書中指出「天道好還，中國有必伸之理；人心效順，匹夫無不報之仇。」（同上）

六月四日，宋以江南東路安撫使丘崈爲刑部尚書、兩淮宣撫使。即命崈至揚州部署諸將，悉三衙江上軍，分守江淮要害（同上）。

是月，丘崈上任，即辟珌充江淮宣撫使司準備差遣。珌在幕中，所獻策略，都是一時要務，尤以一言而活萬餘民兵，更見急智與仁心。

《行狀》說：「樞密丘公宣撫江淮，辟公充準備差遣，公處幕中，凡所贊畫，皆一時急先之務。郭倪守維揚，調民兵萬餘城守，皆占民廬，盛暑不釋，疫癘大作。公言虜未至，何自苦居民如是，遂白丘公，即釋之歸，去者驩聲雷動，居者炷香於門。伺公出，舉手加額曰：『此宣幹賜也。』」

八月，珌陞充幹辦公事（《行狀》）。

九月三日，金兵攻奪和尚原（《寧宗本紀》）。

十一月四日，金破棗陽軍，尋犯神馬坡、眞州等地（同上）。

十一月七日，宋拜丘崈簽書樞密院事，仍督視江淮軍馬（同上）。崈既開督府，珌銜命募兵，其時淮民因金兵入寇，多渡江避難，秩序混亂，賴珌獻四策，安輯流民，秩序始安。

《行狀》詳述之說：「丘公尋開督府，公有募兵之命，循江而上，所選皆精悍。時虜騎入寇，傳言恟恟，淮民多渡江，公建四策以處之：有故土者，官給以糧，令還本里；勇敢願爲軍者，籍之；無土著者，給糧令散居各謀生計；有馬牛出鬻者，官出鏹爲市，烙以火印，俟寇退，明春給復之，毋令射利者容其姦。凡區畫合宜者，公之策居多。」

十二月八日，金攻六合縣，郭倪遣前軍統制郭僎救之，遇金兵於胥浦橋，大敗，倪棄揚州走。二十三日，罷倪，奪三官，責授果州團練副使，南康軍安置（《寧宗本紀》）。

開禧三年丁卯，四十四歲。

正月一日，丘崈罷簽書樞密院事、督視江淮軍馬，以知樞密院張巖代之（《寧宗本紀》）。

九月，辛棄疾卒，享年六十八。

棄疾字幼安，號稼軒居士，歷城人。少與党懷英同學，號「辛党」。耿京聚兵山東，棄疾爲掌書記，勸京奉表歸宋。會張安國殺京降金，棄疾趨金營，縛之以歸，獻俘行在，授承務郎。孝宗時以大理少卿出爲湖南安撫，治軍有聲，仕至龍圖閣待制。開禧三年進樞密都承旨，未受命卒。棄疾性豪爽，尙氣節，素與朱熹友善，熹卒，時黨禁方嚴，獨爲文往哭之。德祐時追謚忠敏。雅善長短句，縱橫慷慨，與蘇軾並稱，世號「蘇辛」。有《稼軒詞》、《稼軒集》（《宋史》卷四〇一暨梁啓超撰《辛稼軒年譜》）。

十一月三日，韓侂冑被殺。侂冑久竊大柄，中外交憤，及妄開邊釁，怨者益衆。對金用兵既屢不利，朝臣多欲和，適金人請縛送首議用兵賊臣，禮部侍郎史彌遠時兼資善堂翊善，建去凶之策。是日，侂冑入朝，爲預伏將兵殛殺。史稱侂冑用事十四年，威行宮省，權震寓內，……所嬖妾四人皆封郡國夫人，恃勢驕倨，掖庭皆惡之。開禧用兵，帝意弗善也，侂冑死，寧宗諭大臣曰：『恢復豈非美事，但不量力爾！』」（《宋史》卷四七四《姦臣三·韓侂冑傳》）。

嘉定元年戊辰，四十五歲。

八月四日，丘崈卒，年七十四。

崈字宗卿，江陰人。隆興元年進士，除國子博士，宰相虞允文奇其才，舉以自代。光宗時，除四川安撫制置使，兼知成都府。崈以吳挺世掌兵，深以爲慮，奏選他將代之，欲革世將之害。後挺子曦叛，識者服崈先見。歷知慶元府，韓侂冑議北伐，崈力論金人未必敗盟，中國當示大體，不納。嘉定元年七月，拜同知樞密院事，八月以疾致仕，旋卒，謚忠定（《宋宰輔編年録》卷二十及《宋史》卷三九八《丘崈傳》)。

嘉定二年己巳，四十六歲。

二月，珌以薦及格，改宣教郎，知臨安府富陽縣(《行狀》)。

案：富陽縣，《墓誌》及《徽州府志》本傳皆作「當陽縣」，誤。

嘉定三年庚午，四十七歲。

五月，珌以米食軍賞，轉奉議郎(《墓誌》)。

嘉定四年辛未，四十八歲。

十月，赴富陽縣任。

《行狀》云：「公始至，代者以邑之豪猾姓字授公，公緘而束之高閣，曰：『吾未欲知其名也，使聞而改過足矣。』秩滿啓視，則靡有一造庭者，公先教後政，感人動物率若是。」

嘉定五年壬申，四十九歲。

二月，珌到任五月，對鄉俗民情了解之後，即頒《勸農文》，諭庶民戮力耕織(見《洺水集》卷一九《壬申富陽勸農》)，又揭富陽孝子門(《洺水集》卷二二)，以孝勸邦人。

嘉定六年癸酉，五十歲。

二月，朝命以珌在富陽縣治績卓越，轉承議郎。

《行狀》說：「歷二考餘，治狀彰著，當路名公交薦，幾三十疏」，「磨勘轉承議郎。」(《墓誌》)

嘉定七年甲戌，五十一歲。

二月，珌「以政績上聞，除主管官誥院」(《墓誌》)。

嘉定八年乙亥，五十二歲。

三月，除宗正寺簿。珌因旱建言蠲苛賦以培養國本，去繁刑以延壽國祚，揚忠良抑佞倖，以砥礪臣節，聽言行諫以作育士氣。及輪對，又建言儲備人才。《行狀》詳記其事說：「三月，除宗正寺簿，時旱，公上言曰：『比年以來，災異不一，向也旱，虜今及吾邊，春既苦旱，夏必傷潦，不惟此爾，乃去歲之秋，月食望，日食朔，而又金星見晝，鎭星失行，太陰躔高，木星度下，類非細變也，可不震惕，如禍在朝夕哉！臣願陛下剛健輝光，日新其德，蠲苛賦以培國本，去繁刑以壽國脈，顯忠消佞以厲臣節，言聽諫行以作士氣。一政令之設施，必曰其事果合於天否乎？一人才之黜陟，必曰：其人果當於天否乎？天心何自知之？當人心則當天心矣，蓋轉移其象，消弭其災，非大有以飭厲之，未見其可也。』」（另詳見《洺水集》卷二《擬上殿劄子》）。尋輪當陛對，上言曰：『臣聞覘人之國者，不以其兵之強、國之富、土地之廣，而惟以風俗觀之。西漢之末，士大夫崇議論之美，而未有經久之政，邊方無目前之警，而有不可測之虞，譬之蒲楫維舟，容與安流，一旦風濤，未知所屆。古之人君，知天下之將有事也，必陰求傑特之才，儲之以爲他日之用，蓋平居無犯顔敢諫之士，則臨難無伏義死節之人。漢之王陵、周勃，汲黯皆有三代之遺直，若公孫弘輩則如發蒙耳，緩急何賴焉。人才之生，無間今昔，上有所好，中才激昂，惟陛下重圖之。』（另詳見《洺水集》卷二《乙亥輪對劄子》）寧宗溫顔開納。」

六月，除樞密院編脩官（《行狀》）。

九月，差校上舍試（文見《洺水集》卷五）。

明禋，珌充讀冊官，禮畢，寧宗忽問宰

臣說：「頃讀冊文，語音淸徹者爲誰？」宰臣以珌對，寧宗深器重之（《行狀》）。

嘉定九年丙子，五十三歲。

二月，磨勘轉朝奉郎（《墓誌》）。

四月，兼權右司郎官（《墓誌》）。輪對時諫寧宗修養德行，爲民表率，並建言蒙古勢凌金上，爲免蹈丙寅（開禧二年）出師時招兵不擇、兵屯不分、軍勢不壯、諜候不明的覆轍，須預爲綢繆。

《行狀》詳載珌的建言說：「輪當陛對，公上言：『臣聞天之道，日運而無積，聖人之治，日新而不窮。陛下更化之初，固嘗登正士以革姦庸，伸讜言以破諛佞，以祖宗之法，而塞儌倖之門，嚴責實之政，以變欺誕之習，風行雷動，固已月異而歲不同矣，然物以久而故，人以久而玩，誠能因已定之規模，而加作新之功，則黜陟所形，而天下竦其好惡，賞罰所及，而天下震其威明。搜遺拔異，以收徯屬之心；聽言行諫，以昭容受之實；闢功名之塗，而使人人有欣欣不自已之意；示信必之權，而使天下不敢萌苟且之風，則治日新又日新，雖至萬世而無弊可也。夫苟一切安於逸豫，則強者必弱，智者必晦，敢言者必緘嘿，有志者必退縮，天下之治，蓋未知其所終矣。』又曰：『臣聞自天地肇分以來，有中國則有戎狄，由五胡迄元魏而後，奄地之廣，傳酋之多，未有若女眞者。肆我祖宗，得請於上帝，假手韃靼，連歲屏除，岌岌之勢，千鈞一髮矣。然一狄亡一狄生，而又中原姦豪與夫乘時姦夫，變出須臾，患生盤糾，風塵翕忽，平定難期，蓋中原腹心也，吳、蜀、荆、襄四肢也，腹心受病，未有四肢獨安者，其可不重勤聖慮哉！甲子之夏，辛棄疾嘗謂臣曰：中國之兵不戰自潰者，蓋自李顯忠符離之役始。百年以來，父以詔子，子以授孫，雖盡僇之，不爲衰止，唯當以禁旅列屯江上，以壯國威，至若渡淮迎敵，左右接應，則非沿邊土丁，斷不可用。蓋沿邊之人，幼則走馬臂弓，長則騎河爲盜，其睞虜人，素所狎易，若夫通、泰、眞、揚、舒、蘄、濡須之人，則手便犁鉏，膽驚鉦鼓，與吳人一耳。招之得其地矣，又當各分其屯，無雜官軍。蓋一與之雜，則日漸月染，盡成棄甲之人。不幸有警，則彼此相持，莫肯先進；一有微功，則彼此交奪，反戈自戕，豈暇向敵哉！既知屯之不可不分，又當知軍勢之不可不壯。淮之東西，分爲二屯，每屯必得二萬人乃能成軍，淮東則於山陽，淮西則於安豐，擇依山或阻水之地而爲之屯，令其老幼悉歸其中，使無反顧之慮，然後新其將帥，嚴其教閲，使勢合而氣震，固將有不戰而自屈者。又如臣言諜者師之耳目也，兵之勝負與夫國之安危悉繫焉，而比年有司以銀數兩、布數疋給之，而欲使之捐軀深入，刺取虜之動息，豈理也哉！於是出方尺之錦以示臣，其上皆虜人兵騎之數，屯戍之地，與夫將帥之姓名，且指其錦而言曰：此已費四千緡矣。又曰：虜之士馬尙若是，其可易乎？明年乙丑，棄疾免歸，又明年丙寅始出師，百年敎養之兵，一日而潰，百年葺治之器，一日而散，百年公私之蓋藏，一日而空，百年中原之人心，一日而失。鄧友龍敗，朝廷以丘崈代之，臣從丘崈至於淮甸，目擊橫潰，爲之推尋其由，無一而非棄疾預言於二年之先者。所集民兵皆鉏犁之人，拘留維揚，物故幾半，臣言之崈，一日而縱去者不啻萬人，此蓋犯招兵不擇之忌也。禁旅民兵混而不分，爭泗攻壽，相戕殆盡，此犯兵屯不分之忌也。兵數單寡，分布不敷，人心既寒，望風爭竄，此蓋犯軍勢不張之忌也。十月晦夜，虜人以筏濟兵，已滿南岸，而劉世顯等熟卧不知，倉皇授甲，一鼓大潰，又犯諜候不明之忌也。丘崈經理，曾未三月而虜騎已渡淮矣。夫往者之轍，來者之鑒也，覆而不鑒，則又前轍耳！今日之事，固與前日大異，向也一於謀人，今焉專於自治，九重之所宵旰，廟堂之所經理，將帥之所舉行，無一日而或忘也。而臣區區之意，竊謂邊方事宜，誠難遥度，伏願陛下詔諸將，使之相度山川形勢，覽觀丙寅覆轍，上而川蜀，中而襄漢，下而兩淮，凡彼之所必攻，而我之所當備，酌其輕重，量其緩急，大綱細目，俾各以所見條具來上，朝廷爲之斟酌而行之，如其所欲爲，而責其成功。不及今無事之時，使之得以盡其所欲言，一旦有故，彼將曰：某城朝廷所築也，某兵朝廷所屯也，某寨朝廷所修也，某池朝廷所浚也。力盡於不當爲之所，而功遺於所當用之地，非吾所預知也，於是得以有辭矣。昔之英主駕馭將帥，或面詰，或疏問，使之空臆盡言，因得以第其才能，而占其成否，皆若是也。至若關宗社之大計，圖不世之偉功，則固有李德裕處回鶻之事，而可以弭後患，种世衡自任邊方之責，而不以累朝廷。此則未敢遽言也，蓋禮樂征伐自天子出，惟至神獨斷之。』」（文詳《洺水集》卷二《丙子輪對劄子》）

十二月，除秘書丞，依舊兼權右司郎官（《行狀》、《墓誌》、《館閣續録》）。

嘉定十年丁丑，五十四歲。

四月，珌以連歲班期，屢求外補，除江東運判。終以寧宗挽留，仍任京官。

《行狀》說：「除江東運判，畀節鄉部，時以爲榮。陛辭，寧宗謂宰臣曰：『程珌豈可容其補外？』遂復以舊職留公，處之都曹也，凡郡國獄讞之來上者，必審克之，每夜分不寐，多所平反，一時公論獨歸重焉。」

六月，丁内艱（《行狀》、《墓誌》）。

案：《南宋館閣續録》作「十年五月」，兹從《行狀》所載。

嘉定十一年戊寅，五十五歲。

春正月，金京東路忠義軍李全率衆歸宋，朝廷授以京東路總管（《寧宗本紀》）。

正月十六日起，金兵先後圍皀郊堡，犯隔芽關，焚大散關，破湫池堡等地，宋兵皆潰敗（同上）。

是年，珌守喪在家。

嘉定十二年己卯，五十六歲。

九月，服除，有勸珌援舊例，向執政通款求起復，珌不肯，說：「吾生平所守直道耳，況今憂患之餘，寧復干進哉！」（《行狀》）

十月，除浙西提舉，珌到任後勤政愛民，終以治最上聞。

《行狀》說：「除浙西提舉，謝表有云：『平生疎樸，既懶趨驃騎之門，咫尺寒溫，亦罕至長安之第。』於此可以見公之心矣。部民投牒旁午，公隨至剖決，靡有遁情，逮建臺，以激濁揚清爲己任，一道聳然，公帑浮費，節以制度，以餘積下屬郡，增常平廩預備荒札，治最上聞。」

案：《墓誌》作「除浙江提舉」，誤。《吳郡志》卷七提舉常平茶鹽司條云：「珌嘉定十二年十一月到任。」可證。

十一月，以茶鹽賞，轉朝散郎（《墓誌》）。

嘉定十三年庚辰，五十七歲。

五月，磨勘轉朝請郎（《墓誌》）。

十月，除秘書丞兼權右司郎官（《吳郡志》卷七）。

《行狀》說：「瑞慶節，公以畿內使者，隨班禰壽。寧宗惜其去，復除秘書丞兼權右司郎官。」

冬，長姊卒（《洺水集》卷二二《哭吳范二姊》）。

案：依《新安程氏統宗世譜》：「文夷，……二女，長適浯溪吳元壽。」

又案：珌大姊之喪，各傳、狀都不詳時間，唯《洺水集》卷二二《哭吳范二姊》中云：「嘉定庚辰，持節吳中，冬三日，得仲氏書，以伯姊訃來，數語寫哀。」知喪期在本年。

是年，叔父文炳卒，珌爲文致祭（詳見《洺水集》卷一二）。

案：《洺水集》所引祭文中有云：「頃歲辛未，辭家爲縣，謂別不遠，三歲即見。疇知迤邐，又爲此來。六年未歸，竟隔夜臺，嗚呼痛哉！」知喪期在本年。

嘉定十四年辛巳，五十八歲。

正月，除秘書省著作郎，兼職如故（《行狀》、《墓誌》、《館閣續録》）。

五月，秘書省進書，轉朝奉大夫（《墓誌》）。

六月，除軍器少監，兼職如故。是月，兼權侍立修注官（《墓誌》、《行狀》）。

八月，除國子司業，六館之士都以珌掌教爲榮。

《行狀》說：「除國子司業，兼國史院編脩官、實錄院檢討官，兼權直舍人院。公以宿望，掌教成均，命下之日，六館之士，咸以獲遂執經爲幸。」

案：《南宋館閣續錄》作「九月，以國子司業兼實錄院檢討官」，九月疑誤，兹從《行狀》。

九月，除起居舍人，兼職如故（《行狀》、《墓誌》）。

閏十二月，經筵徹章，轉朝散大夫（《墓誌》）。

嘉定十五年壬午，五十九歲。

三月，璽恩轉朝議大夫（《墓誌》）。

四月，以捧寶轉朝議大夫（《墓誌》）。

九月，除權吏部侍郎，兼同脩國史、實録院同脩撰，兼權中書舍人。珌持銓衡，惟公惟平，人不可干以私，雖軋以權勢，亦不爲動，但應之曰：「此銓法也。」（《行狀》）

是月，磨勘轉中奉大夫（《墓誌》）。

嘉定十六年癸未，六十歲。

正月二十五日，宋廷命珌差知禮部貢舉，權刑部侍郎朱著及起居舍人鄭自誠同知貢舉（《宋會要》選舉二十一），禮闈得人爲盛。

三月一日，珌與朱著、鄭自誠奏「得合格

奏名進士王冑以下三百六十一人」(《宋會要》選舉二)。

四月十九日，寧宗御集英殿，引見由珌所拔擢之奏名、特奏名進士，得正奏名蔣重珍以下五百四十九人，第爲五等，賜進士及第、出身、同出身(《宋會要》選舉八)。珌撤棘入見，奏謝，寧宗再三褒獎(《行狀》)。

案：寧宗賜蔣重珍等進士，《寧宗本紀》作嘉定十七年五月六日，誤。從《宋會要·選舉志》。

嘉定十七年甲申，六十一歲。

三月，茶鹽賞，轉中大夫，磨勘轉太中大夫(《墓誌》)。

七月，宋廷以珌知貢舉有功，加以友人李壆之推薦，除守禮部侍郎，兼直學士院，薇垣史館，兼職如故(《行狀》、《墓誌》)。珌有書謝李壆(謝啓詳見《洺水集》卷一五)。

案：李壆曾於嘉定十五年任禮部侍郎，後因不預立理宗，忤史彌遠而出知鄂州，乃舉珌自代，至此時眞除。王德毅師在《李燾父子年譜》中，將此事置於端平元年，敝意以爲未妥，蓋珌曾於寶慶元年任職禮部尙書，而端平元年珌亦未任禮部尙書。故姑繫於此，詳待考。

閏八月三日，寧宗崩於福寧殿，年五十七。丞相史彌遠召珌入禁中草矯詔，廢寧宗所立皇太子竑，改立皇姪貴誠爲皇子，更名昀，即帝位，是爲理宗。矯詔後，珌卻因受楊皇后的賜金，爲史彌遠所銜恨。《宋史》卷四二二《程珌傳》說：「直學士院，時寧宗崩，丞相史彌遠夜召珌，舉家大驚。珌妻丞相王淮女也，泣涕疑有不測，使人瞷之，知彌遠出迎而後收涕。彌遠與珌同入禁中草矯詔，一夕爲制誥二十有五。初許珌政府，楊皇后緘金一囊賜珌，珌受不辭，歸視之，其直不貲，彌遠以是銜之，卒不與共政云。」

案：《行狀》、《墓誌》不載珌助彌遠矯詔與受金事，顯爲珌諱。此事珌實有虧名節。

又案：珌矯詔之數，《史質》與《弘簡錄》均作「七十有五」，「七」字殆爲「二」字之誤，一夜之間不可能草如此多則制詔。

寧宗在位三十年，史稱帝：「初年以舊學輔導之功，召用宿儒，引拔善類，一時守文繼體之政，燁然可觀。中更侂胄用事，內蓄群姦，至指正人爲邪，正學爲僞，外挑強鄰，流毒淮甸，頻歲兵敗，乃函侂胄之首，行成于金，國體虧矣。既而，彌遠擅權，幸帝耄荒，竊弄威福，至於皇儲國統，乘機伺間，亦得遂其廢立之私，他可知也。」（《寧宗本紀》）

九月，理宗登極，降赦推恩，珌轉通議大夫（《墓誌》）。十六日，珌與吏部侍郎朱著、中書舍人眞德秀兼侍讀（《宋史全文》卷三一）。尋開講筵，珌坦陳學貴力行，躬行實踐是爲政要務。

《行狀》記其事說：「除兼侍讀，講筵肇開，公上言曰：『臣聞人主之學，貴乎力行而已，傳說之告高宗曰：「非知之艱，行之惟艱」又曰：「王人求多聞，時惟建事，夫知而必見於行，聞而必見於事，是豈待知待聞哉！」三代而來，英君誼辟，知以講學爲務者，其功業必見於天下，至於叔季之世，豈無聰明之君，惟其不務人君之大德，而好文章之小技，至與臣下較工拙於一章一詠之間，而紀綱陵遲，政刑敗壞，生民塗炭，則未嘗一過而問焉，夫如是，又何取於學哉！我宋龍興，聖聖相繼，觀堯舜之用刑，而深懲近之密網，我藝祖豈徒學乎？觀周公之《無逸》，而重戒人主之自豫，我仁皇豈徒學乎？觀大禹之勤儉，而力非人主之貪心，我孝宗豈徒學乎？先皇嗣統，仰法明謨，推其所學，而見之躬行，用能三十一年之間，方內乂安，舊疆浸復，是皆學形於治，而治本於學也。恭惟陛下飛龍在天，萬物咸覩，既能以躬行爲急，凡經訓之垂，史冊之載，事之涉於事親者，必反覆講明，而躬行於寧神養志之間，事之涉於進賢斥佞者，必反覆講明，而見於觀人察士之際，事之涉於嚴監司、牧守、將帥之選者，必反覆講明，而見於博採公言之時，凡事之關於治體，涉於教條，必明辨審思而力行之，若夫多聞以爲博，多見以爲富，無益也，夫如是，則智慮堅定，聰明益開，措之政事，功業日隆，上天眷休，與宋無極。』（文見《洺水集》卷二《初開講筵劄子》）玉音稱善久之。」

案：珌除兼侍讀，《行狀》作「十月」，疑誤，兹從《理宗本紀》、《墓誌》及《宋史全文》。

十月，除權刑部尚書，兼職並如舊，明禋，封休寧縣開國男，食邑三百戶（《墓誌》、《新安志補》）。

是月，經筵進讀，珌剴切進陳親君子、遠小人之道，理宗以其建言最爲詳明。

《行狀》說：「是月，除權刑部尙書，兼職並如故，經筵進讀，因呂蒙正論唐末命令出於輔臣，公奏曰：『唐自天寶以後，元（玄）宗恃天下之富盛，不復留意於治，故舉天下事悉付李林甫，德宗付之盧杞，穆宗付之李逢吉，敬宗以後，尤不足道，狎近小人，舉國以聽，此唐祚所以衰也。然唐虞三代，何嘗不任其臣，但問其所任得人與否爾！』上曰：『所陳極矣。』又問：『《太宗寶訓》云：治世少而亂世多，君子少而小人多，何也？』公奏曰：『先正有言，自五帝立經陳紀以來，至於本朝，凡四千餘年，其間治平僅三、四百年爾，其餘非昏闇之時，即弱削之時，非弱削之時，即危亡之時，然治世所以少而亂世所以多者，正緣君子少而小人多也。然天未嘗一日不欲天下之平治也，聖君出則君子多，庸君出則小人多爾。』天顏大喜，以爲極是極是。又因進讀祖宗文章筆札卷畢，公奏：『翰墨詞章，固帝王之能事，然堯舜之文具存，二典寂寥數語，無非治要。至論書法，則太宗之留意詞翰，實在僭國削平之後；眞宗之銳意文墨，亦在澶淵卻敵之餘。今日所甚急者，民力未裕，更當擇監司；兵力未振，更當選將帥；士習未美，更當明政刑。區區翰墨詞章，豈足爲陛下進。』上曰：『朕每聽卿所言，最爲詳明。』」

理宗寶慶元年乙酉，六十二歲。

春正月九日，湖州民潘壬、潘丙、潘甫兄弟，因史彌遠廢立不平，欲爲亂，謀立濟王竑，事泄，彌遠遣秦天錫逼竑死（《理宗本紀》），尋下詔貶爲巴陵郡公，然竑實未預聞其事，是以天下冤之。魏了翁、眞德秀、洪咨夔、潘枋相繼上疏，皆言其冤。

八月二十六日，以程頤四世孫源爲籍田令（文詳《洺水集》卷一，《理宗本紀》）。

八月二十七日，莫澤言眞德秀舛論綱常，簡節上語，曲爲濟王地，詔德秀煥章閣待制，提舉玉隆萬壽宮（《理宗本紀》）。

九月，珌除試禮部尚書，以身兼二制，力辭西掖，得請，仍兼直學士院，兼侍讀，陞脩國史實錄院脩撰。珌再於進讀時，陳爲政之道，拳拳以國計民瘼爲念。

《行狀》云：「又因進讀太宗謂近臣曰：『方今四方所入財賦，兩倍唐室。』公奏：『臣竊攷淳化間，乃天下極盛之時，而財賦之入，一歲止一千六百餘萬，元豐增至五千萬，然是時三百餘州也，南渡以後二百州，一歲之賦乃六千餘萬，比國初增五倍，比元豐又增一倍矣，然邊未撤警，國用不裕，取之以此數，百姓固知朝廷之不得已也。最是州縣之吏，又從而取嬴焉，民困愈重矣，要須時取其甚者而警飭之，庶幾百姓其少瘳乎！』上深以爲然。時因霪雨，公奏：『雨與水皆陰類也，外而戎狄，内而寇盜，皆所當慮，所謂應天以實不以文，陛下恐懼警省，側身脩行，固所當盡，如玩乾而自強，玩咸而虛受，玩頤而節飲，玩損而窒慾，以至法堯之求賢，而吁於受鯀，法舜之達聰，而深於惡讒，法文王之憂勤，而日昃不食，法商宗之無逸，而享國久長，而其見於政事者，尤當加意。今民貧極矣，而州縣不恤，兵貧亦極矣，而將帥不恤，要當謹簡監司以恤民，嚴飭將帥以恤兵，然後建重鎭以新觀聽，擇老將以專節制，益戰士以壯軍容，厚犒賞以作士氣，使吾之根本益壯，精神益強，則守可也，攻亦可也，無往而不可焉，易歉爲豐，化災爲祥，特反掌爾！而又何戎狄寇盜之足慮耶，且昏墊之災，未有甚於堯之九年者，而堯廷之上，大綱小紀，日事整飭，焦烈之害，未有過於湯之七年者，而有商君臣，俯明政刑，儼然若不能以終日。古人之畏天，一日爲一日之功，一歲計一歲之效，君則斷斷行之，天則斷斷應之，天人相與之際，捷於影響。』上曰：『踰月住講，不勝渴想，今聞卿講論，頓覺豁然。』」

案：珌除禮部尚書，兼直學士院，兼侍讀，陞脩國史實錄院脩撰。《行狀》作「十月」，《墓誌》及《南宋館閣續錄》則作「九月」，茲從《墓誌》等。

寶慶二年丙戌，六十三歲。

正月，理宗御經筵，再命珌差知禮部貢舉，珌兩薦斯職，乃夙夜匪懈，留情考校，至六月，拔擢王會龍等九百八十九人爲進士（試題内容，詳見《洺水集》卷五）。《墓誌》詳記其事說：「癸未、丙戌連知貢舉，南渡以來所未之有，留情考校，夜分不寐，撤棘入謝，玉音嘉獎，有曰：『卿典舉甚勞，中外皆稱得士，爲國得人，可立太平之基，他日用之不竭，又爲國家無窮之用，皆卿之力。』」

二月初一日，御筆賜程珌以下說：「國家三歲取士，試于南宮，蓋公卿大夫由此，其選事至重也。朕屬在哀疚，未遑親策，爰咨近例，往司衡鑑。卿等宜協心盡慮，精加考擇。夫文辭浮靡者必非偉厚之士，

議論詭激者必無正平之用，去取之際，其務審此。」（《宋史全文》卷三一）

八月，兼權吏部尚書（《行狀》、《墓誌》）。

十月，除翰林學士、知制誥，兼脩玉牒官，仍兼侍讀。

《行狀》說：「時翰苑自參政樓公鑰而後，虛其選者二十有一年，逮公拜命，中外莫不榮之。」

是年，珌曾出資重修休寧縣斡龍山程忠壯公祠堂（《程氏貽範集》乙集）。

案：珌重修程忠壯公祠堂不詳歲月，唯《程氏貽範集》乙集錄程郇撰《休寧斡龍山程忠壯公行祠記》云：「又十世孫珌仕宋，爲翰林學士，重新廟宇，且買田以奉祀事，使爲浮屠者守之。」故姑繫於此，詳待考。

又案：《徽州府志》卷五《學校志》云：「忠烈行祠凡五，……一在汊川烏龍山，宋端明殿學士程珌建。」疑「忠烈」爲忠壯之誤，「烏龍山」爲「斡龍山」之誤。

寶慶三年丁亥，六十四歲。

正月十九日，理宗詔：「朕觀朱熹集註《大學》、《論語》、《孟子》、《中庸》，發揮聖賢蘊奧，有補治道。朕勵志講學，緬懷典刑，可特贈熹太師，追封信國公。」（《理宗本紀》）

案：朱熹追封信國公之制誥，實出於珌之手筆，原文見《洺水集》卷一。

六月一日，蒙古盡克夏城邑，夏主晛力屈而降。夏立國一百九十六年，抗衡宋、遼、金三國，偭鄉無常，視三國勢力強弱爲轉移，至此乃亡。

九月十九日，上寧宗皇帝徽號，珌撰儀文

（《宋史全文》卷三一）。

九月，經筵徹章，珌轉通奉大夫（《墓誌》）。

十一月，珌進讀感受風寒，理宗屢賜湯藥，有擢用之意，而珌以長子若水卒，加以因上書諫史彌遠，爲彌遠所忌，遂告歸。《行狀》說：「因經筵進讀，公偶爲風寒所侵，上眷優隆，賜湯液、賜爇火、賜薑粥，天使絡繹拊問，人皆知上有柄用意，而公知有忌者，會有長子戚，遂決意告歸，力伸祠請，上答詔不允，挽留甚力，公請至於四、五。」

案：珌長子若水生於寧宗慶元二年，爲承事郎，監鎮江府寄樁庫，享年三十二，珌有文哀之（詳見《洺水集》卷一二《若水哀辭》）。若水有二子，長其載早亡，次其深，字長父，爲承事郎（詳珌《行狀》及《新安程氏統宗世譜》卷之四）。

又案：《行狀》云「公知有忌者」，殆指史彌遠。珌上書彌遠進諫事，雖不詳何時，然《四庫全書·洺水集提要》有云：「今觀集中《上執政書》，議壅蔽朝廷，不公賞罰，疑當以是忤彌遠。」珌裔孫節在《内翰祠規序》說：「而彌遠專權誤國，則備舉敗兵叛卒之由，……其言凜如斧鉞，切中權奸之病，所以不免爲彌遠所銜，而出守建寧之制下矣。」程至遠在《重刻洺水集小引》說：「公慨慷尚氣節，……至于上書輪對，多危言直諫，時雖以此重之，而亦以是忌之，若史彌遠輩，因而中傷，公力求休致，乃得出倅閩中。」趙時用在崇禎二年重刊本《洺水集序》也說：「宋故少師洺水公，少而穎，……氣節慷慨，每以不克恢復爲恨，故立朝所陳，多用兵機宜，……以是爲時宰所忌，而公亦倦於仕矣。」知珌因上書諫彌遠，反遭彌遠之忌，茲節錄《上執政書》以明珌用心：「（前略）今兩淮騷動，勢搖長江矣，而公議籍籍，以爲朝廷尚多壅蔽，凡所奏請，沮抑不下。嗚呼！此爲何時，而猶有如議者之云乎？四月二十五日，火星如甕，墜於建康。六月四日，黑氣圍日，日沒乃散，天之示變不小矣，天變見於上，人心離於下，而朝廷不知，往古危亡之監，復有甚於此者乎？明公忠義奮發，對越三靈，而左右壅蔽其聰明，陷明公於萬世之罪人者，明公不知也。今天下利害，所當施置罷行者，人皆能言之，所患者在於其言未必上聞，聞之未必下行耳！是故，不暇縷數其事，而獨願斥去左右，屏徹壅蔽，四方章奏即爲敷陳。將帥之有功者，以公議賞之，不可以無關節而不行。至于逗遛不進，懷姦誤國，專事苞苴，今悉敗露者，則以公議僇之，不可以有關節而輒已，公天下之身，受天下之言，無偏聽，無私暱，如此則上下流通，人心思奮，易禍爲福，亦反掌耳。如是而猶無成焉，則明公忠誼之心，亦有辭於天下矣。前日之誤明公者，固已無及，今日顧堪再誤邪！世之士大夫，號爲強有力者，以官爵之故，無敢吐氣，而其下者又懼罪而不言，區區愚戇，憂國愛君之心，昧冒爲言者先焉，惟明公重圖之。」

十二月，「郊霈，進封開國子，食邑六百戶」（《墓誌》、《新安志補》卷二）。

是年，珌在休寧縣西，建石橋一座，名「內翰橋」（《徽州府志》）。

案：珌建橋事，各傳、狀均不載，僅見於《徽州府志》。《府志》卷二《地理志》「橋梁」之「內翰橋」條說：「在縣西二里，宋寶慶丁亥，內相程珌建，疊石爲垛屋二十楹，珌姪若疇記。」

理宗紹定元年戊子，六十五歲。

正月，「以伯兄之戚，抗疏丐祠，答詔挽留甚力，疏凡五上，情詞益篤」（《墓誌》）。

三月，珌既因風寒致疾，家庭又遭變故，加以得罪史彌遠，乃一再乞祠，朝廷不得已，除煥章閣學士，知建寧府。《行狀》說：「紹定紀元三月，上不獲已從之，除煥章閣學士，知建寧府。公以祈閒得郡，殊非本心，遂再力辭。上仍答詔不允，公遂黽勉于行。」

案：《休寧縣志·傳》記珌乞祠說「以疾乞補外」，殆珌風寒未癒，復逢兄、子雙亡之變，哀傷得疾。

又案：珌除煥章閣學士，知建寧府，《行狀》作三月，《墓誌》作四月，此從《行狀》。

珌既得郡，友人眞德秀從家鄉致書相賀，眞賀啓說：「伏以地稱潛府，最雄南服之山川；天惠仁侯，來布東皇之德澤。和聲交播，福（茀）祉自臻（轃）。恭惟某官，以道德入爲文章牧。政先愛養，霈然膏雨之蘇枯；令肅貪殘，迅若雷霆之起蟄。即宣化承流之施設，見調元宰物之規模（橅）。願協泰交，亟歸鼎輔，坐使蒸菌之槁，亦蒙吹（次）律之春。德秀（某）適以扃門，莫繇賀廈。飲屠蘇（酥）而醉，已同農畝之人；稱兕觥而躋，莫上公堂之壽。」（《洺水集附録》，《真文忠公全集》卷三九《賀程内翰年啓》）

案：眞德秀賀啓不詳年月，姑繫於此，待詳考。又賀啓内容，《洺水集附錄》與《眞文忠公全集》稍異，茲以《洺水集附錄》爲主，（ ）内係《眞文忠公全集》中異文。

又案：《洺水集附錄》另收楊萬里《賀冬啓》一篇，筆者以該文非給程珌，故不錄。蓋萬里卒于開禧二年，時珌尚在丘崈幕府。又《誠齋集》卷五十五「啓」中，收錄《賀太守冬啓》一文，内容與《洺水集》附錄所收的相同，而珌未曾任太守，疑該文非給珌，《洺水集》附錄誤收。

七月，珌涖任，奉行寬大，輕徭薄役，鄉里大治，眞德秀再移書讚譽。

《行狀》載其事說：「七月，至郡，奉行寬大，崇化厚俗，期與千里相安於無事。聽訟燭見隱微，豪猾無得逞。屬邑官賦不事苛迫。時參政眞公德秀家居，以書達公曰：『人稱三、四十年來無此賢太守。』」

紹定二年己丑，六十六歲。

是年，汀、邵盜賊作亂，其初由于地方官意見不一，以致亂事擴大，平亂無期。

《行狀》記曰：「邵盜作，諸臺以言論異同，由是賊勢猖獗，汀之寧化，南劍之沙邑，邵武之建寧、光澤皆莽爲丘墟，駸駸迫汀、邵城治，七閩繹騷。」

十一月，朝廷除珌福建路招捕使，節制軍

馬。珌即日創翼虎、飛熊二軍，招強勇及知兵的庶民充當，勤加訓練，並離間叛黨，亂平可期，適有忌者，從中作間，珌乃上疏乞祠，舉陳韡自代。

《行狀》說：「除公招捕使，節制軍馬。時建寧承平日久，禁卒額雖千餘，而罕知兵革，調遣他郡，則以城守爲辭。公遂就本郡禁卒中，選精悍者，仍創翼虎、飛熊二軍，招刺強勇三千人，擇土人知兵者訓練，統率而前，以紓二郡之急。且用間諜，離其徒黨，使之自相屠戮，捷奏日聞，大酋二十納款投降，平定有期。而閩漕懷舊恨，忌公成功，乃以坑降疑郡盜。盜素服公威信，不以爲然。公念間從中起，何以底績，於是屢上祠請，且薦陳公韡自代。」

紹定三年庚寅，六十七歲。

三月，珌遂乞祠願，歸途經浦城，友人眞公德秀迎見，以鄉里失賢帥爲憾，珌則以未老得閒爲樂。

《行狀》說：「以煥章閣學士提舉隆興府玉隆萬壽宮，公歸，途經浦城，眞公德秀迓於遠郊，謂公曰：『玉堂既去，一路失此賢師帥，其將疇依乎？』公還故山，日相羊於泉石，手不釋卷，每以未老得閒爲樂。」

六月四日，珌二姊卒。二姊歸范器之，生四男。器之早卒（年三十九），程氏含辛茹苦養育諸子，珌又時予接濟，故四子均有成。

案：《洺水集》卷二二《哭吳范二姊》說：「嘉定庚辰，持節吳中，冬孟三日得仲氏書，以伯姊訃來，數語寫哀，末有『東山十載相從』之句，庚寅七月十日，閲故書見之，六月四日仲姊一疾不起。」故繫於此。

是年，弟璪久病卒，珌有文哀之（見《洺水集》卷一二《弟六二奉議哀辭》）。

案：璪字監古，行六二，丁亥生，庚寅卒，壽六十四，葬祟塘東麓，娶倪氏，生三子，若沂傳四世止（見《新安程氏統宗世譜》卷二《祁門善和派》）。

紹定四年辛卯，六十八歲。

二月一日，以禋恩封進開國伯，食邑九百户（《墓誌》、《新安志補》）。未幾，爲史彌遠之鷹犬李知孝所讒，落職，珌處之泰然。

《行狀》説：「二月，時李之（知）孝在諫坡，以公守建，曰：『當有私謁。』公弗從，遂妄讒毁，去職與祠，公處之泰然。」

案：「李知孝」，《行狀》作「李之孝」，誤。

是年，珌在家鄉讀書，種花自娱，分建萬卷堂與海棠洞，並築玉樞庵以祀其父（《徽州府志》）。

案：珌建萬卷堂、海棠洞、玉樞庵等事，各傳、狀都不載，《徽州府志》雖載之，但不詳年月，姑繫於此，待考。

又案：據《徽州府志》所記：「海棠洞在縣南五十里萬松山麓，宋内翰程珌栽海棠結洞，花時如錦帳，遊宴其中，遺址猶存。」（卷二《地理志》「古跡」）「萬卷堂，在汊川，宋程端明珌建。」（卷十《人物志》「宫室」）「玉樞庵，在汪潭，宋少師程珌建，祀父少傅公文夷。」（卷十《人物志》「寺觀」）

紹定六年癸巳，七十歲。

八月，蒙古都元帥塔察兒遣王檝至襄陽，

約共攻蔡州，且求兵糧，請師期。十月，宋京湖安撫制置使史嵩之命孟珙、江海率兵二萬，運米三十萬，赴蒙古之約，共攻蔡州。宋蒙聯兵攻金的一場大戰，遂揭開了序幕。

十月十五，史彌遠進太師、左丞相，兼樞密使，封魯國公，加食邑千戶。十六日，詔史彌遠有定策大功，勤勞王室，今以疾解政，宜加優禮。長子宅之權戶部侍郎，兼崇政殿說書；次子宇之直華文閣，樞密院副都承旨；長孫同卿直寶章閣，餘孫紹卿、良卿、會卿、晉卿并承事郎；女夫趙汝禖軍器少監；孫女夫趙崇梓轉一官。二十四日，彌遠卒，贈中書令，追封衛王，謚忠獻(《理宗本紀》)。

彌遠字同叔，鄞縣人，浩三子，淳熙十四年進士。開禧二年，韓侂胄爲堅寵固位，建開邊之議，首啓兵端，而屢遭敗衄，彌遠計誅侂胄，遣使向金求和，初欲反侂胄所爲，收召賢才老成布于朝廷，及濟王冤死，論者紛起，遂專任僉壬以臺諫之職，一時君子貶斥殆盡。理宗德其立己，唯言是從，故恩寵終身，擅權專政，勢傾中外，爲相凡二十六年，其得君之專，即秦檜亦無以爲過。《宋史·彌遠傳》說：「初，彌遠既誅韓侂胄，相寧宗十有七年。迨寧宗崩，廢濟王，非寧宗意，立理宗，又獨相九年，擅權用事，專任憸小，理宗德其立己之功，不思社稷大計，雖臺諫言其姦惡，弗恤也。彌遠死，寵渥猶優，其子孫厥後爲製碑銘，以『公忠翊運定策元勳』題其首。濟王不得其死，識者羣起而論之，而彌遠反用李知孝、梁成大等以爲鷹犬，於是一時之君子，貶竄斥逐，不遺餘力云。」
十一月五日，給事中莫澤等言，添差提舉千秋鴻禧觀梁成大暴狠貪婪，苟賤無耻，詔奪成大祠祿（《理宗本紀》）。
十一月二十八日，禮部郎中洪咨夔進對，今日急務，進君子退小人，如眞德秀、魏了翁當聚之于朝。帝是其言（《理宗本紀》）。於是海内名士若崔與之、眞德秀、魏了翁、李𡌴、尤焴、杜範、趙汝談等，或起遷謫，或奮閑散，或由常調，莫不比肩接踵於朝，一時英華萃集，人物之盛，比於元祐。

端平元年甲午，七十一歲。

正月九日，金哀宗完顏守緒傳位於宗室承麟。十日，蔡州城破，守緒自殺，承麟也被亂兵所殺，金亡，計傳九主，立國一百二十年。二十九日，史嵩之露布告金亡，以陳、蔡西北地屬蒙古，東南地歸宋。

二月二日，監察御史洪咨夔言，上親政之始，斥逐李知孝、梁成大，其諂事權姦，黨私罔上，倡淫黷貨，罪大罰輕。詔李知孝削一秩罷祠，梁成大削兩秩（《理宗本紀》）。

時理宗親政，既貶李知孝等，乃除珌爲敷文閣學士，提舉隆興府玉隆萬壽宮。

《行狀》說：「端平紀元，上親攬權綱，厲精庶政，之（知）孝貶斥，除公敷文閣學士，提舉隆興府玉隆萬壽宮。公上免牘，答詔不允，詔詞有曰：『屬躬攬於政權，尤匪輕於名器。卿夙儀禁近，備罄忱恂，茲注想於典刑，肆亟攽於綸綍。』告詞又曰：『久不見生，諒未究設施之藴；何以告我，尚有資啓沃之忠。』

蓋用公意也。」

五月，東朝慶壽恩轉正議大夫（《墓誌》）。制詞說：「勑，奉巵於長樂，方深追慕之悲；通禁籍於甘泉，尚共榮懷之慶。有嘉宿德，何愛崇階。具官某（敷文閣學士通奉大夫、提舉隆興府玉隆萬壽宮、休寧縣開國伯、食邑九百户、賜紫金魚袋程珌）學邃而識融，履純而養厚。濟時紘議，五英六莖之龢；華國高文，四璉八簋之古。自玉堂之引去，每宣室之興思。胡扼虎關，尚閑駒谷。復非遽復，已萌於碩果之餘；睽不終睽，必合於遇雨之後。首進班於穹閣，仍賦廩於珍臺。在爾初無慕爵之心，惟朕蓋有懋官之典，肆加蕃錫，庸侈殊私。施戟方新，寧鬱起家之望；佩囊惟舊，毋忘存闕之忠。可（特授正議大夫，餘如故）。」（《平齋文集》卷一七「外制」）。

案：（一）內所增之字，係補自明嘉靖刊本之《洺水集》卷二五《敷文閣學士程珌轉正議大夫制》。

六月，宋廷詔出師，收復三京。緣蒙古聯宋滅金後，以陳、蔡東南地歸宋，命劉福爲河南道總管。當時宋臣趙范、趙葵兄弟想乘時撫定中原，建守河據關、收復三京之議。朝臣多以爲不可，獨鄭清之力主其說（《宋史紀事本末》），理宗遂從其議。八月九日，命趙范爲端明殿學士，京、河、關、陝宣撫使，知開封府、東京留守並兼江淮制置大使；趙葵權刑部尚書，京、河制置使，知應天府、南京留守兼淮東制置使；全子才權兵部侍郎，關、陝制置使，知河南府，西京留守兼京湖制置副使。

七月十四日，珌再磨勘轉正奉大夫（《墓誌》）。

制詞說：「勑，等六曹而上課，嚴三歲之遷；超四品而升秩，重八年之轉。雖循彝典，實着恩章。具官某（敷文閣學士正議大夫、提舉隆興府玉隆萬壽宮、休寧縣開國伯、食邑九百户程珌）粹學淵深，英規山立。謀猷獻納，備殫日月之忠；典冊鋪張（陳），叶應風雲之會。繇祠（殊）庭之引興，每魏闕之存心，積閱既深，陟明可後？飛鴻自適，初何計於穹階；鳴鶴相求，肯向遷於宿德。可（特授正奉大夫、依前充敷文閣學士、提舉隆興玉隆萬壽宮封如故，奉敕如故。牒到奉行，端平元年七月十四日）。」（《平齋文集》卷一八《外制》二）

案：程轉正奉大夫，《墓誌》無日，茲以嘉靖刊本《洺水集》卷二五《敷文閣學士程珌轉正奉大夫制》補之。（ ）內之文辭係補自明嘉靖刊本《洺水集》卷二五《敷文閣學士程珌轉正奉大夫制》。

九月六日，趙范言趙葵、全子才輕遣偏師復西京，趙楷、劉子澄參贊失計，師退無律，致後陣敗覆。詔趙葵削一秩，措置河南，京東營田邊備，全子才削一秩，措置唐、鄧、息營田邊備，劉子澄、趙楷並削三秩放罷。又言楊義一軍之敗皆由徐敏子、范用吉怠於赴援，致不能支。詔范用吉降武翼郎，徐敏子削三秩放罷，楊義削四秩勒停自效（《理宗本紀》）。先是，收復三京之議被理宗接納後，即命全子才率淮西兵萬人赴汴，復之，趙葵以淮西兵五萬到汴會合，另遣兩軍西取洛陽。蒙古兵聞宋兵入據河南，又南下，進至洛陽城下，與宋軍戰。不久，宋乏糧而退。而據守汴京的趙葵、全子才也因餽餉不繼，加以所收復的州縣都是空城，無兵食可因，只得引師南還（多桑《蒙古史》卷二），此即端平入洛之師所造成的慘局。由此可見宋方準備不夠，冒然出師，致有此失。

案：宋入洛之師，依周密《齊東野語》所記是六月出師，八月敗退。《宋史全文》、《續資治通鑑》則作七月獎詔三軍出師，八月敗，茲依《宋史》所記。《宋季三朝政要》作寶慶元年六月，甚誤。

十二月十五日，蒙古遣王檝使宋，責敗盟。二十七日，宋以鄒伸之、李復禮、喬仕安、劉溥報謝（《理宗本紀》），自是河淮之間無寧日。

端平二年乙未，七十二歲。

五月十二日，友人眞德秀卒，贈銀青光祿大夫，謚文忠（《理宗本紀》）。

德秀字景元，後改爲景希，浦城人。慶元五年進士，又試中博學宏詞科。《宋史》本傳稱：「德秀長身廣額，容貌如玉，望之者無不以公輔期之，立朝不滿十年，奏疏無慮數十萬言，皆切當要務，直聲震朝廷，四方人士誦其文，想見其風采。及宦遊所至，惠政深洽，不愧其言，由是中外交頌，時相益以此忌之，輒擯不用，而聲愈彰。及歸朝，適鄭清之挑敵，兵民死者十萬，中外大耗，尤世道升降治亂之機，而德秀則已衰矣。……然韓侂胄立爲僞學之名，以錮善類，凡近世大儒之書，皆顯禁以絕之。德秀晚出，獨慨然以斯文自任，講習而服行之，黨禁既開，而正學遂明於天下後世，多其力也。」（《宋史》卷四三七）。

閏七月一日，珌爲吴儆《竹洲文集》寫序（文見《洺水集》卷八），題款稱「敷文閣學士、通奉大夫、提舉隆興府玉隆萬壽宫、休寧縣開國伯、食邑九百户、賜紫金魚袋」。

嘉熙元年丁酉，七十四歲。

三月十八日，友人魏了翁卒，年六十，贈少師，賜謚文靖（《理宗本紀》）。

了翁字華父，邛州蒲江人。少有神童之譽，與眞德秀同榜進士。開禧間，韓侂胄用事，謀開邊自固，時臣雖憂駭，卻不敢言，獨了翁諫阻。及史彌遠入相，專擅國事，了翁察知其所爲，辭官，至嘉定十五年被召入對，去國已十有七年了。所著有《鶴山集》、《九經要義》、《周易集義》、《周禮井田圖說》、《古今考》、《經史雜抄》、《師友雅言》、《易舉隅》等書（《宋史》卷四三七《儒林》七）。

四月，除珌知寧國府（《行狀》、《墓誌》、《縣志·傳》），辭不就。

嘉熙二年戊戌，七十五歲。

六月二十三日，友人李埴卒于官，年七十八，珌爲文致祭（詳見《洺水集》卷一二）。

埴字季允，號悦齋，丹稜李燾第七子，生於紹興三十一年。幼嘗從張南軒等學，紹熙庚戌登進士第，聲華籍甚，以召試爲館職，累官知潼川、常德府、夔州，禮部侍郎等職。理宗即位之初，眷倚甚，終以持論侃侃，正色立朝，而得罪史彌遠，遂出任沿江制置副使兼知鄂州及四川制置使兼知成都府。時蜀事日壞，朝臣多不願往，㙔至，勤謹從事，以安靜爲治，蜀中稍治。不久，以禮部尚書召還，累遷資政殿學士知眉州，卒謚文肅。㙔繼父燾、兄壁後，以文章名當世，尤長史學，眉人比之三蘇（參見王德毅師著《李燾父子年譜》）。

嘉熙三年己亥，七十六歲。

正月，除寶文閣學士，奉祠如舊（《行狀》、《墓誌》）。

六月，宋廷除珌知福州兼本路安撫，珌倦於再出，一再上免牘。

《行狀》說：「除知福州兼本路安撫，公上免牘，尋拜不允詔。然公倦於出，再力伸祠請，遂復以舊職奉祠。」

是年，珌家居休寧，見縣學傾頹，乃重加修葺，俾士子專心於學，其愛護桑梓之精神，實爲感人。

淳祐四年，休寧縣尹趙師岩在所撰《休寧縣端明程公祠記》即贊歎說：「淳祐癸卯秋，承乏此來，首謁學宮，攝齋禮殿，巍巍堂堂，㦖然加敬，問孰爲之，則曰：『特進端明程公也。』師岩竊謂夫子之道，若揭日月，固無所待而尊，然肩仞弗嚴，觀瞻曷竦，公當代重望，厭直承明，以斯道爲己任，故於桑梓之鄉，昭示宏撫（橅）如此，使端拜其庭者，仰而視，俯而思，推以福斯民，壽國脈，其功用遠且大矣。」（嘉靖刊本《洺水集》卷二六附録）

鄉人方岳也在《休寧縣脩學記》文中，一面推崇珌的維繫斯文，一面勸諭鄉人效法珌的興學精神，情至眞切。他說：「學校與井田並古，未有去井田（田里）而爲學者也，自五家之比鱗屬而午貫之，於是乎家有塾，黨有庠，術有序，此非古所謂鄉校歟(與)！族有師，州有長，鄉有老，此非古所謂鄉先生歟(與)！士生其時，出則相耦於同井之田，入則相友於同門之學，蓋知父吾父，子吾子，老吾老，幼吾幼而已。然而，堯、舜、禹、湯、文、武之道具是焉(矣)！井田壞，學校廢，士之羸糧外遊者無方，而專門名家之學興，大帥(師)衆至千餘人，其不違父母，舍墳墓而去者幾希！而人心始漓，故漢之號爲儒者，其下者爲桓(韓)榮之稽古，其高者爲鄭康成、孔安國之訓詁，又高者爲董仲舒之明天人(陰陽)而止爾，三代之所以一道德、同風俗者不在是。國朝學校之盛，布滿郡邑，雖田不井授，而欲士之不去其鄉而(以)爲學則猶古也。休寧壯哉縣！其道經訓以相傳習者，率嘗最吾州，異時校官有望府溟涬然第之者，蓋錫山陳公之茂尉邑時之爲也，於今百有六年矣，厥棟維摧，厥甓維頹，瞻言宮庭，士顙有泚，歲時舍菜(采)，僅僅無落事而已！內翰(相)程公之歸里也，一大葺之，言言新宮，殆不舊翅。是歲，岳起家，入掌故，道休陽，聞公之言曰：『是鄉校也。吾長於斯，學於斯，而可諉吾父兄子弟爲？』聞士之謂公者曰：『是鄉先生也，學如此其行也，仕如其亨也，而可忘吾父兄子弟爲？』然則公之興學校，雖微井田，其猶井田意歟？邑大夫吳君遂與凡有職於學者，交謁更進而屬記於岳，辭不可，則諗于衆曰：『聖有大訓，言忠信，行篤敬，雖貊蠻之邦行矣；言不忠信，行不篤敬，雖州里行乎哉！然而，行於貊蠻者易，行於州里者難，獨何與？州里得之於其常，蠻貊得之於其暫，暫者易勉而常者難持也。士固有冠冕佩玉，天下之通貴，而不爲鄉士大夫所齒者矣。月旦之評，其可畏如此，故士之所以修其身者，愈近則愈難。事容可欺天下，而不可以欺婦子也。夫子之所以聖，不過鄉黨一書，而所謂治國平天下者無餘蘊矣！諸君能耕而遜畔，則畎畝而伊周，能行而後長，則道塗而顏冉，奚必曰稽訓詁（度數）以爲博，明陰陽（談性命）以爲高，而後謂之學哉！是則鄉先生所望於鄉校之意也。』皆曰：『唯。敢不夙夜敬戒，以無忘公之德。』公名珌，字懷古，先皇翰林學士，今爲端明殿學士，（通議大夫），提舉嵩山崇福宮云。嘉熙五年，祁門方岳記。」（《秋崖集》卷三六，《新安文獻志》卷一三）。

案：珌修葺休寧縣學，《宋史》本傳、《行狀》、《墓誌》均不載。《安徽通志》卷八八「休寧縣學」條說：「宋慶曆間建于東街，紹興六年徙南門，……嘉熙三年，縣令吳遂復修，端明殿學士邑人程珌重建正殿。」而《徽州府志》卷五《學校》「休寧縣儒學」條說：「淳祐癸酉，縣令張抃重修，邑人程珌記。久而漸弊，壬寅，珌爲端明殿學士，以己貲更建禮殿，復葺齋舍而記之。」證以方岳的《休寧縣脩學記》，知或在嘉熙三年間，故姑繫於此。

又案：方岳撰《休寧縣脩學記》一文，《新安文獻志》卷一三所收與《秋崖集》卷三六所載原文稍有出入，茲以

《文獻志》爲主，文字不同者，於（）內補之。

嘉熙四年庚子，七十七歲。

四月，明禋恩，食邑一千五百戶（《墓誌》）。

淳祐元年辛丑，七十八歲。

二月十一日，妻王氏卒，尋葬于休寧縣十六郡八龍塢，享年六十八，珌有文哀悼之（哀辭詳《洺水集》卷一二）。夫人爲金華王丞相淮之長孫女，雖「生於相門，不以富貴自驕，簡靜端莊，動由禮法」（《墓誌》）。

案：夫人卒之時間，乃據珌《行狀》及《墓誌》所載。

四月，除龍圖閣學士，奉祠如舊。珌以年老，屢上章納祿，答詔不允。

《行狀》云：「公歸自建，以寵榮爲懼，故頻歲以來，納祿之疏，不知凡幾，上每答詔不允。詔詞有曰：『卿昨告老，朕不欲強卿一來，姑畀祠廩。茲又抗牘，祈遂謝事，甚非以體朕也。矧卿嘗爲朕甘盤矣，何至遽起掛冠神武之想乎？其勿出此。』」

淳祐二年壬寅，七十九歲。

四月，珌以年老，屢抗章致仕，朝廷遂除珌端明殿學士，依所乞致仕。

《行狀》說：「洊騰告老之章，懇請逾切，上方俞其請，除端明殿學士，依所乞致仕。公累載告休，一朝得遂，喜形於色。第以端殿殊恩，詎容遽拜，又上免牘，上復答詔不允，公遂拜命，日以登臨自娛。」

案：《墓誌》記珌遂致仕之願時說：「命下之日，喜形於色曰：『吾幸遂掛冠，庶無愧於知止之義矣。』」
又案：珌乞免端明殿學士，理宗答詔不允，詔書說：「三省進呈卿狀，辭免端明殿學士恩命事具悉。端明設職自後唐，暨我國朝，必以翰苑兼之，不以他屬。然熙寧中王素致爲臣而去，非翰苑也，而由是始帶職焉，貴之也。卿昔以華藻之文，僺（瀑）直（旨）亦有年，久賦退居而不得謝，怡然有終老之意，朕甚高之。來章薦至，好遯是祈，用倣故實；以卿嘗職鑾坡，則還以祕殿爲得當，矧熙寧有謝事比焉，曷爲予違，尚登巽櫝。是嘗居其位者，獨不知其事乎？合而言之，何爲不授（受）？所辭宜不允。」（明嘉靖刊本《洺水集》卷二五《賜程珌辭免端明殿學士恩命不允詔》），（　）內補以《程氏貽範集》甲集卷五之文。

六月八日以後，「雖偶覺伏暑，越宿已康復，屏藥卻醫，起居飲食，對客言笑，無異常時」（《行狀》）。

六月十三日，卒於家，年七十九。

《行狀》云：是日忽覺微恙，即「呼子暨孫列于前，語之曰：『吾奮由儒素，受知兩朝，年幾八袠，一無可憾。所望者爾曹力學自脩，則吾雖亡猶生爾。』無一語及家事。」

珌夙性聰穎，不煩雕琢，幼年賦詩，即見秉性清高，年長熟讀典籍，故掌內外制者八年，詞章獨步當時，片言隻字之出，學者爭誦，以爲模範。文宗歐陽脩、蘇軾，尤雅健精深。

《行狀》即贊道：「蓋嘗論賢哲之生，氣稟必異，故見諸躬行，發諸詞章，措諸事業，亦決非世俗所企及。惟公天稟清高，離倫絕類，已見於齠齔賦冰時。其持身介然有守，挺然特立，名流莫不皈敬，競欲締交，而後學有志之士，則皆尊之仰之，以爲模範。於書無所不讀，發而爲文，自成機杼，神韻絕出，故落筆處，天下引援，今昔博學之士不能究知。其詞雅健精深，追逮古作，根本義理，扶植名教，有補於當世，學者誇傳而爭誦之。論奏皆剴切當上意。」（《行狀》）

毛晉在《洺水詞跋》中贊道：「先輩（案：殆指程鉅夫）稱其宗歐、蘇而長於文章，洵哉。」

珌曾推原世系本河北洺州，於是自號洺水遺民，學者尊爲洺水先生，有《洺水集》六十卷，《內制類稿》十卷，《外制類稿》二十卷行於世。

珌雖助史彌遠草矯詔，有虧操守，然立朝剛正，風節凜然，奏疏忠確，言不苟合，論事利害，不盡不止，對時政實有補益。趙時用在崇禎二年刊《洺水集》叙文中說：「公少而穎，輒慕古聖賢之學，無爲規規章句間，及登第，宰邑著聲，倅郡平賊，而氣節慷慨，每以不克恢復爲恨，故立朝所陳，多用兵機宜，至於諸朝常國計民瘼官方，靡不危言抒讜。」尤以輪對時所上劄子，多危言直諫，爲時所推重。至於每以拔擢人才爲己任，兩知貢舉，號稱得人。《行狀》云：「預薦進者，登揆席，參政機，班法從，居臺諫，皆爲當世名臣。」當非過譽之詞。

珌歷任要職，活民無數，然本性沖澹，自奉甚廉，至于待人接物，則溫文有節，急公好善，唯恐後人，亦爲時賢所欽敬。《墓誌》說：「先君生平處性冲澹，自奉薄甚，由建寧來歸，家食十月三載，相羊泉石，惟以典籍自娱，待人接物，溫乎其和，急義樂善，終始蓋一轍也。」《行狀》也說他「冲澹無聲色奉，每戒家人用無過侈，服無過華，至姻族閭里，貧不克振，周之惟恐或後。義方訓嚴，諸子刻志問學」。《明一統志》也稱珌「居家常平糴以濟人，凡有利於衆者必盡心焉」。鄉人德之，且爲立祠廟，四時致祭。

珌生平中最值得注意與推崇的，是他力主薄葬。《行狀》記其事說：「平居暇日，常謂其子曰：『吾他時終于牖下，當歛以時服，衣裳之外，他無所事也。厚葬古人所戒，非徒無益，適爲累爾，爾曹識之。』淑人（夫人王氏）之歛，黃白錙銖不内諸柩。」可見他不是坐而言的理論家，而是位起而行的實踐者。

總之，珌雖小節有虧，亦有足爲後人所景仰處，不能徒以小人視之。他的族孫程節在《内翰祠規序》中，詳記爲珌立祠原因說：「公何以得是於族之後人哉！蓋其盛德遺澤之在人心者，久而不忘，故愛甘棠而勿剪，望峴碑而墮淚，自有所不容已耳！公孝友在當時，自父母兄弟以及二姊之孤，若吳、范，至今猶歷也。其政事在維揚，則佐樞密丘公，以一言而活民兵萬餘於疫癘中；守建寧，則眞文忠公稱之，以爲三、四十年來無此賢太守。立朝則格心之論，弭變之方，制狄之策，屢形章奏。彌遠專權誤國，則備舉敗兵叛卒之由，天變人離之實，與夫施罷之失宜，賞罰之不公者，公斥其非，而極勸其屏徹壅蔽，且曰：『左右壅蔽其聰明，陷明公於萬世之罪人。明公不知前日之誤明公者固已無及，今日顧堪再誤！士大夫有強力者既以官爵之故，不敢吐氣，區區憂國愛君，冒昧爲言者先焉。』其言凜如斧鉞，切中權奸之病，所以不免爲彌遠所銜，而出守建寧之制下矣。」這段話，不僅詳述珌的事功，也表露了珌在看到彌遠擅權後內心的悔悟了。

除上述外，《徽州府志》還記載有關珌的逸事，雖與史實相牴！此並錄出，以備文獻。

《徽州府志》卷一二《詞翰拾遺》引《脞錄》說：「休寧程內翰珌，布衣時，往杭都求牒漕試不遂，謁瓦子下卜者，占象門休咎，占象別書布卦批狀曰：『若遇會稽康仲穎，定知名譽，達朝紳。』內翰（所）〔弗〕曉所謂，亟還應鄉舉，行至近城三十里，已是八月二十日，問本郡試官何人，建康府教授康仲穎也。對號入院，珌大喜，是年領鄉薦。明年仲穎赴班，改爲省試官，其卷子又出本房。仲穎越上人，仕至郎官、郡守云。」又說：「程珌懷古，未第時，嘗與鄉里人家締姻未娶。既擢第，似嫌其貧，有寒盟意。女氏亦自揆，不敢攀附。懷古同產兄曰：『吾亦未有婦，願娶之如何？』女家從其請，懷古遂就娶州王氏之婚，丞相魯公姪女也。後懷古宦達，竟無子，而兄有三男，懷古視其二，恩澤產業悉以畀之，嫂氏竟厚享其福壽。」

珌死後，遺表上聞，恩贈特進少師，與致

仕遺表恩澤。死訊一出，不但鄉里哭者交道，士大夫不論識與不識，都有天喪斯文之歎（《行狀》）。

妻王氏，有三男：若水，承事郎，監鎮江府寄樁庫。若曾，承奉郎，監兩浙轉運司造船場計置物料官，二人皆先珌死。若愚，歷官宣義郎，德興縣丞，知辰州，朝奉大夫，遷浙東帥府參議。孫男四人：長孫其載早亡；其垕爲承奉郎，監臨安府糧料院，後知容州；其深爲承事郎；其仁爲承務郎，知武康縣。另有曾孫二人：通孫、振孫，曾孫女一人（《行狀》）。

案：珌子孫官爵，《行狀》僅記淳祐六年時官位，兹再補以郡、縣志傳及《新安程氏統宗世譜》。如若愚，《行狀》作「宣義郎，前饒州德興縣丞」，《郡志·傳》作「知辰州，以科第顯」，《縣志·傳》作「長子（疑誤）若愚，歷官知辰州，遷浙東府參議」，《新安程氏統宗世譜》卷四作「若愚，行千十，宋朝奉大夫，淛（浙）東帥府議，娶姚氏」。其深，《行狀》作「承務郎，未銓」，《新安程氏統宗世譜》作「承事郎」。其垕，《行狀》作「承奉郎，監臨安府糧料院」，《新安程氏統宗世譜》作「宋知容州」。其仁，《行狀》作「承務郎，未銓」，《新安程氏統宗世譜》作「宋承務郎，知武康縣」。

又案：次子若曾先珌死，珌有文哀之（見《洺水集》卷一二）。唯不知其生卒年月，故繫於此。

淳祐三年癸卯，死後一年。

十一月三十日，子若愚奉勅諭，葬珌於休

寧縣和睦鄉萬松山之原(《行狀》、《墓誌》、《安徽通志》、《徽州府志》)。墓前有祠，歲時祭祀，其墓「前石人四，石馬二，石羊二，石華表柱二，石五鳳樓一。洪武經理絲字一百四十二號，墳山一畝九分一釐七毫，東至路，西至路及塹，南至路及田，北至古林塹業程內翰祠。」(明嘉靖刊本《洺水集》卷二六《祠墓首末》)

明朝汪洗有詩詠珌墓說：「內相遺蹤何處尋，萬松青鎖鬱森森。兩行翁仲標黃壤，十丈穹碑倚翠岑。雪案幾人燈火志，冰崖千古歲寒心。清風不斷雲溪上，冠劍空遺草木深。」(《徽州府志》卷二《地理志》「丘墓」)

淳祐四年甲辰，死後二年。

五月，珌祠落成。祠建於淳祐三年，至此時落成，祠範圍是：「正祠五間，奉祀端明公神主。祠前有浮屠氏宮三間，宮南有覺慈庵，祀唐張睢陽，宮北有眞武堂，前爲門屋五間，五爲樓屋三重十五間，以居道士奉香火。」(明嘉靖刊本《洺水集》卷二六《祠墓首末》)。

縣尹趙師岩撰文記其祠說：「藝祖膺天景命，治啓文明，列聖守之，代有哲人維持之。徽輔郡，海(疑為「休」字)寧壯縣，人物膚碩，師岩所聞稔矣。淳祐癸卯秋，承乏此來，首謁學宮，攝齋禮殿，巍巍堂堂，僾然加敬。問孰爲之，則曰：『特進端明程公也。』師岩竊謂夫子之道，若揭日月，固無所待而尊，然肩仞弗嚴，觀瞻曷竦。公當代重望，厭直承明，以斯道爲己任，故於桑梓之鄉，昭示宏撫(橅)如此。使端拜其庭者，仰而視，俯而思，推以福斯民，尋國脈，其功用遠且大矣。昔畏壘之化民，猶社而稷之，載稽先達，待制淩公以節，尚書金公以德，尚書陳以有功校官，故通得祀。矧禮殿崇成，增輝疇曩，是道亡窮則是殿亡窮，是殿亡窮則公之祀當與之亡窮也。師岩才不類於學道，愛人之訓，觕有志焉。涖事三月，割俸入佐東序工彼費，餘有待也。每瞻公祠，歛衽感心，爰加脩飭（飾），以嚴祀事。公諱珌，字懷古，洺水其自號也，爵秩功業，具在國史。初，公革殿記以列功緒，俟訖役刻之，亡何公薨。明年，公之子宣義郎、前知饒州德興縣丞若愚；孫承奉郎、新監臨安府糧料院其垕，篤紹先志，悉力畢事，貽事於學，摹之堅珉，且曰：『記出絕筆，其敢一字改？宜有續志，以著厥詳。』因訪顛末，知其族子若沔、其弼嘗有裏言，以嫌弗書。學職程恆、吳必大、程寶、江開、江孫、余逢原、夏之時、曹應酉、吳季用、查雷奮、吳駙、吳大成、吳紹祖、朱中、吳大經、程鱗、韓光魏、吳墉、吳惟志、江岳、金準、吳圜、汪洪相與翼成之，即記所謂程雷震等五十人者，記大居正書法也，續志欲詳垕德也，用班氏凡例，不一書，抑以成善述之美也。」（明嘉靖刊本《洺水集》卷二六《休寧縣端明程公祠記》）

案：《徽州府志》卷五《學校》「程端明祠」條說：「程端明祠在縣學，祀宋端明殿學士程珌，縣令趙師岩記，今併祀企德堂。」

李秀巖先生年譜

王德毅 編

《宋史研究資料萃編》第二輯

李心傳（一一六七—一二四四），字微之，一字伯微，號秀巖，隆州（今四川井研）人，舜臣子。慶元元年舉鄉薦，累舉進士不中，遂閉門著書。嘉定初奏進《建炎以來繫年要録》，後與魏了翁、虞剛簡等講學于成都府。寶慶間以薦差充史館校勘，紹定四年賜同進士出身，除將作監丞兼國史院編修官、實録院檢討官。五年，除秘書郎，專修《中興四朝帝紀》。六年，添差通判成都府。端平元年，遷著作佐郎，兼四川制置司參議官，修《十三朝會要》。三年書成，召爲著作郎兼權工部郎官。嘉熙間累遷秘書監，除工部侍郎。淳祐元年罷職，寓居湖州霅川。二年，《四朝帝紀》成書，忤史嵩之，罷祠。四年卒，年七十八。

心傳以編年史學知名，與李燾并稱「二李」，父子兄弟，又有「井研四李」之號。所著今存《建炎以來繫年要録》、《建炎以來朝野雜記》、《舊聞證誤》、《道命録》、《丙子學易編》等。事蹟見《宋史》卷四三八本傳。

李心傳年譜，現存有三種，最早爲近人方壯猷所編，與李燾合爲《南宋編年史家二李年譜》（《説文月刊》第四卷，一九四四年三月）。今人來可泓所著《李心傳事蹟著作編年》則最新，巴蜀書社一九九〇年出版。本譜爲王德毅編，初刊於一九六三年《大陸雜志》第二十七卷第九至十二期，又收入《宋史研究集》第九輯（臺北鼎文書局，一九七七年）。兹據臺北文海出版社影印《宋史資料萃編》本《建炎以來繫年要録》所附年譜整理，略去了原譜所注金、蒙及公元紀年，依全書體例統一了標點、版式，並訂正了個别誤字。

序例

宋代史學，自司馬君實開創以來，編年體重振，至南宋臻於極盛。惟南宋諸史家，大率受《資治通鑑》之影響，或承其體例，或變其體例，名家如李燾、徐夢莘、李心傳輩，無一能出温公範疇之外者。光緒《井研志·藝文》云：「大抵李燾學司馬光而或不及光，心傳學李燾而無不及燾，其宏博而有典要，非熊克、陳均諸人所能追步也。」是心傳之《繫年要録》，近則取法李燾，遠則追步温公，實爲顯而易見。毅素好《長編》，久欲撰《李巽巖先生年譜》，致力年餘，幸已粗就，乃轉及于秀巖。秀巖出身世胄之家，承父餘緒，刻意前聞，留心故實，著述宏富，蜚聲一代，迄今猶爲治南宋史者所尊重。毅之發奮爲年譜，正欲以誌其史學之功也。

夫治史貴淹貫，欲淹貫在博覽，年譜之作，庶乎於博覽之中折其中得其要也。夫年譜一人之史也，家史國史與一代文物學術制度之史，皆當取材於年譜，故年譜者，實中國史學之所長矣！毅雖昧於識而短於材，然年來從容涉覽，不憚朝乾夕惕，卒之摭拾叢殘，而成《秀巖先生年譜》。其述作也，專以晚宋諸家文集爲主，然後旁及史傳、《會要》、雜記、方志之屬，雖非獨有所得，而用力固已勤也。竊嘗病《宋史·李心傳傳》之簡略，不足以表其史學，因撰一新傳冠首。至其史學源流，仕進本末，與其所以見重於世者之故，皆在年譜中詳之，終生大節，略見乎此！

秀巖先生傳

秀巖先生李心傳，字微之，亦字伯微，隆州井研人也。乾道三年生於鄉。父舜臣，嘗主宗正寺簿，有文名，乾淳間，參修神、哲、徽、欽四朝藝文志。生三子：道傳悦朱熹之學，不遠數千里，出蜀將從之游，至則熹已下世，遂博採力求，盡得熹爲書而哀之，版於蜀，用以代面承，蜀之會粹熹書，自道傳始，即世所稱李果州者也。性傳亦第進士，淳祐間入國史院，爲同修國史兼實録院同修撰，後參大政，有名於時。心傳其長也。幼承庭訓，留心故實。年十四五，侍父官行都，頗得竊窺玉牒所藏金匱石室之秘，退而過庭，則獲剽聞名卿才士大夫之議論。每念渡江以來，紀載未畢，使明君良臣、名儒猛將之行事，猶鬱而未彰。至於數十年間，兵戎財賦之源流，禮樂制度之因革，有司之傳，往往失墜，甚可惜也。遂慨然有著述之志。慶元元年，以明經薦於鄉，未與名，復累舉不第，遂絶意不復應舉，閉户著書。心傳博通羣書，尤熟故實，六藝經傳，靡不論述，因以文名聞於國中。嘗著《高宗朝繫年録》，編年紀載，專以《日曆》、《會要》爲本，然後網羅天下放失舊聞，可信者取之，可削者辨之，可疑者闕之，集衆説之長，酌繁簡之中，久而粹成，人號詳博。李燾之撰《續通鑑長編》也，義例悉依司馬光所創立，心傳師而承之，殆無不及，其宏博有典，更非陳均諸家所能追步也。嘉定三年九月，國史院奏取其書，以備檢討。繼又纂集隆興、乾道、淳熙典章，苦心忘疲，歷歲久滋，累朝聞見，會萃殆畢。至十六年，又爲史院所録，學士大夫，罕得見也。寶慶二年，因崔與之、許奕、魏了翁、曹彦約、張忠恕、度正等合前後等二十二人之特薦，以布衣應詔，自制置司敦遣至闕下，爲史館校勘，奉詔增輯中興以來放佚舊聞。三年十一月，有旨特補從政郎，差充秘閣校勘。紹定二年三月，詔李心傳供職以來，已踰兩考，研覃典籍，恬静可嘉，特與改合入官。仍令隨秘書省班趨赴朝參，等序位正字之下。尋有旨告授承事郎，依前秘閣校勘。四年正月，御筆：李心傳已經輪對，議論詳明，盡言無隱，所當褒表。特賜同進士出身，詔予陞擢差遣。遂爲將作監丞，並兼國史院編修官、實録院檢討官，專修中興以來四朝帝紀。五年正月，除秘書郎。六年二月，帝紀甫成其三，會爲言者所劾，除直寶章閣，特添差通判成都府。端平元年正月，遷著作佐郎，兼四川制置司參議官，詔無入議幕，許辟官置局，踵修十三朝會要。同邑牟子才者，有文名，兩度出入史院，撰有《四朝史稿》，與心傳相友善，心傳之開局成都矣，子才與有助焉！又有張即之者，參政孝伯之子也，喜校書，善爲頌，語乾道、淳熙事，日月先後無異。心傳嘗資之。三年，書成。會有狄難，召赴闕。嘉熙二年三月，以著作郎兼權工部郎官，旋除秘書少監，兼國史院修國史及實録院修撰，專一修纂高孝光寧四朝國史及實録。十月除權工部侍郎，兼秘書監，仍兼領國史及實録院原職，專典史事。繼而除寶章閣待制，真拜工部侍郎。上言曰：「臣聞大兵之後，必有凶年，蓋其殺戮之多，賦歛之重，使斯民怨怒之氣，上干陰陽之和，至於此極也。陛下所宜與大臣掃除亂臣，與民更始，以爲清惡運迎善祥之計。而法弊未嘗更張，民勞不加振德，既無能改於其舊，而殆有甚焉！故帝德未至於罔愆，朝綱或苦於多紊，廉平之吏，所在鮮見。而貪利無恥，敢於爲惡之人，挾故興兵，四面而起，以求逞其所欲。如此而望五福來備，百穀用成，是緣木而求魚也。臣考致旱之由，曰和糴增多而民怨，曰流散無所歸而民怨，曰檢稅不盡實而民怨，曰籍貲不以罪而民怨。凡此皆起於大兵之後，而勢未有以消之，故愈積而愈極也。成湯聖主也，而桑林之禱，猶以六事自責，陛下願治，七年於此，灾祥饑饉，史不絕書，其何故哉！朝令夕改，靡有常秩，則政不節矣！行賚居送，略無罷日，則使民疾矣。陪都園廟，工作甚殷，則土木營矣！潛邸女冠，聲焰茲熾，則女謁盛矣！珍玩之獻，罕聞却絕，則包苴行矣！鯁切之言，類多厭棄，則讒夫昌矣！此六事者，一或有焉，猶足以致旱，願亟降罪己之詔，修六事以回天心。羣臣之中，有獻聚斂剽竊之論以求進者，必重黜之，俾不得以上誣聖德，則旱雖烈，猶可弭也。然民怨於內，敵迫於外，事窮勢迫，何所不至。陛下雖謀臣如雲，猛將如雨，亦不知所以爲策矣！」帝從之。明年冬，復以言去，奉祠霅上，居湖州。淳祐元年罷祠，既復予之，又復罷。三年，致仕，明年卒，年七十八。心傳刻志前聞，究心史學，立朝論諫，亦多切直。抱忠義之良謀，違功名之佳會，高才雅藝，宏博有典。況夫志行超邁，久棄場屋，該免舉不復就，怡然自適，非歷來上書進策，伺覬賞典者比。嘗作吳獵、項安世傳，褒貶有愧秉筆之旨，蓋其志常重川蜀，而薄東南之士。然觀宋人以張栻講學之故，無不堅持門户，爲其父浚左袒，而心傳《繫年録》，獨於淮西富平之僨事，曲端之枉死，岳飛之見忌，一一據實直書，雖朱子行狀亦不據以爲信，固未嘗以鄉曲之私稍爲回護，是又不盡然者也。故其書家傳而人誦，殆成爲有宋信史，所裨益遠矣！心傳晚歲寓居湖州，自號雪濱病叟，又號秀巖老人，故世尊稱曰秀巖先生云。所著成書有：《高宗朝繫年要録》二百卷，《丙子學易編》十五卷，《誦詩訓》五卷，《春秋考》十三卷，《丁未三禮辨》二十三卷，《讀史考》十二卷，《道命録》五卷，《西陲泰定録》九十卷，《詩文集》一百卷，《孝宗要略初草》二十三卷，《國朝會要總類》五百八十八卷，《舊聞證誤》十五卷，《建炎以來朝野雜記》甲乙兩集各二十卷，《四朝國史》、《實録》、《國史臣傳稿》各若干卷。無子，以弟道傳子獻可嗣之。

德毅曰：南宋史家之特徵凡有三焉：著述旨在説明往事，寧失之繁，毋失之略，不尚褒貶，不加論斷，同異互存，而是非自見，一也；師法劉知幾《史通》之意趣，從事當代史之著述，二也；承《通鑑》之義例，爲編年之史體，三也。此三者足可概括南宋一代之史學也。昔人常言史難，良史之才，自班、馬、陳、范而下稀聞焉，至南宋而後有心傳，該綜博洽，自成一家，名山之業，亦盛矣哉！

秀巖先生年譜

李錫—李發—舜臣—┬—心傳—獻可
　　　　　　　　├—道傳—┬—達可
　　　　　　　　│　　　└—當可
　　　　　　　　└—性傳

右表據黃榦撰《知果州李兵部墓誌銘》（《勉齋集》卷三五）所述家世列出。方壯猷撰《南宋編年史家二李年譜》，稱「井研李氏世系不詳」。予謹補之如上。其曾祖以上世系不詳，曾祖與祖父事跡無可考。父舜臣，字子思，學者稱隆山先生。生四年知讀書，八歲能屬文，少長通古今，推迹興廢，洞見根本，慨然有志於天下。紹興三十二年（一一六二）六月，孝宗受禪即位，有志恢復，起用張浚視師江淮。舜臣應詔上書，謂乘輿不出，無以定大計，宜徙幸武昌。又謂江東六朝皆嘗取勝北方，不肯乘機爭天下，宜爲今日鑑。因蒐輯江東戰勝之跡，上起三國，下至六朝，共得十事，著《江東勝後之鑑》十篇上之。一曰周瑜赤壁之戰，二曰祖逖譙城之戰，三曰褚裒彭城之戰，四曰桓溫灞水之戰，五曰謝玄淝水之戰，六曰劉裕關中之戰，七曰到彥之河南之戰，八曰蕭衍義陽之戰，九曰陳慶之洛陽之戰，十曰吳明徹淮南之戰。皆先叙其事，次加論斷。蓋宋自高宗南渡，偏安一隅，地處下游，外臨勁敵，岌岌乎不能自保，故特撰此篇以激勵戰氣。以此頗爲虞允文所賞識。舉乾道二年進士。時朝廷既罷兵，而爲相者亦不厭天下望。舜臣對策，論金人世仇，無可和之義，宰輔大臣，不當以奉行文字爲職業。考官惡焉，黜下第，調邛州安仁縣主簿。

孝宗乾道三年丁亥生，一歲。

先生姓李，名心傳，字微之，亦字伯微，「取人心惟微」之意，晚號雪濱病叟，又號秀巖老人，故世稱曰秀巖先生。宗正寺主簿舜臣之長子也。世居隆州井研縣。是歲生於鄉。

案：方壯猷撰《二李年譜》，稱心傳生於乾道二年，蓋據《宋史》卷四三八本傳所云而推知者。傳云：「淳祐元年罷祠，復予、又罷，三年致仕，卒，年七十八。」予檢《戊辰修史稿》「寶章閣待制李心傳」傳，稱「淳祐元年罷祠，既復予之，又復罷，三年致仕，明年（一二四四）卒，年七十八」，是明言卒於淳祐四年也。逆推之，當生於是年。《修史稿》材料較原始，故當從而正之。惟方壯猷一則繫先生生於乾道二年，一則繫卒於淳祐四年（一二四四），是尤不可解也。

先生父舜臣歲數無可考。是歲教授成都府，虞允文爲四川宣撫使，辟寘幕府，蓋兩人皆主恢復，志趣相投也。

先進師友年壽可考者：

李　燾，五十三歲。字仁父，號巽巖，丹稜人，生於政和五年。

徐夢莘，四十二歲。字商老，清江人，生於靖康元年。

朱　熹，三十八歲。字仲晦，號晦庵，婺源人，生於紹興七年。

樓　鑰，三十一歲。字大防，號攻媿，鄞縣人，生於紹興七年。

劉光祖，二十六歲。字德修，號後溪，

簡州人，生於紹興十二年。

曹彦約，十一歲。字簡甫，號昌谷，都昌人，生於紹興二十七年。

崔與之，十歲。字正子，南海人，生於紹興二十八年。

李壁，九歲。字季章，號雁湖，丹稜人，燾子，生於紹興二十九年。

李𡌴，七歲。字季允，號悦齋，丹稜人，燾子，生於紹興三十一年。

虞剛簡，四歲。字仲易，隆州仁壽人，虞允文孫，生於隆興二年。

劉宰，二歲。字平國，號漫塘，金壇人，生於乾道二年。

乾道四年戊子，二歲。

四月，李燾進《自建隆元年至治平四年五朝長編》一〇八卷，書上，孝宗曰：自建隆至治平，百餘年事蹟，備于此也。

夏，洪邁進《欽宗實錄》四十卷，詔發赴國史院，一并修纂神哲徽欽四朝國史。

乾道五年己丑，三歲。

三月，召四川宣撫使虞允文還，以陳俊卿薦其才堪將相故也。六月以爲樞密使。

乾道六年庚寅，四歲。

仲弟道傳生。道傳字仲貫，一字貫之，取「吾道一以貫之」之意。號東窗。

父舜臣，在德興任。治行有循吏之績。舜臣專尚風化，民有母子昆弟之訟，連年不決，爲陳慈孝友恭之道，遂爲母子兄弟如初。間詣學講説，邑士皆稱蜀先生。民罷百姓預貸，償前官積逋踰三萬緡。民病差役，舜臣勸糾諸鄉以税數低昂定役期久近，爲義役，期年役成，民大便利。銀坑罷雖久，小戶猶敷銀本錢，官爲償之。天申大禮助賞及軍器所需，皆不以煩民（《宋史》卷四〇四）。及去，民立祠祀之。

乾道八年壬辰，六歲。

是歲，朱熹成《通鑑綱目》五十九卷，大書者爲綱，分注者爲目，綱如經，目如傳。始司馬光撰《通鑑》，有《目錄舉要》，其後胡安國又修爲《舉要補遺》，朱熹因別爲義例，表歲以首年，因年以著統，大書以提要，分注以備言。其義例踵事《春秋》（《直齋書録解題》卷四）。

乾道九年癸巳，七歲。

九月，監修梁克家上《中興會要》二百卷，起建炎元年，迄紹興三十二年。

是歲，父舜臣用舉者薦改秩宣教郎，知饒州德興縣。

案：舜臣知德興，不詳年月，姑繫於此，待考。又薦者似即虞允文。舜臣既入允文幕，允文奉詔入都拜樞密使，正其便也。楊萬里撰《虞公神道碑》稱：「幕府再招人士，如韓曉、李昌圖、韓炳、陳季習、陳損之、李舜臣，後朝廷皆賴其用。」（《誠齋集》卷一二〇）可以知之。

淳熙元年甲午，八歲。

季弟性傳約生於是年或稍後。

性傳字成之，取《中庸》「成者性也」之意，號陵陽。

二月，四川宣撫使虞允文卒。

先是，孝宗謂允文曰：「丙午（靖康元年）之恥，當與丞相共雪之。」允文許帝以恢復。帥蜀一載，未有進兵期，帝密詔趣之，允文言軍需未備，帝不樂。至是遣二介持御札賜之，而允文已歿，不知其所言。其後帝大閱，見軍皆少壯，嘆曰：此虞允文行沙汰法之效也。

淳熙三年丙申，十歲。

友人洪咨夔生。

咨夔字舜俞，號平齋，於潛人。

案：《戊辰修史稿·端明殿學士洪咨夔傳》，稱其卒於端平三年六月，年六十一。逆推之，當生於是年。又《平齋集》卷二五有《生日回吳季永寺簿啓》一首，下繫乙未，云「歲周六甲，氣近一陽。」乙未爲端平二年，時壽六十，正合。

淳熙五年戊戌，十二歲。

六月，友人魏了翁生。

了翁字華父，號鶴山，蒲江人。

九月，友人眞德秀生。

德秀字希元，號西山，浦城人。

淳熙六年己亥，十三歲。

父舜臣，官幹辦行在諸司審計司。著《易本傳》三十三卷，自爲序。以爲易起於畫，有畫故有卦與辭，隨辭釋義。理事象數，皆因畫以見。舍畫而論，非易也。畫從中起，乾坤中畫爲誠敬，坎離中畫爲誠明，泛論事理，不復推之於畫，以驗古人設卦命辭之本意，其失遠矣！故今所著，皆因畫論心，以中爲用，主文王、孔子之學，以推衍大易之用。此其大旨也。

《玉海》曰：「《易本傳》述坎離之從中起，校震巽之偏而不中，謂舍本卦而論他卦爲不然，謂某卦從某來爲妄。」其間發明甚多，朱熹晚年極稱之。

又程迥云：「蜀人馮時行（字當可，壁山人，居縣北縉雲山授徒，學者稱縉雲先生。嘗從譙定遊，得伊川衣鉢。宣和初應進士第，紹興五六年間為丹稜令，罷歸。後以奉禮郎召對，極論和議不可信，引漢高祖分羹事為喻，忤秦檜意，謫知萬州，尋抵以罪。著有《縉雲集》五十五卷）嘗曰：『《易》之象在畫，《易》之道在用。』其學傳之李舜臣（見朱彝尊《經義考》所引）。蜀人言《易》，今其書存者以李鼎祚《集解》爲最古，舜臣推衍師說，歸本身心，以上窺周孔傳心之旨，如昔人舍本卦而論他卦與某卦自某來之說，皆不謂然，宜朱子極稱之也。」（《宋元學案》卷三〇，光緒《井研志·藝文》一）

淳熙七年庚子，十四歲。

八月五日，父舜臣領考南廟試，爲點閱試卷官。

《宋會要輯稿》選舉二十一：「八月五日，國子發解，監察御史余端禮監試，軍器監王信、戶部郎中陳居仁、秘書丞袁樞考試，秘書省秘書郎何澹、太常博士宋之瑞、軍器監丞葉子強、將作監主簿王謙、幹辦行在諸司審計司李舜臣、幹辦行在諸司審計司張伯垓點檢試卷。」

案：樓鑰撰《李氏思終亭記》曰：「淳熙八年，歲在辛丑，鑰預考南廟試，蜀人李君子思以審計司聯事。」據《宋會要輯稿》選舉二十一，淳熙九年十二月二十五日銓試公試類試，宗正丞樓鑰爲點檢試卷。與鑰所記有異，今從《會要》。

是歲，先生隨父官行都，頗得窺竊玉牒所藏金匱石室之秘。退而過庭，則獲剽聞名卿才士大夫之議論。每念渡江以來，紀載未備，使明君良臣名儒猛將之行事，猶鬱而未彰。至於七十年間，兵戎財賦之源流，禮樂制度之因革，有司之傳，往往失墜，甚可惜也（《朝野雜記》甲集自序）。乃慨然有著述之志。《繫年要錄》之撰殆始於此。

仲弟道傳年十一，試胄監，中貴人主邏者異之，曲加問遺，道傳端坐不顧，試者卜其異日之所守矣（《勉齋集》卷三五《李兵部墓誌銘》）。

十二月，丞相趙雄等上《神哲徽欽四朝國史志》一百八十卷。《藝文志》一書，實先生父舜臣之筆也。

淳熙八年辛丑，十五歲。

父舜臣遷宗正寺主簿。時重修《裕陵玉牒》，當曾布、呂惠卿初用，必謹書，或曰非執政除免，格不應書。舜臣答曰：「治忽所關，何可拘常法？」他所筆削類此（《宋史》本傳）。

淳熙九年壬寅，十六歲。

父舜臣卒於行都。

舜臣博學能文，少有志於天下，平生一宰德興，其所抱負，十未展一二，年壽不永，識與不識莫不惋惜。所著有《易本傳》三十三卷，《羣經義》八卷，《書小傳》四卷，《文集》三十卷，《家塾編次論語》五卷，《鏤玉餘功錄》二卷，《晉書辨證》若干卷（《宋史》本傳）。既葬，劉光祖銘其墓。今《後溪集》不傳，無可攷矣！

案：樓《攻媿集》（六〇）《李氏思終亭記》曰：「淳熙八年，歲在辛丑，鑰預考南廟試，蜀人李君子思以審計司聯事。先是，固已得其《江東十論》讀之，一見如平生歡。既而出所著

《易解》相與講明，警發爲多。竣事，鑰丞外府，君代主宗正簿，鑰尋丞司宗，方以同僚爲幸，而君忽焉亡矣！哭之盡哀，且與諸蜀士經紀其家，君之父年已八十，諸子皆幼，弔者無不傷盡，送其西去，哭以二詩，殆不勝情，今三十有二年矣！間者闊焉不相聞知。慶元之初，鑰既投閒，明年閱科記，見君之子道傳在乙科。又一紀而復來，則已聞其召命。同朝五年，浸登館學，上著庭，攝考功，時時相過，以先友故厚我。其季性傳又擢嘉定四年第，來見，獨未識長子心傳，聞其嘗名薦書，一不上第，年未四十，棄舉業而著書，朝廷取其《建炎以來繫年要錄》百卷寘館中，嘗得其副而盡讀之，然後知天之報施本無差忒。而子思家學日盛，爲不亡矣！子思之論《易》，專究心於卦畫，其言甚當。如中孚豚魚等說，前未有發明及此者。《十鑒》極陳南北朝戰守勝敗，如指諸掌。《書》有小傳，又有諸經解義，皆其節目之大者。吐其所見，論議過人。一宰饒之德興，治行有循吏之績，其所抱負，十未見一二，此識與不識所以恨其蚤殁也。」此記作於嘉定五年（一二一二年）七月，上逆推三十二年，知舜臣卒在淳熙八、九年間，故繫於是年。今樓集亦不載哀舜臣詩。

淳熙十年癸卯，十七歲。

與二弟在鄉守制。

淳熙十一年甲辰，十八歲。

弟道傳十五歲，讀程子書，知講學涵養之要，玩索理義，至忘寢食，雖處闇室，整襟危坐肅如也（黄撰《李兵部墓誌銘》）。

淳熙十二年乙巳，十九歲。

二月，李燾卒。

燾長於史學，平生生死文字間，《長編》之作，用力四十年。葉適謂爲「《春秋》之後纔有此書」。先生之史學，近則取法李燾，遠則追步司馬溫公。光緒《井研志·藝文》（三）云：「大抵李燾學司馬光而或不及光，心傳學李燾而無不及燾，其宏博而有典要，非熊克、陳均諸人所能追步也。」可謂知言也。是歲服除。

淳熙十三年丙午，二十歲。

八月，洪邁請通修九朝正史。「蓋以二百年間，典章文物之盛，分見三書，倉卒討究，不相貫屬，且累代臣僚名聲相繼，當以前史以子繫父之體，類聚歸一。」從之（《容齋三筆》卷四）。

十一月，《四朝國史列傳》成，王淮上之，立傳者八百七十，凡一百三十五卷。

淳熙十五年戊申，二十二歲。

五月二十三日，詔修《高宗實錄》。

是歲，弟道傳十九歲，已博通經史百家，爲舉子業，不逐時好，較於有司，名常出衆上（黄撰《李兵部墓碑》）。

淳熙十六年己酉，二十三歲。

七月九日，臣僚言：「恭覩去歲詔修《高宗實錄》，權停修國史，併力此書，兼纂《高宗皇帝御集》，以嚴煥章之奉，實我中興之盛事。竊見向來《四朝國史列傳》，久不成書，專置修史，立以年限，始克進御。今此事大體重，非《四朝列傳》之比，欲乞命官專修，勿兼冗職，稍增員屬，而處以洽識博聞之士，量立年限，而使無玩歲愒日之圖，則建炎紹興之編，與堯典而並傳矣！」從之（《宋會要輯稿》職官十八）。

光宗紹熙三年壬子，二十六歲。

十二月，秘書省上《壽皇聖帝會要》，自淳熙十一年至禪位，凡八十卷。

案：《孝宗朝會要》分三段修成：乾道九年八月二十五日修成《中興會要》進呈後，詔修今上會要，修止乾道九年，淳熙六年七月十八日秘書省上《今上皇帝會要》一百五十八卷。其自淳熙元年正月至十年十二月部分，十三年十一月修成一百三十卷上之；至是又成八十卷。凡二十七年，都三百六十八卷。

紹熙五年甲寅，二十八歲。

十二月，徐夢莘撰成《三朝北盟會編》二百五十卷，夢莘嗜學博聞，恬於榮進，每念生靖康之亂，思立見其本末，乃網羅舊聞，薈萃同異，撰爲《北盟會編》，起政和七年海上之盟，迄紹興三十二年，上下四十五年。凡敕誥、詔制、國書、書疏、奏議、記序、碑志、傳等，凡涉北事者，登載靡遺。所引書一百二十種，雜考私書八十四種，金國諸錄十種，共一百九十六種，而文集之類尚不數焉！其編次也，悉錄原文，無所去取，亦無所論斷，是非並見，同異互存，以備史家採擇云。案：先生撰《高宗朝繫年錄》，於此有相爲表裏相資佐證者，皆不可以繁蕪病矣！

寧宗慶元元年乙卯，二十九歲。

與弟道傳同舉鄉薦。

慶元二年丙辰，三十歲。

正月，詔以吏部尚書葉翥知貢舉，倪思、

劉德秀同知貢舉。德秀請盡毀語錄。是科取士稍涉義理者皆黜落。

五月，弟道傳登鄒應龍榜進士，治《書》。調利州司戶參軍。先生獨下第，復累舉不售，遂決意不復應舉，閉戶著書。《建炎以來繫年要錄》及《朝野雜記》之作，自此當更專力也。

十一月，史官楊輔等薦徐夢莘《會編》有補於史筆，詔除直秘閣，蓋異恩也。

慶元三年丁卯，三十一歲。

二月，實錄修撰傅伯壽上《高宗實錄》二百八十卷，修止於紹興十六年。

時有道學之禁，十二月，置僞學黨籍，列趙汝愚、朱熹等五十有九人。

慶元六年庚申，三十四歲。

三月甲子，朱熹卒，年七十一。熹，先生弟道傳所私淑者也。

寧宗嘉泰元年辛酉，三十五歲。

是歲詔修孝宗光宗實錄。七月，實錄檢討官龔頤正卒，乃外召傅伯壽、陸游以京祠專領史事。已而傅除簽書樞密院事，老病不能拜，力辭，乃以爲資政殿學士出守。陸年且八十，復引年致仕，史無專官，故《孝錄》視他書爲尤疎駁。

嘉泰二年壬戌，三十六歲。

正月，《高宗實錄》成，自紹興十七年至三十二年，修成二百二十卷，修撰袁說友、宰相陳自強等上之。時史館無專官，莫知誰筆也（《兩朝綱目備要》卷七）。

二月，弛僞學黨禁。黨人見在者皆復官，朱熹追復煥章閣待制致仕。

五月，命有司搜訪舊聞，修高、孝、光宗三朝正史，以書來上者賞之。是歲，先生撰成《建炎以來朝野雜記》甲集二十卷，冬十月晦自爲序。略曰：「每念渡江以來。記載未備，使明君良臣名儒猛將之行事，猶鬱而未彰，至於七十年間，兵戎財賦之源流，禮樂制度之因革，有司之傳，往往失墜，甚可惜也。乃緝建炎至今朝野所聞之事，凡不涉一時之利害與諸人之得失者，分門著錄，起丁未，迄壬戌，以類相成，凡六百有五事，勒爲二十卷。或謂心傳曰：『子之是書，固學者之所宜究也，況言人善而不及其惡，記人之功而不錄其過，書之行於世也則宜。雖然，子以論著之餘，而記見聞之故，凡有所取，則未及乎取者必以爲見遺，凡有所揚，則不足乎揚者，必疑其見抑，吾懼夫兩端之怨詈將不得免，子安用此其以賈禍也。可不慮哉！』心傳謝曰：『下國山野之人，上而名卿才大夫，下而巖穴幽棲之士，其未之識者衆矣，遠而朝廷四方，久而二萬七千八百四十有八旬之事，其未聞與未知者亦不少矣！事苟有所略，人苟有所遺，蓋孤陋寡聞之罪，非敢去取乎其間也，嗣有所得，屢書不一，書而得已，可乎哉！』既以告人，遂筆其辭於編首。」（《朝野雜記》甲集序）

嘉泰四年甲子，三十八歲。

正月，李壁以宗正少卿兼權同修國史、實錄院同修撰。

是歲，弟道傳官蓬州州學教授，嘗撰《江東十攷》一書，自叙略云：「孝宗元年，方事恢復，時先君初仕，討論南北間事，著《江東勝後之鑑》十篇上之。竊謂戰勝存乎備具，退守存乎人心，因復攷六朝備具之實，一曰屯兵之地，二曰統兵之任，三曰取兵之制，四曰財賦之出，五曰出師之途，六曰饋運之方，七曰舟師之利，八曰出騎之用，九曰守城之規，十曰守江之要，凡十篇。參之古今，論其大略。」蓋爲補其父之書，仍不免儒生坐談之譏也（《總目》卷一百）。

寧宗開禧元年乙丑，三十九歲。

韓侂胄久專國政，三邊守將日以金廷多故聞，阿諛者因恍侂胄治兵圖恢復，侂胄然之。夫復仇之義不爲不正，恢復之名非爲不美，然士卒驕逸，財用未裕，一旦兵連禍結，則非侂胄之明所能逆睹矣！

冬，先生撰成《朝野雜記》既告三年，復爲書號續記。顧視前集所書，往往缺略未備，而所憶中興以來舊聞逸事，尙或有之，欲補綴成編，未暇也。客有謂之曰：「自昔權臣用事，必禁野史，故孫盛作《晉春秋》，而桓溫謂其諸子，言此史若行，自是關卿門戶事。近世李莊簡作小史，秦丞相聞之，爲興大獄，李公一家，盡就流竄，此往事之明戒也，子其慮哉！」先生矍然而止（《朝野雜記乙集》自序）。

開禧二年丙寅，四十歲。

五月，宋金交惡（自紹興十二年之議和，至三十一年之完顏亮南侵，維持和好達十九年之久。自隆興二年之再和，至此凡維持盟好四十三年）。侂胄請下詔伐金，詔中有「天道好還，中國有必伸之理；人心效順，匹夫無不報之仇」之句。

其冬，金兵窺散關急，先生弟道傳以諸司檄計事。十二月，四川制置副使吳曦叛，受金人僞命稱蜀王，道傳痛憤見於詞色，即遣其客間道持書遺制置使楊輔論曦必敗，曰：「彼素非雄材，犯順首亂，人心離怨，因人心而用之，可坐而縛也。誠決此舉，不惟內變可定，亦使虜知中國有人，稍息窺覦，正使不捷，亦無愧千古矣！」逆黨趙亮以曦意脅道傳，道傳以誼折之，遂棄官歸（黃撰《李兵部墓誌銘》）。

開禧三年丁卯，四十一歲。

二月，四川宣撫副使安丙，興州中軍正將李好義，監四川總領所興州合江倉楊巨源等，共誅吳曦并其妻子。四川平。

朝臣有奏先生弟道傳抗節不屈潔身自全者，詔進官二等。由是中外交薦。

先是，去歲七月，李壁拜參知政事，嘗以劄子薦蜀士有時望者十二人於朝，乞加召擢，道傳亦與舉，未及召察而壁放謫，後以楊輔再薦，乃召察。

十一月，韓侂胄伏誅。

侂胄久專國政，中外交憤，及輕啓戰端，怨者益衆。時政府欲與金約和，金索首謀，御史中丞衛涇言「侂胄專權擅朝，干分敗常，自知無所容，乃擅啓兵端，覬立邊功以自固。納吳曦賂，授以西帥，曦竟挾虜以叛；親信奴隸蘇師旦，至秉旄鉞。納賄賂，用庸將：皇甫斌敗於唐州，李汝翼敗於符離，商榮敗於東海，郭倪敗於儀眞，兩淮四十年生聚，遂成丘墟，南北數百萬生靈之命，皆韓侂胄一人殺之也。」是月三日，詔：「韓侂胄罪惡貫盈，合行誅戮。」遂殺之（《宋會要輯稿》職官七十八）。

夏，撰《井研縣東嶽廟記》（《宋代蜀文輯存》卷七七）。

寧宗嘉定元年戊辰，四十二歲。

是歲，欲續撰《朝野雜記》，會有旨給札上所著《高廟繫年要録》，鉛槧紛紛，事遂中輟（《朝野雜記》乙集自序）。

嘉定二年己巳，四十三歲。

弟道傳以中外交薦，召除太學博士。道傳悦朱熹之學，自蜀來仕東南，以不及執經熹之門爲恨，凡從熹遊者，皆詘首願與之交。凡熹之遺書與師生問答，皆手抄成誦，晝夜不倦，其天資敏悟，固已默而識之矣！其有疑未釋者，必反復問辨，以求是正，由是通達該貫而篤信力行，見之行事者，又皆卓然可敬，東南之士，歛衽推服。熹歿，而私淑諸人以有得者，當以道傳爲首（《勉齋集》卷一八《李兵部祠堂記》）。

嘉定三年庚午，四十四歲。

弟道傳官太學博士，宰屬有子以誦書應試，風同列屬道傳，卻之，兩學之士多道傳有守，遷太常博士，兼沂王府小學教授。沂邸有母之喪，官吏例進秩，道傳曰：「有執事之勞者推恩可也，吾輩何與焉！」辭不受（《李兵部墓誌銘》）。

九月，國史院請下指揮，令速進《高宗皇帝繫年録》。

劄子曰：「正奉大夫、守吏部尚書兼修國史兼實録院修撰兼太子詹事曾喫……劄子，喫等竊見太常博士李道傳之兄心傳，褒次高宗皇帝一朝長編，已繕寫成淨本，未敢自擅投進，欲乞朝廷特賜敷奏，令道傳繳進，仍乞降付國史院，以備參照編修正史，伏候指揮。」二十八日御筆依（《朝野雜記》卷首附）。

嘉定四年辛未，四十五歲。

弟道傳四月除秘書郎，六月又除著作佐郎，

十月再遷著作郎。十二月，上劄子，首論「天下之治忽，繫乎人材之盛衰，人材之盛衰，繫乎學術之明晦。」「臣聞孔孟既歿，正學不傳，自漢唐非無儒者，然於聖門大學之道，或語之而未近，或近之而未眞，理未能盡窮，未能盡精，施之於事，未能盡得其當，故數百年之間，雖有隨時以就功名之臣，亦不過極其天資力分之所止而已！……至於本朝，河洛之間大儒並出，於是孔孟之學復明於世，用雖未究，功則已多。擇之益詳，語之益精，凡學者修己接物事君臨民之道，本末精粗，殆無餘蘊。誠使此學益行，則人才衆多。朝廷正而天下治矣！往者權臣顧以此學爲禁，十數年間，士氣日衰，士論日卑，士風日壞，識者憂之。……臣願陛下特出明詔，崇尙此學，指言前日所禁之誤，使天下曉然知聖意所在。……臣聞學莫急於致知，致知莫大於讀書，書之當讀者莫出於聖人之經，經之當先者莫要於《大學》、《論語》、《孟子》、《中庸》之篇。故侍講朱熹有《論語》《孟子》集註、《大學》《中庸》章句或問，學者傳之。……臣愿陛下詔有司取四書，頒之太學，使諸生以次誦習，……夫太學者所以教育人才爲國家用，且使四方之士，聞其風節，傳其議論，得以慕而效之也。陛下……誠能下除禁之詔，頒四者之書，定諸儒之祀，三事既行，人心興起，當見天下之才日盛一日，天下之治歲加一歲。其或不然，臣請伏妄言之罪。」（《中興館閣續録》，《道命録》卷八）時執政有不樂道學者，以語侵之，道傳不爲動。

是歲，季弟性傳舉進士，爲幹辦行在諸軍審計事。

嘉定五年壬申，四十六歲。

五月，友人潼川路安撫使、知瀘州許奕奏上《高宗繫年錄》。

奏云：「臣竊惟士有懷才抱藝，遠莫能自致者，方淸明之世，顧使之終老無聞焉，臣實惜之。臣伏見隆州鄉貢進士李心傳，博通羣書，尤熟本朝故事，嘗謂中興以來明君良臣豐功盛烈，雖已見之《實錄》等書，而南渡之初，一時私家記錄，往往傳聞失實，私意亂眞，垂之方來，何所考信！於是纂輯科條，編年紀載，專以《日曆》、《會要》爲本，然後網羅天下放佚舊聞，可信者取之，可削者者辨之，可疑者缺之，集衆說之長，酌繁簡之中，久而成篇，名曰《建炎以來繫年要錄》。故兵部尙書楊輔，前年蒙命召對，嘗取其所錄高宗皇帝一朝凡一百卷，繕寫五十冊，欲以進上，會中道改除不果。臣頃蒙兼修玉牒，求得此書，觀其所立凡例，類多暗合，綱目詳備，詞義嚴整，足以備史官採擇。兼心傳志行高潔，久棄場屋，該免舉不復就，非近來上書進策僥覬賞典之比，實無一毫希望意。臣謹昧死繳進，伏乞睿慈，賜以乙夜之覽，仍宣付史館。豈惟心傳半生辛勤專一之功不遂泯沒，其於一朝大典，實非小補。」

又道傳奏狀曰：「奉準尙書省劄子，吏部尙書兼修國史兼實錄院修撰曾噯等劄子：竊見道傳之兄心傳，裒次高宗皇帝一朝長編，已繕寫成淨本，乞賜敷奏，令道傳繳進，仍乞降國史院以備參照編修正史。奉聖旨依。臣今遵聖旨指揮，所有上件高宗皇帝一朝編年之書，名《繫年要錄》，計一百卷，修寫成五十冊，隨狀上進。干冒天威，臣下情無任惶懼震越之至。……臣照得新知瀘州許奕已曾繳奏上件《繫年要錄》，伏乞睿照。」（《朝野雜記》卷首附）

七月十九日，弟道傳拜見樓鑰，涕泣而言曰：「先君子之葬，兄弟尚弱，萬里亦無由相告，已得後溪劉先生爲之銘矣，墓前有亭，取終身慕父母之義，以致深長之思，非敢自言能盡此也。」名以思終，併致昆仲之意，俾記之。鑰曰：「先公有子如此，固已不悼其不幸于土中矣！終之義豈云小哉！」（《攻媿集》卷六〇）

是歲，道傳攝考功郎官。令史有以某御史意求更定欲筆者，道傳曰：「欲筆不可改也。」自是四選缺員，每迭攝之。是歲四選名籍共三萬八千八百六十四員（《朝野雜記》乙集卷一四）。

嘉定六年癸酉，四十七歲。

七月，弟道傳差知眞州。

時新進用事，贓賄成風，會再對，首言今名優儒臣，實取才吏，刻剝殘忍、誕謾傾危之人紛然進矣！道傳請補郡，執政使諭曰：「進書近可待也。」請愈力。及補郡，將行，面白諸公貴人，乞勿薦士，諸公皆從之。道傳至郡，按圖牒，覽形勝，嘆曰：「要地也，可無備乎？」城圮弗治，爲請於朝，得緡錢斛米以數萬計，甓護之所費僅四之一。並江居民視城中幾十倍，請築翼城，不報。乃請築兩石壩，益浚二壕，緩急有警，復決州之東南陳家塘，以水爲阻，而人心始固矣！創築倉廪，請廣儲蓄。上出内府錢，命增糴四萬斛以實之。忠勇軍舊千人，亡者半，道傳募足，爲置統帥，嚴教練，軍政肅然。復條弩手民兵按閲之法上之，及請六合戍兵聽守臣節制，皆報可。道傳以禮下士，數詣學校，誨以聖賢經訓，民皆向化（黄撰《李兵部墓誌銘》）。去之日，帑庾視始至皆倍焉！

嘉定七年甲戌，四十八歲。

秋，弟道傳提舉江東路常平茶鹽公事（同上）。

嘉定八年乙亥，四十九歲。

道傳在江東常平任。取所傳《朱子語録》鋟木池陽，凡三十有三家，其書遂盛行。

是歲夏大旱，道傳應詔言楮幣之换，官民如仇；鈔法之行，商賈疑怨；賦歛增加，軍將刻剝。皆切中時病。復條上荒政，多從之。

時三部使者分賑九州，道傳得池、宣、徽三州十八縣，獨居一路之半。得濟糴米三十萬斛，錢一十萬緡，躬行省視，窮冬風雪中，竹輿上下山坡，深村窮谷，靡所不到。起十有一月，盡明年四月，無一人捐瘠流徙者。鄰郡九江來告急，亦輟糴舟濟之，賴以全活者甚衆。新宣城守素無廉稱，道傳奏罷之，主之者大怒。郡號凋弊，乃命道傳攝事以困之。道傳撙節關防，府計充裕。去郡之日，帑庾視始至亦數倍。推行朱熹社倉之法，江東人深蒙其利（同上）。

嘉定九年丙子，五十歲。

七月，《朝野雜記》乙集成，自叙之。曰：「《朝野雜記》既成之三年，復爲書號續記。……客有謂心傳曰：『自昔權臣用事，必禁野史，……近世李莊簡作小史，秦丞相聞之，爲興大獄，李公一家盡就流竄，此往事之明戒也。子其慮哉！』心傳矍然而止。未幾權臣（韓侂胄）殛死，始欲次比其書。……既而自念曰：此非爲己之學也，乃取舊編束之高閣，而熟復乎聖經賢傳之書。又念前所未錄者尚數百餘，不忍棄也，稡而次之，謂之乙集。昔安陸鄭尚書嘗獻言於壽皇，指近歲史官紀載疏謬，謂當質諸衣冠故老之傳聞，與夫山林處士之紀錄，庶幾善惡是非，不致差誤。壽皇嘉納，報下如章。實錄所書，可覆視也。間者滕宗卿又舉以爲言，聖上亦既從其請矣。然則是編也，或可以備汗青之采摭乎？若夫擇焉而不精，語焉而不詳，則單見淺聞，無所逃罪，後之覽者亦尚恕之哉！」

九月四日，監察御史李楠劾先生弟道傳「持節庚臺，講行荒政，動輒舛謬，昧於國體」。詔與四川州郡監司差遣（《宋會要輯稿》職官七十五）。

友人程公許以詩留別，曰：「車馬紅塵裏，閱人誰似君。洚流傾世論，砥柱倚斯文。籍甚詩書譽，超然利欲醺。相從期歲晚，蘭佩襲芳熏。二老俱黃髮，遙憐望倚門。凄涼遊子意，慚愧主人恩。酒舫湖光灩，書燈夜雨昏。三山渺雲海，何日義重論？」（《滄洲塵缶編》卷八《留別李貫之大著》）

冬，成《丙子學易編》十五卷。起正月元日，盡是歲除夕，凡三百八十有四日（案：是年閏七月），其間齋祠、賓旅、寒暑、疾病、事役居十之三，爲工蓋二百八十日也。

案：《唐書·藝文志》，《易》自卜商傳以下凡八十五家，《中興館閣書目》百有十二家，其説之多至於如此，而近世爲是説者，復數十家，尚未著録也。然是編之作，特取王氏、張子、程子與朱子四家之傳，而間以周子、邵子及先生父諸家之説補之。自唐以上諸儒字義之異者亦附見焉，其有得於心思，可助諸先生之説者，其十一二也。自叙略曰：「始心傳年四十餘，朋友爲言，當讀《易》，意忻焉樂之，既而終日蒙然如眇者之視，莫知《易》之爲何書也。後十年復取讀之，首求諸王氏書，多所未喻，次考張子書，乃粗窺其梗概。最後程子書，則昭若揭蒙矣！程子之書，義理之會也，然其言猶若不專爲爻畫而出，於是以先君子《本傳》暨晦庵先生《本義》參焉，而後聖人畫卦受爻之情無復餘藴矣！顧諸先生之言尚有不能盡同者，因復頗爲參釋，隨日書之，以備遺忘。間有鄙見，可以推明諸先生之説者亦附註之。……先君子之學，不肖孤不敢妄有所稱贊。晦庵書最後出，世之學者，往往未究其藴，而反以象占之説爲疑。同志者於此儻有取焉，然後知程朱二傳不可相無，而晦庵之爲書，其條理愈密而意味愈長，誠未可以驟窺而輕議也。乃若先君子之説，則類多與晦庵合，第先君子專自聖人畫卦之意求之，晦庵專自聖人命爻之意求之，此爲小異，要亦相表裏耳！……上古之經，莫尊於《易》，而諸儒多以私意亂之。蓋東周之時，以象占言《易》，而亂於支離；兩漢之際，以讖緯言《易》，而亂於傅會；魏晉之間，以名理言《易》，而亂於虛玄；近世以來，以人事言《易》，而近於穿鑿，皆《易》之蠹也。蓋盈天地之間者理與氣而已，然有是氣則必有是理，有是理則必有是象，有是象而後有是數，有是數而後有是占，有是占而後有是辭。……自伏羲作（易）以前，民用文王、周公《繫辭》而明凶吉，使後人觀消息盈虛之理，審進退存亡之義，而不迷吉凶悔吝之途，聖人之憂患後世可謂至矣！自周之衰，言《易》者寖失羲文之意，而牽合破碎，或反資以爲亂，故夫子作《十翼》，專以義理明之。其後讖緯之學興，而飛伏互體之□，壬遯九宫之說，紛然並出，皆託《易》以行世。……故《易》之道終不明於世。……有程夫子之出，乃始以人事之實理明之，其有功於《易》亦宏也。然程子之所傳者辭也，辨吉凶者存乎辭，而理固在其中矣！而後之學者沿文生義，各自爲說，復失聖人《繫辭》之本意，故晦庵先生出，因專以聖人立卦生爻之大旨明之。自程、朱二子之書成，而四聖人之道始大彰明較著，而無所蔽矣！顧恨世之學者，未能窮究其書，故往往以其一時推求考索，測度髣彿之言，而反疑前賢終身篤學研思精微至到之論，若是者，愚竊大懼，故復述其所聞，識於篇終。」（光緒《井研縣志·藝文》二）

案：先生是年壽五十，蓋取孔子「五十以學《易》，可以無大過」之義云。

是歲弟道傳官江東提舉，爲虞允文建祠於太平府牛渚山廣濟寺側。復爲文以記其事（《太平府志》卷二三）。

嘉定十年丁丑，五十一歲。

十月初八日，弟道傳以疾終於九江之寓舍，年四十八。

先是道傳以言者論劾，除兵部郎官，力辭，差知果州，即買舟西歸。先生聞之，迓以詩，友人魏了翁、劉光祖同賦。道傳至九江，與其友劉宰共遊茅山，歡甚。尋得疾，羈留逆旅。疾革，屬其友南康李燔以後事，一本儒家之禮，釋老之説皆不用。手爲書别兄弟，召大兒達可坐床下記遺言，尤以謹藏伊洛之書讀之爲囑。遺表上聞，特轉一官，以朝請郎致仕，令沿江轉運司致其柩還蜀。道傳氣稟清明，容貌端直，望之若不能勝衣，而其中屹然不可犯。立朝介然無阿附，然沉靜安詳，人亦莫能窺其際也。及卒，聞之者識與不識莫不咨嗟涕洟，相與語曰：是刻意勵行，求聖賢之道而能踐其實者，是立天子殿上，危言正色，爲宗社無窮之計者，是懇惻愛民，救菑捍患，江東父老子弟數十萬皆得全其生者，是利祿不能動其心者，是危險不能易其守者，斯人也止於斯，可哀也（黄撰《李兵部墓誌銘》）。

黄榦祭曰：「晦庵先生以孔、孟、周、程之道誨後進，見而知之者固有之矣，聞而知者，非吾貫之耶？目不識先生之面，耳不聞先生之言，顧以爲聞而知者亦何自而知也。貫之性質粹美，襟懷坦夷，凝靜有常，堅剛自持，則其質固已近于道矣！……自蜀而來，人謂貫之有志乎功名事業，而貫之則曰：吾將歷東南而求師，縱往者之不作，有遺風之可追。聞晦庵之門人，則虛心屈己而與之友；得晦庵之遺書，則手抄口誦而講其疑。昔之門人雖同堂合席，然往來不常，或得其一而失其二，貫之雖殊方異世，旁搜博採，乃反總其凡而會其歸。而又篤信力行，切問近思，毫釐必辨，精粗不遺，故其動用周旋，莫不有則，出處進退，莫得而疵。立于朝廷則不知權利之可慕，仕于州縣則亦捨民瘼其孰咨。至其感慨發憤，抗章極論，則有犯無隱，竭肝膽而瀝披。向非見事明，用心剛，而無一毫物欲之累，孰肯試身于不測之禍，雖百謫而不辭。……朝聞道夕死可矣，有得于道，則禍福榮辱死生之變，若太空浮雲之過目，此何足以爲貫之之累。顧爲斯世惜，爲斯人惜，安得不悽鬱結而涕漣洏！」（《勉齋集》卷三六）

眞德秀祭曰：「仲冬辛卯晨興，徬徨覺中情之弗怡，……粤有趙子之書來，從九江發，啓而視之，則吾貫之使君之訃也。輟予食而驚嗟，沾予襟而淋浪，胡斯世之不幸，而若人之云亡。……君之天資，淸明純粹，君之問學，深潛篤至。氣夷且溫，而毅然有難犯之色；行峻且方，泊然無近名之累。昔在藝省，交情最親，及使江東，同心拯民。……君舟西旋，我旆南下，相與夜宿金山之上，江濤轟豗，風鐸震撼，偉勁論之英發，旁森羅乎鬼神。至於天理人欲消長之機，吾道異端正邪之辨，嚴毫釐之剖析，方且自視欿然，念窮格之未精，舉措之多戾，期舍舊而圖新，蓋其用志之剛，進德之勇，俛焉孶孶而弗自已者，直欲古人之與鄰。……以君之忠誠鯁亮，使見用於時，而居正君澤物之地，則上將有補於主德，下將有功於生人。借獲不用，猶當著書立言，闡幽揚邃，遠以遡西洛之淵源，近以續紫陽之緒業，尚有光於斯文，亦孰知二者之不一遂乎？」（《真西山文忠公文集》卷五一）

魏了翁祭曰：「昔有人見子產如舊識，得䜣蔑如故知者，聲應氣求，既云匪易，而亦未及一見，不交一言，往往舊識故知之所不若也。如某之於貫之者乎？相距萬里，行理之問，無時不至，孳孳矻矻，先民是程，靡有二事。他日直道犯患，奉身去國，嘗使人勞諸江介。且謚其返也，手書言報，尚期有以相觀相切，以共圖至善之歸也。庸詎知其不復一見一言而卒以喪也。……幸生濫貴視人罔極者，天畀矜之，弗敢傷也。正道直學，將以康時否而濟人窮也，何辜于天而奪之爾亟也。」（《鶴山先生大全集》卷九一）

道傳之受推重也，如斯其極矣！黄榦曰：「自宗正公始以文學行誼爲學者師，誨諸子必以聖賢爲法。兄心傳不樂仕進，窮經博古爲西州之望，其所著述多行於世。其季性傳亦力學自好，其進未可量也。君與兄弟相視如師友，故其一家之學，言論操履一歸於正。……然其爲學，篤於實踐，不爲空言，於經史皆未所論著，曰：學未至，不敢；於詩文平淡條達，亦未嘗苟作，曰：學未至，不暇。其沒也，其家哀其遺稿，定爲五十卷。君之所得不盡見於此也。」（《黄勉齋集》卷三五）先生父子四人學術，爲時人所推重者如此。

案：道傳之喪，士林惋痛，弔者挽者

無慮十數家，計吴泳挽詩二首（見《鶴林集》卷三），洪咨夔挽詩二首（見《平齋文集》卷四），魏了翁輓歌一首（見《鶴山集》卷九二），劉宰輓歌一首（見《漫塘文集》卷二七）。事簡辭繁，不復贅録。著目於此，以便查案。

是歲著《丁丑三禮辨》二十三卷。《文獻通考》引《中興藝文志》曰：「是書《禮經》之説與鄭氏辨者八十四，《周禮》之説與鄭氏辨者二百二十六，皆有據。大戴之書疑者一百九十二，鄭氏之注疑者三百七十五，亦各别其所以而詳識之。」先生去歲成《學易篇》，逾年而通三禮，則知其知經之精審，與年俱進，又不僅史學擅譽一時也。是書通二十餘萬言，二百日而成。高斯得撰後序，見《恥堂存稿》卷三（參見《著述考》）。

嘉定十一年戊寅，五十二歲。

是歲，成《誦詩訓》五卷。

高斯得曰：「秀巖先生近世大儒也，世徒見其論著藏於明堂石室金匱玉版，遂以良史目之，不知先生中年以後，窮極道奥，經術之邃，有非近世學士大夫所能及者。又其天質彊敏絶人，《三禮辨》二十餘萬言，二百日而成。《學易編》二百八十日而成，《誦詩訓》亦踰年而成。考訂鄭、王、孔、賈之謬，折中張、程、吕、朱之説，精切的當，有功於學者爲多。」（《恥堂存稿》卷三）

嘉定十二年己卯，五十三歲。

弟道傳既殁之二年，有祠之於南康軍廬山棲賢寺者，是歲正月七日，黄榦爲撰祠堂記。略云：「貫之去國，而艤舟於廬山之北，日與朋友往來於巖壑泉石之間，而於玉淵三峽之勝尤惓惓不忍去。至今思貫之者，猶若貫之之徜徉乎其間，嗚呼！此祠之所以爲立也。道之不明，自古病之，貫之未嘗得爲晦庵先生之徒也，而其所自得乎於人者如是。貫之未嘗有德於人，而人親慕之，以道故也。祠之立既足以見尊賢樂善之誠，而過其下者，亦豈無聞風而興起者哉！」（《勉齋集》卷一八）

二月十二日，友人許奕卒，年五十。奕自外補，歷守瀘、遂、潼，所至推行古社倉法。平生交厚者，劉光祖也。

是歲作書與黃榦，垂詢朱熹《周易本義》與《語錄》不合之處，當若何適從。書曰：「心傳舊作《學易編》，今考《語錄》及他書亦間有與本義不同者，恐學者不知所言先後，有誤講習，妄欲纂集入本義之下，仍加以音釋訓詁，謂之《本義箋》，不識可乎？雖不當以門人耳受之語易先生手著之書，然本義在先，語錄在後，其間十數條意義尤密。又《啓蒙》所引沙隨占法，不無差互，未經改正，恐學者以爲疑，既非大義所關，不知可宜卷末作今案附見否？」榦答書曰：「《占法易箋》，自爲一書，以記其異，述其所見，以與學者共商榷，不爲無補。大抵朱先生諸書，如《語》、《孟》、《中庸》、《大學》，乃四方學者所共讀，因其質疑問難之際，多所修改，故其義爲最精，若《易》之爲書，學者未敢遽讀，故未嘗有所修改，竊恐其間亦有文義未甚安帖處。今若考訂精密，亦先師之意，後學之幸也。」（《學易編》卷首附）

嘉定十四年辛巳，五十五歲。

十月四日明堂大禮，赦文內一項云：「應士人有節行才識，學術素爲鄉里推重，不求聞達者，委監司帥臣周加搜訪，每路一二人，仍與本州長吏具從來所爲事實，所通學術，連銜結狀，保明聞奏。」時度正（字周卿，合州人）權夔憲，乃舉晏淵（亞夫）於朝，奏狀中又曰：「臣生長川蜀，自幼頗留意學問，故川蜀之篤於學問者，臣皆得而知之。西川則家樵李心傳，東川則有蘇振文，皆晦迹丘園，著書自樂。竊慮州縣不能具宣朝廷德意，失於采訪，臣今僭率併及之。」（《性善堂稿》卷五）

案：先生以前後二十二人之薦，召爲史館校勘，度正其一也。

冬，著《西陲泰定錄》九十卷。記吳曦叛逆及削平本末，起嘉泰辛酉，迄嘉定辛未，爲二十七卷。其後蜀事日多，又增修至辛巳之冬，通爲九十卷。仍頗用太史公年表例，并記國家大政令，邊防大節目，首尾二十年（《書録解題》卷四）。

嘉定十五年壬午，五十六歲。

五月，友人劉光祖卒，年八十一。

光祖剛正有守，學融洛蜀。自元祐有洛蜀之爭，二百年中，其學終莫能合。及光祖與李壁、李壆兄弟出，魏了翁繼之，遂合其統焉！

六月，友人李壁卒，年六十四。

壁者，燾之第六子也。燾以海含山負之學，松勁玉剛之節，標式當代，壁兄弟皆世其學，文采議論，震耀一時，蜀人以眉山蘇氏擬之。劉宰曰：「大參甍背，海內褫氣，方其壯年，鋭於立事，議論豈無少差，要於大義無愧。中間維持善類，破除奸黨，厥功不細。至於淹貫古今，臨事有商量，憂國爱君，一飯不忘，今之世如斯人者有幾？」（《李悦齋先生年譜》）

是歲詔重修孝宗皇帝、光宗皇帝實録。《孝録》，嘉泰二年修撰傅伯壽等撰進。中興以來，兩朝六十餘載事跡，分見高、孝二《録》，而《孝録》置院既久，不以時成，涉筆之臣，乍遷忽徙，不可殫記。及有詔趣進，則匆遽鈔録，甚者一委吏手，卷帙猥多，而記載無法，疎略牴牾，不復可稽據。故《孝録》比之前世最爲缺典，觀者爲之太息（《直齋書録解題》卷四）。遂有重修之詔。

嘉定十六年癸未，五十七歲。

九月，朝省坐國史院劄子行下隆州取索先生所撰孝宗、光宗《繫年要録》。

其指揮曰：「臣竊惟國家典章制度莫重史册，唐朱敬則初成稿史，見者推爲董狐，然敬則方請别求名才以重史選。張説就家修史，李元紘謂史事秘嚴，請今以書就館參會撰録，然則史職至重，名才難逢，館閣纂修事存國體，以敬則有董狐之稱，而猶以求才爲請，則不逮敬則者，蓋亦推賢而遜能。以張説居通顯之極，而元紘必欲使就館纂修，則匹夫之有志於斯者，宜使輸能而求獻。……伏維近旨重修孝宗皇帝、光宗皇帝實録，疊矩重規，鉅迹盛美，如日月之照明，而莫窺其經緯，如海岳之涵負，而莫究其高深，雖聖世多才，宰司遴選，人斵班馬，家效沈吳。……竊見隆州進士李心傳，刻志前聞，究心史學，嘗著《高宗繫年要録》，見謂該詳，繼聞討探阜陵典章，亦有端緒，累朝聞見，會粹實多。苦心忘疲，歷歲滋久，若蒙聖朝兼收博採，特下本州取其續成之書，以備考訂，誠網羅放失之意。或令身自齎令來獻闕下，俾諸史官參會撰録，恐於兩朝大典必有裨益。」准批「送禮部行下隆州取索李心傳上件《要録》申尚書省。」國史院遵旨下轉運司鈔録進呈。

公牒曰：「本院恭奉聖旨指揮，改修三朝正史，孝宗皇帝、光宗皇帝御集，《光宗皇帝寶訓》，并改修《孝宗皇帝實録》，合要文武臣僚内侍士庶之家及僧道等處應被受或收聖語、聖訓、御製、御筆、手詔……等，……令諸路轉運司嚴切遍下所管州縣等處搜訪。……今訪聞隆州井研縣李宗簿宅鄉貢進士李心傳住所，述續孝宗皇帝朝《繫年要録》，請貴司移文行下隆州，疾速齎紙札差人前去李宗簿宅鈔録，委官點對無差漏，裝背成册，申發赴院，以憑參修照用。若或續曾編類到光宗皇帝朝《繫年要録》，一就抄録赴院，勿得違滯。」（《朝野雜記》卷首）

案：先生撰《建炎以來朝野雜記》，其事跡即不局限高宗一朝，故所撰《建炎以來繫年要録》，亦在逐帝編述，自不待言，據《事文類聚遺集》卷三，引淳熙七年隻日進讀故事，下繫「出《繫年録》」，知先生當日實撰就《孝宗繫年録》，今不傳，惜哉！

嘉定十七年甲申，五十八歲。

八月，寧宗崩，丞相史彌遠矯詔立沂王子貴誠爲帝，此即理宗，封皇子竑爲濟王，出居湖州。

理宗寶慶元年乙酉，五十九歲。

二月，曹彥約擢兵部侍郎，兼國史院同修撰。入對，薦先生素精史學，乞官以初品，寘之史館。從之（《宋史》卷四〇一）。

五月四日下詔求直言，張忠恕應詔上書曰：「陛下御極之初，凡在名流，首被褒顯。然而命召所及，不過數人，……探羅未廣，遺才尚多。經明行修，如柴中行、陳孔碩、楊簡；識高氣直，如陳宓、徐僑、傅伯成。僉論所推，招徠可緩？若精於史學，復有如李心傳，可惜一官不俾與聞鉅典。他固未易徧舉，矧又有不及知者乎？況迩來世俗取人，以名節爲矯激，以忠讜爲迂疏，以介潔爲不通，以寬厚爲無用，以趣辨爲強敏，以拱嘿爲靖共，以迎合爲適時，以操切爲任事。是以正士不遇，小才見親，此識者所憂，陛下安得付之悠悠不以動心乎？」（《鶴山先生集》卷七七《張公忠恕墓誌銘》）觀此，南宋士風可想見也。

寶慶二年丙戌，六十歲。

正月初七日，以崔與之、許奕、魏了翁等合前後二十二人交章奏薦，詔「布衣李心傳專心文學，令四川制置司津發赴闕。」爲史館校勘。

友人程公許以詩送之。曰：「鴻蜚冥冥天宇空，誰令矯翮修門狃。承平在昔朝多賢，猶念丘園天爵共。泰山豹林來復去，河南白雲堅不動。斯文程伊嗣興起，靈門日日峨冠誦。雖然去就跡參差，高風等是光吾宋。秀巖素心非少室，萬卷本期供世用。當家幸有二仲賢，不妨老子琴三弄。紛披竹素勤日課，蕭索松風酣午夢。有來虞旌賁空谷，例與蜀珍入包貢。中興鉅典未殺青，千古傳疑須折衷。文孫嗣服渴延佇，太史泚筆待錯綜。姦諛已死不難誅，古今一轍猶聚訟。緇衣信能心愛士，白駒誰復語含諷。丈夫出處亦何常，毫芒難博丘山重。勿學退之憂史禍，勿似子長誇雍從。孤騫終不嚇腐鼠，覽輝未易來翔鳳。平生我亦煎百憂，四月長江遠追送。丁寧寄語季成甫，東華冠蓋眞一鬨。時撐小舫漾湖光，莫遣紅塵撲飛鞚。扶持綺節早歸來，故世紛紛付時棟。」（《滄州塵缶編》卷六《送李微之以史學召》）

既入館，奉詔增輯中興以來放失舊聞。

案：《宋史》本傳，薦先生者前後二十二人，今可知者有崔與之、許奕、魏了翁、曹彥約、張忠恕、度正等六人，餘皆待考。《崔清獻公言行錄》曰：「公身藩翰而心王室，務薦賢以報國，在蜀擢拔尤多。若游似、洪咨夔、魏了翁、李庭芝、家大酉、陳韡、劉克莊、李鼎、程公許、黎伯登、李性傳、王辰應、王渙、魏文翁、高稼、丁焴、家抑、張袆、度正、王子申、程德降、郭正孫、蘇植、黃申、高泰叔、李鍚，各以道德文學功名表表于世。隆州進士李心傳，累舉不第，以文行聞于國中，諸經皆有論著，尤精史學，嘗著《高宗繫年錄》，號詳洽，國史院取其書備檢討。又纂集隆興、乾道、淳熙典章，及著《泰定錄》等書，以白衣召入史館，亦公特薦。」崔與之拔才之多，實南宋一朝所僅見。

寶慶三年丁亥，六十一歲。

五月七日，序員興宗《九華集》。曰：「三

峒介東西蜀之間，雄秀而峻極，士生其中，大抵莊靖篤實，而文亦如之。……大史員公顯道，以忠言輔上於乾道之際，流風餘韻，士皆崇之。……員公之文則傳者衆矣，高古簡嚴，惟陳言之務去，極其所就，必欲至杜、韓而後止，李柳以降，非所愿也。然余之所以重公者，豈獨文而已哉，公在館學時，國有大議，……獨言之，……上不負明主，下不阿所好。矢筆盡言，囊封亟上。……余嘗奉詔增輯中興以來放失舊聞，因得公諫草而讀之，爲之三復流涕不能已也。……公殁垂六十年，而心傳猥以非才誤膺招聘，揭來成府，訪別父兄，過公舊廬，低回而不忍去，公之孫榮祖出公遺稿示余，求爲之序。余於公既所深慕，而先大夫荷公之知，又爲有素，因不復辭。……始公未仕時，屏居郡之九華山，自號九華子，後人因以名其文，然傳於世者，視今書纔十七，蓋猶有所避就，既歷五紀，而後全書出焉！公名興宗，官著作郎兼國史院編修官、實錄院檢討官。當修阜陵書，時史無專官，類以百司所報爲準，故公之言與事略不少見。今方舉而重修之，會有知史法者表而出之云。」（《九華集》）

八月五日，友人虞剛簡卒，年六十四。魏了翁撰《剛簡墓誌銘》曰：「公表裏洞達，每朝廷有善政，必喜見詞色，至忘寢食，人有寸長，亦談不絕口，必薦進扶植之乃已。脫有不善，雖大官要人亦切責無顧畏。……公精力絕人，五官並用，殆如昔人所謂目數飛鴻，耳節鳴鼓者，援筆爲文，雋明踔厲，詞辨蠭出，輒屈其坐人。……壯歲于趙文定之子希元昱盡得程張呂謝楊尹諸子論孟讀之，犂然會心，爲鈐鍵，爲華陽，又得與成都范公文叔仲黼、季才蓀、少才子長、少約子該；豫章李思永修己，延平張子眞士佺，漢嘉薛仲章紱；同郡陳叔達遇孫，李微之心傳，貫之道傳；唐安宋正仲德之，漢嘉鄧元卿諫從，相與切磋於義理之會。最後了翁試吏，佐四川幕府，傾蓋如故交。」（《鶴山先生集》卷七一）是先生亦深受道學之熏陶而喜講義理者。

十一月二十七日，詔特補從政郎，差充秘閣校勘。

理宗紹定元年戊子，六十二歲。

正月，爲秘閣校勘。有司討論請給人從，請給除合破本身料錢外，就正字例支破，其僱募兵士減半（《中興館閣續録》）。

除夕，友人曹彥約卒，年七十二。彥約篤實愛民，出於天稟。其爲政精密務實，一本至理。嘉泰間，都城火災，彥約上書時相，乞寬黨禁，人所難言（《鶴山先生集》卷八七《曹公墓誌銘》）。

是歲，友人洪咨夔削官家居，與先生時相通問。

咨夔《答魏了翁書》曰：「某重午日，忽得李校勘書，轉示寶帖，鈎畫爛然，晃漾心目。」先生官行都，咨夔家杭州，而了翁謫居靖州，故託便轉書，亦入情合理者。

咨夔與先生書曰：「某疇昔祓飾子墨，酬先施後，山深林密，病嬾相乘，賤姓名無從徹風日不到處。旆芙蓉而弄斗柄，駕蓮葉而讀玉書，殊恨仙凡之隔也。伏念通金閨之籍，進紫宸之班，上待特舉有禮矣，公可以留矣！多賀多賀。司馬遷史號實錄，《酷吏傳》張湯在其中，《平準書》又謂湯死亡思，湯平生大略可睹。班固□□推賢揚善，拔之酷吏，推賢揚善可進也，而煽虐流毒不可泯也。讀史至此，每疑班氏以宮掖之故，與金張許史不能忘情，特曲筆以出之，世未有摘其心者。執事以良史材，實錄以信後世，於遷、固必有折衷。」（《平齋文集》卷一三）蓋所以致期許之意焉！

紹定二年己丑，六十三歲。

三月，有旨：「李心傳供職以來，已踰兩考，研覃典籍，恬靜可嘉，特與改合入官，仍令隨秘書省班趨赴朝參，等序位在正字之下。」續有旨告授承仕郎，依前秘閣校勘（《中興館閣續録》）。

六月，《恭和御製賜黃朴已下詩》一首。

是夏五月，門人高斯得舉進士，授利路觀察推官，越二年，辟差四川茶馬幹辦公事。

侄達可成進士。

案：達可成進士不詳何年，《井研志》稱紹定中成進士，姑繫於是年。

紹定三年庚寅，六十四歲。

夏，友人劉宰致書，申崇敬之意。

書曰：「庚伏在中，霖雨繫望。恭惟影纓冊府，主盟斯文。……某寒鄉賤士，猶記與果州使君別時，出《舊聞證誤》一編曰：此吾兄所著。吾兄杜門不為時學，所著書甚多，恨子未之見也。某歸讀之，凡所辯證，皆某平日所習聞，以為可垂信萬世，而謬誤乃爾！因思時之至近，莫如本朝，事之易考，莫如故實者尚爾，況蘊奧難見者乎？不有博聞精誠之君子，誰其正之？繼又得《繫年錄》

讀一再過，故雖萬里相去，一見無從，而每一展卷，即心開目明，如親晤對，用慰遐想。應聘而出，薄海傾瞻，某願拜下風，豈落人後，顧以衰疾，入山益深，無階際遇，一箋之敬，亦無從遣。春間姪子歸自都，忽拜手書，辭之謙若施之所敬，情之親若施之所厚，某不足當也。但深愧感。出處事之大，幡然而起，竊惟盛心惟一代之典是爲，昔太史公以《史記》未就，受天下之大辱而不辭。今執事之出榮矣，固應不憚遲留，成一家言，使祖功宗德，萬世如見，斯事未竟，而來書已動浩然之志何也？向來果州使君出，與校書事異，可久可速，固各有悠當，試審思之。某書生命窮，年僅四十，即得奇疾，形容如鬼，不可復仕。中間再叨誤恩，具以質言，荷公朝察其非欺，賜之從欲。今年益老志益頹矣，豈足爲執事道。蜀客兄弟在本朝，南渡以來殊少，近時李季章、季允雖相繼登朝，恨不同時，今昆仲並登華貴，足爲盛事。令弟郎中會次敢告，叱名起居。果州令嗣，審已登科，足爲門下賀。頃亦及見果州有子如此，生計厚薄不必計也。」（《漫塘集》卷一〇）

九月，友人張忠恕卒，年五十七。魏了翁曰：「公孜孜體國似忠獻，撥煩剸劇似端明，爰暨中身，歛華歸實，則蓋有志乎宣公義理之學。而死不待年，齎恨泉壤。」人謂實録云（《鶴山先生集》卷七七《張公墓誌銘》）。

是歲，季弟性傳由權工部郎中兼權都官郎官，遷起居舍人兼侍講。疏言：「東周以後，諸侯卿大夫皆以既葬而除服，秦漢之際尤爲淺促，孝文定爲三十六日之制，則視孝惠以前已有加。東漢以後，又損之爲二十七日，謂之以日易月，則薄之至也。千數百年，惟晉武帝、魏孝文爲能復古之制，而羣臣沮格，未能盡行。惟（我）孝宗通喪三年，近古所獨，陛下繼之，至性克盡，前烈有光。乞以此疏付之史館，庶幾四海聞風，民德歸厚。」（《宋史》卷四一九《性傳傳》）。

紹定四年辛卯，六十五歲。

正月初一日，皇太后年七十五，帝行慶壽禮畢，大赦，百官進秩有差。御筆：「李心傳已經輪對，議論詳明，盡言無隱，所當褒表，可特賜同進士出身，酌與陞擢差遣。」是月爲將作監丞，兼國史院編修官、實錄檢討官，專修高、孝、光、寧《中興四朝帝紀》（《中興館閣續録》卷九）。

冬十月初六日，與太常少卿度正各疏言「宗廟之制，未合於古，兹緣災異，宜舉行之。」詔兩省侍從臺諫集議以聞（《宋史》卷四一一）。

是月，友人李𡌴除煥章閣學士、四川制置使、兼知成都府。劉宰貽書云：「制置以世家子帥梓里，人望所屬，甚不易副，此政府内懼，爲諉以分責者，尙謹旃哉！」𡌴以安靜鎭之，蜀中稍治。是歲與先生數通書，本屬世交，又兼鄉誼，故知之爲深也（《李悅齊先生年譜》）。

冬，蒙古兵入侵四川，破蜀口諸郡。吳泳與李𡌴書曰：「方敵騎破利州時，纔聞遽報，即同鄉人往叩廟堂，晝登光範之門，謁執政府，犇走伺候，飲食盡廢，如此者凡六日，亦曾兩見丞相，四見參政樞密，與之痛說蜀亡之狀。……次日微之監丞又欲乞降省劄，徧下諸路監司帥臣，許其自辟置官屬，自支用財賦，招兵禦敵，上下流相應援，其間委折，鄉人必詳報去。」（《鶴林集》卷二九）。是先生實憂鄉愛國之士也。

是歲魏了翁與先生書，討論「中和」二字義理。

書曰：「去歲蒙示《中和堂記跋》，大抵諸賢之說，發明先儒之遺旨，醇正平實，無可復議。陳和仲學於慈湖，凡慈湖之門只是一種說話，某與之相識最多，雖廣微兄弟不能無此。然而和仲此跋儘好，如謂中而和具焉，和而中行焉，此類合外內貫動靜，亦無可議。惟以對立中和爲疑，此卻似慈湖，以『子曰』二字疑《繫辭》不盡出於孔子，只有『變化云爲』一語最好，此非面不盡。某因有一疑求教，向來每與友朋語，謂六經、《語》、《孟》發多少義理，不曾有體用二字，逮後世方有此字。先儒不以人廢言，取之以明理，而二百年來才說性理，便欠此二字不得，亦要別尋二字換卻，終不得似此精密，高明以爲如何？」（《鶴山先生集》卷三六）

案：先生紹定四年正月爲將作監丞，五年正月爲秘書郎，此書標題「李監丞」，故繫是年。

紹定五年壬辰，六十六歲。

正月，除秘書郎，兼史職如故。

四月，桂如淵罷四川制置使。友人高稼者，字南叔，蒲江人也。眞德秀一見，以國士期之。嘉定七年進士。寶慶三年，元兵至武階，制置使鄭損棄沔而遁。桂如淵鎮蜀，辟通判沔州，尋檄兼幕職。稼首言蜀以三關爲門戶，五州爲藩籬，自前帥棄五州，民無固志，一旦敵至，又有因糧之利，或遂留不去。今亟當申理，俾緩急有所保聚。如淵然之。乃創山砦八十有四，且募義兵五千人，與民約曰：敵至，則官軍守原堡，民丁保山砦，義民爲游擊。庶其前靡所掠，後弗容久。元兵由東道入蜀，如淵憂之，辟稼知洋州。稼日夜爲守禦計，以洋居平地，無一卒以守，議移金州帥司軍千人駐洋州，而自任其餉給。先生爲言諸朝，不報。及鳳州破，制置司始從稼請，調金州兵赴之。稼移書曰：「今日之事如奕棋，所校者先後耳，苟以分水、三泉、米倉爲可保，敵兵若自宕昌清州以入，將孰禦之？蓋以興、沔、利三戎司分駐鳳州，俾制司已招之忠義關表復讎之豪傑，聯司以進，兵氣奪矣！」如淵遲疑不決，逮天水、同慶被屠，西和圍益急，始會軍民之衆萬人援之，道梗不得前，而城已破矣！俄報砦寨七方之師皆潰，稼率遺民駐廉水縣，召集保甲，分布間道，以保巴山。當是時，文臣之在軍中者，惟稼一人。如淵既罷，李㬢代之，以稼久勞，請改畀內郡。差知榮州。殿中侍御史汪剛中，如淵黨也，欲使稼分其罪，乃謂蜀之敗實由稼，遽罷之，又削二官。先生見上，訟稼無罪，不當罷。宣撫使黃伯固辟稼知閬州（《宋史》卷四四九《高稼傳》）。

八月，《恭和御製賜徐元杰已下詩》一首。

是歲輪對，帝論及當時高士累召不起者，先生以李燔對。

燔字敬子，南康軍建昌人。紹熙元年進士。寧宗末，史彌遠當國，廢皇子竑，燔以三綱所關，自是不復出，故先生薦及之。且曰：「燔乃朱熹高弟，經術行義亞黄榦，當今海内一人而已！」帝問今安在，對曰：「燔南康人，先帝以大理司直召不起，比乞致仕。陛下誠能强起之，以賓講筵，其裨聖學，豈淺淺哉！」帝深然之，終不召也（《宋史》卷四三〇《李燔傳》）。

是歲撰《龍山崇福院記》（《宋代蜀文輯存》卷七七）。

紹定六年癸巳，六十七歲。

二月，《四朝帝紀》甫成其三，會爲言者所劾，除直寶章閣，特添差通判成都府。

歸蜀，友朋相率送之詩。

劉宰詩曰：「平生秀巖翁，嘉遯輕朝衣。聖世重特召，趣駕不容違。我豈匏瓜哉，先聖固所晞。長江一萬里，舟行疾如飛。東南盛人物，十九飫甘肥。頗藉子公力，寧知伯玉非。秀巖曰異哉，我本起布韋。豈比淮之水，東下雜於淝。論奏了不阿，正直鬼神依。讒言嗟止棘，日歸詠采薇。歲晏江濤平，雨雪從霏霺。懸知到家日，花竹遶山扉。」（《漫塘集》卷三）

洪咨夔詩曰：「鳳生丹山西，來爲太平符。矯立青琅玕，祥雲蔚相扶。一鳴合簫韶，再鳴應騶虞。散爲清明風，萬象皆萸與。色舉抑何決，矢脫金僕姑。戛摩參旗高，可望不可呼。穿花迷嬌雉，唼藻戲乳凫。搔首重太息，春陰渺江湖。」（《平齋文集》卷八）

吳泳詩曰：「本住陵陽處士廬，不妨名字落青都。題輿帶閣添新號，抱史還山只故吾。秀水穩宜眠夏簟，惠泉香可煮秋菰。勸君莫動騷人曲，椰葉通花降女巫。」（《鶴林集》卷三）。

九月七日，跋蘇端明書《天慶觀乳泉賦》（《式古堂書考》卷一〇）。

十月，史彌遠卒，鄭清之相，召起海內名士，明年改元端平，英華萃集，人物之盛，號小元祐。

端平元年甲午，六十八歲。

正月，除著作佐郎，兼四川制置副使司參議官，詔無入議幕，許辟官置局，踵修《十三朝會要》。時高斯得官四川茶馬幹辦公事，辟爲檢閱文字。牟子才官總領四川財賦所幹辦公事，亦辟兼檢閱文字。

是月，弟性傳以兵部侍郎兼侍讀。

春，友人劉宰致書曰：「某自聞召命之頒，日傾耳以聽，回船東下，且以日計，曰可矣！忽奉手敎，乃知當此春晏，猶艤舟江岸爲泝峽計，易退難進，固足以崇高節抗浮雲，猶不念當饋之思、仄席之久耶？就審德盛仁熟，罄無不宜，隨軒眷集，動與吉會，良慰緬仰。聖上克勤克儉，有夏禹之德，務學不愧商高宗、周成王，而左右未有傅說、周公之輔。秘書辭歸之章再上而報可，未聞深惟聖意，豈但欲以史事相付而已！願戒舟師，亟捩柁乘流，以慰中外之望。某年迫七十，視聽俱衰，大非疇昔侍見時比。更化之初，羣賢彙進，頗聞有相援引者，今讀秘書奏疏，又知常置賤名其間。某少也不才，況今已老，求之在昔，固未有四十辭官七十復出者。所幸與王去非爲婣家，備知此心，嘗爲請言於當路，已見諒矣！盛意如許不敢忘。頒貺宣毫

洪扇，使內得以寫素抱，外得以揚仁風，感喜可知。」（《漫塘文集》卷六）
　案：劉宰生於乾道二年，至端平元年正六十九歲，與書中所云「年迫七十」合。鄭清之爲相，璧帛之聘四出，延攬海內英賢，魏了翁、眞德秀、李𡌴、洪咨夔、杜範、游似、徐僑等莫不比肩造朝，獨遺逸劉宰不至。與書中所云「更化之初，羣賢彙進，頗聞有相援引者」合。故繫於是年春。
五月廿八日，詔「黃榦、李燔、李道傳、陳宓、樓昉、徐宣、胡夢昱，皆阨於權姦，而各行其志，沒齒無怨，其賜謚復官，優贈存恤，仍各錄用其子，以旌忠義。」李道傳贈直龍圖閣。制有云：「學以見道爲難，苟有見乎道，則形而爲實踐，發而爲正論，推而爲美政，無異源也。爾以蜀莊之珍，薦淸廟之璧，踐履也方，議論也剛，政事也昌，非漸乎師友之澤，洞乎聖賢之奧，殆將委厥美以從俗，蘭芷變而不芳矣！」（《平齋文集》廿二）
若諸人者以一時之屈，易百世之伸，尙奚憾哉！
先是父舜臣宰饒州德興縣，有惠政，邑民立思惠廟以祀之，至是封文昭淸孝正烈侯。制云：「桐鄉之愛朱邑，而祀於桐鄉；石室之慕文翁，而祠於石室。倘有功於仕國，宜與享於祝官，爾仁明而莊，正直而壹。設學官於邑，戶有隆山之書；行義役於民，家藏縣令之譜。生則班於循吏，歿則典於明神，英魂所之，昭答如響。」
弟道傳封文惠侯。制曰：「爾坤維可珍，隆山之子，江東倉庾氏之使，其事君則鯁鯁諤諤以直諒聞，其治民則懇懇惻惻以廉平著。德興舊有李長官祠，東人德汝遺愛，亦復以汝侑食於縣，爵爲通侯，賁以文惠。」(《鶴林集》卷一一) 夫賢者爲萬物之靈之秀萃，祀之曰神，豈不足以爲百姓則哉！

案：舜臣、道傳封侯，不詳年月，今因道傳贈官加秩並及之。

八月一日，撰《安吉州烏程縣南林報國寺記》。題稱「奉議郎、祕書省著作佐郎、兼四川制置使參議官」。記云：「自佛法入中國，而海内山水名勝率爲浮屠氏有之，逮隋唐而尤盛，今六百年矣！澌俗好佛，故阿蘭若之在浙者兹益多。余爲史官時，有介僧宗偉來見者曰：『吾永嘉人，開禧間尋師學道至湖(州)烏程之南林，愛其風土，結草庵居焉，時未祝髮也。……吾嘗血指書報身佛，所説經十七卷，口不絶誦，鄉人胥信，乃相築祈年之地。今敷文閣學士眉山楊公時領祠部，捐金錢以爲吾助，……乃請於禮部，得報國舊額而扁焉！』因求余文以措諸壁。而余爲儒者也，自計不當放浮屠氏之言，久未之許。已而余西歸得請，治鑑於湖，偉求不已，余攬其書而嘆曰：國家立郡縣之學，以明人倫，此儒者所當務也，則庠序之設，反弗若僧廬之盛，何哉？……余歸伏田里，方將營葺鄉校，與門人朋友講習其間，以淑一鄉之士，蓋嘗感於欽儼之言，而猶懼其弗逮也。故因偉之請，悉書余所感者遺之，俾歸刻之，傳示四方，庶有儆也。」(《湖州府志·金石志》)

九月，召眞德秀爲翰林學士，魏了翁直學

士院。

十一月，弟性傳以起居郎兼國史院編修官、實録院檢討官（《中興館閣續録》）。

是歲，友人吴泳致書道崇敬之意。

書曰：「比從令弟左史轉示寶帖，熟窺仁誼之言，度越畦畛之外，……紬金匱石室之藏，游紅蓮緑水之幕，歸興亦不惡矣。朝廷現行下館中，令盡以《寧考會要》三百沓發付，以待鴻筆，纂修次第，悉如大著之請也。某六年朝列，半歲五遷，已爲僥倖，而正兼詞掖，則尤僥倖之至也。……而又有封駁之職，比繳還許俊承宣使、節度、檢校少保，駁論梁、李降官之罰太輕，公論頗以爲然。……和仲之出，毅夫之罷，左史計必報去。……舍弟在荆州必得胥會，幸趣其早來，兄亦欲援更迭之制，持一麾而去也。」（《鶴林集》卷三一）

案：吴潛字毅夫，其罷在是年五月，知此書在入秋後寄發。

端平二年乙未，六十九歲。

專修《十三朝會要》。

張即之者，參政孝伯之子也，喜校書，善爲頌，語乾道、淳熙事，日月先後無異。先生嘗資之，勒成正史（《清容居士集》卷卅七）。即之字溫夫，事蹟見《宋史·文苑傳》七。

九月，友人高稼死事於沔州。稼守沔，元兵自白關入六股株，距沔六十里。沔無城，依山爲阻。先是曹友聞戍七方關，知沔不可守，勸稼移保山砦，而自將所部助之。稼曰：「七方要地，不可棄，吾郡將也，城市不可棄，即事不濟，有死而已！」又以書别先生曰：「稼必堅守沔，無沔則無蜀矣；自謂此舉可以無負知己。」遂殉難（《宋史》卷四四九《高稼傳》）。

時元兵屯沔，稼子斯得聞噩，日夜西嚮號哭，會其僮至自沔，知稼戰歿處，與之潛至其地，遂得稼遺體奉以歸。見者感泣。

是歲季弟性傳除權刑部侍郎兼侍講。制稱性傳「縝密而栗，從容以和。弓治父子之良，邃于六學；塤篪弟兄之樂，博極羣書。自紹定之登朝，既端平之更化，曲臺議禮，亡所依阿，文階記言，數多論建。肆侍石渠之講，晉紬金匱之藏，重惟祥刑，當酌古誼。過輕則幾縱有罪，過重則恐傷無辜。朕方體列聖之好生，爾宜念先民之弼教。」（《鶴林集》卷七）

十二月，出魏了翁督視江淮京湖軍馬。了翁開幕府於江州，以吳潛爲參謀官，趙善瀚、馬光祖爲參議官。

端平三年丙申，七十歲。

二月二十二日，詔魏了翁依舊端明殿學士，簽書樞密院事。時廷臣多忌了翁，故謀假出督以外之，雖恩隆禮赫，而督府陳奏，動相牽制，甫一旬，復以建督爲非，遂召還。前後皆非帝意。於是了翁固辭求去。其與先生信中，蓋致其所以感慨之故。書云：「此時在內在外皆不可爲，只有閒退爲是。或難之曰：此時雖閒，何處着身？則答之曰：譬如一人徒手，一人荷擔，而猝然遇盜，則徒手者不輕于荷擔者乎？或曰：兩人均於一死。則又答曰：徒手者必後死。大抵自失襄後，西而均房光化不可復，東而隨信不可守，近而棗安爲盜所有，遠而光、黄亦復廩廩，荆鄂遂爲劇近矣；今雖召趙，而以別宋才代之，其利害又在乎新故之交，而後來憂端，則又在乎史子甲到後，和議欲成未成間也。未成固有韃患，已成則非特一侯景耳！」

案：了翁《與丁制置劄書》曰：「近日失襄之後，督府雖能募士復樊城，而襄爲北人所據，江陵亦多北人。隨趙帥來，如夏全、黄國弼之類，情僞皆未可知，比遣別宋才代趙，然此一交割，甚非易事。……史子甲已到九江近地，亦遣人往倴盞處，而識者滋以爲憂。今幸江南無北人，恐置司鄂渚，自此又引北人而南也。人情大恟懼，深恐激出内變，又慮和好成而北來人無置身之地，則又有侯景之慮，此亦事之所未有，可爲寒心。諜報多言虜人今歲來寇，只在七月間，又必先寇蜀，又二太子者分重兵西鄉，未知蜀之受任諸賢何以待之？」（《鶴山集》卷三一）據《鶴山集》，襄陽自二月二十一日軍變以來，因循不守，遂爲北人所據。此記載爲史傳所不備，故録之，以見邊事日亟之一斑也。

六月十四日，友人洪咨夔卒，年六十一。咨夔剛正明達，議論多關世道升降。在嘉定不用，仕外多政績，用於端平，能斥端平之不足言更化，且凜有後憂。及卒，詔與執政恩例，贈二秩，謚忠文（《宋史》卷四二、《戊辰修史稿洪咨夔傳》）。

是歲，《十三朝會要》書成，名曰《國朝會要總類》，都五百八十八卷。會有狄難，召赴闕。除著作郎，兼權工部郎官（參見《著述攷》）。

理宗嘉熙元年丁酉，七十一歲。

三月十八日，友人魏了翁卒，年六十。了翁平生處己，淡然無營，及病且革，語及蜀兵亂事，猶蹙額久之，蓋一憂國愛鄉之士也。謚文靖。

嘉熙二年戊戌，七十二歲。

正月，弟性傳撰《朱子語錄續後序》。歷年搜訪，得四十有一家。又《別錄》十卷，所談皆炎、興以來大事，爲其多省中語，未敢傳。

三月初六日，以著作郎兼權工部郎官。奏事，除秘書少監、史館修撰，專一修撰高、孝、光、寧《中興四朝國史》及《實錄》。時門人高斯得方服除，仍哀傷不已，無意仕進，先生辟爲史館檢閱，秩同秘閣校勘，蓋創員也。斯得分修光、寧二帝紀，尋遷史館校勘。又奏辟牟子才、錢時爲史館檢閱。又辟趙汝騰、劉漢弼、徐元杰爲史館屬官。

汝騰《庸齋集》卷五《內制序》曰：「國朝故事，無宗姓入翰苑者，惟大本以宏詞，南塘以甲科。予離場屋遲，素不習制誥之文，誤爲諸老見獎，遂踵南塘。給札李公太史心傳開史館，辟予同劉公漢弼、徐公元杰爲屬。予周旋中秘兩期，史館一期，忽除常丞兼表郎。李公謂予曰：故事，爲表郎則當兼詞翰之秩。予方遜謝，忽史院吏以除目示予，兼翰林權直，乃力援非宏詞甲科，不當入。辭不獲，遂就秩。」是盡先生長史館時所網羅，皆人才也。

六月，《恭和御製賜周坦已下詩》一首。

秋，友人岳珂呈詩致頌。

詩曰：「引領蓬萊唐謫仙，溢江一別又

經年。麟臺高躡三神路，狐筆方持千載權。鑪裊新煙招我隱，驛催逸事伏誰傳。校旗猶識臨淮略，更待涼臺親簡編。」（原注：微之以史館牒來索予所撰《東陲筆略》，以秋暑未暇編寫。）「去冬雪裏拜牋題，曾說新除到殿西。劍棧雲連吳壘火，函關日照漢封泥。剡藤幸有繫書雁，錦柏難尋隔葉鸝。便是韓壇作曾築，田蕪亦盍賦歸兮。」「堂湖浩蕩有盟鷗，塞上歸來賦葉舟。范蠡功名付西子，庾公風月自南樓。不虞繞指柔百鍊，已幸安心老一丘。從此書來訪生死，漢陽煙樹隔吳頭。」（《玉楮詩稿》卷三）。

十月，除秘書監，兼權工部侍郎。

岳珂賀詩曰：「奎章夜下九重天，雍乘疇咨法從賢。紀雉重開五工正，止麟還見一經傳。紫荷佩袷新簪橐，青汗磨鉛舊簡編。便合史筵尊領袖，經雲堆裏望台躔。」「當時卬蜀起徵君，褒貶《春秋》賴洽聞。又見壁跗攽異數，要令金鐀闡斯文。魚凫西隔一隅地，龍馬南來四世勳。陳古鑒今皆實蹟，論思極願張吾軍。」（《玉楮詩稿》卷三）。

先生雖兼工侍，仍兼領國史及實錄院原職，專典史事。繼而除寶章閣待制，眞拜工部侍郎，乃上言曰：「臣聞大兵之後，必有凶年，蓋其殺戮之多，賦歛之重，使斯民怨怒之氣，上干陰陽之和，至於此極也。陛下所宜與大臣掃除亂政，與民更始，以爲消惡運迎善祥之計。而法弊未嘗更張，民勞不加振德，既無能改於其舊，而殆有甚焉；故帝德未至於罔愆，朝綱或苦於多柔，廉平之吏，所在鮮見，而貪利無恥敢於爲惡之人，挾敵興兵，四面而起，以求逞其所欲。如此而望五福來備，百穀用成，是緣木而求魚也。臣考致旱之由，曰和糴增多而民怨，曰流散無所歸而民怨，曰檢稅不盡實而民怨，曰籍貲不以罪而民怨。凡此皆起於大兵之後，而勢未有以消之，故愈積而愈極也。成湯聖主也，而桑林之禱，猶以六事自責。陛下願治，七年於此，災祥饑饉，史不絕書，其故何哉？朝令夕改，靡有常規，則政不節矣！行齎居送，略無罷日，則使民疾矣！陪都園廟，工作甚殷，則土木營矣！潛邸女冠，聲焰茲熾，則女謁盛矣！珍玩之獻，罕聞卻絕，則包苴行矣！鯁切之言，類多厭棄，則讒夫昌矣！此六事者，一或有焉，猶足以致旱，願亟降罪己之詔，修六事以回天心，羣臣之中，有獻聚斂剽竊之論以求進者，必重黜之。俾不得以上誣聖德，則旱雖烈，猶可弭也。然民怨於內，敵逼於外，事窮勢迫，何所不至。陛下雖謀臣如雲，猛將如雨，亦不知所以爲策矣！」（《宋史》本傳）帝從之。

是歲六月，友人李壆卒於督視江淮京湖軍馬任所，年七十八。

壆立朝有守，剛正不阿，歷仕四朝，晚節尤高，有家學之淵源，垂史學之宏著，蓋蜀中之一英傑也。

嘉熙三年己亥，七十三歲。

五月十九日，季弟性傳兼侍講。制有云：「朕方崇嚮往籍，敷求正人，博古通今，無如性傳者，是用升之講幄，以備諮訪。」（《鶴林集》卷七）。

是月序《道命錄》，題銜稱「朝奉大夫、守

尙書工部侍郎、兼秘書監、兼史館修撰、兼修玉牒官、仁壽縣開國男、食邑三百戶、賜紫金魚袋」。是書凡五卷。載程子、朱子進退始末，備錄其褒贈、貶謫、薦舉、彈劾之文，命名之義，取諸《論語》，蓋有感於吾道廢興之由。子曰：「天之未喪斯文也。」學者又當思「君子不謂命」之意。申區區管闚蠡測如此，願與朋友講明之。

叙稱：「嘉定十七年正月元日，詔尙書省曰：『朕惟伊川先生紹明道學，爲宋儒宗，雖屢被褒崇，而世祿弗及，未稱崇獎儒先之意，可訪求其後，特與錄用。』德音傳播，天下誦之，蓋自伊川之被薦而入經筵，逮今百四十年矣！不佞蓋嘗網羅中天以來放失舊聞，編年著錄，次第送館，因得竊考道學之興廢，乃天下安危，國家隆替之所繫。未嘗不歎息痛恨于惇、京、檜、侂之際也。程子曰：周公歿，聖人之道不行，孟軻死，聖人之學不傳。夫道即學，學即道，而程子異言之，何也？蓋行義以達道者，聖賢在上者之事也，學以致其道者，聖賢在下者之事也。舍道則非學，舍學則非道，故學道愛人，聖師以爲訓，倡明道學，先賢以自任，未嘗歧爲二焉！自數十年，不幸憸邪讒諂之小人，立以道學之目以廢君子，而號爲君子之徒者，亦未深知所謂道，所謂學也。則往往從而自諱之，可不歎哉！子曰：『道之將行也歟？命也；道之將廢也歟，命也！』故今參取百四十年之間道學興廢之故，萃爲一書，謂之《道命錄》。蓋以爲天下安危，國家隆替之所關係者，天實爲之，而非惇、京、檜、侂之徒所能與也。雖然，亦又有感者，元祐道學之興廢，係乎司馬文正之存亡；紹興道學之興廢，係乎趙忠簡之用舍；慶元道學之興廢，係在乎趙忠定之去留。彼一時也，聖賢之道學，其爲厄也已甚矣！而義理之在人心者，訖不得而泯也。孟子曰：『聖人之于天道也，命也，有性焉；君子不謂命也。』故曰：孔子之言，則有天下國家者可以知所戒；孟子之言，則修身守道者可以知所任。至若近世諸公，或先附後畔，或始疑終信，視其所以，則先附後畔，皆出於一時利之私，害之至，始疑終信，則由夫動心忍性，增益其所不能而致此也。又有或出或入之士，義利交戰於中，而卒之依違俯仰，以求媚于世，蓋所謂焉能爲有，焉能爲無者，必也見善明，用心剛，而卓然不惑于生死禍福之際，于道學也，其庶幾乎！」（《抱經樓藏書志》卷二二引）

十二月二十四日，觀文殿大學士崔與之卒，年八十二。

與之爲南宋一代名臣，平生仕宦多政績，而帥蜀尤有功。至其留心世事，選薦人才，無一人能及焉！

嘉熙四年庚子，七十四歲。

夏，大旱，六月初六日，奉御香禱雨於上竺，前一夕雨已應。友人程公許喜而賦詩。曰：「庚子歲維夏，亢陽亦何驕。侵尋徂暑迫，惻怛聖慮焦。……萬井沸湯沸，四野烜赤熛。俄聞罪己詔，還下中興朝。……小臣忝侍祠，囊封叩層霄。帝念亦勞止，暵災殊未消。」（《滄洲塵缶編》卷五）

是歲，累章告老，上命以西淸候對，加三秩華其歸。

程公許賀以詩曰：「桐帽棕鞵帶染紅，誰能仰箭著虛空。乞身何幸天從欲，贏得溪堂一笑烘。」「白板扉無貸堊粧，碧琅玕漸出垣牆。卷藏汗簡編摩手，賸與離騷譜衆芳。」「封章三上意拳拳，卻恨歸無一壑專。商略浮生皆寄耳，直預勘破劫前空。」（《滄洲塵缶編》卷一二）

奉祠歸，寓居湖州。

吳泳與書曰：「侍郎抱國史隱于南山之下，揆諸公論，負屈稱久矣！作宋一經，舍鴻筆誰屬？且晚須奉京祠以終其志耳！某屏居一年，讀書亦粗有緒，嘗以文定胡公策進士四十年，在官實歷不登六載，文公先生歷仕四朝幾五十年，立朝止四十日，仕於外者僅九考。所以得此歲月之暇，能讀聖賢諸書，光明正大，卓然立於天地之間，名之曰人。某六十二翁矣，瞬息光陰更不堪把玩，若復悠悠憒憒，不倍用其功，則將起初平無及之嘆，而墮於小人之歸矣，甚可懼也。膜外榮辱又何足嬰諸懷哉！」（《鶴林集》卷三一）

理宗淳祐元年辛丑，七十五歲。

是歲，罷祠。

二月二十九日，詔以權禮部尚書高定子修《四朝國史》、《寧宗實錄》。八月十四日，詔玉牒所國史實錄院長官，會粹史稿，刪潤歸一。秘書省長官點對《日曆》、《會要》，並期以十一月終成書（《續通鑑》卷一七〇）。

十一月跋姜堯章、劉明達所藏本《蘭亭記》（《宋代蜀文輯存》卷七七）。

淳祐二年壬寅，七十六歲。

正月三日，右丞相史嵩之進呈四朝史《帝紀》并《寧宗玉牒》、《日曆》、《會要》、《實錄》。先是，先生長史院，修《中興四朝國史》，斯得分修光、寧二帝紀，遷史館校勘。時丞相史嵩之柄國，斯得遇對，乞擇才望並相，遂忤嵩之。去歲斯得叔父定子以禮部尚書領史事，時人以爲美談。嵩之以其黨言叔父兄子不可同朝，以斯得添差通判紹興府。至是《四朝帝紀》書成上之，嵩之妄加毀譽，於理宗濟王事，改斯得所草《寧宗紀》末卷。斯得與史官杜範、王遂辨之，範報書亦有「姦人勦入邪說」之語，然書已登進矣！先生藏斯得所草，題其末曰：「前史官高某」而已（《宋史》卷四〇九《高斯得傳》）。

夏，跋王周卿注《魏鶴山先生梅花詩》。題稱雪濱病叟（《宋蜀文輯存》卷七七）。

十月十五日，撰《重闢社壇記》，題銜稱「朝奉郎、新除寶章閣待制、提舉江州太平興國宮」（《蘇州府志》卷四八）。

十二月，撰《蘭亭續考序》（《宋代蜀文輯存》卷七七）。

是歲，友人高定子擢翰林學士、知制誥，兼吏部尚書，並兼修國史、實錄院修撰。上書乞召收先生卒成四朝志傳。時先生居湖州，復予祠。

淳祐三年癸卯，七十七歲。

夏，跋徽宗御題王維《蘭亭圖》及御書何延之《蘭亭記》。

季弟性傳以臣僚論列父舜臣立廟封爵事，落職，提舉太平興國宮，亦寓湖州。

吳泳與書曰：「《尚書》雅淡沖夷，靜觀

羣動，讀書精舍，老兄弟日各相講磨，想必有進學之益，孟子所謂兄弟無故一樂也。某自罷守來歸，則無此樂矣！嘗取《典謨》、《訓誥》、《誓》、《命》之書讀之，亦欲向上作少工夫，蓋此書竟難全解，只如屋壁所傳與口授不同，諸序所記與經文相舛，帝王之制與史官之詞，殽雜難辯，篇帙之離合，章指之同異，歲月之後先，地理之遠近，又或有缺文，有疑義，有斷句，傳注有理到者，有全害義者。林少穎《洛誥》而下已非親作，呂伯恭《洛誥》而上亦多出其門人所記。……向來隆山先生令兄郎中與尙書俱爲此學，苟有精到處，無惜下敎。」（《鶴林集》卷三一）

是歲，又罷祠，致仕。先是，先生官太史時，游吳興，悅山水之秀，寓於郡城，後爲安定書院，又相度弁峰，建宅營墓，土人稱其地曰太史灣，後人徙居焉（《吳興備志》卷一三）。

案：《宋史》本傳云居潮州，實誤。先生終生未嘗蒞潮陽，且其弟道傳、性傳俱寓吳興，何故違其二弟獨乘槎萬里乎？

淳祐四年甲辰，七十八歲。

卒於吳興寓所。無子，以弟道傳子獻可爲嗣。獻可號雙溪，後官史館校勘。

趙汝騰《庸齋集》卷四《繳趙以夫不當爲史館修撰事奏狀》曰：「五月二十三日，三省同奉聖旨：尤焴兼秘書監，高斯得兼直史館，牟子才兼史館檢討，李獻可兼史館校勘。臣觀焴、斯得、子才三人皆儒雅，有詞筆，獻可家有史學，亦無可議。惟史館之長、端明趙以夫人品庸凡，寡廉鮮恥，心術回邪，……鄭清之以雅故欲開其殊渥，遂以進吏屬之以夫，四海傳笑。」

案：獻可之爲史館校勘，當在咸淳六年也。

先生之卒，士林悼痛，劉克莊曾挽之曰：「耆舊凋零尙秀巖，可堪華表揭新銜。甘泉頌就抛荷槖，寶苑方收入枕函。夙昔山人來少室，暮年太史滯周南。嗟予去速公歸晚，不得坦腰立雪參。」「獲麟以後便休論，化鶴而歸亦浪言。過眼忽看遺老傳，終身不及長公門。山房惜未從公擇，書局曾聞擬道原（自注云：今丞相游公嘗言，秀巖欲以史局見辟）。六合茫茫千載遠，些成無路可招魂。」（《後村大全集》卷一六《挽李秀巖》）

門人徐元杰祭之曰：「去冬日至，忽叨恩除，再辭弗俞，率爾奄出。亟欲抵此，修由衷敬謝之牘，詎意慶門變故，出於不測，先正秀巖貳卿先生遽爾奄棄榮養。聞訃不覺手足爲之痿痺，涕淚爲之迸潰。嗚呼痛哉！天喪斯文，後學其疇依？哲人云亡，邦國之殄瘁益甚矣！追維疇昔，木天晨午，從容謦欬於丈席之地，所提耳諄怛勞謙不翅父兄之於子弟。此時此意，每一言之，滿室老稚，爲之泣數行下，況於汲引嘘枯，靡不周至，其如之何不驚悼痛絕也。諒維尊契兄純孝天鍾，罹此大變，何以堪處。孝思奈何，痛當奈何？呼蒼蒼兮胡不仁，君實輩人胡不永壽？然公休植立，吾黨尙竊望之，強加餐粥，以當大事。某下情憂戀，無任至禱。」（《楳野集》卷九）

是歲，十一月十三日，季弟性傳召赴闕，

二十日除權刑部尚書兼給事中，兼同修國史、實錄院同修撰。五年正月，拜端明殿學士，簽書樞密院事，兼權參知政事。十二月，除同知樞密院事。同月，落職予郡。十二年，以資政殿大學士提舉洞霄宮。寶祐二年，依舊職提舉萬壽觀兼侍讀，以觀文殿學士致仕。卒，特贈少保。

案：《性傳授端明殿學士簽書樞密院事兼參知政事制》曰：「尚書代喉舌，夙簡在於帝心；執政猶股肱，爰亟躋於宥府。……李性傳靖共而正直，博厚而疏通。世衍斯文，祖父兄之並美；家擅良史，才學識之三長。爲今儒雅之宗，有古典刑之懿。蚤膺簡注，徧陟高華，從容乎記注之司，溫潤乎緝熙之益。澄不清而撓不濁，用則行而舍則藏。……還甘泉之故步，陟司馬之穹班。緬懷去國之餘，每甚見賢之渴，……載念樞機之寄重，夙夜基命宥密。……折千里遐衝，當使寒狄人之心膽；建萬世長策，尤資大王室之勳勞。」（《永樂大典》卷一三五〇七）所云「家擅良史，才學識之三長」者，當係指先生父子之長於史學也。

度宗咸淳八年壬申，卒後二十八年。

先生卒後二十八年。門人高斯得奏《中興四朝國史志傳》修纂實情。曰：「臣伏見國史院被旨修纂高、孝、光、寧《四朝志傳》，限來年三月登進。臣叨預載筆，苟有管見，不敢默然。且詔修《四朝志傳》，爲日久矣，趙以夫始專其事，不知亟加纂輯，乃欲先合九朝正史爲一，而後以四朝續之，用力舛差，遂墮汗漫。

迄以夫之去，《四朝傳》竟無一字。汝騰繼之，當其任矣，而乃引嫌力辭。尤焴又繼之，亦復控避，久乃就職。更三史官，虛度歲月，幾及兩載，實爲可惜。九月以來，乃方命僚屬，然規模不立，人情渙散，既不照舊例奏請，先立年限，又不考故事，分志傳爲兩次，以百餘年間事，歷史官二百八十餘人所不能成之書，自詭速成於數月之內，四修、三修、兩修、一修，可謂易于成書矣！猶且踰四年而後奏篇。今高、孝、光、寧諸臣當立傳者，人數猶未能定，雜糅疎漏，絕無倫次。院吏所供初草，大抵從其私家所供誌狀，全未經史官考按，增入他書，又安得有所謂四修、三修、兩修、一修者？乃欲趣辦于四、五月之間，臣知其苟且滅裂，務應限期，希恩賞而不以傳信決矣！雖然，列傳粗有張本者也。乃若諸志，則從前未有片紙纂次，今始創爲，其間天文、地理、選舉、禮樂之屬，猶可編類綴緝，惟兵、財二者，乃百餘年建國之實政，本末閎闊，功力浩瀚，非可鑿空爲之者，豈數月之所辦乎？兼史院官例多兼職，往往一時繁劇之任叢集予厥身，有如（李）燾所謂精力有限，詳此略彼者，而望其專力總領，速成大典，難矣！臣非唱爲異論，苟欲遷延，以逃瘝曠，蓋考諸故實，昭然不誣，乃敢援據以爲陛下告。欲望聖慈，改命史院官專一編纂四朝正史諸志，俟奏篇後，續行纂次列傳，庶幾……成篇可準，不致苟且滅裂，貽笑後世。」（《恥堂存稿》卷二）

西山真文忠公年譜

（清）真采 編
李春梅 校點

乾隆二十九年拱極堂刊《真西山全集》附

真德秀（一一七八—一二三五），字景元，一字希元，號西山，浦城（今屬福建）人。慶元五年進士，調南劍州判官。開禧元年，復中博學宏詞科，歷太學正、博士，除秘書省正字，累遷起居舍人兼太常少卿，奏言金國將亡，直聲動朝野。出爲江東轉運副使，歷江西、湖南安撫使。理宗即位，召爲中書舍人兼侍讀，擢禮部侍郎，直學士院。寶慶元年，再忤史彌遠落職。居家，修《西山讀書記》、《諸老先生集略》、《文章正宗》。紹定間起知泉州，知福州兼福建安撫使。端平初召爲户部尚書，除翰林學士知制誥。二年拜參知政事，尋致仕，卒，年五十八，謚文忠。

德秀在當時以學術、政事、文章享盛名，與魏了翁并稱「真魏」。其學力崇朱熹，號稱一時大儒。爲文倡義理，主實用。著述甚多，有《大學衍義》、《三禮考》、《四書集編》、《讀書記》、《心》《政經》、《西山文集》等，清康熙中家祠刻爲《真西山全集》。又輯有《昌黎文式》、《文章正宗》、《文章正宗續集》等。事蹟見劉克莊《西山真文忠公行狀》（《後村大全集》卷一六八）、魏了翁《參知政事資政殿學士致仕真公神道碑》（《鶴山大全集》卷六九）、《宋史》卷四三七本傳。

本譜爲德秀十九代孫真采編，附於乾隆二十九年拱極堂刊《真西山全集》，又收入同治間祠堂本《真西山全集》及光緒間刊本《真文忠公文集》。今據乾隆刻本校點。是譜前有林鴻、吴鏞、李青震及真采自序四篇，而正譜則極簡略，譜末則多載後代崇祀。

〔年譜林序〕

學問博誦云乎哉，必也貫乎道；文章闢靡云乎哉，必也適乎用。故學爲有體有用之學，文則布帛菽粟之文，可以翼聖經，羽賢傳，舉堯、舜、禹、湯、文、武、孔、孟、周、朱、二程相傳之道，無不源源委委，措諸躬而建諸言，是之謂三不朽。吾鄉西山文忠真先生殆其人也。余束髮受書時，登先生之堂，拜先生之像，未識先生之學問文章也；即甫讀《衍義》、《心》、《政》諸書，粗通其義，猶未深契先生之學問文章也；及閱先生《年譜》，而後知先生之學隨年進，真所謂參天地之化，關盛衰之運，而其嚴氣正性，則在天爲星辰，在地爲河嶽，浩然獨存者乎！先生四歲過目成誦，七歲能文，十二遊庠，十四五研經史旨趣，其似吾夫子十五志學乎？舉鄉登第，應博學宏詞，即上疏斥僞學、崇明節，其似吾夫子三十而立乎？不與金人歲幣，言事不避權貴，他如守邊救荒，善政纍纍，非似吾夫子四十不惑乎？若夫衆犬羣唁，退而脩書，觀吴粤之秀，契羲文之心，則有合於吾夫子知命也。既而召用，恭進《衍義》，上佐太平，帝嘉予之。惜乎天不慭遺，未躋耳順之年，遽騎箕尾而逝也，豈天不欲先生大用歟？抑宋之不幸耶？然先生之學問文章，雖不大展於當時，而其爲後世之軌範正未有艾，則又有合於吾夫子之有志未逮，卒老於行而俎豆萬世也。先生之生豈偶然也哉？

乾隆甲申歲菊月重九日，東溪後學林鴻頓首拜序。

西山真夫子年譜序

自古通都大邑，必有鄉先生焉。所謂歿而可祭於社者，其道德文章足以師表天下，而邑之人世世稱道不衰，則流風遺韻歷千百年如一日也。若浦城之有真西山先生，是其人矣。先生歿後距今五百餘年，邑之士大夫以至於委巷之小民，猶莫不引重吾邑有真文忠公，爲宋代理學名臣云。此所謂民之秉彝，善類因之興起，而著書談道之士，孰不欲闡揚而表彰之，而況在雲礽也？先生後裔真生鼎元等以所輯《年譜》請序於余。余惟先生抱道匡時，力明正學，其所著《大學衍義》及《心》、《政》二經，負堯舜君民之略，紹程朱理學之源。雖受知理宗，入典絲綸，而時值奸相柄國，不克大展其經濟之才，此固先生之不幸，亦由宋祚之將衰也。今閱《年譜》而知先生之立德立言與年俱進，則讀先生之書者，當先閱先生之《年譜》，而出處之正，學業之勤，俱瞭如指掌矣。夫儒者之道德文章，堪以淑身心，扶民教，德業著於當時，文采流於後世。其有關於世道、人心，誠非淺鮮。而《衍義》一書，本聖賢之學，以明帝王之治，洵備人君之軌範焉。鴻維聖天子崇儒重道，御製詩跋，加意褒嘉，凡屬學者，自應感激奮興，私淑前賢，務爲有體有用之寔學，以仰副熙朝棫樸作人之雅化，庶不虛讀先生之書也歟？余因序先生之《年譜》而廣其說，以爲多士勗。邑有君子，諒不以余言爲河漢也。是爲序。乾隆甲申仲夏，知浦城縣事錢塘後學吴鏞謹書。

〔年譜李序〕

賢喆之生，由少而壯而老，所歷年華於凡人無甚異也，而德行、言語、政事、文學之日起而大有功者，獨按時而可驗。古非無聰明人傑也，文采卓絶，總角時即讀書等身，人咸有神童之目。迨歷日彌長，攷厥所就，或以文藝終其身，外此鮮可紀焉，以分文林一席可耳，即或勛業爛然，堪銘竹帛，而於聖賢大學之道，又或尚扞格焉，而未必寔有所得。夫惟希聖之賢，明體達用，罔弗歷歲月而綜其全。每覽往哲所垂，稽其閲歷，未嘗不憬然於醇儒之學與年俱進也。我浦西山真文忠公當宋祚式微之時，力明脩己治人之學。四歲受書，即〔過〕目成誦。七歲操紙筆，已能文章。嗣是而名隸賢書，嗣是而身登仕版，嗣是而𠭃歷中外，奉使虜庭，安撫區夏。當是時，文學日充，著作日富，舉凡正君善俗，直言抗疏，斥僞學，却歲幣，發爲言語者即見諸政事，施諸政事者皆本諸德行。使天而祚宋，假公以年，其學之所暨，又當何似？然是時，權奸史彌遠輩，雖能阻其大用於服官之年，而卒不能掩抑其德業文章不光昭於天下後世，亦足見醇儒之學其日進無疆者，自不朽也已。予惟賢哲出處，關乎氣運，而道學所係，無有隆汙。南渡自孝、光以還，迄理宗時，國勢愈蹙，而公適閲少、壯、老於其間。生平志在《衍義》，雖未得盡展而具學，老而益明，久而愈光，蓋以一身備德行、言語、政事、文學之全焉。天殆不忍斯文之將喪，而以公踵接關、閩、濂、洛，爲之殿而衍其傳也歟？降嶽騎箕，其生其逝，皆非偶然，閲公《年譜》也而益信。時乾隆甲申秋九月上澣，雲村後學李青震頓首拜。

年譜後〔自序〕

嘗讀四子年譜，而知四子之道德文章、事蹟功業與日俱長，與年俱進，殆非偶然而已也。四子維何？龜山楊夫子、豫章羅夫子、延平李夫子、紫陽朱夫子是也。四子俱有年譜，而吾祖獨可無年譜乎？吾祖西山真文忠公，生于宋末朱夫子之後。時值四木當途，三凶塞路。前以韓侂胄僞學斥，繼以史彌遠黨禁抑。公能私淑朱子，力明正學，上接五子，下超諸儒，集羣聖之大成，標入道之程式。所著《大學衍義》、《讀書記》、《心》《政經》、《文章正宗》、《西山文集》、《唐書考疑》、《易圖解》、《四書輯編》等書，其生平事蹟功業、道德文章不少概見。但姓氏里居、生辰日月，自少而壯，壯而老，出處閱歷，非年譜莫能傳。吾弟丰暨兄傑，每以不得年譜爲遺恨。予也向曾受業于建郡馬先生肇樞之門，偶于塵架中得一四子年譜，披而讀之，由來久矣。去秋祭後，族尊鼎元諄諄以輯年譜命予。予不敢辭，迺搜採南北《宋史》、《綱鑑》、《明紀》、《儒林傳》、《人物志》，徵諸墓誌、家乘，式做四子年譜，集成一帙，名曰《西山年譜》，呈諸邑侯吴公鏞筆削考證，撰冠序言，命梓開雕，并質諸邑紳林公鴻、李公青震，均詳加較訂，各棄簡以序，而《年譜》遂成。是譜也，尋章摘句，編年紀月，焚膏繼晷，燃鬚拭目，雖不能闡吾祖萬分之一，亦聊以見爲子若孫者，猶能費一翻苦心，爲厥祖稍表大略云爾。乾隆甲申歲臘月朔日，第十九代裔孫邑庠生采百拜謹識。

西山真文忠公年譜

南宋孝宗淳熙五年戊戌

九月十五日卯時，公生於浦城長樂里僊陽之鎭。

按《舊譜》、《儒林傳》、魏了翁《墓誌》所載，文忠公諱德秀，字希元，西山其號也。祖姓之先出自黃帝玄囂，始於上谷，繼於下邳，終于天水，因以郡焉。世家於合淝，迨晉永嘉中，曰弘仁者遷居金陵。十數傳，唐時曰元政者徙居江西南昌，傳數世至宋。紹聖間，曰齊者居浙江之龍泉西鄉木岱口。傳三世，曰嵩者愛建之浦城長樂里僊陽山水佳勝，遂家之，而公生焉。本姓愼，漢時愼祐去心爲眞，而裔祖以避寧宗諱改愼爲眞，而眞姓實裔祖之所崛起也。公伯仲有四，而公其次也。公蚤孤，吳氏夫人劬勞教育。公幼而穎悟，時建郡進士楊圭見公貌三犀貫頂，曰：「此異人也。」使歸居建郡甌地，同諸子學，以女妻之。故《府志·甌邑地方》載有眞德秀宅。

淳熙六年己亥，公二歲。

淳熙七年庚子，公三歲。

淳熙八年辛丑，公四歲。

少師父嵩，授之書，已能過目成誦。

淳熙九年壬寅，公五歲。

淳熙十年癸卯，公六歲。

淳熙十一年甲辰，公七歲。

即能文。

淳熙十二年乙巳，公八歲。

淳熙十三年丙午，公九歲。

淳熙十四年丁未，公十歲。

淳熙十五年戊申，公十一歲。

淳熙十六年己酉，公十二歲。
入黌庠。
光宗（隆興）〔紹熙〕元年庚戌，公十三歲。
（隆興）〔紹熙〕二年辛亥，公十四歲。
凡六經子史皆研窮旨趣。
（隆興）〔紹熙〕三年壬子，公十五歲。
少師父嵩公卒，丁父艱。
（隆興）〔紹熙〕四年癸丑，公十六歲。
（隆興）〔紹熙〕五年甲寅，公十七歲。
寧宗慶元元年乙卯，公十八歲。
舉于鄉。
慶元二年丙辰，公十九歲。
慶元三年丁巳，公二十歲。
慶元四年戊午，公廿一歲。
慶元五年己未，公廿二歲。
登進士曾從龍榜，特授南劍軍判官。
慶元六年庚申，公廿三歲。

嘉泰元年辛酉，公廿四歲。
嘉泰二年壬戌，公廿五歲。
嘉泰三年癸亥，公廿六歲。
嘉泰四年甲子，公廿七歲。
開禧元年乙丑，公廿八歲。
中博學宏詞科，奉旨建宏博坊于僊陽鎭安廟前。
開禧二年丙寅，公廿九歲。
奉命入閫帥幕，召爲太學正。
開禧三年丁卯，公三十歲。
子志道生。
嘉定元年戊辰，公三十一歲。
遷博士。上疏言：「自韓侂胄專政，以僞學斥忠良，今宜褒崇明節，以示好尚。」
是月，召試學士院，除秘書省正字，（充）差充御試編排官兼玉牒檢討官。
嘉定二年己巳，公三十二歲。

十二月，辭學士院權直，除校書郎。論玉牒、(要會)〔會要〕迎合柄臣，乞加辨正。是月，召充沂王府教授，兼學士院權直。

嘉定三年庚午，公三十三歲。

夏月，特授秘書郎。

嘉定四年辛未，公三十四歲。

春，除著作郎。

秋八月，兼禮部郎官。

嘉定五年壬申，公三十五歲。

夏，除軍器少監，復陞權直學士院。

嘉定六年癸酉，公三十六歲。

作《春端貼子》。二月，辭起居舍人，擢起居舍人。虜以易主，充金國賀即位，至盱眙而復。凡山川險易，士卒勇怯，及守將賢否，邊民疾苦，皆識於冊。

嘉定七年甲戌，公三十七歲。

三月，金人來求歲幣，勿與。時以金人有難，二年不遣歲幣，故來督之，公以爲不宜與，上從之。

嘉定八年乙亥，公三十八歲。

春，領江東計度轉運副使，論邊事上奏。時值蝗旱，荒政畢舉，所活甚衆。

嘉定九年丙子，公三十九歲。

冬，除右文殿脩撰，知泉州。

嘉定十年丁丑，公四十歲。

夏月蒞郡。先是，番舶畏苛征，至者歲不二三，聞公下車，增至三十六艘。聽訟揭示姓名，人自無敢後者。久之，囹圄皆空。

嘉定十一年戊寅，公四十一歲。

辭轉官。夏，溫陵海賊犯境，公授方略討捕。五月掃平，以功轉朝散大夫。泉人立衛民祠以祀公。

嘉定十二年己卯，公四十二歲。

除集英殿修撰，知隆興府，安撫江西。七月四日辭，八月二十日奉旨不允。

嘉定十三年庚辰，公四十三歲。

太夫人吴氏卒，丁母憂，歸浦城故居。

是年，營親之封于銀山之麓，遷兄婦氏之柩于屏山之陽桐山之塢。有《贈偶然居士鄭彦祥善錦囊玉涵之術序》。

嘉定十四年辛巳，公四十四歲。

夏月，築西山精舍，日與詹體仁、黄叔通、徐鳳親長朋友輩講學而語論焉。

嘉定十五年壬午，公四十五歲。

服闋，補復寶謨閣待制、知潭州、湖南（守）〔安〕撫使，辭。

夏，建睦亭于縣北長樂里僊陽鎮之西山，爲讀書處。門人劉克莊、湯漢、徐華老輩相與講習討論。

纂《文章正宗》、《大學衍義》成。

嘉定十六年癸未，公四十六歲。

奉詔擢起居舍人兼宫講，言事不避權貴，且惓惓于復仇。時史彌遠方以爵禄縻天下士，公慨然謂劉爚曰：「吾徒須急引去，使廟堂知世有不肯爲從官之人。」遂力請外任。

嘉定十七年甲申，公四十七歲。

作《志道字説》。

九月九日，辭除禮部侍郎兼修國史，轉兼權轉運副使，知潭州。湘中翕然向化，潭人爲立生祠。至是自潭州召還，入對，勸帝容納直言，固結人心，帝嘉納之。

除兼侍讀、工部侍郎。

秋，轉陞禮部侍郎、直學士院。

理宗寶慶元年乙酉，公四十八歲。

時四木者薛極、胡榘、聶子述、趙汝述，三凶者梁成大、李知孝、莫澤，諂事史彌遠，遂相與交相排劾公所言舛論，簡節上語，遂落煥章閣待制。李知孝、梁成大、史彌遠交奏，與魏了翁宜削秩貶竄一等施行。帝曰：「仲尼不爲已甚。」遂止。鐫兩秩，罷祠。

公既歸浦城，以田易夢筆山地數畝，搆堂于山之麓，日與門人劉克莊、湯漢、徐華老輩脩《讀書記》。語門人曰：「此人君爲治之門，如有用我者，執此以往，可也。」魏了翁爲撰《夢筆山房記》。

寶慶二年丙戌，公四十九歲。

置菴於招賢里百丈之源，爲讀書處。纂《四書輯編》、《唐書考疑》成。

寶慶三年丁亥，公五十歲。

遷居花園東粵山下，豎拱極堂，著《心》《政》二經、《易圖解》，名其堂曰「學易齋」。有聯句云：「坐觀吳粵兩山秀，默契羲文千古心。」諸儒退避三舍。

紹定元年戊子，公五十一歲。

以恩復寶謨閣待制。

紹定二年己丑，公五十二歲。

除提舉玉隆觀萬壽宫。

紹定三年庚寅，公五十三歲。

秋八月，除徽猷閣待制。

紹定四年辛卯，公五十四歲。

冬，除顯謨閣待制。

紹定五年壬辰，公五十五歲。

知福州、福建安撫使。

紹定六年癸巳，公五十六歲。

春正月至郡，四月内出手書，除權戶部尚書。九月入見，越十日除翰林院學士、知制誥，兼侍讀。

公以《大學衍義》進，帝嘉曰：「《衍義》一書，備人君之軌範焉。」

理宗端平元年甲午，公五十七歲。

正月，奉差知貢舉，事竣，除參知政事。時已得疾，三上表乞祠，不允。四月，授資政殿大學士、提舉萬壽宮、兼侍讀，公固辭。

端平二年乙未，公五十八歲。

公疾愈篤，迨五月初十日疾亟，公冠帶起坐，神爽不亂，迄午時謝事。遺表聞，上震悼，輟朝，贈銀青光祿大夫，謚文忠。厥八月，勑葬孝悌里株林之陽。魏了翁爲撰《墓誌》。

子志道，字仁夫，以蔭補承奉郎，轉陞戶部侍郎，娶丞相趙汝愚子趙崇度吏部侍郎女爲妻。

一世祖齊，以公貴贈太子少保；二世祖京，以公貴贈太子少傅；三世祖嵩，以公貴贈太子少師。

公立朝不滿十載，奏疏無慮數十萬言，直聲震朝廷，中外交頌。都人士驚傳奔擁出關曰：「眞直院至矣。」果至，衆又塡塞聚觀。時權相史彌遠益忌之，擯而不用。迨權相沒後，復朝大用，則已衰矣。自韓侂胄立僞學之名，正學不明於天下，公晚出，獨私淑朱子，慨然以斯文自任。黨禁既開，正學遂明於天下後世，公之力居多焉。

嘉熙三年己亥

詔配朱文公祠。

元武宗至大四年辛亥

命王約等進讀《大學衍義》，節而譯之。帝曰：「治天下，此一書足矣。」命刊行，以賜臣下。

仁宗延祐四年丁巳

孫淵子築宮祀公。江浙行中書省上其事，

欽賜扁額曰「西山書院」。刊字於縣治照牆，曰「西山眞夫子之鄉」。又豎西山故里坊於北鄉仙陽鎭，虞集爲之記。

泰定帝泰定元年甲子

二月，浙江行省左丞趙簡進講《大學衍義》。

順宗至正九年己丑

諭德李好文上皇子書曰：「殿下以臣所進《大學衍義》推而行之，則太平之治不難至矣。」

明洪武元年戊申

新殿成，命書《大學衍義》於兩廡，以備朝夕省覽。

永樂九年辛卯

三月，御製《大學衍義》贊文。

正統三年戊午

春，詔從祀孔子廟庭。

成化三年丁亥

夏八月，大學士商輅奏議封爵，奉旨追封浦城伯，通行南北二監，天下學校改正從祀牌位。勅建特祠於精舍之所，中棟殿宇塑公遺像，前豎兩坊、頭門、儀門；東西兩廊，後棟安奉三代。給蔭奉祠生，春秋丁期，支動額，編祀典，邑侯、學師、僚屬、官員同致祭焉。

正德十二年丁丑

蒙巡按胡公士寧題請西山文忠眞公祭田永免差徭，凡嫡派子孫一體均免。奉僉允，給照準行。

嘉靖六年丁亥

七月，上聽講《大學衍義》，御製五言詩一首。

嘉靖三十六年丁巳

荷學政姚、邵二公，都察院胡、施、徐、陳、曾諸公，參議裴公，僉事鍾公，各捐增按撥祠田，以供祀事。

隆慶六年壬申

九月，蒙邑侯詹公全覺整刊照牆石字，內面刊「三代直道而行」，外面刊「西山眞夫子之鄉」。

萬曆二年甲戌

建大儒坊於十字街頭。

萬曆二十五年乙未

正月，荷邑侯王公訓重脩。

國朝康熙四十五年丙戌

蒙學使沈公涵疏請，奉聖祖仁皇帝御書「力明正學」牌扁，遣內閣中書明公德賫賜公祠，懸掛正殿。

乾隆二年丁巳

恭邀皇上讀《大學衍義》，御製詩、跋，刊載《樂善堂全集》，布行天下。乾隆三年戊午，奉部給照祠生。

乾隆六年辛酉

春，荷邑侯李公藩詳復，額編祀典。荷撫院周公學健題咨俞允，每歲春秋給祀典銀三兩。

乾隆八年癸亥

荷學使吳公華孫題請修建殿宇。荷撫院陳公大受覆咨，奉旨給發帑金四百五十三兩，修建正殿及頭門、兩坊，左坊文章山斗，右坊道學淵源，幷縣城十字街頭大儒坊。

是歲，又荷邑侯李公藩重修《縣誌》，將石刊「西山眞夫子之鄉」七字載入縣治屏牆。

乾隆九年甲子

恭奉俞旨，特飭地方官時加防護，每歲取具無誤甘結造冊報部。

魏文靖公年譜

（近）繆荃孫 編
張尚英校點

南陵徐氏刊《烟畫東堂四譜》本

魏了翁（一一七八—一二三七），字華父，號鶴山，邛州蒲江（今屬四川）人。慶元五年進士，授簽書劍南西川節度判官廳公事。除國子正，召爲秘書省正字，歷知嘉定府、漢州、眉州，擢潼川路提點刑獄，遷轉運判官，知瀘州、潼川府。嘉定十五年召爲兵部郎中，累遷秘書監、起居舍人。理宗立，遷起居郎。寶慶元年，謫居靖州，遂著《九經要義》百卷，士子多從其學。紹定五年起爲潼川路安撫使，再知瀘州。端平元年召權禮部尚書兼直學士院，還朝六月，前後二十餘奏，皆當時急務。旋以同簽書樞密院事督視江淮京湖軍馬。又以簽書樞密院事召回，改湖南安撫使、知潭州，改知紹興府、浙東安撫使。嘉熙元年，改知福州、福建安撫使，卒，年六十。

了翁在當時號稱「真儒」，以學術、文章、政事得享盛名，與真德秀並稱「真魏」。著述極多，合編爲《鶴山先生大全集》一百一十卷。事蹟具《宋史》卷四三七本傳。

清末繆荃孫編有《魏文靖公年譜》一卷，近代南陵徐氏刊入《烟畫東堂四譜》，又有江陰繆氏刊《藝風堂叢刻》本。譜末有跋，稱因校勘《魏鶴山大全集》，「繙閱既多，因編爲《年譜》一卷」，然是譜實較簡略，繫事亦不盡準確。

魏文靖公年譜

煙畫東堂
江陰繆荃孫編

宋孝宗淳熙五年戊戌，一歲。

公諱了翁，字華父，邛州蒲江人。曾祖大昕，祖苹，父士行，本生父高孝璹。

公以戊戌六月八日生。

公祖七子，祖母同邑高氏。長敏孫，次朝散郎士行，次和孫，次南壽，次直行，次承事郎孝璹，次朝奉郎孝壽。孝璹與高氏之兄黄中爲子，士行無子，又以還爲後焉。高氏同產六人，長載、次稼、次崇、次定子、次公、次茂。

六年己亥，二歲。

七年庚子，三歲。

八年辛丑，四歲。

九年壬寅，五歲。

十年癸卯，六歲。

十一年甲辰，七歲。

從杜德稱希仲游，隨諸兄入學，儼若成人。未詳年月，附識於此。

十二年乙巳，八歲。

十三年丙午，九歲。

十四年丁未，十歲。

十二月十八日，祖母高孺人卒。

喜小學。

《答薛檢法書》：某爲兒童即喜小學，如鍾鼎款識及篆、韻，皆有善本。未詳年月，附識於此。

十五年戊申，十一歲。

十六年己酉，十二歲。

光宗紹熙元年庚戌，十三歲。

二年辛亥，十四歲。

少長，英悟絶出，日誦千餘言，過目不再覽，鄉里稱爲神童。本傳繫於十五年前，附識於此。

伯父敏孫卒。

三年壬子，十五歲。

著《韓愈論》，抑揚頓挫，有作者風。

四年癸丑，十六歲。

五年甲寅，十七歲。

從章先生寅臣游，先生迪以義理，不以凡兒畜之。

甯宗慶元元年乙卯，十八歲。

二年丙辰，十九歲。

受知於蒲江令□仰之，卷在第三。

三年丁巳，二十歲。

受知於邛守范季才蓀。

按：《謝啓》有「二十作文賦，未嘗陸士衡挺異之年」云云。姑繫於是年。

四年戊午，二十一歲。

應省試，受知於吏部郎趙大全、知邕州李□□、簽書樞密院宇文□□，以《易經》冠同經生。

五年己未，二十二歲。

廷對，登曾從龍榜進士第三，由第一改。賜及第。

賦《謝恩》詩。

授僉書劍南西川節度判官。

六年庚申，二十三歲。

到成都府錄事任。

叔父南壽卒。

後族人之伯父和孫亦卒。

嘉泰元年辛酉，二十四歲。

往眉州主文。問以漢中朝、唐入閣本末，得丹稜史守道孟傳。

在闈中，答老生唐明宗一日九開延英問。

二年壬戌，二十五歲。

召爲國子正，過漢嘉，交游忠公仲鴻。由

淮西入朝。

同產兄高（南）〔瞻〕叔定子舉進士。

三年癸亥，二十六歲。

造朝。

女璧海生。

夏，楊孺人得疾卒。提刑楊熹之女。

秋，葬楊孺人於何村。

四年甲子，二十七歲。

改武學博士。

九月，女璧海殤。

開禧元年乙丑，二十八歲。

正月，召試館職於擒文堂。公極陳權姦猾胥，債帥驕軍，必取禍辱，宜急於內修，緩於外攘，凡數千言。大忤韓侂胄，御史徐柟欲劾之。侂胄曰：「得無成其名？」乃止。

改祕書省正字。

十二月二十七日，金使趙之傑賀來年正旦，見於紫宸殿，倨傲不如儀。公言虞公允文乾道折金使事，韓平章侂胄上聞，請駕還內，如乾道故事。

二年丙寅，二十九歲。

遷校書郎，以親老乞補外，改知嘉定府。

上建康留守葉適書論學。

奉親還里。

三年丁卯，三十歲。

春，行至蜀口，聞吳曦叛，倉卒還荆州。

湖北宣撫使吳公獵命公攝參議官，訪以西事。曦誅，仍還蜀，朝廷收召，不赴。

以明堂恩贈考承事郎，妣孺人，焚黃告墓。

嘉定元年戊辰，三十一歲。

里居。

二月，葬大母及世父、叔父，葬女璧海。

娶杜夫人，知威州杜子仁益之女。

二年己巳，三十二歲。

丁本生父憂，解官心喪。

偕王直夫卜葬地馬鞍山，曰長甯阡。

築室白鶴山下，創鶴山書院。榜所居曰自庵，開門授徒，以所聞於輔廣、李燔者敎士，士爭負笈從之。

《書鶴山書院始末》：開禧二年秋八月，臨邛魏了翁請郡西還，既又三辭聘召，遂得遷延歲月，享邱園之樂者累年。先廬枕山，與古白鶴岡阜屬連。山之巓，修竹緣坡，循坡而上，草木膠葛。又上爲李唐望敵之所，居一縣之最高。面前一峰，除翦荆棘，蒙犯虺蜴，側足而上，則地平衺，衡二百尺，縱數里，無復側峻凹凸，殆天閟而地藏者，遂卜室貯書其上，與朋友共焉。

三年庚午，三十三歲。

鶴山書院落成。

秋試，士自首選而下獲雋八人，院幾空焉，人傳爲美談。

差知漢州。

四年辛未，三十四歲。

在漢州任，以化民善俗爲治。

《漢州到任謝表》：六年去國，薦叨趣詔之嚴；三命循牆，實獲使麾之請。

按：公丙寅去國，《表》云六年，應繫於是年。

境內橋壞，民有壓死者，部使者以聞，詔降官一秩，主管建甯府武夷山沖佑觀。

八月，復原官，知眉州。

撰《永康軍花洲記》，撰《長甯軍貢院記》。

從父弟嘉甫文翁舉進士。

五年壬申，三十五歲。

在眉州任。

開環湖。《新開環湖記》：臨邛魏某居郡之明年，歲熟時康，教孚訟清。郡故有沼，迺宣迺理，於圃之西爲洞，循洞之西爲亭，榜曰西港，港西爲高梁，榜曰環湖。湖光渺莽，從廣百丈，其衡之長如從而加倍。北迤東截松菊亭，又東爲菱嶼，又東北爲雪橋，又東爲起文堂，於是環圃皆湖也。

撰《石泉軍軍學記》。

六年癸酉，三十六歲。

在眉州任。

開蟆頤堰灌眉山、青神田七萬二千四百有奇。

同產兄高東叔載、西叔崇同成進士。

七年甲戌，三十七歲。

在眉州任。

公尊禮耆耇，簡拔俊秀。朔望詣學宮，親爲講說，行鄉飲酒禮，增貢士額，治行彰聞。

蟆頤堰成，撰記。

修江鄉館，撰壁記。

表史少弼公亮之閭曰節閭，爲撰《雲莊集序》。

同產兄高南叔稼成進士。

擢潼川府提點刑獄公事。

本傳繫之嘉定四年。按：公集内《環湖修蟆頤堰記》、《修江鄉館》均在五、六、七年，是史誤，今改繫此年。

八年乙亥，三十八歲。

兼提舉常平等事，攝轉運判官。

爲游仲鴻乞獎。

二月，攝遂甯府事。

修城浚隍。

史言後一年潰卒攻掠郡縣，見有備，不敢逞。按：張福之亂在嘉定十二年，非後一年。

撰《遂甯府勸農文》。

宴新進士，賦詞二闋。

九年丙子，三十九歲。

授轉運判官。

春，培城葺臺。

秋，造極堂。

跋山谷《與楊君全》詩帖眞蹟。

上疏乞與周敦頤、張載、程顥、程頤錫爵定諡，朝論韙之。

十年丁丑，四十歲。

在轉運任。

撰《玉臺極堂杜識》。

再上疏，乞早定周、程三先生諡議。

《疏》有云「下之有司，二年於茲」，當繫於是年。

遷直祕閣，知瀘州，主管潼川路安撫司公事。

丁本生母憂。

七月，同產兄高東叔卒。

十一年戊寅，四十一歲。

心喪去官。

本傳前云「丁生父憂，解官心喪」，後云「丁母憂」，不云生母，攷高東叔、西叔《行狀》，寔生母，傳落「生」字。

又按《蔭補表姪高斯謀狀》云：「比歲，本生父母歿，兩次並乞解官持心喪，已蒙朝廷允許。」與此合。

十二年己卯，四十二歲。

撰《潼川新城銘》。

潰卒張福變起，詔起安丙爲安撫使，公與

安書言馮安世及根括局事。

十三年庚辰，四十三歲。

差知潼川府。

游似、吳泳、牟子才皆來造門受業。

禮官以周元公、程純公、正公謚告與其貳付元奏請官，公得受而藏之。

十四年辛巳，四十四歲。

元旦收召。

撰《綿州新城記》。

申尚書省賜橫渠先生謚狀。

十五年壬午，四十五歲。

入都。

按：《(季)〔李〕季相字說》：「嘉定十五年，予被命造朝。」是十四年元旦被召，次年始至。

召對。上《人心不能與天地相似者五疏》。

進兵部郎中，改司封郎中，兼國史院編修官。

十一月二十一日，輪對，上劄子二。

跋青神杜才叔《和歸去來辭》。

十六年癸未，四十六歲。

爲省試參詳官，得無錫蔣良貴重珍爲第一人。

遷太常少卿，兼侍立修注官。

定張橫渠謚曰「明」。

撰《潭州惠民倉記》。

十七年甲申，四十七歲。

遷祕書監、起居舍人。

上《直前奏事劄子》。

八月八日，被命上會稽朝陵，歷九日回。

公詩注：舊例朝陵，俱有期程，往返不過九日，歸即以名銜至閤門放見。

閏月，甯宗崩，理宗即位。時事寖異，公積思成疾，三疏乞免，不得請。

遷起居郎。
撰《道州甯遠縣新建濂溪周元公祠堂記》。

理宗寶慶元年乙酉，四十八歲。

正月，雷。召對，亟言時政。
濟王薨。
二月五日，上殿進劄子言濟王寃。戶部張忠恕上封事，公歎曰：「忠獻有後矣。」
胡夢昱因直言爲史彌遠黨右正言李知孝劾罷，竄嶺南，公出關餞別。知孝將擊公，彌遠畏公議，改公權工部侍郎，公以疾辭。
七月三日，上封事。
十一月，以集賢殿修撰出知常德府。
越三日，朱端常劾公欺世盜名，朋邪謗國，落職，罷新任，追三官，竄南安，復改靖州。
公離都，祖帳餘杭門外，連日不絕，臨安尹致餽贐，具四大舟。
過呂城，觀呂氏世藏名帖。
王實齋遂同劉漫塘幸來訪，見《讀易亭》詩，漫塘最擊節。

二年丙戌，四十九歲。

赴靖州，眉山李肩吾同行。
四月七日，渡湘。
壽甯觀道士掘得陳忠肅公嶽山壽甯觀留詩。
到靖，靖州守洪倬遇之如使客。
《答靖州士人生日啓》。

三年丁亥，五十歲。

在靖州。
跋陳正獻公所藏孝廟御書《用人論》。
《跋》云「正獻公以乾道五年升昭文相」，「後五十八年」，推之當在是年。
跋李肩吾爲許成大書《鄉黨》、《內則》。

紹定元年戊子，五十一歲。

在靖州。

築室城東，亭沼華木略具，亦名鶴山書院。

撰《靖州鶴山書院記》。

《記》略：某泰、禧間築室於先廬之北，曰鶴山書院。又以罪戾徙靖，寓館之東曰純福坡。五老峰位其左，飛山屬其右，而侍郎山嶷立其前，屏剔菑翳，爲室而居之，迺即故鄉之名，榜以「鶴山書院」。

來學者二三十人，清湘蔣成父公順、巴郡稅巽甫與權、清湘滕謹仲處厚、靖州蔣得之山、吳門葉元老□□、嚴植均從游。

二年己丑，五十二歲。

在靖州。

丹稜程叔運掌來山中從游。

跋張魏公帖。

《跋》云「紹興七年後九十二年」，推之當在是年。

《答袁衢州甫書》。

三年庚寅，五十三歲。

在靖州。著《九經要義》二百六十三卷。

案《宋·藝文志》，分《易》十卷，《易》《書》二十卷，《詩》二十卷，《儀禮》五十卷，《禮記》三十三卷，《周禮》三十卷，《春秋》六十卷，《論語》十卷，《孟子》未著錄。《文淵閣書目》存《孟子》二冊，亦無卷數。

四庫收《周易》、《尚書》、《儀禮》、《春秋》四種。儀徵阮氏呈進《禮記》三十四卷，暨《尚書》闕卷，《毛詩》三十八卷。豐順丁氏刊行《周禮》，爲常熟張氏所得。惟《論語》、《孟子》無傳本。據《宋志》所收止二百三十三卷，今《禮記》三十四卷，《毛詩》三十八卷，溢出十九卷，《孟子》似不過十二卷，與本傳所紀卷數尚合。

《周易集義》六十四卷。

方回跋云：鶴山先生謫靖州，取諸經注疏摘爲《要義》，又取濂洛以來諸大儒《易》說，爲《周易集義》六十四卷。仲子太府卿靜齋先生克愚明己，壬子歲以軍器監丞出知徽州，刊《要》《集義》，置於紫陽書院。至丙子歲，書院以兵興廢，書版盡毀。尋草創新書院於城南門內，獨《集義》僅有存者。今戊子歲，山長吳君夢炎首先補刊。會江東祥刑使者太原郝公良弼割貲相工，得回所藏墨本，率總府郡頖，協助兩山長及書院職事生員，醵泉訖役，半年而畢。

虞兟從游。見《字通跋》。

四年辛卯，五十四歲。

公愛渠江之右修篁巨木，欲爲亭其上，張仲平鍺爲築之，四月亭成，爲之記。

靖州通判江塤有詩落成，公依韻答之。

置興賢莊，有記。

復職主管建甯府武夷山沖佑觀。

去靖州，還蜀。過公安，跋張氏所藏《東坡帖》。

兄高瞻叔知綿州，公至綿，次兄南叔亦由利路提刑歸，瞻叔爲築棣萼堂，飲酒賦詩，極歡。

交邛州通判常有開。

從父弟文翁卒。

五年壬辰，五十五歲。

里居。

蘇叔明訪公山中。

改差提舉江州太平興國宮。

知遂甯府，不拜。

八月，進寶章閣待制、潼川路安撫使，知瀘州。

瀘大藩，控制邊面二千里，公奏葺其城樓櫓雉堞，增置器械，教習牌手，申嚴軍律。興學校，蠲宿負，復社倉，刱義冢，建養濟院。居數月，百廢具舉。

兄高西叔卒。

六年癸巳，五十六歲。

在瀘州任。

遷葬楊夫人於茅林。

九月，進華文閣待制，賜金帶。

時上親政，公應詔上章論十弊，乞復舊典，以彰新化。

端平元年甲午，五十七歲。

五月，召赴闕。

九月，補刊《通典》二千葉。

十月，召權禮部尚書，兼直學士院。

二年乙未，五十八歲。

五月，造朝。

傳云「還朝，六閲月」，推之當在是年。

入（封）〔對〕，首乞明君子小人之辨，以爲進退人物之本，以杜姦邪窺伺之端。次論故相十失猶存，又及修身、齊家、宗賢、建內小學等，皆切於上躬者。他如和議不可信，北軍不可保，軍實財用不可恃，凡十餘端。復口奏利害，晝漏下四十刻而退。

兼同修國史，兼侍讀，再兼吏部尚書。

七月，上十事，不報。

閏七月，進講《大學》。

十月，元兵陷沔州，兄高南叔死之。

詔以端明殿學士同簽書樞密院，督視京湖

軍馬，給金千兩、銀五萬兩、度牒千、緡錢五百萬緡爲隨軍資。

十二月，曾從龍辭，幷命督視江淮，五辭不獲命。尋兼提舉編修《武經要略》，恩數同執政。

進封臨邛郡開國侯，賜便宜詔書，如張浚故事。

詔官告院制修武郎以下告，給督視府。

陛辭，面賜御書唐人嚴武詩及「鶴山書院」四大字，仍賜金帶鞍馬，詔宰臣飲餞於關外。

辟吳潛樞密都承旨、督府參謀官，趙善瀚、馬光祖督府參謀官。

開幕府江州。

奏邊防十事。

至鎮江度歲。

王德文爲注《渠陽》詩。

三年丙申，五十九歲。

元旦發京口，到江州。

二月，召爲簽書樞密院事，依舊端明殿學士。赴闕奏事，力辭不拜。

上《備邊十策》。

四月，乞歸田里，改資政殿學士、湖南安撫使、知潭州，復力辭。詔提舉臨安府洞霄宮。

還，感熱證，在蕪湖舟中命醫，力疾講《禮記》一節。

七月，至金陵，偕兄高瞻叔游蔣山。

十一月，依舊資政殿學士知紹興府、浙東安撫使。

嘉熙元年丁酉，六十歲。

正月，改知福州，兼福建安撫使。累章乞骸骨，詔不允。

三月十八日，薨。後十日，詔以資政殿大

學士、通奉大夫致仕。
遺表聞，輟視朝，贈太師，謚文靖，賜第
宅蘇州，累封秦國公。
王實齋時知平江府，經紀喪事，甚爲周摯。
子克愚，字明己，號靜齋。
寶祐中軍器監、知徽州。爲政知先務，
闢貢闈，作橋梁，政恬事熙，民安其化。
據《姓譜》。
守溫州，陳宜中之父坐贓當黥，宜中上
書請貸，克愚卒寘之法。及宜中爲浙西
提刑，克愚郊迎，宜中報禮不書銜，亦
云部民下陳某，克愚皇恐不敢受。宜中
陰摭其過，無所得。其後克愚發賈德生
冒借官木事，忤似道，廢罷家居。宜中
入，乃極言克愚居鄉不法，似道令章鑑
劾之，貶嚴州。克愚之死，宜中擠之爲
多。據《宋史·陳宜中傳》。

子近思，字求己，號已齋。見《詩苑衆芳》。
壻劉朔齋申。

同治甲戌，荃孫在蜀帥吴勤惠公幕，公持舊鈔《魏鶴山大全集》屬校勘付梓，因魏公蜀人也。舊鈔本出自梁溪安氏，脱誤特甚，又無他本可校，僅取文字之完整者及汲古所刻題跋與碑版之搨本對勘，刊成《文鈔》四十卷。然空白尚多，未敢臆定。後於錢塘丁氏傳鈔一部，亦出梁溪安氏，以邛州高氏殘刊本校過，較吴本略爲完善。世有宋本，今歸吾友孫問青編脩，即錢辛楣所跋者。他日如能假讀以成完璧，或亦鶴山先生所默許者乎。繙閲既多，因編爲《年譜》一卷，分年隸事，容有訛舛，閲者教之。江陰後學繆荃孫識。

杜清獻公年譜

（清）王棻 編
曹清華 校點

清同治十三年刊《杜清獻公集》附

杜範（一一八二—一二四五），字儀甫，改字成已，號立齋，黄巖（今屬浙江）人。嘉定元年進士，調金壇尉，再調婺州司法參軍。紹定三年，爲主管户部架閣文字。六年，遷大理司直。端平元年，授軍器監丞。二年九月，除秘書郎，尋拜監察御史。以論鄭清之妄邀邊功，用師河洛，改太常少卿。三年十月，除秘書監，兼崇政殿説書。十二月，除殿中侍御史。再論清之、李鳴復，改起居郎，出爲江東提點刑獄。嘉熙二年，知寧國府。四年，召權吏部侍郎兼侍講，拜吏部侍郎兼中書舍人，除禮部尚書。淳祐二年，擢同簽書樞密院事。四年，遷同知樞密院事，拜右丞相兼樞密使。五年卒，年六十四，謚清獻。

杜範有公輔才，正色立朝，議論鯁切。著有古律詩歌詞五卷，雜文六卷，奏稿十卷，外制三卷，進故事五卷，經筵講義三卷，明嘉靖間黄綰刻爲《杜清獻集》十九卷。事蹟見黄震《戊辰修史丞相杜範傳》（《杜清獻公集》卷首）、《宋史》卷四〇七本傳。

清同治年間，吴縣孫氏刊黄巖王棻校正本《杜清獻公集》，附有王棻所編《杜清獻公年譜》，後有同治十三年（一八七四）王棻自跋一篇，稱「邑後學」，謂範學接朱熹，政侔温公，是亦表彰先賢之作。是譜於紀年之下，列當年朝政大事，可資考見時代背景；於譜主年歲之下，列述同郡官員事蹟，足見鄉邦之誼。譜中多列詩文篇目，附集刊行，自合體例。而考述譜主履歷、政績等，則嫌簡略。

杜清獻公年譜

邑後學王棻子莊撰

宋孝宗淳熙九年壬寅朝政附，後倣此。

時王淮、梁克家左右相，朱子提舉浙東常平茶鹽。九月，遷江西提刑，不拜。

公年一歲。郡典附，後倣此。

上年八月，臨海謝廓然同知樞密院事，九月兼權參知政事。是年六月丁巳致仕，戊午卒。朱子劾知台州唐仲友，八月罷，史彌正知台州。是年，縣北永寧江清，因改名澄江。

十月乙丑，公生於黄巖杜曲里。見黄中德《重建清獻公祠堂記》。

案錢大昕《宋遼金元四史朔閏攷》，是年十月戊戌朔，則乙丑乃二十八日也。

公名範，字成之，一作己。一字儀甫。一作夫。父友宣，以公貴贈太師。黄巖城北五里杜家邨人也。一名杜曲，亦曰小樊川。並見縣志。遠祖唐延陵令羔，宰相佑之孫，自京兆避亂徙黄巖。見《唐書·宰相世系表》。故公嘗稱本望，自題京兆杜範。見本集《題晦翁書出師表後》。金壇劉宰爲名其居曰立齋，故世尊之曰立齋先生。見黄震《戊辰脩史傳》。

十年癸卯

正月，朱子謝官歸。六月，陳賈請禁道學。

二歲。

十一年甲辰

六月，周必大爲樞密使。

三歲。

三月，熊克知台州。十二月，上《九朝通略》，轉朝奉大夫。是年，邑人謝直、林良，臨海楊定登第。

十二年乙巳，四歲。

十三年丙午

八月乙亥朔，日月五星聚軫。十一月，梁克家罷。

五歲。

十四年丁未

三月，周必大右相。七月，留正參政。十月，太上皇崩。

六歲。

邑人王居安以第三人登第。又郡人應武、樓觀等共十人。

十五年戊申

五月，王淮罷。六月，周必大薦朱子。

七歲。

十六年己酉

正月，周必大、留正左右相，王藺參政。二月，帝傳位於太子。五月，王藺知樞密。周必大罷。八月，王淮卒。十一月，以朱子知漳州。

八歲。

二月，吴興沈作賓知台州。四月罷，民擁其轍不得行。是年，邑人林伯和請業於朱子，有荅書。

光宗紹熙元年庚戌

七月，留正左相，王藺樞使。十二月，王藺罷。

九歲。

郡人王㵸等五人登第。

二年辛亥

十歲。

二月，遣宋之瑞使金弔祭太后喪。吏部侍郎陳騤疏三十條，皆切時病。十二月，侍御史林大中論大理少卿宋之瑞，章四上，不報。俄與之瑞俱出知外郡。

三年壬子

正月，帝有疾不視朝。　十一月，始朝重華宫。

十一歲。

六月，以禮部尚書陳騤同知樞密院事。

四年癸丑

三月，葛邲右相。　五月，陳亮及第。　六月，留正出城待罪，凡百四十日而復入。　七月，趙汝愚知樞密。　十二月，以朱子安撫湖南，知潭州。

十二歲。

三月，陳騤參知政事。　九月，給事中謝深甫諫不朝重華宫。　帝感悟，命駕往朝，不果。十一月戊寅始往朝。　仙居張次賢登第。　天台潘時舉學於朱子，有所記語録。

五年甲寅

正月，葛邲罷。　六月，壽皇崩。　七月，留正去。太皇太后詔嘉王擴成服即位，召留正還。　趙汝愚樞使，羅點簽書。九月卒，謚文恭。　八月，除朱子焕章閣待制兼侍講。　内批罷左相留正，以趙汝愚爲右相。　閏十月，内批罷朱子。　十二月，余端禮知樞，京鏜參政。

十三歲。

七月，陳騤知樞密。　十月，内批拜給事中謝深甫爲御史中丞。　十二月，謝深甫劾陳傅良，罷之。　陳騤罷。　是年，朱子有《荅杜仁仲書》。

寧宗慶元元年乙卯

正月，罷趙汝愚。　四月，余端禮右相，鄭僑參政，京鏜知樞。　十二月，竄趙汝愚于永州。

十四歲。

正月，蠲台州貧民丁錢一年。四月，謝深甫簽書。十一月，福建提舉宋之瑞乞免鬻没官田，收租助民，從之。是年，朱子有《荅趙詠道書》。

二年丙辰

正月，余端禮左相，京鏜右相。禁用僞學之黨。趙汝愚行至衡州，卒。削朱子官。四月，余端禮罷。

十五歲。

正月，謝深甫參政。選人余嘉上書乞斬朱熹，深甫抵其書于地。郡人陳鳳六人登第。

三年丁巳

貶留正，籍僞學。

十六歲。

四年戊午

謝深甫同知樞密。

五月，加韓侂胄少傅，封豫國公。

十七歲。

八月，謝深甫知樞密。

五年己未

九月，加侂胄少師，封平原郡王。

十八歲。

邑人夏廷簡、楊似雲，郡人王棐等七人登第。

邑人夏廷簡登第，公自家塾抱書夜讀，父母輒撫之曰：「勤讀書，夏君居然上第矣。」見《跋夏廸卿墓銘》。

六年庚申

閏二月，京鏜左相。三月九日甲子，朱子卒。八月，上皇崩。京鏜卒。九月，吕祖泰上書請誅韓侂胄。十月，加侂胄太傅。

十九歲。

謝深甫右相。

嘉泰元年辛酉

七月，陳自强參政。

二十歲。

三月，謝深甫等薦士二十五人。

二年壬戌

二月，弛僞學禁。禁私史。十一月，陳自强知樞。十二月，加侂胄太師。

蒙古擊乃蠻。

二十一歲。

八月，謝深甫等上《慶元條法事類》。邑人徐衡、邱牧，郡人謝采伯等十一人登第。

【詩目】《夏夜雲月不明有感》五古

三年癸亥

五月，陳自强右相。

二十二歲。

正月，右相謝深甫罷。

四年甲子

十二月，周必大卒。韓侂胄定議伐金。

二十三歲。

四月，吏部尚書錢象祖賜出身，同知樞密。

開禧元年乙丑，二十四歲。

四月，錢象祖參政。郡人陳鎔等五人登第。閏八月，以禮部員外郎徐似道兼國史院編脩官，並兼實録院檢討官。

見《館閣續録》。

二年丙寅

五月，下詔伐金。六月，吳曦反。十月，金兵大舉南下。十一月，邱崈督江淮。

二十五歲。

三月，罷錢象祖，以其不肯用兵也。正

月，徐似道除祕書少監。三月，遷起居舍人。

【詩目】《春雨甲子夏巳更秋沛然優渥喜而寫情》七律

案：詩係秋作，時下詔伐金，而金兵尚未至，故有結句。

《繼和嚴君壁上韻》七律

《募兵》五古

案《續通鑑》：十一月癸卯，詔諸路招募禁軍以待調遣，至明年二月罷。

三年丁卯

正月，以張巖代邱崈。吴曦自稱蜀王。二月，安丙誅曦。七月，旱蝗。九月，以趙醇代張巖。十一月，史彌遠誅侂胄。陳自强罷。十二月，史彌遠同知樞密。

二十六歲。

三月，李兼知台州。四月，錢象祖參政。六月，王居安除秘書丞。七月，兼國史院編修官，並兼實録院檢討官。是月爲著作郎，尋拜左司諫，遷起居郎兼崇政殿説書，不拜。八月，以太常丞趙師淵兼國史編修、實録檢討。十二月，錢象祖右相。

【詩目】《丁卯九月十夜觀月》七律

嘉定元年戊辰

正月，史彌遠知樞密。五月，王柟以韓侂胄、蘇師旦首畀金。六月，史彌遠參政。九月，召真德秀爲博士。和議成。十月，史彌遠右相。十二月，以母憂去位。

二十七歲。

邑人杜曄、郡人王夢龍等十人登第。十月，錢象祖左相，十二月罷。

五月，公登進士第。

案《續通鑑》：五月辛酉，賜禮部進士鄭自成以下四百六十二人及第出身。

【詩目】《戊辰冬和湯南萬韻二首》五古

二年己巳

五月，史彌遠起復。十一月，郴州黑風峒寇李元礪作亂。十二月，賜朱子謚曰文。

二十八歲。

【詩目】《己巳登玉峰亭二首》七律

三年庚午

六月，李元礪犯江西。八月，臨安蝗。

二十九歲。

二月壬午，以工部侍郎王居安知隆興府，督捕峒寇。十二月，王居安使降賊羅世傳縛李元礪，誅之，峒寇平。十一月，黄嵤知台州。

【詩目】《和六十叔二絶》七絶

案：在辛未白鷺前，故次此。

《八月十一夜風月可愛成小詩》七律

案：在己巳登玉峰亭後，故次此。

四年辛未

四月，國子司業劉爚請開僞學禁。九月，羅世傳爲其下所殺，峒寇悉平。

三十歲。

邑人丁木、郡人周成子等六人登第。

【詩目】《送子謹叔五首》五古

《辛未白鷺一絶》七絶

《次韻十一叔芍藥五絶》七絶

《次韻草堂二首》七絶

《次韻草堂》七律

《偶屬成嵬字韻録呈六十叔二首》七律

案：二詩當在靈巖作。

五年壬申

七月，雷雨壞太廟屋。

三十一歲。

五月，俞建知台州。

【詩目】《壬申九月初十歸自邑中兩絶》七絶

六年癸酉，三十二歲。

【詩目】《清眞褚道士攜羅丈倡和訪余求詩力拙次韻》七律　七絶

《戲十九兄二首》七絶

七年甲戌

七月，罷金歲幣。

三十三歲。

邑人胡旦、臨海董亨復、陳耆卿、仙居郭磊卿等八人登第。

任金壇尉，嚴弓手出入。每入鄉，即以己俸給從行者食，一不爲里正擾。

《嘉熙四年奏劄》云：「早塵末第，碌碌常調，幾三十年。」案：自此年至嘉熙庚子，凡二十七年也。

八年乙亥，三十四歲。

【詩目】《送石宰》五古

案《嘉定鎮江志》，石宰名不矜，嘉定五年，以承事郎知金壇，八年十二月，王概以宣教郎知金壇，石之去當在此時。又案：王概一作王塈。

《有感》五律

九年丙子，三十五歲。

奉檄校文衢州。

秋，自三衢回，與同官數人過嚴州，登釣臺。甫抵署，復奉檄闢白龍蕩。蕩在縣南十里，民私葠蕩之利，區分蕩地，繚以菰蘆，歲加培壅，而蕩淤且隘，水至無歸，其去不留。是年秋，知府事邱壽儁命公闢之。公明達利害，令行而民不知，自是水之瀦泄有地，旱乾無虞矣。

見《至順鎮江志》、劉宰《增脩靈濟廟記》。

【詩目】《登山述懷》五古

案：據此及前有感詩，公尉金壇未嘗攜家室，時父母尚在堂也。

《和鄭府判韻》七古

以下九首皆校文衢州作。

《次宗司法雲字韻》七古

《和鄭府判秋闈行》七古

《又和鄭府判韻》七古

《和宗司法與府判韻》七律

《又用韻》七律

《又和鄭府判侯字韻》七律

《復用韻以見別情》七律

《次鄭府判金字韻》五律

十年丁丑

三十六歲。

四月，金人分道入寇。五月，詔伐金。

邑人葉應輔、黄石、趙炎，郡人倪月卿等十一人登第。陳耆卿任青田主簿。

春，金壇尉秩滿旋里。

公在金壇，與漫塘劉文清公宰爲友，不旬日輒一往，往輒留，每從容尊酒，抵掌極論古今上下，凡持身、居家、涖官之要，皆究極其指歸而參稽其援據，退而充然有得也。見《跋劉漫塘墓銘》。

【詩目】《丁丑别金壇劉漫塘七首》五古

《别張簿兄弟》七律

《漢中行》七古

十一年戊寅

五月，蚩尤旗見，長竟天。

三十七歲。

家居。

【詩目】《戊寅夏月和趙十七兄招提偶作》七律

《游擘翠》七律
《和十四兄靈巖作》七律
《次會再和》五律
《和十九兄梅韻二首》五律
《九月二十六日觀水》五律
《道傍見梅》五律

十二年己卯
三月，金人寇淮西。
三十八歲。
家居。
淮東提刑賈涉使李全救却金兵。九月，賈涉兼節制京東、河北軍馬。
【詩目】《喜雨》五古
《己卯夏憂雨偶作》五古
《閒行溪西得梅數花呈諸趙兄》五古
《方山和篇再和韻》五古
《方山有求轉語之作幷用韻二章》五古

十三年庚辰，三十九歲。
四月，詔賈涉招諭山東、兩河豪傑。邑人諸葛省己、李良，郡人商炳卿等八人登第。
調婺州司法參軍。行義烏經界，籌畫曲當。村翁野嫗有欲言者必召至前，使人人得自盡。昔時侵攘隱漏之弊盡革，凡三年而後成。
【詩目】《張上舍送望水偶成小詩》五古
《閒坐有感偶成古風簡劉會之高吉父康司理》五古
《黃兄宇出示湯丈追和春日詩次韻》七古
《飛雪未已約判簿判務二丈同登尊經閣》七絕
《次沈節推韻》七絕
《又得一絕句》七絕

十四年辛巳

六月，立沂王子貴由爲皇子，更名竑。

九月，立宗室貴誠爲沂王後。遣使如蒙古。

四十歲。

七月，賈涉爲淮東制置使，兼京東河北路節制使。十二月，齊碩知台州。

【詩目】《次沈節推送春韻二首》七絶

《再次沈節推送春韻》七古

《歸自明遠醉中作》七古

《和沈節推韻》七律

《次陳友韻》七律

《和汪子淵桂花》七絶

《和趙山甫海棠》七律

《劉上舍攜酒有詩和其韻二首》七絶

《高兄徐倉高弟和劉會之兩絶見寄再韻謝之》七絶

《康秋惠詩和其韻二首》七絶

《晚坐偶成一絶》七絶

《劉上舍以詩送牡丹併酒和之二首》七絶

《偶題》七絶

十五年壬午

四十一歲。

正月朔，受璽行慶賀禮。

賈涉移書史彌遠論受璽事，彌遠不懌。秋，赴漕司校文訖，仍回義烏。

【詩目】《和劉會之野堂韻》五古

《和楊兄二首》五律

《趙山甫居玉壺盡得湖山之勝次韻二首》五律

案：玉壺山在闌谿縣北。

《玉壺即事》七律

《和楊兄兩詩》七律

《次準齋韻二首》七律

《復用前韻二首》七律

《七月二十七日登釣臺二首》七絶
《偶成》七絶
《歸自漕司試院到桐廬晚偶成》七律
《再依韻足五十六字》七律
《十二月出郊值雪偶成小詩》七律
《仙山知寺志剛浸碧倡和詩漫繼其韻》七律
《和楊兄二絶》七絶
《偶詠玉簪花》七絶
《和會之二絶》七絶
《劉兄送梅花大卿新酒以詩將和其韻四首》七絶
《贈以酒寄詩》七絶

十六年癸未，四十二歲。

六月，淮東制置使賈涉卒。　邑人王居實、張桀，郡人周棫等十二人登第。

十一月，陳耆卿撰《赤城志》成。

案：耆卿於十三年陞慶元府教授，家居待次。齊守碩屬撰郡志，半載而書成。

冬，司法秩滿旋里。

【詩目】《林倅到迓之途中小詩》七律
《和林簿二詩》七律
《大雨喜成小詩呈百里》七律
《和楊秀才惠詩七絶》七絶
《和高吉父六絶》七絶
《途中二絶》七絶

案：二絶似婺州卸官歸途作，在十一月。

【文目】《跋陳兄春臺賦》

十七年甲申

金請和。　閏八月帝崩，史彌遠矯詔立沂王子貴誠，更名昀。封皇子竑濟王。

九月，召用傅伯成、楊簡、真德秀、魏了翁等，伯成、簡不至。

四十三歲。

家居。

二月，蠲台州逋賦。　王居安以寶謨閣待制知温州，尋以敷文閣待制知福州。見《浚河記》、《温州府志》。

【詩目】《奉祀禮畢飲福有感偶成》五古

案：詩云「父兄不可見」，蓋此時公父已卒，公兄之卒尤早。

《宿興善寺成小絕》七絕

《用韻作懽喜語》七絕

理宗寶慶元年乙酉

正月，湖州民亂，史彌遠矯詔殺竑。

二月，李全作亂，焚楚州。　六月，加彌遠太師、魏國公。貶真德秀、魏了翁。

四十四歲。

家居。

秋，游雁宕山。

案：遊雁宕不知何年，惟據《大龍湫》詩「洞心無語立多時」自注：「選洞心駭目。」而《古風》序有「爲之洞心豁目」句，乃無注。蓋在《游雁》諸詩之後矣。攷《古風》當在寶慶二年赴部改選時作，則《游雁》當在其前，故次於此。

【詩目】《寬堂生辰見招小詩爲壽》五古

《靈峰》五古

《天柱峰》五古

《雁宕》五古

《水簾谷》五律

《秋游雁宕道中》七絕

《石梁》七絕

《照膽潭》七絕

《羅漢洞》七絕

《道中戲成》七絕

《天柱》七絕

《天聰洞》七絶
《小龍湫》七絶
《大龍湫》七絶

二年丙戌

十月己卯，改湖州爲安吉州。

四十五歲。

家居。

正月，陳耆卿召試館職，除祕書省正字。十一月，轉校書郎。五月，賜進士王會龍等九百九十八人及第出身。邑人陳雷等六人，又郡人王會龍、吴子良等共十八人登第。

冬，入都改選。

【詩目】《古風贈叔虎》五古

三年丁亥

正月，贈朱熹太師、信國公。

四十六歲。

調安吉司理參軍。

案：宋制，州屬官有軍事判官、軍事推官、錄事參軍、司理參軍、司戶參軍、司法參軍。時公由婺州司法改安吉州司理也。案公《軍器監丞輪對》貼黄云「曩爲安吉獄官」，即此。

紹定元年戊子

十二月，鄭清之簽書樞密院事。

四十七歲。

十二月，陳耆卿除祕書郎。

二年己丑，四十八歲。

邑人戴逸卿、項璵，郡人張大同等十四人登第。九月，台州水。十月，詔賑台州被水之民。祕書省正字王會龍言「聖學深造自得，本於致知格物，達於治國平天下」，又言「宜裕民力，固邦本」。

三年庚寅

十二月，鄭清之參政，喬行簡同簽書。

四十九歲。

十一月，立皇后謝氏，天台人，丞相深甫之孫也。十二月，陳耆卿除著作佐郎。主管戶部架閣文字。

案《程公許祠堂記》：「掌故府，四歲不遷」，自庚寅至癸巳，首尾凡四年也。

【詩目】《別陳常簿塤五首》五古

案：塤字和仲，鄞人。嘉定十年進士，紹定三年以太常寺主簿出判嘉興，公送之。

四年辛卯

四月，鄭清之同知樞密，喬行簡簽書。

六月，詔魏了翁、真德秀復官。九月，臨安大火，太廟、三省六部、御史臺、祕書省、玉牒所俱燬。

五十歲。

李宗勉知台州，後入相，謚文清。

【詩目】《和孫司門寄寬堂詩二首》五律

《和吴準齋所賡劉石澗詠湖山之樂因見示韻》五律

《戲賦段橋風箏》五律

五年壬辰

正月，孟珙屯襄陽。十二月，蒙古遣使來議伐金，許之。

五十一歲。

郡人登第七人，徐元杰榜。

【詩目】《良月游水樂》五古

《次趙貴方九里松獨行韻》七律

六年癸巳

七月，孟珙復鄧州。十月，史彌遠左相，鄭清之右相，喬行簡參政。彌遠卒，帝始親政。

五十二歲。

十月，陳耆卿除著作郎。

除大理寺司直。

始公爲安吉獄官，見本州獄案已成，上之朝廷，至有二三年不下者，干連拘繫，多以瘐死，心甚念之，意謂棘寺、刑部稽滯以至此也。及爲大理司直，方知刑部下其案於棘寺，大小皆有限日，縱有駁難往復，亦有程期。嘗詢其故，蓋大囚之獄謂之死案，欲其緩死，奏上輒留，是知緩死之爲仁，而不知無辜被繫，遷延歲月，至於瘐死之爲不仁甚也。及爲軍器監丞，輪對，遂首言之。見《輪對第二劄》貼黃。

【詩目】《詠芙蓉與菊花》五古

《再用韻》五古

《三用韻謝孫花翁趙寬堂趙貴方見和》五古

《夜讀花翁詩什有感漫成》五古

《國正丈和章再用韻爲謝》五古

【文目】《跋羅文恭薦士疏》

端平元年甲午

正月，孟珙以蒙古兵入蔡城，滅金。

六月，喬行簡知樞密。十月，召真德秀、魏了翁爲學士，德秀進講《大學衍義》。十二月，蒙古遣王檝來責敗盟。

五十三歲。

二月，陳耆卿兼國史院編修官，除將作少監。三月，以賈似道爲藉田令。

除軍器局監丞。每月點戎器，必計工役多寡良窳而上下其食，以示勸懲。

【詩目】《和貴方韻》七律

《借韻呈寬堂》七律

《次韻花翁冬日三詩》七律

《次花翁喜雪快晴韻》七律

《次韻花翁第二雪》七律
《次花翁第三雪》七律
《次花翁自笑韻》七律

二年乙未

三月，真德秀參政，五月卒。喬行簡參政。蒙古兵分道來侵。六月，鄭清之左相，喬行簡右相。召崔與之參政，不至。十二月，以魏了翁督視江淮京湖軍馬。雷。

五十四歲。

陳耆卿出補郡。邑人諸葛泰、王秀弼，郡人鄭雄飛等十一人登第。

八月，升軍器局監正。

案：《續通鑑》書「八月，軍器局監正杜範」。

十月，除祕書郎。

十二月，除監察御史。時徐昌裔同爲御史，徐清叟殿中侍御史。

【詩目】《送趙寬堂二首》五古

【文目】《軍器監丞輪對第一劄》
《第二劄》
《入臺奏劄》
《黃灝傳》
《王藺傳》
《詹體仁傳》
《蔡元定傳》

以上史傳四首，蓋爲祕書郎時作。

【佚篇】《辭監察御史奏》
《再辭監察御史奏》俱見《入臺奏劄》。

三年丙申

二月，以徐清叟爲太常少卿。召魏了翁還。三月，襄陽叛降蒙古。九月，鄭清之、喬行簡罷。召崔與之爲右相，不至。十一月，喬行簡左相。棗陽、德安陷，蜀破，蒙古兵入淮西。孟珙敗蒙古兵於江陵。

五十五歲。

二月，差董試事。見《端平三年五月奏事第二劄》。

三月，奏事請祠，不允。五上歸田之請，上皆不允。

秋，除太常少卿。

十月，除祕書監，兼崇政殿説書。

十二月，除殿中侍御史。極論鄭清之横挑強敵，幾危宗社，併言李鳴復與史寅午、彭大雅以賄交結，曲爲之地。上不聽，公亦不入臺。復極言李鳴復寡廉鮮恥，既而合臺劾其鄙夫患失，復合臺論其無識固位，幷自乞罷斥。

除起居郎，不拜。

【詩目】《花翁將歸娶女留別社中次韻送之》五古

《送羅季能赴興國》五古

《羅季能赴興國前詩未作嘗於醉中漫成併達之》七律

《送湯仲能國正以直言去國》五古

《又送湯國正五十六字》七律

《湯南萬求詩贈別遂用其和韓總卿韻》五古

【文目】《國論主威人才劄子》

《邊事奏劄》

《留徐殿院劄子》

《三留徐殿院劄子》

《論襄陽失守劄子》

《三月奏事第一劄》

《第二劄》

《乞招用邊頭土豪劄》

《五月奏事第一劄》

《第二劄》

《論重臺職劄子》
《太常少卿轉對劄子》
《上邊面事宜》
以韃虜寇江陵，俾近臣條邊事。公時爲祕書監，上此在十一月。
《殿院奏事第一劄》
《第二劄》
《論災異劄子》
《薦葛應龍劄子》
《回丞相劄子》
《跋倪文節遺奏》
【佚篇】《劾何炳奏》
《再劾何炳奏》
《合臺劾鄭清之開邊誤國奏》
《自劾奏》
《再自劾奏》
《合臺論制閫詐謀罔上奏》

《論衛樸趙汝捍奏》
《論趙澧夫喬幼聞奏》
《論史宅之奏》
《再留徐殿院劄子》
案：此疏或係吴昌裔起草，故集中不載。
《請歸田奏》
《再請歸田奏》
《三再歸田奏》
《四請歸田奏》
《五請歸田奏》
《辭殿中侍御史奏》
《極論鄭清之奏》
《劾李鳴復奏》
《再劾李鳴復奏》
《三劾李鳴復奏》
《合臺劾李鳴復奏》

《再合臺劾李鳴復奏》
《辭起居郎奏》

嘉熙元年丁酉

二月，李鳴復罷。詔講《綱目》。三月，魏了翁卒。八月，鳴復參政，李宗勉簽書。

五十六歲。

家居。

正月二日甲寅，渡浙江歸。

二月，除浙東提刑，改浙西，公辭。召赴行在，又辭。

玉峰車若水來學。

【詩目】《舟早行將至三界偶成》五律
《捉筆次前韻》五律
《再次前韻》五律
《又次前韻》五律
《送夏肯父赴補》五古

《龔叔虎秋實堂》五古
《五八叔席上詠江梅水仙》五古
《南鄉舟中偶成》七律
《和耕甫弟梅》七律
《冬至展墓偶成》七律
《鄭甯夫攜詩什訪余聞其浙右之行詩以送之》七律
《承見再和用韻》七律

【文目】《跋義約規式》
《跋項文卿孝行錄》
《跋林逢吉晦翁二帖》
《跋夏迪卿墓銘》
《車隘軒閒居錄序》
《贈嬾朴序》

【佚篇】《再辭起居郎奏》
《辭浙西提刑奏》
《辭召赴行在奏》

二年戊戌

二月，史嵩之參政。蒙古使王檝入見。三月，史嵩之督諸軍駐鄂州。孟珙爲荆湖制置使，復郢州荆門。五月，李鳴復知樞密，李宗勉參政。

五十七歲。

家居。

二月癸巳，大宗正丞賈似道言「北使將至地界，名稱歲例宜有成説」，又奏「裕財之道，莫急於去贓吏」。邑人戴良齊、天台賈似道等十人登第。

八月，差知甯國府。公一再控辭，不允。

【詩目】《書於立齋自戒幷示諸子》五古

《詹世顯老丈以詩送米和其韻》七古

【文目】《跋應艮齋祠堂文》

《跋徐季節文》

《跋鄭簡子求書陳情表後》

《跋薛倅謾筆》

【佚篇】《辭知甯國奏》

《再辭知甯國奏》

案：《便民五事奏劄》云「不敢終辭」，則公固嘗一再辭之矣。所以八月差知，至明年三月始至郡也。

三年己亥

正月，喬行簡平章軍國重事。李宗勉、史嵩之左右相，督視軍馬。三月，孟珙復襄陽。夏，潮齧江岸。旱。八月，游似參政。十一月，范鍾簽書。六月，崔與之致仕，十二月卒，謚清獻。孟珙復夔州。

五十八歲。

三月，赴甯國任。郡大旱，以便宜發常平米粟四千斛賑之。

冬，流民張世顯謀作亂，擒斬之。

案：《被召入見第二劄》云：「去冬宛陵與繁昌幾墮其計，因獲本郡一逃卒，方知其謀。即與兩倅設計，擒其渠魁誅之，餘始知懼。」

【詩目】《張倅作喜雨詩見示因和其韻》五古

《送耕甫弟赴補》五古

《耕甫弟寄示秋懷二章次韻後章》五古

《中秋夜客退觀月漫成》五古

《酬謝韓仲和見贈》五律

《和韓蕺山見贈絶句》七絶

《園丁得二小花用梅津韻二首》五古

《和花翁盆梅》七律

《和花翁自詠》七律

案：詩有「方千里旱」句，當在甯國作。

《處靜得梅枝爲贈次韻以謝》七絶

【文目】《跋張子善詩》

《跋夏子壽墓志銘》

《跋趙十朋文集》

《題晦翁書楊龜山贈胡文定公詩後》

《題晦翁書出師表後》

《題范滂傳後處靜所書》

《跋處靜》

《常熟縣版籍記》

《便民五事奏劄》

《薦通判尹煥翁逢龍劄》

《與林教授劄》

《諸廟祝文》共二十四首

《祭劉漫塘文》

四年庚子

正月，臨安大饑，人相食。辛未，彗出營室。蒙古張柔等分道入寇。二月，孟珙宣撫四川，興屯田。以杜杲制置沿江。十二月，地震。

五十九歲。

三月，右正言郭磊卿除起居舍人，以論史嵩之故也。

增建韓文公祠於甯國。

召赴行在，公三辭，不允。

五月造朝，入對，仍丐祠，不允。除權吏部侍郎，兼侍講。

十一月，除吏部侍郎，兼中書舍人。

【詩目】《攜酒落成倅廳綺霞閣口號代簡》七絶

《別宛陵同官》五律

《途中》五律

《何君智父之堂名以雲岫漫成》七絶

《枕上偶成三首》七絶

【文目】《東倅題名記》

《甯國府增建韓文公祠記》

《跋陳君墓志銘》

《跋梅都官眞蹟後》

《跋韓仲和尊人墓銘》

《跋翁處靜詞》

《被召入見第一劄》

《第二劄》

《第三劄》

《吏部侍郎已見第一劄》

《第二劄》

《七月已見劄子》

《八月已見劄子》

《上已見三事》

《論和糴榷鹽劄子》

《論聽言劄子》

【佚篇】《知甯國府辭召奏》

《再辭召奏》

《三辭召奏》

案：《被召入見第三劄》云：「再三控辭，不敢即前。」

《請聖駕禱雨奏》權吏侍上。

淳祐元年辛丑

正月，詔周、張、二程與朱並從祀孔廟，黜王安石。二月，喬行簡卒，謚文惠。

六十歲。

四月，以知澧州賈似道爲太府少卿，湖廣總領財賦。五月，賜進士徐儼夫等三百六十七人及第出身，邑人諸葛雷奮等十一人登第。

四月，兼權兵部尚書。差知貢舉。

《續通鑑》：四月丙寅，吏部侍郎杜範等請省試考到取應宗子第一名崇袍附正奏名廷試，從之。

十一月，除權禮部尚書，兼中書舍人。

【詩目】《太師平章喬文惠公挽歌詞三首》五律

《侍讀仁皇訓典徹章恭謝御賜三首》七律

案《續通鑑》：四月庚午，以經筵進讀《仁皇訓典》終篇，講、修注官各進一秩。

《聞喜宴和御詩》七律

【文目】《辛丑知貢舉竣事上殿劄子》

《四月直前奏劄》

《經筵己見奏劄二首》

《宛陵道院記》

《跋劉漫塘所遺趙居父箴後》

《跋劉漫塘墓銘》

《題何郎中和陶韓詩後》

《題周氏記義倉規約後》

【佚篇】《請宗室崇袍附正奏名奏》

二年壬寅

正月，參政游似罷。二月，范鍾知樞密，徐榮叟參政，六月罷。趙葵賜出身，同知樞密，別之傑簽書。六月，同知樞密高定子簽書。十一月日南至，雷電交作。十二月，別之傑、趙葵補外。

六十一歲。

包恢知台州。

六月，除端明殿學士，同簽書樞密院事。公既入都堂，凡行事有得失、除授有是非，悉抗言無隱情。丞相史嵩之外示寬容，內實忌之。

【文目】《簽書己見奏劄》

《第二劄》

《跋呂中岳所藏諸賢辭密賚帖後》

三年癸卯

余玠制置四川，築青居、大獲、釣魚、雲頂、天生凡十餘城。十一月壬戌，雪。

六十二歲。

三月庚寅，三日。公乞歸田里，詔不許。見《續通鑑》。

【詩目】《得雪稱賀馬上得五十六字》七律

【文目】《黃巖縣譙樓記》

《跋戴神童顏老文稿》

《跋戴君玉稿後》

《跋晦翁與趙□□書》

《書馬處士墓銘後》

【佚篇】《論葉蕢不宜帶閣職奏》

《乞歸田里奏》

《遺徐鹿卿書》見《宋史·徐鹿卿傳》。

四年甲辰

六月，以呂文德爲淮西招撫使。范鍾乞歸田里，不許。九月，右相史嵩之父憂去位。十二月庚午，詔史嵩之終喪，以范鍾爲左丞相，游似、趙葵知樞密，劉伯正參政。

六十三歲。

家居。

六月，賜進士留夢炎等及第出身。邑人林雷時、仙居吴堅等六人登第。

正月，除同知樞密院事，不拜。時以李鳴復參知政事，公不屑與鳴復共政，去之。帝遣中使召回。太學諸生亦上書留範而斥鳴復，并斥史嵩之，嵩之益恚。丁巳，十六日。侍御史劉晉之、王瓚，監察御史趙倫、吕午承嵩之風旨，並論李鳴復、杜範，於是鳴復、範並除郡，公不拜。

三月壬寅，二日。詔以杜範辭免新除，依舊職提舉洞霄宮。

案：朱竹垞《曝書亭集》，公以資政殿學士提舉洞霄宮在淳祐四年，蓋公前已由端明殿學士晉資政殿矣。

十月壬辰，疑二十五日。詔起杜範、游似提舉萬壽觀兼侍讀，自此羣賢率被録用。

十一月辛丑，疑初五日。詔趣游似、杜範赴闕。丁未，疑十一日。再趣游似、杜範供職。

十二月庚午，十三日。拜右丞相，兼樞密使，提舉實録院，兼提舉編類聖政。見《館閣續録》。遣國子監主簿與郡守包恢即家起公，公以遜游似，不許。

【詩目】《雪中成十一韻》五古

【文目】《跋鶴山書季制置墓及實齋銘後》

《跋邱木居葉世英序後》

《跋鄭藥齋墓志》

【佚篇】《辭同知樞密奏》

《辭免新除予郡奏》

《提舉洞霄宮謝表》

《辭提舉萬壽觀兼侍讀奏》

《辭右相奏》

五年乙巳

正月，劉伯正罷。李性傳簽書兼參政。六月，兵部侍郎徐元杰暴卒。七月，進鄭清之少傅。

六十四歲。

趙必愿知台州。

正月，公力疾入覲。

案：三月十二日巳時奏，公當以正月二十二日自家起程也。

二月丙寅朔造朝，上親書「開誠心，布公道，集衆思，廣忠益」賜之。公上五事，曰正治本、肅宫闈、擇人才、惜名器、節財用，更乞早定國本，以繫人心。

上求治甚急，用仁祖故事，命宰執各條當今利病與政事可行者，公條上十二事，皆素所欲施行者。

二十六日，公疾甚，請假養病。

案《奏上小劄》云：「臣衰病之餘，應酬太早，忽於前月二十六日又復暈絕，至於遺溺亦復不知。」

四月，疾革，以觀文殿學士致仕。二十一日丙戌薨。

案：《續通鑑》作丙戌致仕，丁亥薨。今從黃中德記。

爲相纔八十日。上輟朝三日，詔贈少傅，謚清獻。

五月壬戌，歸殯里第。見車玉峰祭文。輀車所過，聚祭巷哭。見黃傳。行路嗟悼痛惜，以爲蒼生無祿。見李森《書後》。

七月，葬於本縣靖化鄉黃杜嶺之原。在縣西七十里。即其山爲造五鳳樓，以鴻福寺爲香燈院，建彌直坊於宅里以表之。見危素、黃中德二記。

公所著有古律詩歌詞五卷、雜文六卷、奏稿十卷、外制三卷、進故事五卷、經筵講義三卷。案：今所存者，古律詩四卷、奏劄十卷、雜文五卷，蓋後人重輯之本，非其舊矣。《易》、《禮》、《春秋》、《禹貢》、關洛諸儒微言，皆有論述。見黄傳，今並佚。

二子濬、淵，皆能世其家法。濬由大理正知汀州，省諸邑月解錢數十萬計，盡捐舊比之私得者，代輸戶部欠，以寬民力，纔三月卒。見黄傳。淵立朝以敢言稱。見高斯得《恥堂存稿》。

【文目】《相位五事奏劄》

《相位條具十二事》

《繳還內降劄子》

《又奏》

《奏堂除積弊劄子》

《謝御筆戒諭劄子》

《奏上小劄》

《又奏》

《三月初四日未時奏》

《三月初六日申時奏》

《初七日未時奏》

《十二日巳時奏》

《四月初三日酉時奏》

《四月十六日申時奏》

《回奏二首》

《同左相奏二首》

【佚篇】《復孟珙書》

《再復孟珙書》見《三月十二日巳時奏》。

淳祐八年戊申

正月，邑令趙必适建公祠於學宮，程公許爲之記。

公許字季與，叙州宣化人。嘉定四年進士。有《滄州塵缶集》。

予纂《杜清獻公年譜》既成，因序其後曰：《宋史》稱公從其從祖燁、知仁游，從祖受學朱子，至公益篤。今攷集中《送子謹叔》及《和方山》詩子謹，燁之子。方山，知仁號。公未嘗師二杜也。蓋公之學實由私淑自得，而兼資於漫塘劉文清公宰。觀公跋其墓銘，謂「與漫塘從容尊酒，抵掌極論，凡持身、居家、涖官之要，皆究極其指歸，而參稽其援據，退而充然有得，若飫甘鮮而懷珠璧也」。漫塘之學出於朱子，而公與漫塘實在師友之間，則公之學固朱子之學矣。然其不師二杜者，蓋二杜之學得其淺，而公得其深；二杜之學見其細，而公見其大也。攷公《題晦翁書出師表後》云：「九原可作，捨二公吾誰與歸？」二公謂諸葛武侯、朱文公。《祭劉漫塘文》云：「董、葛不作，謂董子、諸葛武侯。吾誰與歸？」可以知公之所志矣。其《軍器監丞輪對劄子》首言：「天下之理，天命之所不能違，人心之所不能異者，公而已矣。」而《跋鶴山書季制置墓》亦言：「大本所係，唯公一字。公，仁之則、義之輿也。」其《跋徐季節文》則曰：「盈天地間皆實理也。理不實則隳，事不實則壞，人不實則危。」可以知公之所學矣。竊觀公之首結主知，蓋在輪對一劄。未幾而遷中祕，任臺察，歷常卿、殿院，已駸駸嚮用矣。向使稍以勢位爲意，委蛇班行，即可坐致卿相。而公危言讜論，伉直不□□□□□無所戀嫪，上不負主知，下不負所學。其剛方嚴正，實與朱子之道若合符節，非夫口耳浮慕之徒所能希其萬一者也。其與真、魏二公雖嘗同朝，而未嘗有攀附往還之迹。然觀其《輪對貼黃》言：「近者召用儒臣，發明格物致知誠意之學，此正大臣格心事業。有好議論者，乃從而詆訾訕笑之，是將以不致之知、不誠之意、不正之心而欲有爲於天下，萬無是理。」此爲西山進講《大學衍義》發也。其《邊事奏劄》言：「凡督府邊臣應有申奏，令樞密院擇一屬官專掌之，朝奏夕報，無或稽留。」而《端平三年三月奏劄》謂：「近者督府之建也，倉卒而行之，繼乃滅裂而遣之，其終也模糊而罷之。」皆爲鶴山視師京湖發也。是公於真、魏二公，固嘗力爲毗助，以冀吾道之行，特不屑如口耳浮慕之徒依草附木，强託淵源，以資標榜焉耳。蓋公學本公誠，志在董、葛，清節粹德，終始不渝，至計忠言，直陳無隱。未嘗講學，而實接朱子之傳；不待入相，而已負温公之望。向使天假之年，久於其位，董、朱之道德，葛、馬之事功，庶一以貫之矣。天不祚宋，故奪公之速也，豈不重可惜哉！雖然，世之爲士者，誠能志公之志，學公之學，則雖窮在草茅而隱然挾公輔之具，達爲卿相而超然無異於韋布之時，亦何豔乎浮雲之富貴而執鞭從之也歟！同治甲戌六月丁酉立秋日，邑後學王棻謹書於柔橋之玩芳草堂。

劉克莊年譜簡編

李國庭　編

據《福建圖書館學刊》一九九〇年第一、二期增訂劉克莊（一一八七—一二六九），字潛夫，號後村，莆田（今屬福建）人。初名灼，嘉定二年以郊恩奏補將仕郎，更今名，調靖安主簿，歷福州右理曹、真州録事，入江淮制置使李珏幕府，監南嶽廟。十七年，知建陽縣，師事真德秀。因《落梅》詩得罪，閑廢十年。端平間除樞密院編修官，嘉熙間知袁州，歷江西、廣東提舉。淳祐六年除太府少卿，賜同進士出身，除秘書少監，因劾史嵩之，出知漳州，遷福建提刑。召爲秘書監，遷起居舍人兼侍講，以言論切直罷。景定初召爲秘書監，除起居郎，兼權中書舍人，累遷兵部侍郎兼直學士院，權工部尚書兼侍讀，出知建寧府。景定五年以目疾致仕。咸淳五年卒，年八十三，謚文定。

劉克莊久負文名，兼擅詩、詞、文，詩論也頗具影響，被目爲當時文壇宗主、「中興一大家數」。著有《後村先生大全集》二百卷，編有《分門纂類唐宋時賢千家詩選》二十二卷。事蹟見宋林希逸《後村先生劉公行狀》、洪天錫《後村先生墓誌銘》（《後村大全集》卷一九四附）。

近代以來，爲劉克莊編年譜者甚衆。近人張荃編有《劉後村先生年譜》，一九三四年刊於《之江學報》第三卷第一、二期内，較簡略；今人程章燦著有《劉克莊年譜》（一九九三年貴州人民出版社），則較詳細。本譜爲今人李國庭編，對莆田宋湖民所編《劉後村先生年譜》、李光岱等編《劉克莊行年簡表》有所訂正，初刊於《福建圖書館學刊》第一、二期（一九九〇年），後經作者增訂，收入本書。

引言

劉克莊，一名灼，字潛夫，號後村，南宋福建路興化軍莆田縣人。官至工部尚書、龍圖閣學士、正議大夫。著名學者，文章大家，詩詞詩話成就尤著。遺著有《後村先生大全集》等。但《宋史》無傳，清乾隆《興化府莆田縣志》、民國《福建通志》中之劉克莊傳，均據宋林希逸《後村先生劉公行狀》（以下簡稱《行狀》）及宋洪天錫《後村先生墓誌銘》（以下簡稱《墓誌》）縮寫而成。《行狀》、《墓誌》雖出自克莊「同舍生」、「門生」之手，材料較爲翔實；然行少繫年，語焉不詳，難以適應深入研究劉克莊之需要。

宋理宗寶祐三年（一二二五），劉克莊即在《明道祠滿》詩中云：「丁寧稚子收殘草，他日箋家要譜年。」「殘草」在其逝後一年（宋度宗咸淳六年，一二七〇），就由他的季子山甫（字季高）匯詮爲《大全集》二百小本；但「箋家」譜年之事，却遲至民國二十三年（一九三四）才由張荃先生草創成篇（刊在《之江理工學院學報》第三卷第一、二期上，然那兩期小報，中國大陸圖書館舊報刊索引中只有目而不見報；臺灣省也無收藏，只有美國圖書館才有。）王德毅先生編撰的臺版《中國歷代名人年譜總目》劉克莊條下寫有：「張譜」、王德毅《劉後村年譜》。不過王先生轉告：「當前只排出目録，内容在整理中。」已故的莆田宋湖民先生也曾編過《劉後村先生年譜》，實際上只是個「跳躍性」很大的「年表」而已，且也頗多錯訛。民國二十六年（一九三七）《學苑》刊有陳潤生《南宋莆田詞人劉克莊小紀及年譜》之題，連「小紀」都未「紀」完，年譜連影子也未見。近年莆田六中李光岱等先生又列有《劉克莊行年簡表》，見出一定功力；但因其未細讀劉克莊《大全集》，以訛傳訛之處尚不少。

有鑒于此，鄙欲撰著《劉克莊大傳》，就非要先編個《劉克莊年譜》不可，孜孜矻矻已有兩年，終于草出十餘萬言的《劉克莊年譜長編》。曾夢想先拋出一個簡縮本就教方家，以祈難出世的《劉克莊年譜長編》以較完善面目面世，不意這個夢想竟由《福建圖書館學刊》諸賢達變成真了，能不在此附言致謝！

一、入仕前期 一歲—二十三歲

宋孝宗趙昚淳熙十四年丁未，一歲。

《行狀》云：「咸淳五年正月二十九日，龍圖閣學士、正議大夫、莆田開國伯、食邑九百戶後村先生劉公卒，年八十三。」據此卒年享年數推定克莊生于本年，至今未見異議。但其究竟生于本年何月、日，各傳、狀、表、譜，均無明載，《大全集》亦無載。錢仲聯先生《後村詞箋注》引錄張荃「年譜」、「考證」多條材料，仍未確知，可見張譜也并未考出。但見《年譜總目·劉克莊》目《王譜》條尾注云：「七月二十九日生。」然《王譜》未出，不知其何據？鄙費時日，查得林希逸《竹溪鬳齋續集》卷一頁十《賀後村生日慶八十》詩云：「生比萊公過半月，占求尚父恰公年。」詩尾自注：「七月二十九日生。寇（準）公七月十四日。」此應即王先生所據。

克莊入仕前一名灼。世居莆田縣城東北烏石山前之後村。有幾位莆田壽星曾指教，云他們早年還見到此處留有「後村故居」石刻門楣，家祠舊址在桃巷。

克莊曾祖炳原爲布衣，後因子夙、朔得官，贈宣敎郎。妣鄭氏贈孺人；續娶游氏贈恭人，夙、朔皆其所出。祖夙、叔祖朔始師事莆田大儒林光朝（俗稱艾軒先生）而起家釋褐。此後劉氏三代八人登科第、五人入館閣，成爲新興官宦門第。

祖夙（字賓之），紹興二十一年（一一五一）進士，官至承議郎、著作佐郎，累贈中奉大夫。妣林氏早背，贈令人；續娶林氏，贈令人，彌正、彌恭、彌邵均其所出。

父彌正（字退翁），淳熙八年（一一八一）進士，累官至朝議大夫、吏部侍郎，贈少師。父、祖皆官清政勤，爲人耿亮，幷蔚爲家風。母方氏，魯國夫人，早逝。生母林氏，魏國夫人，其「世居莆田孝子攢之後里。……曾大父選，大中大夫。大父孝澤，直秘閣、福建轉運副使。父榕，台州教授。母陳氏，太夫人。少孤，與伯姐博誦圖史，尤熟班、馬二書。」《風俗論集》謂：「莆田文物之邦，自常袞入閩之後，延禮英俊，儒風大振。僻在南隅，而習俗好尚，有東周齊魯遺風。」（《黄公度學志》）「莆田舊習，儉嗇勤力，衣服古樸。重廉耻，惜行檢。以讀書爲故業，科名之盛，甲于閩中。至論忠孝大節，則前輩風概有足以摩激千古者。」（弘治志）「士大夫質行醇謹。至臨大事，輒以風節相高。以故叩閽抗疏間出郎署，不獨居言路者持謂論也。……仕路無媒，拘守常調，非有司馬安之巧。歸則具磽確數區供膳粥，掃軌養尚。……又，諸世胄佳公子絶紈綺，習好藝文更篤。寒士甲第蟬聯而三世接登進士者有兩三家。談者謂山川秀鬱所致，猶淺乎論也！」（前志）以上所列家庭、社會環境對克莊思想、情感、道德、品質之形成有不可忽視之作用。

淳熙十五年戊申，二歲。

克莊隨母在籍。

父彌正自淳熙八年（一一八一）登進士第後，至嘉泰三年（一二〇三），先後歷潮州司戶參軍、監鎮江榷貨務茶場、知撫州臨川縣。知臨川前二職爲從官，一般不帶家眷，故克莊均隨母里居。母爲第一個啓蒙者。

淳熙十六年己酉，三歲。

克莊隨母在籍。大弟克遜生。

《工部弟墓誌銘》云：「淳祐丙午臘月乙巳卒于寢，年五十八。」據其卒年、享年數前溯五十八年，知其生于本年。

宋光宗趙惇紹熙元年庚戌，四歲。

克莊隨母在籍。原配夫人林節生。

《亡室墓誌銘》云：「君諱節，封孺人。生于庚戌十一月十七日。」「福清林氏自南渡百年，號禮法家居。曾祖遹，龍圖閣直學士。祖埏知沅州。父瑑，今……直秘閣。」明嘉靖甲午年（一五三四）林富修《福清縣志·方括圖》云：林氏居石塘村，在縣城東南郊小孤山美報祠瑞雲寺塔之南。鄙踏勘得此村今改名玉塘村，仍有少數林氏村民。

紹熙二年辛亥，五歲。

克莊隨母在籍。

《行狀》云：「公生有異質，少小日誦萬言，爲文不屬稿，援筆立就。」《墓誌》亦云：「幼穎異，出語驚人，書過目輒成誦，爲文未曾起草。」《謝傅侍郎舉著述啓》云：「某家故爲儒，幼曾承學。善知書卷，頗窺上世之舊藏；杜曲桑麻，粗有先人之薄業。」據此而斷，上言不妄。

紹熙三年壬子，六歲。

克莊隨母在籍。仲妹方采伯夫人劉氏生。

《仲妹墓誌銘》云：「余上世清貧，先君嫁三女皆布衣，後乃有登第者。貢士方君采伯之室，余仲妹也。……練祭前一日卒，乃淳祐己酉十月壬寅也，年五十八。」據此推知。

紹熙四年癸丑，七歲。

克莊在籍，隨季父彌邵學。《季父習靜祭文》云：「愚幼顓蒙，季父訓勉。久撰杖履，亦（待）〔侍〕筆硯。」

紹熙五年甲寅，八歲。

克莊在籍，隨季父彌邵學。《都官兄祭文》云：「洎我與兄，生而相依。少兄二歲，垂箬佩觿。游則同隊，學則共師。」「都官兄」指堂兄劉希道（朔孫、起世子）。

宋寧宗趙擴慶元元年乙卯，九歲。

克莊在籍，從林井伯學。《趙忠定公朱文公與林井伯帖》云：「某爲童子時，受教于先友林井伯丈。」

慶元二年丙辰，十歲。

克莊仍在籍小學。《工部弟祭文》云：「與子同胞，六十暑寒。粤自髫髦，至勝衣冠。燈火共親，虀鹽剖餐。止則聯棲，飛則接翰。」工部弟即胞弟克遜。

本年克莊從叔起世登進士第（起世係朔子、起晦弟），官南海尉。

慶元三年丁巳，十一歲。

克莊仍在籍小學。《憶昔二首》之一詩云：「猶記顓蒙昔未開，自鞭寧待父師哉？殘編常到鷄聲徹，警枕頻（警）〔驚〕蝶夢回。」可見讀書之勤。

慶元四年戊午，十二歲。

克莊仍在籍，出小學，從方澤孺學。《林戶錄墓誌銘》云：「初余出小學，從方澤孺先生受業。」

慶元五年己未，十三歲。

克莊仍在籍，從方澤孺受業。

《陳光仲常卿墓誌銘》云：「陳、劉二氏，父祖世聯牆，子弟幼同學。余爲童子時，與君及二兄俱受學于鄉先生方澤孺。……余時方抄誦歐、曾、李泰伯、夾漈、湘鄉二鄭、艾軒遺文，冥搜苦思，欲與方駕。人皆笑迂，惟君兄弟與余同好。君諱煒，字光仲，年甫十二、三。」

克莊二胞弟克剛生。

《惠州弟墓誌銘》云：「處和名克剛，先君、先魏國林夫人之第三子。……知惠州，……終于州治，年五十六，寶祐甲寅五月甲申也。」前溯五十六年可知克剛生于本年。

慶元六年庚申，十四歲。

克莊在籍，從方澤孺受業。

《警齋吳侍郎再和余送行及居厚弟詩各次韻》之四詩回憶云：「少小攜書借隙光，宵眠常晏起常忙。」居厚，劉希仁字，克莊堂弟。宋譜云：「公髫齔隨父任受庭訓。」屬臆測之詞，克莊少小隨母、季父、林井伯、先生方澤孺學，歷歷載集。

嘉泰元年辛酉，十五歲。

父彌正知臨川縣。克莊及弟妹隨母赴臨川彌正官署。

《大乾記夢·辛酉年夢予方十（三）（五）》云：「昔夢游湘水，琴書寄葉舟。安知三十載，眞作夢中游。」《發臨川》長詩叙克莊三次到臨川，其第一次云：「始予丱角來，家君綰銅墨。縣齋多休暇，縣圃足戲劇。雖云嗜梨栗，亦頗窺簡冊。弟妹俱孩幼，親髮方如漆。」鄙一九八七年八月踏勘臨川舊縣遺址，縣署附近山坡上至今栽有各種果樹。

嘉泰二年壬戌，十六歲。

克莊仍在臨川受父庭訓。父彌正仍知臨川。《大全集》卷四七有少作《曹孟德》、《孫伯符》和《劉玄德》三首，表明克莊幼隨母學史，少從父學詩，已露才華。故《甲辰書事二首·五和》之一詩云：「少日父兄夸俊聲，後來場屋擅文名。」

嘉泰三年癸亥，十七歲。

克莊仍居臨川縣署。

《表弟方遇詩序》云：「方遇時父，……余表弟也。初見于臨川，余年十七，時父十四。」

嘉泰四年甲子，十八歲。

年初克莊仍在臨川。後因彌正「入爲諸司糧料院、太常寺主簿」。赴臨安，克莊及弟妹即隨母返莆里居到年底。

開禧元年乙丑，十九歲。

《雜記》云：「余開禧乙丑補入參果行。」又，《瓊州戶錄方君墓誌銘》云：「開禧乙丑，余補國子生。」

父彌正爲樞密院編修官、太常丞兼左曹郎官。

從父起晦（字建翁）卒于家。

起晦淳熙五年（一一七八）進士，歷福清縣主簿、建康府榷貨務，改知貴溪縣，尋辟爲江西安撫司機宜，召爲秘書省正字，受誣奏爲「僞學」而罷。李光岱等《簡表》作克莊二十歲入上庠，誤。

開禧二年丙寅，二十歲。

韓侂胄發動伐金。

克莊仍在上庠就學。父彌正仍在朝任舊職。

開禧三年丁卯，二十一歲。

克莊于丁卯、戊辰間應公試。

《左藏吳君墓誌銘》云：「丁卯、戊辰

問，余從諸生應公試。」永福考生吳丙（字景南，官左藏）與克莊結識定交，「試必同案，出必聯轡」。

彌正「劉公退翁爲賀金生辰使虜，議論往反未決。公至揚州，詔還潤州以俟。自兵起，鹽商不敢行，傳言虜且犯通、泰，而提舉官相繼遁逃，鹽利大乏，朝廷患之，即京口用公提舉淮東常平鹽事。……公遂渡江益貸亭戶，鹽既增積，舟相接數千里，賣盡復其舊」。

三胞弟克永生。

《六二弟墓誌銘》云：「君名克永，字子修，先君、先魏國林夫人之暮子。……君生于開禧丁卯。」

嘉定元年戊辰，二十二歲。

克莊應公試，以詩文不切實用而不第。父彌正「嘉定元年就爲轉運判官」。韓侂胄發動北伐慘敗後，宋金和議，宋稱金爲伯，增歲幣絹帛。克莊有《戊辰即事》詩辛辣諷刺云：「詩人安得有青衫？今歲和戎百萬縑。從此西湖休插柳，剩栽桑樹養吴蠶。」

是歲，福清人，克莊未來岳父林瑑以國子博士知興化軍，以故早知克莊文名，嫁女林節于克莊。

嘉定二年己巳，二十三歲。

年初，克莊與二十歲的林節結婚。

《左藏吳君墓誌銘》云：「丁卯、戊辰間，余從諸生應公試。……既而，余先婚、官，君擢丁丑第。」由此可知克莊先婚，後入京進卷，九月郊恩祖蔭補將仕郎，改今名，冬調靖安主簿入仕。《亡室墓誌銘》云：「林氏……爲余妻十九年。……生于庚戌十一月十七日，歿于戊子七月六日，年三十九。」戊子即紹定元年（一二二八）。由林氏歿年回溯十九年，他們結婚恰在本年。宋譜定本年婚，是；但將其父卒年定在本年，誤。李光岱等《簡表》作明年婚，顯誤。

入京進卷，有《題舊記顏》詩云「憶攜束書來京師，洛下諸賢頗見推」爲證。又有《最高樓》詞云：「臣少也，豪舉泛星槎，飄逸吐奇葩。」錢仲聯箋注「星槎」語云：「用以指嘉定二年二十三歲入京進卷事。」甚是。

二、為小官期二十四—四十七歲

嘉定三年庚午，二十四歲。

克莊赴江南西路隆興府靖安縣主簿任。《雜記》云：「余……初筮靖安主簿，年二十四。」《哭常權》詩題注云：「予主靖安簿，君爲令。」鄙踏勘江西靖安縣，查舊縣志，確證常權本年爲縣令。李光岱等《簡表》云「娶玉融林氏。父彌正卒」，俱誤。娶福清林節爲去年事；父彌正卒于六年，下證。宋譜云「守制在籍」，誤。

嘉定四年辛未，二十五歲。

克莊爲靖安主簿，參豫章幕。《雜記》云：「庾使絜齋袁（燮）公被旨來攝豫章，辱致之幕。教官擬賀冬年，素不合，忽蒙改委。」《裘元量司直詩序》云：「辛未、壬申間，予仕南昌，獲交二李君：國錄字茂欽，……司直字敬子，竹齋是也。」

父彌正「四年爲副使。自浙徂淮，凡北使送迎之事，經公裁定。後皆爲成式。」

克莊繼室陳氏生。《山甫生母墓誌銘》云：

「陳氏，……辛未臘月二日生。」

克莊從弟、起世之子劉希仁（字居厚）登進士第，除建陽簿。

詩有：《豫章溝二首》、《西山》等。

嘉定五年壬申，二十六歲。

克莊仍參豫章幕。父彌正「召爲吏部員外郎兼考功右司，進左司郎中，以直寶謨閣爲運判，遂自副使爲太常少卿、國史院編修、實錄院檢討官。除起居舍人，遷郎，遂爲吏部侍郎。」

克莊長子阿昌生。

《亡室墓誌銘》云：「男曰昌。」

嘉定六年癸酉，二十七歲。

克莊官迪功郎、隆興府靖安縣主簿，參豫章幕。

父彌正「六年七月六日卒，年五十七」。宋譜云卒于二年，李光岱等《簡表》言卒于三年，皆誤。克莊《壬辰春上塚五首》之一《城南》悼父詩云：「一閉幽堂十九年，萬松手種已參天。……此身只合安閭里，長爲先君掃墓阡。」壬辰爲紹定五年（一二三二），回溯十九年爲嘉定七年甲戌（一二一四），恰爲彌正葬年，再前推一年即彌正卒年，與葉適《墓誌銘》所記相同。

嘉定七年甲戌，二十八歲。

三月，克莊歸里葬父于莆田城南。克遜、克剛方以父之遺恩始任，克永年方八歲。

嘉定八年乙亥，二十九歲。

克莊守制在籍。

嘉定九年丙子，三十歲。

上半年，克莊仍守制在籍。七月，制終，注福州右理曹，未上任。冬，改差眞州錄事參軍（《行狀》）。

鄙曾踏勘今儀徵，印證其所撰詩作。

嘉定十年丁丑，三十一歲。

春，克莊赴眞州錄事參軍任。因其地爲邊地，克莊未攜林節同往。《二戴詩卷》序云：「余爲儀眞郡掾，……年甫三十一。」錢仲聯《後村詞箋注》題箋《清平樂·丹陽舟中作》云：「知此與林夫人偕，何來『別鶴』之感？惟《墓誌》又載後村有妾，豈詞主或因妾未偕行而發耶？下《沁園春·維揚作》亦有『那邊輸了翡翠衾寒』語，可互參。如謂客中冶游與所歡者別，亦可通。」此說不敢苟同。因爲一：《亡室墓誌銘》中未說「有妾」，只說有「庶生一男一女，尙幼」。林節歿于紹定戊子（一二二八）七月六日，葬于己丑（一二二九）七月七日，離本年足足一紀。如果本年克莊有妾，「庶生一男一女」不得云「尙幼」。志云「庶生」，或爲抱養，或爲妾生，不可即斷爲有妾。如有納妾，也不當本年就有。錢先生自然說出有據，即《墓誌》謂「君不以遠近必俱。」但凡林節俱者，志中均有提及，惟儀眞未提。所以觀上兩首詞而細味之，可以肯定都是眷念妻子林節幷安慰之之意。又《行狀》謂：「菊坡（崔與之號）崔公帥維揚，因公白事，喜曰：『吾于閩得二子，君與子華（陳韡字）也。』銳欲致公。會李公珏建閫金陵，辟沿江制司準遣。」可見克莊任儀眞錄參不數月即爲崔與之賞識。五月，便爲金陵制帥李珏辟爲幕府參軍。有《丁丑上制帥》書云：「某之不肖，而廁于幕下之士，不可謂之不在其位矣；又蒙幸于左右有年，不可謂之交淺矣。」可證本年即跟隨李珏巡邊。此外，還有《油幕箋奏》五篇。詩有《眞州北山》等。詞有《清平樂·丹陽舟中作》等。克莊戎馬倥偬而文思詩興勃發。

嘉定十一年戊寅，三十二歲。

克莊仍在金陵幕，林節來建康居住。《亡室墓誌銘》云：「君有至性，忠孝大旨皆暗與吾徒合。往年虜騎大入，余當從主帥督戰，君適患懸癰，呻吟聒鄰壁。余(從)〔猶〕豫未發，君曰：『父（夫）病小撓，虜入大耻，若之何以小妨大也？』余媿其言，即日渡江。」可見鸞鳳同窠與夫妻和偕之至。《黃勉齋書卷後》云：「嘉定戊寅，勉齋來江淮謀制置使軍事。其年三月，行臺（李珏帥）駐揚州，勉齋與余子壽、黃德常及余同在軍中，坐起寢食未嘗離也。」又，《崔菊坡與劉制置書》云：「戊寅，余從制帥尙書李公行邊。……明年，余出幕。」此外，文有《戊寅與制帥論海州》、《賜歷日謝表·嘉定十一年》等十一篇。詞有《沁園春·維揚作》等。詩作甚多，《大全集》卷一「詩」題下注：「公少作幾千首。嘉定己卯自江上奉祠歸，發故篋盡焚之，僅存百首，是爲《南嶽舊藁》。」由此可知，《南嶽舊稿》一卷百來首詩，均爲明年（己卯）三月辭幕歸里之前作。可確定爲本年者有《揚州作》、《雨花臺》等。

嘉定十二年己卯，三十三歲。

春，克莊仍在金陵幕。三月三日請南嶽祠，夏歸里奉祠。前後在幕只「一年閱十月」。爲何辭幕？《行狀》云：李珏「因謀進取，公有異議，主謀者（指李珏）

忌之，公求南嶽廟去。」克莊自己在《與方子默僉判》書中説得更爲具體：「某隨幕府至淮東，見劉琸擁兵三萬，端坐山城，而維揚之兵不滿千，始喟然悟築城之害，妄意欲抽減極邊戍兵，使屯次邊，以壯根本。其説不行。」

其主張正確否？克莊在《玉牒初草·寧宗皇帝嘉定十二年》記一言官之疏云：「六月……癸未，李楠奏：前江淮制置使李珏權重謀疏，泗上之役實珏逼行，損國家威重，啓夷狄輕心，乞候服闋奪職。」《庚辰與方子默僉判書》講述辭幕經過云：「二月二十二日，滁州圍解，江面定叠。三月三日，宣城轉廳相傳天語：制帥諳悉江淮謁告。然移書光範，已爲求祠。蓋在幕之本末如此。」文有：《油幕箋表》、《謝歷日表》等十八件。

詩作甚豐，「詩」卷二題下注：「嘉定己卯奉南嶽祠以後作。」其中《蒙恩監南嶽祠》爲本年辭幕奉祠後作。《悼阿升》記載歸里後次子夭亡之痛；《葺居》記叙「歸來聊卜草堂基」之舉。

十二月眞德秀帥江西，克莊有《送眞舍人帥江西八首》送别詩。

嘉定十三年庚辰，三十四歲。

克莊奉南嶽祠在籍。

詩作有：《立春二首》。題注「嘉定庚辰奉南嶽祠」作，故卷二之一百首、卷三之二十六首詩，均爲本年之作。而《書考一首》證明克莊已奉祠一年；《暝色》記載其卜築于縣城之北三里遠的徐潭村草堂已竣工。

從兄劉希道（朔孫，起世子）登第。

嘉定十四年辛巳，三十五歲。

克莊仍奉南嶽祠在籍，流連興化名山勝水，吟詩遣懷。冬赴廣西。

從卷三《元日》，到卷四《書第二考》詩均爲本年作，其中包括後來竟成「文字獄」的《落梅》詩云：「一片能教一斷腸，可堪平砌更堆牆？飄如遷客來過嶺，墜似騷人去赴湘。亂點莓苔多莫數，偶粘衣袖久猶香。東風謬掌花權柄，卻忌孤高不主張。」《辭桂帥辟書作》記錄了年內桂州（今桂林市）經略司胡槻元帥曾以書辟其入幕而克莊始辭之事。

冬，應胡帥之辟赴桂州幕。

《哭五一弟先輩》二首爲族弟某早背而作。《空村》詩透露克莊已移居徐潭村別墅。文有《辛巳答傅諫議》書等。

嘉定十五年壬午，三十六歲。

去冬攜妻子林節同赴桂州。二月入幕。冬，因胡帥有他調而辭歸田里，到家正逢除夕夜。

《行狀》云：「八桂胡公槻以經司準遣辟公，辭不就，魏國力勉之。八桂佳山水，胡與公倡酬，幾成集。」《赴辟廣西通帥啓》云：「念高堂乏滫髓之奉，謂陋巷有簞瓢之憂。不甚餒而，可以出矣。」

詩作從卷五《答婦兄林公遇四首》，到卷六《乍歸九首》，凡二卷，將往返途中及桂州佳山水盡寫入詩卷。此外，尚有《柳州白水瀑泉賦》一首。

在桂，克莊夫婦除氣候水土不服外，還曾遇險一次：「嘗泛灕江，柁折舟旋，危在瞬息，君（林節）亦無怖容。」

克莊歸里前數日，詩友方信孺（字孚若，號詩境）「以嘉定壬午臘月二十有六日卒，享年四十六」。克莊《挽方孚若寺丞》詩二首悼之，并爲作《寶謨寺丞詩境方公墓誌銘》。

嘉定十六年癸未，三十七歲。

克莊上年除夕自廣西抵里，滯籍葬方信孺，送千里徒步來奔信孺喪的詩友孫惟信（字季蕃，號花翁）。

八月，忘年之友方左鉞（字武成）卒，時克莊仍在籍，故《行狀》所言「入京進卷」，并不是自廣西徑往或歸里後即往。《墓誌》云：「時《南嶽稿》、《油幕箋奏》初出，家有其書。葉公正則（適）評公詩，許以大將旗鼓。趙公履常稱公散語「與水心（葉適號）不相上下」，當爲今冬明春之際事。

冬，克莊懷揣二書冒寒上路，入京進卷，在臨安受到先君之友葉適的高度評價推薦，與杭州書肆主人陳起（字宗之）、與詩人翁卷結識，并付《南嶽稿》與宗之刊入《江湖集》。

往返路途詩作頗多：《福州道山亭·南豐作記》、《建州》、《入浙》，及在京、離京詩札《贈陳起》、《贈翁卷》等，均爲今冬明春間作。

詞有《沁園春·送孫季蕃吊方漕西歸》等。

十二月，葉適卒，克莊作《挽水心先生》詩二首悼念之。

嘉定十七年甲申，三十八歲。

克莊在臨安盤桓至春暖花開時節，爾後帶着前程未卜之悒鬱心情歸里，在徐潭別墅附近買得五畝餘荒山坡作爲花圃，種藝吟詩以遣愁懷。

《行狀》、《簡表》云，改宣教郎知建陽縣，誤。《甲申同班小録》云：「嘉定甲申春，上臨軒引陳誠之等。故事，有題名小錄，因著其說于篇首，以侈上恩、勵同志云。」《出都》詩云：「客子來時臘雪飛，出城忽已試單衣。湖邊移店非無意，要共林逋話別歸。」《贈陳起》詩云：「陳侯生長紛華地，卻以芸香自沐熏。鍊句豈非林處士，鬻書莫是穆參軍？雨檐兀坐忘春去，雪案清談至夜分。何日我閑君閉肆，扁舟同泛北山雲。」陳、劉之交深如許！方回《瀛奎律髓》卷二〇有云：「當寶慶初，史彌遠廢立之際，錢塘書肆陳宗之能詩，凡江湖詩人皆與之善。宗之刊《江湖集》以售，《南嶽稿》與焉。」以克莊《贈陳起》詩觀之，此記爲可信，但時間不在「寶慶初」，而在嘉定末。克莊之《南嶽稿》付與宗之刊《江湖集》亦當在本年，而流傳到興文字獄的朝官手裏卻已到寶慶三年了。

歸里途中詩有：《馬上口占》、《挽李尚書》二首和《橋西》等。歸家後詩有：《挽林夫人·方孚若母》、《李園有懷孚若》等。宋譜云在籍，而不知入京。

本年九月，真德秀召爲直學士院，此與克莊改官有關係。

宋理宗趙昀寶慶元年乙酉，三十九歲。

克莊上半年仍在籍。秋，改宣教郎，知建陽縣，約十月中旬赴任。

《游受齋集序》云：「寶慶初，余宰建陽。」《陳敬叟（名以莊）集序》亦云：「寶慶初元，余有民社之寄。一切禁止，專習爲吏。勤苦三年，邑無闕事，而余成俗人矣。」此二件一手材料確證克莊改宣教郎知建陽縣始自本年。

究在何月赴任？據《文公·丙戌秋祀幷奉安新祠》祝文云：「某來此三百日，然後新祠落成。」由此可推知克莊于本年十月中旬上任。

文有：《乙酉答傅諫議書》、《乙酉與胡伯圜侍郎書》；《謁夫子廟·以下幷建陽作》等祝文四篇。

詞有《滿江紅·送宋惠父（名普、慈）入江西幕》。錢仲聯《後村詞箋注》定此詞作于嘉定十七年甲申（一二二四），誤；蓋因沿襲《行狀》定克莊甲申年改宣教郎知建陽縣之誤所致。克莊赴任時即攜林節同往，幷云：「君已胃弱惡食，抵官且愈矣。復感風痹，神色逾好，不類病人。」

本年亡父彌正因克莊改官而封通奉大夫，有《寶慶乙酉·通奉大夫》祝文爲證。

年底，眞德秀被劾，落職罷祠，而歸浦城故鄉，克莊因而師事之，可見人品之美。

寶慶二年丙戌，四十歲。

克莊仍知建陽縣。

《行狀》云：「新考亭之祠，祀朱、范、劉、魏四君子于學宮。庭無留訟，邑用有餘，增羅賑糴倉二千（《墓誌》作「五千」）斛。大書其門曰：『聊爲爾民留飯椀，豈無來者續心燈。』西山眞公記之。更創西齋，北山陳公篆其扁，爲賦《于蔦于》之什。西山在朝，以公學貫古今，文追騷雅薦；西山還里，公以師事，自此學問益新。」《墓誌》亦云：「講學問政，一變至道。崇風教，表儒先，如古循吏。去來四十年，父老迎送如一日。」狀、志不諛，確實政績顯著。

有《文公·丙戌春祀》等六篇祝文及少量勸

農述地之詩。

從弟劉宬（即「古田弟」）登進士第。

寶慶三年丁亥，四十一歲。

克莊仍知建陽縣。

有丁亥春、秋祀《文公》等祝文六篇、《勞農》詩二首等。

有詞名作《賀新郎·送陳眞州子華（陳韡字）》云：「北望神州路，試平章這場公事，怎生分付？記得太行山百萬，曾入宗爺駕馭。今把作握蛇騎虎。君去京東豪傑喜，想投戈下拜眞吾父。談笑裏，定齊魯。兩河蕭瑟惟狐兔，問當年祖生去後，有人來否？多少新亭揮淚客，誰夢中原塊土？算事業須由人作。應笑書生心膽怯，向車中閉置如新婦。空目送，塞鴻去。」其恢復北土的高昂激情與聯絡京東義軍共同抗金的策略主張躍然紙上。

紹定元年戊子，四十二歲。

克莊妻林節七月六日卒于縣署。

九月，建陽縣任滿歸里。因《落梅》詩案影響仍在，自此奉仙都觀祠在籍，六年不調。

《亡室墓誌銘》云：「余調建陽，……垂滿，君苦脾洩，餌歲丹黃百粒不止。……既逝，邑人相吊如喪親戚。……君諱節，封孺人，生于庚戌十一月十七日，殁于戊子七月六日，年三十九。明年小祥之翌日壬申，葬于壽溪西劉（也作「樓」，興化方言音同）」。愛妻西歸固可悲，更可悲者爲《落梅》詩案「文字獄」，給克莊以沉重的精神打擊及仕途坎壈。《行狀》記云：「言官李知孝、梁成大（按：此二奸為當時臭名昭著的人）

箋公《落梅》詩，與『朱三』、『鄭五』（按：今《江湖集》中已無此句詩矣）之句，激怒當國，幾得譴。安晚（清之之號）鄭公時在瑣闥，力爲辨釋以免。」此案雖解于當時，但對克莊的精神折磨和仕途影響卻在十年以上。《雜記》云：「後余宰建陽，李知孝方興烏臺詩案（按：御史臺署前栽有烏白樹，故稱其為「烏臺」。北宋時蘇軾曾因詩案入獄）。余踪迹危甚。〔安〕晚在瑣闥，力勸遠（史彌遠）相不宜以言語罪人，其語遂解。」《與鄭（清之）丞相書》亦云：「憶昨試邑建陽，適爲要路所嫉，組織言語，横肆中傷，幾逮對御史府矣。時大丞相方在瑣闥，深惟國體，力解當權，謂文字不可罪人，謂明時不可殺士。某之所以獲全要領，我公之賜也。」「殺士」，組織「文字獄」，雖非封建專制主義的特有現象，卻無疑成爲封建專制主義表徵之一。

可證克莊確在本年建陽任滿者有《朱文公帖》云：「曩余宰建溪（建陽別稱）三年。」《紹定戊子·正奉大夫》祝文云：「今上（理宗）初郊（寶慶三年十一月郊祀），詔加先君一秩。明年（紹定元年），不肖孤克莊試邑秩滿，始奉綸命，歸白松楸（彌正墓前）。」

此外，尚有文：《謝葉尚書舉政績》、《戊子答眞侍郎論選詩》。

詩有《熊主簿示梅花十絕詩至梅花已過因觀海棠輒次其韻》二十首等。

詞有《風入松·福清道中》悼亡妻二首。

紹定二年己丑，四十三歲。

克莊奉仙都觀祠里居。七月七日葬夫人林節于壽溪西劉之原。

《有宋林孺人墓誌銘》結銜稱「承議郎、新通判潮州」。林森《劉克莊事略》亦言：「宰建陽，謫倅廬陵，又倅潮陽，趙至道猶以嘲詠謗訕彈之。毒由梁、李也。」可見克莊倅潮陽未上道，即被劾而寢新命，故本年實奉祠里居。《山甫生母墓誌銘》云：「余年四十二（指去年林氏去世時克莊之齡），哭林淑人，哀逝者之賢而夭，遂不再婚。既葬淑人，左右無侍巾櫛者（由此觀之，并無納妾），或言里中有孤女陳氏，本大族，母微，攜以適人，長無所歸。先親魏國爲余納之，事余三十五年。……年五十五以疾，辛未臘月二日生，壬戌六月二十七日卒。」由陳氏卒年、事克莊年數推知本年七月葬林節後續娶陳氏爲妻。而克莊情鍾于原配林夫人而把繼室陳氏稱爲「妾」。除此之外，克莊未提及有妾；可疑者在于《亡室墓誌銘》（未娶陳氏前）中提及「庶生一男一女」。雖然，在無根據證明其納妾事實前，只可理解「庶生」爲抱養子女。

文有：《除潮倅謝丞相》、《謝臺諫》；《除仙都觀謝丞相》、《謝臺諫》。

詩有《留山間種藝十絶》等等。

九月，岳父林瑑卒，年七十一。十二月葬，克莊作《直秘閣林公墓誌銘》。

紹定三年庚寅，四十四歲。

克莊仍奉仙都觀祠在籍。

紹定四年辛卯，四十五歲。

克莊仍奉仙都觀祠在籍。

《辛卯歲天基節（理宗生日，正月癸亥）即事六首》之六詩云：「小臣無狀挂丹書，還著靑袍兩載餘。物色依然如碧鶴，階銜久矣削緋魚。」「青袍兩載餘」句說明：紹定元年九月到四年正月恰兩年另五個月閑居。按常規：一祠爲三十個月，所以本年春祠滿應調官。《墓誌》云：「起倅廬陵。」當即今春事。但爲何「未赴」而再奉仙都觀呢？《辛卯春日》詩云：「甫報弓旌召，俄聞彈射攻。」原因是又被彈寢新命了！此又爲何？《和張簿尉韻》詩云：「舊案依稀在柏臺，寄聲杭本莫翻開。」仍然是因爲付與陳起刊行《江湖集》裏的《落梅》等詩所累。居籍之事有一詩題亦可證：《余辛卯歲卧病郡城，陳宗之（起之字）胡希聖有詩問訊……》。文有：《紹定辛卯·宣奉大夫》祝文云：「去秋，天子有事于明堂（按：《宋史》卷四一《理宗紀》載：紹定三年九月辛丑，祀明堂，大赦）。加惠溥率，無間幽隱。克莊雖觸罪奉祠，猶得以追榮先君。」

紹定五年壬辰，四十六歲。

克莊仍奉仙都觀祠里居。

《壬辰上塚五首》之一《城南》詩云：「一閉幽堂十九年，萬松手種已參天。懶隨人乞郭東祭，自與母耕綿上田。試問拂雲施鶴表，何如籍地薦豚肩。此身只合安閭里，長爲先君掃墓阡。」《西樓（劉）》詩云：「溪草林花凈碧紅，傷心黃壤閉芳容。短松明月易陳迹，斷雨殘雲難見蹤。伊昔老盆常共酌，即今敗絮倩誰縫？臼間一斗陳倉粟，薄暮歸來獨自春。」

掃祭父、妻之墓詩中顯叙在籍踪迹及悱惻情懷。《悼阿駒七首》詩，說明克莊與陳氏所生的阿駒兒，至少一歲餘（「隔日猶能唤女兄」，能語之歲）夭亡。

紹定六年癸巳，四十七歲。

克莊起倅吉州，已上道至福州，新命赴都堂審察轉赴臨安。時在十一月左右。《除吉倅謝丞相啓》云：「屛窮巷者五期，食叢〔祠〕者再考。」說明克莊從紹定二年己丑（一二二九）至六年癸巳（一二三三），整五年才除吉倅。《貧居自警三首》之一詩云：「昨者匆匆捲印歸，六年岑寂閉柴扉。」這是自紹定元年建陽任滿歸里閑居到此，首尾已有六個年頭未曾出任官職，全在籍奉祠二考（六十個月餘）。錢仲聯《後村詞箋注》在駁方回《瀛奎律髓》卷二〇所言「時潛夫廢閑恰十年矣」時云：「惟後村于紹定元年因詩案罷歸，端平元年即出參眞德秀幕，除宗正簿，奉祠里居僅二年，《律髓》謂廢閑十年，非是。」

按：《律髓》將克莊詩語「卻被梅花累十年」（見卷一〇《病後訪梅九絶》之一末句）看作實數「十年」，固然拘泥不妥；但錢先生把七年說成「僅二年」卻是算錯了。何況《病後訪梅九絶》并非作于端平元年，而是在本年起爲吉倅前。

《與鄭丞相書》云：「某兹以吉倅闕期迫近，挈累之官。行至福州，承興化軍遞至省劄，劉某叨被恩旨赴都堂審察。」說明克莊赴吉倅只走到福州，就又被命赴都堂審察。蓋其時必在本年十月或十一月。因爲眞德秀從泉州調知福州兼福建安撫使是在十月（見《宋史》本紀理宗紹定六年）。

克莊到福州後有《陪西山游鼓山》、《鼓山

用餘干趙相（汝愚）韻》二首。

三、立朝期 四十八—五十九歲

端平元年甲午，四十八歲。

去冬、今春之際，克莊至臨安接受堂審。時眞德秀帥閩，克莊以將作簿應辟兼閩幕帥司參議官，迎魏國林太夫人到榕城。

六月六日，餞眞德秀入爲戶書。

七月，克莊奉母還里。

八月，獨入京。

九月，除宗正簿，輪對。

《友人李先輩醜父嘗以夷成詩二帙示余，……因用其韻爲謝》詩尾自注云：「端平初元，召審八士，余預焉。惟張洽、趙端頤、范炎三君子力辭不至。」此詩爲「過延平」時作，説明克莊及另外四士確赴臨安堂審了。《南劍州創延安橋記》云：「端平初元，上（理宗）既親政，放黜貪濁，簡拔循良，詔以延平通守太學博士溫陵董公洪就綰州紱。余時蒙恩詣行在所，道出其州，公握手相勞苦。……明年，公治聲聞京師。又明年，余去國至其所。」《總跋》云：「端平甲午，文忠眞公帥閩，余忝參議幙，故尚書鄭君伯昌主管機宜。其年眞公召，余與伯昌相率祖餞，六月六日也。」

表啓有：《除匠簿福建參議謝西山》等六件。

詩有《呈黄建州》、《過建陽二首》、《過章戴二首》等。

詞有《踏莎行·甲午重九牛山作》。還有《備對劄子·端平元年九月》二篇、《貼黄》三篇。

端平二年乙未，四十九歲。

克莊仍在朝，五月，眞德秀卒，乞會葬不許。

六月，除樞密院編修官兼權侍右郎官。七月十一日輪對。

《雜記》云：「乙未六月，余爲編修官兼侍右郎官。輪對，至侍班所，……及對，至論倫紀處，上反復論難累數百言。余一一條析以對。上色莊然，玉音溫厚，不以爲忤。」

有文：《輪對劄子·端平二年七月十一日》、《貼黃》三篇。《錄聖語申時政記所狀》詳記輪對過程與理宗答對情形。此外還有《西山文忠公行狀》等四篇，《端平乙未·安人》祝文一篇。

端平三年丙申，五十歲。

春，克莊被黜。歸修後村精舍，疏鑿金鳳池。主玉局觀，尋除漳州，遲遲未赴。

爲何被黜？《行狀》、《墓誌》俱云：丙申，左府語泄有錫第表郎之傳。鶴相與吳舍人泳疑其過己，遂以吳泳之弟、侍御史吳昌裔疏罷。主玉局觀，尋除漳州。《建寧府新建譙樓記》云：「端平二年五月某日，秘書丞兼樞密院檢詳姚公以直秘閣出守建安，兼漕全閩。……明年（即三年）春，余逐于朝，微服過建。」可見克莊本年春去國。其主要原因是「在端平初妄論倫紀」（輪對中說了濟王竑冤抑這一最敏感問題，引起理宗不快）。《雜記》云：「後余爲季永（吳昌裔字）論，叔永（吳泳字）與游果山（名似）聯騎餞余湖山。」歸家後做「乾坤」之事。

《黃明府宏溪莊圖咏》跋云：「余所居門前隙地，極目尤卑濕，沙礫草林聚焉，故老相傳云金鳳池舊址也。由池而北，至官道稍高，是爲後村。余少時欲疏鑿其卑者，復池之舊而培築其高者爲書堂。復齋陳公爲書『金鳳池』三字，北山陳公爲書『後村精舍』四字。楷篆極妙，藏之篋中久矣。然其地屬數家，不可合。余官不遂，至端平丙申始地合。余逐于朝，始役三百夫而池成，始揭復齋舊匾。」

在籍奉玉局觀祠，有《除玉局觀謝二相》表爲證。

詩有：《出宿環碧》云：「逐客挑包水榭中，忽聞乾鵲噪東風。」《環碧寒甚移宿客邸》、《桐廬舟中即事》、《朱買臣廟》、《江山道中》等途中作。歸家後則有：《和吳教授投贈二首》之一詩云：「累臣方卧漳濱疾，錯夢鈞天聽樂回。」可證其除漳州而卧疾。《和仲弟十首》之八云：「弟兄雖幸忝朱輪，各是人間五十人（克遜實四十八）。只合共娛千歲母，可能少補二州民。」可見其除漳州仍居家未赴。

此外還有題下注明寫于「端、嘉」年間的「雜詩二十首」。姑附此一筆帶過。

嘉熙元年丁酉，五十一歲。

春，克莊由漳州改知袁州，赴任才閲數月，又坐前言濟王事被御史蔣峴劾，而與方大琮、王邁、潘昉三人同罷。

八月，解袁州印，九月底歸主雲臺觀。

《袁州到任表》云：「遭嘖言而去國，自屏空山；奉明詔以典州，且叨善地。已臨封域，且布詔條。」《答洪帥（「帥」之誤）侍郎》書云：「嘉熙丁酉，臺官蔣峴劾大琮、劉某、王邁、潘昉四人在端平初妄論倫紀，乞坐無將不道刑。先皇

（指理宗）聖度如天，悉從末減。大琮罷右史，某奪袁州，邁失漳倅，昉免官而已。」《除雲臺觀謝丞相》云：「某身十年而三黜，腸一日而九回。屢費保全，自傷窮薄。已分衡茅之下，送老一生；但于香火之間，祝公千載。」

此外，有文：《太夫人生日回張守·丁酉》、《宴張都承（「丞」之誤）·袁州》樂語等。

詩有《丁酉重九日宿順昌步雲閣絶句七首呈味道明府》、《丁酉九月十四日黃源嶺客舍題黃瀛父近詩》等途中作。歸家後有詩《田舍即事十首》等。

詞有《一剪梅·袁州解印》。

《趙崇彪詩序》云：「委齋以嘉熙間通守于莆，與其民相爾汝，視其壬如親戚。余時與方德潤（大琮字）、王實之（王邁字）皆閑退杜門。」《嘉熙丁酉·特進》祝文云：「去秋禋祀，先君以三子升朝進秩二等。明年冬，克莊免官還里，克遜懷詔過家，克剛方忝邑寄，命埜恭奉制書，白于墓下。」

嘉熙二年戊戌，五十二歲。

克莊奉雲臺觀在籍。有《除雲臺觀謝丞相》、《謝諸府》表可證。

詞有《最高樓·戊戌自壽》、《鵲橋仙·戊戌生朝》、《賀新郎·戊戌壽張使君九月十八日》等六首。

啓有《太夫人生日回張守·戊戌》等十篇。

張友以直秘閣知興化軍、趙時砎以承議郎爲通判。克莊有《題趙別駕委齋》、《次張使君韻》詩及壽詞三首與之酬唱。

嘉熙三年己亥，五十三歲。

《行狀》云：「文清李（宗勉）相當國

（正月），擢公江西提舉，改廣東提舉。公不以入嶺爲難，道出潮、惠，謁昌黎祠，訪坡公舊迹。庚子元日始至。」《江西倉辭免狀·己亥》云：「某九月九日申時伏准尚書遞到省劄一道：除某江西提舉。……得旨改除廣東提舉。令疾速之任，不得再有陳請，仍免朝請。」

李宗勉正月爲相，克莊九月十九日接到江西提舉任職命令，故改命廣東提舉最快在十月，待其打點行裝、攜帶母與妻從家鄉赴廣時，已是「天寒、路滑、馬蹄僵」的隆冬季候了。

詩有：《洛陽橋三首》、《泉州南郭二首》、《同安》、《龍溪道中》、《木棉庵》、《靈著祠》、《潮惠道中》等，一路訪勝觀庵，行踪歷歷在集。

詞有《水龍吟·己亥自壽》二首、《水龍吟·自和前二首》及上引之《一剪梅·余赴廣東實之夜餞于風亭》等。

啓有《廣東提舉謝李丞相》、《廣東提舉到任表》，還有《嘉熙己亥·少保》祝文一篇。

嘉熙四年庚子，五十四歲。

克莊一路逶迤訪古，正月元日始到廣東提舉任，政勤職清。八月升爲廣東漕。九月攝帥廣州市舶使。政績卓著。

文有：《廣東除運判到任謝表》、《廣東漕謝二相》、《諸廟再禱》（屬以庚子禱于祠下）、《南海廟祝文》（某春持庾節，秋視漕印），還有《通唐（伯玉）經略》、《宴唐經略·廣東》樂語二篇，《菊坡崔（與之）丞相》祭文一篇。又有《乞免循查惠州賣鹽申省狀·廣東》，回降省劄從其請，日期爲「嘉熙四年六月二十七日」。

詩多，如：《余哭蟾子朝士鍾大鳴有詩相寬次韻》云：「歷引竺乾寬此老，未甘贏博葬吾兒。」《再和》云：「彭聃俱未離乎死，况汝孩提未有知。自昔丈夫憐少子，即今王母惜孫兒。探環曾記曾游處，建鼓應無再見期。三紀七揮兒女淚，孰尸壽夭莽難推。」自克莊一婚始，至今三十年餘，先後夭亡三男四女：女靈昭、男昇、女靖、女蘩（俱出林氏）、女嬰（未名，庶生）、男駒、男蟾（俱出陳氏）。還有《廣州勸駕·庚子權郡》、《廣州都試·時攝帥》、《挽崔丞相三首》等詩。

詞有《賀新郎·題蒲澗寺》等四首。

淳祐元年辛丑，五十五歲。

六月二十四日，召克莊赴行在奏事。侍御史金淵詆克莊「自擬清望」，寢召命。

八月，克莊解任去廣。九月，歸主崇禧觀。

《廣東被召辭免狀》云：「照會今月十四日準樞密院輔字皮筒遞到六月二十四日省劄，奉聖旨令某赴行在奏事。」《趙倅與灝條具軫腹事宜狀》云：「淳祐辛丑，余待罪廣東漕。」《除崇禧觀謝丞相》啓云：「猶賦三鍾之粟，俾娛九秩之親。」《謝三府》、《謝史（嵩之）端明》。《辭夫子廟》祝文云：「蒙恩賜召，敬詣學宮，稽首以辭。」《三賢堂》祝文云：「解印遂行，不敢不告。」《諸廟》祝文云：「某司臬茲土，俯仰歲餘。民雖貧亦粗安，田雖瘠亦中熟。使某不獲罪田里而去者，神之賜也。謹奉瓣香以告。」《土地》祝文云：「獲與其孥全璧而去。」《雜記》云：「余爲廣漕被召，爲金淵所論予祠。」《與鄭丞相》書云：「某自辛丑秋出嶺（按：離廣），再叨臺命除，再被論列（又一「列」衍字），擢髮數罪，噬臍省愆。」

詞有《臨江仙·庚子重陽……》、《水調歌頭·喜歸》等七首，均爲本年所作。途中和歸家後還有詞：《臨江仙·潮惠道中》、《賀新郎·王實之喜余出嶺命愛姬歌新詞以相勞輒次其韻》、《賀新郎·蒙恩主崇禧再用前韻》、《賀新郎·三和》。

詩有：《次韻實之三首》、《陸賈二首》、《浴日亭》、《又追和坡韻一首》等。同年，居厚劉希仁從弟起而復寢，克莊有《送居厚弟堂稟二首》、《居厚不果行二首》、《聞居厚得祠復次韻二首》詩酬唱。

文有：《王南卿集序》等。

淳祐二年壬寅，五十六歲。

克莊奉崇禧觀祠在籍。

《墓誌》云「除侍右郎官」，誤。《念奴嬌·壬寅生日》云：「比如去歲前年，今朝差覺門庭靜。……回首雪浪驚心，黄茅過頂，瘴毒如炊甑。山鬼海神俱長者，饒得書生窮命。不慕飛仙，不貪佛，不要鑽天令。年年今日，白頭母子家慶。」詞意顯係奉祠在籍。《魏國墓誌銘》云：「淳祐壬寅進福國。」

淳祐三年癸卯，五十七歲。

《行狀》云：「癸卯元日除侍右郎官，又以僕斗南疏罷，仍舊職天（按：「天」為「崇」字之誤）禧。」記實不妄。《除侍右郎官辭免狀·癸卯》云：「照會某今月十六日巳時省劄，奉聖旨，劉某除侍右郎官。」《再除崇禧觀謝丞相》、《謝史（嵩之）端明》、《謝三府》證明克莊再奉崇禧觀爲實。

此外，有祝文二篇：《淳祐癸卯·宜人》祝

告亡妻林節加三命爲宜人；《淳祐癸卯·少師》祝告亡父彌正特贈師臣極品；有啓一封《與鄭丞相書·第六首》。詩有《癸卯上元即席次陽使君韻二首》等。詞有：《沁園春·癸卯佛生翌日將曉夢中有作既醒但易數字》、《沁園春·和吳尙書叔永（泳）》、《水調歌頭·癸卯中秋作》、《木蘭花慢·癸卯生日》、《風入松·癸卯至石塘追和十五年前韻》云：「殘更難捱抵年長，曉月淒涼。芙蓉院落深深閉，嘆芳卿今在今亡？絕筆無求鳳曲，癡心有反魂香。起來休鑷鬢邊霜，半被堆床。定歸兜率蓬萊去，奈人間無路茫茫。緣斷漫三彈指，憂來欲九回腸。」緬懷妻亡十五年。《風入松》云：「攀翻辛樹暫徘徊，草草安排。……宿酒得風漸解，小輿待月同回。」上塚祭妻悼妻。二詞爲克莊豪放主旋律的叢詞中別有婉約淒麗一格。還有《水龍吟·癸卯生日再得明道祠》二首。據林希逸《行狀》云：「六月，依舊職提舉明道宮。」乃指寶祐元年癸丑（一二五三）作，而不是「癸卯」，故其題「癸卯」爲「癸丑」之誤也。

詩友孫惟信（字季蕃，號花翁）卒，年六十五。克莊有《哭孫季蕃二首》悼亡詩。

淳祐四年甲辰，五十八歲。

《行狀》云：「甲辰秋，杜（範）與范（鍾）同相，除江東提舉。一意訪求民瘼，澤物洗冤。劾廣信貪守，黥南康黠吏，皆有奧援者，公論快。十一月，除將作監。未幾，改直華文閣。范實忌公，因託言歲旱民饑，艱于擇代，沮其入也。」因此克莊仍滯江東提刑職，表現出高度的清明吏治和吏才。

文有：《江東提刑辭免狀·甲辰》、《江東丐祠狀·甲辰》、《江東憲謝鄭少保（清之）》、《謝丞相》、《謝給舍侍從》、《謝臺諫》，《與都大司聯銜申省乞爲饒州科降米狀》。

以下并江東作：《小帖》、《按信州守臣奏狀》、《爲弋陽知縣王庚應申省狀》、《減放鹽錢申省狀》、《爲池州通判厲髯翁乞平反賞狀》，《爲蘇棼申省狀》、《按發張記等奏檢》、《貼黃》、《按饒州路分葉淮奏狀》等（按：其中也有明年之作，姑録題于「江東作」下）。

表有《江東提刑到任謝表》、《謝戒贓吏表·江東憲司》、《除將作監直華文閣謝表》等六件。祝文有《諸廟》等。

《江沓龍注梅百咏》序云：「憶江東時，作五言咏史絶句二百首，游（似）丞相愛之，置書篋中，雖入省以自隨。書謂余曰：『每篇雖二十言，實一篇好論。宜令子弟注出處、版行。』」按：此二百首詩創作時限爲在江東近二年間，收在卷一四中。此外還有可確定爲本年作之詩有：《甲辰春日二首》、《題小室二首》、《送表弟方時父》、《甲辰書事二首》「十和」計二十首，等。

詞有《摸魚兒·用實之韻》和名作《賀新郎·實之三和有憂邊之語走筆答之》等。

淳祐五年乙巳，五十九歲。

克莊仍江東提刑職。

詩有：《十一月二日至紫極宮，誦李白詩及坡、谷和篇，因念蘇、李聽竹時各年四十九，予今五十九矣，遂次其韻》、《答王侍郎和紫極宮詩》、《答盧陵彭士先》、《題弋陽方友民所藏紫巖西山二帖》、《題方友民詩卷》，又據《觀社行·用實之韻》詩尾注：「右《觀社行》五首，淳祐乙巳亡友王實之唱和者。」這五首長詩出于五十九歲的提刑官克莊之手，其精力之充沛令人嘆服。

母因子官進魏國夫人。

四、二立朝期 六十—六十四歲

淳祐六年丙午，六十歲。

克莊于四月二十四日被命赴京奏事。七月九日解除江東提刑司職務，十八日離饒州，二十五日行至信州，道除太府少卿。九月十六日，理宗手書曰：「劉某文名久著，史學尤精。可特賜同進士出身，除秘書少監，令與尤焴等同任史事。」十七日，兼國史院編修官、實錄院檢討官。二十日，兼崇政殿說書。十月朔轉對。孟祀時御筆命暫兼中書舍人。因史嵩之（相）服闋除職予祠，克莊不肯草制，爲侍御史章琰劾以「不合奏審，賣直欺君」之罪。十二月二十四日去國。在省僅八十日，草七十制。

離京時，鄭淸之冒雪祖餞于湖濱予以慰勉。

文有：《江東被召辭免狀·丙午》云：「某今年（「年」爲「月」之誤）初五日準省劄，四月二十四日，三省同奉聖旨，劉某令赴行在奏事。」《再辭免》云：「省劄指揮，于七月初九日交割起離外，欲望鈞慈檢會某前申，……得旨不允，令疾速前來奏事。」《辭免府少狀·丙午》云：「某七月初九日解江東提刑司職事。十八日離饒州。二十五日行至信州，準劄，劉某除太府少卿。」《辭免賜同進士出身除秘少狀·丙午》云：「照會某伏准省劄，備奉御筆，劉某文名久著，史學尤精，可特賜同進士出身，除秘書少監，令與尤焴等同任史事者。」《再》、《三》、《四》辭免，得旨不允。《謝賜進士出身表》署日期爲「九月十六日」。《耄耋十首》詩尾注：「丙午賜第。」《賜第謝丞相》等啓三件。《辭免兼殿講》第一、二、三狀（之三）云：「已于十一日詣秘書省供職訖。」《辭免兼權中舍狀》一、二件，《乞免行上四房申省狀》。《進故事·丙午九月二十》講：將相和。《進故事·丙午十二月初六》講：奸相之罪須明于衆，以防復用。《鄭德言書畫·坡公進紫薇花詩眞迹》云：「淳祐丙午十月二十七日，今上皇帝講《禮記》徹章，詔宰執及講讀官十四人賜宴秘書省。克莊以少蓬（按：即少監）說書崇政殿，兼權中書舍人，予爲啓事，書前人絶句賜群臣。」

《雜記》云：「丙午十月一日，余爲少蓬，當轉對，論國本大略。」《召對劄子》（淳祐六年八月二十三日）、《二》、《三》、《貼黄》、《録聖語奏申狀》、《轉對劄子》（十月一日）計六件。《包侍郎六官疑辨跋》云：「某丙午以少蓬兼説書，有旨（請）（講）《尙書》。」

《掖垣日記》載：「十一月初九日，御筆，史嵩之昨嘗預乞挂冠，今已從吉，可守本官職致仕。」

以下有克莊《奏乞坐下史嵩之致仕罪名狀》（十二日）、《貼黄》、《録丞相束》（十三日）、《宣諭》（十三日）、《回奏》（十三日）、《十四日御筆史嵩之除觀文殿大學士致仕》、《乞寢史嵩之職名奏狀》（十五日，不付出），

《宣諭》：「得旨宣諭中書，史嵩之除職致仕，既已遵承，又復入奏！可依已降批諭，日下行詞，仍具依應聞奏。十二月日倫恭準。」《第二奏狀》（十六日，不付出）、《宣諭》：「得旨宣諭中書：『史嵩之除職致仕，既是合係學士院降麻，可與一向書行，仍具遵依聞奏。』」十二月日倫恭准。」《回奏》（十六日）、《第三奏》（十七日）、《錄謝侍郎回奏》（十九日）。《乞祠申省狀》（二十日）。「二十一日得旨不允。丞相與楊右司諫云：『早間將上，謂上不必樂；而天顏甚和，必有區處。』」《錄丞相柬幷御槧》（十二月二十二日夜）。「二十三日太學生上書」、「二十四日以殿中侍御史章琰論列去國」、《跋語》。

按：此記忠實記錄克莊嬰鱗直諫、抗草史制，再三無效，被劾罷官的全過程。極見愛國憫民的劉克莊置個人安危福禍于不顧的鯁亮品格，至今讀來令人驚嘆其膽量之非凡。

《挽卓元夫國博》五言一首詩注：「余丙午兼西掖（按：中書舍人），當草某人（按：史嵩之）制，累疏留黃，外議莫知。君爲諸生，獨上書明余之心。」

按：卓元夫即上書皇帝支持劉克莊論列史相罪的太學生之一。此詩及注爲克莊八十歲時作。

《憶昔》詩云：「晚遇先皇（指理宗）詔起家，負金蓮炬紫薇花。犯顏屢抗涂歸疏，斷腕難操起復麻。愚不入時逃北谷，起難待漏守東華。人生惟有村田樂，未覺封侯勝種瓜。」此爲經歷驚濤駭浪搏鬬後對朝政徹底失望的體驗。《三月二十五日飲方校書園十絕》之九亦云：「早退分明勝一籌，年行六十復何求？東門瓜與南山豆，誰道君恩薄故侯？」

詞有《念奴嬌·丙午鄭少師生日》等。

本年七月，叔父彌卲（字壽翁，號習靜先生）卒，年八十三。克莊有《季父習靜哀詩四首》及其墓誌銘之作。

十二月，弟克遜卒，年五十八。克莊有《工部弟哀詩二首》及其墓誌銘之作。

政治鬥爭的失敗及家人西歸的哀傷都對劉克莊造成精神之重創。

淳祐七年丁未，六十一歲。

《行狀》云：「丁未二月，除直寶文閣知漳州。時有仲氏工部之戚，公以太夫人年高力辭。安晚（鄭清之號）再相，除直龍圖閣主明道宮。」有《除寶文閣知漳州辭免狀·丁未》云：「某三月初五日準省劄，奉聖旨除直寶文閣、知漳州。」

《再辭免》云：「得旨，某除龍圖閣，依所乞予宮觀。」

詩有：《丁未春五首》之一云：「端平淳祐兩匆匆，眼過光陰掣電同。六十一翁無出理，孤山常寄夢魂中。」之五云：「朝領諸儒上木天，夕同野老話茅椽。何須支枕思殘夢？宮錦漁蓑總偶然。」《石塘感舊十首》之五云：「鬢邊雪映眼中花，更閱人間幾歲華？丁未老人開七秩，尚攜鷄黍到君（林節）家。」還有《九日登辟支巖過丁元暉給事墓及仲弟新阡二首》等等。

詞有：《滿江紅·和叔永吳尚書，時吳喪少子》、《沁園春·吳叔永尚書和余舊作再答》、《木蘭花慢·丁未中秋》、《浪淘沙·丁未生日》、又《浪淘沙》。詩《重次臞軒韻二首》之二尾注：「某去歲侍經帷，嘗恭和御製。」「文章天子」宋理宗又怕克莊刺，又喜克莊才，對其仕途運命影響極大。

淳祐八年戊申，六十二歲。

《行狀》云：「戊申元日，除宗正少卿，公又苦辭。……五日（按：「月」之誤）依舊職知漳州。公以戍期遠，方待命。是月，又除秘閣修撰、福建提刑，欲公便養也。公又辭，不允。九月朔，即家建臺。公方申嚴使事，訪疾苦，扶善良，以哀矜讞獄，以孤遠拔士。甫及遠月，丁魏國憂。哀慕毀瘠，三年如一日。」

此時林希逸在朝，克莊手書曾經其手以白，故所記詳且實。有克莊奏狀爲證：《除宗少辭免狀·戊申》云：「照會某正月十六日承興化軍轉遞漳州遞到樞密院昄字皮匣省劄一道，奉聖旨，劉某除宗正少卿者。」《再辭免》：《除舊職知漳州回申狀》云：「照會某昨再辭宗正少卿恩命，伏準五月六日省劄，奉聖旨，某依舊直龍圖閣知漳州，……已于當月（五月）二十五日望闕祇受訖。」《除秘閣撰福建憲辭免狀·戊申》、《除秘撰福建提刑謝到任表》、《除秘撰閩憲謝丞相》、《謝三府》、《謝侍從給舍》。

母魏國太夫人十月卒，年八十八。

《雜記》云：「余年六十二，羅陟屺之哀，始得暈、滑二疾。」

詞有《臨江仙·戊申和實之燈夕》。

次子明甫，郊恩登膴仕。

淳祐九年己酉，六十三歲。

克莊守制在籍。

《淳祐己酉·齊國》祝文云：「去秋禋霈，吾母自魏封齊，綸言及門，已不及見。」

《淳祐己酉．恭人》祝文云：「祭澤之行，無間中外，明甫登膴仕，恭人加封爵。」

仲妹方采伯夫人劉氏卒于十月，年五十八。克莊作《祭文》、《墓誌》及《哀仲妹》詩云：「弟憶雪中聯汝句，兄行雷岸寄家書。自憐戴白龍鍾叟，猶向原頭駕素車。」

克莊暈、滑二疾轉甚。《病起夜坐讀書》詩云：「已脫坡翁赤猴月，并逃謝傅白鷄年。」自注云：「己酉災厄，七月尤甚。」

文有《賀鄭丞相》啓。

淳祐十年庚戌，六十四歲。

克莊仍守制在籍。十二月，除秘書監，以禫制未終辭免。

《除秘監辭免申省狀．庚戌》云：「照會某準樞密院遞到存字黑牌皮筒，十年十二月十一日省劄一道，三省奉聖旨除秘書監，日下前來供職。……某幽憂三年，沉痼九死。……欲望……寢免除書，……奉祠官之香火。」

文有：《庚戌寫眞贈徐生》、《贈陳汝用》。

詩有：《梅花十絕答石塘二林》題注：「公淳祐庚戌臘月作。時以大蓬召，未行。」此題一口氣寫「十疊」計百首。

因近年沉痼愈甚，克莊于年內在徐潭西樓（劉）修生墓，有《徐潭即事二首》和《自和徐潭二首》詩記此事。又有《蒙恩除大蓬一首》。

五、三立朝期 六十五歲—七十三歲

淳祐十一年辛亥，六十五歲。

春，有旨令克莊赴行在。四月到闕，除以秘書監兼太常少卿、直學士院。五月兼崇政殿說書。六月兼史館同修撰。十月除起居舍人。閏十月兼侍講。因其力阻史宅之出爲工侍，是月以鄭發疏除職予郡歸里。歸里途中聞恩相鄭清之卒，哭甚哀。

《雜記》云：「辛亥，余以右史兼內制、侍講。」「辛亥明禋前，余以大蓬兼內制、常少，又被勑攝卿。」「辛亥，余召對再溫前疏：愿采臣『自姪爲子』之說。」有《召對劄子·辛亥五月一日》二件；《貼黄》、《直前·十月十一日疏留中，閏十月論罷》各一件；《貼黄》一件。《辭免兼直院奏狀·辛亥》云：「臣今月（按四月）二十四日，恭準尙書省劄子，備奉聖旨劉某兼太常少卿兼直學士院者，……乞寢命。」

《再辭免申省狀》、《二》。《辭免兼殿講奏狀》、《二》；《辭免修史奏狀》、《二》；《辭免兼史館同修撰奏狀》、《辭免兼侍講奏狀》、《奏申狀》云：「照對臣准十月初三省劄備奉御筆，除臣起居舍人者。」《再》、《三》；《乞免兼太常少卿申奏狀》。《求宸翰奏劄·辛亥》云：「臣所居田舍地名後村，欲乞聖慈賜『後村』二大字；去家三里有小精舍，山多古木，取莊周語曰樗庵，乞賜臣『樗庵』二大字。」理宗應求俱書予。《乞祠狀》云：「某……偶感旋暈，遇其發作，坐立欲仆。神理錯亂，心思迷罔。……自四月末，此症復作。」《再》、《三》、《四》至六狀。《乞掛冠·辛亥》、《再》。《進故事·辛亥六月九日》：述杜衍爲相，封還內降，杜絕僥倖；《進故事·辛亥七月初十日》：述不以外戚任朝事；《進故事·辛亥九月二十二日》：述不與民爭小利；

《進故事·閏九月初一日》：述學習東晉保守江南。《答鄉守潘宮教》云：「某一生坐虛名負累，所得毫芒，而所喪丘山。六十再入已誤，六十五三入大誤。幸皆不旋踵斥去，今距挂冠僅有一歲。」

有《與鄭丞相論史》文一篇。《淳祐辛亥·令人》祝文一篇。《次鄉守趙計院鹿鳴韻》詩「昔忝詞臣曾草詔」句注：「辛亥科詔，某所擬，先帝所改。」查無辛亥科詔，應爲「辛酉」之誤，但有《內制·明堂大禮赦文·淳祐十一年》及《尾詞》二件。《止酒賦》題注「辛亥」作。詩有：《宿囊山》題冠「辛亥三月九日」，爲未赴京前作。

有《九月初十日鎖宿玉堂七絕》、《辛亥冬口占十絕》等詩。

詞有《水龍吟·辛亥安晚生朝》等。

淳祐十二年壬子，六十六歲。

《行狀》云：「謝、吳并相。壬子正月，除右文殿修撰、知建寧府。二月，兼福建運副。鄭（發）憤前疏不行，再論褫職，寢公新命。六月，依舊職提舉明道宮。公優游里巷，作爲新居，揭宸翰所賜『樗庵』、『後村』二匾，日與賓客觴詠其間，曰：『吾得此足矣。』」

有《辭免右文殿修撰知建寧府申省奏狀·壬子》云：「照對某二月初七日准省劄，奉聖旨除某右文殿修撰、知建寧府。」《辭免兼漕申省狀》云：「照對某二月二十四准省劄，奉聖旨某時暫權福建路轉運副使者。」《辭免右文撰提舉明道宮申省狀》（壬子）云：「照對伏準省劄勅黃，某依舊右文殿撰兼提舉亳州明道宮。」

詩有：「《壬子九日與群從子侄登烏石山用樊川韻》、《別賦一首》、《蜀捷》等。

啓有：《復右文撰提舉明道宫謝丞相》，《壬子生日》「張守秘丞」啓等五件。

寶祐元年癸丑，六十七歲。

克莊奉明道祠在籍。

詞有《水龍吟·癸丑生日時再得明道祠》等。

詩有：《即事十絶》、《北耗》、《次韻趙克勤吏部六首》、《冬夜讀几案間雜書得六言二十首》等。

有啓《癸丑生日》「張秘丞」等九件。

寶祐二年甲寅，六十八歲。

克莊奉明道祠在籍。二弟克剛卒。《惠州弟墓誌銘》云：「處和名克剛，先君、先魏國林夫人之第三子。……以處和需次知惠州。……終于州治，年五十六，寶祐甲寅五月甲申也。」

詩有：《甲寅元日二首》、《立春一首》、《席間即事》、《和鄉侯（宋遇）燈夕六首》、《又和喜雨四首》等，從卷二〇到卷二一《甲寅歲除》止。

啓有：《甲寅生日》「權郡黄倅」等十四件。

寶祐三年乙卯，六十九歲。

克莊明道祠滿。十月依舊職除江淮等路都大提點坑冶鑄錢公事。旋寢新命，再奉明道祠里居。

《行狀》作「寶祐丙辰」以「（治）〔冶〕使處公」，誤。《簡表》襲《行狀》之説亦誤。《辭免除都大申省狀·乙卯》云：「照會某十月初六伏準省劄，奉聖旨某依舊職除江淮等路都大提點坑冶鑄錢公事者。」可證之；但《行狀》所記寢新命原因曰：「矩堂董（槐）相欲以（治）〔治〕使處公。丁大全言于上前曰：劉某恃才傲物。遂有正言邵澤之疏，實丁意也。仍奉明道祠。」此説可信。

有啓：《除明道祠謝丞相》、《謝二府》、《賀程（元鳳）樞參》、《賀蔡（抗）樞密》、《賀董丞相（槐）》。

有詩：《余除鑄使者，居厚除尚書令郎，俄銷印即事二首呈居厚》、《乙卯元日》、《明道祠滿》、《乙卯端午十絶》、《乙卯歲除》……從卷二一《乙卯元日》至卷二三《乙卯歲除》幾爲本年詩。

詞有《最高樓·乙卯生日》一闋。

從弟劉希仁起而復寢，主崇禧觀。

寶祐四年丙辰，七十歲。

克莊復奉明道祠在籍。《詩話》前、後集四卷，從六十歲到七十歲閑居期間完稿。

詩有：《丙辰元日》云：「二十宦游（蔭補年二十三，此前曾幫辦縣署文書，故云）今七十，于身何損復何加？」《二月初七日壽溪十絶》（缺之二）、《四月八日三絶》、《村居即事六言十首》。

詞有：《水龍吟·丙辰生日》、《又》。

文有：《丙辰生日回啓》「黃敎授」等十七件、《唐絶句續選》、《本朝絶句續選》和《中興絶句續選》序三篇，落款分別署：「寶祐丙辰秋」、「寶祐丙辰露節」、「寶祐丙辰日南至，後村翁序。」由此可知：《分門纂類唐宋時賢千家詩選》（簡稱《後村千家詩》共收録三六八位作家，其中有少數南北朝和五代詩人在内，録詩計一二八一首）一書的前期工作此前即已着手，才有本年作的「三選」序文。

寶祐五年丁巳，七十一歲。

克莊仍奉明道祠居里。

詩有：《新元二首》、《無題二首》、《即事二首》（詩中説及要蓋茅堂、竹齋，買了幾畝山地壘堰栽花樹）、《二月十八日過梅庵追和主人二首》、《丁巳啓建二首》、《歲除二首》等。從卷二四至卷二六幾爲本年所作詩。故其《歲除二首》之二云：「冰銜常恁麼，雪鬢轉皤然。二事差堪喜，多詩似去年。」

詞有《滿江紅·丁巳中秋》、《水龍吟·丁巳生日》等三首。

啓有《丁巳回啓》「宋守監丞」等三件。

寶祐六年戊午，七十二歲。

克莊仍奉明道祠里居。

詩有：《戊午元日二首》之一云：「再加孔子從心歲，三倍周瑜破賊年。自注：赤壁之瑜二十四。」《燈夕二首》、《戊午上巳謁何恭人墳三絶》、《戊午上生朝和居厚弟五絶》、《余自戊申春得疾止酒十年，戊午秋□（開）戒小飲二首》、《余作生壙，何生謙致檜十株，答以六言二首》、《送山甫詮試二首并寄強甫》二首之一云：「二昆南北各驅馳，季復隨群試有司。」此句説明強甫已作官、第三兒子山甫本年剛赴試。《送陳郎玉汝之官二首》。按：陳玉汝名琰，克莊唯一愛婿，曾官通直郎知惠安縣。從卷二六至卷二九幾爲本年所作詩。

詞有《解連環·戊午生日》。

啓有《戊午生日回啓》「宋監丞」等六件。

開慶元年己未，七十三歲。

克莊仍奉明道祠里居。

《己未元日》云：「久向優場脱戲衫，亦無布袋杖頭擔。化彌勒身千百億，問絳人年七十三。」《淮捷一首》、《凱歌十首呈賈（似道）樞使》，《送強甫赴惠安六言十首》說及長子今年知惠安縣。從卷三〇至卷末均爲本年所作詩。

詞有：《木蘭花慢·己未生日》、《賀新郎·居厚艮翁皆和余亦繼作》、又用韻直至「七首」、《滿江紅·慶抑齋（陳韡字）元樞八十》等。

啓有：《己未生日回啓》「徐監簿」等十三件。

二月，弟婦克遜妻卒，年七十。克莊爲作《弟婦方宜人墓誌銘》。

六、四立朝期 七十四—七十八歲

景定元年庚申，七十四歲。

克莊于六月二十七日除秘書監。八月二十八日除起居郎。九月十八日兼權中書舍人。十一月權兵部侍郎、兼直學士院、兼中書舍人。十二月初九日兼史館同修撰。是月初三日理宗宣索克莊文集。

克莊與似道父賈涉故交，爲此與似道有私交，寫過《賀賈相啓》、《賀賈太師復相啓》、《再賀平章啓》及應酬賀詞。在皇帝都受其「再造之功」欺騙的情況下，克莊寫了一些諛詞并啓這是事實。然受明王士禎《蠶尾集·劉後村集跋》所說「論揚雄作《劇秦美新》及蔡邕代作群臣上表，皆詞嚴義正；然其《賀賈相啓》……蹈雄、邕之復轍而不自覺」的影響，後世惜克莊「和賈結交，成爲晚節的污點」云云，均屬表淺之論。就其愛國、憫民、勤政廉潔的本質看，克莊與賈似道走的是兩條道，豈可憑幾篇文字就與奸相似道牽連在一起！必須推倒王士禎以來貶損克莊晚年的酷論。

文有：《庚申乞休致申省狀》、《庚申辭免作秘書監》、《辭免起居郎奏狀·庚申》、《辭免兼權中舍奏狀》、《再》；《辭免權兵侍直院兼中書奏狀·庚申十一月》、《再》、《三》；《辭免兼史館同修撰奏狀·庚申十二月》、《宣索文集回奏狀》、《再》。《行狀》所記小有出入。《讀大行(已故理宗)皇帝遺詔感恩哀慟六首》之六詩尾注：「宣索文稿，宸翰褒諭略云：『賦典麗而詩清新，記腴贍而序簡古。』」《大行皇帝挽詩六首》之六詩尾注：「庚申被旨宣索文稿，奉宸翰，有『醇儒哲匠』之褒」。可見理宗極其器重克莊文才品德。

詩作甚多：從卷三一至卷三二大抵均爲本年所作。

詞有《鵲橋仙·庚申生日》。

文有《庚申生日回啓》「鄉守趙寺丞」等八件。劄子有《庚申召對》二篇。

景定二年辛酉，七十五歲。

《行狀》云：「辛酉正月，將降科舉詔，公以非科第辭。同院進稿不稱旨，命廟堂改屬，曰：『非劉某不可。』三月，兼侍讀。四月，以疾辭西掖，從之。俄除兵部侍郎。八月再兼中書。是歲引年者再。九月，厲文翁除沿江制閫，不待黃至，與給事徐公繳奏。酉時，黃至，又奏。是夕一更，御筆至，逼趣書行，公又繳奏。其言甚苦，命遂寢。」此記詳而且實。

因暈、滑疾發，早朝行賀禮至第六拜，笏滑足跌，遂有《自劾奏狀·辛酉正月》。

《進文集劄·辛酉》云：「臣某近因進書畢，始于草制餘暇，點對所作辛亥以後猥草，得古賦一卷、古律詩十一卷、記二卷、序二卷、題跋六卷、詩話四卷（十三册），欲投間進。」《回奏御筆奬諭所進狠（「猥」之誤）稿劄》云：「乞除臣一外祠。」

《乞祠奏狀》云：「五日之内，兩次如此，臣始驗是風虚之症。……特畀外祠，放還故山。」

《辛酉正月二十八日》進故事云：損上益下，才可得民心，固國本。

《辛酉三月十八日》進故事云：核實功者賞，冒領者削。

《辛酉六月初九日》進故事云：天變示警。

《辛酉七月十五日》進故事言救災。

《辛酉八月二十日》進故事云：「不幸歲事又敗于積潦。」强調施行救災寬刑措置。

《辛酉十月二十九日》進故事云：「帥當以望實爲主，而權譎不與焉。」

《辭免除兵侍奏狀·辛酉四月》、《再》、《三》；《辭免除仍兼中舍奏狀》云：「臣今月二十六日，……除臣兼中書舍人者。」《貼黄》、《再辭免奏狀》、《乞引年奏狀》、《貼黄》、《二》。《擬撰科詔回奏》、《擬戒飭知舉以下手詔》。

詩有：《恭和御製進讀唐鑑徹章詩·幷序》、《進讀唐鑑徹章謝恩唐律一首二十韻》、《恭和御製聞喜宴詩·幷序》等應制詩，無甚意境；但《挽抑齋陳公四首》感情眞摯。

弟婦林氏卒于五月，年五十九。

景定三年壬戌，七十六歲。

《行狀》云：「壬戌三月，除權工部尚書，升兼侍讀。……八月，再乞納祿，……特除寶章閣學士、知建寧府。……御賜玉柄寶箑，宸製五言書其上，以金纈香茶侑之。」此記爲實。

《辭免除權工書奏狀·壬戌三月》云：「臣今月初八日，……除權工部尚書兼職依舊。」

《再》、《三》；《辭免升兼侍讀奏狀》云：「臣今月二十四日，……御筆除臣兼侍讀者。」《再辭免申省狀》，《乞以楚王伯旰遺事宣付史館奏狀》，《壬戌乞引年奏狀》、《小帖》，《辭免除寶章閣學士知建寧府奏狀》（壬戌八月）、《再》、《三》。

《壬戌寅月初十日》進故事述：「寬餘黨，非寬死黨，赦輕罪，非赦重罪，以一人心，以杜後患。」《壬戌七月初六日》進故事云：軍國之紀綱，賞罰須分明。《壬戌三月初三日》又請求歸老田里。

《宗上人所藏楊文公劉寶學朱文公三帖》跋云：「余景定壬戌九月告老得歸。」

繼室陳氏卒于六月二十七日，年五十五。

三弟克永卒于閏九月，年五十六，十一月與其妻林氏合葬城南廣恩山。

詩有：悼陳氏《北苑一首》、《錦湖新亭告成，宸翰大書「水村」二字以落之二詩，輒附賀客之後》，共五和、十首。《席間次水村主人韻》。

按：克莊現存筆迹碑文：「水村游釣」四大字，落款署：「鄰舍翁劉後村」（今移碑豎立在莆田城關影院大門内左側），當即爲賀錦湖新亭落成而製者也！

還有《壬戌首春十九日鎖宿玉堂四絶》、《三月二十日再鎖宿四絶》、《三月二日被命祈晴上天竺舟中得六絶句》、《挽六二弟二首》、《送陳玉汝赴淮南計幕》等。

詞有：《賀新郎·傅相生日壬戌》、《好事近·壬戌生日和居厚弟》、《轉調二郎神·余生日林（希逸）農卿贈此詞終篇押一韻效顰一首》、《再和》、《三和》、《四和》、《五和》。

啓有：《壬戌生日回啓》「陳正言」一件。《景定壬戌·碩人》祝文一篇。《除寶學知建寧府謝丞相》、《謝除寶章閣學士知建寧府》、《謝三府》表。

景定四年癸亥，七十七歲。

克莊挂冠里居，優游觴咏。進封爲莆田開國子，加三百戶。三月二十七日葬繼室陳氏于北苑。

《謝進封開國子表》、《賀天基節表·癸亥》等表、箋八件。《癸亥生日回啓》「徐常丞」等十一件。

詩有：《禋霈進封一首》、《買陳紫》、《紀游十首》等。

詞作甚多：《滿江紅·次韻徐使君（直諒）癸亥燈夕》、《再和》、又《傅相生日·癸亥》、《漢宮春·癸亥生日》、又《吳侍郎生日》、《賀新郎·癸亥九日》。《洞仙歌·癸亥生朝和居厚弟題謫仙像》云：「上林全林，曾借君棲宿。……便散發騎鯨去何妨。從我者誰歟？安期徐福。」

七、致仕晚期七十八—八十三歲

景定五年甲子，七十八歲。

克莊以目眚謝事，甲子秋除煥章閣學士守本官致仕。十月，理宗崩，年六十一。

度宗趙禥即帝位。

《甲子乞納祿奏狀》云：「聖旨許臣守本官職致仕。」

《貼黃》、《薦林（希逸）中書自代奏·特除煥章閣學致仕日》、《賀天基節·甲子》、《大行皇帝升遐慰皇帝表》、《慰皇后表》、其他表箋八件、《致仕謝丞相》、《謝執政》。

詩有：《七十八咏十首》、《春寒一首》、《首春九日壽溪三絶》、《老病六言十首呈竹溪》、《大行皇帝挽詩六首》、《臘月二十二夜漏下數刻，小飲徑醉，坐閤睡，傍無侍者，仆于戶限，眉鼻傷焉，流血被面，記以六言九首》等。

詞有：《賀新郎·甲子端午》、《滿江紅·傅相生日甲子》、《又》、《最高樓·辛亥後》、《念奴嬌·和誠齋休致韻》、又《再和》、又《三和》等。

詩《雜興》之五詳述自己仕歷及與理宗之間的關係始末。

宋度宗趙禥咸淳元年乙丑，七十九歲。

郊恩進克莊莆田開國伯，加三百戶，仍致仕居籍。

《郊恩進封開國伯加食三百戶謝表》、《進開國伯謝平章》、《賀太師平章》、《又別幅》、《賀賈丞相拜太師》、《賀賈太師再相》。《乙丑生日回啓》「秘閣徐提刑」等十件。《恭跋穆陵宸翰》、《竹溪所藏方次雲與夾漈帖》跋，俱乙丑九月作。

祝文有：《咸淳乙丑·淑人》、《魯國方夫人·乙丑》、《魏國林夫人·乙丑》。

詩仍不少：《乙丑元日口號十首》、《七十九吟十首和山谷荆江亭韻八首》、《病中雜興五言十首》等。

詞有《漢宮春·乙丑生日》。

《詩話》續集四卷，「乃公告老後所作，時近八十」。可見到本年底此書完稿。

咸淳二年丙寅，八十歲。

《白髮後賦》云：「今余之年平頭八十。」

克莊仍致仕里居。詩作仍多，從卷三八至卷四〇幾爲本年所作詩。《鳳孫余第六孫也，早慧忽夭，追悼一首》，可知本年克莊得七孫而夭六孫，等等。

詞有：《沁園春·和林卿（希逸）韻》十首、《念嬌奴·丙寅生日》七首。

文有：《壽崇節（按：度宗生日四月初九）賀表》等表箋七件；《丙寅生日回啓》「陳尚書」等二十四件。

十一月，少師致仕故相趙葵卒。葵號信庵，生前與克莊有翰墨之交，克莊有《丞相趙公哀詩五首》。

咸淳三年丁卯，八十一歲。

《行狀》云：「丁卯，右目亦苦赤障，遺身自樂，裕如也。」

克莊仍致仕里居，以作詩爲樂，依然如故。自卷四〇至卷四二大致都是本年所作詩。

詞有：《念奴嬌·丁卯生朝》、《水龍吟·丁卯生朝》。

文有：《丁卯生日回啓》「林中書」等十六件，其中五件提及「某目有赤眚」之疾。《鐵壁堂記》、《乾會節賀皇帝表》（丁卯）等表、箋詩十八件。

咸淳四年戊辰，八十二歲。

五月八日，克莊特除龍圖閣學士，仍舊致仕家居。《辭免特除龍圖閣學士仍舊致仕奏狀》（戊辰六月）云：「右臣某六月初一日伏準尚書省劄，備（奏）〔奉〕御筆：劉某謝事先朝，年德愈高，特除龍圖閣學士，仍舊致仕者。」《申省狀》亦云「六月初一日」。《再奏》云：「辭免，……不允者。」

《薦陳禮部自代表奏狀·龍學致仕日》、《除龍學謝皇帝表》、《謝皇太后表》、《謝皇后箋》、《戊辰生日回啓》「徐提舉」等十六件。《除龍學謝平章》、《謝宰執》、《賀年表箋》三件、《乾會節賀皇帝表》（戊辰）表箋三件。

詩仍不少：自卷四三至卷四六爲本年所作。《送山甫赴嶺口五言二首》説明小兒子山甫已任福州嶺口倉監。《小暑日寄山甫二首》、《聞五月八日宸翰口號十首》，説明特除龍學仍舊致仕的詔命爲五月初八日。

文有：《趙靜齋詩稿後叙》云：「余年已八十二，耋且盲，命子侄朗讀而諦聽之。」説明其晚年已喪失視力，而完全靠人代讀。

詞有：《鵲橋仙·林卿生日》，又《居厚生日》，又《鄉守趙計院生日》。

咸淳五年己巳，八十三歲。

克莊于正月二十九日病卒于家。十二月葬于莆田城北徐潭之原。

鄙于一九八九年五月十日下午，由莆田市政協楊金遠先生陪同到其岳父黄金德家，三人一起去訪古攬勝，得益匪淺：

①延壽溪由莒溪、荻蘆溪、漁滄溪諸水匯合而成，經徐潭村而後分新港、蘆浦、陳坎、端明四斗門以入海。延壽溪橋下段溪面寬可百丈，深約一竿，所以此段溪有「延溪釣艇」之景。劉克莊詩中提到買船游釣，言之不妄。

②延壽村舊有狀元坊，爲宋熙寧九年（一〇七六）殿試第一之徐鐸（唐正字徐

寅七世孫）而立，清同治十年（一八七一）九月前遷往務巷去了，但有「狀元井」至今仍存，黃兄帶予參觀一過。路經徐潭村原祠堂舊址時，黃兄說，大門兩旁原有一對聯道：「壽溪家聲大，徐潭世澤長。」但不知何朝何代，這「世澤」因何故斷了。徐寅後代及慕名來居的克莊後代早已遷往他方。徐潭四個自然村黃、林、葉、張、謝各姓雜處，唯獨沒有徐、劉子孫居此。

③劉克莊墓地在「狀元井」之南約半里的馬坑山坡上。目擊者葉加中老伯小時放牛還曾騎在墓前兩旁的石人石馬上；而今只見生長一派蒼蘢青翠的桃林、荔枝林、橄欖樹。一代忠賢和傑出文豪劉克莊的英靈，想必早已化成一縷青烟飄升在不老的青天之上。

劉克莊卒時，有子男三人：強甫，朝奉郎、三省架閣、添差通判福州；明甫，奉議郎、通判邵武軍；山甫，承奉郎、監福州嶺口鹽倉。女一人，適故通直郎、知惠安縣陳琰（玉汝）。孫男八人：沂、渙、洙、澤、汶、履、瀵、錦絢。孫女五人：二嫁、三未及笄。訪有後裔劉文釗三代十人。

賜謚文定，即是對其學識文章的崇高評價。他生前爲之竭忠盡力的宋王朝，他逝後十年（趙昺祥興二年己卯，一二七九）就爲元朝所滅亡了；但他的《大全集》等珍貴的文化遺產仍像延壽溪一樣浩浩蕩蕩向前流去，滋養着中國人民的精神，成爲我國人民的優秀文化遺產的一部分。

字溪先生陽公紀年録

（宋）陽炎卯 編
尹波 校點

文淵閣四庫全書本《字溪集》卷一二

陽枋（一一八七—一二六七），字正父，原名昌朝，字宗驥，合州巴川（今四川銅梁東南）人，居巴字溪小龍潭之上，因號字溪。嘉泰二年，受業于朱熹門人度正。端平元年冠鄉舉。紹定元年，至涪陵蓮蕩從戞淵學。淳祐元年，以蜀亂免入對，賜同進士出身。五年，攝大寧監司法參軍。八年，爲紹慶府學教授。十一年去官，就養于夔州。咸淳三年卒，年八十一。

陽枋講求理學，孜孜不倦，尤精於《易》學。著有《易説》、《圖象》、講義、詩詞等，原稿已佚。清四庫館臣據《永樂大典》輯爲《字溪集》十二卷，多講學之語，大抵明白篤實，不涉玄虚（《四庫全書總目》卷一六四）。事蹟見《字溪集》附《有宋朝散大夫字溪先生陽公行狀》。

《字溪集》卷一二附《紀年録》，末有陽枋姪昂跋，稱「二弟自白水墓廬，以叔父字溪大夫年譜見示」，則此譜與《行狀》一樣，皆陽枋子少箕、炎卯所撰。譜中多述親屬生卒、及第及子姪仕宦履歷等，亦合後裔編譜之例。是譜於陽枋問學、交遊事蹟，多有記録，是研究陽枋其人及程朱理學在蜀中傳播的重要資料。

紀年録

孝宗皇帝淳熙十四年丁未

九月初七日戌時，字溪先生陽公生於合州巴川縣後覺里巴字溪小龍潭之上。

曾祖明，字周臣，有陰德。祖後覺先生熙載，字應祥，紹興庚午貢禮部。父龍潭居士景春，字伯震，乾道乙酉貢禮部，後官從政郎，贈宣義郎。母馮氏，懿字德卿，贈孺人。

先是龍潭之弟斗山先生伯高甫夢宗氏子來兄舍寄生，至是有詩曰：「昔年曾夢宗家郎，受生所自言其詳。髫鬆有髮重覆頂，夢裏恍然如在傍。大人占之兆惟吉，惟熊惟羆男之祥。今朝誕慶果如夢，始生三日逢重陽。啼聲已覺是英物，一門四子誠生光。小魚嬉戲已成隊，鄒雁飛騰終作行。曉來搔首搜句喜，奮筆倉皇書弄璺。端由乃祖積德厚，詩禮有傳應異常。新醅喜醱蒲萄綠，開樽共對籬花黃。掀髯一笑共引滿，拜賀箕裘宗派長。」居士詩曰：「黑貂敝色嗟蘇郎，苦茶兩餅話難詳。老嫗糟糠未鼎肉，漫勞戲綵啼其傍。造物寄意知何許，慈竹生舍貽嘉祥。是歲慈竹不種自生於龍潭之上。晚年慰見萬事足，無乃宗子爲小陽。當時顧後悲不孝，今日兒女還成行。難弟二珠奇男子，已角既鹿未角璺。先人有後欲昌熾，繹思爲善寧無常。菊開佳色采盈手，酒浮蟻綠仍鵝黃。喜有詩書起門戶，佳興吹入秋風長。」龍潭居士因小字之曰宗驥，名昌朝，貢名枋，字正父。

淳熙十五年戊申

龍潭生四子，公其仲也。

周晬陳物試之，公惟取墨。居士詩曰：「俚俗兒周晬，羅陳試子材。怡愉觀物色，揀擇取煙煤。志在文章富，毫揮錦繡開。弟兄心筆碩，伯同父周晬試取硯。予豈怨貧哉。」

光宗皇帝紹熙元年庚戌，公年四歲。

知長幼尊卑之叙，隅坐儼然成人。羣兒戲誘，不爲之動。居士口授書，再過成誦，終身記憶。

紹熙二年辛亥，公年五歲。

鄰舍焚，居士舉家往救。獨留顧家，心忽爲之動，右手脈因轉入外腕外行，至長不變，或者以爲奇也。

紹熙四年癸丑，公年七歲。

誦九經。

紹熙五年甲寅，公年八歲。

能屬文，居士有詩，公輒賡和成章。

寧宗皇帝慶元元年乙卯，公年九歲。

九經誦畢，皆能強記。

慶元二年丙辰，公年十歲。

居士出入起居寢食必與俱，遇景對物，隨事賦成。居士以寧皇御極恩筮仕巴州難江縣尉，公隨侍之官。中途，馮太夫人疾，公每夕不寢，達旦露香，以祈母安。孝敬之事與賦詠之什，見之居士《日錄》。

慶元四年戊午，公年十二。

是歲應舉，試《仁人用國日明論》，曰：「君子致治之效，致於光顯盛大而無已者，皆天理之流行也。」同場鄉前輩觀其文而奇之。

慶元五年己未，公年十三。

居士再調南平軍南川鎮酒務，公實侍。

嘉泰元年辛酉，公年十五。

淹貫經史，出入諸子百家之書，天文地理之學，禮樂射御書數之文，下而醫藥卜筮，莫不博極而究其藴。

嘉泰二年壬戌，公年十六。

居士以鄉友梁南峰公壽、度樂活周卿皆以《周禮》擢顯第，陳君爐峰子由又以此經亞辛酉省，乃命公執經於爐峰陳公、樂活度公。時度始自建昌問學於考亭朱夫子以歸，公於是受業焉。

嘉泰三年癸亥，公年十七。

有《題南平萬山亭》詩、《南川觀江漲》詩，見文集。

嘉泰四年甲子，公年十八。

夔部使者毋丘公辟居士爲義學理曹，公侍行。大井族人陽光遠兄弟邀至飲餞。十二月初六之夕，居士吟故人輓詩甫一聯，命公書。未竟，則居士忽坐逝。公於逆旅中，具斂含飯，扶護以歸，盡哀毀，問禮於度公。時《家禮》未見於世，公得於師而行之，鄉人始驚怪，後皆化焉。家貧無以葬，公贊兄伯同父請於馮太恭人，貿所居之屋，以辦大事。公於讀《禮》之暇，則悉覽老、釋之書而窮其説。

開禧三年丁卯，公年二十一。

除喪，乃爲書闢異端以上性善度公，度喜曰：「吾友伯震可謂有子矣。」乃以《太極通書》、《伊洛語録》授公，俾潛心焉。是歲，從兄元澤居喪致毁，以病不起，人以爲傳染之疾，親戚皆奔避。公獨朝夕侍，躬藥餌，暨斂殯皆身親之，人稱其信道篤、親族厚。元澤即斗山仲子，治《易》篤學，甲子嘗冠鄉試，主司以次經年高易置之。（乃）〔及〕冠後榜，得年纔二十三，公終身敬惜之。元澤二子，嵩、昂，公誨之猶己子。

嘉定元年戊辰，公年二十二。

束書游石室。家固窮，馮太恭人年高，季全父甫成童，伯同父曰：「養孀母，育孤弟，我之責也；適四方，求師友，以紹家聲，汝之事也。」於是往石室。時鄉親同行者頗輕公，榜揭，獨高中，公論始推服。教官石公鼎器重之。

嘉定三年庚午，公年二十四。

度公以成都華陽宰兼蜀學訓導，公於是留石室，因請業焉。

嘉定六年癸酉，公年二十七。

取恭人張氏，唐相曲江公之冑，派自遂寧鰲溪，分於合之巴州，僅一世焉。

嘉定七年甲戌，公年二十八。

馮太恭人以子舍居貧，命公出郊營生。公與張恭人曰：「忍以生事踈孝敬耶？」乃留侍，躬理曲園，植蔬果以奉甘旨。陋巷簞瓢，人不堪其憂，而啜菽飲水，盡孝奉養，甚得歡心。

嘉定九年丙子，公年三十。

應鄉舉，有司發題：「王眂治朝，則前正位而退。至聞鼓聲，則速逆御僕御庶子。」公對曰：「大分不可以近臣而褻，固隨寓以正君身，而無所與乎己；下情所當以近君而通，尤因聲以警君聽，而有以導乎人。僕臣居近君之地，始固不敢瀆朝廷之分，終必求以達天下之情也。」有司議宜首選，會有各尊其經者，以孫朝俊《春秋》爭不已，遂兩下之。

嘉定十年丁丑，公年三十一。

長子少箕生。

嘉定十一年戊寅，公年三十二。

鄉黨或稱公事親孝敬，可爲子弟法，且敬
公眞履實踐之學，及門從游者衆。

嘉定十二年己卯，公年三十三。

馮太恭人疾殆，公誠心叩天，乞減己筭以增母壽，密封股而進餽，一家不得知。鄰有察知者，太恭人病間，以告。因以語公，而公終不言其事。

是歲饑，一夕，盜將穿窬，公覺而視之，適有虎躡盜後，盜初不知。公急啓關呼盜入避，盜得免，乃慚謝而去。

嘉定十三年庚辰，公年三十四。

引季弟全父、族姪存子登性善之門，共叩理學。

嘉定十五年壬午，公年三十六。

季子炎卯生。

理宗皇帝寶慶元年乙酉，公年三十九。

二月十八日，馮太恭人卒，公居廬致毁，幾不勝喪。有白蛛自燈籠垂下，七日始去，鄰里以爲孝所感。

夏，葬太恭人于龍潭居士之北。

秋九月，兄同父卒。公悲號，因感心悸。

紹定元年戊子，公年四十二。

先是，性善先生於丙戌召對，偕季全甫至涪謁其同門友晏公亞夫，且謂門弟子曰：「亞父從考亭受業久於我，盡得《易》學以歸，其往師焉。」公於是偕季弟全父、族侄存子造晏公於涪之蓮蕩，師友問答，詳見語錄。

公作《陰陽消長圖》，晏公披圖熟視久之，謂公曰：「一氣不頓進，一形不頓消，子得之矣。」

紹定二年己丑，公年四十三。

公既有得於師傳，乃退居家山，闢室靜觀，以求所至。

紹定三年庚寅，公年四十四。

有及門從游者，公曰：「賢輩欲獵科第，則師之時文可也；若欲求孔門顏子貧而樂、曾子詠而歸胸中氣象，則當熟看《語》、《孟》、《中庸》、《大學》，以求其至。吾之學如是而已。」

紹定四年辛卯，公年四十五。

編類《文公語錄》、四書。

紹定五年壬辰，公年四十六。

攜二子遊遂寧，教官黃循齋禮請公長明善堂。魏鶴山高弟、前進士嚴君師夔敬公之學，相與爲友，講論《中庸》、《大學》、《易》圖象數。

紹定六年癸巳，公年四十七。

在武信。四方之士聞公學，從游彌衆。

夏六月，遂與心友羅東父、宋壽卿偕門人講學於巴嶽精舍，究濂溪《易通》、邵子《經世》、橫渠《正蒙》、朱子《啓蒙》等書，理與數咸詣精純，各有義疏。

端平元年甲午，公年四十八。

馮太恭人既沒，公不復着意科舉，而專務爲己之學。是歲不願就試，女兄鄧宜人聞而責之曰：「吾父龍潭居士博學多聞，不得一第以報祖先，俯首就試，一再調官。（書）〔晝〕窗夜檠，篤於教子，期見成名，而又不幸賫志以沒。弟其忍負之哉？」公泫然，始應舉。

有司發題：「仕者無數，以其藝爲貴賤之等。大宗伯之職，掌建邦之天神人鬼地祇之禮，以佐王建保邦國。」公對曰：「明造化之學者衆，聖人固竭其能以勉天下；主造化之理者獨，聖人必專其任以安天下。大率貫三才以立太平之基，非由於藝者之所能爲，必達於禮者之所能任。」考官袁公漸國纔得公文而偉之，遂以冠鄉選。公追念不及親，竟日涕下。

端平二年乙未，公年四十九。

性善度公貽書，俾公及姪存子往問於鶴山魏公，會魏以命召，不果遂。於是慨然萬里尋師入京，造性善（文）〔丈〕函以請業焉。謁文公門人毅齋徐先生，聞人心道心之說。

是歲上魏鶴山書，上洪平齋書，上趙冀國、楊西巖書，詳見文集。

端平三年丙申，公年五十。

性善公卒，公與弟姪爲之含斂心喪三年。

先是，弟全父從性善於京師者七年，文公高弟西山葉公味道、毅齋徐公僑、郭公友仁、趙公師恕，皆得師事之。洎歸，公兄弟叔姪別諸老，徐先生曰：「諸公今裹《易》而西矣。」

嘉熙元年丁酉，公年五十一。

蜀有翟難，公與弟全父、姪存子舉家避地夜郎，疏食飲水，以所得於師者而訓諸子。

嘉熙二年戊戌，公年五十二。

避地南川，講學自樂。集《晦翁詩譜》成而爲之序。

有《雲山》諸詩。

嘉熙三年己亥，公年五十三。

避地於清溪，有《雪中約舍弟》等詩。

嘉熙四年庚子，公年五十四。

赴嘉定類省奏名，公泣下曰：「不及榮親，富貴非吾願也。姑守青衫，酬先志足矣。」

淳祐元年辛丑，公年五十五。

聖恩以蜀難進士免入對，賜公同進士出身。公避地夜郎。

淳祐二年壬寅，公年五十六。

避地瀘南。是冬，敵渡瀘窮搜。公與一家相失，深入蠻夷之境，袖中惟《易本義》一編，絕糧久之。同行以不義得食進者，公堅卻之，但采黃精、汲清泉以充口。敵退，張恭人偕子婦俱保全。公悉所有以周親故之饑寒。

淳祐三年癸卯，公年五十七。

與友人宋壽卿、陳希舜、羅東父、向從道、黃叔高、弟全父、姪存子、王南運講明《呂氏鄉約書》，行之於鄉，從約之士八十餘人。

淳祐四年甲辰，公年五十八。

恭人張氏卒。

是歲，樵隱余公玠論蜀之二年也。聞公之學與德，檄赴司尊禮，請分教廣安，而以昌州酒正剡辟。公懷敕隱居求志者五年矣，至是一出，有「五載彈冠尙覺忙」之詩。

上余公用蜀便宜十二事，上廣安趙守弼旱十事，與前進士楊直卿講論《先天圖》，手編《伊洛心傳錄》以導子姪。

淳祐五年乙巳，公年五十九。

制閫檄公攝大寧秋官，公曰：「昔吾先君子以憲臺辟夔門司理，而不果遂。今吾獲此，豈我緣分致然？」遂之官。趙侯延公講《易》，帥子弟請問尊禮。

是歲著《本草集方》成，有《昌溪即事》等詩。

淳祐六年丙午，公年六十。

制使樵隱余公推敬之久，乃以「學博行修，恬於進取」薦，漕使學齋史公以「蘊於學識，無所競絿」薦，憲使勉齋楊公以「學問淵源，允爲師範」薦，公顧之澹然。

會炎卯奏明類省，公於是攜子入對。季全父適薦江西漕來登省，會於臨安，不勝其樂。

有與全菴賡詩及樂府，與文考功活菴論《易》，有十二卦網罟書契及《咸》九四屈伸相感等說。

淳祐七年丁未，公年六十一。

公雖授進士勑，而初筮告歷略不復問，至是炎卯始訪得之於公安。公乃欲以酒官四考成績致仕，庶希贈典，而部法難之，公乃止。季全父強之，遂俛受紹慶學官，以足考第。

有《與星渚趙公德父講學書》，《艮齋劉公進危言書》。瀆山謝公在給舍，欲留公振鐸白鹿書院。公固辭。

淳祐八年戊申，公年六十二。

湖北漕使袁公鼎東議白荆閫，以竹林山長處公，公固辭。

用余制使等薦，依選法改從政郎。

冬十月，赴紹慶教官任。核學廩積弊，均生員稍食，爲教先講習而後藝文。

淳祐九年己酉，公年六十三。

春，充忠、萬、梁山、達州解考試官。

秋，充省試別院考官。制閫舉改官親民任，以示薦賢之賞，公固辭。

編類《武泰志》成，跋文公《啓蒙》卷後。

淳祐十年庚戌，公年六十四。

編類朱文公《易》問答語要。有《與宋壽卿論律呂納甲》、《與姪昂論學》、《與黃循齋論易》等書，作《九獻圖》、《五世廟圖》。

淳祐十一年辛亥，公年六十五。

黔倅缺官，郡侯王公以閫檄俾公攝貳，公

力辭，劄狀至五六上，得請乃已。王侯以改官親民舉公，且以任滿增秩之賞保申吏部，公固辭，去官。

冬十一月，至涪。李侯震午以北巖書院堂長邀公於道，公謂北巖乃程夫子傳《易》之地，而涪實吾師晏公昔日傳道受業之邦，遂爲之留，堂規一仍白鹿，士之信從者衆。

有祭伊川、和靖、達微、山谷、蓮蕩文。

考功郎中文雲山、利漕黃循齋、制參趙明遠以明新職教之任邀公，公固辭。於是不復問津仕路，而就養於夔州節推子舍。

淳祐十二年壬子，公年六十六。

新集文公《易》說精要成編，題曰《文公進學善言》。郡守李侯卓致養老尊賢之禮，請問《易》學。公一本程、朱之正，爲之卦義，朔望講論，名曰《易學正說》。子弟諸生記而錄之，久遂成書。

作《讀易書懷》、《少年看花行》以示兒姪。

寶祐元年癸丑，公年六十七。

與稅巽父論《啓蒙小傳》，與湖北漕袁君鼎東論進學，與紹慶守趙公汝廩論《易》。

趙守延公講學，公辭。奉使都大夫監平舟程公遺禮幣聘公，公辭。

寶祐〔二年〕甲寅，公年六十八。

先是紹慶秩滿居休，至是四年矣。公慨然曰：「昔者圖考第，覬干贈典，以光九京。意謂六考滿京，便可陳明。今法當先陳乞休致，遷官然後待郊，始有贈典。夫以退休求進秩，本心安在？吾不爲也。」季全父自廬陵貽書勉公，且責二子不能祗服厥事，公竟不從。

會黃循齋將漕利東，徑以公廉退之節聞奏。

奉聖旨，依格與通直郎，賜六品章服。

命下之日，公不以爲喜。

涪教闕員，梅溪劉公叔子守涪，以伊川代大中請郡士宇文中允典漢州學故事禮公，公固辭。古愚余公晦諭蜀，建閫之初，訪求遺逸，知公學自考亭門人，遂厚幣延致於涪，公力辭。

是歲，爲從子昂訂正《讀易記》。

寶祐三年乙卯，公年六十九。

炎卯分司嘉定，公就養。

循齋弭節古戎，延公講學，公辭。

季子綴閫幕，公迺結茅渝江之東，琴書自娛，開軒玩《易》。大監文公、循齋黄公、明遠趙公、鈍齋王公講洛中眞率會，則爲之一出。心友請問論學，則出。時寮及四方之士願見者，咸閉關謝。有請其故，公曰：「子居閫幕，與聞軍國之務。而父受私謁，延雜賓，得無嫌乎？」

寶祐四年丙辰，公年七十。

少箕寓涪，公就養。

有《讀易感興樂章》。

是歲，全菴卒於撫州臨汝，公命季子逆孤孀以歸而教育之。

寶祐五年丁巳，公年七十一。

與璧山楊明夫論陰陽消長。與宋壽卿合鄉士就渝，講明鄉約。

寶祐六年戊午，公年七十二。

炎卯以閫命往播州應辦糧餉，以備南徼。

會敵整居西州，蒙古主自將深入。公詔之曰：「大夫出疆，苟利社稷，專之可也。宜乞師旅策使，且調揚兵，以紓父母邦之急。」

開慶元年己未，公年七十三。

敵圍四合，斷流涪會，以阻江道。公爲斷

橋之策，密上制閫。夏，江流肅清，公攜子孫就居荆州之白水鎮。朝廷以公陞朝官，遇寶祐五年大禮覃恩，加父龍潭居士宣義郎，母馮氏孺人。公泣下曰：「不得生榮，死而後贈，顧亦何益？」

景定元年庚申，公年七十四。

皇上冊建青宮，賜爵一級，加公朝奉郎。又以炎卯陞朝遇大禮，加公朝散郎。訓辭曰：「一人元良，萬邦惟慶。賜爲父後者爵一級，漢制可考也。日者青宮肇建，縟禮崇成。餘慶溥將，燕及人老。以爾有子，列於朝籍。式敷殊渥，以勸天下之孝。《詩》所謂『永錫祚胤』者，朕庶幾焉。往服寵光，益綏壽嘏。」公詔子曰：「吾生平遠棄乎榮名，何心於此？然君命至重，敢輕視乎？汝尚勉旃，期毋負國。」

九月，公苦瘡，卧病凡三閱月，未曾有呻吟聲。每夜呼二子及姪昂，各以所疑問。子姪請曰：「候病少間。」公曰：「病自是瘡病，於吾義理之心何與？」於是講論未嘗絶口。一夕，忽夢文、周、孔三聖相接語言，夢侍性善講學。《病間》詩曰：「識箇凝陰消又長，喜此眞火熄還生。」公至是頭童者髮，齒脱者齔。

景定二年辛酉，公年七十五。

先是戊午，族姪醴、族孫義方父子奏名，猶未入對。至是長男少箕、從子昂、族孫恪皆奏名，公爲之喜，且書戒諸子，以發榮盛大爲懼，其各謙卑自牧，循天理，杜人欲，謹操修，毋自滿假。

有《與王希允書》、《東西天度》、《月令》等圖。

景定三年壬戌，公年七十六。

就養於峽州至喜亭，與親朋講學不倦。有《與趙傳之論艮卦義書》。

是歲，以炎卯遇景定元年大禮覃恩，加公朝請郎。

景定四年癸亥，公年七十七。

就養於桃源之廣溪，實少簣寓舍。守歲，有「學《易》假年天若許，横書長作傍梅人」之詩，詳見文集。

景定五年甲子，公年七十八。

以景定四年大禮覃恩，加朝奉大夫。

冬十月，季子守珍，公教忠之言，詳於《家訓》。公奉理皇遺詔，不勝悲悼，曰：「老臣父子叔姪受恩深厚，君即天也，第衰老投閒，不能致毁。惟啜粥累月，以當喪制。然心喪則待三年，庶不悖聖賢之訓，而盡臣子之禮。」

今上皇帝咸淳元年乙丑，公年七十九。

自夷陵還蜀，詔子舍舉張恭人之喪，改葬於荆州白水之濱。命炎卯以捧表恩官甥德新，以奉曲江之祀。

咸淳二年丙寅，公年八十。

玩《大學》、《易》本義，校醫書。命炎卯以中奉奏薦猶子炎巳，即弟堂長全菴之子也。

咸淳三年丁卯，公年八十一。

以炎卯進秩中奉恩，加公朝散大夫。命長子以吉龍泉尉成資，辟四川總屬，歸侍。命猶子昂干辟渝州節判，相會講學。命季子炎卯省試畢，乞祠侍養。冠猶子炎巳而字之。每西望故鄉，追思祖禰，輒感慨涕零，拳拳以儉德誨子孫。秋分，書《未濟》之義以示猶子昂，因大書白雲清風之句於几上。

十月甲寅朔，以《易》筮，遇《未濟》，因舉下經「於水火不交」之說，以誨炎卯、炎巳。

王師以捷至，公喜，舉酒樂甚，作詩慶制閫開州、寧西之捷，草書賀友人趙德父入侍經幃。庚申之夕，感異夢。明旦，呼子孫以夢語之，竟日歡洽。辛酉，詔炎卯將旨護別省。壬戌，分果核遺子孫僮僕，應接親朋，有喜色。癸亥黎明，興坐於牀，呼諸孫娛侍，語以家事，溘然而終。

咸淳四年戊辰

二月十六日，合封於江陵府松滋縣堆玉坪香爐峰寅山之原。

三月，制使節度曹公據合州文林郎任榮，從政郎王震午、杜申孫、蒲鴈友、唐夢震、趙酉泰、度武，修職郎李純午、蒲聖用、馮南載、何甲龍、杜炎巳、胡醴，正奏名張覺、費巳孫等所陳，具奏曰：「頃者恭覩玉音，搜訪理宗皇帝聖朝名臣文行，內有山林、官卑職微而事實可紀，忠義之節顯聞於時，隱逸丘園，孝弟之士，事迹灼然者，亦合立傳姓名，行下取索行狀、墓誌、奏議等繳申者。臣濫膺閫寄，敢不對揚。竊見蜀之人材，乃岷峨蜿蜒之氣，國家涵養之澤。三百年間，彬彬輩出。自有敵難，人物彫瘁，殆若曉星。臣在蜀五年，僅得朝散大夫致仕陽枋。生於合州巴岳之陽字水之上，弱不好弄，趨尚不凡。長受業於文公朱子之高弟禮部侍郎、侍讀度正，講明理學，最爲精切。繼在涪陵，從布衣晏淵游。晏亦親受業於朱子者，一見即授以師傳《易》學。於是屏居家山，以所得於度、髮者服膺焉。其平生大概事親盡道，孝行著聞，讀聖賢義理之書，闢佛老異端之說。齊家以禮，訓子以忠，睦族以義，處友以信。日用躬行，於天理民彝殊無欠闕。五旬擢第，五載遯身，懷勅家居。閫臣推挽，俛就冷官，齒僅六旬，慨然不仕。投閒二十餘年，治心養性，尚友古人，以求道爲工程，以貪名爲深耻。家庭之內，和順有則，二子俱叨奉常，西蜀人士交口稱譽之。年踰八袠，遂以考終。有門人所集《易說》、《圖象》、《講義》等十二卷。其文皆有益於世教，允謂一國之善士。官卑職微，隱逸丘園，遯世無悶，實有可紀。今合州鄉士文林郎任榮等所陳，陽枋平生學本朱氏，孝行足稱，請以其行狀文字繳進，乞加旌別，以示風化。且其子炎卯官叨中奉，爵列男封，願移其子之爵，用表其父之名。臣敢以實聞，仰稱明詔。欲望聖慈特與陽枋下史館立傳，不但發揚先朝嘉遯廉退之士，其於砥世礪俗，實非小補。所有陽枋《行狀》、《易說》等書，輒隨狀繳進。須至奏聞者。」

八月初三日，繳進入內。二十八日，奉聖旨付後省看詳。

咸淳戊辰夏，二弟自白水墓廬，以叔父字溪大夫年譜見示昂於巫陽，三復感愴。追惟我先代志尚詩書，伯祖父從政孝親最篤，積學最勤，高尚好古，不同流俗。伯祖母馮孺人歸于我，默識詩書，恪順吾伯祖之志。迹其所爲，皆孝慈陰德事，誠有二程夫子怙恃之風。伯祖龍潭公詩以紀叔父之生日：「晚年慰見萬事足，毋乃宗子爲小陽。」宗法以有爵者爲宗，而陽氏科名由字溪始，信不偶也。叔父自少至長，以誠敬爲德，以伊洛爲宗，有由來矣。夫發憤忘食，樂以忘憂，固聖人之誠純，亦不已之事。竊以自明而誠者求之，則吾叔父其人乎！叔父自慊其聞道之晚，汲汲孜孜。其窮也，不去貧賤而遠從道學之師；其達也，不樂仕進而一求爲己之學。蓋發憤忘食而終日自强，樂以忘憂而一物不累，有並行而不相悖者。故其晚年理道則不勉而中，答問則不思而得，始於曲能有誠，終於至誠無息，吾叔父有焉。昂懼後之習其書者，或以其無事以娱餘年，遂謂叔父無所用心，則誤矣，於是乎書。七月戊寅，猶子昂感泣拜手。

宋宗伯徐清正公年譜

（明）徐鑒編

曹清華校點

豫章叢書本《宋宗伯徐清正公存稿》附

徐鹿卿（一一八九—一二五〇），字德夫，號泉谷樵友，豐城（今屬江西）人。爲鄉里後進所宗。嘉定十六年進士，教授南安軍。理宗朝歷福建路安撫司幹辦公事，知尤溪、南安，主管官告院，嘉熙初累遷樞密院編修官，兼右司。以詩送方大琮、劉克莊、王邁被劾，奉雲臺觀祠，太學諸生爲作《四賢》詩。次年，起知建昌軍。以度支郎官召，復兼右司，除吏部郎官，兼左右司，出爲江東運判，改浙東提刑兼提舉常平，因馮惟説事爲言者論罷，累召不起。淳祐三年召爲右司，擢太府少卿，兼崇政殿説書。六年，出知平江府兼發運副使。七年，召權兵部侍郎，權禮部侍郎，兼權給事中。八年，遷禮部侍郎。除知寧國府，提舉鴻禧觀。九年致仕，十年卒，年六十二。謚清正。

鹿卿博通經史，有文名。爲官清正，伉直敢言，劉克莊至以董子之醇、賈生之通許之（《四庫全書總目》卷一六三）。所著有《泉谷文集》、奏議、講義、《鹽楮議政稿》、《歷官對越集》，手編《漢唐文類》、《文苑菁華》，均佚。明萬曆中裔孫徐鑒輯爲《清正存稿》六卷。事蹟見劉克莊《待制徐侍郎神道碑》、《宋史》卷四二四本傳。

本譜爲明裔孫徐鑒編訂，附録於《清正存稿》後，原僅題《年譜》，今據《豫章叢書》本點校，並據文集補訂譜名爲《宋宗伯徐清正公年譜》。譜較簡略，僅記生平大概及奏議繫年。

年譜

明裔孫徐鑒編訂

公諱鹿卿，字德夫，隆興府豐城縣人。徐出於栢翳，自漢南州孺子著名豫章，至本朝大中祥符元年，有仲孺者擢進士第，嘗歷顯宦，系出陵祖。世居覺溪。至五世祖諱簡，徙居正信鄉之歷山。曾大父諱文貴，贅居同鄉之後泉，始爲後泉里人。祖諱洪源。父諱琮，累贈朝散大夫。前妣王氏，累贈令人。妣甘氏，封太孺人，累贈令人。

淳熙十六年己酉

十一月壬申日丑時，公生于後泉之故居。

是夕，有青蛙甚巨，出於甘夫人寢室。已而公生，紫衣覆體，人咸異之。

嘉定六年癸酉

秋八月，丁大夫公憂。

九年丙子

秋八月，秋賦已在選中，有司以重用字降魁亞選。

十二年己卯

春正月，立青雲課社。

十三年庚辰

分類編《漢唐紀傳本末》。

十五年壬午

秋九月，領鄉舉。

十六年癸未

春二月，試禮部，中第三等。

夏五月，對策集英殿。勅賜進士及第，授迪功郎、南安軍軍學教授。冬十二月，之任。

十七年甲申

立養士綱條。議政。白太守議便民二事。

寶慶元年乙酉

代守奏便民三事。白太守論茶引事。白太守論三寨事。白太守論南安縣事。白太守論特筆徒刑事。白太守論楮弊界分。

以登寶位赦恩，循脩職郎。

秋八月，校文廬陵。

二年丙戌

春二月，白太守論立限撰勸農文。白太守論釋奠改用仲丁。

秋七月，修學覈租。

九月，子子志生。白太守爲胡公夢昱評事。

三年丁亥

春三月，滿替，離横浦。在任舉主。

是歲，以舉主考第及格，繳納修職郎，改作奏舉關陞縣令，循從政郎。用南安軍教授任滿賞，循文林郎。

紹定元年戊子

九月，差充福建路安撫司幹辦公事。

春暉堂成。三山鄭湜書扁。

二年己丑

夏四月，味書閣成。

冬十一月，之福建任。

三年庚寅

春正月，沿檄道劍，賑給流民。

四年辛卯

夏四月，以慶壽赦恩循承直郎。

秋八月，校文漕闈。

秋九月，都城災。應詔上封事。

冬十二月，奉檄慮囚于長樂、福清、永福三縣。

五年壬辰

秋九月，大閱軍士。有偶違節制者，因公言得貸命。閩人作三歌。

冬十二月，滿考，准部符，舉主考第及格，不候替人離任赴部改官。在任舉主。

六年癸巳

春正月，班改授奉議郎，知南劍州尤溪縣。

三月，歸自在所。曾大參制置江淮，辟公爲屬，以母老辭。

冬十月，泉守西山眞公辟知泉州南安縣。

冬十一月到任。始至，首罷科歛之無名者。

端平元年甲午

春正月，革預借，明版帳。

二月，劭農，救荒。

夏六月，丁甘太夫人憂。

秋八月，有旨令赴都堂審察。

冬十一月，葬太夫人。

二年乙未

春二月，子子中生。

三年丙申

春三月，有旨特與起復，令日下赴樞密院稟議，幷降促行旨揮。公力具狀辭免，乞與敷奏，收回成命。

夏四月，密劄促行。具狀再辭，附遞白政府論稅畝。

秋九月，有旨，令服闋日赴樞密院稟議。

冬十月，至在所堂稟，論待虜、救楮二劄。論儲才、寇賞二劄。論遣使事宜。論楮價折閲。

十一月，除主管官告院。丁卯申省，爲江陵制司乞再科撥官告及秤提官告。

（四）〔嘉熙元〕年丁酉

春三月，除幹辦行在諸司審計司。乙巳申部，謂不當幫放史佑神米麥。

夏四月，除國子監主簿。

秋九月，除樞密院編脩官。

冬十月，劄權右司。議楮。

十一月，主管華州雲臺觀。

（三）〔二〕年戊戌

公歸，號泉谷樵友。庵山書院成。
秋九月，差知建昌軍。
冬十二月，佩玉堂成。

三年己亥

春正月，申審朝辭。
三月，以磨勘轉承議郎。
夏四月，到任。諭賊。訓練戍兵。
秋八月，乞祠，不允。
九月，有旨令赴行在奏事。辭免，不允。
冬十月，革秋苗受納之弊。
十一月癸巳，南豐賊首倡亂，遣兵討捕。
十二月丙申，平之。
十二月朔，除度支郎官兼右司。辭免，不允。請假過家拜掃。

四年庚子

春正月辛未，解郡印。
二月朔，入國門，得旨先次供職，令（閣）〔閤〕門引見上殿。丁丑，上殿奏事。
夏四月，除侍左郎官，兼右司。白廟堂論楮弊。
六月，除右司郎官。再條具易楮事宜。辛巳，改兼玉牒所檢討官。
八月，差主管華州雲臺觀。以盱江平寇，特轉朝奉郎。
九月，除江東運判。辭免，不允。白廟堂論易楮。准朝旨任責秤提三郡會子，備榜曉諭。上廟堂論中半及新舊分數入納書。附奏乞科撥糴本，賑濟饑民。

淳祐元年辛丑

春正月，復廟堂言楮弊二書。戢姦民。賑貧乏。收遺棄。減賑惠庫息錢。
二月，被旨往當塗巡歷。決淹獄。劾知太平州岳珂在任不法。
三月庚寅，除兼權知太平州。時暫交割制

置茶鹽司職事。

五月，差充江東提領官。辭免，不允。

秋七月，除浙東提刑。辭免，不允。

冬十月丙申，除直秘閣，依舊浙東提刑兼權浙東提舉。辭免，不允。丙午，以磨勘轉朝散郎。在任舉官。

冬十月甲戌，到任。

十一月，海寇，被旨討捕。

十二月戊午，至處州。乙亥，抵溫州，施行鹽寇。

二年壬寅

劾承奉郎林志行、紹興府司理趙希肱、台州天台縣主簿郎應辰不法。

五月，差主管紹興府于州觀〔一〕。

秋七月，差知泉州。

九月，改知贛州。

三年癸卯

春三月，除浙西提刑。

秋七月，除江淮都大提刑〔二〕。

四年甲辰

冬十一月，御筆召赴行在，辭免。

是月，除寶章閣知寧國府，兼江東提舉。兩辭免，不允。

五年乙巳

春二月，除右司。辭免，不允。

夏四月朔，入國門，磨勘轉朝奉大夫。孟享，除太府少卿，兼權右司郎中。辭免，不允。上殿奏事。

六月，除兼中書門下省檢正諸房公事。辭免，不允。應詔薦士。

秋七月，除兼崇政殿說書。辭免，不允。

八月戊寅，進講《尚書》，讀《九朝通略》、《通鑑綱目》。

九月，進《明堂頌》。己未，進講。

冬十月壬戌，進講。奏己見。乙丑，進講。
同日，進故事。乙酉，進講。
十一月乙未，進講。癸卯，進講。戊辰，
進講。乙卯，除太府卿。辭免，不允。
戊午，旨賜御書「味書閣」、「遺安堂」
六大字，謝表。
十二月戊辰，進講。乙巳，進故事。癸巳，
進講。

六年丙午

春正月，直前奏事。癸丑，論政府制國用，
并乞釐正檢正官名。甲寅，進講。
二月辛酉朔，進故事。甲子，進講。同日，
經筵奏乞免兼校正。戊辰，進講。
三月壬辰，進故事。戊寅，進講。丙戌，
除右文殿脩撰知平江府，兼淮浙發運副
使。
閏四月，連具辭免，不允。己酉，丞相游

奉御筆宣（論）〔諭〕之任。
五月，到任。
六月，（納）〔約〕束科舉。
九月，大閱。
冬十月，勸駕。
十一月，乞歸老，不允。
十二月，再乞歸老，不允。

七年丁未

春正月，乞歸田里，不允。
二月，邵農于虎丘。
三月，再乞歸田里。
夏四月乙巳，召赴行在。辭免，不允。
五月戊午，除權兵部侍郎。三辭免，不允。
秋八月乙未望，離吳門，乞給告歸里。
九月朔，有旨令伺候內引。壬子，入國門。
是日，內引。丙辰，除兼國子監祭酒。
再辭免，不允，《供兵部侍郎職謝表》。

冬十月，除權禮部侍郎。再辭免，不允，《供禮部侍郎職謝表》。壬寅，進故事。
丁酉，進故事。

八年戊申

春正月，乞祠，不允。再乞祠，不允。丁卯，除兼同修國史兼實錄院同修撰。辭免，不允。

二月，修學宮。薦賢。

三月丙辰，進故事。

六月戊戌，除兼侍講。辭免，不允。己亥，進故事。

秋七月，除兼權給事中。再辭，不允。辛酉，進講。經筵奏已見。

八月，申明瑣闥職事，乞免，不允。癸巳，進講。

九月，明堂差充奏告官。進《明堂慶成》詩。封豐城縣開國男，食邑三百戶。丁卯，進講。經筵奏已見。

冬十月己卯，進講。己亥，進講。

十一月丙辰，乞免兼職。再辭，不允。甲子，乞免兼祭酒，不允。戊辰，進講。

十二月乙亥，進講。

九年己酉

春正月，除禮部侍郎。辭免，不允。

二月癸卯，再申前請辭。賜帶。庚子，除寶章閣待制知寧國府。辭免，不允。

夏四月，再辭新命，力乞掛冠。

六月，再辭免，仍乞守本官致仕。

冬十月，旨別與州郡差（遺）〔遣〕。辭免，并乞休致。

十年庚戌

秋九月，疾亟乞謝，旨特轉一官，進文華閣待制致仕。

丁亥，公薨。遺表聞，詔贈四官，謚清正。

十二年壬子

葬公本縣奉化鄉之桂林將軍山後林。李公義山爲狀，後村劉公克莊撰神道碑，端明殿學士陳公昉書并題蓋。

〔一〕于州觀：《四庫全書》本《清正存稿》附《年譜》作「千州觀」。據《宋史》，應作紹興府千秋鴻禧觀。

〔二〕都大提刑：按宋職官無此名目，據《宋史》卷四二四《徐鹿卿傳》，當爲「都大坑冶」。

江萬里年譜

尹波編

據《宋代文化研究》第四輯增訂

江萬里（一一九八—一二七五），字子遠，號古心，都昌（今屬江西）人。寶慶二年進士，歷池州教授、沿江制置司準備差遣、兩浙安撫司幹辦公事。端平二年召試館職，除秘書省正字。三年，除校書郎，遷秘書郎。嘉熙元年，累遷著作郎，旋奉祠。出知吉州，創白鷺洲書院，兼提舉江西常平茶鹽，遷江西轉運判官兼權知隆興府，創宗濂書院。淳祐四年，以駕部郎官召，遷尚右兼侍講，拜監察御史。未幾，遷右正言、殿中侍御史、侍御史，彈擊風生，號真御史。以母病不俟報馳歸，議者謂其秘不奔喪，閑廢十二年。寶祐三年，除知福州兼福建安撫使，以論罷。開慶元年，遷刑部侍郎，兼國子祭酒、侍讀。景定二年，權吏部尚書，同簽書樞密院事。五年，出知建寧府兼權福建轉運使，未幾知福州兼福建安撫使。度宗即位，召同知樞密院事。咸淳元年，遷參知政事。二年，以忤賈似道丐祠，爲湖南安撫使兼知潭州。五年，召爲參知政事，拜左丞相。六年，出爲福建安撫使。十年，提舉洞霄宮。德祐元年，元兵破饒州，赴水死，年七十八。謚文忠。

江萬里爲度宗朝宰相，以文章節義知名，周密稱其文中復乾淳體，「自成一家」（《癸辛雜識》後集），惜其文集佚失，無可考者。事蹟見《宋史》卷四一八本傳。

本譜爲尹波編，原載《宋代文化研究》第四輯（四川大學出版社一九九四），本書所收爲補訂新編本。

江萬里，字子遠，號古心，又稱廬山公，都昌（今江西都昌）人。度宗朝著名丞相，與文天祥交好。《宋史》卷四一八《江萬里傳》（以下簡稱本傳）：「江萬里字子遠，都昌人。」袁甫《蒙齋集》卷一七《江夫人巢氏墓誌銘》（以下簡稱《巢氏墓誌銘》）：「萬里……子遠也。」《隱居通議》卷一五：「近世劉會孟稱江丞相爲廬山公。」《永樂大典》卷七二三八江萬里撰《灌陽四友堂記》：「余……生廬山之陽。」正德《南康府志》卷六：「江萬里字子遠，號古心……其第有理宗御筆『古心堂』、『朝陽閣』字。」

曾祖江瑛（一作英），布衣，行善事，以萬里顯贈太子少保、太子太保（劉克莊《後村先生大全集》以下簡稱《後村集》。卷七四《故曾祖英贈太子少保制》、馬廷鸞《碧梧玩芳集》卷七《江萬里曾祖瑛贈太子太保制》）；曾祖母沈氏，以萬里顯贈太安郡夫人，清源郡夫人；繼曾祖母葉氏，信佛。以萬里顯贈恩平郡夫人、安定郡夫人（《後村集》卷七四、《碧梧玩芳集》卷七）。

祖璘，「端厚長者」，鄉稱善人，習伊洛之學，以萬里顯贈太子少傅、太子太傅；祖母巢氏（一一四五—一二三一），都昌人，卒葬都昌新城鄉伏牛山右麓，歷封信安郡夫人、安康郡夫人、太安郡夫人。有六男、四女、十孫（《巢氏墓誌銘》、《後村集》卷七四、《碧梧玩芳集》卷七）。

父燁（一作曄），習儒，寶慶二年特奏名進士，紹定間調峽州宜都尉，後以萬里顯贈太子少師、太子太師；母陳氏（？—

一二四七），歷贈淑人、高平郡夫人，普寧郡夫人、永寧郡夫人（見《巢氏墓誌銘》、《後村集》卷七四、《碧梧玩芳集》卷七）。

萬里妻鄧氏，封淑人、永嘉郡夫人（《後村集》卷七四）；黄氏，早于萬里卒，贈通義郡夫人、南康郡夫人（《碧梧玩芳集》卷七）。

兄九萬，太學生（《巢氏墓誌銘》）。

弟萬頃（？—一二七五），字子玉，號古崖。任福建市舶司，歷守吉州、南劍州，德祐元年與萬里同卒。事見《碧梧玩芳集》卷六，《文山先生全集》（以下簡稱《文山集》）卷五、卷一六，正德《南康府志》卷六，正德《饒州府志》卷一（上海書店影印天一閣藏明代方志選刊續編本）。

兹據本傳、《巢氏墓誌銘》、《後村集》、《碧梧玩芳集》，將江萬里家族世系列表如下：

- 江瑛（沈氏、葉氏）—璘（巢氏）—
  - 煜
  - 燀
  - 燁（陳氏）—
    - 日新
    - 九萬
    - 萬里（黄氏、鄧氏）—鎬（繼子）
    - 又新
    - 自新
    - 萬頃—鐸
    - 萬盈
    - 萬全
    - 萬齡
    - 萬善
  - 炎
  - 榮
  - 華

慶元四年戊午

十月二十七日，江萬里生。

劉辰翁《須溪集》卷三《鷺洲書院江文忠公祠堂記》（以下簡稱《祠堂記》）：「先生生慶元戊午。」《文山集》卷二《壽古心江先生》：「古心江先生……癸酉十月乙亥，是爲七十六歲。」咸淳九年十月己酉朔，乙亥爲二十七日。本傳載：「大父璘，鄉稱善人，其鄰史知縣者夸其能杖譁健士，璘俛首不答，歸語燁曰：『史祖父故寒士，今居官以杖士人自喜，于我心有不釋然。審爾，史氏且不昌，汝其戒之。』是夕，燁妻陳夢一貴人入其家，曰：『以汝家長有善言，故來。』已而有娠，生萬里。」

嘉泰二年壬戌，五歲。

入塾就讀。

本傳：「（公）少神雋。」陳修瀚《江文忠公萬里傳略》（以下簡稱《傳略》），臺灣《江西文獻》一九八〇年第一〇二期）：「五歲入塾就讀，即能一目數行，稍予指引，即能朗朗成誦。」趙與時《賓退錄》卷四：「今世男子初入學，多用五歲或七歲。」

嘉定十年丁丑，二十歲。

連舉于鄉。

《傳略》：「故甫弱冠，連舉于鄉。」

入太學，「傳習朱氏」。

《巢氏墓誌銘》：「萬里，太學上舍生。」「擷秀璧水」（《鶴林集》卷七《江萬里授秘書省正字制》）。

從林夔孫學《易》。夔孫字子武，號蒙谷，古田人，從朱熹游。嘉定中特奏名，爲縣尉。有《書本義》、《中庸章句》、《蒙谷集》行世。見《閩中理學淵源考》卷一七。

《癸辛雜識》後集：「端平江萬里習《易》，自成一家，（太學）文體幾于中復。」

《祠堂記》：「傳習朱氏，處白鹿，游東湖，所交多考亭門人，出入端平諸老。」

按：江萬里習《易》，當自太學始。在端平間已自成一家之言，影響及太學文風。萬里入太學時間及與朱熹門人、端平諸老交往時間難以確定，當在「連舉于鄉」之後，姑繫于此。

嘉定十七年甲申，二十七歲。

理宗書其姓名于几研間（本傳）。

寶慶二年丙戌，二十九歲。

以舍選及第。

《巢氏墓誌銘》：「萬里……丙戌進士及第。」《宋史全文續資治通鑑》（以下簡稱《宋史全文》）卷三一：「五月丙申，（理宗）御後殿，賜禮部正奏名進士王會龍等敕，凡九百八十九人。」《論學繩尺》卷六載萬里撰《子儀單騎見虜》一文，當爲省試時所作。

建聯桂坊于饒州。

正德《饒州府志》卷一載：「聯桂坊，宋江萬里、萬頃同登第建。」據江鑑撰《古崖先生壙中記》（見康熙十三年《江氏大成宗譜》）載，萬頃僅「以《易》預選右漕闈首選」，《饒州府志》所言及第，未知何據。

紹定四年辛卯，三十四歲。

爲池州教授。

《巢氏墓誌銘》：「秋浦教官江子遠猶發奮帥先……教庠序士，士咸知興起。子遠益自勵，不使才勝德。」

宋濂《跋俞先輩所述富春子事實後》（《宋景濂未刻集》卷下）云：「江子遠舍選出身，教授池州，負氣好凌人。當路惡之，欲誣以罪，孫君曰：『不可，子遠雖少，未易輕蔑，二十年後，必秉國鈞也。』其後言輒驗。」

按：江萬里由太學上舍登第後，初官何職，今已不可考。今所知最早爲池州教授，據袁甫《江東倉司無倦堂記》（《蒙齋集》卷一三）：「余持江東使節，至秋浦之初年，實紹定己丑夏六月也。……己丑迄癸巳，一講荒政五年。」則紹定辛卯撰《巢氏墓誌銘》時，萬里必在池州無疑。其任池教，亦當在此數年之間。

奉親命，請袁甫撰祖母《江夫人巢氏墓誌銘》。

《巢氏墓誌銘》云：「一日，子遠奉親命，持祖妣夫人巢氏言行一編，拜且泣，請余銘。……夫人生於紹興乙丑之十月，終於紹定辛丑之七月，壽八十有六。」

紹定五年壬辰，三十五歲。

在池州教授任。

紹定六年癸巳，三十六歲。

爲沿江制置司準備差遣（本傳）。

端平元年甲午，三十七歲。

任兩浙安撫司幹辦公事（本傳）。

端平二年乙未，三十八歲。

三月，召試官職，除秘書省正字。

吳泳撰《江萬里授秘書省正字制》（《鶴林集》卷七）。劉壎《隱居通議》卷二〇載：「端平二年乙未，召試江萬里爲館職。故事，必先試策而後除。是年，南塘趙公汝談直翰苑，命題發策，以楮爲問……江丞相對策尤妙，實爲近代館職策之冠……浩浩數千言。」

端平三年丙申，三十九歲。

二月，爲校書郎（許應龍《東澗集》卷三《江萬里除校書誥》、《南宋館閣續録》卷八）。

五月，文天祥生。

十一月，除秘書郎（《東澗集》卷三《江萬里除秘書郎誥》、《館閣續録》卷八）。

嘉熙元年丁酉，四十歲。

三月，除著作佐郎（《館閣續録》卷八）。

六月，兼尚左郎官兼樞密院檢詳文字（本傳、《館閣續録》卷八）。

九月，任著作郎（《館閣續録》卷八）。

十月，與祠（《館閣續録》卷八）。

嘉熙四年庚子，四十三歲。

知吉州。

《祠堂記》：「其爲吾州，年四十有三。」

萬里知吉州，得歐陽守道。

《宋史》卷四一一《歐陽守道傳》：「江萬里守吉州，守道適貢于鄉，萬里獨異視之。」

按：守道（一二〇九—？），萬里門人，字公權，一字迂父，號巽齋，廬陵人，淳祐元年進士，旋講學白鷺洲。歷秘書省正字、秘書郎兼崇政殿説書。有《巽齋文集》。見《宋史》卷四一一《歐陽守道傳》、《養吾齋集》卷二六《古心與雲巖書簡跋》。

淳祐元年辛丑，四十四歲。

知吉州。

仿白鹿書院例，創白鷺洲書院，親爲諸生講授。

《祠堂記》：「（先生）聲名德業，高邁前

聞，故能創鷺洲如白鹿。」書院「初築精舍，已第而未仕者盍俱來」，因此學員大增，「器具皆未備，日或索杯水不能得」（《巽齋文集》卷七《劉三立論稿序》），說明書院一面建設，一面授業，其艱辛可知。書院初創，老師缺乏，萬里既廣攬人材，又「親爲諸生講授，載色載笑，與從容水竹間，忘其爲太守」（《巽齋文集》卷一四《白鷺洲書院山長廳記》）。故劉辰翁在《須溪集》卷一《雙溪書院記》中云：「自古心公爲鷺洲，而吾鄉之友達于理。每公退，深衣行水竹間，撫諸生兒子優游自得，不知氣至而質化。」在《祠堂記》文中曰：「深衣入林，媚映前後，無不心醉名理。」元人吳師尹（一三〇三—一三六六）至正十四年攝廬陵政時，撰《重修白鷺洲書院記》（萬曆《吉安府志》卷三四），云：「宋淳祐辛丑，丞相江文忠公古心爲郡守，以程大中先生嘗爲廬陵，爲先生過化地，乃即是洲建周、張、程六君子祠。書院之創源于此。其殿廡、門塾、樓閣、齋舍、庖廩一一完美。謂洲在二水間，取唐人詩句，以白鷺名其洲，因以名書院。請額理宗朝，今御書石刻尚存。」萬曆《吉安府志》卷一五載：「白鷺洲書院，在（廬陵）城東白鷺洲上。」

延歐陽守道爲諸生講說。

《宋史》卷四一一《歐陽守道傳》：「萬里作白鷺洲書院，首致守道爲諸生講說。」《巽齋文集》卷一四《白鷺洲書院山長廳記》：「某昔嘗侍古心先生于書院初建之歲。」萬曆《吉安府志》卷三五歐陽守道撰《歐陽文忠公祠記》：「淳祐初，今參知政事古心江先生守吉州，予以進士爲郡客。」

贊守道不肯附名人之後。

萬曆《吉安府志》卷三五《歐陽文忠公祠記》：「『此州天下稱歐鄉，想文忠後子于公幾世乎？』予對曰：『非也。予之先世墳墓，遠者二三百年，皆幸存，而名諱、官職、所居所葬與公瀧岡所表無一同者。』……先生嘆曰：『子乃不肯如他人附同姓名賢後，他日必于斯文中自立者也』。」萬里又謂守道之高處逼西漢學者，見《吉安府志》卷一八《歐陽守道傳》。

收門客歐陽守道、李叔端。

李叔端（一二〇八—？），號雲巖，廬陵人，長歐陽守道一歲。《養吾齋集》卷二六《古心與雲巖書簡跋》：「雲巖先生李公叔端，爲丞相益國古心先生江文忠公之客幾四十年……自丞相守廬陵，客郡齋，自是漕洪入言路，以至讒謗，閑居廬山之下者十有二年（原作六，誤）。起江上，登從班，入政府，罷相判長沙，唯雲巖始終如一日。」忠心不二，使「古心公平生賓客何限，獨不忘吾廬陵，自謂若有緣者」。

書歐陽詢祠堂記額。

萬曆《吉安府志》卷三四載歐陽守道《永和鎮歐陽監丞祠堂記》：「時古心先生廬山江侯適守郡，義斯舉也，先往相悠而助之費，且許記。」令歐陽守道記之，云：「吾爲子書其額。」

撰《水調歌頭·壽二親詞》。

《全宋詞》第四冊江萬里條轉引《截江網》卷六：「生日重重見，餘閏有新春。

爲吾母壽，富貴外物總休論。且說家懷舊話，教學也會菽水，親意儘欣欣。只此是眞樂，樂豈在邦君。吾二老，常說與，要廉勤。廬陵幾千萬戶，休戚屬兒身。三瑞堂中緣酯，釀就滿城和氣，端又屬人倫。吾亦老吾老，誰不敬其親。」

撰《勸農》詩。

《宋詩紀事補遺》卷七八：「農豈猶需我勸農，且從人意卜年豐。喜聞布穀聲聲急，莫爲催科處處窮。父老來前吾語汝，官民相近古遺風。欲知太守樂其樂，樂在田家歡笑中。」

按：吉州爲萬里首次知州之地，則《勸農》一詩，或即此時作。

是年，兼提舉江西常平茶鹽（本傳）。

淳祐二年壬寅，四十五歲。

擢直秘閣，江西轉運判官兼權知隆興府（本傳）。

創宗濂書院。

明人胡儼《頤庵文選》卷上《重建新建縣儒學記》：「宋淳祐間，江丞相萬里典藩于洪，以濂溪周子嘗尹南昌，乃建祠祀之，表其額曰『宗濂精舍』。其地在望雲門外龍沙岡之上。」萬厲《新修南昌府志》卷一〇載：「宗濂精舍，宋淳祐（祐，原作熙，誤）二年江萬里建之，以祀濂溪周子。基在（新建縣）城北龍沙岡。」

九月，乞旌表金谿陸氏。

《象山先生年譜》卷下（雍正刻本）載：「九月，漕使江萬里奏：『撫州金谿青田陸氏，義居十世，閨門雍肅，著于江右。盍表宅里，以厲風化』。」

按：此奏原繫于淳祐五年。《年譜》于

江萬里奏末云：「里士合詞，以請于郡，郡下之邑，耆老子弟，具以實對。越三歲未報。後漕使曾穎茂再剡上事。」檢雍正《江西通志》卷一一：曾穎茂淳祐五年直寶章閣、江西轉運使再知隆興府。「再剡上事」當在此時，故「三歲」之前爲淳祐二年無疑。

是歲，囑南安知軍林壽公創道源書院。

萬里以周敦頤嘗爲南安軍司理，二程從學，故囑林壽公創建書院。盧方春爲記，稱書院成于「提舉江公子遠移文相院」。其後景定四年，理宗御書賜額（嘉靖《南安府志》卷一七）。

淳祐三年癸卯，四十六歲。

家居。

淳祐四年甲辰，四十七歲。

授駕部郎官。

徐元杰《梅野集》卷六《江萬里授駕部郎官制》：「爾萬里文藝著于發身，孝友施于有政，人不知而不慍，朕知之。今季秋將有事于明堂，起家爲郎，姑循乎進。尚參車制有輗軏，以喻其信。往復厥職，嗣有寵褒。」

按：萬里秋季之前「起家爲郎」，則當有一段家居的日子，或因貶官，或因居喪，因無材料佐證，難以確定。

淳祐五年乙巳，四十八歲。

三月，爲駕部郎官。

《宋史全文》卷三四載：「己未，駕部郎官江萬里對，言端平更新，因及元祐更役法事。上曰：『只因太驟了。』萬里云：『君子只知有是非，不知有利害。』上曰：『元祐君子亦自相攻。』萬里云：『此小人所以得乘間而入。今收召未多，恐元氣不壯，無以勝邪氣，全在陛下把捉耳。前者端平把捉不定，改更不過如紹聖，今（原缺，據《續資治通鑑》卷一七一補）第二番把捉不定，更無復新之日矣。』上首肯。萬里又言二相退遜太過，中外皆無精采。上復肯之。」

四月，擢尚書右郎官兼侍講（徐元杰《梅野集》卷六《江萬里授尚書右郎官兼侍講制》）。

五月，拜監察御史（徐元杰《梅野集》卷六《江萬里授監察御史制》）。

六月，中書舍人徐元杰暴卒。萬里上疏，乞朝廷主盟，與之伸冤（見周密《癸辛雜識》別集下）。

十一月，在監察御史任上屢有論劾。

《宋史全文》卷三四載：「（十一月）壬寅，詔更奪林光謙三秩，徙居衡州；奪袁立孺、宣璧、王至一秩；劉棫、施逢辰、劉附兩秩。以監察御史江萬里言其貪贓及依憑權門也。」

十二月，論兵、財事關國命。

《宋史全文》卷三四載：「（十二月戊寅），又詔兵、財繫乎國命，強兵之事，爾葵（趙葵）主之，裕財之計，爾韡（陳韡）理之。二相則總大綱而中持其衡，以共濟國事。以監察御史江萬里之言也。」

淳祐六年丙午，四十九歲。

正月，仍任監察御史。

《宋史》卷四〇九《高斯得傳》：「淳祐六年正月……監察御史江萬里。」

改右正言。乞收召王邁。

《宋史》卷四二三《王邁傳》：「右正言江萬里袖疏榻前曰：『邁之才可惜，不即召，將有老不及之嘆』。」

十月，擢殿中侍御史。

《後村集》卷六〇《江萬里殿中侍御史》：「久矣拾遺于掖右，進之執簡于臺端。」

按：據林希逸撰《後村劉公行狀》（《竹溪鬳齋十一稿續集》卷二三），劉克莊兼中書舍人在淳祐六年十月，則江萬里擢殿中侍御史當在此時。

淳祐七年丁未，五十歲。

正月，改侍御史，未及拜（《後村集》卷六〇《江萬里侍御史》）。

按：林希逸《後村劉公行狀》載：「公在省八十日，草七十制……丁未二月，除直寶文閣知漳州。」則草江萬里制詞，當在淳祐六年末至七年初。因本傳云「未及拜」，或緣于「議者謂母死秘不奔喪」之故。姑置于七年之初。

乞祠，省母疾，不許（本傳）。

二月，以周坦劾，坐廢，閑居廬山之下十二年。

本傳：「屬弟萬頃奉母歸南康，旋以母病聞，萬里不俟報馳歸，至祁門得訃。而議者謂萬里母死，秘不奔喪，反挾妾媵自隨，于是側目萬里者，相與騰謗。萬里無以自解，坐是閑廢者十有二年。」

「閑居廬山之下」（《古心與雲巖書簡跋》）。

淳祐十年庚戌，五十三歲。

居都昌和饒州。

十一月，撰《灌陽四友堂記》（《永樂大典》卷七二三八）。

淳祐十一年辛亥，五十四歲。

居都昌和饒州。

是年，白鷺洲書院「養士之餘力」，刊朱熹《四書集義》（《巽齋文集》卷一二《四書集義序》）。

寶祐二年甲寅，五十七歲。

起爲京湖宣撫司參謀官。

按：本傳云：「及似道同知樞密院事，爲京湖宣撫大使，以萬里帶行寶章閣待制，爲參謀官。」檢《宋史》卷四七四《賈似道傳》：「寶祐二年，加同知樞密院事。」則萬里任參謀官之事，當在此際。然萬里閑居十二年，寶祐六年跋陳東《逸傳》又有「已與時世無相關涉」之語，則赴任與否，難以定論。

寶祐三年乙卯，五十八歲。

四月，除知福州、福建安撫使（《宋史》卷四四《理宗紀》四）。

八月，以臺臣李衢言罷新命，提舉武夷山沖佑觀（《宋史》卷四四《理宗紀》四）。《景定建康志》卷二七載：爲朝議大夫、集英殿修撰、提舉建寧府武夷山沖佑觀。

十一月，撰《上元縣廳壁記》（《景定建康志》卷二七）。

知福州陸德輿嘗辨江萬里無辜于帝前。

是年，文天祥肄業于白鷺洲書院。時山長爲歐陽守道。

寶祐四年丙辰，五十九歲。

居都昌和饒州。有書與贛州司戶參軍歐陽守道。

《巽齋文集》卷七《送王保義序》：「保義郎王氏……近之廬山，持古心江先生書過予。」

寶祐五年丁巳，六十歲。

九月，撰文天祥父文儀墓誌銘。

《文山集》卷七《謝吳丞相》跋：「先生之父革齋先生墓誌銘，乃江古心撰。」文儀卒于四年，五年九月卜葬，文天祥撰《革齋先生事實》（《文山集》卷一一）「百拜以請」萬里撰墓誌銘，亦當在斯時。

寶祐六年戊午，六十一歲。

九月，跋陳東《逸傳》。

《陳修撰文集》卷一〇載：「萬里眚災餘生，已與時世無相關涉。偶從縣大夫潘君得修撰陳公《逸傳》，讀之又復慨然。……時寶祐戊午九月十六日。」

開慶元年己未，六十二歲。

冬，除刑部侍郎。

本傳：「似道以右丞兼樞密使移軍漢陽，萬里遷刑部侍郎。」《賈似道傳》：「開慶元年，似道軍漢陽，援鄂，即軍中拜右丞相。」

景定元年庚申，六十三歲。

任國子祭酒、侍讀（本傳）。

薦歐陽守道。

《宋史》卷四一一《歐陽守道傳》：「萬里入爲國子祭酒，薦（守道）爲史館檢閱，召試館職，授秘書省正字。」

跋《景定元年更學劄》（《咸淳臨安志》卷一一）。

跋《開景福華編》。

《宋人軼事匯編》卷一八載：「元兵南侵至鄂，似道請和，兵解，遂上表以肅清聞。使門客廖瑩中、翁應龍等撰《福華編》以紀鄂功。」《齊東野語》卷一二：「廖瑩中群玉《木蘭花慢》云：『請諸君着眼，來看我《福華編》。記江上秋風，鯨鯢漲雪，雁徼迷烟。一時幾多人物，只我公隻手護山川』。」周密《癸辛雜識》

後集云：「廖群玉諸書，則始《開景福華編》，備載江上之功，事雖夸而文可採。江子遠、李祥父諸公皆有跋。」

十一月，改任吏部尚書（《後村集》卷六三《江萬里吏部尚書》制）。

按：據《劉克莊行狀》，劉克莊九月兼權中書舍人，十一月到臨安，則萬里斯職之除，當在此時。

景定二年辛酉，六十四歲。

八月，自通奉大夫、守吏部尚書除端明殿學士、同簽書樞密院事，兼太子賓客（《宋史》卷二一四《宰輔表》五、《宋史全文》卷三六）。

上《辭免除端明殿學士同簽書樞密院事恩命疏》，不允（《後村集》卷五六）。

文天祥有《賀簽書樞密江端明古心》書（《文山集》卷六）。

十月，文天祥除秘書省正字，有《謝江樞密萬里》書（《文山集》卷七）。

十二月壬辰，江萬里爲馬純父所劾，壬寅，依舊端明殿學士、提舉臨安府洞霄宮，任便居住（《宋史》卷四五《理宗紀》五，卷二一四《宰輔表》五）。

上《辭免除依舊端明殿學士提舉洞霄宮恩命疏》，不允（《後村集》卷五六）。

景定五年甲子，六十七歲。

四月己巳，江萬里知建寧府兼福建轉運使，改資政殿大學士（《碧梧玩芳集》卷六《端明殿學士知建寧府兼福建運使江萬里除資政殿學士依舊任制》、《宋史》卷四五《理宗紀五》）。

二乞辭免除資政殿學士，不允（見《碧梧玩芳集》卷二《江萬里再辭免除資政不允詔》）。

獎朱氏備至。

《須溪集》卷三《祠堂記》：「先生奏曰：『臣在建安，收獎朱氏備至。』」

歐陽守道通書問候。

《巽齋文集》卷四《與劉後村書》：「古心在建寧，猶通問。」

七月戊寅，知福州、福建安撫使（馬廷鸞草《資政殿學士知建寧府兼福建運使江萬里依前職知福州福建安撫使制》，見《碧梧玩芳集》卷六，《宋史全文》卷三六）。

秋，章薦魏槐庭策問，不及上。

《養吾齋集》卷一一《魏槐庭詩序》：「甲子秋，彗出柳，會大比，當發策，類觀望喑噫，所取策亦然。是時適留古心公三山館中，古心方銳意作士氣，八郡取上章冊，一一閱視。惟三山教槐庭魏公取擢士，皆盡言懇切，與策問俱高。即日舉以厲當路，且欲明揚以賞直，顯抑以戒諛，直者惟魏公。章已具，會有穆陵之變，不及上。」

十月，度宗即位，以明堂大禮加恩，又賜銀合臘藥（《碧梧玩芳集》卷七《該遇明堂大禮加恩制》、卷九《賜銀合臘藥敕書》）。

十一月，詔江萬里赴闕（《宋史》卷四六《度宗紀》）。

咸淳元年乙丑，六十八歲。

二月，進同知樞密院事。尋二辭，不允（《宋史》卷二一四《宰輔表》五、《四明文獻集》卷二）。

權參知政事（本傳）。

閏五月，遷參知政事（《宋史》卷四六《度宗紀》）。馬廷鸞有《賀江參政啓》（《碧梧玩芒集》卷一一）。

七月，以忤賈似道，乞歸田里，不允（《宋

史》卷四六《度宗紀》）。

本傳載：「賈似道以去要君，帝初即位，呼爲師相，至涕泣拜留之。萬里以身掖帝云：『自古無此君臣禮，陛下不可拜，似道不可復言去。』似道不知所爲，下殿舉笏謝萬里曰：『微公，似道幾爲千古罪人。』然以此益忌之」。又：「帝在講筵，每問經史疑義及古人姓名，似道不能對，萬里常從旁代對。時王夫人頗知書，帝語夫人以爲笑。似道聞之，積慚怒，謀逐之。萬里四丐祠。」

乞錄用胡夢昱後人。

《祠堂記》：「咸淳初，發德音，欲求諸儒之後。……先生奏曰：『以臣所知，近年廬陵胡夢昱可念也。』繇是廷評後得擢用。」

是年，薦定庵先生甘茂榮，得京局（《須溪集》卷六《甘定庵文集序》）。

是歲，江萬頃知瑞安府，節制鎮海水軍（弘治《温州府志》卷八）。

咸淳二年丙寅，六十九歲。

正月，四請歸田、請祠祿，不候報出關（《宋史》卷四六《度宗紀》及本傳）。

按：《宋史》卷四六《度宗紀》載：「以爲湖南安撫使兼知潭州。」卷二一四《宰輔表》五：「咸淳五年正月，自湖南安撫使除參知政事。」與本傳不合。又《須溪集》卷三《虎溪蓮社堂記》載：（劉辰翁）「起從廬山公江東七閱月」，此在咸淳四年，三年則居于饒州，見《養吾齋集》卷二六《題古心先生墨迹後》。《宋史·度宗紀》及《宰輔表》所誤明矣，茲不從。

加資政殿大學士、知慶元府兼沿海制置使，

不拜，予祠，返居饒州（本傳）。

是年，文天祥《通江參政古心》書（《文山集》卷五）。

咸淳三年丁卯，七十歲。

居饒州。叙廬陵吳西林文集。

《養吾齋集》卷二六《題古心先生墨迹後》：「先君子須溪先生丁卯訪公芝山之下，爲西林請，奉之以歸，以致之西林者。」

咸淳四年戊辰，七十一歲。

知太平州兼提領江淮茶鹽兼江東轉運使。

馮夢得行《江萬里知太平州制》（《隱居通議》卷二三）。

按：《須溪集》卷三《虎溪蓮社堂記》：（劉辰翁）「起從廬山公江東七閱月，從江東得掌故入修門四十五日，以憂歸，歸又七年，而當德祐初元。」反推上去，則萬里知太平州，當在咸淳四年，歷時七月之上。

有《江東漕司勸農文》（《宋元學案補遺》卷七〇引陳寧定《隨録》，惜原文已佚）。

咸淳五年己巳，七十二歲。

正月，召拜參知政事，進封南康郡公，二月，辭參知政事，不允（《宋史》卷四六《度宗紀》及本傳）。

三月十日，在當塗，序天台戴覺民刊刻《李翰林集》。

《李白集校注》附録三：「當塗獨以太白故見稱……及其問詩集，乃無有……蓋余將去，廣文戴覺民又能以餘力趣成之，予猶及見其成而去。咸淳己巳（原作乙，誤）三月上澣日，江萬里書。」

三月中旬，由當塗至臨安，除左丞相兼樞密使（《宋史》卷二一四《宰輔表》五）。

是月，以江萬里拜左相，宣賜臣下。

《養吾齋集》卷一九《寶熙齋記》：「予往歲己巳于昭文翃館得熙明殿新賜墨二笏，蓋古心江文忠公拜左相正謝宣賜也。」

是月，文天祥有《賀江左相》書（《文山集》卷七）。

贊劉將孫和詩。

《養吾齋集》卷六《游白紵山》載：劉將孫游白紵山，有和詩曰：「去後無以歌白紵，行來何處是中原。」「古心公以簡來，云：『一夜思之，此聯無以加。』」

咸淳六年庚午，七十三歲。

正月丙寅，爲鮑度所劾，罷左相，戊辰，以觀文殿學士知福州、福建安撫使（《宋史》卷二一四《宰輔表》五）。

按：萬里以襄樊爲憂，屢請益師往救，賈似道不之答。萬里遂力求去，出知福州。見《通鑑續編》卷二四。

九月，與疾去任，依舊職提舉洞霄宮。返居饒州（《續宋宰輔編年録》卷一九）。

咸淳七年辛未，七十四歲。

提舉洞霄宮。居饒州，「專于綠野」（《文山集》卷七《賀江丞相除湖南安撫大使判潭州》）。

咸淳八年壬申，七十五歲。

文天祥有書問候。

《文山集》卷五《與知吉州江提舉萬頃》書云：「大丞相古心老師，某不敢容易上問鈞履，丐爲轉道，詹依卷卷。」

授知潭州、湖南安撫大使，加特進。

按：文天祥除湖南提刑，在咸淳九年正月，卷六《與前人書》（指江萬里）有「先生之入湘也，某後三數日而來」語，則萬里之除，或當在八年末也。姑繫于此。

文天祥有《賀江丞相除湖南安撫大使判潭州》書、《賀前人除特進》書（見《文山集》卷七）。

咸淳九年癸酉，七十六歲。

四月九日，在清江拜度宗生日乾會節。《文山集》卷五《通潭州安撫大使江丞相》：「始聞先生拜乾會節于清江。」

是月，文天祥有《通潭州安撫大使江丞相》書（《文山集》卷五）。

夏五月，文天祥見江萬里於長沙。《文山集》卷一七《紀年錄》：「是年夏，見古心先生江萬里于長沙。公從容語及國事，憫然曰：『吾老矣，觀天時人事，當有變。吾閲人多矣，世道之責，其在君乎』！」卷七《行部潭州謝江丞宴》：「肅拜初筵。」

十月，生日。《文山集》卷二《壽古心江先生》詩序：「古心江先生以舊弼出鎭長沙，癸酉十月乙亥，是爲七十六歲。門人文某以一節趨走部內，謹擬古體一首爲壽。」

十至十一月，議平賀州秦孟西之變。《文山集》卷一二載文天祥《與湖南大帥江丞相論秦寇事宜劄子》，萬里則有回牒五則。

咸淳十年甲戌，七十七歲。

正月，輿疾去任，詔依舊觀文殿大學士、提舉洞霄宫。返饒州（《宋史》卷二一四《宰輔表》五）。

建止水亭，撰《水亭》、《絶句》二詞。本傳：「襄樊失守，萬里鑿池芝山後圃，扁其亭曰『止水』。」《全芳備祖前集》卷一《絶句》：「草際春回殘句消，強扶衰病傍溪橋。東風不管梅花落，自釀新黄染柳條。」卷一二《水亭》：「結亭臨水似舟中，夜雨瀟瀟亂打篷。荷葉曉看猶不濕，卻疑誤聽五更風。」

建歸來庵。

《須溪集》卷三《歸來庵記》：「歸來者，古心先生石山庵也。……是庵爲先生手築，意其魂魄猶不忘是間皋復之道。」則是庵之建，或當與亭同時。姑繫于此。

七月，度宗崩，瀛國公繼位。

八月，詔乞言于老臣江萬里等（《宋史》卷四七《瀛國公傳》）。

十月，文天祥有書。

《文山集》卷六《與前人時以前宰相帥湖南回》：「去年此時，拜長沙壽星。」萬里十月生，則此書作于十月無疑。

德祐元年乙亥，七十八歲。

正月，爲元兵執，既而脫歸（本傳）。

二月，赴止水死。

本傳：「及聞警，執門人陳偉器手，曰：『大勢不可支，余雖不在位，當與國爲存亡。』及饒州城破，赴止水死。」

是月，知南劍州萬頃偕子鐸自都昌赴饒，亦被執而死（《文山集》卷一六、正德《南康府志》卷六）。

三月，贈太傅、益國公（王應麟草《江萬里特贈太傅誥》，《四明文獻集》卷五）。

四月，加贈太師，謚文忠（《宋史》卷四七《瀛國公傳》）。

《宋史》卷四〇九《高斯得傳》：「斯得言贈恤之典，所當度越故常，以風厲天下。遂加贈太師。」王應麟草《江萬里特贈太師誥》（《四明文獻集》卷五）。

墓在都昌縣石沙灣（雍正《江西通志》卷一二〇）。

本傳：「萬里赴止水死，翼日，屍獨浮出水面，從者草斂之。」後門人劉辰翁卜葬之，《須溪集》卷六《贈徐心易易數序》：「吾嘗葬古心公。」《養吾齋集》卷一三《送劉復村序》：「先君走廬山，葬文忠公。」

《說郛》、《續百川學海》本有江萬里撰《宣政雜錄》一卷，檢文中《徽宗崇寧間青童夢》條，有「僕實從徽宗北行」之語，萬里生于南宗寧宗，北宋徽宗時尚未出生，據此，可見《宣政雜錄》非都昌江萬里撰。

子鎬，字用周，蜀人王橚子過繼也。爲萬里守喪三年。至元二十年（一二八三）卒。

按：本傳云：「左右及鎬相繼投沼中，積屍如疊。」當未歿也。《須溪集》卷三《南康軍昭忠禪寺記》：「景定元、二年間也，……後十有八年，會公之子鎬說袁入燕。……他日，鎬以書本求記于余。」萬里卒于德祐元年，鎬三年守喪，正當祥興元年。《養吾齋集》卷一三《送劉復村序》：「乙亥，廬山公兄弟鄱陽……又六年，用周始相聞。……用周，公子也，乃不三年，用周亦已矣。」用周爲江鎬字，卒于乙亥之後九年，即至元二十年。

外甥劉小村，長于筆墨，與文天祥交厚。《養吾齋集》卷一三《送劉復村序》：「乙亥，廬山公兄弟、鄱陽小村與焉。彭衙駱谷，腸斷天末也。」據此，則小村或當與萬里同卒也。

外孫劉復村，小村子，爲奉新學官。元貞二年，任吉水學正。見《養吾齋集》卷一三《送劉復村序》。